令和**4**年版

図解

消費税

船木英人 編

一般財団法人 大蔵財務協会

は　し　が　き

　消費税は、原則として全ての財貨・サービスの国内における販売、提供などを課税対象とし、事業者の各取引段階における売上げに対して課税を行う一方、税の累積を排除するため、前段階税額控除方式（仕入税額控除制度）が採用されており、経済取引に対する中立性が確保され、的確な国境税調整が可能といった特長を有しています。また、事業者に課される消費税相当額は、商品やサービスの価格に織り込まれて転嫁され、最終的には消費者が負担することが予定されています。

　こうした広く消費一般に着目した多段階課税・累積排除型の課税ベースの広い間接税（付加価値税）は、現在、世界のほとんどの国・地域において広く採用されており、制度としては比較的簡素なものと言われていますが、所得を課税ベースとする所得税や法人税とは基本的な仕組みを異にしています。

　令和元年10月には、税率の引上げと同時に軽減税率制度が実施され、これまで単一であった消費税率が複数となり、更に令和５年10月の適格請求書等保存方式（いわゆるインボイス制度）の開始時期が近づくなど、制度の大きな転換期を迎えております。

　本書は、納税者の皆様や税の実務に携わる方々に、消費税法をより深く理解して適正な申告と納税を行っていただくために、制度の仕組みを分かりやすく解説するとともに、図表やフローチャートをできるだけ多く用いて編集し、平成３年の刊行以来、改訂を重ねてまいりました。

　今回の改訂におきましては、適格請求書発行事業者の登録に関する事業者免税点制度の適用関係の見直しといった令和４年度の税制改正の内容を織り込むとともに、読者の皆様から寄せられた貴重な御意見も踏まえて見直しを行いました。

　今後もより良いものに改めてまいりたいと考えておりますので、読者の皆様からの忌憚のない御意見を出版社編集局までお寄せくださるようお願いいたします。

　なお、本書は、現在東京国税局課税第二部消費税課に勤務している者が休日等を利用して執筆したものであり、文中意見にわたる部分は個人的見解であることを申し添えます。

　最後に、本書刊行の機会を与えてくださいました一般財団法人大蔵財務協会の木村理事長をはじめ、編集局の皆様に心から感謝申し上げます。

　令和４年６月

船　木　英　人

〔凡 例〕

本書の文中、文末引用条文の略称は、次のとおりです。

⑴ **法令**

法………………………	消費税法
法別表…………………	消費税法別表
法附則…………………	消費税法附則
平27改正法附則…………	所得税法等の一部を改正する法律（平成27年法律第9号）附則
平28改正法附則…………	所得税法等の一部を改正する法律（平成28年法律第15号）附則
平30改正法附則…………	所得税法等の一部を改正する法律（平成30年法律第7号）附則
平31改正法附則…………	所得税法等の一部を改正する法律（平成31年法律第6号）附則
令2改正法附則…………	所得税法等の一部を改正する法律（令和2年法律第8号）附則
令3改正法附則…………	所得税法等の一部を改正する法律（令和3年法律第11号）附則
令4改正法附則…………	所得税法等の一部を改正する法律（令和4年法律第4号）
税制抜本改革法…………	社会保障の安定財源の確保等を図る税制の抜本的な改革を行うための消費税法の一部を改正する等の法律（平成24年法律第68号）
税制抜本改革法附則………	社会保障の安定財源の確保等を図る税制の抜本的な改革を行うための消費税法の一部を改正する等の法律（平成24年法律第68号）附則
令………………………	消費税法施行令
令附則…………………	消費税法施行令附則
平25改正令……………	消費税法施行令の一部を改正する政令（平成25年政令第56号）
平25改正令附則…………	消費税法施行令の一部を改正する政令（平成25年政令第56号）附則
平26改正令附則…………	消費税法施行令の一部を改正する政令（平成26年政令第317号）附則
平27改正令附則…………	消費税法施行令等の一部を改正する政令（平成27年政令第145号）附則
平28改正令附則…………	消費税法施行令等の一部を改正する政令（平成28年政令

第148号）附則

平30改正令附則…………… 消費税法施行令等の一部を改正する政令（平成30年政令
第135号）附則

平31改正令附則………… 消費税法施行令の一部を改正する政令（平成31年政令第
99号）附則

令2改正令附則………… 消費税法施行令の一部を改正する政令（令和2年政令第
114号）附則

規……………………… 消費税法施行規則

旧規……………………… 消費税法施行規則の一部を改正する省令（平成15年財務
省令第92号）による改正前の消費税法施行規則

平15改正規附則…………… 消費税法施行規則の一部を改正する省令（平成15年財務
省令第92号）附則

平27改正規附則…………… 消費税法施行規則等の一部を改正する省令（平成27年財
務省令第27号）附則

平28改正規附則…………… 消費税法施行規則等の一部を改正する省令（平成28年財
務省令第20号）附則

所法……………………… 所得税法

所令……………………… 所得税法施行令

法法……………………… 法人税法

法令……………………… 法人税法施行令

措法……………………… 租税特別措置法

措令……………………… 租税特別措置法施行令

措規……………………… 租税特別措置法施行規則

通則法…………………… 国税通則法

通則令…………………… 国税通則法施行令

輸徴法…………………… 輸入品に対する内国消費税の徴収等に関する法律

輸徴令…………………… 輸入品に対する内国消費税の徴収等に関する法律施行令

ウィーン条約…………… 外交関係に関するウィーン条約

国連軍に係る所得臨特法… 日本国における国際連合の軍隊の地位に関する協定の実
施に伴う所得税法等の臨時特例に関する法律

日米地位協定…………… 日本国とアメリカ合衆国との間の相互協力及び安全保障
条約第6条に基づく施設及び区域並びに日本国における合
衆国軍隊の地位に関する協定

所得臨特法……………… 日本国とアメリカ合衆国との間の相互協力及び安全保障
条約第6条に基づく施設及び区域並びに日本国における合
衆国軍隊の地位に関する協定の実施に伴う所得税法等の臨
時特例に関する法律

所得臨特令……………… 日本国とアメリカ合衆国との間の相互協力及び安全保障
条約第6条に基づく施設及び区域並びに日本国における合

	衆国軍隊の地位に関する協定の実施に伴う所得税法等の臨時特例に関する法律施行令
関税臨特法………………	日本国とアメリカ合衆国との間の相互協力及び安全保障条約第6条に基づく施設及び区域並びに日本国における合衆国軍隊の地位に関する協定の実施に伴う関税法等の臨時特例に関する法律
日米防衛援助協定………	日本国とアメリカ合衆国との間の相互防衛援助協定
震災特例法………………	東日本大震災の被災者等に係る国税関係法律の臨時特例に関する法律
転嫁特措法………………	消費税の円滑かつ適正な転嫁の確保のための消費税の転嫁を阻害する行為の是正等に関する特別措置法
新型コロナ税特法………	新型コロナウイルス感染症等の影響に対応するための国税関係法律の臨時特例に関する法律（令和2年法律第25号）

⑵　通達

基通……………………	消費税法基本通達
経過措置通達…………	平成26年10月27日付課消1—35ほか4課共同「平成31年10月1日以後に行われる資産の譲渡等に適用される消費税率等に関する経過措置の取扱いについて」
軽減通達………………	平成28年4月12日付課軽2—1ほか5課共同「消費税の軽減税率制度に関する取扱通達の制定について」
外通……………………	平成8年4月1日付課消2—8「外国公館等に対する課税資産の譲渡等に係る消費税の免除の取扱いについて」
総通……………………	平成16年2月19日付課消1—8ほか5課共同「事業者が消費者に対して価格を表示する場合の取扱い及び課税標準額に対する消費税額の計算に関する経過措置の取扱いについて」
インボイス通達………	平成30年6月6日付課軽2—8ほか5課共同「消費税の仕入税額控除制度における適格請求書等保存方式に関する取扱通達の制定について」
所基通…………………	所得税基本通達
法基通…………………	法人税基本通達
直所3—8通達………	平成元年3月29日付直所3—8ほか1課共同「消費税法等の施行に伴う所得税の取扱いについて」
直法2—1通達………	平成元年3月1日付直法2—1「消費税法等の施行に伴う法人税の取扱いについて」
直法6—1通達………	平成元年1月30日付直法6—1「消費税法等の施行に伴う源泉所得税の取扱いについて」

間消3―2通達…………… 平成元年3月10日付間消3―2「消費税法の改正等に伴
う印紙税の取扱いについて」
新型コロナ税特法通達…… 令和2年4月30日付課消2―7「新型コロナウイルス感
染症等の影響に対応するための国税関係法律の臨時特例に
関する法律の施行に伴う消費税の取扱いについて」

(3) その他
総額表示ガイドライン…… 総額表示義務に関する特例の適用を受けるために必要と
なる誤認防止措置に関する考え方

〈例〉 消費税法第30条第2項第1号イ 法30②一イ
消費税法施行令第6条第1項第8号イ 令6①八イ

(注) 本書は、令和4年6月1日現在で施行されている法令及び公表されている通達に
よります。

〔目　　次〕

第1章　消費税の概要

1　消費税の基本的な仕組み……………………………………………………1

2　国内取引に係る消費税の仕組みの概要……………………………………3

3　国境を越えた役務の提供に係る消費税の課税関係………………………11

4　輸入取引に係る消費税の仕組みの概要……………………………………11

5　地方消費税の概要……………………………………………………………13

第2章　国内取引に係る消費税

第1節　納税義務者

第1　納税義務者……………………………………………………………………15

第2　小規模事業者に係る納税義務の免除…………………………………………18

1　納税義務の免除の概要………………………………………………………18

2　課税事業者となることの選択等……………………………………………23

3　特定期間における課税売上高による納税義務の免除の特例……………29

4　相続、合併又は分割等があった場合の納税義務の免除の特例…………34

5　基準期間がない法人の納税義務の免除の特例……………………………49

6　高額特定資産を取得した場合等の納税義務の免除の特例………………60

第3　納税地…………………………………………………………………………66

1　個人事業者の納税地…………………………………………………………66

2　法人の納税地…………………………………………………………………68

3　納税地の指定…………………………………………………………………69

4　外国貨物に係る納税地………………………………………………………69

5　輸出物品販売場において購入した物品を譲渡した場合等の納税地……69

—1—

目　次

第4　課税期間……………………………………………………………………70

  1　個人事業者の課税期間……………………………………………………70

  2　法人の課税期間……………………………………………………………74

第5　実質主義……………………………………………………………………82

第2節　課税の対象

第1　国内取引に係る課税の対象………………………………………………83

  1　国内において行うもの……………………………………………………85

  2　事業者が事業として行うもの……………………………………………90

  3　対価を得て行うもの………………………………………………………92

  4　資産の譲渡等………………………………………………………………95

第2　非課税の範囲………………………………………………………………105

第3　輸出免税等…………………………………………………………………153

  1　輸出取引等に係る免税……………………………………………………154

  2　輸出物品販売場における免税……………………………………………183

  3　租税特別措置法等による免税……………………………………………215

第3節　資産の譲渡等の時期

第1　資産の譲渡等の時期………………………………………………………224

  1　納税義務の成立時期………………………………………………………224

  2　資産の譲渡等の時期………………………………………………………224

第2　資産の譲渡等の時期の特例………………………………………………237

  1　リース譲渡に係る資産の譲渡等の時期の特例…………………………237

  2　工事の請負に係る資産の譲渡等の時期の特例…………………………246

  3　小規模事業者等に係る資産の譲渡等の時期等の特例…………………249

— 2 —

第4節　課税売上げ等に係る消費税額の計算

第1　課税資産の譲渡等に係る課税標準……………………………253

　　1　原則…………………………………………………………253

　　2　特例…………………………………………………………259

第2　特定課税仕入れに係る課税標準………………………………261

　　1　いわゆる「リバースチャージ方式」の概要……………261

　　2　課税標準……………………………………………………261

第3　税率………………………………………………………………263

　　1　消費税率等…………………………………………………263

　　2　税率引上げに伴う経過措置………………………………265

　　3　軽減税率制度………………………………………………286

第4　課税標準額に対する消費税額の計算…………………………305

　　1　原則…………………………………………………………305

　　2　代金決済に関する特例（経過措置）……………………306

　　3　売上げを税率の異なるごとに区分することが困難な事業者に対する
　　　売上税額の計算の特例（経過措置）………………………312

　　4　課税標準額に対する消費税額の算出方法の特例【令和5年10月1日から】…318

第5節　税額控除等

第1　仕入れに係る消費税額の控除…………………………………320

　　1　仕入税額控除の対象………………………………………321

　　2　対象となる事業者…………………………………………334

　　3　仕入税額控除の時期………………………………………335

　　4　課税仕入れ等に係る消費税額……………………………336

　　5　課税仕入れ等に係る消費税額の具体的な計算…………346

　　6　課税売上割合に準ずる割合………………………………356

　　7　課税仕入れ等の事実を記載した帳簿等の保存…………362

　　8　適格請求書発行事業者の登録制度【令和5年10月1日から】…………385

— 3 —

目　次

　　　9　金又は白金の地金の課税仕入れを行った場合の本人確認書類の保存········406

第2　仕入れに係る消費税の控除額の調整········410

　　　1　仕入れに係る対価の返還等を受けた場合の仕入控除税額の調整········410
　　　2　調整対象固定資産に係る仕入控除税額の調整········415
　　　3　居住用賃貸建物の取得等に係る仕入税額控除の調整········422
　　　4　免税事業者が課税事業者となる場合等の棚卸資産に係る仕入控除税額の
　　　　調整········424

第3　簡易課税制度········428

　　　1　制度の概要········429
　　　2　対象事業者········430
　　　3　簡易課税制度の選択等········430
　　　4　みなし仕入率········442
　　　5　みなし仕入率の計算方法········444
　　　6　事業区分の判定········449
　　　7　事業区分の具体的事例········455
　　　8　事業の区分記載の方法········468
　　　9　仕入控除税額の計算方法········469
　　10　設例に基づく仕入控除税額の計算········472
　　11　他の税額控除等との関係········474

第4　売上げに係る対価の返還等をした場合の消費税額の控除········475

　　　1　売上げに係る対価の返還等の意義········475
　　　2　対価の返還等を行った場合の処理········477
　　　3　対価の返還等を行った時期········477
　　　4　控除税額の算出方法········479
　　　5　適用要件········479

第5　特定課税仕入れに係る対価の返還等を受けた場合の消費税額
　　の控除········480

　　　1　特定課税仕入れに係る対価の返還等の意義········480
　　　2　控除税額の算出方法········481

3　適用要件……………………………………………………………481

第6　貸倒れに係る消費税額の控除……………………………………483

1　貸倒れに係る消費税額控除の概要……………………………483

2　貸倒れの範囲……………………………………………………484

3　貸倒れに係る消費税額の計算…………………………………485

4　適用要件…………………………………………………………485

5　貸倒れに係る消費税額の控除の適用を受けた売掛金等（税込価額）を
後日領収した場合…………………………………………………486

第6節　申告、納付

第1　確定申告………………………………………………………………487

1　申告期限…………………………………………………………488

2　確定申告を要しない場合………………………………………489

3　書類の添付………………………………………………………489

第2　中間申告………………………………………………………………493

1　中間申告をしなければならない事業者………………………493

2　中間申告の方法…………………………………………………494

3　中間申告税額の計算等…………………………………………495

第3　還付申告………………………………………………………………508

第4　電子情報処理組織（e-Tax）による申告の特例…………………509

第7節　国、地方公共団体等の特例

第1　国、地方公共団体……………………………………………………512

1　事業単位についての特例………………………………………512

2　資産の譲渡等の時期の特例……………………………………517

3　仕入税額控除についての特例…………………………………517

4　申告期限等の特例………………………………………………534

— 5 —

第2 消費税法別表第三に掲げる法人··536

  1 資産の譲渡等の時期の特例··536

  2 仕入税額控除についての特例··536

  3 申告期限等の特例··537

第3 人格のない社団等··540

  1 仕入税額控除についての特例··540

  2 課税期間等の特例··540

第8節　総額表示（税込価格表示）の義務付け

  1 総額表示（税込価格表示）の意義····································542

  2 総額表示（税込価格表示）の対象····································544

第9節　信託税制

  1 信託制度の概要··548

  2 信託財産に係る資産の譲渡等の帰属··································548

  3 法人課税信託の受託者に関する消費税法の適用························552

第10節　特定非常災害に係る届出等に関する特例

  1 被災事業者の届出の特例··560

  2 事業者免税点制度の適用制限等の解除································563

第11節　国境を越えた役務の提供に係る消費税の課税関係

第1 電気通信利用役務の提供··570

  1 電気通信利用役務の提供に係る内外判定基準··························570

  2 課税方式（リバースチャージ方式）··································572

3　国外事業者から受けた電気通信利用役務の提供に係る仕入税額控除の

　　制限……………………………………………………………………………577

　4　登録国外事業者制度………………………………………………………577

　5　リバースチャージ方式に関する経過措置………………………………578

第2　国外事業者が行う芸能・スポーツ等に係る役務の提供………………579

　1　特定役務の提供……………………………………………………………579

　2　「他の事業者に対して行う役務の提供」の意義…………………………580

　3　「不特定かつ多数の者に対して行う役務の提供を除く」の意義………580

　4　リバースチャージ方式に関する経過措置………………………………581

第3章　輸入取引に係る消費税

　1　輸入取引に係る納税義務者………………………………………………583

　2　輸入取引に係る納税地……………………………………………………584

　3　課税の対象となる輸入取引………………………………………………584

　4　非課税となる輸入取引……………………………………………………586

　5　免税となる輸入取引………………………………………………………587

　6　輸入取引に係る納税義務の成立時期……………………………………591

　7　輸入取引に係る課税標準及び税率………………………………………591

　8　輸入取引に係る申告及び納付……………………………………………594

第4章　地方消費税

　1　地方消費税の納税義務者等………………………………………………597

　2　地方消費税の課税標準……………………………………………………597

　3　地方消費税の税率…………………………………………………………597

　4　地方消費税の申告及び納付………………………………………………598

　5　地方消費税の執行機関等…………………………………………………598

　6　地方消費税の更正等の取扱い……………………………………………601

第5章　消費税及び地方消費税の経理処理

1　消費税及び地方消費税の経理処理の方式⋯⋯⋯⋯⋯⋯⋯⋯⋯⋯⋯603

2　消費税等の経理処理の選択⋯⋯⋯⋯⋯⋯⋯⋯⋯⋯⋯⋯⋯⋯⋯⋯603

3　金額基準等の消費税等の取扱い⋯⋯⋯⋯⋯⋯⋯⋯⋯⋯⋯⋯⋯⋯605

4　消費税等の納付税額又は還付税額の計上時期⋯⋯⋯⋯⋯⋯⋯⋯⋯609

5　控除対象外消費税額等の取扱い⋯⋯⋯⋯⋯⋯⋯⋯⋯⋯⋯⋯⋯⋯611

6　具体的な経理処理の方法⋯⋯⋯⋯⋯⋯⋯⋯⋯⋯⋯⋯⋯⋯⋯⋯⋯614

〔参考1〕　消費税及び地方消費税と印紙税⋯⋯⋯⋯⋯⋯⋯⋯⋯⋯⋯⋯633

〔参考2〕　日本標準産業分類（総務省）からみた事業区分の判定⋯⋯⋯639

〔参考3〕　新型コロナ感染症及びそのまん延防止措置のための措置
　　　　　に係る消費税の特例⋯⋯⋯⋯⋯⋯⋯⋯⋯⋯⋯⋯⋯⋯⋯⋯696

索　　引⋯⋯⋯⋯⋯⋯⋯⋯⋯⋯⋯⋯⋯⋯⋯⋯⋯⋯⋯⋯⋯⋯⋯⋯⋯707

第1章　消費税の概要

1　消費税の基本的な仕組み

　消費税法は、消費一般に対して広く公平に税負担を求めるため、昭和63年12月に創設され、平成元年4月から施行されています。その後、幾度も大きな制度改正がありましたが、基本的には次のような仕組みがとられています。

---

① 原則として、国内における全ての財貨の販売・サービスの提供などを課税の対象とします。

② 生産、流通、販売などの各段階において、他の事業者や消費者に財貨の販売・サービスの提供などを行う事業者を納税義務者とし、その売上げに対して課税を行います。

③ 税の累積を排除するために、事業者は、売上げに係る税額から仕入れに係る税額を控除し、その差引税額を納付します（控除税額が売上げに係る消費税額を上回る場合には、控除不足税額の還付が行われます。）。

④ 事業者に課せられる税相当額は、コストとして財貨・サービスの販売価格に織り込まれて転嫁され、最終的には消費者が負担することが予定されています。

⑤ 国内における消費に負担を求める税としての性格上、輸入取引については、保税地域から課税貨物を引き取る者を納税義務者として課税を行い、輸出取引については売上げに対して課税を行わないとともに、仕入税額控除と控除不足税額の還付が行われることにより、いわゆる国境税調整が行われます。

　なお、平成6年の改正により、消費税と課税の対象を同一にし、消費税額を課税標準とする地方消費税（地方税）が創設され、平成9年4月から施行されています。

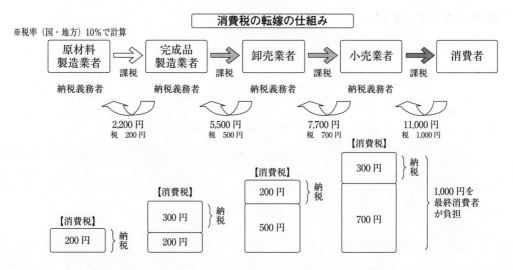

【国税・地方税の内訳（令和4年度当初予算額）】

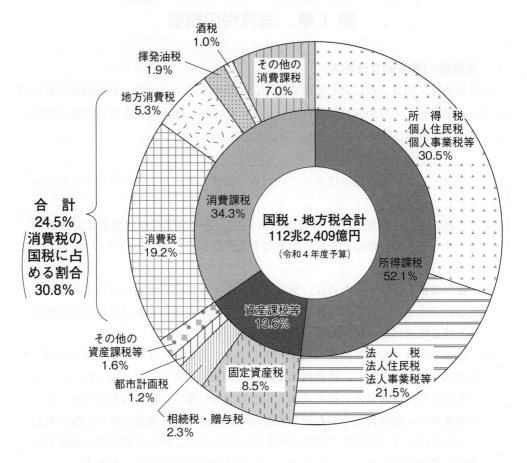

　国税及び地方税の税収は、令和4年度予算で、合計で112兆2,409億円であり、このうち、消費税及び地方消費税の税収は、全体の24.5%となっています。

　また、国税についてみると、国税収入70兆383億円に占める消費税の割合は、30.8%となっています。

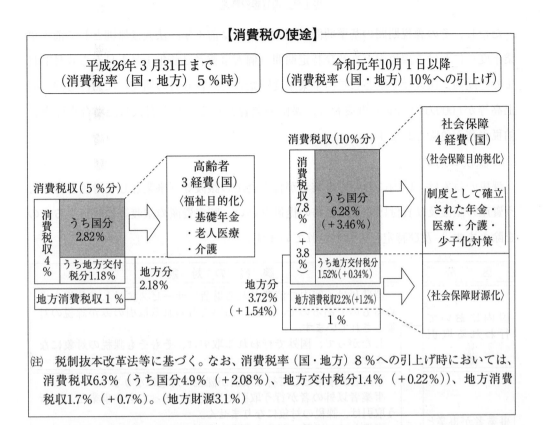

　平成26年3月31日までの消費税収（4％分）及び地方消費税収（1％分）は、それぞれ、国及び地方の一般財源でしたが、そのうち国分（地方交付税分を除いたものをいい、消費税率換算で2.82％、税率5％分の56.4％に相当）は、毎年度の予算総則により、その使途を高齢者3経費（基礎年金、老人医療、介護）に充てることとされていました（福祉目的化）。

　平成26年4月1日以降は、消費税収のうち国分の使途を社会保障4経費（年金、医療、介護、少子化対策）に拡大するとともに、法律上これが明確化（社会保障目的税化）されました（法1②）。

　また、平成26年4月1日以降における地方消費税収（税率引上げ分）及び消費税収に係る地方交付税分については、社会保障4経費その他社会保障施策（社会福祉、社会保険及び保健衛生に関する施策をいいます。）に充てる（社会保障財源化）こととされました（地方税法72の116）。

2　国内取引に係る消費税の仕組みの概要

(1)　納税義務者

　納税義務者は、事業者であり、国内において行った課税資産の譲渡等（特定資産の譲渡等に該当するものを除きます。）及び特定仕入れにつき、消費税の納税義務があります。

ただし、その課税期間の基準期間（個人事業者は前々年、法人は原則として前々事業年度）における課税売上高及び特定期間（個人事業者は前年1月1日から6月30日までの期間、法人は原則として前事業年度開始の日以後6月の期間）における課税売上高等が1,000万円以下の事業者は、課税事業者となることを選択した場合を除き、納税義務が免除されます。

(2) 課税の対象

課税の対象は、国内において事業者が行う資産の譲渡等（事業として対価を得て行う資産の譲渡及び貸付け並びに役務の提供をいい、特定資産の譲渡等に該当するものを除きます。）及び特定仕入れとされています。

区　分	課　税　の　対　象
国内において行われる取引	消費税は、国内で消費される財貨・サービスに対して負担を求めるものであるので、国内において行われる取引のみが課税の対象とされています。 　したがって、国外で行われる取引は、そもそも課税の対象になりません。
事業者が事業として行う取引	事業者が事業として行う取引が課税の対象になります。 　事業者以外の者が行う取引や事業者であっても非事業として行う取引は、課税の対象になりません。 　事業とは、同種の行為を反復、継続、独立して行うことをいい、その規模を問わないこととされています。 　なお、事業活動に付随して行われる取引は、事業として行う取引に含まれます。
対価を得て行う取引	消費税は、対価を得て行われる取引に対して課されますので、無償の取引は原則として課税の対象になりません。 　ただし、個人事業者が棚卸資産又は棚卸資産以外の資産で事業の用に供していたものを家事のために消費若しくは使用した場合又は法人が資産をその役員に対して贈与した場合には、例外的に、事業として対価を得て行われる資産の譲渡とみなすこととされています。
資産の譲渡及び貸付け並びに役務の提供	資産とは、取引の対象となる一切の資産をいい、棚卸資産や固定資産のような有形資産に限らず、権利その他の無形資産も資産に含まれます。 　資産の譲渡とは、資産につきその同一性を保持しつつ、他人に移転させることをいいます。 　資産の貸付けには、資産に係る権利の設定その他他の者に資産を使用させる一切の行為を含むこととされています。資産に係る権利の設定とは、例えば、土地に係る地上権若しくは地役権、特許権等の工業所有権に係る実施権若しくは使用権又は著作物に係る出版権の設定等をいい、資産を使用させる一切の行為とは、例えば、工業所有権等の使用、提供や著作物の複製、上演等をいいます。 　役務の提供とは、例えば、土木工事、修繕、保管、印刷、広告等のサービスを提供することをいい、弁護士、会計士等によるその専門的知識等に基づく役務の提供も含まれます。

	なお、代物弁済、負担付き贈与、現物出資等の特定の取引については、対価を得て行われる資産の譲渡等に含むこととされています。
特定仕入れ →	特定仕入れとは、事業として他の者から受けた特定資産の譲渡等をいいます。 特定資産の譲渡等とは、事業者向け電気通信利用役務の提供及び特定役務の提供をいいます。

(3) 非課税

消費税の課税の対象となる取引は、国内において事業者が行う資産の譲渡等（特定資産の譲渡等に該当するものを除きます。）及び特定仕入れですが、これらの資産の譲渡等の中には、消費に負担を求める税としての性格上、課税の対象としてなじまないものや社会政策的な配慮から課税することが適当でないものがあり、次の取引については、非課税とされています。

	内　　　　　　　　　容
非 課 税 取 引 の 範 囲	①　土地の譲渡、貸付け（一時的に使用させる場合等を除きます。）
	②　有価証券等又は支払手段（収集品、販売用のものは除きます。）の譲渡
	③　利子を対価とする資産の貸付け等の金融取引、保険料を対価とする役務の提供等
	④　日本郵便株式会社及び一定の販売所が行う郵便切手類又は印紙の譲渡、地方公共団体の行う証紙の譲渡
	⑤　物品切手等の譲渡
	⑥　国、地方公共団体、公共法人、公益法人等が法令に基づき徴収する手数料等に係る役務の提供
	⑦　外国為替及び外国貿易法に規定する一定の外国為替業務としての役務の提供
	⑧　健康保険法等の医療保険各法や公費負担医療制度に基づいて行われる医療の給付等
	⑨　介護保険法の規定に基づく居宅介護サービス、施設介護サービス等
	⑩　社会福祉事業、更生保護事業等として行われる資産の譲渡等
	⑪　助産に係る資産の譲渡等
	⑫　埋葬料、火葬料を対価とする役務の提供
	⑬　一定の身体障害者用物品の譲渡、貸付け等
	⑭　学校等における授業料、入学金、施設設備費、入学検定料、在学証明等手数料を対価とする役務の提供
	⑮　一定の教科用図書の譲渡
	⑯　住宅の貸付け（一時的に使用させる場合を除きます。）

— 5 —

(4) 輸出免税

消費税は、国内において消費される財貨・サービスに負担を求める税ですから、輸出や輸出に類似した取引については、売上げに対して課税を行わないとともに、仕入税額控除と控除不足額の還付が行われることにより、いわゆる国境税調整を行うこととされています。

輸出免税の対象となる取引の範囲の概要は、次のとおりです。

	内　　　　　容
輸出免税の対象となる取引	① 本邦からの輸出として行われる資産の譲渡又は貸付け
	② 外国貨物の譲渡又は貸付け
	③ 国際運輸、国際通信、国際郵便及び国際間の信書便
	④ 船舶運航事業者等に対する外航船舶等の譲渡、貸付け等
	⑤ 外航船舶等の水先、誘導等の役務の提供等
	⑥ 外国貨物の荷役、運送、保管等の役務の提供
	⑦ 鉱業権、工業所有権、著作権等の譲渡又は貸付けで非居住者に対して行われるもの
	⑧ 非居住者に対して行われる役務の提供で次に掲げるもの以外のもの ・国内に所在する資産に係る運送又は保管 ・国内における飲食又は宿泊 ・その他国内において直接便益を享受するもの

(5) 資産の譲渡等の時期

資産の譲渡等の時期は、資産の譲渡、資産の貸付け又は役務の提供が行われた時です。

具体的には、引渡し基準等により判定することになりますが、資産の譲渡等の時期に関し、次の特例措置が設けられています。

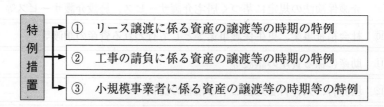

(6) 納税地

納税地は、所得税や法人税の納税地と同様であり、原則として、個人事業者はその住所地、法人は本店又は主たる事務所の所在地です。

(7) 課税標準

イ 課税資産の譲渡等

課税標準は、課税資産の譲渡等の対価の額（その課税資産の譲渡等につき課されるべき消費税及び地方消費税に相当する金額を除きます。）です。

なお、酒税、たばこ税、揮発油税等の個別消費税の税額に相当する金額は、対価の一部を構成するものであり、消費税の課税標準に含まれます。

ロ 特定課税仕入れ

課税標準は、特定仕入れに係る支払対価の額です。

(8) 税率

消費税の標準税率は7.8％、軽減税率は6.24％です。

同時に消費税額を課税標準として78分の22の税率で課税する地方消費税があり、消費税と地方消費税を合わせた標準税率の対象取引に係る税負担率は10％、軽減税率の対象取引に係る税負担率は8％となります。

イ 軽減税率制度の実施

令和元年10月1日から消費税率が7.8％に引き上げられ、この税率引上げと同時に、低所得者への配慮の観点から、「酒類・外食を除く飲食料品の譲渡」及び「週2回以上発行される新聞の定期購読契約に基づく譲渡」を対象として、軽減税率制度が実施されています。

なお、税率の適用については、旅客運賃等の税率等に関する経過措置など、所定の経過措置が設けられています。

ロ これまでの消費税率等の推移

適 用 開 始 日	平成元年 4月1日	平成9年 4月1日	平成26年 4月1日	令和元年 10月1日	
消 費 税 率	3％	4％	6.3%	軽減税率	標準税率
				6.24%	7.8%
地方消費税率	—	1％ （消費税額 の25/100）	1.7% （消費税額 の17/63）	1.76% （消費税額 の22/78）	2.2% （消費税額 の22/78）
合 計 税 率	—	5％	8％	8％	10%

(9) 仕入税額控除等

イ 仕入控除税額の計算方法（一般課税）

消費税法では、課税の累積を排除するために、仕入税額控除制度が設けられています。

課税事業者は、国内において課税仕入れを行った日、国内において特定課税仕入れ

— 7 —

を行った日又は保税地域から課税貨物を引き取った日(保税地域から引き取る課税貨物について特例申告書を提出した場合には特例申告書を提出した日)の属する課税期間における課税標準額に対する消費税額から、その課税期間中に国内において行った課税仕入れに係る消費税額、その課税期間中に国内において行った特定課税仕入れに係る消費税額及びその課税期間中に保税地域から引き取った課税貨物に係る消費税額の合計額(課税仕入れ等の税額)の全部又は一部を控除することができます。

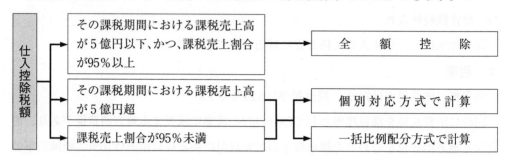

(イ) 個別対応方式を適用する場合

その課税期間中の課税仕入れ等を、

① 課税資産の譲渡等にのみ要するもの

② その他の資産の譲渡等(課税資産の譲渡等以外の資産の譲渡等)にのみ要するもの

③ 課税資産の譲渡等とその他の資産の譲渡等に共通して要するもの

に区分し、次の算式により計算した金額が控除できます。

$$\text{仕入控除税額} = \text{①に係る税額} + \text{③に係る税額} \times \text{課税売上割合}$$

この場合、課税売上割合に代えて、課税売上割合に準ずる割合(合理的な基準により算出したものとして税務署長の承認を受けたもの)を乗じる方法も認められます。

(ロ) 一括比例配分方式を適用する場合

次の算式により計算した金額が控除できます。

$$\text{仕入控除税額} = \text{その課税期間中の課税仕入れ等の税額} \times \text{課税売上割合}$$

なお、一括比例配分方式は、原則として、2年間は継続して適用しなければならないこととされています。

また、この仕入税額控除の適用を受けるためには、課税仕入れ等の税額の控除に係る帳簿及び請求書等を7年間保存しなければならないとされています。

(注) 軽減税率制度が実施されたことに伴い、現行の請求書等保存方式に代え、令和元

年10月１日から区分記載請求書等保存方式が、令和５年10月１日から適格請求書等保存方式（いわゆる「インボイス制度」）が開始されます。

ロ　簡易課税制度

中小事業者の納税事務負担の軽減を図る観点から、基準期間における課税売上高が5,000万円以下の課税期間については、課税事業者の選択により、売上げに係る消費税額に基づき仕入控除税額の計算を行えるようにする、簡易課税制度が設けられています。

なお、簡易課税制度は、原則として、２年間は継続して適用しなければならないこととされています。

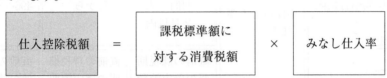

(注)　課税標準額に対する消費税額とは、売上げに係る対価の返還等の税額の合計額を控除した残額をいいます。

```
（みなし仕入率）
①　第１種事業（卸売業）・・・・・・・・・・・・・・・・・・・・・・・・・・・・・・・・・・・90％
②　第２種事業（小売業）・・・・・・・・・・・・・・・・・・・・・・・・・・・・・・・・・・・80％
③　第３種事業（農業、林業、漁業、鉱業、建設業、製造業等）・・・・・・70％
④　第４種事業（その他の事業）・・・・・・・・・・・・・・・・・・・・・・・・・・・・・60％
⑤　第５種事業（運輸通信業、金融業、保険業、サービス業）・・・・・・・・50％
⑥　第６種事業（不動産業）・・・・・・・・・・・・・・・・・・・・・・・・・・・・・・・・・40％
```

(注)　令和元年10月１日以後、農業、林業又は漁業のうち、飲食料品の譲渡を行う部分は、第２種事業とされています。

(10)　申告・納付

課税期間ごとに確定申告・納付を行うほか、直前の課税期間の確定消費税額に応じて中間申告・納付を行うこととされています。

なお、各中間申告対象期間について仮決算を行い、計算した消費税額及び地方消費税額により中間申告・納付することができます。

ただし、仮決算を行い、中間申告において計算した税額がマイナスとなった場合であっても、還付を受けることはできません。

確定申告・納付	課税事業者は、課税期間ごとに、原則としてその課税期間の末日の翌日から2月以内に、確定申告書を提出し、申告税額を納付することとされています。			
中間申告・納付 直前の課税期間の確定消費税額	48万円以下	48万円超～400万円以下	400万円超～4,800万円以下	4,800万円超
中間申告の回数		年1回	年3回	年11回
中間納付期限	中間申告不要（注1）	各中間申告の対象となる期間の末日の翌日から2月以内		496ページ参照
中間納付税額		直前の課税期間の確定消費税額の1/2（注2）	直前の課税期間の確定消費税額の1/4（注2）	直前の課税期間の確定消費税額の1/12（注2）
1年の合計申告回数	年1回（確定申告1回）	年2回（確定申告1回 中間申告1回）	年4回（確定申告1回 中間申告3回）	年12回（確定申告1回 中間申告11回）

(注)1　直前の課税期間の確定消費税額が48万円以下であっても、6月中間申告を行おうとする旨を記載した届出書を所轄税務署長に提出した場合には、自主的に中間申告書を提出することができます。

　　　2　直前の課税期間が12月に満たない場合には、計算方法が異なります。

⑾　その他

イ　届出書の提出

　基準期間における課税売上高又は特定期間における課税売上高等が1,000万円を超えることとなった場合、基準期間における課税売上高が1,000万円以下となった場合、課税事業者が事業を廃止した場合等には、事業者は、その旨を所轄税務署長に届け出なければならないこととされています。

ロ　帳簿の備付け等

　課税事業者は、帳簿を備え付けて、これに資産の譲渡等に関する事項等を整然と、かつ明瞭に記録し、かつ、これを7年間、納税地等に保存しなければならないこととされています。

ハ　総額表示（税込価格表示）の義務付け

　課税事業者が取引の相手方である消費者に対して、値札、チラシ、カタログなどによって、商品やサービスなどの価格をあらかじめ表示する場合には、消費税額（地方消費税額を含みます。）を含めた支払総額（税込価格）を表示することが義務付けられています。

3　国境を越えた役務の提供に係る消費税の課税関係

(1)　電気通信利用役務の提供

　電子書籍・音楽・広告の配信等の電気通信回線（インターネット等）を介して行われる役務の提供（電気通信利用役務の提供）が消費税の課税の対象となる国内取引に該当するかどうかは、**役務の提供を受ける者の住所地等**により判定することとされています。

イ　課税方式

　国外事業者が行う事業者向け電気通信利用役務の提供については、その国外事業者からその役務の提供を受けた国内事業者に対してその役務の提供に係る消費税の申告納税義務が課される、いわゆる「リバースチャージ方式」が導入されています。

　また、国外事業者が行う電気通信利用役務の提供のうち、事業者向け電気通信利用役務の提供以外のものについては、その国外事業者に申告納税義務が課されます。

ロ　登録国外事業者制度

　国外事業者が行う事業者向け電気通信利用役務の提供以外の電気通信利用役務の提供については、原則として、その役務の提供を受けた事業者において仕入税額控除が制限されますが、登録国外事業者から提供を受けるものについては、仕入税額控除の対象になります。

(2)　国外事業者が行う芸能・スポーツ等に係る役務の提供

　国外事業者が行う、映画若しくは演劇の俳優、音楽家その他の芸能人又は職業運動家の役務の提供を主たる内容とする事業として行う役務の提供のうち、その国外事業者が他の事業者に対して行うものを「特定役務の提供」といいます。

　国外事業者が行う特定役務の提供については、課税方式として、いわゆる「リバースチャージ方式」が導入されています。

4　輸入取引に係る消費税の仕組みの概要

(1)　納税義務者

　課税貨物を保税地域から引き取る者、すなわち、輸入者が納税義務者となります。

　国内取引については、事業者のみが納税義務者となりますが、輸入取引については、

— 11 —

事業者ではない個人であっても納税義務者となります。

(2) 課税の対象

保税地域（指定保税地域、保税蔵置場、保税工場、保税展示場及び総合保税地域）から引き取られる外国貨物は、有償取引であるか又は無償取引であるかを問わず、全て課税の対象となります。

なお、保税地域から引き取られる外国貨物のうち次のものは、非課税とされています。

①	有価証券等	⑤	物品切手等
②	郵便切手類	⑥	身体障害者用物品
③	印紙	⑦	教科用図書
④	証紙		

(3) 納税地

外国貨物の引取りに係る保税地域の所在地です。

(4) 課税標準

関税課税価格（C.I.F）に個別消費税額及び関税額を加算した金額です。

(5) 税率

国内取引と同様に標準税率7.8％、軽減税率6.24％です。

なお、令和元年10月１日から7.8％に引き上げられ、同時に、「酒類・外食を除く飲食料品の譲渡」及び「週２回以上発行される新聞の定期購読契約に基づく譲渡」を対象として軽減税率制度が実施されています。

(注)1　消費税と地方消費税を合わせた標準税率の対象取引に係る税負担率は10％、軽減税率の対象取引に係る税負担率は８％です。

2　平成９年４月１日から平成26年３月31日までの消費税の税率は、４％（消費税と地方消費税を合わせた税負担率は５％）とされていました。

3　平成26年４月１日から令和元年９月30日までの消費税の税率は、6.3％（消費税と地方消費税を合わせた税負担率は８％）とされていました。

(6) 申告・納付

課税貨物を保税地域から引き取ろうとする者は、その引取りの際に、関税の輸入申告と併せて申告し、納付することとされています。

この場合において、担保を提供したときには、３月間の納期限の延長が認められます。

なお、保税地域から引き取った課税貨物について特例申告書を提出する者は、関税の特例申告と併せて引き取った日の属する月の翌月末日までに申告し、納付することとされています。

この場合において、担保を提供したときには、２月間の納期限の延長が認められます。

5 地方消費税の概要

(1) 納税義務者等

国内取引及び輸入取引の区分により、次のとおりとされています（地方税法72の78）。

イ 国内取引

国内取引については、消費税の課税事業者に対して、住所地又は本店所在地等の所在する都道府県が地方消費税（譲渡割）を課すこととされています。

ロ 輸入取引

輸入取引については、課税貨物を保税地域から引き取る者に対して、その保税地域の所在地の都道府県が地方消費税（貨物割）を課すこととされています。

(2) 課税標準

国内取引及び輸入取引の区分により、次のとおりとされています（地方税法72の77）。

イ 国内取引

課税資産の譲渡等に係る消費税額から仕入れに係る消費税額等を控除した後の消費税額（消費税法第45条第1項第4号に規定する消費税額）

ロ 輸入取引

課税貨物に係る消費税額（消費税法第47条第1項第2号又は第50条第2項の規定により納付すべき消費税額）

(3) 税率

課税標準（消費税額）の78分の22とされています（地方税法72の83）。

したがって、消費税率に換算すると標準税率の対象取引は2.2%、軽減税率の対象取引は1.76%相当になります。

地方消費税率の推移

適　用　開　始　日	平成9年4月1日	平成26年4月1日	令和元年10月1日	
			軽減税率	標準税率
課税標準(消費税額)に対する地方消費税率	25/100	17/63	22/78	
地方消費税率を消費税率に換算した場合の税率	1%	1.7%	1.76%	2.2%

(4) 申告納付、還付等

国内取引及び輸入取引の区分により、次のとおりとされています。

— 13 —

イ　国内取引

　消費税の確定申告書等を提出する義務がある事業者は、消費税の申告期限までに、課税標準額、譲渡割額等を記載した申告書を住所地又は本店所在地等の都道府県知事に提出し、その申告した地方消費税額を納付しなければなりません（地方税法72の88）。

　ただし、当分の間、譲渡割の賦課徴収は、国が消費税の賦課徴収と併せて行うこととされており、消費税と同一の申告書・納付書により、併せて申告・納付することとされています（地方税法附則9の5〜9の7）。

ロ　輸入取引

　課税貨物を保税地域から引き取る者は、課税標準額及び貨物割額を記載した申告書を消費税の申告書と併せて税関長に提出し、その申告した地方消費税額を消費税と併せて納付しなければなりません（地方税法72の101、72の103）。

第2章　国内取引に係る消費税

第1節　納税義務者

第1　納税義務者

　消費税は、国内において事業者が事業として対価を得て行った資産の譲渡、資産の貸付け及び役務の提供（「**資産の譲渡等**」といい、特定資産の譲渡等に該当するものを除きます。）、特定仕入れ並びに保税地域から引き取られる外国貨物を課税の対象としています（法2①八、4①②）。

　資産の譲渡等のうち、消費税を課さないこととされるもの（法6①）以外のもの（「**課税資産の譲渡等**」といい、特定資産の譲渡等に該当するものを除きます。）、「**特定課税仕入れ**」及び保税地域から引き取られる外国貨物のうち消費税を課さないこととされるもの（法6②）以外のもの（「**課税貨物**」といいます。）に対して、消費税が課されます。

　この消費税を納める義務のある者、すなわち納税義務者は、取引の区分に応じ、次のとおりです。

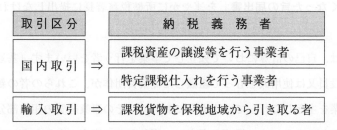

　事業者、すなわち個人事業者及び法人は、国内において行った課税資産の譲渡等（特定資産の譲渡等に該当するものを除きます。）及び特定課税仕入れについて、消費税を納める義務があります（法5①）。

　ただし、その課税期間の基準期間（個人事業者は前々年、法人は原則として前々事業年度）における課税売上高及び特定期間（29ページ参照）における課税売上高等が1,000万円以下の事業者は、課税事業者となることを選択した場合を除き、原則として、その課税期間の納税義務が免除されます（法9①～④、9の2）。

第2章　国内取引に係る消費税

事　業　者	区　　分		判　　　定	
個人事業者（非居住者を含みます。）	国内における課税資産の譲渡等（法2①九、4①）	資産の譲渡	基準期間における課税売上高又は特定期間における課税売上高等が1,000万円超	課税事業者
法人（外国法人を含みます。）		資産の貸付け	課税事業者となることを選択した者	
人格のない社団又は財団				納税義務者
国・地方公共団体		役務の提供	基準期間における課税売上高及び特定期間における課税売上高等が1,000万円以下	免税事業者
	国内における特定仕入れ（法2①八の二、4①）			

（注）　国、地方公共団体、公共法人、公益法人又は人格のない社団若しくは財団のほか、非居住者及び外国法人であっても、国内における課税資産の譲渡等及び特定課税仕入れ並びに課税貨物の引取りを行う限り、消費税の納税義務者になります。

（　チェックポイント　）

☆　基準期間における課税売上高又は特定期間における課税売上高等が1,000万円超となった事業者は、「**消費税課税事業者届出書**」を速やかに所轄税務署長に提出しなければなりません（法57①一）。

　　また、基準期間における課税売上高が1,000万円以下となった事業者は、「**消費税の納税義務者でなくなった旨の届出書**」を速やかに所轄税務署長に提出しなければなりません（法57①二）。

☆　事業者とは、自己の計算において独立して事業を行う者をいいます（基通1―1―1）。

☆　事業者の役員又は使用人をもって組織した従業員団体が、これらの者の親睦、福利厚生に関する事業を主として行っている場合において、その事業経費の相当部分をその事業者が負担しており、かつ、次に掲げる事実のいずれか一の事実があるときには、原則として、その事業の全部をその事業者が行ったものとされます（基通1―2―4）。

事	事業者の役員又は使用人で一定の資格を有する者が、その資格において当然にその団体の役員に選出されることになっていること
	その団体の事業計画又は事業の運営に関する重要案件の決定について、その事業者の許諾を要するなど、その事業者がその事業の運営に参画していること
実	その団体の事業に必要な施設の全部又は大部分をその事業者が提供していること

　　ただし、従業員団体の課税仕入れ等が、その事業者から拠出された部分と構成員から収入した会費等の部分とで按分する等の方法により適正に区分されている場合、上記にかかわらず、その団体が行った事業のうちその区分されたところによりその構成員から収入した会費等の部分に対応する資産の譲渡等又は課税仕入れ等については、その事業者が行っ

たものとすることはできません（基通1―2―5）。

☆　**共同事業における資産の譲渡等の帰属**は、次のように取り扱われます（基通1―3―1）。

共同事業	資産の譲渡等	共同事業の構成員がその共同事業の持分の割合又は利益の分配割合に対応する部分について、それぞれが左記の行為を行ったことになります。
	課税仕入れ	
	外国貨物の引取り	

　　㊟　その事業主体が人格のない社団等又は匿名組合である場合、人格のない社団等又は匿名組合の営業者自体が納税義務者に該当しますので、この取扱いは適用されません。

☆　共同企業体を組んで行う建設工事等は共同事業ですから、共同企業体が行う資産の譲渡等及び課税仕入れ等は、各構成員が出資金等の割合に応じて行ったものとなります。

☆　**匿名組合に係る消費税の納税義務者**は、匿名組合員ではなく商法第535条《匿名組合契約》に規定する営業者になります（基通1―3―2）。

☆　個人事業者と給与所得者の区分については、92ページを参照してください。

第2 小規模事業者に係る納税義務の免除

1 納税義務の免除の概要

　消費一般に広く負担を求めるという消費税の性格や産業経済に対する中立性の確保という点からは、いわゆる免税事業者を極力設けないことが望ましいのですが、小規模事業者の納税事務負担への配慮等から、一定規模以下の事業者については、納税義務を免除することとしています。

　すなわち、原則として、事業者のうち、その課税期間に係る基準期間における課税売上高及び特定期間における課税売上高等が1,000万円以下である者は、その課税期間中に国内において行った課税資産の譲渡等及び特定課税仕入れについて、納税義務が免除されます（法9①、9の2①、基通1－4－1）。

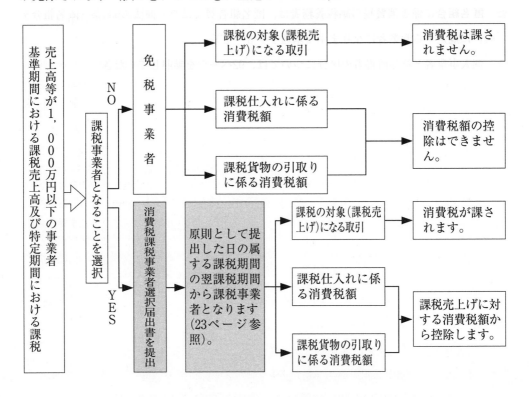

(1) 基準期間

　基準期間とは、個人事業者及び法人の区分に応じ、それぞれ次のようになります（法2①十四）。

　なお、消費税の納税義務の判定はその事業者の「課税期間における課税売上高」ではなく、「基準期間の課税売上高」という過去の一定期間における課税売上高により行うこととされています。

　これは、消費税は事業者が販売する商品やサービスの価格に含まれて転嫁を予定している税でありますので、その課税期間が課税事業者に該当するかどうか、特に免税事業者から課税事業者となる場合には、事業者自身が事前に予知しておく必要があるからです。

　また、課税事業者となる場合には、消費税法に規定する帳簿の記載などが必要となるのでこれらに対する事前準備や簡易課税制度を選択する、あるいは免税事業者が課税事業者となることを選択する場合は、その課税期間の開始の前日までに所定の届出書を納税地の所轄税務署長に提出することなどからも、事前に予知しておく必要があります。

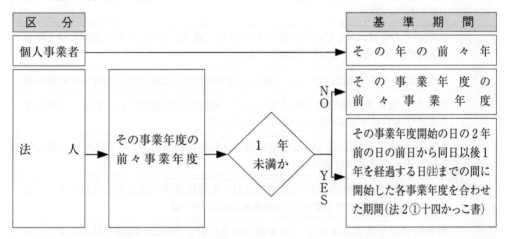

　㊟　「その事業年度開始の日の2年前の日の前日」とは、令和4年10月1日がその事業年度開始の日とした場合には、令和2年10月1日をいい、「同日以後1年を経過する日」とは、令和3年9月30日をいいます。

　　なお、これにより法人の基準期間となる期間は、必ずしも12か月とは限りません。

　　その場合、この期間における課税売上高を1年分に換算する必要があります（法9②二）。

(2) 基準期間における課税売上高

　基準期間における課税売上高とは、基準期間中に国内において行った課税資産の譲渡等の対価の額（税抜き）の合計額から売上げに係る対価の返還等の金額（税抜き）の合計額を控除した残額をいいます（法9②、28①）。

第2章　国内取引に係る消費税

	課税資産の譲渡等の対価の額（税抜き）		課税売上高
		売上げに係る対価の返還等の金額（税抜き）	

なお、課税売上高を算出するに当たっては、次の点に注意する必要があります（基通1—4—2）。

区分	内　　　　　容
課税売上高に含まれるもの	国内において行った課税資産の譲渡等の対価の額（税抜き）（法9②一、28①）
	個人事業者が棚卸資産又は棚卸資産以外の事業用資産を家事のために消費し、又は使用した場合のそれらの資産の時価に相当する金額（法4⑤一、28③一）
	法人が資産をその役員に対して贈与した場合のその資産の時価に相当する金額（法4⑤二、28③二）
	法人がその役員に対して資産を著しく低い価額で譲渡した場合のその資産に係る時価と譲渡の対価の額との差額（法28①ただし書）
	消費税法第7条《輸出免税等》の規定の適用を受ける課税資産の譲渡等の対価の額
	消費税法第8条《輸出物品販売場における輸出物品の譲渡に係る免税》に規定する非居住者に対する輸出物品の譲渡の対価の額
	租税特別措置法第85条《外航船等に積み込む物品の譲渡等に係る免税》に規定する指定物品の譲渡の対価の額
	租税特別措置法第86条《外国公館等に対する課税資産の譲渡等に係る免税》に規定する大使館等に対する課税資産の譲渡等の対価の額
	租税特別措置法第86条の2《海軍販売所等に対する物品の譲渡に係る免税》に規定する海軍販売所又はピー・エックスに対する課税資産の譲渡の対価の額
	その他の法律又は条約の規定により消費税及び地方消費税が免除される場合の課税資産の譲渡等の対価の額
課税売上高に含まれないもの	課税資産の譲渡等につき課されるべき消費税額及び地方消費税額に相当する額（法28①かっこ書）
	国内において行った特定資産の譲渡等の対価の額（法2①八の二、4①）
	消費税法第31条《非課税資産の輸出等を行った場合の仕入れに係る消費税額の控除の特例》の規定により、課税資産の譲渡等とみなされるものに係る対価の額
	消費税法第38条第1項《売上げに係る対価の返還等をした場合の消費税額の控除》に規定する売上げに係る対価の返還等の金額（税抜き）
	消費税法施行令第19条《基準期間の課税売上高の計算における輸出取引等に係る対価の返還等の金額の取扱い》に規定する輸出取引等に係る対価の返還等の金額

— 20 —

> チェックポイント

☆ 消費税法第39条第1項《貸倒れに係る消費税額の控除等》に規定する事実が生じたため領収することができなくなった課税資産の譲渡等の対価の額は、その基準期間及びその特定期間に国内において行った課税資産の譲渡等に係る対価の額の合計額から控除することはできません（基通1-4-2(注)2）。

☆ 課税資産の譲渡等には特定資産の譲渡等は含まれませんので、基準期間における課税売上高及び特定期間における課税売上高には、特定資産の譲渡等の対価の額は含まれません（基通1-4-2(注)3）。

☆ 消費税の課税標準とされる特定課税仕入れに係る支払対価の額は、その特定課税仕入れの提供を受けた事業者における課税資産の譲渡等の対価の額ではありませんので、その特定課税仕入れを行った事業者の基準期間における課税売上高及び特定期間における課税売上高には含まれません（基通1-4-2(注)4）。

(3) 納税義務の判定

基準期間における課税売上高による納税義務の判定は、次のようになります。

なお、次のような場合であっても、課税事業者となることを選択しているとき又は各納税義務の免除の特例の適用を受けるときには、納税義務が免除されません。

イ 個人事業者の場合（法2①十四）

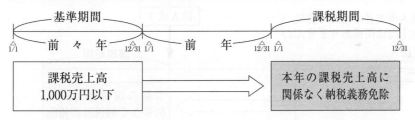

ロ 法人の場合
　(イ) 1年決算の場合（法2①十四）
　　　(例) 3月決算

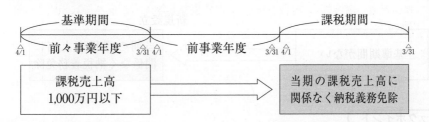

(ロ)　半年決算の場合（法2①十四かっこ書）

㋱　9月・3月決算

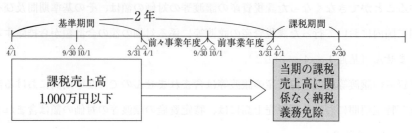

ハ　新規開業した場合（基通1-4-6）

(イ)　個人事業者の場合

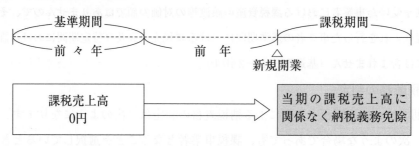

(ロ)　個人事業者のいわゆる法人成りの場合

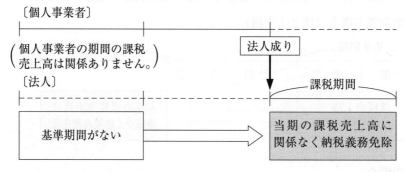

(ハ)　新設された法人の場合

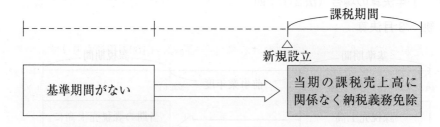

チェックポイント

☆　**基準期間が1年でない法人**については、基準期間における課税売上高を1年分に換算した上で、1,000万円以下かどうかを判定します（法9②二）。

なお、個人事業者にあっては、年の中途において新たに事業を開始した場合や事業を廃

止した場合など、その基準期間において事業を行った期間が1年に満たないときであっても、1年分に換算することなく、その基準期間における課税売上高そのもので1,000万円以下かどうか判定します（基通1－4－9）。

☆ **基準期間における課税売上高は事業者単位で算定**しますので、一の事業者が異なる種類の事業を行う場合又は2以上の事業所を有している場合には、それらの事業又は事業所における課税資産の譲渡等の対価の額の合計額により、基準期間における課税売上高を算定することになります（基通1－4－4）。

☆ 基準期間における課税売上高は、その基準期間における課税標準額とは一致しないことがありますので、注意をする必要があります。

例えば、課税資産の輸出は、基準期間における課税売上高に含めますが、輸出免税の規定（法7）が適用される場合、消費税の申告に当たっては、課税標準額には含まれません（法45①一かっこ書）。

☆ **基準期間において免税事業者であった場合**、その基準期間である課税期間中に国内において行った課税資産の譲渡等については、消費税及び地方消費税が課されていません。

したがって、その事業者の基準期間における課税売上高の算定に当たっては、免税事業者であった基準期間である課税期間中にその事業者が国内において行った課税資産の譲渡等に伴って収受し、又は収受すべき金銭等の全額が、その事業者のその基準期間における課税売上高になります（基通1－4－5）。

事例で示すと、次のようになります。

〔判定課税期間③に係る基準期間における課税売上高による納税義務：個人事業者の例〕

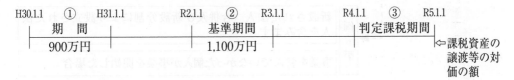

- 「基準期間②」は、その前々年「期間①」における課税売上高が1,000万円以下ですから免税事業者になり、1,100万円には、消費税額及び地方消費税額に相当する額が含まれていないことになります。

  したがって、「基準期間②」における課税売上高は、1,100万円になります。

- 「判定課税期間③」は、その「基準期間②」における課税売上高が1,000万円を超えていますので、課税事業者となり、「判定課税期間③」における課税売上高が1,000万円以下であっても納税義務があります。

2 課税事業者となることの選択等

(1) 課税事業者となることの選択

免税事業者が「**消費税課税事業者選択届出書**」を所轄税務署長に提出した場合、原

則として、その届出書の提出をした日の属する課税期間の翌課税期間以後の各課税期間については、課税事業者になることができます（法9④、規11①）。

ただし、届出書の提出をした日の属する課税期間が次に掲げる課税期間である場合には、その届出書の提出をした日の属する課税期間から課税事業者になることができます（法9④、令20）。

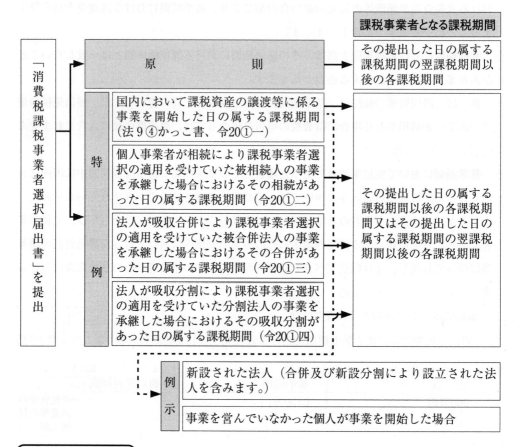

> **チェックポイント**

☆ その事業者が法人である場合における「国内において**課税資産の譲渡等に係る事業を開始した日の属する課税期間**」とは、原則として、その法人の設立の日の属する課税期間をいいますが、例えば、非課税資産の譲渡等に該当する社会福祉事業のみを行っていた法人や国外取引のみを行っていた法人が、新たに国内において課税資産の譲渡等に係る事業を開始した課税期間もこれに含まれます。

なお、設立の日の属する課税期間においては設立登記を行ったのみで事業活動を行っていない法人が、その翌課税期間等において実質的に事業活動を開始した場合には、その課税期間等もこれに含むものとして取り扱われます（基通1－4－7）。

☆ 「**課税資産の譲渡等に係る事業を開始した日の属する課税期間**」には、その課税期間開始の日の前日まで2年以上にわたって国内において行った課税資産の譲渡等又は課税仕入

れ及び保税地域からの課税貨物の引取りがなかった事業者が、課税資産の譲渡等に係る事業を再び開始した課税期間も該当するものとして取り扱われます（基通1―4―8）。

☆ 「消費税課税事業者選択届出書」を提出した日の属する課税期間が、上記特例に掲げる**各課税期間に該当する場合**には、届出によって課税事業者となろうとする課税期間を、その課税期間からとするか又は翌課税期間からとするかを選択することができます。

なお、この場合、届出書を提出しようとする事業者は、届出書において適用開始課税期間の初日の年月日を明確にしておく必要があります（基通1―4―14）。

☆ **被相続人、被合併法人又は分割法人等が提出した「消費税課税事業者選択届出書」の効力**は、相続人、合併法人又は分割承継法人等には及びませんので、その適用を受けるためには、新たに「消費税課税事業者選択届出書」を提出しなければなりません（基通1―4―12、1―4―13、1―4―13の2）。

⑵ **課税事業者選択の不適用**

免税事業者が課税事業者となることを選択した場合において、その後、その選択をやめようとするときには、**「消費税課税事業者選択不適用届出書」**を所轄税務署長に提出する必要があります（法9⑤、規11②）。

なお、「消費税課税事業者選択不適用届出書」を提出した場合には、提出があった日の属する課税期間の翌課税期間からその効力が生じます（法9⑧）。

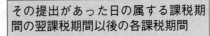

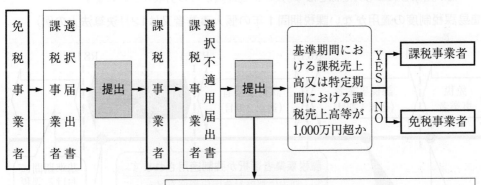

◖ チェックポイント ◗

☆ 「消費税課税事業者選択届出書」は、その基準期間における課税売上高が1,000万円以下である課税期間について課税事業者となることを選択するものですから、その届出書を提出したことにより課税事業者となった後において基準期間における課税売上高が1,000万

円を超えた場合であっても、「消費税課税事業者選択不適用届出書」を提出しない限り「消費税課税事業者選択届出書」の効力は存続し、再度基準期間における課税売上高が1,000万円以下になる課税期間については、課税事業者になります（基通1－4－11）。

(3) **調整対象固定資産の仕入れ等を行った場合の課税事業者選択不適用届出の制限**

課税事業者となることを選択した事業者が次の①から③までの全てに該当する場合には、③の調整対象固定資産の仕入れ等を行った課税期間の初日から3年を経過する日の属する課税期間の初日以後でなければ、課税事業者選択不適用届出書を提出することができません（法9⑦）。

① 課税事業者となった課税期間の初日から2年を経過する日までの間に開始した各課税期間中（原則として2年間）に、

② 調整対象固定資産の仕入れ等を行った場合

③ その調整対象固定資産の仕入れ等を行った課税期間につき簡易課税制度の適用を受けない場合（一般課税により申告する場合）

(注)1 調整対象固定資産の範囲、調整対象固定資産に係る仕入控除税額の調整方法等については、416ページを参照。

2 「調整対象固定資産の仕入れ等」とは、国内における調整対象固定資産の課税仕入れ又は調整対象固定資産に該当する課税貨物（他の法律又は条約の規定により消費税が免除されるものを除きます。）の保税地域からの引取りをいいます。

（簡易課税制度の適用がない課税期間1年の個人事業者又は12月決算法人の例）

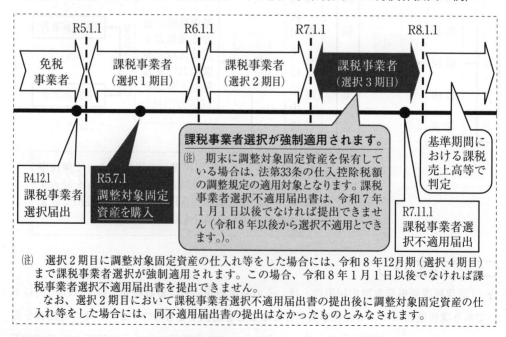

第1節　納税義務者

╭─────────────╮
│ チェックポイント │
╰─────────────╯

☆　課税事業者選択不適用届出書を提出した事業者がその届出書の提出日以後、その届出書
　を提出した日の属する課税期間中に調整対象固定資産の仕入れ等を行ったことにより、消
　費税法第9条第7項の規定の適用を受けることとなった場合には、その届出書の提出がな
　かったものとみなされ、引き続き課税事業者選択届出書は、その効力が存続することにな
　ります（法9⑦後段、基通1─4─11㊟）。

☆　消費税法第9条第7項の規定は、課税事業者選択届出書を提出した事業者が、同項に規
　定する各課税期間（同法第37条第1項《中小事業者の仕入れに係る消費税額の控除の特
　例》の適用を受ける課税期間を除きます。）中に調整対象固定資産の仕入れ等を行った場
　合に適用されますので、その後にその調整対象固定資産を廃棄、売却等により処分したと
　しても、同法第9条第7項の規定は継続して適用されます（基通1─4─15の2）。

☆　消費税法第9条第7項の規定が適用される場合には、事業を廃止した場合を除き、調整
　対象固定資産の仕入れ等の日の属する課税期間の初日以後3年間は、一般課税により消費
　税の申告を行うこととなります（法9⑦、37③一）。

　　なお、申告に当たっては、特に、次の点に注意することが必要です。

①　調整対象固定資産の仕入れ等を行った課税期間の開始の日から3年を経過する日の属
　する課税期間において、課税売上割合が著しく変動し、その課税期間の末日に調整対象
　固定資産を所有している場合には、「課税売上割合が著しく変動した場合の調整」（417
　ページ参照）が必要となることがあります（法33）。

②　また、調整対象固定資産の仕入れ等を行った日から3年を経過する日までの間に、そ
　の調整対象固定資産を課税売上げに対応するものから非課税売上げに対応するものに転
　用した場合（その逆の転用も同様です。）にも、「課税業務用から非課税業務用に転用し
　た場合等の仕入控除税額の調整」（又はその逆の調整）（420ページ参照）を行う必要が
　あります（法34、35）。

⑷　課税事業者選択届出書等の提出に係る特例規定

　課税事業者となることを選択しようとする事業者が、やむを得ない事情があるため、
その適用を受けようとする課税期間の初日の前日までに「消費税課税事業者選択届出
書」を提出できなかった場合において、所轄税務署長の承認を受けたときには、その
適用を受けようとする課税期間の初日の前日に提出したものとみなされます（法9⑨、
令20の2①）。

　この承認を受けようとする事業者は、その適用を受けようとする課税期間の初日の
年月日、課税期間開始前に提出できなかった事情等を記載した申請書を、その事情が
やんだ日から2月以内に所轄税務署長に提出する必要があります（令20の2③、規11
④一、基通1─4─17）。

また、課税事業者となることを選択している事業者がその選択をやめようとする場合に提出する「消費税課税事業者選択不適用届出書」についても同様です（法９⑨、令20の２②、規11④二）。

　なお、特定非常災害の被災者である事業者並びに新型コロナウイルス感染症及びそのまん延防止のための措置の影響を受けた事業者については、特例措置が設けられています（560、697ページ参照）。

イ　「やむを得ない事情」の範囲（基通１－４－16）

やむを得ない事情	㈠　震災、風水害、雪害、凍害、落雷、雪崩、がけ崩れ、地滑り、火山の噴火等の天災又は火災その他の人的災害で自己の責任によらないものに基因する災害が発生したことにより、届出書の提出ができない状態になったと認められる場合
	㈡　上記㈠に規定する災害に準ずるような状況又はその事業者の責めに帰することができない状態にあることにより、届出書の提出ができない状態になったと認められる場合
	㈢　その課税期間の末日前おおむね１月以内に相続があったことにより、その相続に係る相続人が新たに課税事業者選択届出書等を提出できる個人事業者となった場合
	㈣　上記㈠から㈢までに準ずる事情がある場合で、税務署長がやむを得ないと認めた場合

ロ　具体的な適用事例

㈠　適用を開始しようとする課税期間開始前に災害が発生し、やんだ場合

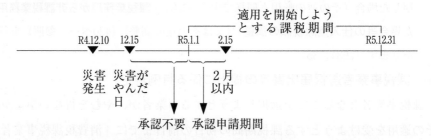

㈡　適用を開始しようとする課税期間開始前に災害が発生し、その課税期間中に災害がやんだ場合

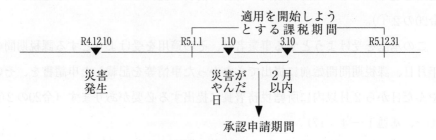

(ハ) 適用を開始しようとする課税期間（新規事業開始課税期間）中に災害が発生した場合

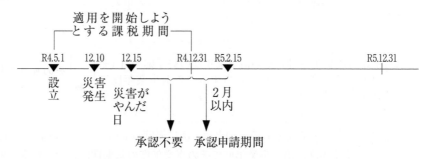

3 特定期間における課税売上高による納税義務の免除の特例

個人事業者のその年又は法人のその事業年度の基準期間における課税売上高が1,000万円以下である場合において、その個人事業者のその年又は法人のその事業年度に係る特定期間における課税売上高が1,000万円を超えるときには、その個人事業者のその年又は法人のその事業年度における課税資産の譲渡等及び特定課税仕入れについては、納税義務が免除されません（法9の2①）。

(1) 特定期間

特定期間とは、次に掲げる事業者の区分に応じ、それぞれ次のようになります（法9の2④）。

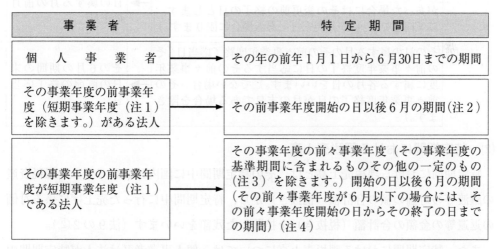

(注)1 **短期事業年度**とは、次に掲げるものとされています（令20の5①）。
　(1) その事業年度の前事業年度で7月以下であるもの
　(2) その事業年度の前事業年度（7月以下であるものを除きます。）で、前事業年度開始の日以後6月の期間の末日の翌日（その6月の期間の末日が（注2）の(1)又は(2)に該当するときは、それぞれに定める日）からその前事業年度終了の日までの期間が2月未満であるもの
　2 前事業年度開始の日以後6月の期間の末日が次に掲げる場合に該当するときは、前事業

第2章　国内取引に係る消費税

年度開始の日からそれぞれ次の日までの期間がその6月の期間とみなされます（令20の6①）。

(1) その月の末日でない場合（その前事業年度終了の日（その6月の期間の末日後にその終了の日の変更があった場合にはその変更前の終了の日となります。以下同じです。）が月の末日である場合に限ります。）	→ その6月の期間の末日の属する月の前月の末日
(2) その日の属する月のその前事業年度の終了応当日（その前事業年度終了の日に応当するその前事業年度に属する各月の日をいいます。）でない場合（その前事業年度終了の日が月の末日である場合を除きます。）	→ その6月の期間の末日の直前の終了応当日

3　前々事業年度から除かれるものとは、次に掲げるものとされています（令20の5②）。

(1)　その事業年度の前々事業年度でその事業年度の基準期間に含まれるもの

(2)　その事業年度の前々事業年度（6月以下であるものを除きます。）で、前々事業年度開始の日以後6月の期間の末日（その6月の期間の末日が（注4）の(1)又は(2)に該当するときは、それぞれに定める日）の翌日からその前々事業年度の翌事業年度終了の日までの期間が2月未満であるもの

(3)　その事業年度の前々事業年度（6月以下であるものに限ります。）でその翌事業年度が2月未満であるもの

4　前々事業年度開始の日以後6月の期間（前々事業年度が6月以下である場合におけるその6月の期間を除きます。）の末日が次に掲げる場合に該当するときは、前々事業年度開始の日からそれぞれ次の日までの期間がその6月の期間とみなされます（令20の6②）。

(1) その月の末日でない場合（その前々事業年度終了の日（その6月の期間の末日後にその終了の日の変更があった場合にはその変更前の終了の日とします。以下同じです。）が月の末日である場合に限ります。）	→ その6月の期間の末日の属する月の前月の末日
(2) その日の属する月のその前々事業年度終了応当日（その前々事業年度終了の日に応当するその前々事業年度に属する各月の日をいいます。）でない場合（その前々事業年度終了の日が月の末日である場合を除きます。）	→ その6月の期間の末日の直前の終了応当日

(2)　**特定期間における課税売上高**

特定期間における課税売上高とは、その特定期間中に国内において行った課税資産の譲渡等の対価の額の合計額（税抜き）から、特定期間中に行った売上げに係る対価の返還等の金額の合計額（税抜き）を控除した残額をいいます（法9の2②）。

また、特定期間における課税売上高については、個人事業者又は法人が特定期間中に支払った所得税法第231条第1項《給与等、退職手当等又は公的年金等の支払明細書》に規定する支払明細書に記載すべき給与等の金額に相当するものの合計額とすることができます（法9の2③）。

╭─ **チェックポイント** ─╮

☆　特定期間における課税売上高と給与等の金額の**いずれの基準で判断するかは、事業者の**

— 30 —

選択に委ねられていますので、いずれか一方の金額が1,000万円を超えている場合であっても、他方の金額が1,000万円以下であるときには、**免税事業者と判定**することができます。

☆ **特定期間における課税売上高に含まれる範囲**は、基準期間における課税売上高に含まれる範囲と同じです（基通1─4─2）（20ページ参照）。

☆ 特定期間が含まれる課税期間において免税事業者であった場合、その特定期間が含まれる課税期間中に国内において行った課税資産の譲渡等については、消費税及び地方消費税が課されていません。

したがって、その事業者の特定期間における課税売上高の算定に当たっては、免税事業者であった特定期間中にその事業者が国内において行った課税資産の譲渡等に伴って収受し、又は収受すべき金銭等の全額がその事業者のその特定期間における課税売上高になります（基通1─4─5）。

☆ **個人事業者の特定期間**は、その年の前年の1月1日から6月30日までの期間ですので、例えば、前年の3月1日に事業を開始した個人事業者の特定期間における課税売上高は、前年の3月1日から6月30日までの期間における課税売上高（又は給与等の金額）になります（6か月分に換算する必要はありません。）。

なお、前年の7月1日から12月31日までの間に事業を開始した場合には、特定期間における課税売上高（又は給与等の金額）がありませんので、特定期間における課税売上高による納税義務の免除の特例の適用はありません。

☆ **法人の特定期間**が6か月以下となる場合、その特定期間における課税売上高は、その特定期間の開始の日から終了の日までの期間の課税売上高（又は給与等の金額）になります（6か月分に換算する必要はありません。）。

☆ 特定期間における課税売上高とすることができる給与等の金額に相当するものとは、所得税法施行規則第100条第1項第1号に規定する給与等の金額をいいますので、所得税の課税対象とされる給与、賞与等が該当し、所得税が非課税とされる通勤手当、旅費等は該当しません（規11の2、基通1─5─23）。

また、**特定期間中に支払った給与等の金額の範囲**については、次の点に注意する必要があります。

(1) 未払額は含まれません（基通1─5─23㊟）。

(2) 退職手当は含まれません。

(3) 使用人に対して無償又は低額の賃貸料で社宅、寮等を貸与することなどにより供与した経済的利益で給与所得とされたものは含まれます。

☆ 相続、合併、分割等があった場合における相続人、合併法人、新設分割子法人、新設分割親法人又は分割承継法人の特定期間における課税売上高による納税義務の判定については、相続、合併、分割等に係る特例が設けられていませんので、相続人、合併法人、新設分割子法人、新設分割親法人又は分割承継法人の特定期間における課税売上高のみによっ

て行います。

(3) 納税義務の判定

特定期間における課税売上高による納税義務の判定は、次のようになります。

なお、特定期間における課税売上高が1,000万円以下であっても、課税事業者となることを選択している場合又は他の納税義務の免除の特例の適用を受ける場合には、納税義務が免除されません。

イ　個人事業者の場合

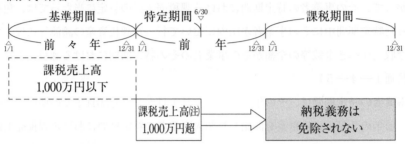

（注）　課税売上高に代えて、給与等の金額により判定することもできます。

ロ　法人の場合

　(イ)　1年決算の場合

　　(例)　3月決算

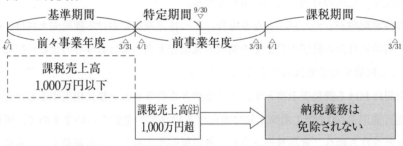

（注）　課税売上高に代えて、給与等の金額により判定することもできます。

　(ロ)　半年決算の場合

　　(例)　9月・3月決算

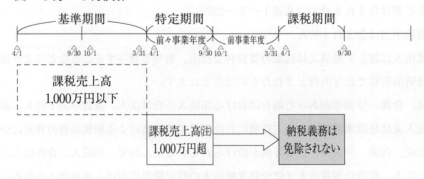

（注）　課税売上高に代えて、給与等の金額により判定することもできます。

ハ 新規開業した場合（基通1－4－6）
(イ) 個人事業者の場合

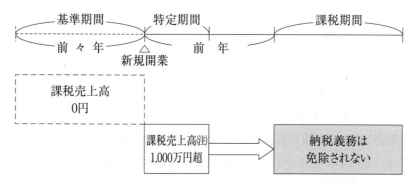

(ロ) 個人事業者のいわゆる法人成りの場合

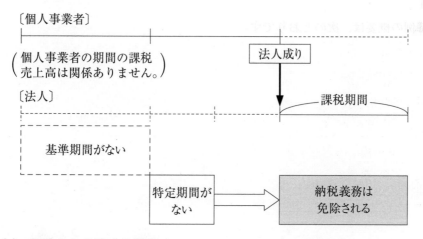

(ハ) 新設された法人の場合

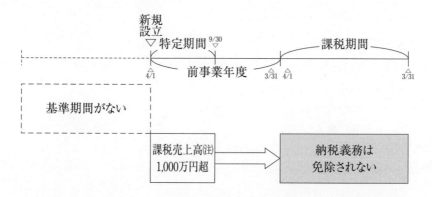

4　相続、合併又は分割等があった場合の納税義務の免除の特例

　基準期間における課税売上高及び特定期間における課税売上高等が1,000万円以下の事業者は、課税事業者となることを選択している場合を除き免税事業者になりますが、事業者につき、相続、合併又は分割等があった場合には、次のような特例が設けられています（法10、11、12）。

(1)　相続があった場合の特例

　免税事業者である個人事業者（給与収入のみを得ていた者など事業を営んでいなかった個人を含みます。）が相続により被相続人の事業を承継した場合の納税義務の有無については、その年に相続があったときには、基準期間における被相続人の課税売上高が1,000万円を超えるかどうかにより判定し、その年の前年又は前々年に相続があったときには、その年の基準期間における被相続人の課税売上高と相続人の課税売上高との合計額が1,000万円を超えるかどうかにより判定します（法10①②、基通1－5－4）。

　この特例の概要は、次のとおりです。

第1節 納税義務者

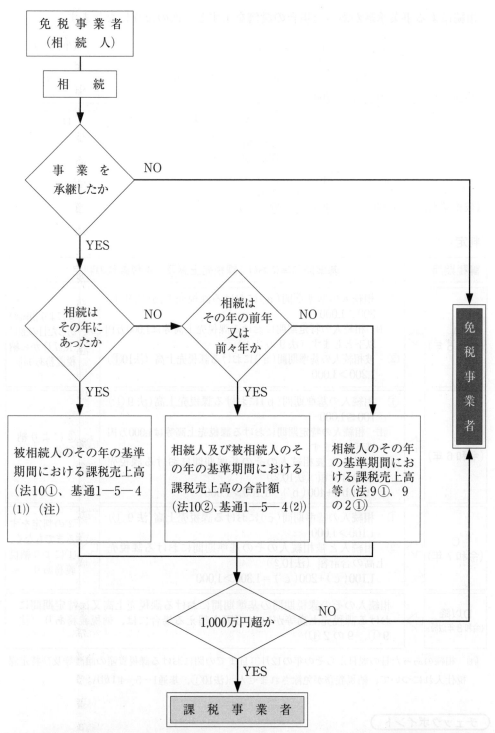

(注) 免税事業者であった相続人が相続のあった年についてこの特例により課税事業者となった場合には、相続のあった日の翌日からその年の12月31日までの間における課税資産の譲渡等について、納税義務が免除されません（法10①、基通1−5−4(1)(注)）。

相続による事業承継があった場合の設例を示すと、次のようになります。

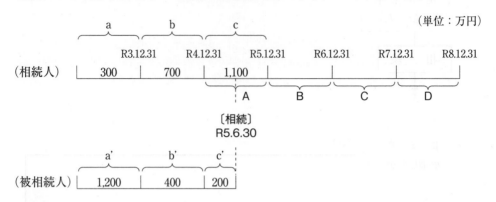

〔判定〕

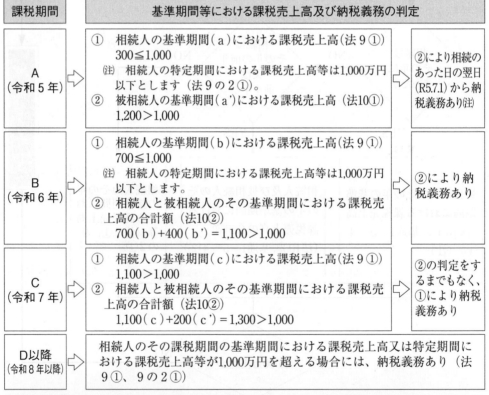

(注) 相続のあった日の翌日からその年の12月31日までの間における課税資産の譲渡等及び特定課税仕入れについて、納税義務が免除されません（法10①、基通1－5－4(1)注）。

チェックポイント

☆ 免税事業者である個人事業者（相続人）には、相続があった日の属する年の基準期間において事業を行っていない相続人も含みます（基通1－5－1）。

☆ 課税事業者となることを選択し、又は特定期間における課税売上高等による納税義務の免除の特例により課税事業者となっている事業者については、この特例の適用はありませ

ん（法10①かっこ書）。

☆ 「**被相続人の事業を承継した場合**」とは、相続により被相続人の行っていた事業の全部
又は一部を継続して行うために財産の全部又は一部を承継した場合をいいますから、例え
ば、父親が事業から引退し、その事業をその子供が承継するような場合には、相続があっ
た場合の納税義務の免除の特例の適用はありません（基通1－5－3）。

☆ **被相続人が2以上の事業場を有していた場合**において、2人以上の相続人が各事業場ご
とに分割して承継したときには、「被相続人のその年の基準期間における課税売上高」は、
各相続人が承継した事業場に係る部分の課税売上高になります（法10③、令21）。

☆ **相続人が2人以上いる場合**には、相続財産の分割が実行されるまでの間は被相続人の事
業を承継する相続人は確定しませんので、各相続人が共同して被相続人の事業を承継した
ものとして取り扱われます。

　この場合において、各相続人のその課税期間に係る基準期間における課税売上高は、そ
の被相続人の基準期間における課税売上高に各相続人の民法上の相続分に応じた割合を乗
じた金額になります（基通1－5－5）。

(2) 合併があった場合の特例

　免税事業者である法人が合併により被合併法人の事業を承継した場合の納税義務の
有無については、その事業年度に合併があったときには、合併法人の合併があった日
の属する事業年度の基準期間に対応する期間における被合併法人の課税売上高（被合
併法人が2以上ある場合にはいずれかの被合併法人の課税売上高）が1,000万円を超
えるかどうかにより判定し、合併があった日の属する事業年度の翌事業年度及び翌々
事業年度については、合併法人の基準期間における課税売上高と被合併法人のその基
準期間に対応する期間における課税売上高（被合併法人が2以上ある場合、各被合併
法人のその金額の合計額）との合計額により判定します（法11、令22、基通1－5－
6）。

　この特例の概要は、次のとおりです。

第2章 国内取引に係る消費税

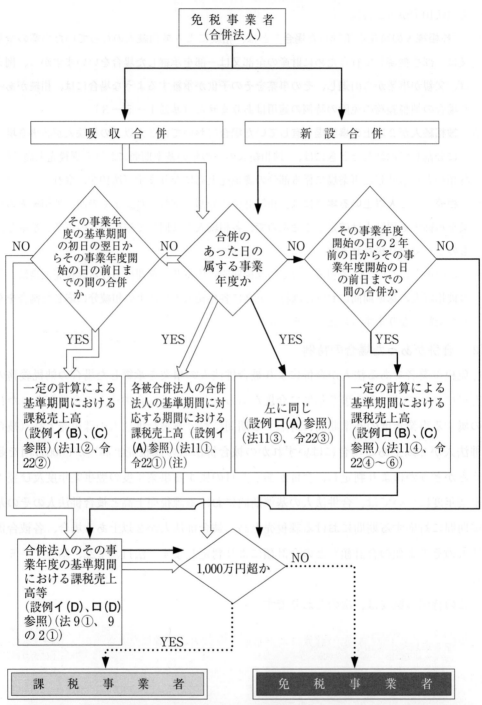

(注) 免税事業者であった合併法人が合併のあった日の属する事業年度について本特例により課税事業者となった場合には、合併があった日からその合併があった日の属する事業年度終了の日までの間における課税資産の譲渡等及び特定課税仕入れについて、納税義務が免除されません（法11①）。

合併があった場合の設例を示すと、次のようになります。

(例)　事業年度が1年である法人

イ　吸収合併の場合

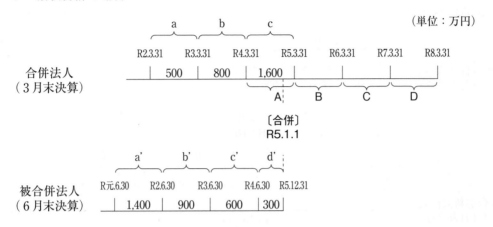

〔判定〕

課税期間	基準期間等における課税売上高及び納税義務の判定	
A 令和5年 3月期	①　合併法人の基準期間（a）における課税売上高（法9①） 　　500≦1,000 （注）合併法人の特定期間における課税売上高等は1,000万円以下とします。 ②　被合併法人の合併法人の基準期間に対応する期間における課税売上高（法11①、令22①） 　　1,400（a'）÷12×12＝1,400＞1,000	②により合併があった日（R5.1.1）から納税義務あり（注）
B 令和6年 3月期	①　合併法人の基準期間（b）における課税売上高（法9①） 　　800≦1,000 （注）合併法人の特定期間における課税売上高等は1,000万円以下とします。 ②　一定の計算による基準期間における課税売上高（法11②、令22②） 　　800（b）＋（900（b'）÷12×12）＝1,700＞1,000	②により納税義務あり
C 令和7年 3月期	①　合併法人の基準期間（c）における課税売上高（法9①） 　　1,600＞1,000 ②　一定の計算による基準期間における課税売上高（法11②、令22②かっこ書） 　　1,600（c）＋［｛（600（c'）＋300（d'））÷18×12｝÷12×9］＝2,050 　　　　　　　　　　　　　　　　　　　　　　　　　　　　＞1,000	②の判定をするまでもなく、①により納税義務あり
D以降 令和8年 3月期以降	合併法人のその課税期間の基準期間における課税売上高又は特定期間における課税売上高等が1,000万円を超える場合には、納税義務あり（法9①、9の2①）	

（注）合併があった日からその合併があった日の属する事業年度終了の日までの間における課税資産の譲渡等及び特定課税仕入れについて、納税義務が免除されません（法11①）。

ロ 新設合併の場合

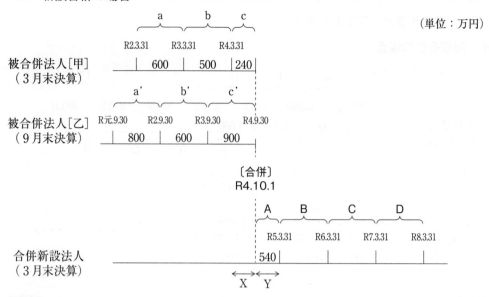

〔判定〕

課税期間	基準期間等における課税売上高及び納税義務の判定	
A 令和5年 3月期	① 合併新設法人の基準期間なし（基通1—4—6） ② 各被合併法人の合併法人の基準期間に対応する期間における課税売上高（法11③、令22③） (イ) 被合併法人［甲］の(a) 600÷12×12≦1,000 (ロ) 被合併法人［乙］の(b') 600÷12×12≦1,000	納税義務なし
	(注) 合併新設法人が消費税法第12条の2に規定する新設法人又は同法第12条の3に規定する特定新規設立法人に該当する場合には、消費税法第11条第3項により計算した課税売上高が1,000万円以下であっても納税義務は免除されません。	
B 令和6年 3月期	① 合併新設法人の基準期間なし（基通1—4—6） ② 一定の計算による基準期間における課税売上高の合計額（法11④、令22⑥一） 　(0(X))＋{(500(b)÷12×12) 　＋(600(b')÷12×12)} ＝ 1,100＞1,000	②により納税義務あり
	(注) 合併新設法人が消費税法第12条の2に規定する新設法人又は同法第12条の3に規定する特定新規設立法人に該当する場合には、消費税法第11条第4項により計算した課税売上高が1,000万円以下であっても納税義務は免除されません。	
C 令和7年 3月期	① 合併新設法人の基準期間(A)における課税売上高（法9①）540÷6×12＝1,080＞1,000 ② 一定の計算による基準期間における課税売上高の合計額（法11④、令22④） 　540(Y)＋(240(c)÷6×6)＋(900(c')÷12×6)＝1,230＞1,000	②の判定をするまでもなく、①により納税義務あり
D以降 令和8年 3月期以降	合併新設法人のその課税期間の基準期間における課税売上高又は特定期間における課税売上高等が1,000万円を超える場合には、納税義務あり（法9①、9の2①）	

 チェックポイント

☆ 課税事業者となることを選択し、又は特定期間における課税売上高による納税義務の免

除の特例により課税事業者となっている事業者については、この特例の適用はありません（法11①かっこ書）。

☆　吸収合併の場合の「**合併があった日**」とは、合併の効力を生ずる日をいい、新設合併の場合の「**合併があった日**」とは、法人の設立の登記をした日をいいます（基通1－5－7）。

(3)　分割等があった場合の特例

分割等があった場合の納税義務の有無の判定については、分割等の形態等によって次のようになります（法12、令23、24、基通1－5－6の2）。

イ　新設分割等の場合（法12①～④、令23①～⑤、24、基通1－5－6の2(1)・(2)）

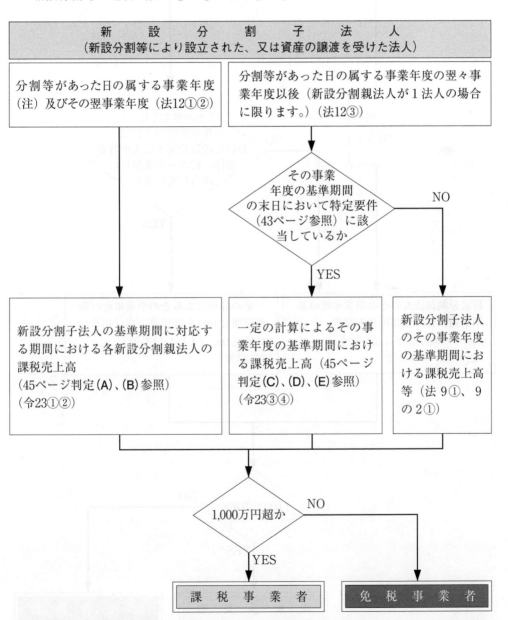

(注)　新設分割親法人が2以上ある場合において、いずれかの新設分割親法人に係る一定の計算に

よるその事業年度の基準期間における課税売上高が1,000万円超であるときには、分割等があった日からその分割等があった日の属する事業年度終了の日までの間における課税資産の譲渡等及び特定課税仕入れについては、納税義務が免除されません（基通1―5―6の2(1)）。

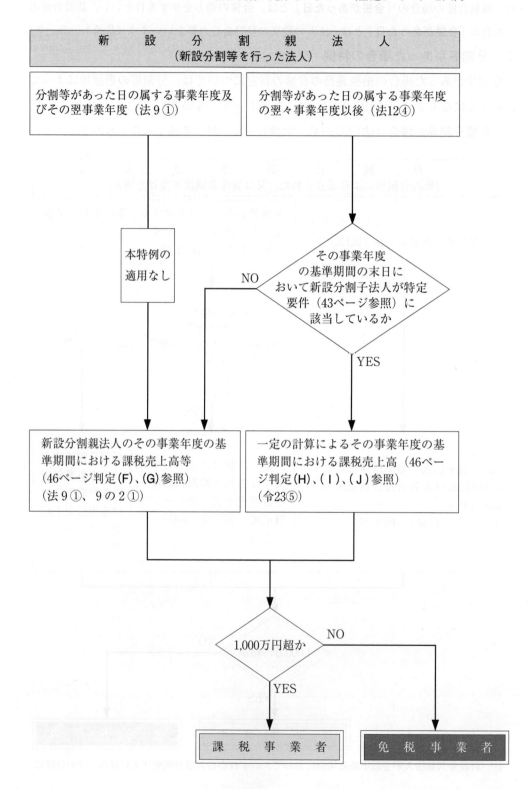

第1節　納税義務者

(イ)　新設分割等の定義（法12⑦）

新設分割等	①　新設分割（法12⑦一） ②　いわゆる現物出資で一定の要件を満たすもの（法12⑦二） ③　いわゆる事後設立で一定の要件を満たすもの（法12⑦三、令23⑨）

(ロ)　特定要件

特定要件	新設分割子法人の発行済株式又は出資の総数又は総額の50／100超の数又は金額の株式又は出資が新設分割親法人及びその新設分割親法人と特殊な関係にある者の所有に属すること等（法12③かっこ書、令24）

(注)　上記の特定要件に該当するかどうかは、その課税期間の基準期間の末日の現況によります。

したがって、例えば、新設分割親法人が新設分割子法人の株式を譲渡し、一旦特定要件に該当しないことになった場合であっても、その後再び株式を取得することにより、その課税期間の基準期間の末日において特定要件に該当することになったときは、この特例の適用があります（基通1―5―13）。

— 43 —

新設分割親法人と特殊な関係のある者とは、次のとおりです（令24）。

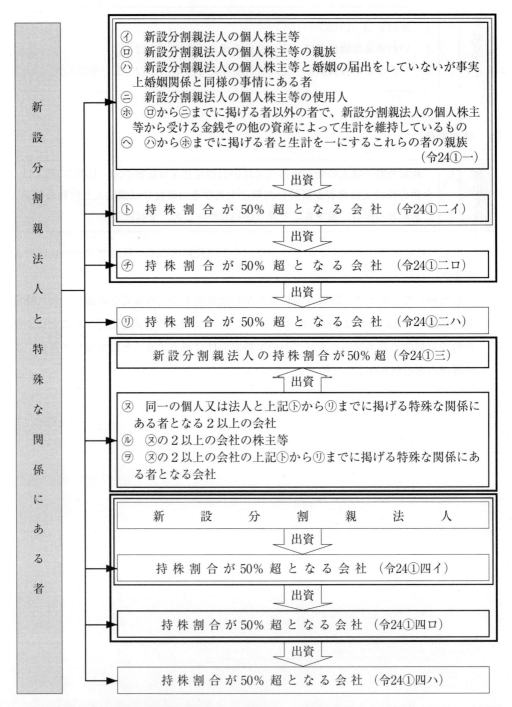

(注) 持株割合の計算の基礎となる新設分割親法人の発行済株式又は出資の総数又は総額には、その新設分割親法人が所有する自己の株式又は出資は含まれません。

第1節　納税義務者

　令和4年10月1日に新設分割があった場合の設例を示すと、次のようになります。

（例）　分割の形態は分社型で、新設分割子法人は特定要件に該当

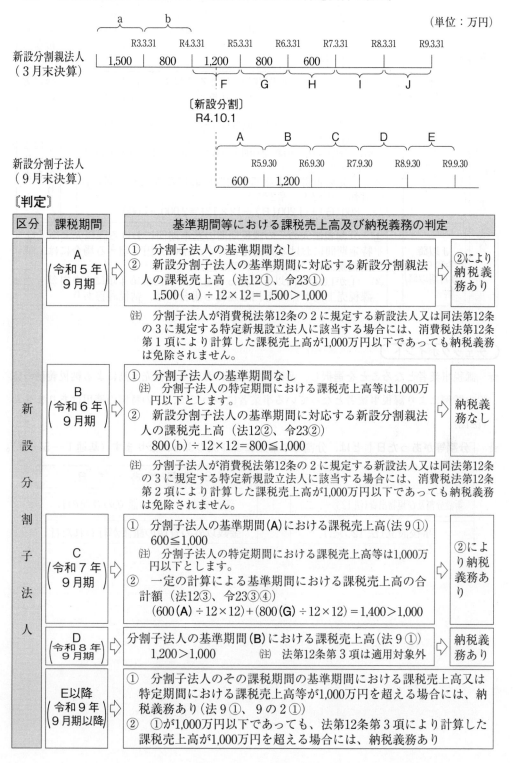

〔判定〕

区分	課税期間	基準期間等における課税売上高及び納税義務の判定	
新設分割子法人	A （令和5年 9月期）	① 分割子法人の基準期間なし ② 新設分割子法人の基準期間に対応する新設分割親法人の課税売上高（法12①、令23①） 　1,500（a）÷12×12＝1,500＞1,000 ㊟ 分割子法人が消費税法第12条の2に規定する新設法人又は同法第12条の3に規定する特定新規設立法人に該当する場合には、消費税法第12条第1項により計算した課税売上高が1,000万円以下であっても納税義務は免除されません。	②により納税義務あり
	B （令和6年 9月期）	① 分割子法人の基準期間なし 　㊟ 分割子法人の特定期間における課税売上高等は1,000万円以下とします。 ② 新設分割子法人の基準期間に対応する新設分割親法人の課税売上高（法12②、令23②） 　800（b）÷12×12＝800≦1,000 ㊟ 分割子法人が消費税法第12条の2に規定する新設法人又は同法第12条の3に規定する特定新規設立法人に該当する場合には、消費税法第12条第2項により計算した課税売上高が1,000万円以下であっても納税義務は免除されません。	納税義務なし
	C （令和7年 9月期）	① 分割子法人の基準期間（A）における課税売上高（法9①） 　600≦1,000 　㊟ 分割子法人の特定期間における課税売上高等は1,000万円以下とします。 ② 一定の計算による基準期間における課税売上高の合計額（法12③、令23③④） 　(600(A)÷12×12)+(800(G)÷12×12)＝1,400＞1,000	②により納税義務あり
	D （令和8年 9月期）	分割子法人の基準期間（B）における課税売上高（法9①） 　1,200＞1,000　　㊟ 法第12条第3項は適用対象外	納税義務あり
	E以降 （令和9年 9月期以降）	① 分割子法人のその課税期間の基準期間における課税売上高又は特定期間における課税売上高等が1,000万円を超える場合には、納税義務あり（法9①、9の2①） ② ①が1,000万円以下であっても、法第12条第3項により計算した課税売上高が1,000万円を超える場合には、納税義務あり	

— 45 —

第2章　国内取引に係る消費税

新設分割親法人			
	F （令和5年） 3月期	分割親法人の基準期間（a）における課税売上高（法9①） 　1,500＞1,000	納税義務あり
	G （令和6年） 3月期	分割親法人の基準期間（b）における課税売上高（法9①） （注）　分割親法人の特定期間における課税売上高等は1,000万円以下とします。 　800≦1,000	納税義務なし
	H （令和7年） 3月期	分割親法人の基準期間（F）における課税売上高（法9①） 　1,200＞1,000　　　（注）　法第12条第4項は適用対象外	納税義務あり
	I （令和8年） 3月期	①　分割親法人の基準期間（G）における課税売上高（法9①） 　800≦1,000 （注）　分割親法人の特定期間における課税売上高等は1,000万円以下とします。 ②　一定の計算による基準期間における課税売上高の合計額（法12④、令23⑤） 　800（G）＋（1,200（B）÷12×12）＝2,000＞1,000	②により納税義務あり
	J以降 （令和9年） 3月期以降	①　分割親法人のその課税期間の基準期間における課税売上高又は特定期間における課税売上高等が1,000万円を超える場合には、納税義務あり（法9①、9の2①） ②　①が1,000万円以下であっても、法第12条第4項により計算した課税売上高が1,000万円を超える場合には、納税義務あり	

チェックポイント

☆　課税事業者となることを選択し、又は特定期間における課税売上高による納税義務の免除の特例により課税事業者となっている事業者については、この特例の適用はありません（法12）。

☆　「**分割等があった日**」とは、分割等の形態により次のようになります（基通1―5―9）。

形　　　　　態	分　割　等　が　あ　っ　た　日
新設分割及び現物出資（法12⑦一、二）	新設分割子法人の設立の登記の日
事後設立（法12⑦三）	金銭以外の資産の譲渡が行われた日

第1節　納税義務者

ロ　吸収分割の場合（法12⑤⑥、令23⑥⑦、基通1－5－6の2(3)・(4)）

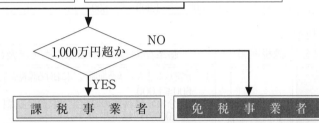

(注)　免税事業者であった分割承継法人が分割等のあった日の属する事業年度について本特例により課税事業者となった場合には、吸収分割があった日からその吸収分割があった日の属する事業年度終了の日までの間における課税資産の譲渡等及び特定課税仕入れについて、納税義務が免除されません。
　　　分割法人が2以上ある場合において、いずれかの分割法人に係る一定の計算によるその事業年度の基準期間における課税売上高が1,000万円超であるときには、吸収分割があった日からその吸収分割があった日の属する事業年度終了の日までの間における課税資産の譲渡等及び特定課税仕入れについては、納税義務が免除されません。

チェックポイント

☆　分割法人の納税義務の有無については、原則どおりその事業年度の基準期間における課税売上高及び特定期間における課税売上高等によって判定します。

☆　「**吸収分割があった日**」とは、分割の効力を生ずる日をいいます（基通1－5－10）。

— 47 —

第2章 国内取引に係る消費税

令和4年10月1日に吸収分割があった場合の設例を示すと、次のようになります。

(単位：万円)

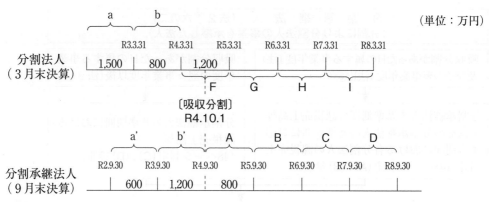

〔判定〕

区分		課税期間	基準期間等における課税売上高及び納税義務の判定		
分割承継法人	A	令和5年9月期	① 分割承継法人の基準期間(a')における課税売上高（法9①） 600≦1,000 (注) 分割承継法人の特定期間における課税売上高等は1,000万円以下とします。 ② 分割承継法人の基準期間における各分割法人の課税売上高（法12⑤、令23⑥） 1,500(a)÷12×12＝1,500＞1,000	⇒	②により吸収分割があった日(R4.10.1)から納税義務あり(注)
	B	令和6年9月期	分割承継法人の基準期間(b')における課税売上高（法9①） 1,200＞1,000 (注) 法第12条第6項は適用対象外	⇒	納税義務あり
	C	令和7年9月期	分割承継法人の基準期間(A)における課税売上高（法9①） (注) 分割承継法人の特定期間における課税売上高等は1,000万円以下とします。 800≦1,000	⇒	納税義務なし
	D以降	令和8年9月期以降	分割承継法人のその課税期間の基準期間における課税売上高又は特定期間における課税売上高等が1,000万円を超える場合には、納税義務あり（法9①、9の2①）		
分割法人	F	令和5年3月期	分割法人の基準期間(a)における課税売上高（法9①） 1,500＞1,000	⇒	納税義務あり
	G	令和6年3月期	分割法人の基準期間(b)における課税売上高（法9①） 800≦1,000 (注) 分割法人の特定期間における課税売上高等は1,000万円以下とします。	⇒	納税義務なし
	H	令和7年3月期	分割法人の基準期間(F)における課税売上高（法9①） 1,200＞1,000	⇒	納税義務あり
	I以降	令和8年3月期以降	分割法人のその課税期間の基準期間における課税売上高又は特定期間における課税売上高等が1,000万円を超える場合には、納税義務あり（法9①、9の2①）		

(注) 吸収分割があった日からその吸収分割があった日の属する事業年度終了の日までの間における課税資産の譲渡等及び特定課税仕入れについて、納税義務が免除されません。

5 基準期間がない法人の納税義務の免除の特例

(1) 新設法人の納税義務の免除の特例

　その事業年度の基準期間のない法人（社会福祉法第22条《定義》に規定する社会福祉法人を除きます。）のうち、その事業年度開始の日における資本金の額又は出資の金額が1,000万円以上である法人（以下「新設法人」といいます。）は、その新設法人の基準期間がない事業年度における課税資産の譲渡等及び特定課税仕入れについて、消費税法第9条第1項本文《小規模事業者に係る納税義務の免除》の規定は適用されません（法12の2①、令25①）。

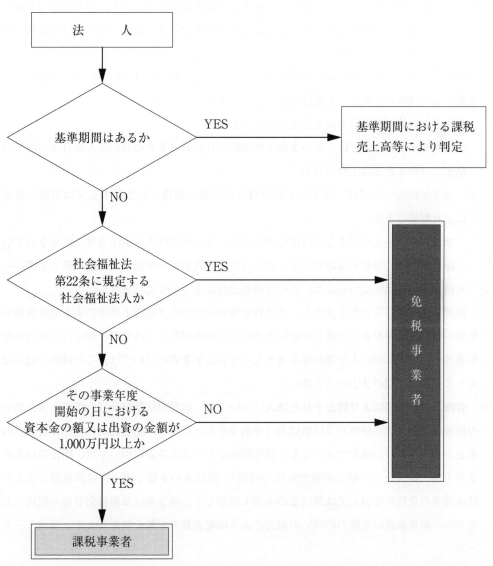

第2章　国内取引に係る消費税

チェックポイント

☆　この特例の対象となる**「新設法人」**には、法人を新規に設立した事業年度に限らず、その設立した事業年度の翌事業年度以後の事業年度であっても、基準期間がない事業年度の開始の日における資本金の額又は出資の金額が1,000万円以上である場合が該当します（基通1―5―15）。

☆　**「出資の金額」**には、営利法人である合名会社、合資会社又は合同会社に係る出資の金額に限らず、農業協同組合及び漁業協同組合等の協同組合に係る出資の金額、特別の法律により設立された法人で出資を受け入れることにしているその法人に係る出資の金額、地方公営企業法第18条《出資》に規定する地方公共団体が経営する企業に係る出資の金額及びその他の法人で出資を受け入れることにしている場合のその法人に係る出資の金額が該当します（基通1―5―16）。

☆　外国法人も、その本国において設立されてからの2年間は、日本国内において事業を行う限りこの特例の対象となる**新設法人**に該当します。

　　なお、この特例の適用の対象となるかどうかは、

・　設立初年度については、その事業年度開始の日におけるその外国法人の日本国内での登記上の資本金又は出資の金額

・　第2年度については、前事業年度の貸借対照表に記載された資本金又は出資の金額により判定します。

　　また、外国法人の資本金又は出資の金額が、その外国法人の本国通貨で表示されている場合は、その事業年度開始の日における電信売買相場の仲値により円換算します。

☆　人格のない社団等については、この特例の適用はありません（法3）。

☆　課税事業者となることを選択し、又は特定期間における課税売上高等による納税義務の免除の特例、合併があった場合の納税義務の免除の特例若しくは分割等があった場合の納税義務の免除の特例により課税事業者となっている事業者については、この特例の適用はありません（法12の2①かっこ書）。

☆　**合併又は分割等により設立された法人**については、消費税法第11条《合併があった場合の納税義務の免除の特例》又は第12条《分割等があった場合の納税義務の免除の特例》の規定が適用されない場合であっても、基準期間がない課税期間については、同法第12条の2第1項《新設法人の納税義務の免除の特例》、第12条の3第1項《特定新規設立法人の納税義務の免除の特例》又は第12条の4第1項若しくは第2項《高額特定資産を取得した場合等の納税義務の免除の特例》の規定により納税義務の有無を判定します（基通1―5―17）。

☆　消費税法第12条の2第1項《新設法人の納税義務の免除の特例》又は第12条の3第1項《特定新規設立法人の納税義務の免除の特例》の規定は、基準期間がない法人について適用されますので、基準期間ができた以後の課税期間（同法第12条の2第2項《基準期間が

― 50 ―

ない課税期間中に調整対象固定資産を取得した新設法人の納税義務の免除の特例）、第12
条の３第３項《基準期間がない課税期間中に調整対象固定資産を取得した特定新規設立法
人の納税義務の免除の特例》又は第12条の４第１項若しくは第２項《高額特定資産を取得
した場合等の納税義務の免除の特例》の規定により同法第９条第１項《小規模事業者に係
る納税義務の免除》の規定が適用されないこととなる課税期間を除きます。）における納
税義務の有無の判定は、同法第９条第１項の規定によることになります。

　なお、その法人が、同法第９条第１項の規定により納税義務が免除されることとなる場
合であっても、特定期間ができた以後の課税期間における納税義務の有無の判定は、同法
第９条の２第１項の規定の適用があります。

　また、その法人が**合併又は分割等により設立された法人**である場合には、基準期間がで
きた以後の課税期間における納税義務の有無の判定は、同法第９条第１項又は第９条の２
第１項の規定によるほか、同法第11条又は第12条の規定により判定します（基通１—５—
18）。

☆　この特例は事業者免税点制度に係るものですので、新設法人に該当する場合であっても、
消費税法第37条第３項第２号《調整対象固定資産の仕入れ等を行った場合の簡易課税制度
選択届出書の提出制限》に該当するとき、同項第３号若しくは第４号《高額特定資産を取
得した場合等の簡易課税制度選択届出書の提出制限》に該当するとき又は同条第４項が適
用されるときを除き、簡易課税制度を選択することができます（基通１—５—19）。

☆　**新設法人に該当することになった事業者**は、事業の内容、設立の年月日、事業年度の開
始日及び終了日、新設法人に該当することとなった事業年度の開始日及びその資本金の額
又は出資の金額等を記載した「**消費税の新設法人に該当する旨の届出書**」を速やかに所轄
税務署長に提出しなければなりません（法57②、規26⑤）。

　なお、法人税法第148条《内国普通法人等の設立の届出》の規定による設立届出書の提
出があった場合において、その届出書に上記の内容が記載されているときには、上記の
「消費税の新設法人に該当する旨の届出書」の提出があったものとして取り扱われます
（基通１—５—20）。

(2)　**基準期間がない課税期間中に調整対象固定資産を取得した新設法人の納税
義務の免除の特例**

　新設法人（法12の２①）及び特定新規設立法人（法12の３①）（53ページ参照）が
次の①から③までの全てに該当する場合、②の調整対象固定資産の仕入れ等を行った
課税期間の初日から３年を経過する日の属する課税期間までの各課税期間については、
免税事業者となることができません（法12の２②、12の３③）。

①　その基準期間がない事業年度（前々事業年度のない設立当初の事業年度（基本的
に２年間）をいいます。）に含まれる各課税期間中に、

— 51 —

② 調整対象固定資産の仕入れ等を行った場合
③ その調整対象固定資産の仕入れ等を行った課税期間につき簡易課税制度の適用を受けない場合（一般課税で申告する場合）

(注)1　上記の新設法人には、基準期間のない事業年度開始の日における資本金が1,000万円以上の合併又は分割により設立された法人も含みます。
　2　調整対象固定資産の範囲、調整対象固定資産に係る仕入控除税額の調整方法等については、416ページを参照してください。
　3　「調整対象固定資産の仕入れ等」とは、国内における調整対象固定資産の課税仕入れ又は調整対象固定資産に該当する課税貨物（他の法律又は条約の規定により消費税が免除されるものを除きます。）の保税地域からの引取りをいいます。

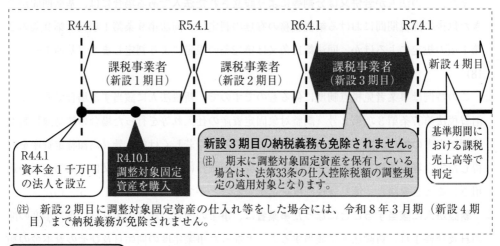

(注)　新設２期目に調整対象固定資産の仕入れ等をした場合には、令和８年３月期（新設４期目）まで納税義務が免除されません。

　チェックポイント

☆　消費税法第12条の２第２項の規定が適用される新設法人は、その基準期間がない事業年度開始の日における資本金の額又は出資の金額が1,000万円以上である同条第１項《新設法人の納税義務の免除の特例》に規定する新設法人をいいますので、同項の規定により同法第９条第１項本文《小規模事業者に係る納税義務の免除》の規定が適用されない新設法人に限られません（基通１－５－21）。

☆　消費税法第12条の２第２項の規定は、同条第１項《新設法人の納税義務の免除の特例》に規定する新設法人が、同条第２項に規定する各課税期間（同法第37条第１項《中小事業者の仕入れに係る消費税額の控除の特例》の適用を受ける課税期間を除きます。）中に調整対象固定資産の仕入れ等を行った場合に適用されますので、その後にその調整対象固定資産を廃棄、売却等により処分したとしても、同法第12条の２第２項の規定は継続して適用されます（基通１－５－22）。

☆　消費税法第12条の２第２項が適用される場合には、事業を廃止した場合を除き、調整対象固定資産の仕入れ等の後３年間は一般課税により消費税の申告を行うこととなります。
　申告に当たっては、特に次の点に注意することが必要です。

① 調整対象固定資産の仕入れ等を行った課税期間の開始の日から3年を経過する日の属する課税期間において、課税売上割合が著しく変動し、その課税期間の末日に調整対象固定資産を所有している場合には、「**課税売上割合が著しく変動した場合の調整**」（417ページ参照）が必要となることがあります（法33）。

② 調整対象固定資産の仕入れ等を行った日から3年を経過する日までの間に、その調整対象固定資産を課税売上げに対応するものから非課税売上げに対応するものに転用した場合（その逆の転用も同様です。）にも、「**課税業務用から非課税業務用に転用した場合等の仕入控除税額の調整計算**」（420ページ参照）を行う必要があります（法34、35）。

(3) 特定新規設立法人の納税義務の免除の特例

新規設立法人のうち、次の①及び②のいずれにも該当する法人（以下「特定新規設立法人」といいます。）の基準期間がない事業年度に含まれる各課税期間における課税資産の譲渡等及び特定課税仕入れについては、消費税法第9条第1項本文《小規模事業者に係る納税義務の免除の特例》の規定は適用されません（法12の3①）。

すなわち、その基準期間がない事業年度開始の日における資本金の額又は出資の金額が1,000万円未満の法人であっても、特定新規設立法人に該当する場合には、その基準期間がない事業年度（課税期間）の納税義務が免除されません。

新規設立法人	その事業年度の基準期間がない法人 （消費税法第12条の2第1項《新設法人の納税義務の免除の特例》に規定する新設法人及び社会福祉法第22条《定義》に規定する社会福祉法人その他の専ら消費税法別表第一に掲げる資産の譲渡を行うことを目的として設立された法人で一定のものを除きます。）
①	その基準期間がない事業年度開始の日（以下「新設開始日」といいます。）において特定要件に該当すること。
②	新規設立法人が特定要件に該当する旨の判定の基礎となった「他の者」及びその「他の者」と一定の特殊な関係にある法人（以下「特殊関係法人」といいます。）のうちいずれかの者のその新規設立法人のその新設開始日の属する事業年度の基準期間に相当する期間における課税売上高として一定の方法により計算した金額が5億円を超えること。

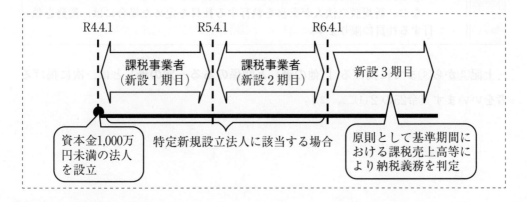

第2章　国内取引に係る消費税

イ　特定要件

　特定要件とは、その基準期間がない事業年度開始の日において、「他の者」により、新規設立法人の株式等の50％超を直接又は間接に保有される場合として、次の①から④までのいずれかに該当する場合をいいます（法12の3①、令25の2①）。

　なお、個人又は法人との間でその個人又は法人の意思と同一の内容の議決権を行使することに同意している者がある場合には、その者が有する議決権はその個人又は法人が有するものとみなし、かつ、その個人又は法人（その議決権に係る法人の株主等であるものを除きます。）はその議決権に係る法人の株主等であるものとみなします（令25の2④）。

特定要件	①　「他の者」が、新規設立法人の発行済株式又は出資（新規設立法人が有する自己株式又は出資を除きます。）の総数又は総額の50/100超の数又は金額の株式又は出資を有する場合（令25の2①一）
	②　「他の者」及び**「他の者」と関係のある一定の者**が、新規設立法人の発行済株式又は出資（新設法人が有する自己株式又は出資を除きます。）の総数又は総額の50/100超の数又は金額の株式又は出資を有する場合（令25の2①二） 　㊟　新規設立法人が55ページの表「他の者と関係のある一定の者」の②から④までに掲げる法人に該当する場合におけるその新規設立法人を除きます。
	③　「他の者」及び**「他の者」と関係のある一定の者**が、新規設立法人の議決権のうち、次のいずれかの議決権の総数の50/100超の数を有する場合（令25の2①三） 　㊟　議決権を行使することができない株主等が有する議決権の数を除きます。 　　㋑　事業の全部若しくは重要な部分の譲渡、解散、継続、合併、分割、株式交換、株式移転又は現物出資に関する議決権 　　㋺　役員の選任及び解任に関する議決権 　　㋩　役員の報酬、賞与その他の職務執行の対価として法人が供与する財産上の利益に関する議決権 　　㋥　剰余金の配当又は利益の配当に関する議決権
	④　「他の者」及び**「他の者」と関係のある一定の者**が、新規設立法人の株主等の総数の半数を超える数を占める場合（令25の2①四） 　㊟　合名会社、合資会社又は合同会社の社員に限ります。 　　なお、新規設立法人が業務を執行する社員を定めた場合には、業務を執行する社員に限ります。

　上記②から④までに掲げる「**『他の者』と関係のある一定の者**」とは、次に掲げる者をいいます（令25の2①二、②）。

－ 54 －

第1節　納税義務者

<table>
<tr><td rowspan="4">「他の者」と関係のある一定の者</td><td>① その「他の者」の親族等（令25の2①二イ）
　㊟ その「他の者」の親族等とは、次に掲げる者をいいます（令25の2②）。
　　㋑ その「他の者」の親族
　　㋺ その「他の者」と婚姻の届出をしていないが事実上婚姻関係と同様の事情にある者
　　㋩ その「他の者」の使用人（その「他の者」が個人の場合に限ります。）
　　㊁ 上記㋑から㋩までに掲げる者以外の者でその「他の者」から受ける金銭その他の資産によって生計を維持しているもの（その「他の者」が個人の場合に限ります。）
　　㋭ 上記㋺から㊁までに掲げる者と生計を一にするこれらの者の親族</td></tr>
<tr><td>② その「他の者」が他の法人を完全に支配している場合におけるその他の法人（令25の2①二ロ）
　㊟ その「他の者」が個人である場合には、その「他の者」には上記①に掲げるその「他の者」の親族等を含みます。</td></tr>
<tr><td>③ その「他の者」及びこれと上記②に掲げる法人が他の法人を完全に支配している場合におけるその他の法人（令25の2①二ハ）
　㊟ その「他の者」が個人である場合には、その「他の者」には上記①に掲げるその「他の者」の親族等を含みます。</td></tr>
<tr><td>④ その「他の者」並びにこれと上記②及び③に掲げる法人が他の法人を完全に支配している場合におけるその他の法人（令25の2①二ニ）
　㊟ その「他の者」が個人である場合には、その「他の者」には上記①に掲げるその「他の者」の親族等を含みます。</td></tr>
</table>

※　上記②から④までに掲げる**「他の法人を完全に支配している場合」**とは、次の場合をいいます（令25の2③）。

　なお、個人又は法人との間でその個人又は法人の意思と同一の内容の議決権を行使することに同意している者がある場合には、その者が有する議決権はその個人又は法人が有するものとみなし、かつ、その個人又は法人（その議決権に係る法人の株主等であるものを除きます。）は、その議決権に係る法人の株主等であるものとみなします（令25の2④）。

　A　他の法人の発行済株式又は出資の全部を有する場合（令25の2③一）

　㊟　他の法人が有する自己の株式又は出資を除きます。

　B　他の法人の議決権のうち、54ページの「特定要件③」の㋑から㊁までのいずれかについて、その総数の全部を有する場合（令25の2③二）

　㊟　議決権を行使することができない株主等が有する議決権の数を除きます。

　C　他の法人の株主等の全部を占める場合（令25の2③三）

　㊟　合名会社、合資会社又は合同会社の社員に限ります。

　　なお、新規設立法人が業務を執行する社員を定めた場合には、業務を執行する社員に限ります。

第2章　国内取引に係る消費税

ロ　特殊関係法人

「**特殊関係法人**」とは、上記「イ　特定要件」における「他の者と関係のある一定の者」の②から④までに掲げる法人（その「他の者」が新規設立法人の株式等を有する場合（注1）に限ります。）のうち、非支配特殊関係法人以外の法人をいいます（令25の3①）。

非支配特殊関係法人とは、新規設立法人が特定要件に該当する旨の判定の基礎となった「他の者」（新規設立法人の株式等を有する場合（注2）に限ります。）と生計を一にしないその「他の者」の親族等（以下「**別生計親族等**」といいます。）が他の法人を完全に支配している場合など、次のいずれかに該当する場合をいいます（令25の3②）。

(注)1　その「他の者」が新規設立法人の株式等を有する場合とは、以下のいずれかの場合をいいます。

　なお、その「他の者」が個人である場合には、上記「イ　特定要件」における「他の者と関係のある一定の者」の①に掲げるその「他の者」の親族等を含みます。

①　その「他の者」が新規設立法人の発行済株式又は出資（新設法人が有する自己株式又は出資を除きます。）を有する場合

②　その「他の者」が新規設立法人の議決権を有する場合（「特定要件」の③イから㈡までに掲げる議決権に限ります。）

③　その「他の者」が新規設立法人の株主等である場合（「特定要件」の④に掲げる株主等に限ります。）

2　この場合のその「他の者」は、上記（注1）の①から③までのいずれかに該当する場合のその「他の者」をいいますが、この場合には、その「他の者」の親族等を含みません。

非支配特殊関係法人	①　その「他の者」と生計を一にしない**別生計親族等**が他の法人を完全に支配している場合におけるその他の法人（令25の3②一）
	②　**別生計親族等**及びこれと上記①に掲げる法人が他の法人を完全に支配している場合におけるその他の法人（令25の3②二）
	③　**別生計親族等**並びにこれと上記①及び②に掲げる法人が他の法人を完全に支配している場合におけるその他の法人（令25の3②三）

※　上記の「他の法人を完全に支配している場合」とは、54ページの上記「イ　特定要件」における「他の者と関係のある一定の者」の※に掲げる要件のうち、いずれかに該当する場合をいいます。

— 56 —

| 別生計親族等 | 別生計親族等とは、その「他の者」と生計を一にしない次に掲げる親族等をいいます（令25の3②一）。
㋑　その「他の者」の親族
㋺　その「他の者」と婚姻の届出をしていないが事実上婚姻関係と同様の事情にある者
㋩　その「他の者」の使用人
㋥　上記㋑から㋩までに掲げる者以外の者でその「他の者」から受ける金銭その他の資産によって生計を維持しているもの
㋭　上記㋺から㋥までに掲げる者と生計を一にするこれらの者の親族 |

ハ　基準期間に相当する期間

　基準期間に相当する期間（以下「基準期間相当期間」といいます。）とは、新規設立法人の新設開始日の2年前の日の前日から同日以後1年を経過する日までの間に終了した特定要件に該当する旨の判定の基礎となった「他の者」及び特殊関係法人のうちいずれかの者（以下「判定対象者」といいます。）の年又は事業年度等をいいます（令25の4②）。

　具体的には、次のいずれかに該当する場合の年又は事業年度をいいます。

(イ)　判定対象者が個人である場合（令25の4②一）

判　　　　　　定			基準期間相当期間
A　新規設立法人の新設開始日の2年前の日の前日から同日以後1年を経過する日までの間に12月31日が到来する年	その年において個人事業者に該当するか　YES		a　その12月31日の属する年
B　新規設立法人の新設開始日の1年前の日の前日からその新設開始日の前日までの間に12月31日が到来する年 (注)　12月31日の翌日から新設開始日の前日までの期間が2月未満である場合を除きます。	その年において個人事業者に該当するか　YES	Aの年において個人事業者であり、かつ、aの年における課税売上高が5億円を超えているか　NO	b　その12月31日の属する年
C　新規設立法人の新設開始日の1年前の日の前日からその新設開始日の前日までの間に6月30日が到来する年 (注)　6月30日の翌日から新設開始日の前日までの期間が2月未満である場合を除きます。	その年において個人事業者に該当するか　YES	A又はBの年において個人事業者であり、かつ、a又はbの年における課税売上高が5億円を超えているか　NO	c　その6月30日の属する年の1月1日から6月30日までの期間

㈹　判定対象者が法人である場合（令25の4②二）

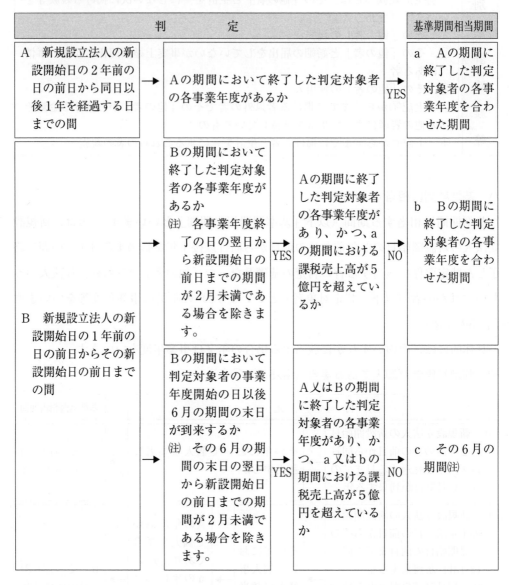

㈽　その6月の期間の末日が次に掲げる場合に該当するときには、事業年度開始の日からそれぞれ次に規定する日までの期間がその6月の期間とみなされます（令25の4③）。

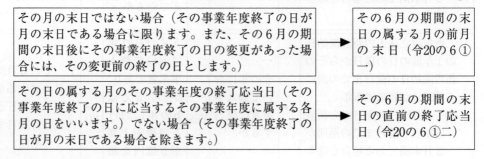

第1節　納税義務者

ニ　基準期間相当期間における課税売上高

　基準期間相当期間における課税売上高は、判定対象者の基準期間相当期間の国内における課税資産の譲渡等の対価の合計額（税抜き）から、消費税法第38条第1項《売上げに係る対価の返還等をした場合の消費税額の控除》に規定する売上げに係る対価の返還等の金額（税抜き）を控除した残額となります（令25の4①）。

　なお、判定対象者が法人の場合で基準期間相当期間が58ページの「(ロ)　判定対象者が法人である場合」のa又はbの場合には、その残額を基準期間相当期間の月数で除し、これに12を乗じて計算した金額が課税売上高となります。

（　チェックポイント　）

☆　新規設立法人が特定要件に該当するかどうかは、その基準期間がない事業年度開始の日の現況により判定します。

　　なお、この特例の適用があるかどうかの判定は、法人を新規に設立した事業年度に限らず、その設立した事業年度の翌事業年度以後の事業年度であっても、基準期間がない事業年度について行う必要があります（基通1−5−15の2）。

☆　合併又は分割等により設立された法人については、消費税法第11条《合併があった場合の納税義務の免除の特例》又は第12条《分割等があった場合の納税義務の免除の特例》の規定が適用されない場合であっても、基準期間がない課税期間については、消費税法第12条の2第1項《新設法人の納税義務の免除の特例》、第12条の3第1項《特定新規設立法人の納税義務の免除の特例》又は第12条の4第1項若しくは第2項《高額特定資産を取得した場合等の納税義務の免除の特例》の規定により納税義務の有無を判定します（基通1−5−17）。

☆　基準期間が1年である法人の第3事業年度のように基準期間ができた以後の課税期間における納税義務の有無の判定は、原則どおり、基準期間における課税売上高で判定することになります。

　　なお、その法人が、消費税法第9条第1項の規定により納税義務が免除されることとなる場合であっても、特定期間ができた以後の課税期間における納税義務の有無の判定は、同法第9条の2第1項《前年又は前事業年度等における課税売上高による納税義務の免除の特例》の規定の適用があります（基通1−5−18）。

☆　この特例は事業者免税点制度に係るものですので、新設法人又は特定新規設立法人に該当する場合であっても、消費税法第37条第3項第2号《調整対象固定資産の仕入れ等を行った場合の簡易課税制度選択届出書の提出制限》若しくは同項第3号若しくは第4号《高額特定資産を取得した場合等の簡易課税制度選択届出書の提出制限》の規定に該当するとき又は同条第4項の規定が適用されるときを除き、簡易課税制度を選択することができます（基通1−5−19）。

— 59 —

6 高額特定資産を取得した場合等の納税義務の免除の特例

(1) 高額特定資産を取得した場合の納税義務の免除の特例

イ 自己建設高額特定資産以外の高額特定資産の場合

　事業者が、事業者免税点制度及び簡易課税制度の適用を受けない課税期間中に、国内における**高額特定資産**（注）の課税仕入れ又は高額特定資産に該当する課税貨物の保税地域からの引取り（以下「高額特定資産の仕入れ等」といいます。）を行った場合には、その高額特定資産の仕入れ等の日の属する課税期間の翌課税期間からその高額特定資産の仕入れ等の日の属する課税期間の初日以後3年を経過する日の属する課税期間までの各課税期間においては、事業者免税点制度の適用がありません（法12の4①）。

　また、その高額特定資産の仕入れ等の日の属する課税期間の初日以後3年を経過する日の属する課税期間の初日の前日までの期間は、簡易課税制度選択届出書の提出ができません（法37③三）。

　　(注)　「高額特定資産」とは、棚卸資産及び調整対象固定資産のうち、その対象資産の一の取引の単位（通常一組又は一式をもって取引の単位とされるものにあっては、一組又は一式）に係る課税仕入れに係る支払対価の額の税抜金額、特定課税仕入れに係る支払対価の額又は保税地域から引き取られるその対象資産の課税標準である金額が1,000万円以上のものをいいます（法12の4①、令25の5①一）。

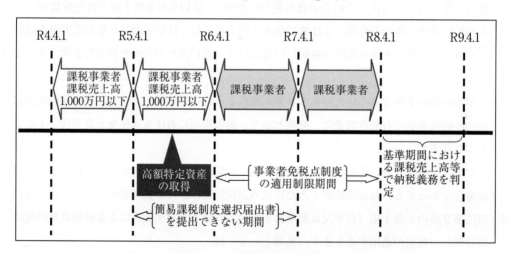

ロ 自己建設高額特定資産の場合

　事業者が、事業者免税点制度及び簡易課税制度の適用を受けない課税期間中に、**自己建設高額特定資産**（注）の建設等に要した仕入れ等の支払対価の額（事業者免税点制度及び簡易課税制度の適用を受けない課税期間において行った原材料費及び経費に係るものに限り、消費税額及び地方消費税額に相当する額を除きます。）の累計額が1,000万円以上となった日（以下「自己建設高額特定資産の仕入れ等を行った日」と

いいます。）の属する課税期間の翌課税期間からその建設等が完了した日の属する課税期間の初日以後3年を経過する日の属する課税期間までの各課税期間においては、事業者免税点制度の適用がありません（法12の4①、令25の5②）。

　また、その自己建設高額特定資産の仕入れ等を行った日の属する課税期間の初日からその自己建設高額特定資産の建設等が完了した日の属する課税期間の初日以後3年を経過する日の属する課税期間の初日の前日までの期間は、簡易課税制度選択届出書の提出ができません（法37③四）。

　(注)　「自己建設高額特定資産」とは、棚卸資産及び調整対象固定資産のうち、他の者との契約に基づき、又は事業者の棚卸資産若しくは調整対象固定資産として自ら建設、製作又は製造をしたもので、その建設等に要した課税仕入れに係る支払対価の額の税抜金額、特定課税仕入れに係る支払対価の額及び保税地域から引き取られる課税貨物の課税標準である金額（その建設等のために要した原材料費及び経費に係るものに限り、その建設等を行った事業者が、納税義務が免除されることとなる課税期間又は簡易課税制度の適用を受ける課税期間中に国内において行った課税仕入れ及び保税地域から引き取った課税貨物に係るものを除きます。）の合計額が1,000万円以上のものをいいます（法12の4①、令25の5①二）。

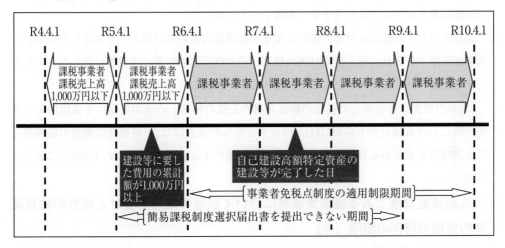

(チェックポイント)

☆　消費税法第12条の4第1項《高額特定資産を取得した場合等の納税義務の免除の特例》の規定は、第9条第1項本文《小規模事業者に係る納税義務の免除》の規定が適用されない事業者が、第37条第1項《中小事業者の仕入れに係る消費税額の控除の特例》の規定の適用を受けない課税期間中に第12条の4第1項に規定する高額特定資産の仕入れ等を行った場合に適用されますので、その後にその高額特定資産を廃棄、売却等により処分したとしても、同項の規定は継続して適用されることになります（基通1－5－22の2）。

☆　資産が高額特定資産に該当するかどうかを判定する場合における消費税法施行令第25条の5第1項第1号《高額特定資産の範囲等》に規定する「課税仕入れに係る支払対価の額」とは、その資産に係る支払対価の額をいい、その資産の購入のために要する引取運賃、

第2章　国内取引に係る消費税

荷役費等又はその資産を事業の用に供するために必要な課税仕入れに係る支払対価の額は含まれません（基通1―5―24）。

☆　事業者が他の者と共同で購入した資産（以下「共有物」といいます。）が高額特定資産に該当するかどうかを判定する場合において、消費税法施行令第25条の5第1項《高額特定資産の範囲等》に規定する金額が1,000万円以上であるかどうかは、その事業者の共有物に係る持分割合に応じて判定することになります（基通1―5―25）。

☆　高額特定資産に該当するかどうかは、自己建設資産が調整対象固定資産である場合には、消費税法施行令第5条各号《調整対象固定資産の範囲》に掲げる資産について、その資産ごとに、その建設等に要した仕入れ等に係る支払対価の額（消費税法施行令第25条の5第1項第2号《高額特定資産の範囲等》に規定する「仕入れ等に係る支払対価の額」をいいます。）の合計額を基礎として判定することになります（基通1―5―26）。

☆　消費税法施行令第5条各号《調整対象固定資産の範囲》に掲げる資産であっても、棚卸資産の原材料として仕入れるものは、調整対象固定資産に該当しませんので、その原材料を自ら建設等する棚卸資産の原材料として使用した場合には、その原材料の仕入れに係る支払対価の額についても、その棚卸資産の建設等に要した仕入れ等に係る支払対価の額の合計額に含まれることになります（基通1―5―27）。

☆　自己が保有する建設資材等の棚卸資産を自己建設資産の原材料として使用した場合、その棚卸資産の仕入れに係る支払対価の額は、その自己建設資産の建設等に要した仕入れ等に係る支払対価の額に含まれることになります（基通1―5―28）。

☆　「高額特定資産を取得した場合の納税義務の免除の特例」の適用を受ける課税期間の基準期間における課税売上高が1,000万円以下となった場合には、「高額特定資産の取得等に係る課税事業者である旨の届出書」を速やかに提出する必要があります（法57①二の二、規26①三）。

⑵　**高額特定資産である棚卸資産等について調整の適用を受けた場合の納税義務の免除の特例の制限（※）**

イ　調整対象自己建設高額資産以外の高額特定資産の場合

事業者が、高額特定資産（注1）である棚卸資産等について、消費税法第36条第1項又は第3項の規定（以下「棚卸資産の調整措置」（注2）といいます。）の適用を受けた場合には、その適用を受けた課税期間の翌課税期間からその適用を受けた課税期間の初日以後3年を経過する日の属する課税期間までの各課税期間については、免税事業者になることができません（法12の4②）。

また、その3年を経過する日の属する課税期間の初日の前日までの期間は、「消費税簡易課税制度選択届出書」を提出することができません（法37③四）。

(注)1　「高額特定資産」とは、棚卸資産及び調整対象固定資産のうち、その対象資産の一の取引の単位（通常一組又は一式をもって取引の単位とされるものにあっては、一

組又は一式）に係る課税仕入れに係る支払対価の額の税抜金額、特定課税仕入れに係る支払対価の額又は保税地域から引き取られるその対象資産の課税標準である金額が1,000万円以上のものをいいます（法12の4①、令25の5①一）。

2　棚卸資産の調整措置とは、免税事業者が課税事業者となる日の前日に、免税事業者であった期間中に行った課税仕入れ等に係る棚卸資産を有している場合、その棚卸資産の課税仕入れ等に係る消費税額を、課税事業者となった課税期間の課税仕入れ等に係る消費税額とみなして仕入税額控除の計算の対象とする制度等です。

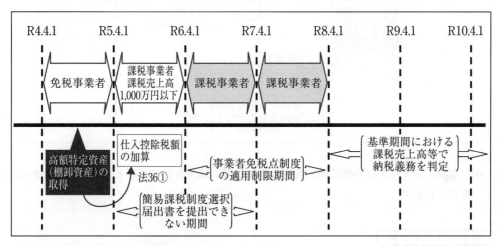

ロ　調整対象自己建設高額資産の場合

　事業者が、調整対象自己建設高額資産（注）について、棚卸資産の調整措置の適用を受けた場合には、その適用を受けた課税期間の翌課税期間からその適用を受けた課税期間（その適用を受けることとなった日の前日までに建設等が完了していない調整対象自己建設高額資産にあっては、その建設等が完了した日の属する課税期間）の初日以後3年を経過する日の属する課税期間までの各課税期間については、免税事業者になることができません（法12の4②）。

　また、その3年を経過する日の属する課税期間の初日の前日までの期間は、「消費税簡易課税制度選択届出書」を提出することができません（法37③四）。

(注)　「調整対象自己建設高額資産」とは他の者との契約に基づき、又はその事業者の棚卸資産として自ら建設、製作又は製造をした棚卸資産（その建設等に要した課税仕入れに係る支払対価の額の税抜金額、特定課税仕入れに係る支払対価の額及び保税地域から引き取られる課税貨物の課税標準である金額（その建設等のために要した原材料費及び経費に係るものに限ります。）の累計額が1,000万円以上となったものに限ります。）をいいます（法12の4②、令25の5③）。

第2章　国内取引に係る消費税

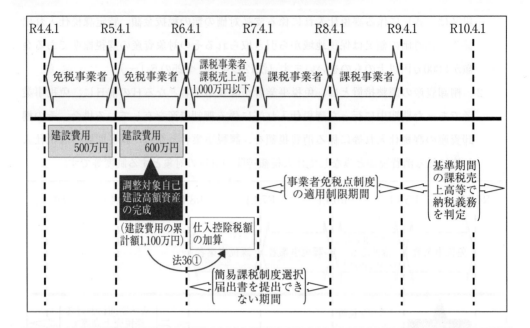

※　令和2年4月1日以後に棚卸資産の調整措置の適用を受けることとなった場合から適用されます。

(チェックポイント)

☆　消費税法第12条の4第2項の規定は、第36条第1項又は第3項《納税義務の免除を受けないこととなった場合等の棚卸資産に係る消費税額の調整》の規定の適用を受けた高額特定資産又は調整対象自己建設高額資産をその後に廃棄、売却等により処分したとしても、継続して適用されます（基通1－5－22の2）。

☆　消費税法第12条の4第2項《高額特定資産を取得した場合等の納税義務の免除の特例》の規定は、高額特定資産である棚卸資産若しくは課税貨物又は調整対象自己建設高額資産について消費税法第36条第1項又は第3項《納税義務の免除を受けないこととなった場合等の棚卸資産に係る消費税額の調整》の規定の適用を受けた場合に適用されますので、これらの規定の適用を受けた課税期間の初日（相続、合併又は分割があったことにより、消費税法第9条第1項本文《小規模事業者に係る納税義務の免除》の規定の適用を受けないこととなった場合には、その受けないこととなった日をいいます。）の前日において建設等に要した費用の額（第12条の4第2項に規定する建設等に要した費用の額をいいます。）が1,000万円未満である棚卸資産について、その課税期間の初日以後においてその棚卸資産の建設等に要した費用の額が1,000万円以上となったとしても、消費税法第12条の4第2項の規定は適用されません。

　また、消費税法第12条の4第2項の規定が適用されない場合であっても、棚卸資産について消費税法第36条第1項又は第3項の規定の適用を受け、その棚卸資産が仕掛品等であったことにより、これらの規定の適用を受けた課税期間の初日以後においてその棚卸資産

第1節　納税義務者

に係る課税仕入れ等を行った場合には、消費税法第12条の4第1項の規定が適用される場合があります（基通1—5—29）。

☆　高額特定資産又は調整対象自己建設高額資産について消費税法第30条第10項《居住用賃貸建物に係る仕入税額控除の制限》の規定が適用された場合であっても、消費税法第12条の4第1項又は第2項《高額特定資産を取得した場合等の納税義務の免除の特例》の規定は適用されます（基通1—5—30）。

第3 納税地

　納税地とは、申告、申請、請求、届出や納付等の諸手続に関する所轄税務署長を定める基準となる場所をいいますが、消費税における事業者の国内取引に係る納税地は、所得税及び法人税の納税地と原則的に同じとされています。

> 　個人事業者の消費税の納税地の異動があった場合に提出することとされている「消費税異動届出書」について、令和5年1月1日以後に納税地の異動等があった場合は、その提出は不要とされます。
> 　なお、法人については、これまでと同様に、納税地を異動した場合には、法人の納税地の異動の届出が必要となりますが、届出書の名称が「法人の消費税異動届出書」に改められます。

1　個人事業者の納税地

(1)　原則

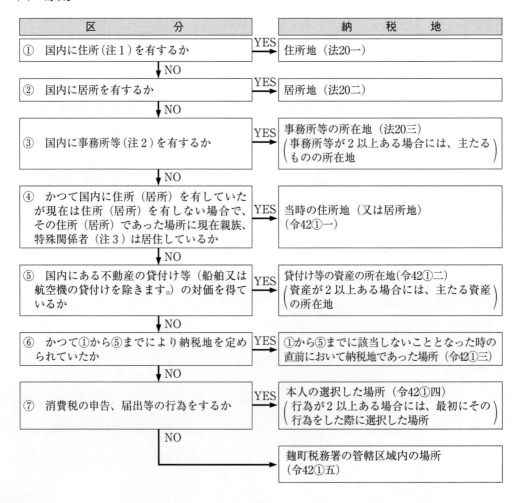

(注)1 「**住所**」とは、各人の生活の本拠をいい、生活の本拠であるかどうかは客観的事実によって判定します（基通2—1—1）。

2 「**事務所等**」とは、事務所のほか、事業所、工場、農園、養殖場、植林地、展示即売場、貸ビル、貸倉庫又は事業活動の拠点となっているホテルの一室等名称のいかんを問わず、資産の譲渡等に係る事業を行う一定の場所をいいます（基通2—1—2）。

3 「**特殊関係者**」とは、次の①から③までのいずれかの者及びこれらの者であった者をいいます（令42②）。

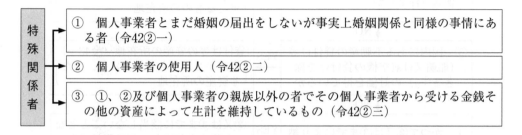

(2) 特例

個人事業者が所得税法第16条《納税地の特例》の規定により、住所地に代えて、**居所地又は事務所等の所在地を納税地として選択した場合**には、消費税についてもその選択した居所地又は事務所等の所在地が納税地になります（法21①②）。

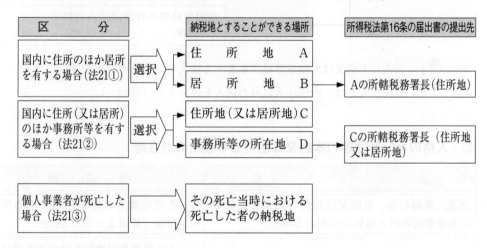

なお、所得税法第16条の届出書の提出については、令和5年1月1日以後不要となります。

また、個人事業者が死亡した場合には、相続人の納税地ではなく、死亡当時における死亡した者の納税地となります。

2 法人の納税地

(1) 原則

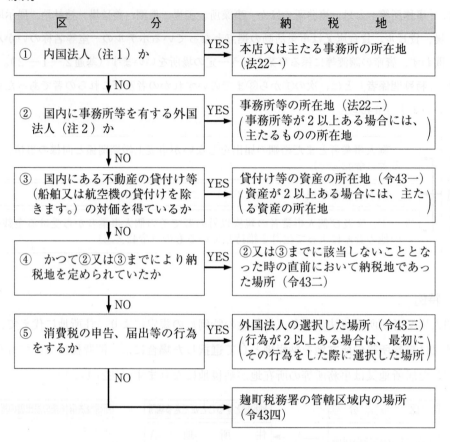

注1 国内に本店又は主たる事務所を有する法人をいいます（法22一）。

2 外国法人とは、内国法人以外の法人をいいます（令43一）。

(2) 人格のない社団等の本店又は主たる事務所の所在地

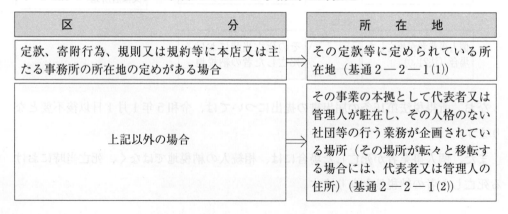

(3) 被合併法人の消費税に係る納税地

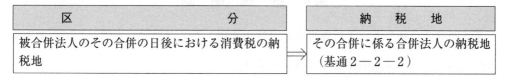

3　納税地の指定

　納税地が個人事業者又は法人の行う資産の譲渡等及び特定仕入れの状況からみて納税地として不適当であると認められる場合には、所轄国税局長（又は国税庁長官）は、納税地を指定することができます（法23①）。

　具体的には、次のようになります。

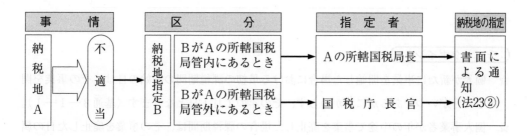

4　外国貨物に係る納税地

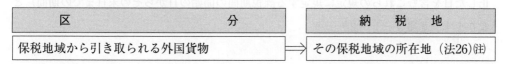

　(注)　関税法第67条の19（輸入申告の特例）の規定の適用を受けて輸入申告をする課税物品に係る納税地は、その輸入申告に係る税関長の所属する税関の所在地となります（輸徴法21①）。

5　輸出物品販売場において購入した物品を譲渡した場合等の納税地

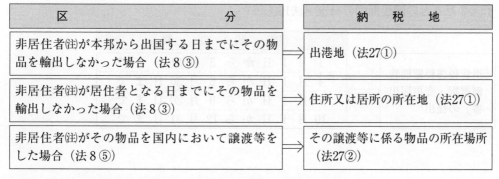

　(注)　令和5年4月1日以後は、「免税購入対象者」となります。

第4 課税期間

課税期間は、納付すべき消費税額の計算の基礎となる期間で、原則として、個人事業者は暦年、法人は事業年度とされています。

1 個人事業者の課税期間
(1) 原則
消費税法における課税期間は、次のとおりです（法19①一）。

課　税　期　間
1月1日から12月31日までの期間

チェックポイント

☆ 個人が新たに事業を開始した場合における最初の課税期間の開始の日は、その事業を開始した日がいつであるかにかかわらず、その年の1月1日となります（基通3—1—1）。

☆ 個人事業者が年の中途で事業を廃止した場合の課税期間は、その事業を廃止した日の属する年の1月1日から12月31日までの期間（その個人事業者が消費税法第19条第1項第3号又は第3号の2《課税期間の特例》の規定の適用を受けている場合には、その事業を廃止した日を含むこれらの規定に規定する課税期間の開始の日からその末日までの期間）となります（基通3—1—2）。

(2) 特例
個人事業者が課税期間の特例を選択又は変更する場合には、**「消費税課税期間特例選択・変更届出書」** を所轄税務署長に提出する必要があります（法19①三、三の二）。

具体的には、次のとおりです。

イ　3月ごとの課税期間の特例（法19①三）

課　税　期　間
1月1日から3月31日まで
4月1日から6月30日まで
7月1日から9月30日まで
10月1日から12月31日まで

「消費税課税期間特例選択・変更届出書」の提出 →

ロ　1月ごとの課税期間の特例（法19①三の二）

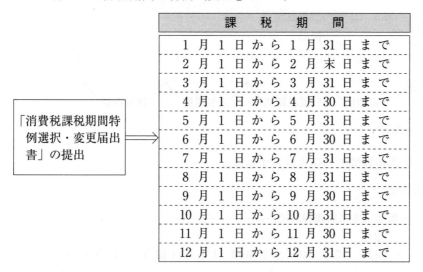

(3) 課税期間の特例の選択等

イ　課税期間の特例の選択

　選択届出書の効力は、原則として、この届出書の提出があった日の属する期間（上記の3月ごと又は1月ごとに区分された期間）の翌期間の初日以後に生ずることとされています（法19②）。

　なお、一定の場合には、特例が設けられています（法19②かっこ書、令41①一、二）。具体的には、次のとおりです。

(イ)　3月ごとの課税期間の特例を選択する場合

A　原則（法19②）

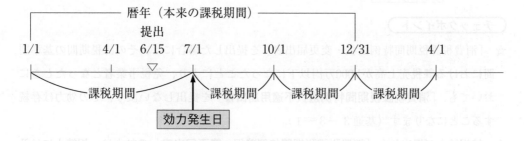

B　特例（法19②かっこ書、令41①一、二、基通3－3－2）

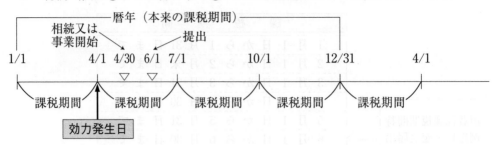

㈹　1月ごとの課税期間の特例を選択する場合

A　原則（法19②）

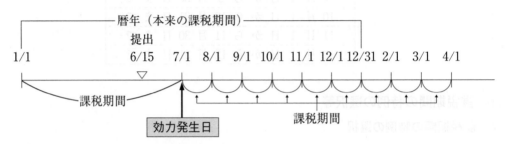

B　特例（法19②かっこ書、令41①一、二、基通3－3－2）

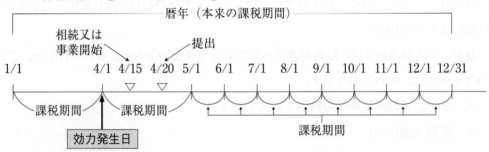

　チェックポイント

☆　「消費税課税期間特例選択・変更届出書」を提出した場合には、その課税期間の基準期間における課税売上高が1,000万円以下になったことにより、免税事業者となったときにおいても、「**消費税課税期間特例選択不適用届出書**」を提出しない限り、その効力は存続することになります（基通3－3－1）。

☆　**被相続人が提出した「消費税課税期間特例選択・変更届出書」の効力は、相続人には及びません**ので、相続人がその適用を受けるためには、新たに「消費税課税期間特例選択・変更届出書」を提出しなければなりません（基通3－3－2(1)）。

ロ　課税期間の特例の変更

㈤　3月ごとの課税期間の特例から1月ごとの課税期間の特例に変更する場合

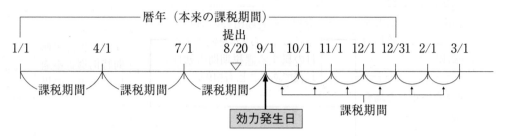

チェックポイント

☆　3月ごとの課税期間の特例を選択した個人事業者が1月ごとの課税期間の特例に変更しようとする場合には、事業を廃止した場合を除き、3月ごとの課税期間の特例の届出の効力が生じた日から2年を経過する日の属する月の初日以後でなければ変更の届出書を提出することはできません（法19⑤、令41②一）。

㈥　1月ごとの課税期間の特例から3月ごとの課税期間の特例に変更する場合

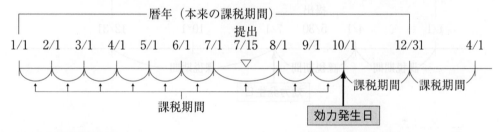

チェックポイント

☆　1月ごとの課税期間の特例を選択した個人事業者が3月ごとの課税期間の特例に変更しようとする場合には、事業を廃止した場合を除き、1月ごとの課税期間の特例の届出の効力が生じた日から2年を経過する日の属する月の前々月の初日以後でなければ変更の届出書を提出することはできません（法19⑤、令41②二）。

ハ　課税期間の特例の選択不適用

課税期間の特例を選択した個人事業者が、その後、この特例の適用を受けることをやめようとする場合又は事業を廃止した場合には、「消費税課税期間特例選択不適用届出書」を所轄税務署長に提出する必要があります（法19③～⑤）。

具体的な取扱いは、次のとおりです。

(イ) 「消費税課税期間特例選択不適用届出書」の提出

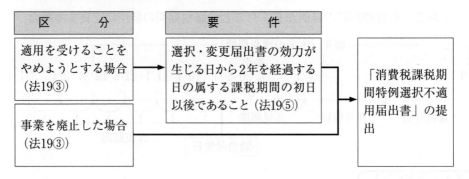

(ロ) 効力発生日

　この不適用届出書を提出した場合、提出した日の属する課税期間の末日の翌日以後は、「消費税課税期間特例選択・変更届出書」の効力がなくなります（法19④）。

3月ごとの課税期間の特例の適用を受けることをやめようとする場合

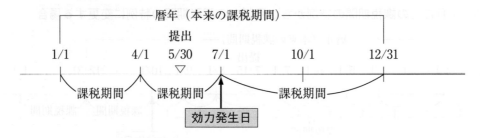

2 法人の課税期間

(1) 原則

　消費税法における課税期間は、次のとおりです（法2①十三、19①二、令3、基通3-2-1～6）。

課　税　期　間
事業年度（法人税法における事業年度の特例を含みます。）

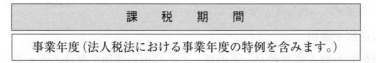

☆　事業年度とは、法人税法第13条及び第14条に規定する事業年度をいいます（法2①十三）。

法人税法第13条に規定する事業年度

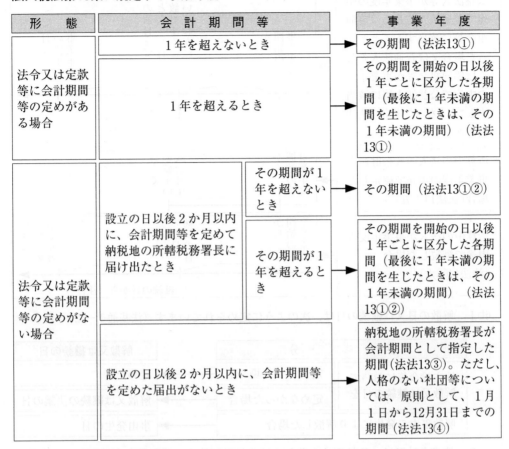

法人税法第14条に規定する事業年度（事業年度の特例）

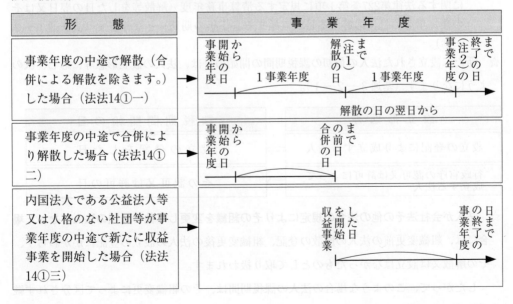

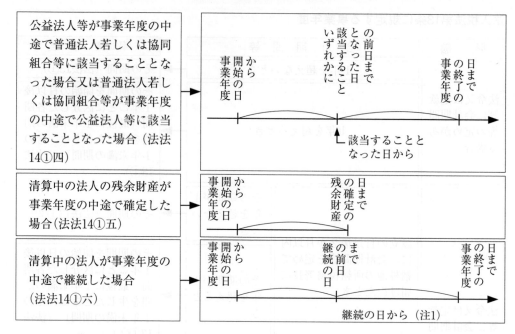

注1 解散の日又は継続の日は、次のように定められています（法基通1―2―4）。

2 株式会社又は一般社団法人若しくは一般財団法人が解散等した場合には、定款に定めた事業年度ではなく、会社法第494条第1項又は一般社団法人及び一般財団法人に関する法律第227条第1項に規定する清算事務年度（解散等をした日の翌日又はその後毎年その日に応答する日から始まる各1年の期間）となります（法基通1―2―9）。

☆ 新たに設立された法人の最初の課税期間の開始の日は、法人の設立形態等に応じ、次のようになります（基通3―2―1）。

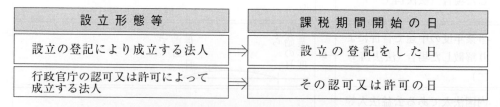

☆ **法人が会社法その他の法令の規定によりその組織を変更して他の種類の法人となった場合**には、組織変更前の法人の解散の登記、組織変更後の法人の設立の登記にかかわらず、その解散又は設立はなかったものとして取り扱われます。

したがって、このような場合の法人の課税期間は、その組織変更によって区分されず継続することになります。

なお、基準期間ができた以後の課税期間において組織変更した法人については、消費税法第12条の2第1項《新設法人の納税義務の免除の特例》又は第12条の3第1項《特定新規設立法人の納税義務の免除の特例》の規定の適用はありません（基通3－2－2）。

(2) 特例

法人が課税期間の特例を選択又は変更する場合には、「**消費税課税期間特例選択・変更届出書**」を所轄税務署長に提出する必要があります（法19①四、四の二）。

具体的には、次のとおりです。

イ　3月ごとの課税期間特例（法19①四）

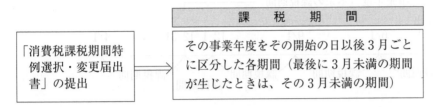

ロ　1月ごとの課税期間特例（法19①四の二）

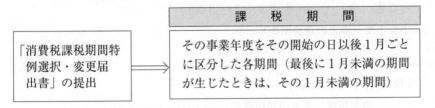

(3) 課税期間の特例の選択等

イ　課税期間の特例の選択

選択届出書の効力は、原則として、この届出書の提出した日の属する期間（上記の3月ごと又は1月ごとに区分された期間）の翌期間の初日以後に生ずることとされています（法19②）。

なお、一定の場合には、特例が設けられています（法19②かっこ書、令41①一、三、四）。

具体的には、次のとおりです。

(イ) 3月ごとの課税期間の特例を選択する場合

 A 原則（法19②）（3月決算法人の例）

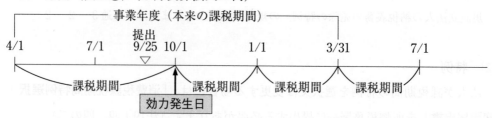

 B 特例（12月決算法人の例）

  a 新たに設立した法人の場合（法19②かっこ書、令41①一）

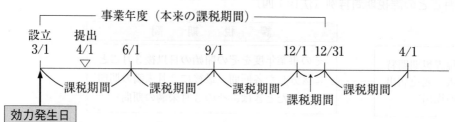

  b 合併により課税期間の特例を受けていた被合併法人の事業を承継した場合（法19②かっこ書、令41①三、基通3－3－3(2)）

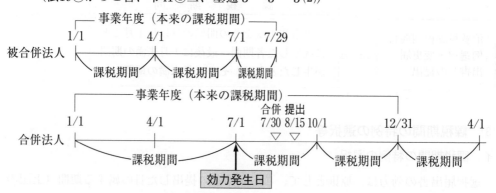

  c 吸収分割により課税期間の特例を受けていた分割法人の事業を承継した場合（法19②かっこ書、令41①四、基通3－3－4(2)）

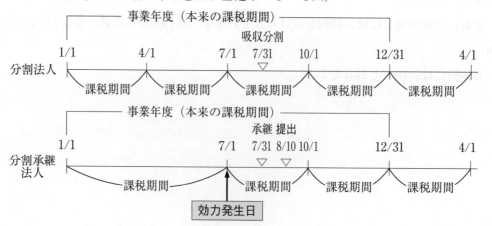

㈹　1月ごとの課税期間の特例を選択する場合

　A　原則（法19②）（12月決算法人の例）

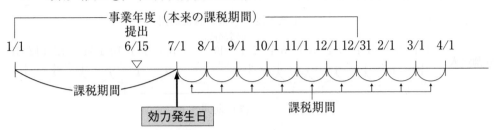

　B　特例（12月決算法人の例）

　　a　新たに設立した法人の場合（法19②かっこ書、令41①一）

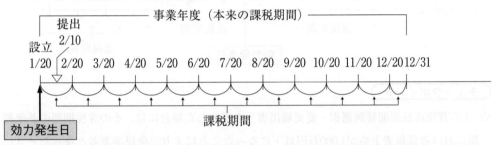

　　b　合併により課税期間の特例を受けていた被合併法人の事業を承継した場合
　　　（法19②かっこ書、令41①三、基通3－3－3(2)）

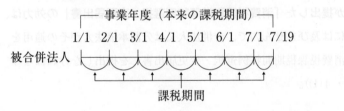

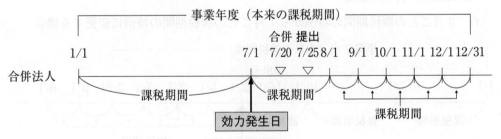

c 吸収分割により課税期間の特例を受けていた分割法人の事業を承継した場合
（法19②かっこ書、令41①四、基通3―3―4(2)）

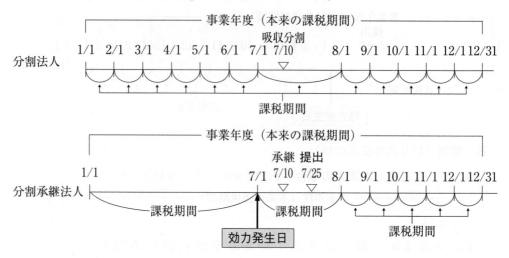

○チェックポイント

☆ 「消費税課税期間特例選択・変更届出書」を提出した場合には、その課税期間の基準期間における課税売上高が1,000万円以下になったことにより、免税事業者となったときにおいても、「消費税課税期間特例選択不適用届出書」を提出しない限り、その効力は存続することになります（基通3―3―1）。

☆ **被合併法人又は分割法人が提出した「消費税課税期間特例選択・変更届出書」の効力は、合併法人又は分割承継法人には及びません**ので、合併法人又は分割承継法人がその適用を受けるためには、新たに「消費税課税期間特例選択・変更届出書」を提出しなければなりません（基通3―3―3(1)・4(1)）。

ロ 課税期間の特例の変更

(イ) 3月ごとの課税期間の特例から1月ごとの課税期間の特例に変更する場合

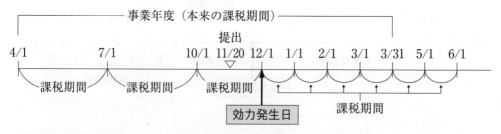

○チェックポイント

☆ 3月ごとの課税期間の特例を選択した法人が1月ごとの課税期間の特例に変更しようとする場合には、事業を廃止した場合を除き、3月ごとの課税期間の特例の届出の効力が生じた日から2年を経過する日の属する月の初日以後でなければ変更の届出書を提出することはできません（法19⑤、令41②一）。

(ロ) 1月ごとの課税期間の特例から3月ごとの課税期間特例に変更する場合

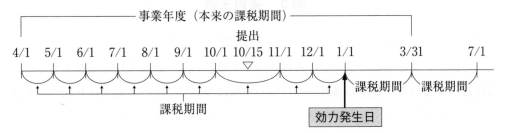

> チェックポイント

☆ 1月ごとの課税期間の特例を選択した法人が3月ごとの課税期間の特例に変更しようとする場合には、事業を廃止した場合を除き、1月ごとの課税期間の特例の届出の効力が生じた日から2年を経過する日の属する月の前々月の初日以後でなければ変更の届出書を提出することはできません（法19⑤、令41②二）。

ハ 課税期間の特例の選択不適用

課税期間の特例を選択した法人が、その後、この特例の適用を受けることをやめようとする場合又は事業を廃止した場合には、「消費税課税期間特例選択不適用届出書」を所轄税務署長に提出する必要があります（法19③～⑤）。

具体的な取扱いは、次のとおりです。

(イ) 「消費税課税期間特例選択不適用届出書」の提出

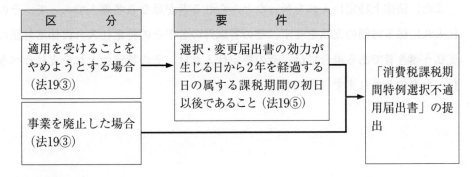

(ロ) 効力発生日

3月ごとの課税期間の特例の適用を受けることをやめようとする場合

この不適用届出書を提出した場合、提出した日の属する課税期間の末日の翌日以後は、「消費税課税期間特例選択・変更届出書」の効力がなくなります（法19④）。

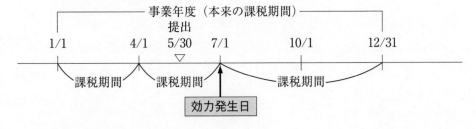

第5　実質主義

　法律上資産の譲渡等を行ったとみられる者が単なる名義人であって、その資産の譲渡等に係る対価を享受せず、その者以外の者がその資産の譲渡等に係る対価を享受する場合、すなわち、資産の譲渡等の対価の帰属について、その名義又は形式等と実質とが異なる場合には、これを経済的実態等により観察して実質的に対価を享受している者が誰であるかを判定し、その実質的に対価を享受している者が資産の譲渡等を行ったものとされます（法13①、基通4－1－1～3）。

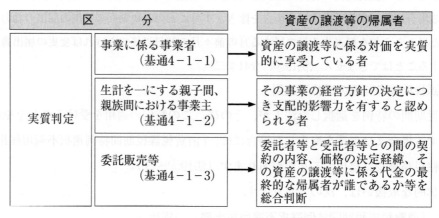

　また、法律上特定仕入れを行ったとみられる者が単なる名義人であって、その特定仕入れに係る対価の支払をせず、その者以外の者がその特定仕入れに係る対価の額を支払うべき者である場合には、その特定仕入れは、その特定仕入れを支払うべき者が行ったものとされます（法13②）。

第2節　課税の対象

　消費税の課税の対象は、国内において事業者が行った資産(注)の譲渡等（特定資産の譲渡等に該当するものを除きます。）及び特定仕入れ並びに保税地域から引き取られる外国貨物に限られ、国外において行われる取引及び資産の譲渡等に該当しない取引は、課税の対象になりません。

　課税の対象の概要は、次のとおりです（特定仕入れを除きます。）。

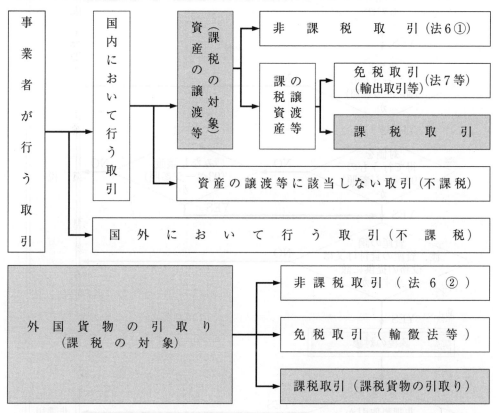

(注)　**資産**とは、取引の対象となる一切の資産をいいますから、棚卸資産又は固定資産のような有形資産のほか、権利その他の無形資産が含まれます（基通5－1－3）。

第1　国内取引に係る課税の対象

　国内において事業者が事業として対価を得て行う資産の譲渡、資産の貸付け及び役務の提供並びに特定仕入れが課税の対象になります（法2①八、九、②、4①）。

　課税の対象になる取引かどうかは、次により判定します（特定仕入れを除きます。）。

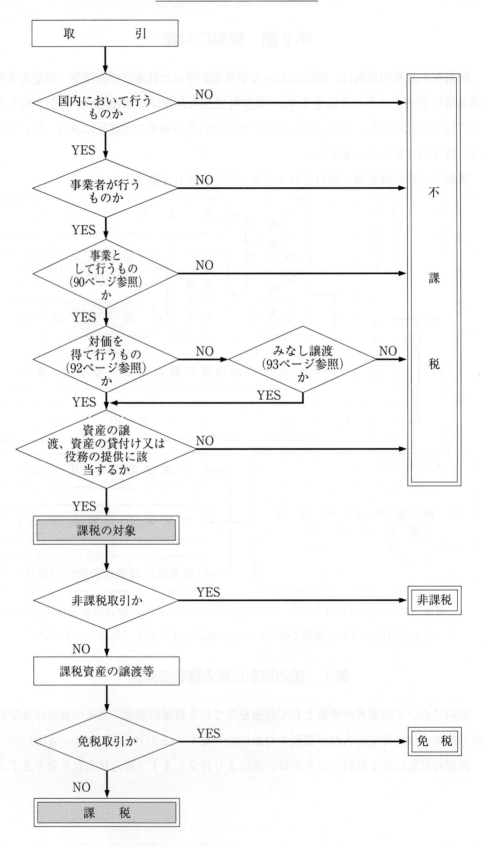

1　国内において行うもの

　消費税は、国内において事業者が行った資産の譲渡等及び特定仕入れを課税の対象としていますので、その取引が国内において行われたものであるか、又は国外において行われたものであるかを判定する必要があります（法4①）。

　資産の譲渡等が国内において行われたかどうかは、次の区分に応じ、それぞれに定める場所が国内にあるかどうかにより判定します（法4③、令6）。

(1)　資産の譲渡又は貸付けの場合

　資産の譲渡又は貸付けの場合には、その譲渡又は貸付けが行われる時においてその資産が所在していた場所によって、国内において行われたものかどうかを判定します（法4③一、基通5―7―10）。

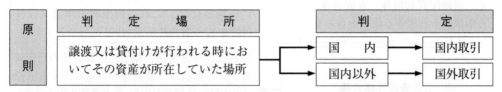

　ただし、次の表の資産については、右欄の判定場所で国内において行われたものかどうかを判定します（令6①）。

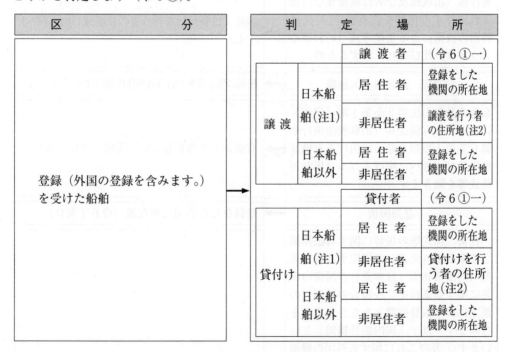

第2章　国内取引に係る消費税

区　　　　　　　　分	判　定　場　所
登録を受けていない船舶	譲渡又は貸付けを行う者の譲渡又は貸付けに係る事務所等(注3)の所在地（令6①二）
登録を受けた航空機	登録をした機関の所在地（令6①三）
登録を受けていない航空機	譲渡又は貸付けを行う者の譲渡又は貸付けに係る事務所等(注3)の所在地（令6①三）
鉱業権、租鉱権、採石権その他土石を採掘、採取する権利、樹木採取権	鉱業権に係る鉱区、租鉱権に係る租鉱区、採石権等に係る採石場、樹木採取権に係る樹木採取区の所在地（令6①四）
特許権、実用新案権、意匠権、商標権、回路配置利用権、育成者権（これらの権利を利用する権利を含みます。）	権利の登録をした機関の所在地（同一の権利について2以上の国において登録をしている場合には、これらの権利の譲渡又は貸付けを行う者の住所地(注2)）（令6①五）
公共施設等運営権	公共施設等運営権に係る民間資金等の活用による公共施設等の整備等の促進に関する法律（平成11年法律第117号）第2条第1項《定義》に規定する公共施設等の所在地（令6①六）
著作権（出版権及び著作隣接権その他これに準ずる権利を含みます。）又は特別の技術による生産方式（いわゆるノウハウ）及びこれに準ずるもの	譲渡又は貸付けを行う者の住所地(注2)（令6①七）
営業権、漁業権、入漁権	権利に係る事業を行う者の住所地(注2)（令6①八）
金融商品取引法第2条第1項《定義》に規定する有価証券（消費税法施行令第6条第1項第9号ハに掲げる有価証券等及び同号ヘに掲げるゴルフ場利用株式等を除きます。）	有価証券が所在していた場所（令6①九イ）
登録国債	登録をした機関の所在地（令6①九ロ）
社債、株式等の振替に関する法律第2条第2項《定義》に規定する振替機関（同法第48条《日本銀行が国債の振替に関する業務を営む場合の特例》の規定により振替機関とみなされる者を含みます。以下「国内振替機関」といいます。）及びこれに類する外国の機関（以下「振替機関等」といいます。）が取り扱う次の有価証券又は権利若しくは持分(以下「有価証券等」といいます。）① 金融商品取引法第2条第1項《定義》に規定する有価証券（消費税法	振替機関等の所在地（複数の振替機関等により取り扱われる有価証券等（以下「重複上場有価証券等」といいます。）のうちその重複上場有価証券等の売買の決済に際して振替に係る業務が国内振替機関又は国内振

— 86 —

区　　　　　　　　分	判　　定　　場　　所
施行令第6条第1項第9号ヘに掲げるゴルフ場利用株式等を除きます。） ②　金融商品取引法第2条第1項第1号から第15号まで《定義》に掲げる有価証券及び同項第17号に掲げる有価証券（同項第16号に掲げる有価証券の性質を有するものを除きます。）に表示されるべき権利（これらの有価証券が発行されていないものに限り、登録国債を除きます。） ③　合名会社、合資会社又は合同会社の社員の持分、法人税法第2条第7号《定義》に規定する協同組合等の組合員又は会員の持分その他法人の出資者の持分	替機関に係る社債、株式等の振替に関する法律第2条第4項に規定する口座管理機関において行われるものにあってはその国内振替機関の所在地とし、その重複上場有価証券等以外の重複上場有価証券等にあってはその外国の機関の所在地とします。）（令6①九ハ）
次に掲げる権利（登録国債を除きます。）又は持分（消費税法施行令第6条第1項第9号ハに掲げる有価証券等を除きます。） ①　金融商品取引法第2条第1項第1号から第15号まで《定義》に掲げる有価証券及び同項第17号に掲げる有価証券（同項第16号に掲げる有価証券の性質を有するものを除きます。）に表示されるべき権利（これらの有価証券が発行されていないものに限ります。） ②　株主又は投資主（投資信託及び投資法人に関する法律第2条第16項《定義》に規定する投資主をいいます。）となる権利、優先出資者（協同組織金融機関の優先出資に関する法律第13条第1項《優先出資者となる時期等》の優先出資者をいいます。）となる権利、特定社員（資産の流動化に関する法律第2条第5項《定義》に規定する特定社員をいいます。）又は優先出資社員（同法第26条《社員》に規定する優先出資社員をいいます。）となる権利その他法人の出資者となる権利 ③　合名会社、合資会社又は合同会社の社員の持分、法人税法第2条第7号《定義》に規定する協同組合等の組合員又は会員の持分その他法人の出資者の持分	権利又は持分に係る法人の本店、主たる事務所その他これらに準ずるものの所在地（令6①九ニ）

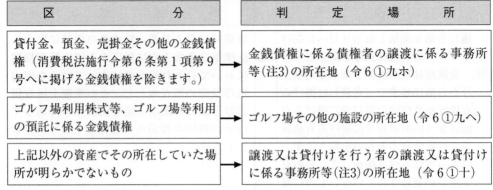

区分	判定場所
貸付金、預金、売掛金その他の金銭債権（消費税法施行令第6条第1項第9号ヘに掲げる金銭債権を除きます。）	金銭債権に係る債権者の譲渡に係る事務所等(注3)の所在地（令6①九ホ）
ゴルフ場利用株式等、ゴルフ場等利用の預託に係る金銭債権	ゴルフ場その他の施設の所在地（令6①九ヘ）
上記以外の資産でその所在していた場所が明らかでないもの	譲渡又は貸付けを行う者の譲渡又は貸付けに係る事務所等(注3)の所在地（令6①十）

(注)1　日本船舶とは、国内において登録を受けた船舶をいいます。
　　2　住所地とは、住所又は本店若しくは主たる事務所の所在地をいいます。
　　3　事務所等とは、事務所、事業所その他これらに準ずるものをいいます。

チェックポイント

☆　事業者が国外において購入した資産を国内に搬入することなく他の者に譲渡するいわゆる**三国間貿易**の場合には、その経理処理のいかんを問わず、国外取引に該当します（基通5−7−1）。

☆　**リース取引の内外判定**は、貸付資産の引渡しが国内であるかどうかにより判定することになりますので、例えば、外国の会社（貸主）と電子計算機のリース契約を結んだ国内の会社（借主）が、保税地域内においてリース物件を外国貨物として引渡しを受けて通関した場合には国内取引に該当します。

　また、国内の会社（貸主）と電子計算機のリース契約を結んだ外国の会社（借主）が、外国に所在するリース物件の引渡しを外国の会社（本社）で受けた後、国内の支社で使用することとした場合には、貸付資産の引渡しが国外で行われていますので、国外取引に該当します（法4③一）。

　ただし、賃貸人及び賃借人が双方の合意の下にリース物件の使用場所を変更した場合には、その変更後の使用場所で改めて内外判定を行うことになります（基通5−7−12）。

(2)　**役務の提供の場合（電気通信利用役務の提供を除く。）**

　役務の提供の場合には、その役務の提供が行われた場所によって、国内において行われたものかどうかを判定します（法4③二）。

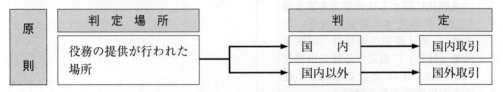

　ただし、次の表の役務の提供については、右欄の判定場所で国内において行われたものかどうかを判定します（令6②）。

　なお、電気通信利用役務の提供の内外判定については、第2章第11節を参照してください。

第2節　課税の対象

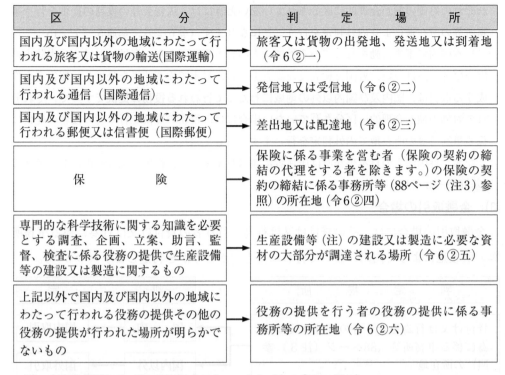

(注)　生産設備等とは、次に掲げるものをいいます（令6②五、規2）。

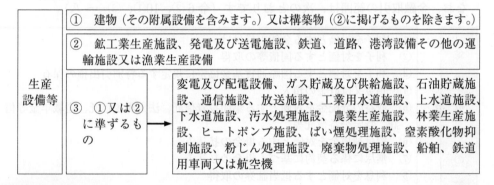

> チェックポイント

☆　**海外の工事**について、国内の商社が元請けし、建設業者が下請けとなった場合、その建設業者が行う海外の工事は、工事としての役務の提供の場所が国外ですので、課税の対象になりません（法4③二）。

☆　海外工事を施工する建設会社（内国法人）と人材派遣契約を締結し、従業員を現地に派遣して行う現地作業員に対する（海外における）ボーリング工事等の指導は、鉱工業生産設備の専門的な科学技術に関する知識を必要とする助言監督等に該当し、その生産設備等の建設又は製造に必要な資材の大部分が調達される場所が国外であれば、課税の対象になりません（令6②五）。

☆　**国外における看板等による広告**について、広告会社が広告主から、広告の企画、立案、広告場所の権利者との交渉、調整、管理等とともに請け負う場合には、国内において行う広告の製作（企画、立案等）と国外において行う広告の掲載を請け負っていますので、そ

れぞれの対価の額が合理的に区分されていないときには、広告会社の役務の提供を行う事務所等の所在地により内外判定を行うことになります（令6②六、基通5―7―15）。

☆　日本国内で事業活動を行っている外国法人の日本事務所から、海外における公害防止の調査研究を請け負い、外国で検査及び調査を行い、日本で検査結果を分析し、報告書を作成する取引は、**国内及び国内以外の地域にわたって行われる役務の提供**ですので、それぞれの対価の額が合理的に区分されていない場合には、役務の提供を行う者の役務の提供に係る事務所等の所在地で内外判定を行います（令6②六）。

なお、外国法人の日本事務所は居住者に該当しますので、輸出免税の適用はありません（基通7―2―15）。

(3)　金融取引の場合

金融取引の場合には、その貸付け又は行為を行う者の貸付け又は行為に係る事務所等の所在地によって国内において行われたものかどうかを判定します（令6③）。

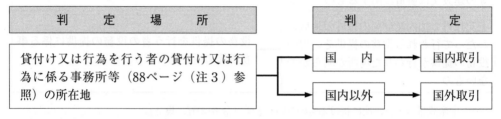

なお、金融取引の範囲は、次のとおりです（令6③、10①、③一～八）。

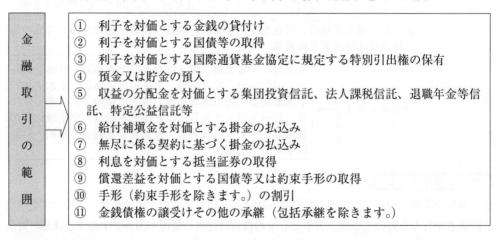

｜チェックポイント｜

☆　支店、出張所、工場、建設現場等は**事務所等**に該当しますが、代理人事務所、事業活動を行っていない単なる駐在員事務所等は、事務所等に該当しないものとして取り扱われます（基通5―7―14）。

2　事業者が事業として行うもの

(1)　「事業として」の意義

消費税は、事業者が事業として行う取引を課税の対象としていますので、事業者以

外の者が行う取引は課税の対象になりません。

なお、個人事業者の場合、事業者の立場と消費者の立場とを兼ねていますが、事業者の立場で行う取引が「事業として」に該当し、消費者の立場で行う取引は「事業として」には該当しません（基通5―1―1）。

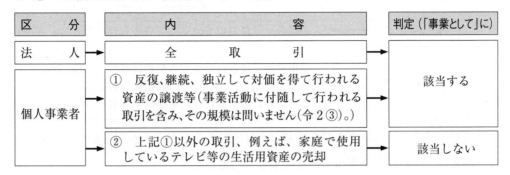

チェックポイント

☆ 会社員が行う建物の貸付けであっても、反復、継続、独立して行われるものである限り、課税の対象になります。

事業活動に付随して行われる取引とは、例えば、事業活動の一環として、又はこれに関連して行われる次のようなものをいいます。

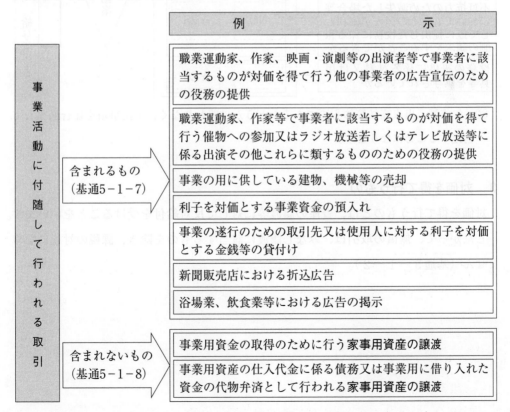

(2) 個人事業者と給与所得者の区分

個人事業者と給与所得者の区分については、次のように取り扱います（基通１－１－１）。

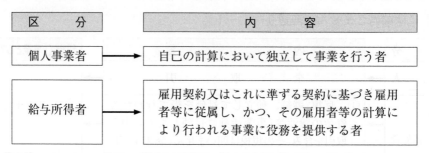

雇用契約又はこれに準ずる契約に基づく対価であるかどうかが明らかでない場合には、例えば、次のような事項を総合勘案して判定します。

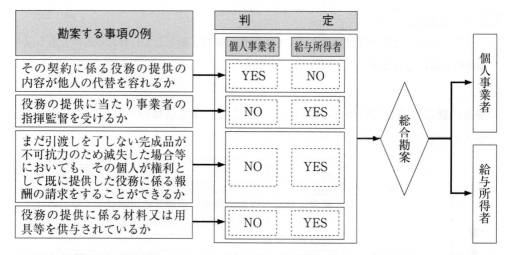

(注) 年俸制、出来高払等のものであるかどうかに関わりなく、上記事項を総合勘案して判定することになります。

3 対価を得て行うもの

対価を得て行うものとは、資産の譲渡等に対して反対給付を受けることをいいます。

したがって、無償の取引は、みなし譲渡に該当するものを除き、課税の対象になりません（基通５－１－２）。

第2節　課税の対象

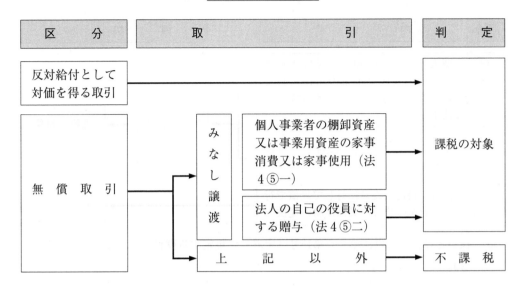

なお、次に掲げる行為は、対価を得て行われるものに含まれます。

対価を得て行われるもの	代物弁済による資産の譲渡（単に現物を給付することとしている場合は除きます。）（法2①八、基通5-1-4）
	負担付き贈与による資産の譲渡（他の事業者に対して行った広告宣伝用の資産の贈与を除きます。）（令2①一、基通5-1-5）
	金銭以外の資産の出資（特別の法律に基づく承継に係るものを除きます。）（令2①二、基通5-1-6）(注)
	特定受益証券発行信託又は法人課税信託の委託者がその有する資産の信託をした場合におけるその資産の移転、受益者がその信託財産に属する資産を有するものとみなされる信託が法人課税信託に該当することとなった場合に出資があったものとみなされるもの（令2①三）
	貸付金その他の金銭債権の譲受けその他の承継（包括承継を除きます。）（令2①四）
	法律により受信料を徴収して行われる無線通信の送信（令2①五）

(注)　「金銭以外の資産の出資」には、いわゆる事後設立（法12⑦三）は含まれません。
　　したがって、いわゆる事後設立の金銭以外の資産の譲渡の対価の額は、その譲渡について現実に対価として収受し、又は収受すべき金額になります（基通5-1-6）。

また、みなし譲渡については、次のように取り扱われます（法4⑤、基通5-3-1～5）。

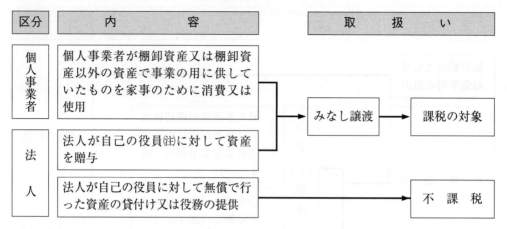

（注） 役員とは、法人税法第2条第15号《定義》に規定する役員をいいます（基通5―3―3）。

> チェックポイント

☆ **個人事業者が生計を一にする親族との間で行った資産の譲渡等**又は**非居住者**（169ページ参照）**が行う資産の譲渡等**についても、それが事業として対価を得て行われるものである場合には、課税の対象になります（基通5―1―10・11）。

☆ **家事消費又は家事使用**とは、棚卸資産又は棚卸資産以外の資産で事業の用に供していたものを個人事業者又は個人事業者と生計を一にする親族の用に消費し、又は使用した場合をいいます（基通5―3―1）。

なお、「使用」とは、資産の全部又は一部を家事のためにのみ使用することをいいます。

したがって、例えば、事業の用に供している自動車を家事のためにも利用する場合のように、家事のためにのみ使用する部分を明確に区分できない場合には、その利用は、「使用」に該当しないことになります（基通5―3―2）。

☆ 個人事業者が所有する**店舗兼住宅**を譲渡した場合には、事業用の部分（店舗部分）について課税の対象になります。

☆ **役員に対する資産の贈与**は、資産の譲渡等とみなして消費税の課税の対象となりますが、所得税基本通達36―21《課税しない経済的利益……永年勤続者の記念品等》又は36―22《課税しない経済的利益……創業記念品等》において給与として課税しなくて差し支えないものとされている記念品等については、役員に対して無償支給する場合であっても、みなし譲渡として課税の対象にする必要がありません（基通5―3―5(注)）。

☆ 売上げについてレジペーパーを集計し、現金残高と過不足を生じた場合などに処理する雑収入又は雑損失（**現金過不足勘定**）は、資産の譲渡等の対価に該当せず、消費税の課税関係は生じません。

なお、レジペーパーに記録された資産の譲渡等の価額が、資産の譲渡等の対価の額になります。

4　資産の譲渡等

資産の譲渡等とは、事業として対価を得て行われる資産の譲渡及び貸付け並びに役務の提供をいいます（法2①八）。

(1) 資産の譲渡の意義等

資産の譲渡とは、資産につきその同一性を保持しつつ、他人に移転させることをいいます（基通5－2－1）。

したがって、資産の交換は資産の譲渡に該当しますが、権利の消滅又は価値の減少は資産の譲渡に該当しないことになります。

なお、「事業として対価を得て行われる資産の譲渡」は、その原因を問いませんから、例えば、他の者の債務の保証を履行するために行う資産の譲渡又は強制換価手続により換価された場合の資産の譲渡であっても、これに該当することになります（基通5－2－2）。

資産の譲渡等の対価に該当するかどうかの判定に当たって留意すべき事項には、次のようなものがあります。

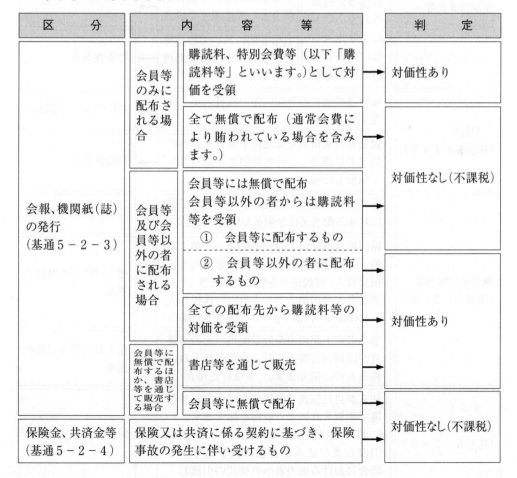

第2章　国内取引に係る消費税

区　　分	内　　容　　等		判　　定
損害賠償金 （基通5－2－5）	損害を受けた棚卸資産等が加害者に引き渡される場合で、その棚卸資産等がそのまま又は軽微な修理を加えることにより使用できるときに収受する（譲渡代金に相当する）損害賠償金		対価性あり
	無体財産権の侵害を受けたことにより収受する（権利の使用料に相当する）損害賠償金		
	不動産等の明渡し遅滞により収受する（賃貸料に相当する）損害賠償金		
	上記のような損害賠償金以外の心身又は資産につき加えられた損害の発生に伴い受けるもの		
容器保証金等 （基通5－2－6）	空の容器等を返却した時に返還することとされている保証金等		対価性なし（不課税）
	容器等が返却されないことにより返還しないこととなった保証金等	当事者間において損害賠償金として処理する場合	
		当事者間において容器等の譲渡の対価として処理する場合	対価性あり
立退料 （基通5－2－7）	建物等の契約の解除に伴い賃貸人から収受する立退料		対価性なし（不課税）
	建物等の賃借人たる地位を賃貸人以外の第三者に譲渡し、その対価を立退料として収受した場合		対価性あり
剰余金の配当等 （基通5－2－8）	株主又は出資者たる地位に基づき、出資に対する配当又は分配として受けるもの		対価性なし（不課税）
	協同組合等が法人税法第60条の2第1項第1号《協同組合等の事業分量配当等の損金算入》に規定する事業分量配当（その事業者が協同組合等から行った課税仕入れに係るものに限ります。）を支払った場合		売上げに係る対価の返還
	事業者が上記の事業分量配当（その事業者が協同組合等から行った課税仕入れに係るものに限ります。）を受けた場合		仕入れに係る対価の返還
自己株式 （基通5－2－9）	法人が自己株式を取得する場合（証券市場での買入れによる取得を除きます。）における株主からその法人への株式の引渡し及び法人が自己株式を処分する場合における他の者への株式の引渡し		対価性なし（不課税）

— 96 —

第2節　課税の対象

区　　分	内　　容　　等		判　　定
対価補償金等 (令2②、基通5-2-10)	対価補償金	譲渡があったものとみなされる収用の目的となった所有権その他の権利の対価たる補償金	対価性あり
		公有水面埋立法の規定に基づく公有水面の埋立てによる漁業権若しくは入漁権の消滅又はこれらの価値の減少に伴う補償金	対価性なし(不課税)
	収益補償金	収益の減少又は損失の補塡に充てるものとして交付を受ける補償金	
	経費補償金	休廃業等により生ずる事業上の費用及び収用等の目的となった資産以外の資産の損失の補塡に充てるものとして交付を受ける補償金	
	移転補償金	資産の移転に要する費用の補塡に充てるものとして交付を受ける補償金	
	その他の補償金	その他対価補償金たる実質を有しない補償金	
譲渡担保等 (基通5-2-11)	債務の弁済の担保としてその有する資産を譲渡した場合において、その契約書に次の全ての事項を明らかにしているとき ①　担保に係る資産をその事業者が従来どおり使用収益すること ②　通常支払うと認められるその債務に係る利子又はこれに相当する使用料の支払に関する定めがあること		譲渡はなかったものとして取り扱われます（ただし、②の利子又は使用料は、利子を対価とする貸付金に係る対価に該当します。）。
	その後、上記要件のいずれかを欠くに至ったとき又は債務不履行のためにその弁済に充てられたとき		これらの事実の生じたときにおいて譲渡があったものとして取り扱われます。
自社使用等 (基通5-2-12)	自らが行う広告宣伝又は試験研究等のために商品、原材料等の資産を消費し、又は使用した場合		対価性なし(不課税)
資産の廃棄、盗難、滅失 (基通5-2-13)	資産につき廃棄をした場合又は盗難若しくは滅失があった場合		

— 97 —

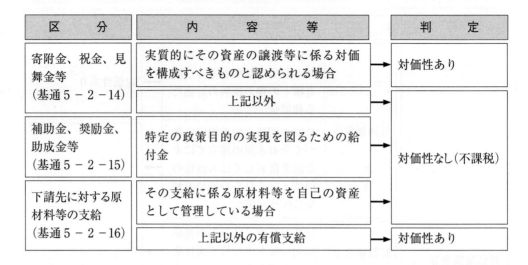

チェックポイント

☆ 顧客等の利便のために実費で**印紙を融通する行為**は、印紙代の単なる立替えと認められますので、課税の対象にはなりません。

　ただし、印紙の販売を業とする場合（印紙売りさばき所を除きます。）には、課税の対象になります。

☆ 親会社が、同一敷地内にある子会社の工場に、電気、用水等を実量（原価相当額）で提供する場合であっても、それぞれが人格を異にする別個の独立した法人の間の取引ですから、事業として行われる取引として課税の対象になります。

(2) 資産の貸付けの意義等

　資産の貸付けとは、賃貸借契約、消費貸借契約等に基づき、資産を他の者に貸し付けたり、使用させる行為をいい、資産に係る権利の設定その他他の者に資産を使用させる一切の行為（その行為のうち、電気通信利用役務の提供に該当するものを除きます。）もこれに含まれます（法2②）。

　資産に係る権利の設定又は資産を使用させる一切の行為とは、例えば、次のものがあります。

第2節　課税の対象

区　　分	例　　　　示
資産に係る権利の設定 （基通5－4－1）	①　土地に係る地上権又は地役権の設定 ②　工業所有権（特許権、実用新案権、意匠権及び商標権等をいいます。）に係る実施権又は使用権の設定 ③　著作物に係る出版権の設定
資産を使用させる一切の行為（その行為のうち、電気通信利用役務の提供に該当するものを除きます。） （基通5－4－2）	①　工業所有権等の使用、提供又は伝授 ②　著作物の複製、上演、放送、展示、上映、翻訳、編曲、脚色、映画化その他著作物を利用させる行為 ③　工業所有権等の目的になっていないが、生産その他業務に関して繰り返し使用し得るまでに形成された創作の使用、提供又は伝授

(注)　工業所有権等とは、特許権、実用新案権、意匠権及び商標権等並びにこれらの権利に係る出願権及び実施権をいいます。

また、資産の貸付けの対価に該当するかどうかの判定に当たって留意すべき事項には、次のようなものがあります。

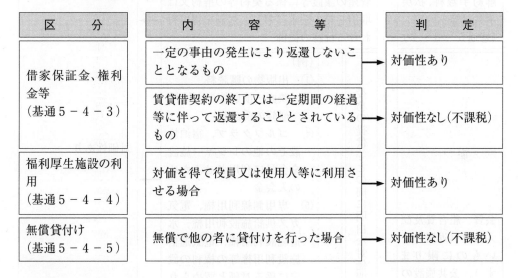

チェックポイント

☆　建物の賃借人が退去する際に賃貸人が預かり、保証金から差し引くいわゆる**原状回復工事費**は、賃貸人の賃借人に対する役務の提供の対価として、資産の譲渡等の対価に該当します。

☆　金融業者が資金を貸し付ける場合、利息のほかに手数料を融資時に顧客から徴収することがありますが、利息制限法第3条《みなし利息》によれば「金銭を目的とする消費貸借に関し債権者の受ける元本以外の金銭は、礼金、割引金、手数料、調査料その他いかなる名義をもってするかを問わず、利息とみなす。ただし、契約の締結及び債務の弁済の費用は、この限りでない。」とされています。

しかしながら、消費税法上は、役務の提供の対価として徴収する手数料であれば、課税

資産の譲渡等の対価に該当します。

したがって、契約の締結のための費用として収受する金銭のほか、利息制限法上利息とみなされる手数料（例えば、書換手数料、調査料等）についても、役務の提供の対価として課税資産の譲渡等の対価に該当します。

(3) 役務の提供の意義等

役務の提供とは、請負契約に代表される土木工事、修繕、運送、保管、印刷、広告、仲介、興行、宿泊、飲食、技術援助、情報の提供、便益、出演、著述その他種々のサービスを提供することをいい、弁護士、公認会計士、税理士、作家、スポーツ選手、映画監督、棋士等によるその専門的知識、技能等に基づく役務の提供もこれに含まれます（基通5－5－1）。

なお、役務の提供の対価に該当するかどうかの判定に当たって留意すべき事項には、次のようなものがあります。

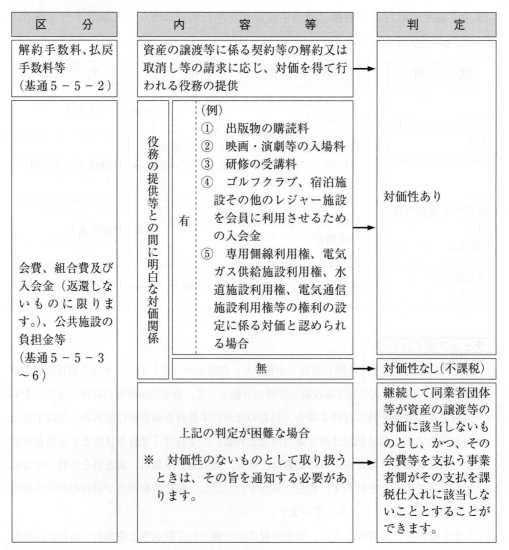

第2節　課税の対象

区　　分	内　容　等	判　定
共同行事に係る負担金等 （基通5－5－7）	主宰者が構成員のために自己の名において宣伝、販売促進等を行う場合	対価性あり
	費用の全額について参加者ごとの負担割合が予め定められており、主宰者が構成員から収受した負担金等を仮勘定として経理した場合	対価性なし（不課税）
賞金等 （その資産の譲渡等が特定役務の提供である場合には、その役務の提供を受けた事業者の特定課税仕入れになります。） （基通5－5－8）	受賞者がその受賞に係る役務の提供を業とする者であり、かつ、賞金等の給付が予定されている催物等に参加し、その結果として賞金等の給付を受けるものである場合	対価性あり
	上記以外	役務の提供との関連性の程度により個々に判定
協賛金	協賛者が主催者に協賛金として金品を交付する場合（いわゆる冠大会）	
団体保険等の集金事務手数料	集金事務手数料を対価とする役務の提供	対価性あり
滞船料、早出料 （基通5－5－9、14－1－1）	船舶による運送に関連して受ける滞船料	
	船舶による運送に関連して支払う早出料	売上げに係る対価の返還
出向先事業者が支出する給与負担金 （基通5－5－10）	出向先事業者が自己の負担すべき給与に相当する金額を出向元事業者に支出した場合	給与（不課税）
労働者派遣に係る派遣料 （基通5－5－11）	労働者の派遣を行った事業者が他の事業者から収受する派遣料	
電気通信役務に係る回線使用料等 （基通5－5－12）	電気通信事業法第2条第3号《定義》に規定する電気通信役務の提供に伴って収受する対価	対価性あり
遊技施設等の利用料金	入場料等を対価とする役務の提供又は遊技機等を対価を得て使用させる行為	

— 101 —

第2章　国内取引に係る消費税

チェックポイント

☆　ゴルフ場等において、予約時に収受した予約金をキャンセル時に没収することにしている場合の**キャンセル料**は、事業者がその全額について損害賠償金に該当するものとして課税の対象外としているときは、その取扱いが認められます。

(4)　リース取引の実質判定

　事業者が行うリース取引が、そのリース取引の目的となる資産の譲渡若しくは貸付け又は金銭の貸付けのいずれに該当するかは、所得税又は法人税の課税所得の計算における取扱いの例により、次のとおり判定します（基通5―1―9）。

区　　　　分	判　定　の　時	判　　　定
売買があったものとされるリース取引 （所法67の2①、法法64の2①）	そのリース取引の目的となる資産の引渡しの時	→ 資産の譲渡があったことになります(注)。
金銭の貸借があったものとされるリース取引 （所法67の2②、法法64の2②）	そのリース取引の目的となる資産に係る譲渡代金の支払の時	→ 金銭の貸付けがあったことになります。

(注)　この場合の資産の譲渡の対価の額は、そのリース取引に係る契約において定められたリース資産の賃貸借期間中に収受すべきリース料の額の合計額となります。

チェックポイント

☆　いわゆるファイナンス・リース契約において、リース物件のバージョンアップ等を図るため、リース業者及びユーザー合意の下に解約する場合の**解約損害金**は、解約までのリース期間内のリース料の修正として、資産の譲渡等の対価に該当します。

☆　リース期間終了の時にリース資産の処分価額がリース取引に係る契約において定められている保証額に満たない場合において、その満たない部分の金額をそのリース取引に係る賃借人がその賃貸人に支払うこととされているときにおける保証額（残価保証額）は、リース取引開始時において資産の譲渡等の対価には該当しません。

　リース契約上の残価保証額の定めに基づき賃貸人が賃借人に請求する精算金は、その収受すべき金額が確定した日の属する課税期間における資産の譲渡等の対価に該当します（基通9―3―6の4）。

☆　転リース会社（リース物件の所有者から当該物件のリースを受けた会社）が所有権移転外ファイナンス・リース取引により賃借した資産を他の事業者に所有権移転外ファイナンス・リース取引として賃貸する転リース取引をする場合、賃貸人として受け取るリース料総額と賃借人として支払うリース料総額の差額を手数料収入として会計処理したとしても、消費税法上の取扱いは、賃貸人として受け取るリース料総額が資産の譲渡等の対価の額に該当し、賃借人として支払うリース料総額が、課税仕入れに係る支払対価の額に該当します。

　つまり、賃借人として元受会社からのリース資産を譲り受ける取引と賃貸人としてエン

— 102 —

第2節　課税の対象

ドユーザーに対して同一リース資産を譲渡する取引の二つの取引に区分して、処理することになります。

☆　所有権移転外ファイナンス・リース取引について、契約期間終了前に次の①から③までの事由によりリース契約を解約した場合、賃借人が賃貸人に支払うこととなる残存リース料は、次のように取り扱われます。

解約の事由	賃　借　人	賃　貸　人
①　賃借人の倒産、リース料の支払遅延等の契約違反があった場合	残存リース料の支払は、リース債務の返済に過ぎないため、消費税法上、課税の対象外となります。 　また、賃借人が賃貸人にリース物件を返還し、残存リース料の一部又は全部が減額された場合、この減額は、リース物件の返還があった時において、代物弁済による資産の譲渡があったものと認められ、賃借人は代物弁済により消滅する債務の額として、この減額した金額を対価とする資産の譲渡を行ったものとして取り扱われます。	賃貸人においては、解除等の日の属する課税期間に残存リース料を対価とする資産の譲渡等があったものとみなされ、消費税が課されることとなります。 　また、賃借人が賃貸人にリース物件を返還し、残存リース料の一部又は全部を減額した場合、この減額は、リース物件の返還があった時において、代物弁済が行われたものと認められ、資産の譲受けの対価として取り扱われます。
②　リース物件が滅失・毀損し、修復不能となった場合	上記①と同様に、残存リース料の支払は、課税仕入れに該当しません。 　また、リース物件が滅失・毀損し、修復不能となったことを起因として賃貸人に保険金が支払われることにより、残存リース料の一部又は全部が減額される場合、リース料の値引きがあったものと認められ、この減額した金額は、仕入れに係る対価の返還等として取り扱われます。	上記①と同様に、賃貸人においては、解除等の日の属する課税期間に残存リース料を対価とする資産の譲渡等があったものとみなされ、消費税が課されることとなります。 　また、賃貸人がリース物件の滅失等を起因として保険金を受け取ることにより残存リース料の一部又は全部を減額する場合、リース料の値引きを行ったものと認められ、この残存リース料の減額は売上げに係る対価の返還等として取り扱われます。

— 103 —

解約の事由	賃　借　人	賃　貸　人
③　リース物件の陳腐化のための借換えなどにより、賃貸人と賃借人との合意に基づき解約する場合	上記①と同様に、残存リース料の支払は、課税仕入れに該当しません。 　また、賃貸人と賃借人との合意に基づき、リース物件の陳腐化のため、リース物件を廃棄するとともに、残存リース料の一部又は全部を減額する場合、リース料の値引きがあったものと認められ、この減額した金額は、仕入れに係る対価の返還等として取り扱われます。	上記①と同様に、賃貸人においては、解除等の日の属する課税期間に残存リース料を対価とする資産の譲渡等があったものとみなされ、消費税が課されることとなります。 　また、賃貸人と賃借人の合意に基づき、リース物件の陳腐化のため、リース物件を廃棄するとともに、残存リース料の一部又は全部を減額する場合、リース料の値引きを行ったものと認められるため、この減額は、売上げに係る対価の返還等として取り扱われます。

(注)　所有権移転外ファイナンス・リース取引について、賃貸借処理をし、分割控除により仕入税額控除を行っている賃借人が、上記①から③までに掲げる事由に該当してリース契約を解約した場合に賃貸人に支払う残存リース料については、リース契約を解約した日の属する課税期間において仕入税額控除を行うことができます。

第2　非課税の範囲

　消費税は、生産流通過程を経て事業者から消費者（家計）に提供されるという財貨・サービスの流れに着目して、事業者の売上げを課税の対象にすることにより、間接的に消費に税負担を求めるものです。

　消費税が課税される取引は、原則として、国内における全ての財貨・サービスの販売・提供及び貨物の輸入ですが、これらの財貨・サービスの中には、消費に対して負担を求める税としての性格から課税の対象とすることになじまないものや、社会政策的な配慮から課税しないこととされているものがあり、これらの取引は非課税とされています。

　なお、非課税取引は、消費全般に広く負担を求めるというこの税の性格上、極めて限定されています。

　非課税取引を整理すると、次のようになります。

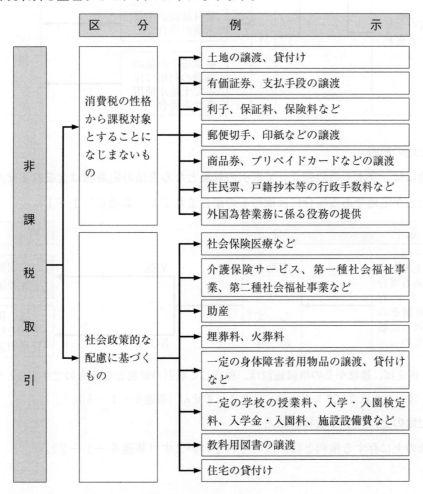

国内において行われる資産の譲渡等のうち、次に掲げるものには、消費税が課されません（法6①、別表1）。

(1) 土地の譲渡及び貸付け

　土地（土地の上に存する権利を含みます。）の譲渡及び貸付けは非課税になりますが、土地の貸付けのうち、貸付けに係る期間が1月に満たない場合及び駐車場その他の施設の利用に伴って土地が使用される場合には非課税になりません（法別表1一、令8）。

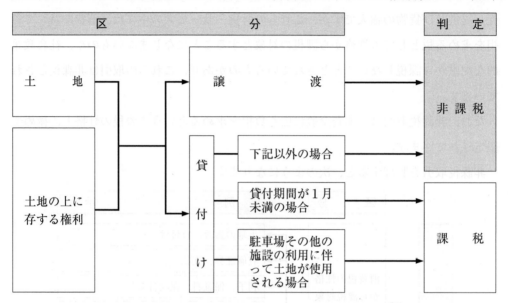

イ　土地の範囲

　土地には、立木その他独立して取引の対象となる土地の定着物は含まれませんが、その土地が宅地である場合には次のものが含まれます（基通6－1－1）。

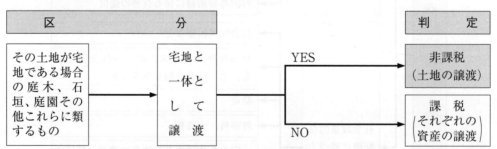

　(注)　例えば、建物やその附属施設は、独立して取引の対象となるものですから、宅地と一体として譲渡しても、土地には含まれません（基通6－1－1）。

ロ　土地の上に存する権利の範囲

　土地の上に存する権利とは、次のものをいいます（基通6－1－2）。

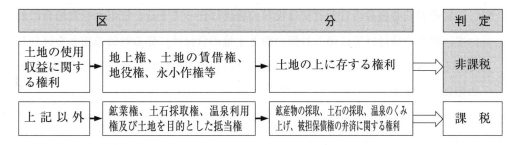

(注) 借地権に係る更新料（更改料を含みます。）又は名義書換料は、土地の上に存する権利の設定若しくは譲渡又は土地の貸付けの対価に該当します（基通6－1－3）。

ハ　土地の貸付期間の判定

「土地の貸付けに係る期間が1月に満たない場合」に該当するかどうかは、その土地の貸付けに係る契約において定められた貸付期間によって判定しますが、その取扱いは次のとおりです（基通6－1－4）。

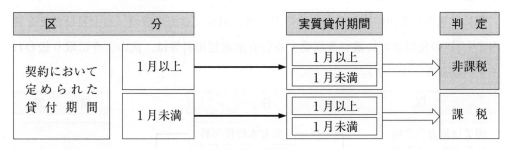

ニ　土地付建物等の貸付け

施設の利用に伴って土地が使用される場合のその土地を使用させる行為は土地の貸付けから除かれますので、例えば、建物、野球場、プール又はテニスコート等の施設の利用が土地の使用を伴うことになるとしても、その土地の使用は、土地の貸付けには含まれません（基通6－1－5）。

(イ)　駐車場又は駐輪場として土地を利用させた場合の取扱いは、次のとおりです。

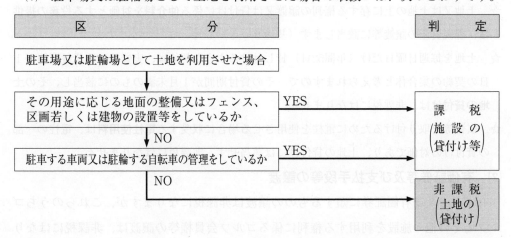

ロ 建物その他の施設の貸付け又は役務の提供に伴って土地を使用させた場合において、建物の貸付け等に係る対価の額と土地の貸付けに係る対価の額とを区分しているときであっても、その対価の額の合計額がその建物等の貸付けに係る対価の額になります。

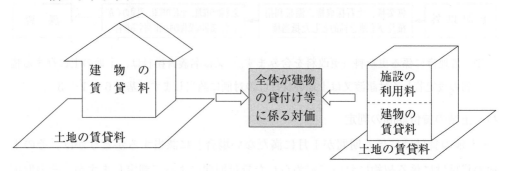

ホ　公有水面使用料等

国又は地方公共団体等がその有する海浜地、道路又は河川敷地（地上及び地下を含みます。）の使用許可に基づき収受する公有水面使用料等は、次のように取り扱われます（基通6－1－7）。

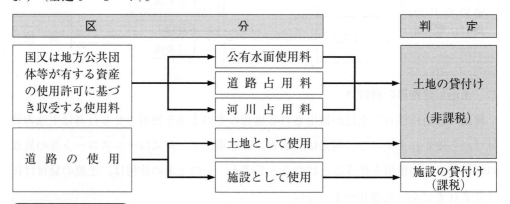

チェックポイント

☆　土地又は土地の上に存する権利の譲渡又は貸付けに係る**仲介料**を対価とする役務の提供は、課税資産の譲渡等に該当します（基通6－1－6）。

☆　土地を毎週日曜日だけ（年間52日）貸し付けるような契約は、実質的には貸付期間が1日の契約の集合体と考えられますので、その貸付期間が1月未満のものに該当し、その**土地の貸付け**は、非課税にはなりません。

☆　広告等を取り付けるために電柱を使用させる場合に収受する**電柱使用料**は、電柱の一部の貸付けの対価であり、土地の貸付けには該当せず、非課税にはなりません。

(2) **有価証券等及び支払手段等の譲渡**

有価証券及び有価証券に類するものの譲渡は非課税になりますが、これらのうちゴルフ場その他の施設を利用する権利に係るゴルフ会員権等の譲渡は、非課税にはなり

ません（法別表１二、令９②）。

　また、支払手段及び支払手段に類するものの譲渡は非課税とされていますが、これらのうち収集品又は販売用のものの譲渡は、非課税にはなりません（法別表１二、令９③）。

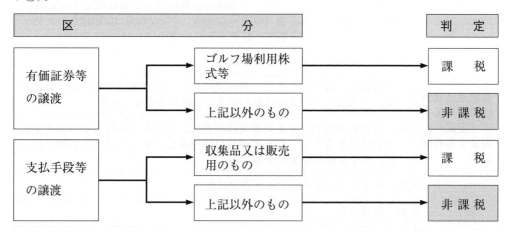

イ　有価証券等の範囲

　非課税の対象になる有価証券等の範囲は、次のとおりです（令９①、基通６−２−１）。

区	分
金融商品取引法第２条第１項《定義》に規定する有価証券	①　国債証券
	②　地方債証券
	③　農林中央金庫の発行する農林債券その他の特別の法律により法人の発行する債券（④及び⑪に掲げるものを除きます。）
	④　資産の流動化に関する法律（以下「資産流動化法」といいます。）に規定する特定社債券
	⑤　社債券（相互会社の社債券を含みます。）
	⑥　日本銀行その他の特別の法律により設立された法人の発行する出資証券（⑦、⑧及び⑪に掲げるものを除きます。）
	⑦　協同組織金融機関の優先出資に関する法律（以下「優先出資法」といいます。）に規定する優先出資証券
	⑧　資産流動化法に規定する優先出資証券又は新優先出資引受権を表示する証券
	⑨　株券又は新株予約権証券
	⑩　投資信託及び投資法人に関する法律（以下「投資信託法」といいます。）に規定する投資信託又は外国投資信託の受益証券
	⑪　投資信託法に規定する投資証券、新投資口予約権証券若しくは投資法人債券又は外国投資証券
	⑫　貸付信託の受益証券

区	分
金融商品取引法第2条第1項《定義》に規定する有価証券	⑬　資産流動化法に規定する特定目的信託の受益証券
	⑭　信託法に規定する受益証券発行信託の受益証券
	⑮　コマーシャル・ペーパー（金融商品取引法第2条に規定する定義に関する内閣府令第2条《コマーシャル・ペーパー》に規定するコマーシャル・ペーパー（以下「ＣＰ」といいます。））
	⑯　抵当証券法に規定する抵当証券
	⑰　外国債、海外ＣＰなど、外国又は外国の者の発行する証券又は証書で、①から⑨まで又は⑫から⑯までの性質を有するもの
	⑱　外国の者の発行する証券又は証書で、銀行業を営む者その他の金銭の貸付けを業として行う者の貸付債権を信託する信託の受益権又はこれに類する権利を表示するもの
	⑲　オプションを表示する証券又は証書
	⑳　預託証券
	㉑　譲渡性預金（払戻しについて期限の定めがある預金で、民法第3編第1章第7節第1款に規定する指図証券、同節第2款に規定する記名式所持人払証券、同節第3款に規定するその他の記名証券又は同節第4款に規定する無記名証券に係る債権であるもの）の預金証書のうち外国法人が発行するもの（海外ＣＤ）
上記の有価証券に類するもの	①　上記①から⑮まで及び⑰（⑯に掲げる有価証券の性質を有するものを除きます。）に掲げる有価証券に表示されるべき権利で、有価証券が発行されていないもの
	②　合名会社、合資会社又は合同会社の社員の持分、協同組合等の組合員又は会員の持分その他法人の出資者の持分
	③　株主又は投資主（投資信託法第2条第16項《定義》に規定する投資主をいいます。）となる権利、優先出資者（優先出資法第13条第1項《優先出資者となる時期等》の優先出資者をいいます。）となる権利、特定社員（資産流動化法第2条第5項《定義》に規定する特定社員をいいます。）又は優先出資社員（同法第26条《社員》に規定する優先出資社員をいいます。）となる権利その他法人の出資者となる権利
	④　貸付金、預金、売掛金その他の金銭債権

㈲　非課税の対象となる有価証券等には、船荷証券、倉荷証券、複合運送証券又は株式、出資若しくは預託の形態によるゴルフ会員権等は含まれません（基通6－2－2）。

ロ 支払手段等の範囲

支払手段等とは、次のものをいいます（令9④、基通6－2－3）。

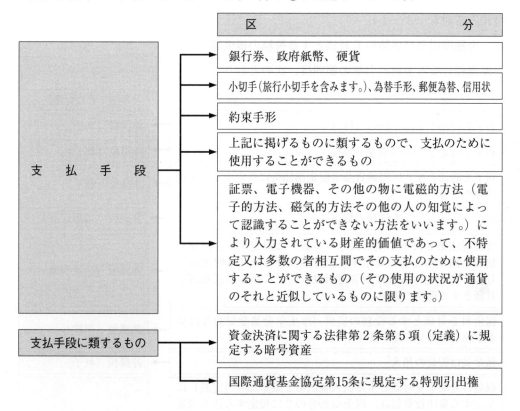

> チェックポイント

☆ **居住者が発行する譲渡性預金証書**は、預金に該当します（基通6－2－1(注)1）。

☆ 「**有価証券に類するもののうち、有価証券に表示されるべき権利で有価証券が発行されていないもの**」には、例えば、消費税法施行令第1条第2項第3号《登録国債》に規定する登録国債、社債、株式等の振替に関する法律の規定による振替口座簿の記載又は記録により定まるものとされるもの、株券の発行がない株式、新株予約権、優先出資法又は資産流動化法に規定する優先出資証券の発行がない優先出資及び投資信託法に規定する投資証券の発行がない投資口が該当します（基通6－2－1(注)2）。

☆ **匿名組合の出資者の持分**は、消費税法施行令第9条第1項第2号《有価証券に類するものの範囲等》に規定する「その他法人の出資者の持分」に含まれます。

なお、この「その他法人の出資者の持分」には、人格のない社団等、民法上の組合に対するものも含まれます（基通6－2－1(2)ロ）。

(3) 利子を対価とする貸付金等

利子を対価とする金銭の貸付け等の金融取引等は、非課税になります（法別表１三、令10、基通６－３－１）。

イ　金融取引及び保険料を対価とする役務の提供等

非課税になる金融取引等の範囲は、次のとおりです。

区　分	判定（その対価）
利子を対価とする金銭の貸付け	非課税（利子）
利子を対価とする国債等の取得	非課税（利子）
利子を対価とする国際通貨基金協定第15条に規定する特別引出権の保有	非課税（利子）
信用の保証としての役務の提供	非課税（信用保証料）
所得税法第２条第１項第11号《定義》に規定する合同運用信託、同項第15号に規定する公社債投資信託又は同項第15号の２に規定する公社債等運用投資信託に係る信託報酬を対価とする役務の提供	非課税（信託報酬）
保険料を対価とする役務の提供（厚生年金基金契約等に係る事務費用部分を除きます。）	非課税（保険料）
預金又は貯金の預入	非課税（利子）
収益の分配金を対価とする法人税法第２条第29号《定義》に規定する集団投資信託、同条第29号の２に規定する法人課税信託又は同法第12条第４項第１号《信託財産に属する資産及び負債並びに信託財産に帰せられる収益及び費用の帰属》に規定する退職年金等信託若しくは同項第２号に規定する特定公益信託等	非課税（収益分配金）
定期積金契約又は相互掛金契約に基づく給付補塡金を対価とする掛金の払込み	非課税（給付補塡金）
無尽に係る契約に基づく掛金の払込み	非課税（掛金差益）
利息を対価とする抵当証券（これに類する外国の証券を含みます。）の取得	非課税（利息）
償還差益を対価とする国債等又はコマーシャルペーパー（CP）の取得	非課税（償還差益）
手形（CPを除きます。）の割引	非課税（割引料）
金銭債権の譲受けその他の承継（包括承継を除きます。）	非課税（買取又は立替払の差益）
割賦販売法に規定する割賦販売、ローン提携販売、包括信用購入あっせん又は個別信用購入あっせんに係る手数料を対価とする役務の提供	非課税（手数料（契約において明示された部分に限ります。））

第2節　課税の対象

区　　　　　　　分	判定（その対価）
割賦販売等に準ずる役務の提供	非課税（利子又は保証料相当額（契約において明示された部分に限ります。））
有価証券（ゴルフ場利用株式等を除きます。）又は登録国債等の貸付け	非課税（賃貸料）
物上保証としての役務の提供	非課税（物上保証料）
保険料に類する共済掛金等を対価とする役務の提供	非課税（共済掛金）
動産又は不動産の貸付けを行う信託で、貸付期間の終了時に未償却残額で譲渡する旨の特約が付けられたものに係る役務の提供	非課税（利子又は保険料相当額（契約で明示されている部分に限ります。））
所得税法第67条の2第3項《リース取引の範囲》又は法人税法第64条の2第3項《リース取引の範囲》に規定するリース取引でその契約に係るリース料のうち、利子又は保険料の額に相当する部分を対価とする役務の提供	非課税（利子又は保険料相当額（契約で明示されている部分に限ります。））

（チェックポイント）

☆　国債等が、法人税法施行令第139条の2第1項に規定する償還有価証券に該当する場合の償還差益には、同項に規定する調整差益を含みます（基通6－3－2の2）。

☆　介護保険法に基づく第1号被保険者及び第2号被保険者が支払う保険料は、非課税になります。

☆　保険代理店が収受する役務の提供に係る**代理店手数料**又は保険会社等の委託を受けて行う損害調査又は鑑定等の**役務の提供に係る手数料**は、非課税にはなりません（基通6－3－2）。

☆　金銭債務の返済遅延に伴う**遅延損害金**は、遅延期間に応じて一定の比率に基づき算定されるものであり、利息に相当するものとして、非課税になります。

☆　**クレジット販売**において、信販会社が加盟店から譲り受ける債権の額と加盟店への支払額との差額は、金銭債権の譲受けとして、非課税になります（令10③八）。

　　また、消費者が信販会社に支払う包括信用購入あっせん若しくは個別信用購入あっせんに係る手数料又は賦払金のうち利子に相当する額（これらについて契約により金額が明示されているものに限ります。）は、非課税になります（令10③九、十）。

☆　**割賦手数料**については、2月以上にわたり、かつ、3回以上に分割して賦払金の支払を受ける契約に係るものが非課税になりますが、申込金又は頭金等の支払も分割回数（支払回数）に含まれるものとして取り扱われます（令10③十、基通6－3－6）。

（参考）割賦販売等の取引形態

(イ) 割賦販売（自社割賦販売）

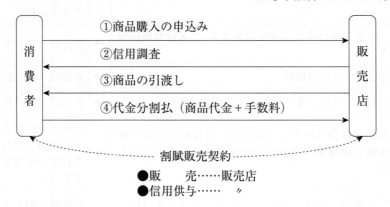

(ロ) ローン提携販売

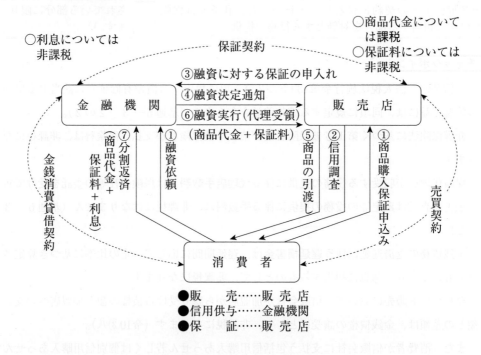

(ハ) 包括信用購入あっせん

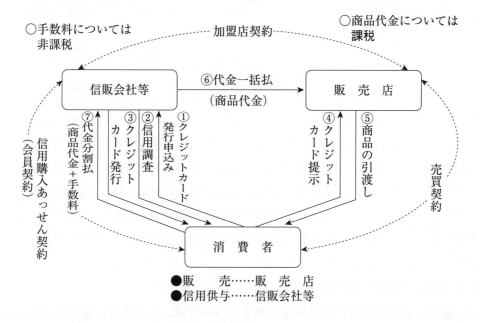

(ニ) 個別信用購入あっせん

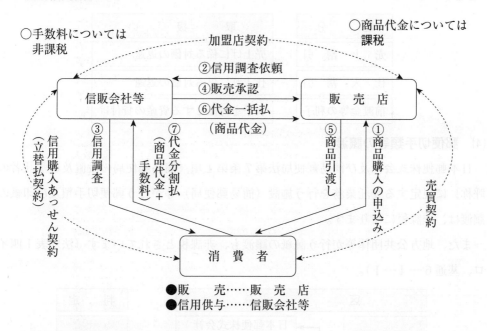

ロ 保険料に類する共済掛金の範囲

保険料に類する共済掛金の範囲は、次のとおりです（基通6－3－3）。

区　　分	範　　囲
法令等の規定に基づき実施される共済制度に係る共済掛金	その団体の構成員のために行う共済制度（人の生死、傷害又は資産の損失その他偶発的事由の発生を共済金の保険事故とする共済制度に限ります。）に基づいてその構成員が負担するもの
任意の共済制度に基づく共済掛金	

(注)　所得税法施行令第167条の2《特定の損失等に充てるための負担金の必要経費算入》又は法人税法施行令第136条《特定の損失等に充てるための負担金の損金算入》に規定する負担金、租税特別措置法第28条第1項各号《特定の基金に対する負担金等の必要経費算入の特例》又は同法第66条の11第1項各号《特定の基金に対する負担金等の損金算入の特例》に掲げる負担金又は掛金は、消費税法施行令第10条第3項第13号《利子を対価とする貸付金等》に規定する保険料に類する共済掛金その他の保険料に類するものに含まれます（基通6－3－3(注)）。

ハ　売上割引又は仕入割引等

売上割引、仕入割引及び前渡金等の利子については、次のように取り扱われます（基通6－3－4・5）。

区　　分	取　扱　い
売　上　割　引	売上げに係る対価の返還
仕　入　割　引	仕入れに係る対価の返還
前渡金等の利子	利子を対価とする資産の貸付け

(4) 郵便切手類等の譲渡

日本郵便株式会社及び簡易郵便局法第7条第1項《簡易郵便局の設置及び受託者の呼称》に規定する委託業務を行う施設（簡易郵便局）等が行う郵便切手類及び印紙の譲渡は、非課税になります。

また、地方公共団体等が行う証紙の譲渡も、非課税とされています（法別表1四イ、ロ、基通6－4－1）。

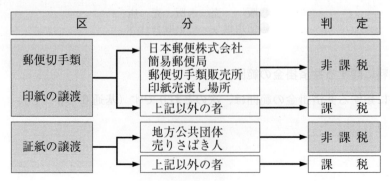

非課税になる「郵便切手類」とは次のものをいい、郵便切手類販売所等に関する法律第1条《定義》に規定する郵便切手を保存用の冊子に収めたもの等は、これに含まれません（基通6－4－2）。

郵便切手類	郵便切手
	郵便葉書
	郵便書簡

チェックポイント

☆ 印刷業者が行う**郵便葉書の印刷**に係る消費税の取扱いは、それぞれ次のようになります。

1 郵便局で購入した郵便葉書に、自社で選定した文字、図柄を印刷し、これを5枚セットにして文房具店に販売する場合

　印刷業者は、自ら選定した文字や図柄を印刷した後の郵便葉書を自己の商品として販売していますので、文房具店から収受する印刷後の郵便葉書に係る対価の額の全額が、課税資産の譲渡等の対価になります。

2 郵便局から購入して手持ちにしている郵便葉書に、企業や個人からの注文に応じて、企業名等を印刷して注文者である企業や個人に引き渡す場合

　注文者から収受する対価の全額が、課税資産の譲渡等の対価になります。

　ただし、注文者の便宜のために印刷業者が郵便局からの郵便葉書の購入を代行をしているという場合もありますので、印刷業者において、郵便局から購入した郵便葉書について仮払金として経理し、注文者への請求の際には郵便葉書の代金と印刷代金とを区分の上、郵便葉書の代金について立替金として請求している場合には、印刷代金のみを課税資産の譲渡等の対価の額として取り扱うことができます。

　この場合、注文者においては、印刷代金のみが課税仕入れに係る支払対価の額になります。

3 注文者が持ち込んだ郵便葉書に注文者の指定する文字、図柄を印刷して引き渡す場合
注文者から収受する印刷代金が、課税資産の譲渡等の対価になります。

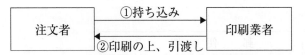

(5) 物品切手等の譲渡

イ 物品切手等の意義

物品切手等とは、商品券その他名称のいかんを問わず、次のものをいいます（法別表1四ハ、令11）。

物品切手等	物品の給付請求権を表彰する証書（郵便切手類に該当するものを除きます。）
	役務の提供又は物品の貸付けに係る請求権を表彰する証書
	資金決済に関する法律第3条第1項《定義》に規定する前払式支払手段に該当する同項各号に規定する番号、記号その他の符号

(注) 請求権を表彰する証書とは、証書の所持人に対してその作成者又は給付義務者がこれと引換えに一定の物品の給付、貸付け又は特定の役務の提供をすることを約する証書をいい、記名式であるかどうか、又はその証書の作成者と給付義務者とが同一であるかどうかを問いません（基通6-4-3）。

ロ 物品切手等に該当するかどうかの判定

物品切手等に該当するかどうかの判定は、次のとおりです（基通6-4-4）。

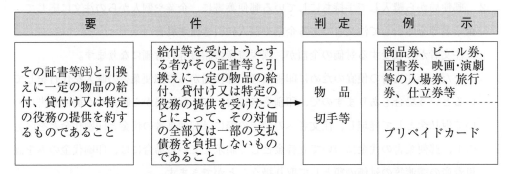

(注) 証書等とは、証書及び資金決済に関する法律第3条第1項《定義》に規定する前払式支払手段に該当する同項各号に規定する番号、記号その他の符号をいいます。

チェックポイント

☆ 資産の寄託者が倉庫業者宛に作成する出荷依頼書等は、物品切手等に該当しません（基通6-4-3(注)）。

☆ **物品切手等の発行**は、物品の給付請求権等を表彰する証書の発行行為であり、交付した相手先から収受する金品は、資産の譲渡等の対価に該当しません（基通6-4-5）。

☆ 次のような**フリーデザインプリペイドカード**の取引の場合には、いずれも物品切手等の譲渡に該当し、非課税になります。

第2節　課税の対象

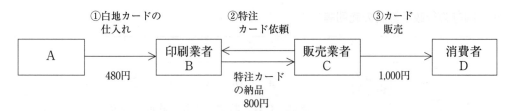

　ただし、例えば、印刷業者がプリペイドカード代500円と印刷代300円とを区分して請求しているときは、印刷代300円のみを課税資産の譲渡等の対価として取り扱い、プリペイドカード代500円は、非課税となる資産の譲渡等の対価として取り扱うことができます。

☆　物品切手等の委託販売を行う場合に受ける取扱手数料は、役務の提供の対価であり、非課税にはなりません（基通6−4−6）。

(6)　国等の手数料等

　国、地方公共団体、公証人等が行う一定の役務の提供は、非課税になります（法別表1五イ～ハ、令12、規3の2、基通6−5−1・2）。

イ 国等の行政手数料の範囲等

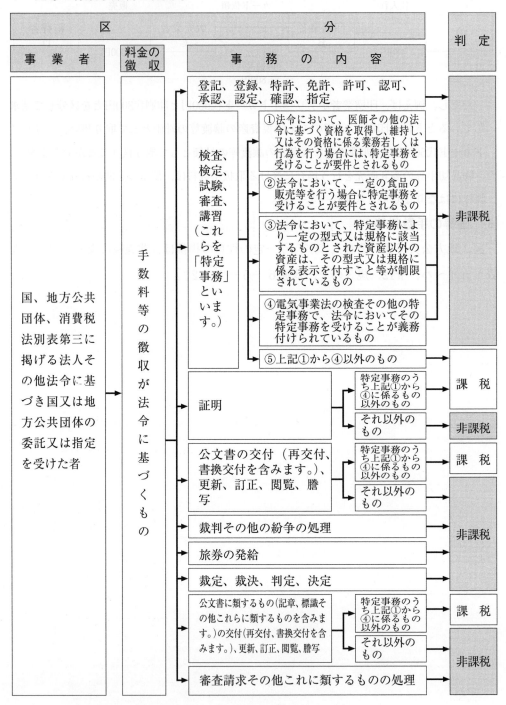

第2節　課税の対象

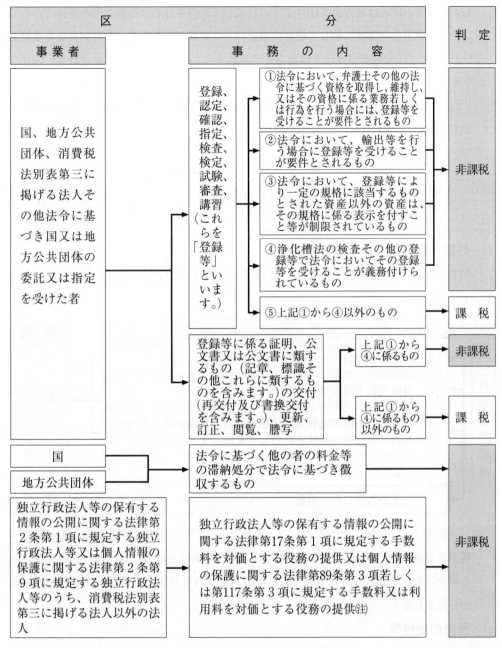

(注)　独立行政法人等の保有する情報の公開に関する法律別表第一に掲げる法人又は個人情報の保護に関する法律別表に掲げる法人のうち、消費税法別表第三に掲げる法人については、公文書又は公文書に類するものの謄写として非課税になります（基通6－5－1(4)(注)）。

  チェックポイント

☆　「法令に基づき国又は地方公共団体からの委託又は指定を受けた者」とは、非課税の対象とする事務の性格としてこれらの者のみが行うこととされているものをいいます。

したがって、国又は地方公共団体が定めた法令に基づき行われる検査等の業務であっても、国又は地方公共団体に対して登録申請を行うことによりその業務が可能となる登録を受けた者は、「法令に基づき国又は地方公共団体からの委託又は指定を受けた者」には当たりません。

これは、消費税法別表第三に掲げる法人が登録機関として行う場合にも同様となります。

ロ　執行官等の手数料

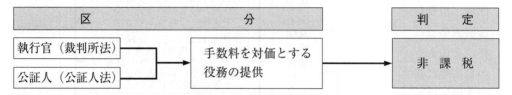

(7) 外国為替業務に係る役務の提供

外国為替業務に係る役務の提供は、非課税になります（法別表1五ニ、令13、基通6-5-3）。

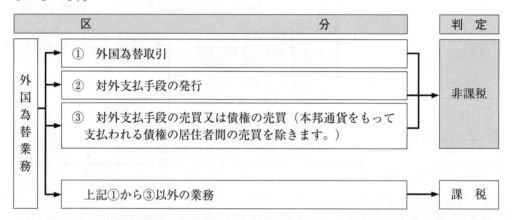

(注)　居住者による非居住者からの証券（外国為替及び外国貿易法第6条第1項第11号に規定する証券をいいます。）の取得又は居住者による非居住者に対する証券の譲渡に係る媒介、取次ぎ又は代理については、非課税とされる外国為替業務に係る役務の提供から除かれます。

(8) 医療の給付等

健康保険法等に基づく療養、医療等としての資産の譲渡等は、非課税になります（法別表1六、令14、平元大蔵省告示7号）。

非課税になる医療等は、次のとおりです（基通6-6-1・3）。

第2節　課税の対象

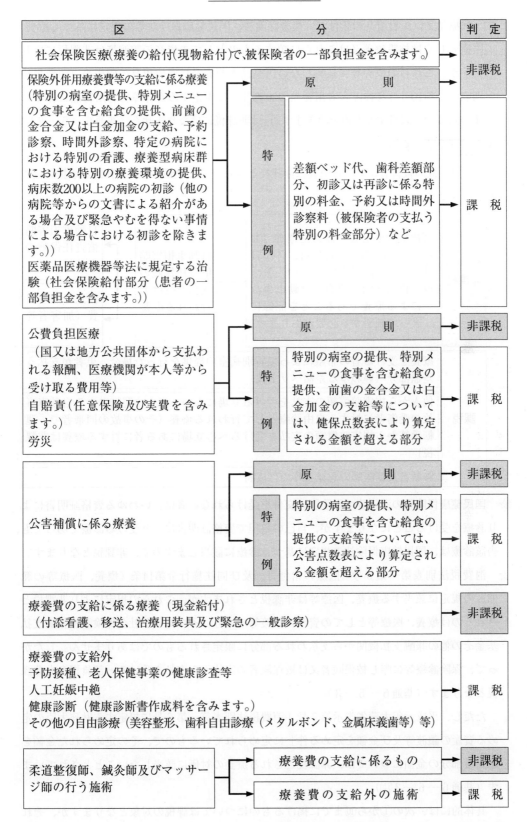

(注) 医療品又は医療用具の給付で、健康保険法、国民健康保険法等の規定に基づく療養、医療若しくは施設療養又はこれらに類するものとしての資産の譲渡等は非課税になりますが、これらの療養等に該当しない医薬品の販売又は医療用具の販売等（消費税法別表第一第10号《身体障害者用物品の譲渡等》に規定する身体障害者用物品に係る資産の譲渡等に該当するものを除きます。）は非課税にはなりません（基通6―6―2）。

チェックポイント

☆ 自動車事故の被害者に対する療養は非課税とされていますが、その具体的な取扱いは次のとおりです。

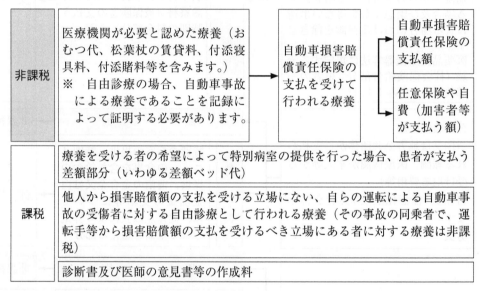

☆ 国民健康保険料の滞納等で保険証の交付を受けられない者は、いわゆる資格証明書により診療を受けることになりますが、自己の負担で資格証明書により受ける診療であっても、当該診療は、国民健康保険法の規定に基づく診療に該当しますので、非課税となります。

☆ 消費税法別表第一第6号《医療の給付等》及び同法施行令第14条《療養、医療等の範囲》の規定に該当する療養、医療等は非課税とされますが、これらの規定により非課税とされるのは療養、医療等としての資産の譲渡等であり、その対価が社会保険診療報酬支払基金その他の報酬支払機関から支払われる部分に限定されるものではありません。したがって、保険診療等に際し被保険者又は被保険者の家族から支払を受ける一部負担金も非課税となります（基通6―6―3）。

ただし、平成元年大蔵省告示第7号「消費税法別表第一第6号に規定する財務大臣の定める資産の譲渡等及び金額を定める件」に定められているもので、その定められた金額を超える部分の金額については、非課税とされる療養の対価に該当しないこととされています（基通6―6―3(注)）。

具体的には、次の①から⑩までに掲げるものについては課税の対象となりますが、それぞれの費用（又は料金）全体の中での課税関係は、①から⑩までの図のとおりです。

第2節　課税の対象

① 入院時食事療養（健康保険法63②一）に係る入院給食の提供における保険算定額を超える金額に係る部分（特別メニュー料金等）

② 入院時生活療養（健康保険法63②二）に係る生活療養の提供における保険算定額を超える金額に係る部分（特別な料金部分）

③ 特別の療養環境（特別の病室）の提供における保険算定額を超える金額に係る部分（いわゆる差額ベッド代）

④ 予約診療又は時間外診察における保険算定額を超える金額に係る部分（予約診療代、時間外診療代）

⑤ 病床数が200以上の病院で初診（紹介があった場合及び緊急その他やむを得ない事情がある場合におけるものを除きます。）又は再診（紹介を行う申出を行っていない場合及び緊急その他やむを得ない事情がある場合におけるものを除きます。）における保険算定額を超える金額に係る部分（初診又は再診に係る特別の料金）

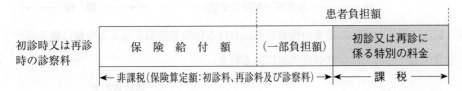

― 125 ―

⑥ 平成20年厚生労働省告示第59号「診療報酬の算定方法」に規定する回数を超えて受けた診療に係る部分（腫瘍マーカー検査等）

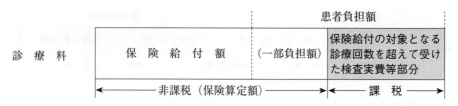

⑦ 入院期間が180日を超えた日以後の入院療養における保険給付の対象部分を超える金額に係る部分（180日を超える入院の保険給付対象額は180日以内の入院の場合の85％とされています。）

なお、別に平成18年厚生労働省告示第498号「保険外併用療養費に係る厚生労働大臣が定める医薬品等」第9号に定める場合（180日を超える入院が必要な場合など）の180日を超える入院は全体が非課税となります。

⑧ 前歯の金合金又は白金加金の支給における保険算定額を超える金額に係る部分（歯科差額部分）

⑨ 金属床による総義歯の提供における保険算定額を超える金額に係る部分（金属床総義歯の保険外併用療養費）

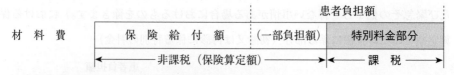

⑩ 齲蝕に罹患している患者の指導管理における保険算定額を超える金額に係る部分（フッ化物局所応用又は小窩裂溝填塞に係る料金）

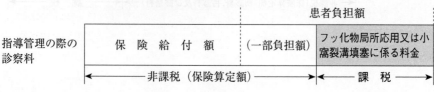

なお、医薬品、医療機器等の品質、有効性及び安全性の確保等に関する法律第2条第17項《定義》に規定する治験に係る診療は、「評価療養」の対象であり、保険外の診療についても非課税とされていますが、これはあくまでも被保険者が負担する療養費部分であり、治験依頼者の依頼による治験に係る診療の場合における製薬会社等の治験スポンサーが負担する療養費部分は、治験スポンサーと医療機関の契約に基づくものであることから、課税の対象となります。

(9) 介護保険サービス、社会福祉事業等

イ 介護保険サービス

介護保険法の規定に基づく居宅介護サービス費の支給に係る居宅サービス、施設介護サービス費の支給に係る施設サービス及びこれらに類するサービスで一定のものは、非課税になります。

非課税になる介護保険サービスは、次のとおりです（法別表1七イ、令14の2、平12大蔵省告示27号、平12厚生省告示126号、平12厚生省告示190号、平24厚生労働省告示307号、基通6-7-1）。

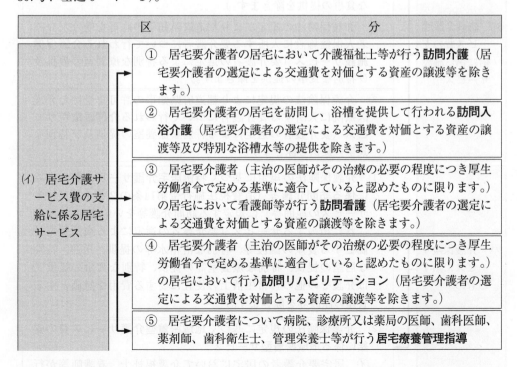

第2章　国内取引に係る消費税

(イ)　居宅介護サービス費の支給に係る居宅サービス	⑥　居宅要介護者について特別養護老人ホーム、養護老人ホーム、老人福祉センター、老人デイサービスセンター等の施設に通わせて行う**通所介護**（居宅要介護者の選定による送迎を除きます。）
	⑦　居宅要介護者（主治の医師がその治療の必要の程度につき厚生労働省令で定める基準に適合していると認めたものに限ります。）について介護老人保健施設、病院、診療所等に通わせて行う**通所リハビリテーション**（居宅要介護者の選定による送迎を除きます。）
	⑧　居宅要介護者について特別養護老人ホーム、養護老人ホーム、老人短期入所施設等に短期間入所させて行う**短期入所生活介護**（居宅要介護者の選定による特別な居室の提供、特別な食事の提供及び送迎を除きます。）
	⑨　居宅要介護者（その治療の必要の程度につき厚生労働省令で定めるものに限ります。）について介護老人保健施設及び療養病床を有する病院等に短期間入所させて行う**短期入所療養介護**（居宅要介護者の選定による特別な療養室等の提供、特別な食事の提供及び送迎を除きます。）
	⑩　有料老人ホーム、養護老人ホーム及び軽費老人ホーム（その入居定員が29人以下のものを除きます。）に入居している要介護者について行う**特定施設入居者生活介護**（要介護者の選定により提供される介護その他の日常生活上の便宜に要する費用を対価とする資産の譲渡等を除きます。）
(ロ)　施設介護サービス費の支給に係る施設サービス	①　特別養護老人ホーム（その入所定員が29人以下のものを除きます。）に入所する要介護者について行われる**介護福祉施設サービス**（要介護者の選定による特別な居室の提供及び特別な食事の提供を除きます。）
	②　介護保険法の規定により都道府県知事の許可を受けた介護老人保健施設に入所する要介護者について行われる**介護保健施設サービス**（要介護者の選定による特別な療養室の提供及び特別な食事の提供を除きます。）
	③　介護保険法の規定により都道府県知事の許可を受けた介護医療院に入所する要介護者について行われる**介護医療院サービス**（要介護者の選定による特別な療養室の提供及び特別な食事の提供を除きます。）
(ハ)　介護保険サービスに類するもの	①　介護保険法の規定に基づく**特例居宅介護サービス費の支給**に係る訪問介護等（消費税法施行令第14条の2第1項《居宅サービスの範囲等》に規定する訪問介護等をいいます。）又はこれに相当するサービス（要介護者の選定による交通費を対価とする資産の譲渡等、特別な浴槽水等の提供、送迎、特別な居室の提供、特別な療養室等の提供、特別な食事の提供又は介護その他の日常生活上の便宜に要する費用を対価とする資産の譲渡等を除きます。）
	②　介護保険法の規定に基づく**地域密着型介護サービス費の支給**に係る地域密着型サービス 　イ　居宅要介護者の居宅において介護福祉士、看護師等が行

— 128 —

第2節　課税の対象

う定期巡回・随時対応型訪問介護看護（居宅要介護者の選定による交通費を対価とする資産の譲渡等を除きます。）

㊑　居宅要介護者の居宅において介護福祉士等が行う夜間対応型訪問介護（㋑に該当するもの及び居宅要介護者の選定による交通費を対価とする資産の譲渡等を除きます。）

㋩　居宅要介護者について特別養護老人ホーム、養護老人ホーム、老人福祉センター、老人デイサービスセンター等の施設に通わせて行う地域密着型通所介護（次の㋥に該当するもの及び居宅要介護者の選定による送迎を除きます。）

㋥　居宅要介護者であって、認知症（脳血管疾患、アルツハイマー病その他の要因に基づく脳の器質的な変化により日常生活に支障が生じる程度にまで記憶機能及びその他の認知機能が低下した状態をいいます。以下同じです。）であるものについて、特別養護老人ホーム、養護老人ホーム、老人福祉センター、老人デイサービスセンター等の施設に通わせて行う認知症対応型通所介護（居宅要介護者の選定による送迎を除きます。）

㋭　居宅要介護者の居宅において、又は機能訓練等を行うサービスの拠点に通わせ若しくは短期間宿泊させて行う小規模多機能型居宅介護（居宅要介護者の選定による送迎及び交通費を対価とする資産の譲渡等を除きます。）

㋬　要介護者であって認知症であるもの（その者の認知症の原因となる疾患が急性の状態にある者を除きます。）について、その共同生活を営む住居において行う認知症対応型共同生活介護

㋣　有料老人ホーム、養護老人ホーム及び軽費老人ホーム（その入居定員が29人以下のものに限ります。）に入居している要介護者について行う地域密着型特定施設入居者生活介護（要介護者の選定により提供される介護その他の日常生活上の便宜に要する費用を対価とする資産の譲渡等を除きます。）

㋕　特別養護老人ホーム（その入所定員が29人以下のものに限ります。）に入所する要介護者について行う地域密着型介護老人福祉施設入所者生活介護（要介護者の選定による特別な居室の提供及び特別な食事の提供を除きます。）

㋚　居宅要介護者について㋑①から⑨までに該当するもの及び㋩②㋑から㋭までに該当するものを2種類以上組み合わせて行う複合型サービス（居宅要介護者の選定による送迎及び交通費を対価とする資産の譲渡等を除きます。）

（ハ）介護保険サービスに類するもの

③　介護保険法の規定に基づく**特例地域密着型介護サービス費**の支給に係る定期巡回・随時対応型訪問介護看護等（消費税法施行令第14条の2第3項第2号《居宅サービスの範囲等》に規定する定期巡回・随時対応型訪問介護看護等をいいます。）又はこれに相当するサービス（要介護者の選定による交通費を対価とする資産の譲渡等、送迎、特別な居室の提供、特別な食事の提供又は介護その他の日常生活上の便宜に要する費用を対価とする資産の譲渡等を除きます。）

— 129 —

第2章　国内取引に係る消費税

	④　介護保険法の規定に基づく**特例施設介護サービス費の支給に係る施設サービス**及び健康保険法等の一部を改正する法律（平成18年法律第83号）附則第130条の２第１項《健康保険法等の一部改正に伴う経過措置》の規定によりなおその効力を有するものとされる同法第26条の規定による改正前の介護保険法の規定に基づく**施設介護サービス費**又は**特例施設介護サービス費の支給に係る介護療養施設サービス**（要介護者の選定による特別な居室の提供、特別な療養室の提供、特別な病室の提供又は特別な食事の提供を除きます。）
	⑤　介護保険法の規定に基づく**介護予防サービス費の支給に係る介護予防訪問入浴介護等**（介護予防訪問入浴介護、介護予防訪問看護、介護予防訪問リハビリテーション、介護予防居宅療養管理指導、介護予防通所リハビリテーション、介護予防短期入所生活介護、介護予防短期入所療養介護及び介護予防特定施設入居者生活介護をいいます。以下同じです。）（要支援者の選定による交通費を対価とする資産の譲渡等、特別な浴槽水等の提供、送迎、特別な居室の提供、特別な療養室等の提供、特別な食事の提供又は介護その他の日常生活上の便宜に要する費用を対価とする資産の譲渡等を除きます。）
(ハ)　介護保険サービスに類するもの	⑥　介護保険法の規定に基づく**特例介護予防サービス費の支給に係る介護予防訪問入浴介護等**又はこれに相当するサービス
	⑦　介護保険法の規定に基づく**地域密着型介護予防サービス費の支給に係る介護予防認知症対応型通所介護等**（介護予防認知症対応型通所介護、介護予防小規模多機能型居宅介護及び介護予防認知症対応型共同生活介護をいいます。以下同じです。）（居宅要支援者の選定による送迎及び交通費を対価とする資産の譲渡等を除きます。）
	⑧　介護保険法の規定に基づく**特例地域密着型介護予防サービス費の支給に係る介護予防認知症対応型通所介護等**又はこれに相当するサービス（居宅要支援者の選定による送迎及び交通費を対価とする資産の譲渡等を除きます。）
	⑨　介護保険法の規定に基づく**居宅介護サービス計画費の支給に係る居宅介護支援**及び同法の規定に基づく**介護予防サービス計画費の支給に係る介護予防支援**
	⑩　介護保険法の規定に基づく**特例居宅介護サービス計画費の支給に係る居宅介護支援**又はこれに相当するサービス及び同法の規定に基づく**特例介護予防サービス計画費の支給に係る介護予防支援**又はこれに相当するサービス
	⑪　介護保険法の規定に基づく**市町村特別給付として要介護者又は居宅要支援者に対して行う食事の提供** (注)　食事の提供とは、平成12年厚生省告示第126号「消費税法施行令第14条の２第３項第11号の規定に基づき厚生労働大臣が指定する資産の譲渡等を定める件」に規定するものをいいます。

— 130 —

	⑫　介護保険法の規定に基づく**地域支援事業**として居宅要支援被保険者等に対して行う**介護予防・日常生活支援総合事業**に係る資産の譲渡等
	（注）　介護予防・日常生活支援総合事業に係る資産の譲渡等とは、平成24年厚生労働省告示第307号「消費税法施行令第14条の２第３項第12号の規定に基づき厚生労働大臣が指定する資産の譲渡等を定める件」に規定する資産の譲渡等に限られます。

⑬　生活保護法又は中国残留邦人等の円滑な帰国の促進並びに永住帰国した中国残留邦人等及び特定配偶者の自立の支援に関する法律若しくは中国残留邦人等の円滑な帰国の促進及び永住帰国後の自立の支援に関する法律の一部を改正する法律（平成25年法律第106号）附則第２条第１項若しくは第２項《支援給付の実施に関する経過措置》の規定によりなお従前の例によることとされる同法による改正前の中国残留邦人等の円滑な帰国の促進及び永住帰国後の自立の支援に関する法律の規定に基づく**介護扶助又は介護支援給付のための次に掲げる介護**

(ハ)　介護保険サービスに類するもの

イ　居宅介護（生活保護法第15条の２第２項《介護扶助》に規定する訪問介護、訪問入浴介護、訪問看護、訪問リハビリテーション、居宅療養管理指導、通所介護、通所リハビリテーション、短期入所生活介護、短期入所療養介護、特定施設入居者生活介護、定期巡回・随時対応型訪問介護看護、夜間対応型訪問介護、地域密着型通所介護、認知症対応型通所介護、小規模多機能型居宅介護、認知症対応型共同生活介護、地域密着型特定施設入居者生活介護及び複合型サービス並びにこれらに相当するサービスに限ります。）

ロ　施設介護（生活保護法第15条の２第４項に規定する地域密着型介護老人福祉施設入所者生活介護、介護福祉施設サービス及び介護保険施設サービス並びに健康保険法等の一部を改正する法律附則第130条の２第１項の規定によりなおその効力を有するものとされる同法附則第91条《生活保護法の一部改正》の規定による改正前の生活保護法の規定に基づく介護扶助のための介護（同条の規定による改正前の生活保護法第15条の２第１項第４号《介護扶助》に掲げる施設介護のうち同条第４項に規定する介護療養施設サービスに限ります。）をいいます。）

ハ　介護予防（生活保護法第15条の２第５項に規定する介護予防訪問入浴介護、介護予防訪問看護、介護予防訪問リハビリテーション、介護予防居宅療養管理指導、介護予防通所リハビリテーション、介護予防短期入所生活介護、介護予防短期入所療養介護、介護予防特定施設入居者生活介護、介護予防認知症対応型通所介護、介護予防小規模多機能型居宅介護及び介護予防認知症対応型共同生活介護並びにこれらに相当するサービスに限ります。）

ニ　介護予防・日常生活支援（生活保護法第15条の２第７項《介護扶助》に規定する第一号訪問事業、第一号通所事業及び第一号生活支援事業による支援に相当する支援に限ります。）

第2章　国内取引に係る消費税

㈥　介護保険サービスに類するもの	㊟　上記㈠及び㈥のこれらに相当するサービス並びに㈢の相当する支援とは、平成12年厚生省告示第190号「消費税法施行令第14条の2第3項第13号の規定に基づき厚生労働大臣が指定するサービスを定める件」に規定するものに限られます。

(チェックポイント)

☆　**居宅介護サービス費の支給に係る居宅サービス及び施設介護サービス費の支給に係る施設サービス**には、介護保険法の規定により要介護被保険者に対して支給されるこれらの介護サービス費に対応する部分の居宅サービス及び施設サービスのみが該当するのではなく、同法に規定する居宅サービス及び施設サービスとして提供されるサービスの全部が該当します（基通6―7―2）。

非課税になるサービスの例	①　介護保険法第43条《居宅介護サービス費等に係る支給限度額》に規定する居宅介護サービス費等に係る支給限度額を超えて同法第41条《居宅介護サービス費の支給》に規定する指定居宅サービス事業者が提供する指定居宅サービス
	②　介護保険法第41条第1項《居宅介護サービス費の支給》又は同法第48条第1項《施設介護サービス費の支給》の規定において介護保険給付の対象から除かれる日常生活に要する費用として、介護保険法施行規則第61条《日常生活に要する費用》又は同規則第79条《日常生活に要する費用》に定める費用に係る資産の譲渡等

㊟　平成12年大蔵省告示第27号「消費税法施行令第14条の2第1項、第2項及び第3項の規定に基づき、財務大臣が指定する資産の譲渡等を定める件」に規定する資産の譲渡等については、非課税になる介護保険サービスから除かれます。

☆　**介護保険法の規定により居宅要介護者又は居宅要支援者が福祉用具の貸与を受け、又は購入した場合**において、その貸与又は購入に要した費用の一部が介護保険により支給されるときであっても、その福祉用具の貸付け又は譲渡は、消費税法別表第一第7号イ《非課税となる介護保険に係る資産の譲渡等》に規定する資産の譲渡等に該当しません。

ただし、その福祉用具が消費税法別表第一第10号《身体障害者用物品の譲渡等》に規定する身体障害者用物品に該当する場合には、同号の規定により非課税になります（基通6―7―3）。

㊟　福祉用具を保税地域から引き取った場合において、その福祉用具が消費税法別表第二第6号《身体障害者用物品の保税地域からの引取り》に規定する身体障害者用物品に該当するときには、同号の規定により非課税になります。

☆　介護保険法に規定する**居宅サービス事業者、居宅介護支援事業者又は介護保険施設等からの委託により、他の事業者が**、消費税法別表第一第7号イ《非課税となる介護保険に係る資産の譲渡等》に規定する資産の譲渡等に係る**業務の一部を行う場合**におけるその委託業務は、居宅サービス事業者等に対して行われるものですから、同号に規定する資産の譲

― 132 ―

渡等には該当しません（基通6—7—4）。

（参考）介護サービス別消費税の課税関係

1　居宅介護（予防）サービス費の支給に係る居宅サービス（介護保険法41、42、53、54）

※　網掛け部分が非課税から除かれ、課税の対象となります（平成12年大蔵省告示第27号1、3）。

(1)　訪問介護（介護保険法8②）

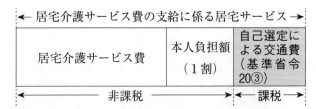

※　基準省令……指定居宅サービス等の事業の人員、設備及び運営に関する基準（平成11年厚生省令第37号）（以下1において同じ。）

(2)　訪問入浴介護（介護保険法8③、8の2②）

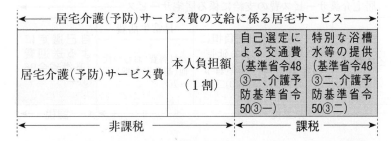

※　介護予防基準省令……指定介護予防サービス等の事業の人員、設備及び運営並びに指定介護予防サービス等に係る介護予防のための効果的な支援の方法に関する基準（平成18年厚生労働省令第35号）（以下1において同じ。）

(3)　訪問看護（介護保険法8④、8の2③）

←居宅介護(予防)サービス費の支給に係る居宅サービス→		
居宅介護(予防)サービス費	本人負担額（1割）	自己選定による交通費（基準省令66③、介護予防基準省令69③）
←――非課税――→		←課税→

(4) 訪問リハビリテーション（介護保険法8⑤、8の2④）

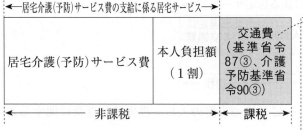

(5) 居宅療養管理指導（介護保険法8⑥、8の2⑤）

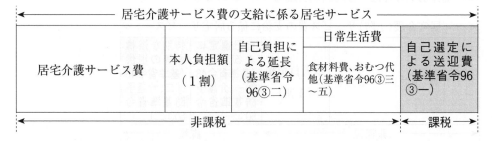

利用者が病院等に通ってサービスを受けることが想定されていますので、医師等が利用者の居宅に赴いてサービスを提供する場合の出張サービス部分は、居宅介護(予防)サービス費の支給に係る居宅サービスには該当しません。

(6) 通所介護（介護保険法8⑦）

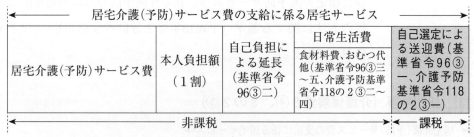

(7) 通所リハビリテーション（介護保険法8⑧、8の2⑥）

居宅介護(予防)サービス費	本人負担額（1割）	自己負担による延長（基準省令96③二）	日常生活費 食材料費、おむつ代他(基準省令96③三〜五、介護予防基準省令118の2③二〜四)	自己選定による送迎費(基準省令96③一、介護予防基準省令118の2③一)
←――――――――― 非課税 ―――――――――→				← 課税 →

居宅介護(予防)サービス費の支給に係る居宅サービス

※ 利用料等の受領については、基準省令第96条を準用しています（基準省令119）。

(8) 短期入所生活介護（介護保険法8⑨、8の2⑦）

居宅介護(予防)サービス費の支給に係る居宅サービス						
居宅介護(予防)サービス費	本人負担額（1割）	日常生活費			自己選定による特別な居室費（基準省令127③三、140の6③三、介護予防基準省令135③三、155③三）	自己選定による特別な食事費（基準省令127③四、140の6③四、介護予防基準省令135③四、155③四）	自己選定による送迎費（基準省令127③五、140の6③五、介護予防基準省令135③五、155③五）
^	^	通常の食事代、滞在費用、理美容代他（基準省令127③一、二、六、七、140の6③一、二、六、七、介護予防基準省令135③一、二、六、七、155③一、二、六、七）			^	^	^
←─── 非課税 ───→		←──────── 課税 ────────→			

(9) 短期入所療養介護（介護保険法8⑩、8の2⑧）

居宅介護(予防)サービス費の支給に係る居宅サービス				
居宅介護(予防)サービス費	本人負担額（1割）	日常生活費 通常の食事代、滞在費用、理美容代他（基準省令145③一、二、六、七、155の5③一、二、六、七、介護予防基準省令190③一、二、六、七、206③一、二、六、七）	自己選定による特別な療養室費（基準省令145③三、155の5③三、介護予防基準省令190③三、206③三）	自己選定による特別な食事費（基準省令145③四、155の5③四、介護予防基準省令190③四、206③四）	自己選定による送迎費（基準省令145③五、155の5③五、介護予防基準省令190③五、206③五）
←─── 非課税 ───→			←──────── 課税 ────────→		

(10) 特定施設入居者生活介護（介護保険法8⑪、8の2⑨）

居宅介護(予防)サービス費の支給に係る居宅サービス			
居宅介護(予防)サービス費	本人負担額（1割）	日常生活費 おむつ代他（基準省令182③二、三、介護予防基準省令238③二、三）	自己選定による便宜に要する費用（基準省令182③一、介護予防基準省令238③一）
←─── 非課税 ───→			←─ 課税 ─→

2 施設介護サービス費の支給に係る施設サービス（介護保険法48①、49①）

※ 網掛け部分が非課税から除かれ、課税の対象となります（平成12年大蔵省告示第27号2、3）。

(1) 介護福祉施設サービス（介護保険法8㉗）

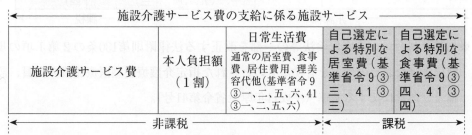

※ 基準省令……指定介護老人福祉施設の人員、設備及び運営に関する基準（平成11年厚生省令第39号）。

(2) 介護保健施設サービス（介護保険法8㉘）

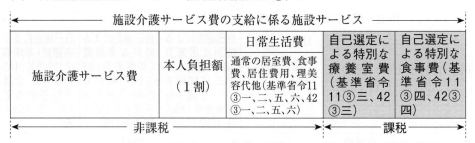

※ 基準省令……介護老人保健施設の人員、施設及び設備並びに運営に関する基準（平成11年厚生省令第40号）。

(3) 介護医療院サービス（介護保険法8㉙）

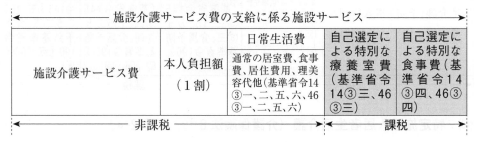

※ 基準省令……介護医療院の人員、施設及び設備並びに運営に関する基準（平成30年厚生労働省令第5号）。

(4) 健康保険法等の一部を改正する法律（平成18年法律第83号）附則第130条の2第1項の規定によりなおその効力を有するものとされる同法第26条の規定による改正前の介護保険法の規定に基づく介護療養施設サービス

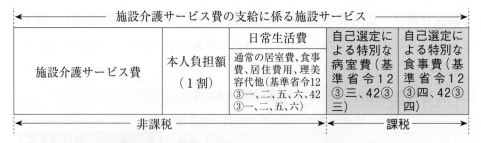

※ 基準省令……健康保険法等の一部を改正する法律附則第130条の2第1項の規定によりなおその効力を有するものとされた指定介護療養型医療施設の人員、設備及び運営に関する基準（平成11年厚生省令第41号）。

第2節　課税の対象

3　地域密着型介護（予防）サービス費の支給に係る地域密着型サービス（介護保険法42の2、42の3、54の2、54の3）

※　網掛け部分が非課税から除かれ、課税の対象となります（平成12年大蔵省告示第27号3）。

⎛ 定期巡回・随時対応型訪問介護看護、夜間対応型訪問介護、地域密着型通所介護、認知症対応型通所介護、地域密着型特定施設入居者生活介護、地域密着型介護老人福祉施設入所者生活介護及び複合型サービスについては省略 ⎞

(1)　小規模多機能型居宅介護（介護保険法8⑲、8の2⑭）

地域密着型介護（予防）サービス費	本人負担額（1割）	日常生活費　食事費、居住費用、おむつ代他（地域密着型基準省令71③三、四、五、六、地域密着型介護予防基準省令52③三、四、五、六）	自己選定による送迎費（地域密着型基準省令71③一、地域密着型介護予防基準省令52③一）	自己選定による交通費（地域密着型基準省令71③二、地域密着型介護予防基準省令52③二）

←──────── 地域密着型介護（予防）サービス費の支給に係る地域密着型サービス ────────→
←──────── 非課税 ────────→←──── 課税 ────→

※1　地域密着型基準省令……指定地域密着型サービスの事業の人員、設備及び運営に関する基準（平成18年厚生労働省令第34号）（以下3において同じ。）

　2　地域密着型介護予防基準省令……指定地域密着型介護予防サービスの事業の人員、設備及び運営並びに指定地域密着型介護予防サービスに係る介護予防のための効果的な支援の方法に関する基準（平成18年厚生労働省令第36号）（以下3において同じ。）

(2)　認知症対応型共同生活介護（介護保険法8⑳、8の2⑮）

地域密着型介護（予防）サービス費	本人負担額（1割）	日常生活費　食材料費、理美容代、おむつ代他（地域密着型基準省令96③、地域密着型介護予防基準省令76③）

←── 地域密着型介護（予防）サービス費の支給に係る地域密着型サービス ──→
←──────── 非課税 ────────→

— 137 —

4 居宅介護サービス計画費の支給に係る居宅介護支援及び介護予防サービス計画費の支給に係る介護予防支援（介護保険法46、47、58、59）

※ 網掛け部分は、課税の対象となります。

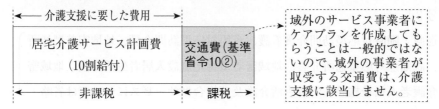

※ 基準省令……指定居宅介護支援等の事業の人員及び運営に関する基準（平成11年厚生省令第38号）

（参考）介護サービスの委託に係る課税関係（基通6－7－4）

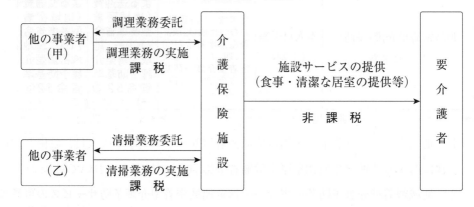

ロ 社会福祉事業等

社会福祉法に規定する第一種社会福祉事業及び第二種社会福祉事業並びに更生保護事業法に規定する更生保護事業及び社会福祉事業として行われる資産の譲渡等に類するもののうち一定のものは、非課税になります（法別表１七ロ・ハ、令14の３、平３年厚生省告示129号、平17年厚生労働省告示128号、平18年厚生労働省告示311号）。

なお、第一種社会福祉事業のうち、障害者支援施設及び授産施設を経営する事業並びに第二種社会福祉事業のうち、認定生活困窮者就労訓練事業、障害福祉サービス事業及び地域活動支援センターを経営する事業で、生産活動(注)としての作業に基づき行われる資産の譲渡等は、非課税にはなりません（基通6－7－6(2)）。

非課税になる社会福祉事業の範囲は、次のとおりです（基通6－7－5、6－7－7、6－7－7の2、6－7－8）。

第2節　課税の対象

区		分
社会福祉法に規定する第一種社会福祉事業	生 活 保 護 法	①　救護施設、更生施設その他生計困難者を無料又は低額な料金で入所させて生活の扶助を行うことを目的とする施設を経営する事業 ②　生計困難者に対して助葬を行う事業
	児 童 福 祉 法	乳児院、母子生活支援施設、児童養護施設、障害児入所施設、児童心理治療施設又は児童自立支援施設を経営する事業
	老 人 福 祉 法	養護老人ホーム、特別養護老人ホーム又は軽費老人ホームを経営する事業
	障害者の日常生活及び社会生活を総合的に支援するための法律	障害者支援施設を経営する事業（生産活動としての作業に基づき行われる資産の譲渡等を除きます。）
	売 春 防 止 法	婦人保護施設を経営する事業
	そ　　の　　他	①　授産施設を経営する事業（生産活動としての作業に基づき行われる資産の譲渡等を除きます。） ②　生活困難者に対して無利子又は低利で資金を融通する事業
社会福祉法に規定する第二種社会福祉事業	生活困窮者自立支援法	認定生活困窮者就労訓練事業（生産活動としての作業に基づき行われる資産の譲渡等を除きます。）
	児 童 福 祉 法	①　障害児通所支援事業、障害児相談支援事業、児童自立生活援助事業、放課後児童健全育成事業、子育て短期支援事業、乳児家庭全戸訪問事業、養育支援訪問事業、地域子育て支援拠点事業、一時預かり事業、小規模住居型児童養育事業、小規模保育事業、病児保育事業又は子育て援助活動支援事業 ②　助産施設、保育所、児童厚生施設又は児童家庭支援センターを経営する事業 ③　児童の福祉の増進について相談に応ずる事業

— 139 —

第2章　国内取引に係る消費税

	就学前の子どもに関する教育、保育等の総合的な提供の推進に関する法律	幼保連携型認定こども園を経営する事業
社会福祉法に規定する第二種社会福祉事業	民間あっせん機関による養子縁組のあっせんに係る児童の保護等に関する法律	養子縁組あっせん事業
	母子及び父子並びに寡婦福祉法	①　母子家庭日常生活支援事業、父子家庭日常生活支援事業又は寡婦日常生活支援事業 ②　母子・父子福祉施設を経営する事業
	老人福祉法	①　老人居宅介護等事業、老人デイサービス事業、老人短期入所事業、小規模多機能型居宅介護事業、認知症対応型老人共同生活援助事業又は複合型サービス福祉事業 ②　老人デイサービスセンター、老人短期入所施設、老人福祉センター又は老人介護支援センターを経営する事業
	障害者の日常生活及び社会生活を総合的に支援するための法律	①　障害福祉サービス事業（生活介護、就労移行支援又は就労継続支援を行う事業において生産活動としての作業に基づき行われる資産の譲渡等を除きます。） ②　一般相談支援事業、特定相談支援事業又は移動支援事業 ③　地域活動支援センター又は福祉ホームを経営する事業（地域活動支援センターを経営する事業において生産活動としての作業に基づき行われる資産の譲渡等を除きます。）
	身体障害者福祉法	①　身体障害者生活訓練等事業、手話通訳事業又は介助犬訓練事業若しくは聴導犬訓練事業 ②　身体障害者福祉センター、補装具製作施設、盲導犬訓練施設又は視聴覚障害者情報提供施設を経営する事業 ③　身体障害者の更生相談に応ずる事業
	知的障害者福祉法	知的障害者の更生相談に応ずる事業
	そ　　の　　他	①　生計困難者に対して、その住居で衣食その他日常の生活必需品若しくはこれに

— 140 —

第2節　課税の対象

社会福祉法に規定する第二種社会福祉事業	その他	要する金銭を与え、又は生活に関する相談に応ずる事業 ② 生計困難者のために、無料又は低額な料金で、簡易住宅を貸し付け、又は宿泊所その他の施設を利用させる事業 ③ 生計困難者のために、無料又は低額な料金で診療を行う事業 ④ 生計困難者に対して、無料又は低額な費用で介護保険法に規定する介護老人保健施設又は介護医療院を利用させる事業 ⑤ 隣保事業（隣保館等の施設を設け、無料又は低額な料金でこれを利用させることその他その近隣地域における住民の生活の改善及び向上を図るための各種の事業を行うものをいいます。） ⑥ 福祉サービス利用援助事業（精神上の理由により日常生活を営むのに支障がある者に対して、無料又は低額な料金で、福祉サービス（第一種社会福祉事業及び上記の第二種社会福祉事業において提供されるものに限ります。）の利用に関し相談に応じ、及び助言を行い、並びに福祉サービスの提供を受けるために必要な手続又は福祉サービスの利用に要する費用の支払に関する便宜を供与することその他の福祉サービスの適切な利用のための一連の援助を一体的に行う事業をいいます。） ⑦ 第一種社会福祉事業及び第二種社会福祉事業に関する連絡又は助成を行う事業
更生保護事業法に規定する事業	更生保護事業法	更生保護事業（継続保護事業、一時保護事業及び連絡助成事業をいいます。）
社会福祉事業に類するもの	児童福祉法	① 同法第7条第1項《児童福祉施設》に規定する児童福祉施設を経営する事業 ② 同法第7条第1項《児童福祉施設》に規定する保育所を経営する事業に類する事業として行われるもので、同法第59条の2第1項《認可外保育施設の届出》の規定による届出を行っている施設が、平成17年厚生労働省告示第128号「消費税法施行令第14条の3第1号の規定に基づき厚生労働大臣が指定する保育所を経営する事業に類する事業として行われる資産の譲渡等」に定める要件を満たし、都道府県知事等からその要件を満たして

— 141 —

第2章　国内取引に係る消費税

社会福祉事業に類するもの	児童福祉法	いる旨の証明書の交付を受けている場合に、その施設において乳児又は幼児を保育する業務として行われる資産の譲渡等 ③　同法第7条第1項《児童福祉施設》に規定する保育所を経営する事業に類する事業として行われるもので、同法施行規則第49条の2第3号《厚生労働省令で定める施設》に規定する学校教育法に規定する幼稚園を設置する者がその幼稚園と併せて設置している施設であって、就学前の子どもに関する教育、保育等の総合的な提供の推進に関する法律第3条第3項《教育、保育等を総合的に提供する施設の認定等》の認定を受けているもの又は同条第11項の規定による公示がされているものにおいて、乳幼児を保育する業務として行われる資産の譲渡等 ④　同法第27条第2項《都道府県のとるべき措置》の規定に基づき同項に規定する指定発達支援医療機関が行う同項に規定する治療等 ⑤　同法第33条《児童の一時保護》に規定する一時保護
	障害者の日常生活及び社会生活を総合的に支援するための法律	同法第29条第1項《介護給付費又は訓練等給付費》又は第30条第1項《特例介護給付費又は特例訓練等給付費》の規定に基づき独立行政法人国立重度知的障害者総合施設のぞみの園がその設置する施設において行うこれらの規定に規定する介護給付費若しくは訓練等給付費又は特例介護給付費若しくは特例訓練等給付費の支給に係る同法第5条第1項《定義》に規定する施設障害福祉サービス及び知的障害者福祉法第16条第1項第2号《障害者支援施設等への入所等の措置》の規定に基づき独立行政法人国立重度知的障害者総合施設のぞみの園がその設置する施設において行う同号の更生援護（生産活動として行われる資産の譲渡等は含まれません。）
	介護保険法	同法第115条の46第1項《地域包括支援センター》に規定する包括的支援事業として行われる資産の譲渡等（社会福祉法第2条第3項第4号《定義》に規定する老人介護支援センターを経営する事業に類する事業として行われる資産の譲渡等として厚生労働大臣が財務大臣と協議して指定するものに限ります。）（平成18年厚生労働省告示第311号）

— 142 —

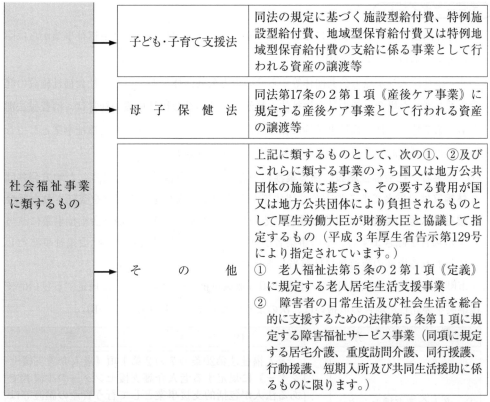

(注) 生産活動の意義は、次のとおりです（基通6—7—6）。

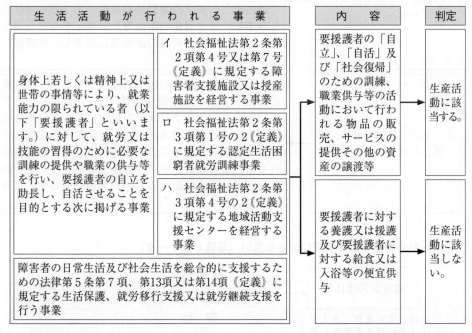

※ 上記事業において行われる就労又は技能の習得のために必要な訓練等の過程において製作等される物品の販売その他の資産の譲渡等は、消費税法別表第一第7号ロかっこ書の規定により課税されます。

> **チェックポイント**

☆ 介護保険法に基づき非課税になる資産の譲渡等は、非課税となる社会福祉事業からは除かれます（基通6－7－5㊟）。

☆ 社会福祉法人等が地方公共団体等からその地方公共団体等が設置した社会福祉施設の経営を委託された場合、その社会福祉法人等が行うその社会福祉施設の経営は、消費税法別表第一第7号ロ《社会福祉事業等に係る資産の譲渡等》に規定する社会福祉事業として行われる資産の譲渡等に該当し、非課税になります（基通6－7－9）。

㊟ 事業者が**社会福祉施設に係る業務の一部**をその社会福祉施設を設置した**地方公共団体等**又は設置者である地方公共団体等からその社会福祉施設の経営を**委託された社会福祉法人等の委託により行う場合**（その業務の一部を行うことが社会福祉事業に該当する場合を除きます。）、その事業者が行う業務は、同号に規定する社会福祉事業として行われる資産の譲渡等には該当しません。

☆ 市町村が介護保険法第115条の46第1項《地域包括支援センター》に規定する包括的支援事業を委託した場合の取扱いは、次のようになります（基通6－7－10）。

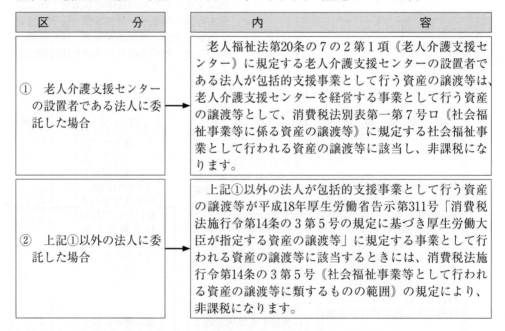

区　分	内　容
① 老人介護支援センターの設置者である法人に委託した場合	老人福祉法第20条の7の2第1項《老人介護支援センター》に規定する老人介護支援センターの設置者である法人が包括的支援事業として行う資産の譲渡等は、老人介護支援センターを経営する事業として行う資産の譲渡等として、消費税法別表第一第7号ロ《社会福祉事業等に係る資産の譲渡等》に規定する社会福祉事業として行われる資産の譲渡等に該当し、非課税になります。
② 上記①以外の法人に委託した場合	上記①以外の法人が包括的支援事業として行う資産の譲渡等が平成18年厚生労働省告示第311号「消費税法施行令第14条の3第5号の規定に基づき厚生労働大臣が指定する資産の譲渡等」に規定する事業として行われる資産の譲渡等に該当するときには、消費税法施行令第14条の3第5号《社会福祉事業等として行われる資産の譲渡等に類するものの範囲》の規定により、非課税になります。

（参考）社会福祉事業の委託に係る取扱い（基通6－7－9）

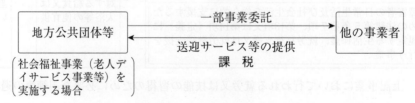

第2節　課税の対象

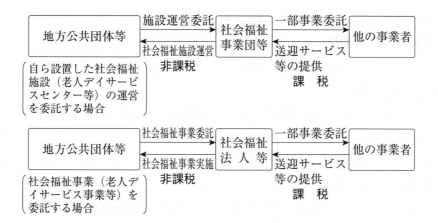

(10) 助　産

　医師、助産師、その他医療に関する施設の開設者による助産に係る資産の譲渡等は、非課税になります（法別表1八）。

　非課税になる助産の範囲は、次のとおりです（基通6－8－1）。

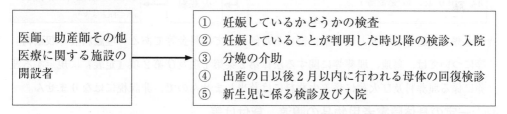

　なお、妊娠中及び出産後の入院のうち助産に係る資産の譲渡等に該当するものは、次のとおりです（基通6－8－2・3）。

区　分	範　　　　　囲
妊娠中の入院	① 産婦人科医が必要と認めた入院（妊娠中毒症、切迫流産等） ② 他の疾病（骨折等）による入院のうち産婦人科医が共同して管理する間の入院 ③ 差額ベッド料及び特別給食費並びに大学病院等の初診料（異常分娩に伴う入院を含みます。）
出産後の入院	① 産婦人科医が必要と認めた入院 ② 他の疾病による入院のうち産婦人科医が共同して管理する間については、出産の日から1月を限度 ③ 差額ベッド料及び特別給食費並びに大学病院等の初診料（異常分娩に伴う入院を含みます。）
新生児の入院	出産後の入院の取扱いに準じます。

　チェックポイント

☆　**異常分娩**は、保険医療に該当しますので、非課税になります。

☆　**死産、流産の場合**についても、保険診療に該当するもの以外のものは「助産に係る資産の譲渡等」に該当し、非課税になります。

☆　**人工妊娠中絶**は「助産に係る資産の譲渡等」に該当しないことから、非課税にはなりませ

ん（医療に該当するものは非課税になります。）。

(11) 埋葬料及び火葬料

埋葬料及び火葬料を対価とする役務の提供は、非課税になります（法別表1九）。

チェックポイント

☆ 埋葬及び火葬とは、墓地、埋葬等に関する法律第2条《定義》に規定する埋葬及び火葬をいいます。

　したがって、**埋葬**とは死体を土中に葬ること、すなわち土葬のことであり、**火葬**とは死体を葬るために焼くことをいいます（基通6-9-1）。

　なお、埋葬及び火葬の許可手数料は、行政手数料として非課税になります。

☆ 葬儀業者が収受した料金の取扱いは、次のとおりです。

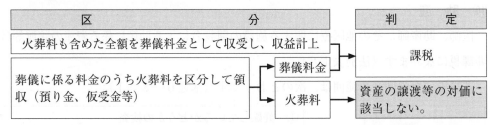

☆ 火葬した遺骨を墳墓、納骨堂に納める対価としての料金等である「**埋蔵料**」、「**収蔵料**」等については、墓地、埋葬等に関する法律第2条第1項及び第2項《定義》に規定する埋葬に係る埋葬料及び火葬に係る火葬料には該当しませんので、非課税にはなりません。

(12) 一定の身体障害者用物品の譲渡、貸付け等

身体障害者の使用に供するための特殊な性状、構造又は機能を有する物品で一定のものの譲渡、貸付け等は、非課税になります（法別表1十、令14の4、基通6-10-1）。

 → 義肢、視覚障害者安全つえ、義眼、点字器、人工喉頭、車椅子その他の物品で、特殊な性状、構造又は機能を有するものとして厚生労働大臣が財務大臣と協議して指定するもの

上記の物品の修理のうち厚生労働大臣が財務大臣と協議して指定するもの

(注)「厚生労働大臣が財務大臣と協議して指定するもの」は、平成3年厚生省告示第130号により指定されたものをいいます。

チェックポイント

☆ **身体障害者用物品の一部を構成する部分品**については、身体障害者用物品には該当しませんので、非課税になる身体障害者用物品の修理用等として当該部分品を譲渡する場合であっても非課税にはなりません（基通6-10-2）。

☆ 身体障害者用物品以外の物品を**身体障害者用物品に改造する行為**は、製作の請負に該当し、非課税になります（基通6-10-3）。

第2節　課税の対象

☆　**乗用自動車**のうち非課税になるものは、身体障害者の使用に供するものとして特殊な性状、構造又は機能を有する自動車であり、具体的には、身体障害者による運転に支障がないよう、道路交通法第91条《免許の条件》の規定により付される運転免許の条件の趣旨に従い、その身体障害者の身体の状態に応じて、手動装置、左足用アクセル、足踏式方向指示器、右駐車ブレーキレバー、足動装置、運転用改造座席の補助手段、車椅子等昇降装置及び車椅子等固定装置が講じられている自動車の譲渡又は貸付け等に限られます。

　したがって、身体障害者が購入する乗用自動車であっても、特殊な性状、構造又は機能を有しない乗用自動車は、非課税にはなりません。

⒀　学校教育

　授業料又は入学検定料等を対価とする教育に関する役務の提供は、非課税になります（法別表1十一、令14の5、15、16）。

イ　学校教育関係の非課税範囲

　非課税になる学校教育の範囲は、次のとおりです（基通6―11―1）。

区　　　分	要　　　件
㈠　学校（幼稚園、小学校、中学校、義務教育学校、高等学校、中等教育学校、特別支援学校、大学及び高等専門学校）における教育	
㈡　専修学校の高等課程、専門課程又は一般課程における教育	
㈢　各種学校（学校教育法第134条第1項）における教育	①　修業年限が1年以上であること ②　1年の授業時間数（普通科、専攻科等の区分された課程がある場合には、それぞれの課程の授業時間数）が680時間以上であること ③　施設等が同時に授業を受ける生徒数に比して十分であること ④　授業が年2回（㈣の学校は年4回）を超えない一定の時期に開始され、かつ、終期が明確であること ⑤　学年、学期ごとに成績評価が行われ、その結果が成績考査に関する表簿等に登載されていること ⑥　技術等習得の成績の評価が行われ、卒業証書又は修了証書が授与されていること
㈣　国立研究開発法人水産研究・教育機構の施設、独立行政法人海技教育機構の施設、独立行政法人航空大学校及び国立研究開発法人国立国際医療研究センターの施設における教育	
㈤　職業能力開発総合大学校並びに国、地方公共団体又は職業訓練法人が設置する職業能力開発大学校、職業能力開発短期大学校及び職業能力開発校における教育	

(注)1　上記に該当しない専門学校、学習塾等における教育は、非課税にはなりません。

　　2　各種学校には、外国学校法人も含まれます。

チェックポイント

☆ **幼稚園**には、学校教育法第2条に規定する者（国、地方公共団体及び学校法人）が設置するもののほか、同法附則第6条に規定する者（個人、宗教法人等）が設置するものも含まれます（基通6─11─5）。

ロ 授業料等の範囲

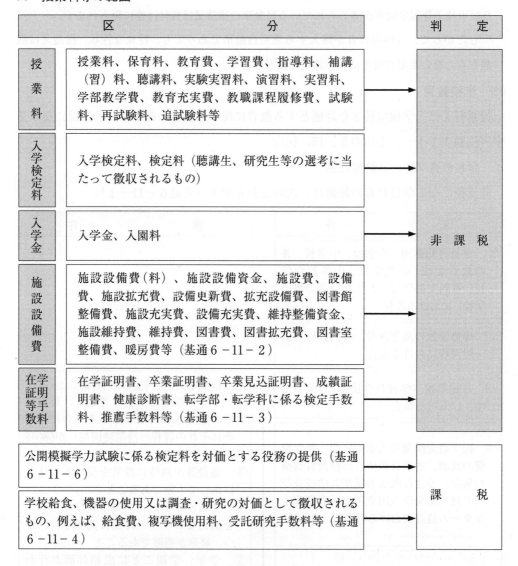

チェックポイント

☆ 大学公開講座は、大学における正規の授業科目ではなく、一般社会人等を対象に一般教養の習得等を目的として開講されるものですから、受講の対価として大学が受け取る受講料等は、課税資産の譲渡等の対価に該当し、事業者が支払う受講料等は、課税仕入れに係る支払対価に該当します。

☆ **学習塾、英会話教室、自動車教習所、各種のカルチャースクール**など、消費税法別表第一第11号に規定する非課税になる学校等の要件を満たしていないものの授業料等は、非課税にはなりません。

☆ **給食及びスクールバスの運営**で一定の対応を行っている幼稚園が収受した料金の取扱いは、次のとおりです。

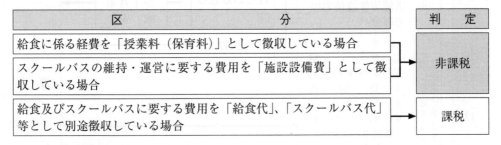

(14) 教科用図書の譲渡

学校教育法に規定する教科用図書（いわゆる検定済教科書及び文部科学省が著作の名義を有する教科用図書）の譲渡は、非課税になります（法別表1十二、基通6—12—1）。

なお、教科用図書の譲渡に付随する役務の提供（例えば、教科用図書の配送料）は、非課税にはなりません（基通6—12—2）。

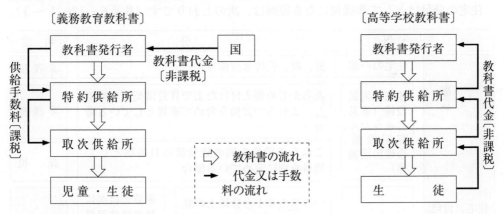

▶ チェックポイント

☆ 参考書又は問題集等で学校における教育を補助するための、いわゆる補助教材の譲渡については、学校が指定したものであっても、非課税にはなりません（基通6—12—3）。

(15) 住宅の貸付け

住宅（人の居住の用に供する家屋又は家屋のうち人の居住の用に供する部分をいいます。）の貸付け（一時的に貸し付ける場合を除きます。）は、非課税になります（法別表1十三、令16の2）。

第2章　国内取引に係る消費税

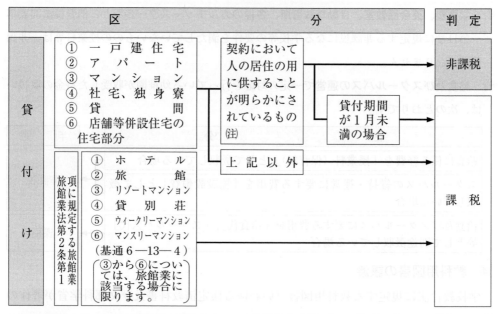

(注)　令和2年4月1日以後に国内において事業者が行う「その契約において貸付けに係る用途が明らかにされていない場合にその貸付け等の状況からみて人の居住の用に供されていることが明らかな場合」の貸付けは、非課税とされる住宅の貸付けに含まれます（令2改正法附則46）。

住宅の貸付けとして非課税になる範囲は、次のとおりです（基通6—13—1～3）。

区　　分			判　定
住宅に付随、又は一体となって貸し付けられるもの	住宅の一部	庭、塀、給排水設備等	非課税
^	住宅の附属設備（家具、じゅうたん、照明設備、冷暖房設備等）	あらかじめ備え付けた上で賃貸借契約を締結し、これらの設備を含めて家賃としている場合	非課税
^	^	これらの設備を別の賃貸借の目的物として、賃料を別に定めている場合	課　税
^	駐車場	一戸当たり1台分以上の駐車スペースが確保されており、かつ、自動車の保有の有無にかかわらず割り当てられている等の場合	家賃とは別に駐車場使用料等を収受していない場合	非課税
^	^	^	上記以外の場合	課　税
^	^	上記以外の場合		
^	プール、アスレチック施設等	居住者のみが使用でき、家賃とは別に利用料等を収受していない場合	非課税
^	^	上記以外の場合（居住者以外の者も利用でき、その際に利用料を徴収している場合において、居住者については家賃の一部としてその利用料等が収受されている場合を含みます。）	課　税

第2節　課税の対象

> **チェックポイント**

☆　「貸付けに係る契約において人の**居住の用**に供することが明らかにされている」とは、賃貸借契約において居住用として貸し付けられていることが明らかであるものをいい、一般的には、賃貸借契約書において「居住用」、「住居用」、「住宅用」等、その建物の用途を居住用に限定しているものをいいます。

☆　会社が**社宅**や**独身寮**を社員に貸し付ける場合には、社宅や独身寮も人の居住の用に供する家屋ですから、非課税になります。

☆　家賃には、月決め等の家賃のほか、敷金、礼金、保証金、一時金等のうち返還しない部分及び共同住宅における共用部分に係る費用（エレベーターの運行費用、廊下等の光熱費、集会所の維持費等）を入居者が応分に負担する、いわゆる**共益費**も含まれ、住宅の貸付けの対価として非課税になります（基通6—13—9）。

　　ただし、次のような施設に係る費用部分は、住宅家賃と併せて徴収される場合であっても、非課税にはなりません。

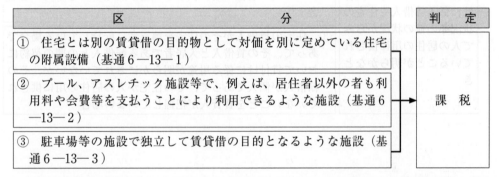

区　　　　分	判　定
①　住宅とは別の賃貸借の目的物として対価を別に定めている住宅の附属設備（基通6—13—1）	課　税
②　プール、アスレチック施設等で、例えば、居住者以外の者も利用料や会費等を支払うことにより利用できるような施設（基通6—13—2）	課　税
③　駐車場等の施設で独立して賃貸借の目的となるような施設（基通6—13—3）	課　税

☆　居住用の部屋の貸付けに「まかない」が伴ういわゆる下宿の場合の**下宿代**については、まかない部分は課税になり、部屋代部分は非課税になります（基通6—13—6）。

☆　住宅の貸付けについては、契約において居住の用に供することが明らかであれば非課税になりますから、事業者が**社宅として借り受ける場合**であっても、従業員等に対して居住用として転貸することが明らかであれば非課税になります（基通6—13—7）。

　　したがって、事業者（貸主）が社宅として使用することが明らかにされている建物を当該事業者（借主）に貸し付ける場合には、貸主と借主との間の賃貸料及び事業者（借主）と従業員との間の賃貸料（使用料）ともに非課税となります。

☆　貸付けに係る契約において住宅として貸し付けられた建物について、契約当事者間で住宅以外の用途に変更することについて契約変更した場合、契約変更後のその建物の貸付けは、非課税にはなりません（基通6—13—8）。

第2章　国内取引に係る消費税

　　　なお、契約変更を行わずに賃借人が事業用に使用したとしても、賃借人の課税仕入れに
　　はなりません。

☆　「**契約において貸付けに係る用途が明らかにされていない場合**」には、例えば、住宅の
　　貸付けに係る契約において、住宅を居住用又は事業用どちらでも使用することができるこ
　　ととされている場合も含まれます（基通6—13—10）。

☆　「契約において貸付けに係る用途が明らかにされていない場合にその**貸付け等の状況か
　　らみて人の居住の用に供されていることが明らかな場合**」とは、例えば、住宅を賃貸する
　　場合において、次のような場合が該当します（基通6—13—11）。

項　　　　目	具　　体　　　例
住宅の貸付けに係る契約でその貸付けに係る用途が明らかにされていない場合において、その貸付けに係る賃借人や住宅の状況その他の状況からみて人の居住の用に供されていることが明らかなとき	①　住宅の賃借人が個人であって、その住宅が人の居住の用に供されていないことを賃貸人が把握していない場合
	②　住宅の賃借人がその住宅を第三者に転貸している場合であって、その賃借人と入居者である転借人との間の契約において人の居住の用に供することが明らかにされている場合
	③　住宅の賃借人がその住宅を第三者に転貸している場合であって、その賃借人と入居者である転借人との間の契約において貸付けに係る用途が明らかにされていないが、その転借人が個人であって、その住宅が人の居住の用に供されていないことを賃貸人が把握していない場合

— 152 —

第3　輸出免税等

　物品やサービスの消費について課される間接税は、物品やサービスが消費される国において課することとし、輸出される物品等については、間接税の負担がかからないように国境税調整をするのが国際的慣行になっています。

　輸出免税等は、消費税法で規定されているものと、その他の法律等で規定されているものがあり、その主なものは次のとおりです。

消費税法の規定による免税	輸出免税等（法7）
	輸出物品販売場における輸出物品の譲渡に係る免税（法8）
租税特別措置法の規定による免税	外航船等に積み込む物品の譲渡等に係る免税（措法85）
	外国公館等に対する課税資産の譲渡等に係る免税（措法86）
	海軍販売所又はピー・エックスに対する物品の譲渡に係る免税（措法86の2）
輸徴法の規定による免税	保税運送等の場合の免税（輸徴法11）
	船用品又は機用品の積込み等の場合の免税（輸徴法12）
	無条件免税等（輸徴法13）
条約等による免税	合衆国軍隊等に対する資産の譲渡等に係る免税（所得臨特法7）
	合衆国軍隊等が保税地域から引き取る物品の免税（関税臨特法7）
	国連軍に対する資産の譲渡等に係る免税（国連軍に係る所得臨特法3、4）
	ピー・エックス等に係る免税（日米地位協定15）
	日米防衛援助協定又はアメリカ合衆国政府と他の被援助国との間の同種の協定に基いて日本国の領域に輸入する場合及び日本国の領域から輸出する場合の免税（日米防衛援助協定6）
	外交官免税（ウィーン条約23、34）

— 153 —

1 輸出取引等に係る免税

　事業者が国内において課税資産の譲渡等を行った場合において、それが輸出取引等に該当するときには、消費税が免除されますが、その概要は次のとおりです（法7、基通7－1－1）。

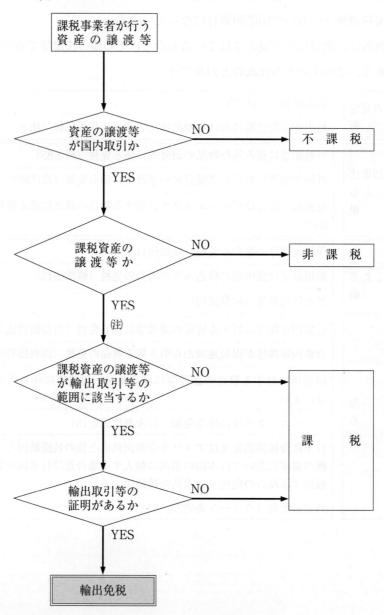

　(注)　消費税法第31条第1項又は第2項（非課税資産の輸出等を行った場合の仕入れに係る消費税額の控除の特例）の適用がある場合を除きます。

第2節　課税の対象

(1) **輸出取引等の範囲**

輸出取引等の範囲は、次のとおりです（法7、令17①②、基通7－2－1）。

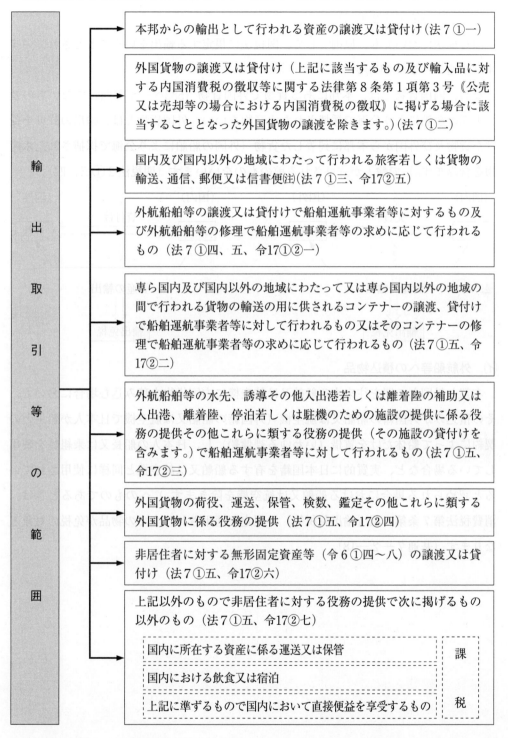

(注)　信書便とは、民間事業者による信書の送達に関する法律第2条第2項《定義》に規定する信書便をいいます。

イ　本邦からの輸出として行われる資産の譲渡又は貸付け（法7①一）

　関税法において、輸出とは、内国貨物を外国に向けて送り出すことをいうこととされています（関税法2①二）。

　消費税法においても、原則として、関税法に規定する輸出をいうこととされています（基通7－2－1(1)）。

　なお、内国貨物とは、本邦にある貨物で外国貨物（583ページ参照）でないもの及び本邦の船舶により公海で採捕された水産物をいい、外国貨物とは、輸出の許可を受けた貨物及び外国から本邦に到着した貨物（外国の船舶により公海で採捕された水産物を含みます。）で輸入が許可される前のものをいいます（関税法2①三、四）。

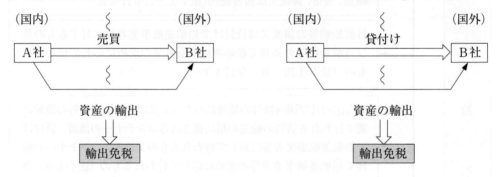

(イ)　外航船等への積込物品

　本邦と外国との間を往来する船舶又は航空機に内国貨物を積み込む場合において、その積込みが外国籍の船舶又は航空機（外国籍の船舶又は航空機で日本人が船主との契約によって船体だけを賃借（いわゆる裸傭船）し、日本人の船長又は乗組員を使用している場合など、実質的に日本国籍を有する船舶又は航空機と同様に使用されていると認められる場合における船舶又は航空機を除きます。）へのものであるときは、消費税法第7条第1項《輸出免税等》の規定が適用され、全ての物品が免税の対象となります（基通7－2－18）。

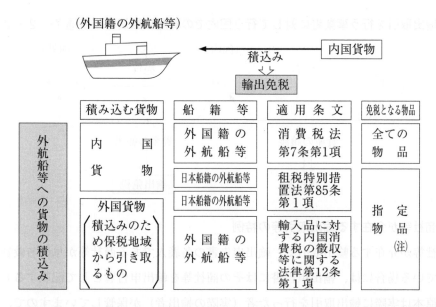

　(注)　指定物品とは、酒類、製造たばこ、船用品（燃料、飲食物その他の消耗品及び帆布、綱、じゅう器その他これらに類する貨物で、船舶において使用するものをいいます。）及び機用品（航空機において使用する貨物で、船用品に準ずるものをいいます。）をいいます（措令45①、関税法2①九、十）。

ロ　輸出物品の下請加工等

　輸出免税の適用が受けられる者は、自ら輸出を行う事業者に限られますから、例えば、次のようなA社とC社との間の取引については、輸出免税の対象にはなりません。

A　輸出する物品の製造のための下請加工（基通7－2－2(1)）

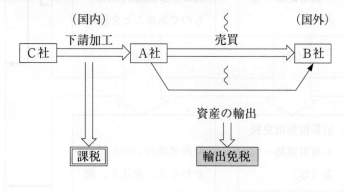

B 輸出取引を行う事業者に対して行う国内での資産の譲渡等（基通7―2―2(2)）

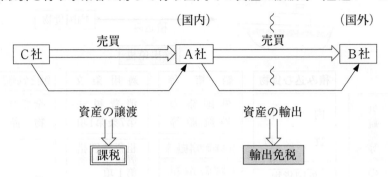

(ハ) 商社等が介在する輸出取引等の特例

　商社等が介在する輸出取引で、輸出申告書の名義人である商社等が単に名義貸しを行っている場合には、輸出申告書にはその商社等を輸出申告者として記載するものの、その原本は実際に輸出取引を行った者（実際の輸出者）が保管していますので、輸出申告書の名義人は形式的な輸出者であり、実際の輸出者は別にいることになりますが、このような場合には、次の措置を講ずることを条件に、実際の輸出者が輸出免税の適用を受けることができます。

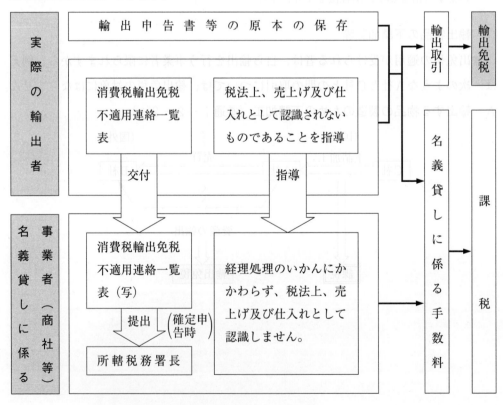

第2節　課税の対象

(ニ)　国外で購入した貨物を国内の保税地域を経由して国外へ譲渡する場合

　国外で購入した貨物を国内の保税地域に陸揚げし、輸入手続を経ないで再び国外に譲渡する場合には、関税法第75条《外国貨物の積戻し》の規定により内国貨物を輸出する場合の手続規定が準用されますので、消費税法第7条第1項第1号《輸出免税》の規定により輸出免税の対象になります（基通7－2－3）。

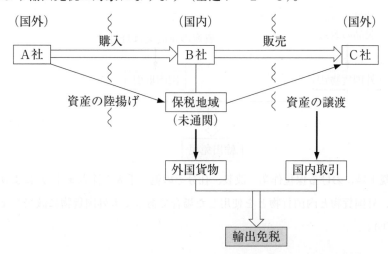

(注)　外国貨物を国外に譲渡する場合の税関手続は、関税法第75条《外国貨物の積戻し》の規定により行うことになり、積戻し許可書が免税を受けるための証明書になります。

ロ　外国貨物の譲渡又は貸付け（法7①二）

(イ)　国外で購入した貨物を輸入手続前（外国貨物のまま）に国内で譲渡又は貸付けする場合

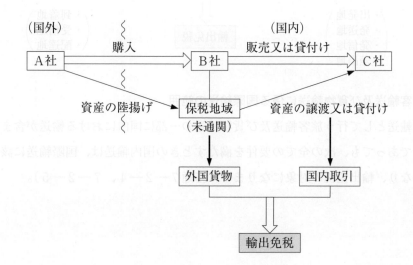

－ 159 －

(ロ) 保税工場における保税作業によりできた製品の譲渡又は貸付け

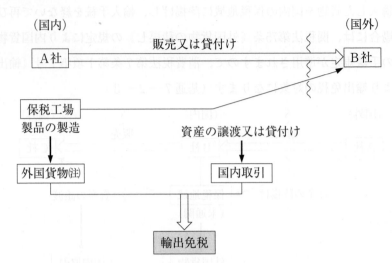

（注） 保税工場における保税作業（改装、仕分その他の手入を除きます。）によりできた製品は、外国貨物と内国貨物とを使用した場合であっても外国貨物に該当します（関税法59①）。

ハ 国内及び国内以外の地域にわたって行われる旅客若しくは貨物の輸送、通信、郵便又は信書便（法7①三、令17②五）

いわゆる国際運輸、国際通信及び国際郵便をいいます。

(イ) 旅客輸送及び貨物輸送に係る国際輸送の範囲

国際輸送として行う旅客輸送及び貨物輸送の一部に国内における輸送が含まれている場合であっても、次の全ての要件を満たすときの国内輸送は、国際輸送に該当することになり、輸出免税の対象になります（基通7－2－4、7－2－5）。

第2節　課税の対象

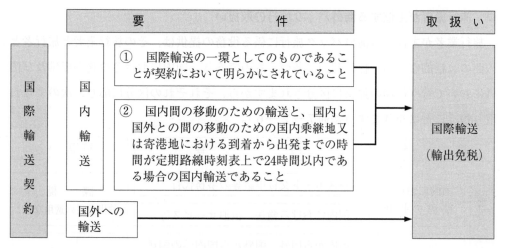

(注)　国際輸送として行う貨物の輸送については、②の要件が除かれます（基通7－2－5）。

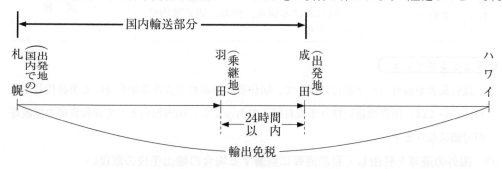

　なお、貨物の一貫輸送契約を締結した場合において、その対価の中に梱包料金、荷役作業料金、書類作成料金等の附帯料金が含まれているとしても、その全体を国際輸送に係る料金として収受しているときには、その全体が国際輸送としての役務の提供に該当するものとして輸出免税の対象になります。

　ただし、受託者が国内輸送、梱包作業及び荷役作業等を他の事業者に再委託した場合、再委託に係る役務の提供は、国内における役務の提供に該当しますので、輸出免税の対象にはなりません。

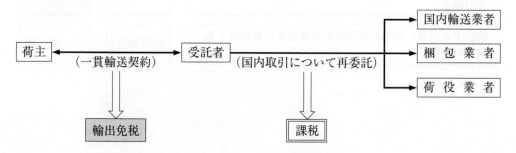

(ロ)　旅行業者が主催する海外パック旅行の取扱い

旅行業者が主催する海外パック旅行に係る役務の提供は、その旅行業者と旅行者との間の包括的な役務の提供契約に基づくものであり、国内における役務の提供及び国外において行う役務の提供に区分されますから、それぞれの区分に応じ、次のように取り扱うことになります（基通７―２―６）。

区分		内容	取扱い
海外パック旅行	国内における役務の提供	パスポート交付申請等の事務代行	課税（輸出免税の適用なし）
		国内における輸送、宿泊サービス等	
	国外における役務の提供	国内から国外、国外から国内への輸送	不課税
		国外における輸送、宿泊、観光案内サービス等	

チェックポイント

☆　旅行業者が海外パック旅行に際して、居住者である航空会社等から受ける事務代行手数料については、国際輸送に伴う手数料収入であっても、国内取引として課税資産の譲渡等の対価になります。

(ハ)　国外の港等を経由して目的港等に到着する場合の輸出免税の取扱い

日本を出発地又は到着地とする国際輸送のうち、国外の港又は空港を経由する場合は、次のようになります（基通７―２―７）。

区分	内外判定	取扱い
国内の港等を出発し、経由する国外の港等で入国手続をすることなく国外の到着地まで乗船又は搭乗（以下「乗船等」といいます。）する旅客の輸送	国内取引	輸出免税
国内の港等から経由する国外の港等まで乗船等する旅客の輸送	国内取引	輸出免税
経由する国外の港等から国外の到着地まで乗船等する旅客の輸送	国外取引	不課税

第2節 課税の対象

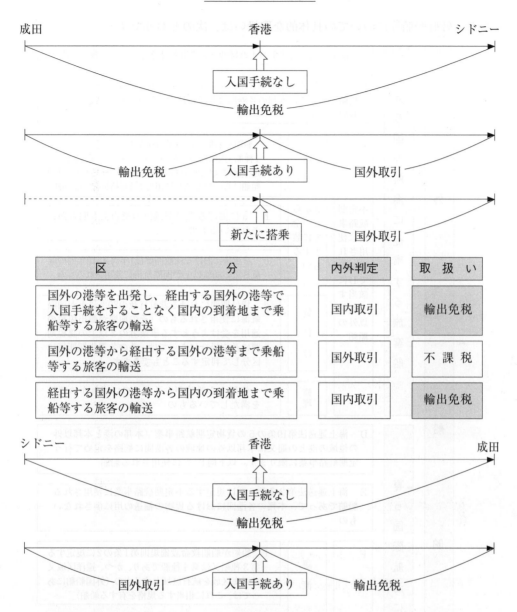

ニ 外航船舶等の譲渡又は貸付けで船舶運航事業者等に対するもの（法7①四、五、令17①一、二、②一イ、ロ）

(イ) 外航船舶等の範囲（基通7－2－1(4)）

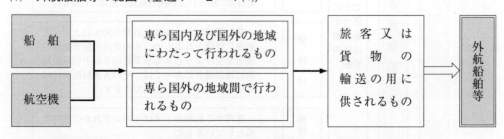

(注) 外航船舶等には、日本国籍の船舶又は航空機も含まれます。

第2章　国内取引に係る消費税

なお、外航船舶等についての具体的な取扱いは、次のとおりです。

外航船舶等	専ら国際航海に従事する旅客船			
		A　海上運送法第19条の４の対外旅客定期航路事業に使用される船舶		
		B　海上運送法第２条第６項に規定する不定期航路事業に使用される船舶であって、本邦の各港間における旅客の輸送の用に供されないもの		
		C　不定期航路事業に使用される船舶でBに該当する船舶以外の船舶	譲渡 a から c の全てに該当するもの	a　船舶が船舶救命設備規則第１条の２に規定する第１種船（国際航海に従事する旅客船）であり、かつ、遠洋区域又は近海区域を航行区域とするもの（外国船舶にあっては、これに相当する規格を有する船舶）
				b　a に掲げる事項が譲渡の契約上も明らかにされているもの
				c　譲渡後における就航開始後1年間又は3年間の就航日数の80％以上が国際航海に使用されるもの
			貸付け	d　貸付期間における就航日数の80％以上が国際航海に使用されるもの（その期間が輸出免税の適用を受けようとする事業者の２以上の課税期間に及ぶ場合にあっては、その各課税期間毎に区分して判定することもできます。）
			修理	e　修理する船舶が a 又は d のいずれかの要件を満たしているもの
	専ら国際航海に従事する貨物船	D　海上運送法第19条の５の貨物定期航路事業（本邦の港と本邦以外の地域の港との間又は本邦以外の地域の各港間に航路を定めて行う定期航路事業に限ります。以下同じ。）に使用される船舶		
		E　海上運送法第２条第６項に規定する不定期航路事業に使用される船舶であって、本邦の各港間における貨物の輸送の用に供されないもの		
		F　不定期航路事業に使用される船舶でEに該当する船舶以外の船舶	譲渡 f から h の全てに該当するもの	f　船舶が船舶救命設備規則第1条の２に規定する第３種船又は第４種船であり、かつ、遠洋区域又は近海区域を航行区域とするもの（外国船舶にあっては、これに相当する規格を有する船舶）
				g　f に掲げる事項が譲渡の契約上も明らかにされているもの
				h　譲渡後における就航開始後1年間又は3年間の就航日数の80％以上が国際航海に使用されるもの
			貸付け	i　貸付期間における就航日数の80％以上が国際航海に使用されるもの（その期間が輸出免税の適用を受けようとする事業者の２以上の課税期間に及ぶ場合にあっては、その各課税期間毎に区分して判定することもできます。）
			修理	j　修理する船舶が f 又は i のいずれかの要件を満たしているもの

(注)　航空機についても、上記と同様の基準により判定します。

— 164 —

(ロ) 船舶運航事業者等の意義（基通7－2－8）

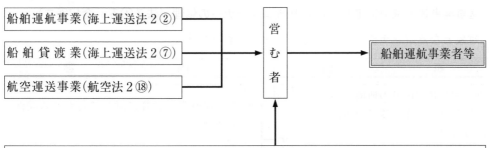

我が国において支店等を設けてこれらの事業を営む外国の事業者を含むほか、我が国に支店等を有していない外国の事業者で我が国との間で国際間輸送を行う者も含まれます。

(ハ) 船舶の貸付けの意義

船舶の貸付けとは、次のものをいいます（基通7－2－9）。

種　　　類	内　　　容
船舶の貸付け　裸傭船契約に基づく傭船	船舶の本体のみを貸し付けるもの
定期傭船契約に基づく傭船	一定の期間に限って船舶を利用させるもの（船長及び乗組員付で船舶を利用させるものを含みます。）

ホ　外航船舶等の修理で船舶運航事業者等の求めに応じて行われるもの（法7①四、五、令17①三、②一ハ）

船舶運航事業者等の求めに応じて行われる修理のうち輸出免税の対象になるものは、船舶運航事業者等からの直接の求めに応じて行う修理に限られ、船舶運航事業者等から修理の委託を受けた事業者の求めに応じて行う修理は、輸出免税の対象にはなりません（基通7－2－10）。

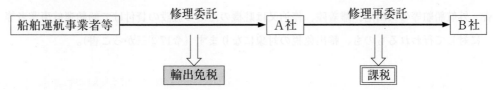

チェックポイント

☆　船舶代理業者を通じて外航船舶（国際輸送用船舶）の修理を委託する場合において、修理契約書その他の書類に船舶代理業者が船舶運航事業者等の代理人として契約していることを明示しているときには、輸出免税の対象になります。

☆　外航船舶の単なる検査は輸出免税の対象になりませんが、保守及び点検（いわゆるオーバーホール）は、輸出免税の対象になる修理に該当します。

☆　船舶運航事業者に対する**外航船舶の持分の譲渡**は、輸出免税の対象となります。

ヘ　船舶運送事業者等に対して行われるコンテナーの譲渡若しくは貸付け又は船舶運送事業者等の求めに応じて行われるコンテナーの修理（法7①五、令17②二）

対象となるコンテナーの範囲等は、次のとおりです。

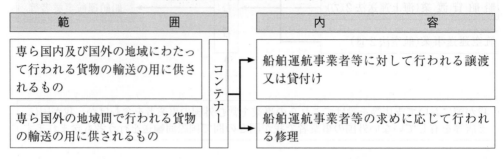

ト　外航船舶等の水先、誘導その他入出港若しくは離着陸の補助又は入出港、離着陸、停泊若しくは駐機のための施設の提供に係る役務の提供等で船舶運航事業者等に対するもの（法7①五、令17②三）

(イ)　対象となる役務の提供等の範囲

　輸出免税の対象になるのは船舶運航事業者等に対して行われるものに限られ、船舶運航事業者等の依頼を受けた事業者からの水先等の下請業務については、輸出免税の対象にはなりません。

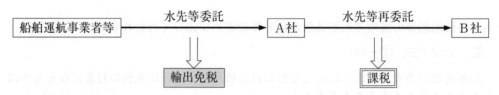

（チェックポイント）

☆　船舶代理業者を通じて委託する場合の取扱いは、外航船舶等の修理と同様の取扱いとなり、輸出免税の対象になります。

☆　外航船舶等の入出港、離着陸、停泊又は駐機のための施設の貸付けで船舶運航事業者等に対して行われるものも、輸出免税の対象になります（令17②三かっこ書）。

第2節 課税の対象

(ロ) 対象となる具体的範囲と適用判定

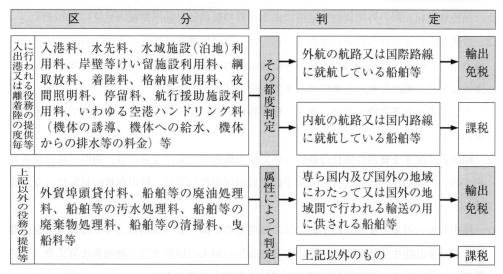

(注)1　空港ハンドリング料のうち、貨物、郵便及び手荷物関係の料金については、目的物が外国貨物の場合、外国貨物の荷役及びこれに類する役務の提供として輸出免税の対象になります。

2　タンカー等の原油等の積卸し等の際の警戒曳船料及びオイルフェンス展張料、沖合の外航船舶と岸壁との間で乗組員等を輸送する場合の通船料、港湾運送事業者に貸し付ける外貿埠頭の貸付料金については、輸出免税の対象にはなりません。

チ　外国貨物の荷役、運送、保管、検数又は鑑定その他これらに類する外国貨物に係る役務の提供（法7①五、令17②四）

対象となる役務の提供の範囲は、次のとおりです（基通7－2－12～14）。

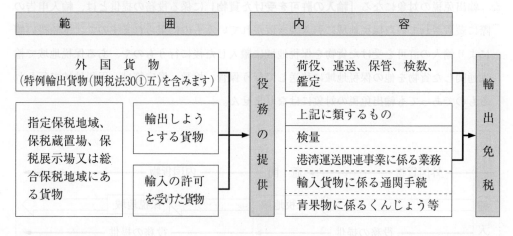

第2章　国内取引に係る消費税

> **チェックポイント**

☆　保税地域相互間の外国貨物の運送に係る役務の提供は、輸出免税の対象になります。

☆　特例輸出貨物に係る役務の提供にあっては、指定保税地域等及びその特例輸出貨物の輸出のための船舶又は航空機への積込みの場所におけるもの並びに指定保税地域等相互間の運送に限り、輸出免税の対象になります（令17②四かっこ書）。

☆　**下請業者が外国貨物の荷役、運送、保管等に係る役務の提供を行った場合**でも、輸出免税の対象になります。

☆　**輸出入に関する書類作成代行等**について輸出免税の対象になるのは、通関手続に限られますので、運送状の作成代行や通関手続以外の届出代行等は、輸出免税の対象にはなりません。

☆　輸出免税の対象となる通関手続には、通関業者が輸入者の依頼によりその輸入者を代理して行う食品衛生法第27条の規定による食品等の輸入の届出など、通関業法第7条《関連業務》の規定により通関手続に関連して行う業務も含まれます。

☆　指定保税地域等における輸出しようとする貨物又は輸入の許可を受けた貨物に係る役務の提供で輸出免税の対象になるのは、輸出入に係る通関が行われた保税地域と同一の保税地域で行われる役務の提供に限られます。

☆　**本船扱い又はふ中扱い**（税関長の承認を受けることにより、外国貨物を保税地域に入れないで輸入通関することができる制度）**により輸入の許可を受けた内国貨物**に対する本船又ははしけ上での荷役等の役務の提供は、保税地域で行われるものではありませんので、輸出免税の対象にはならず、その陸揚げ、保税地域への搬入等の役務の提供についても、輸出免税の対象にはなりません。

☆　輸出免税の対象になる**「輸入の許可を受けた貨物」**に係る役務の提供とは、輸入申告の際に蔵置されていた保税地域に引き続き置かれているものに限られますので、本船扱い等により輸入の許可を受けた貨物を保税地域に搬入した後に行うものや、ある保税地域で輸入通関した貨物を他の保税地域に移送して行う保管、検数、鑑定等は、保税地域で行われるものであっても輸出免税の対象にはなりません。

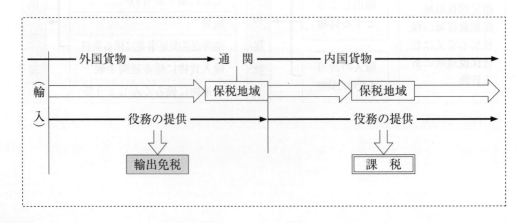

第2節　課税の対象

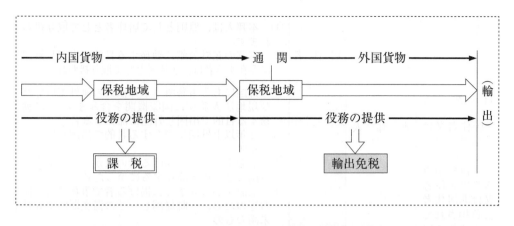

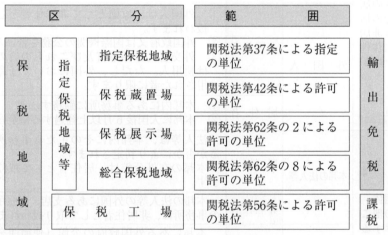

㊟　指定保税地域等には、関税法第30条第1項第2号《外国貨物を置く場所の制限》の規定により税関長が指定した場所を含むものとして取り扱われます（基通7－2－13㊟）。

リ　非居住者に対する無形固定資産等の譲渡又は貸付け（法7①五、令17②六）

　非居住者に対して行われる無形固定資産の譲渡又は貸付けは、輸出免税の対象になります。

㈲　非居住者の意義

　非居住者とは、外国為替及び外国貿易法第6条第1項第6号《定義》に規定する非居住者をいい、本邦内に住所又は居所を有しない自然人及び本邦内に主たる事務所を有しない法人がこれに該当します（令1②二）。

　具体的には、昭和55年11月29日付蔵国第4672号「外国為替法令の解釈及び運用について」通達により判定することになりますが、その内容は、次表のとおりです。

— 169 —

自　然　人 （居住者又は非居住者と同居し、かつ、その生計費が専らその居住者又は非居住者に負担されている家族の居住性はその居住者又は非居住者の居住性に従います。）	本　邦　人	居住者	①　本邦人は、原則として居住者として取り扱われます。 ②　本邦の在外公館に勤務する目的で出国し外国に滞在する者は、居住者として取り扱われます。
		非居住者	①　外国にある事務所（本邦法人の海外支店等及び現地法人並びに国際機関を含みます。）に勤務する目的で出国し外国に滞在する者 ②　2年以上外国に滞在する目的で出国し外国に滞在する者 ③　上記①又は②に掲げる者のほか、本邦出国後外国に2年以上滞在するに至った者 ④　上記①から③までに掲げる者で事務連絡、休暇等のため、一時帰国し、その滞在期間が6月未満のもの
	外　国　人	非居住者	①　外国人は、原則として非居住者として取り扱われます。 ②　外国政府又は国際機関の公務を帯びる者 ③　外交官又は領事官及びこれらの者の随員又は使用人。ただし、外国において任命又は雇用された者に限ります。
		居住者	①　本邦内にある事務所に勤務する者 ②　本邦に入国後6月以上経過するに至った者(注)
法　人　等 （法人、団体、機関その他これらに準ずるものをいいます。）	本邦の法人等	居住者	法人等は、本邦内にその主たる事務所を有するか否かにより判定されます。 本邦の在外公館は、居住者として取り扱われます。
		非居住者	本邦の法人等の外国にある支店、出張所その他の事務所は、非居住者として取り扱われます。
	外国の法人等	非居住者	本邦にある外国政府の公館（使節団を含みます。）及び本邦にある国際機関は、非居住者として取り扱われます。
		居住者	外国の法人等の本邦にある支店、出張所その他の事務所は、居住者として取り扱われます。
合衆国軍隊等及び国際連合の軍隊等		非居住者	①　アメリカ合衆国軍隊、アメリカ合衆国軍隊の構成員、軍属、これらの者の家族、軍人用販売機関等、軍事郵便局、軍用銀行施設及び契約者等 ②　国際連合の軍隊、国際連合の軍隊の構成員、軍属、これらの者の家族、軍人用販売機関等及び軍事郵便局等

(注)　最初に入国した際の「上陸許可の証印」の上陸許可年月日から6月以上経過しているかどうかによって判定します。

〔イメージ図〕

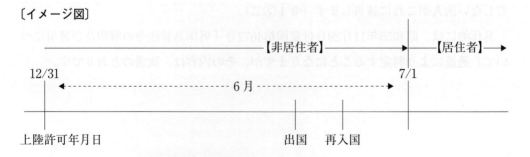

第2節　課税の対象

（参考）　出入国管理及び難民認定法等に基づく外国人等の在留資格等と外国為替及び外国貿易法に基づく居住者・非居住者の区分の一覧表

○　外国人等（一般上陸）

外国旅券の表示区分	該　当　者	．在留期間	居住者・非居住者の区分（外為法）
外交	日本国政府が接受する外国政府の外交使節団若しくは領事機関の構成員、条約若しくは国際慣行により外交使節と同様の特権及び免除を受ける者又はこれらの者と同一の世帯に属する家族の構成員	外交活動の期間	非居住者
公用	日本国政府の承認した外国政府若しくは国際機関の公務に従事する者又はその者と同一の世帯に属する家族の構成員（「外交」に該当する者を除く。）	5年、3年、1年、3月、30日又は15日	
教授	本邦の大学若しくはこれに準ずる機関又は高等専門学校において研究、研究の指導又は教育をする活動を行おうとする者	5年、3年、1年又は3月	非居住者（ただし、本邦内にある事務所に勤務する者、又は滞在期間が6月以上を経過した者は居住者に該当する。）
芸術	収入を伴う音楽、美術、文学その他の芸術上の活動を行おうとする者（「興行」に該当する者を除く。）	5年、3年、1年又は3月	
宗教	外国の宗教団体により本邦に派遣された宗教家の行う布教その他の宗教上の活動を行おうとする者	5年、3年、1年又は3月	
報道	外国の報道機関との契約に基づいて行う取材その他の報道上の活動を行おうとする者	5年、3年、1年又は3月	
高度専門職	(1)　高度の専門的な能力を有する人材として法務省令で定める基準に適合する者が行う次のイからハまでのいずれかに該当する活動であって、我が国の学術研究又は経済の発展に寄与することが見込まれるものを行おうとする者 イ　法務大臣が指定する本邦の公私の機関との契約に基づいて研究、研究の指導若しくは教育をする活動又は当該活動と併せて当該活動と関連する事業を自ら経営し若しくは当該機関以外の本邦の公私の機関との契約に基づいて研究、研究の指導若しくは教育をする活動 ロ　法務大臣が指定する本邦の公私の機関との契約に基づいて自然科学若しくは人文科学の分野に属する知識若しくは技術を要する業務に従事する活動又は当該活動と併せて当該活動と関連する事業を自ら経営する活動 ハ　法務大臣が指定する本邦の公私の機関において貿易その他の事業の経営を行い若しくは当該事業の管理に従事する活動又は当該活動と併せて当該活動と関連する事業を自ら経営する活動 (2)　上記(1)に掲げる活動を行った者であって、その在留が我が国の利益に資するものとして法務省令で定める基準に適合するものが行う次に掲げる活動を行おうとする者 イ　本邦の公私の機関との契約に基づいて研究、研究の指導又は教育をする活動 ロ　本邦の公私の機関との契約に基づいて自然科学又は人文科学の分野に属する知識又は技術を要する業務に従事する活動 ハ　本邦の公私の機関において貿易その他の事業の経営を行い又は当該事業の管理に従事する活動	左の(1)は5年、(2)は無期限	

— 171 —

外国旅券の表示区分	該　当　者	在留期間	居住者・非居住者の区分（外為法）
	ニ　上記イからハまでのいずれかの活動と併せて行う「教授」から「報道」までの活動又は「法律・会計業務」、「医療」、「教育」、「技術・人文知識・国際業務」、「介護」、「興行」、「技能」若しくは「特定技能」の(2)に掲げる活動（上記イからハまでのいずれかに該当する活動を除く。）を行おうとする者		非居住者（ただし、本邦内にある事務所に勤務する者、又は滞在期間が6月以上を経過した者は居住者に該当する。）
経営・管理	本邦において貿易その他の事業の経営を行い又は当該事業の管理に従事する活動（「法律・会計業務」に掲げる資格を有しなければ法律上行うことができないこととされている事業の経営又は管理に従事する活動を除く。）を行おうとする者	5年、3年、1年、6月、4月又は3月	
法律・会計業務	外国法事務弁護士、外国公認会計士その他法律上資格を有する者が行うこととされている法律又は会計に係る業務に従事する活動を行おうとする者	5年、3年、1年又は3月	
医療	医師、歯科医師その他法律上資格を有する者が行うこととされている医療に係る業務に従事する活動を行おうとする者	5年、3年、1年又は3月	
研究	本邦の公私の機関との契約に基づいて研究を行う業務に従事する活動（「教授」に掲げる活動を除く。）を行おうとする者	5年、3年、1年又は3月	
教育	本邦の小学校、中学校、義務教育学校、高等学校、中等教育学校、特別支援学校、専修学校又は各種学校若しくは設備及び編制に関してこれに準ずる教育機関において語学教育その他の教育をする活動を行おうとする者	5年、3年、1年又は3月	
技術・人文知識・国際業務	本邦の公私の機関との契約に基づいて行う理学、工学その他の自然科学の分野若しくは法律学、経済学、社会学その他の人文科学の分野に属する技術若しくは知識を要する業務又は外国の文化に基盤を有する思考若しくは感受性を必要とする業務に従事する活動（「教授」、「芸術」、「報道」、「経営・管理」、「法律・会計業務」、「医療」、「研究」、「教育」、「企業内転勤」、「介護」及び「興行」に掲げる活動を除く。）を行おうとする者	5年、3年、1年又は3月	
企業内転勤	本邦に本店、支店その他の事業所のある公私の機関の外国にある事業所の職員が本邦にある事業所に期間を定めて転勤して当該事業所において行うこの表の技術・人文知識・国際業務の活動を行おうとする者	5年、3年、1年又は3月	
介護	本邦の公私の機関との契約に基づいて介護福祉士の資格を有する者が介護又は介護の指導を行う業務に従事する活動を行おうとする者	5年、3年、1年又は3月	
興行	演劇、演芸、演奏、スポーツ等の興行に係る活動又はその他の芸能活動（「経営・管理」に掲げる活動を除く。）を行おうとする者	3年、1年、6月、3月又は15日	
技能	本邦の公私の機関との契約に基づいて行う産業上の特殊な分野に属する熟練した技能を要する業務に従事する活動を行おうとする者	5年、3年、1年又は3月	
特定技能	(1)　法務大臣が指定する本邦の公私の機関との雇用に関する契約（出入国管理及び難民認定法（以下「入管法」という。）第2条の5第1項から第4項まで	①　左の(1)は1年、6月又は4月	

第2節　課税の対象

外国旅券の表示区分	該　当　者	在留期間	居住者・非居住者の区分（外為法）
特定技能	の規定に適合するものに限る。(2)において同じ。）に基づいて行う特定産業分野（人材を確保することが困難な状況にあるため外国人により不足する人材の確保を図るべき産業上の分野として法務省令で定めるものをいう。(2)において同じ。）であって法務大臣が指定するものに属する法務省令で定める相当程度の知識又は経験を必要とする技能を要する業務に従事する活動を行おうとする者 (2)　法務大臣が指定する本邦の公私の機関との雇用に関する契約に基づいて行う特定産業分野であって法務大臣が指定するものに属する法務省令で定める熟練した技能を要する業務に従事する活動を行おうとする者	②　左の(2)は3年、1年又は6月	非居住者 　（ただし、本邦内にある事務所に勤務する者、又は滞在期間が6月以上を経過した者は居住者に該当する。）
技能実習	(1)　次のいずれかに該当する活動を行おうとする者 　イ　外国人の技能実習の適正な実施及び技能実習生の保護に関する法律（以下「技能実習法」という。）上の認定を受けた技能実習計画（第1号企業単独型技能実習に係るものに限る。）に基づいて、講習を受け、技能等に係る業務に従事する活動 　ロ　技能実習法上の認定を受けた技能実習計画（第1号団体監理型技能実習に係るものに限る。）に基づいて、講習を受け、及び技能等に係る業務に従事する活動 (2)　次のいずれかに該当する活動を行おうとする者 　イ　技能実習法上の認定を受けた技能実習計画（第2号企業単独型技能実習に係るものに限る。）に基づいて技能等を要する業務に従事する活動 　ロ　技能実習法上の認定を受けた技能実習計画（第2号団体監理型技能実習に係るものに限る。）に基づいて技能等を要する業務に従事する活動 (3)　次のいずれかに該当する活動を行おうとする者 　イ　技能実習法上の認定を受けた技能実習計画（第3号企業単独型技能実習に係るものに限る。）に基づいて技能等を要する業務に従事する活動 　ロ　技能実習法上の認定を受けた技能実習計画（第3号団体監理型技能実習に係るものに限る。）に基づいて技能等を要する業務に従事する活動	①　左の(1)は、法務大臣が個々に指定する期間（1年を超えない範囲） ②　左の(2)(3)は、法務大臣が個々に指定する期間（2年を超えない範囲）	
文化活動	収入を伴わない学術上若しくは芸術上の活動又は我が国特有の文化若しくは技芸について専門的な研究を行い若しくは専門家の指導を受けてこれを修得する活動（「留学」、「研修」に掲げる活動を除く。）を行おうとする者	3年、1年、6月又は3月	
短期滞在	本邦に短期間滞在して行う観光、保養、スポーツ、親族の訪問、見学、講習又は会合への参加、業務連絡その他これらに類似する活動を行おうとする者	90日若しくは30日又は15日以内の日を単位とする期間	非居住者
留学	本邦の大学、高等専門学校、高等学校（中等教育学校の後期課程を含む。）若しくは特別支援学校の高等部、中学校（義務教育学校の後期課程及び中等教育学校の前期課程を含む。）若しくは特別支援学校の中学部、小学校（義務教育学校の前期課程を含む。）若しくは特別支援学校の小学部、専修学校若しくは各種学校又	法務大臣が個々に指定する期間（4年3月を超えない範囲）	非居住者 　（ただし、本邦内にある事務所に勤務する者、又は滞在期間が6月

— 173 —

外国旅券の表示区分	該当者	在留期間	居住者・非居住者の区分（外為法）
	は設備及び編制に関してこれらに準ずる機関において教育を受ける活動を行おうとする者		以上を経過した者は居住者に該当する。）
研修	本邦の公私の機関により受け入れられて行う技能等の修得をする活動（「技能実習」(1)、「留学」に掲げる活動を除く。）を行おうとする者	1年、6月又は3月	
家族滞在	他の在留資格（外交、公用、特定技能(1)、技能実習及び短期滞在を除く。）をもって在留する者又はこの表の留学の在留資格をもって在留する者の扶養を受ける配偶者又は子として行う日常的な活動を行おうとする者	法務大臣が個々に指定する期間（5年を超えない範囲）	
特定活動	法務大臣が個々の外国人について特に指定する活動を行おうとする者	5年、3年、1年、6月、3月又は法務大臣が個々に指定する期間（5年を超えない範囲）	
永住者	法務大臣が永住を認める者	無期限	居住者
日本人の配偶者等	日本人の配偶者若しくは特別養子又は日本人の子として出生した者	5年、3年、1年又は6月	非居住者（ただし、本邦内にある事務所に勤務する者、又は滞在期間が6月以上を経過した者は居住者に該当する。）
永住者の配偶者等	永住者等の配偶者又は永住者等の子として本邦で出生しその後引き続き本邦に在留している者	5年、3年、1年又は6月	
定住者	法務大臣が特別な理由を考慮し一定の在留期間を指定して居住を認める者	5年、3年、1年、6月又は法務大臣が個々に指定する期間（5年を超えない範囲）	

（根拠条文：出入国管理及び難民認定法第2条の2、別表第1の1から5まで、別表第2、出入国管理及び難民認定法施行規則第3条、別表第2）

○外国人等（特別上陸）

該当者	在留期間	旅券等の区分	上陸許可の証印	上陸許可書	居住者・非居住者の区分（外為法）
寄港地上陸する者	72時間以内	外国旅券	入国審査官が寄港地上陸許可の証印を旅券に押印	交付せず	非居住者
船舶観光上陸する者	30日（本邦内の寄港地の数が一である航路に就航する指定旅客船に乗っている外国人にあっては、7日）以内	外国旅券	証印せず	船舶観光上陸許可書を交付	

第2節　課税の対象

該当者		在留期間	旅券等の区分	上陸許可の証印	上陸許可書	居住者・非居住者の区分（外為法）
通過上陸する者	臨時観光のため、その船舶が寄港する本邦の他の出入国港で帰船する者	15日以内	外国旅券	入国審査官が通過上陸許可の証印を旅券に押印	交付せず	非居住者
	入国した周辺の地の出入国港から他の船舶等で出国する者	3日以内				
乗員上陸する者	一の出入国港の近傍に上陸する者	7日（入国審査官が特別の事由があると認めるときは、15日）以内	外国旅券又は乗員手帳	証印せず	乗員上陸許可書を交付	
	二以上の出入国港の近傍に上陸する者	15日以内				
	寄港した出入国港にある他の船舶等へ乗り換える者	7日以内				
	他の出入国港にある他の船舶等へ乗り換える者	15日以内				
数次乗員上陸する者	本邦と本邦以外の地域との間の航路に定期に就航する船舶等の乗員	乗船している船舶が本邦にある間			数次乗員上陸許可書を交付（有効期間1年）	
	本邦と本邦以外の地域との間の航空路に定期に就航する航空機の乗員でその都度同一の運送業者の運航する航空機の乗員として同一の出入国港から出国する者	15日以内				
緊急上陸する者	旅客	医師が必要と認めた期間	（原則）外国旅券		緊急上陸許可書を交付	
	乗員		（原則）乗員手帳			
遭難上陸する者	旅客	30日以内	（原則）外国旅券		遭難による上陸許可書を交付	
	乗員		（原則）乗員手帳			

（根拠条文：出入国管理及び難民認定法第14条から第18条まで、出入国管理及び難民認定法施行規則第13条から第17条まで）

○　外国人等

在留資格者	在留期間	居住者・非居住者の区分（外為法）
平和条約国籍離脱者及び平和条約国籍離脱者の子孫で、一定の要件に該当する者 (注)1　「平和条約国籍離脱者」とは、日本国との平和条約の規定に基づき同条約の最初の効力発生の日において日本の国籍を離脱した者で、昭和20年9月2日以前から引き続き本邦に在留する者など、一定の要件に該当する者をいう。 　　2　「平和条約国籍離脱者の子孫」とは、平和条約国籍離脱者の子など、一定の要件に該当する者をいう。	法定の特別永住者として、本邦で永住することができる	居住者
平和条約国籍離脱者の子孫で、出生その他の事由により出入国管理及び難民認定法第3章に規定する上陸の手続を経ることなく本邦に在留することとなり、特別永住許可を受けた者	法定の特別永住者として、本邦で永住することができる	

（根拠条文：日本国との平和条約に基づき日本の国籍を離脱した者等の出入国管理に関する特例法第2条から第4条まで）

第2節　課税の対象

(ロ)　無形固定資産等の範囲（令6①四～八、基通5－7－4～9）

種　　類		内　　　　　　　　容
鉱業権等	鉱　業　権	鉱業法第5条《鉱業権》に規定する鉱業権
	租　鉱　権	鉱業法第6条《租鉱権》に規定する租鉱権
	採　石　権	採石法第4条《内容及び性質》に規定する採石権（砂利採取法等により認められている権利も含みます。）
	樹木採取権	国有林野の管理経営に関する法律第8条の5《樹木採取権の設定》に規定する樹木採取権
特許権等	特　許　権	特許法第66条《特許権の設定の登録》に規定する特許権
	実用新案権	実用新案法第14条《実用新案権の設定の登録》に規定する実用新案権
	意　匠　権	意匠法第20条《意匠権の設定の登録》に規定する意匠権
	商　標　権	商標法第18条《商標権の設定の登録》に規定する商標権
	回路配置利用権	半導体集積回路の回路配置に関する法律第10条《回路配置利用権の発生及び存続期間》に規定する回路配置利用権
	育成者権	種苗法第19条《育成者権の発生及び存続期間》に規定する育成者権
公共施設等運営権		民間資金等の活用による公共施設等の整備等の促進に関する法律第2条《定義》第7項に規定する公共施設等運営権
著作権等	著　作　権	著作権法の規定に基づき著作者が著作物に対して有する権利
	出　版　権	著作権法第3章《出版権》に規定する出版権
	著作隣接権	著作権法第89条《著作隣接権》に規定する著作隣接権
特別の技術による生産方式		特許に至らない技術、技術に関する附帯情報等（いわゆるノウハウ、及び特許出願中の権利等も含まれます。）
営　業　権		繊維工業における織機の登録権利、許可漁業の出漁権、タクシー業のいわゆるナンバー権のように、法令の規定、行政官庁の指導等による規制に基づく登録、認可、許可、割当て等に基づく権利（外国におけるこれらの権利を含みます。）
漁業権等	漁　業　権	漁業法第6条第1項《漁業権の定義》に規定する定置漁業権、区画漁業権及び共同漁業権（外国におけるこれらの権利を含みます。）
	入　漁　権	漁業法第7条《入漁権の定義》に規定する入漁権（外国におけるこれらの権利を含みます。）

— 177 —

ヌ　非居住者に対して行われる役務の提供（法7①五、令17②七）

　非居住者に対して行われる役務の提供で、次に掲げるもの以外のものは、輸出免税の対象になります。

① 国内に所在する資産に係る運送又は保管

② 国内における飲食又は宿泊

③ 上記①及び②に準ずるもので、国内において直接便益を享受するもの

国内において直接便益を享受するもの（免税とならないもの）	
例示（基通7-2-16）	国内に所在する資産に係る運送や保管
	国内に所在する不動産の管理や修理
	建物の建築請負
	電車、バス、タクシー等による旅客の輸送
	国内における飲食又は宿泊
	理容又は美容
	医療又は療養
	劇場、映画館等の興行場における観劇等の役務の提供
	国内間の電話、郵便又は信書便
	日本語学校等における語学教育等に係る役務の提供

　例えば、国内に支店、出張所等の施設を有しない外国法人（非居住者）からの依頼を受けて行う次の役務の提供は、国内において行われる非居住者に対する役務の提供として輸出免税の対象となります。

① 国内の事業者が国内代理店として行う事務

② 新聞社、雑誌社等が行う広告の掲載

③ 弁護士が行う国内における特許権等に関する訴訟事務等

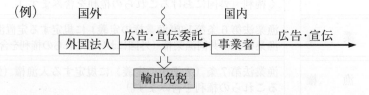

▶ チェックポイント

☆　非居住者（外国人旅行者）に対して行う時計の修理は、輸出免税の対象となります。

国外に本店又は主たる事務所がある外国法人（非居住者）に対する役務の提供であっても、その外国法人が国内に支店又は出張所等の施設を有する場合、その役務の提供は、居住者たる国内の支店、出張所等を経由して役務の提供を行ったものとして、輸出免税の対象にはなりません（基通7－2－17）。

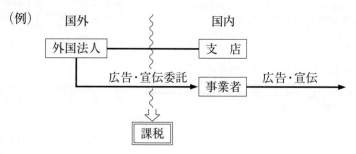

ただし、国内に支店又は出張所等を有する非居住者に対する役務の提供であっても、次の要件の全てを満たす場合には、輸出免税の対象とすることができます。

① 役務の提供が非居住者の国外の本店等との直接取引であり、その非居住者の国内の支店又は出張所等は、この役務の提供に直接的にも間接的にもかかわっていないこと（外国の本店等に対して直接役務の提供が行われ、国内の支店、出張所等は、その役務の提供に関して、契約締結交渉、事務の取次ぎ、代金の支払など、一切の事務にかかわっていない実態にある場合をいいます。）

② 役務の提供を受ける非居住者の国内の支店又は出張所等の業務は、その役務の提供に係る業務と同種、あるいは関連する業務でないこと

(2) **輸出証明書等**

消費税法第7条第1項《輸出免税等》の規定又は租税特別措置法第85条第1項《外航船等に積み込む物品の譲渡等に係る免税》の規定は、課税資産の譲渡等が免税となる輸出取引等に該当するものであることにつき、次に掲げる場合の区分に応じ、それぞれ次の帳簿又は書類を保存することにより証明がされたものでない場合は適用されません（法7②、規5、措規36①、基通7－2－23）。

区　　　　分			輸　出　証　明　書　等

消費税法第7条第1項第1号に掲げる輸出として行われる資産の譲渡又は貸付け

	関税法第67条《輸出又は輸入の許可》の規定により輸出の許可を受ける貨物である場合（船舶又は航空機の貸付けである場合を除きます。）		輸　出　許　可　書 ㊟　電子情報処理組織による輸出入等関連業務の処理等に関する法律第3条《情報通信技術活用法の適用》の規定に基づき、電子情報処理組織を使用して輸出申告し、輸出の許可があったものは、「輸出許可通知書（輸出申告控）」又は「輸出申告控」及び「輸出許可通知書」が輸出許可書に該当するものとなります。 　なお、郵便による輸出の場合には、「郵便物輸出証明申請書」が輸出許可書に該当するものとなります。
郵便による輸出の場合	その輸出の時におけるその資産の価額が20万円を超える場合 ㊟　輸出の時におけるその資産の価額が20万円を超えるかどうかの判定は、原則として郵便物一個当たりの価額によりますが、郵便物を同一受取人に2個以上に分けて差し出す場合には、それらの郵便物の価額の合計額によります。		
	その輸出の時における輸出される資産の価額が20万円以下である場合（※）	小包郵便物又はEMS郵便物による輸出の場合	以下のイ及びロの書類 　イ　日本郵便株式会社から交付を受けたその郵便物の引受けを証する書類 　ロ　次の事項が記載された発送伝票等の控え 　　①　輸出者の氏名又は名称及び住所等 　　②　品名並びに品名ごとの数量及び価額 　　③　受取人の氏名又は名称及び住所等 　　④　日本郵便株式会社による引受けの年月日
		通常郵便物による輸出の場合	日本郵便株式会社から交付を受けたその郵便物の引受けを証する書類に輸出した資産の品名並びに品名ごとの数量及び価額を追記したもの
保税蔵置場の許可を受けた者が海外旅行者等に、出国に際し携帯輸出する物品を譲渡する場合			輸　出　証　明　書
輸出物品販売場の許可を受けた者が海外旅行者等に、出国に際し携帯輸出する物品を譲渡する場合			輸　出　証　明　書 ㊟　この場合には、「海外旅行者が出国に際して携帯する物品の購入者誓約書」も必要になります。
外国籍の船舶又は航空機に内国貨物を積み込むために資産を譲渡する場合			船（機）用品積込承認書

第2節　課税の対象

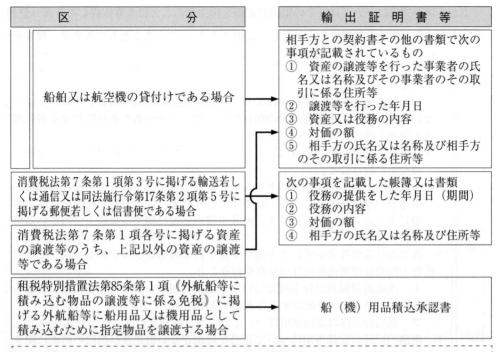

※　令和3年9月30日以前に行われる資産の譲渡等については、次のイ又はロのいずれかが、保存すべき輸出の事実を証明する書類等になります（令3改正規附則2）。

> イ　次の事項を記載した帳簿
> ①　輸出年月日
> ②　品名並びに品名ごとの数量及び価額
> ③　受取人の氏名又は名称及び住所等

> ロ　受取人から交付を受けた物品受領書等で次の事項が記載されているもの
> ①　輸出者の氏名又は名称及び住所等
> ②　品名並びに品名ごとの数量及び価額
> ③　受取人の氏名又は名称及び住所等
> ④　受取年月日

(チェックポイント)

☆　令和4年4月1日以後に行われる課税資産の譲渡等に係る輸出証明書等の保存については、電子計算機を使用して作成する国税関係帳簿書類の保存方法等の特例に関する法律第2条第3号（定義）に規定する電磁的記録によることができます（法7②、規5④、令4改正規附則2）。

　なお、電磁的記録は、同法施行規則第4条第1項各号（電子取引の取引情報に係る電磁的記録の保存）に規定する措置のいずれかを行い、同項に規定する要件に準ずる要件に従って保存する必要があります（規5⑤）。

— 181 —

第2章　国内取引に係る消費税

　また、保存方法については、その電磁的記録を出力することにより作成した書面（整然
とした形式及び明瞭な状態で出力したものに限ります。）によることもできます（規5⑥）。

措置	(1)　電磁的記録の記録事項にタイムスタンプが付された後、取引情報の授受を行うこと。 (2)　次に掲げる方法のいずれかにより、電磁的記録の記録事項にタイムスタンプを付すとともに、電磁的記録の保存を行う者又はその者を直接監督する者に関する情報を確認することができるようにしておくこと。 　イ　電磁的記録の記録事項にタイムスタンプを付すことを取引情報の授受後、速やかに行うこと。 　ロ　電磁的記録の記録事項にタイムスタンプを付すことをその業務の処理に係る通常の期間を経過した後、速やかに行うこと（取引情報の授受から記録事項にタイムスタンプを付すまでの各事務の処理に関する規程を定めている場合に限る。）。 (3)　次に掲げる要件のいずれかを満たす電子計算機処理システムを使用して取引情報の授受及び電磁的記録の保存を行うこと。 　イ　電磁的記録の記録事項について訂正又は削除を行った場合には、これらの事実及び内容を確認することができること。 　ロ　電磁的記録の記録事項について訂正又は削除を行うことができないこと。 (4)　電磁的記録の記録事項について正当な理由がない訂正及び削除の防止に関する事務処理の規程を定め、規程に沿った運用を行い、電磁的記録の保存に併せて規程の備付けを行うこと。
要件	保存場所に、電子計算機、プログラム、ディスプレイ、プリンタ及びこれらの操作マニュアルを備え付け、画面及び書面において、整然とした形式及び明瞭な状態で速やかに出力できるようにしておくとともに、記録事項の検索機能を確保しておくこと。

— 182 —

2 輸出物品販売場における免税

　輸出物品販売場を経営する事業者（免税事業者を除きます。）が、外国人旅行者等の非居住者に対し、通常生活の用に供する物品で輸出するため所定の方法により購入されるものの譲渡を行った場合には、消費税が免除されます（法8、令18）。

　この制度は、非居住者が国内で購入した物品を携帯等の方法により土産品等として日本国外に持ち出して消費する場合には、その非居住者に対する譲渡が実質的に輸出と同様であるとして消費税が免除されるものであり、非居住者が購入するという理由で消費税が免除されるものではありません。

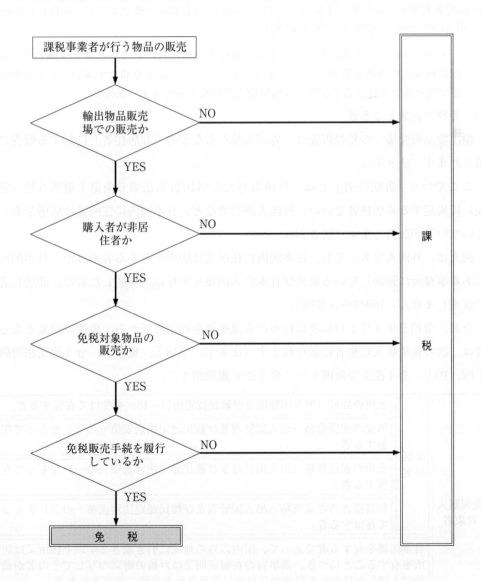

⑴ 輸出物品販売場制度の概要等

イ 輸出物品販売場の種類

輸出物品販売場には、次の種類があります。

区　　分	内　・　容
一般型輸出物品販売場	その販売場を経営する事業者がその販売場においてのみ免税販売手続を行う輸出物品販売場（令18の２②一）
手続委託型輸出物品販売場	その販売場が所在する特定商業施設内に免税手続カウンターを設置する承認免税手続事業者が、免税販売手続を代理して行う輸出物品販売場（令18の２②二）
自動販売機型輸出物品販売場	免税販売手続が一定の基準を満たす自動販売機によってのみ行われる輸出物品販売場（令18の２②三）

> (注) 上記のほか、７月以内の期間を定めた臨時販売場を設置しようとする事業者が、事前に納税地の所轄税務署長の承認を受けるなど一定の要件を満たす場合に、その販売場で免税販売を行うことができる臨時販売場制度があります（法⑧⑨）。

ロ 免税の対象となる者

輸出物品販売場での免税販売は、外国人旅行者などの「非居住者」に対する販売に限られます（法８①）。

ここでいう「非居住者」とは、外国為替及び外国貿易法第６条第１項第６号《定義》に規定する非居住者をいい、外国人旅行者など、日本国内に住所又は居所を有していない者が該当します（法８①）。

例えば、外国人であっても、日本国内に住所又は居所を有する者のほか、日本国内にある事務所に勤務している者及び日本に入国後６カ月以上経過した者は、非居住者に該当しません（169ページ参照）。

なお、令和５年４月１日以後に行われる課税資産の譲渡等から、免税の対象となる者は、次の免税購入対象者に限られます（法８①、令18①、規６①、令４改正法附則１四、19①、令４改正令附則１一、令４改正規附則１二）。

免税購入対象者	非居住者	上陸の許可（出入国管理及び難民認定法14〜18）を受けて在留する者
		外交の在留資格（出入国管理及び難民認定法別表第一の一）をもって在留する者
		公用の在留資格（出入国管理及び難民認定法別表第一の一）をもって在留する者
		短期滞在の在留資格（出入国管理及び難民認定法別表第一の三）をもって在留する者
	日本国籍を有する者であって、国内以外の地域に引き続き２年以上住所又は居所を有することにつき、領事官の在留証明又は戸籍の附票の写しでその者が最後に入国した日から６月前の日以後に作成された書類で確認された者	
	日米地位協定第１条に規定する合衆国軍隊の構成員、軍属及びこれらの家族（以下「合衆国軍隊の構成員等」といいます。）	

ハ　免税対象物品

(イ)　免税対象物品の範囲

免税対象となる物品は、次のいずれにも該当するものです（法8①、令18②⑬⑭）。

①　通常生活の用に供する物品

②　一般物品と消耗品の区分に応じて、同一の非居住者に対する同一の輸出物品販売場における日の販売価額（税抜）の合計額が、次表の金額の基準を満たすもの

免税対象物品の区分	販売価額（税抜）の合計額
一般物品（家電、バッグ、衣料品等《消耗品以外のもの》）	5千円以上
消耗品（飲食料品、医薬品、化粧品その他の消耗品）	5千円以上50万円以下

(注)　一般物品と消耗品のそれぞれの販売価額（税抜）が5千円未満であったとしても、その合計額が5千円以上であれば、一般物品を消耗品と同様の指定された方法により包装することで、免税販売することができます。この場合、その一般物品は消耗品として取り扱うことになります。

(ロ)　免税対象とならない物品の範囲

免税対象とならない物品は、次のいずれかに該当するものです（法8①、令18②⑬⑭）。

①　顧客が事業用又は販売用として購入する物品（通常生活の用に供する物品以外のもの）

②　金又は白金の地金

③　上記(イ)②の金額の範囲外であるもの

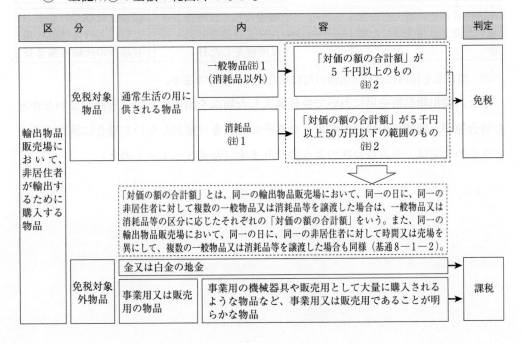

— 185 —

(注)1 一般物品と消耗品を組み合わせて一の商品としている場合には、その全てが消耗品に該当するものとして取り扱われます。

> （例）おもちゃ付き菓子、ポーチ付き化粧品、グラス付き飲料類

　なお、一般物品の機能を発揮するために通常必要な消耗品がその一般物品に付属されている場合には、「一般物品と消耗品とが一の資産を構成している場合」に該当せず、一の一般物品に該当します（令18④、基通8―1―3）。

> （例）必要最小限の乾電池が付属された電化製品、インクカートリッジが装着された状態のプリンタ

2 「対価の額の合計額」は、一般物品、消耗品ごとに判定します（基通8―1―2）。

ニ　輸出物品販売場において購入した免税対象物品を輸出しない場合等の取扱い

　輸出物品販売場において免税購入した物品を出国する日までに輸出しない場合等一定の場合、出港地の所轄税関長等は、原則として直ちに消費税を徴収することとされています（法8③⑤、基通8―1―5）。

　なお、消費税を徴収する場合の法定納期限は次のとおりであり、延滞税の計算は法定納期限の翌日から起算します（法27、基通8―1―7）。

区　分	法定納期限	徴収をする者
非居住者が免税購入した物品を出国する日までに輸出しない場合(注)	出国する日	出港地の所轄税関長
非居住者が免税購入した物品を輸出せずに居住者となった場合(注)	居住者となる日	住所又は居所の所在地の所轄税務署長
非居住者が免税購入した物品を譲渡又は譲受けした場合	譲渡若しくは所持させた日又は譲受け若しくは所持をした日	譲渡又は譲受けがあった時における物品の所在場所の所轄税務署長

(注)　消耗品を国内において生活の用に供した場合を含みます。

　また、輸出物品販売場において免税購入した物品を出国する際に所持していなかった場合等が、消費税の徴収の対象となるその物品を「輸出しない」場合に該当するかどうかの判定は、おおむね次のようになります（基通8―1―5の2）。

第2節　課税の対象

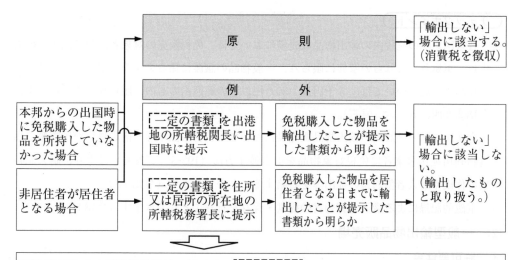

所轄税関長又は所轄税務署長に提示する 一定の書類 とは、次のいずれかの書類をいいます。

(イ)	輸出許可証又はその写し (注) 電子情報処理組織による輸出入等関連業務の処理等に関する法律第3条《情報通信技術活用法の適用》の規定に基づき、電子情報処理組織を使用して輸出申告し、輸出の許可があった場合は、「輸出許可通知書（輸出申告控）」又は「輸出申告控」及び「輸出許可通知書」が輸出許可書に該当するものとされます。
(ロ)	小包郵便物又はEMS郵便物（以下「小包郵便物等」といいます。）として輸出する場合に日本郵便株式会社から交付を受けたその小包郵便物等の引受けを証する書類及びその小包郵便物等に貼り付け又は添付した次の事項が記載された書類の写し ① 輸出者の氏名及び住所又は居所 ② 品名並びに品名ごとの数量及び価額 ③ 受取人の氏名又は名称及び住所若しくは居所又は事務所等の所在地 ④ 日本郵便株式会社による引受けの年月日
(ハ)	通常郵便物として輸出する場合に日本郵便株式会社から交付を受けたその通常郵便物の引受けを証する書類に輸出した物品の品名並びに品名ごとの数量及び価額を追記したもの
(ニ)	上記(ロ)又は(ハ)の書類に準ずる書類（上記(ロ)①から③までの事項及びその輸出を引き受けた者（貨物利用運送事業法の規定による許可を受けて国際貨物運送に関する第二種貨物利用運送事業を経営する者に限ります。）による引受けの年月日が記載されたものに限ります。）

▶ チェックポイント

☆ 最終的に輸出される物品（消耗品は除きます。）であれば、購入者たる非居住者が出国するまでの間、国内で使用していたとしても、消費税が免除されます（基通8－1－1）。

ホ　**合衆国軍隊の施設内の輸出物品販売場**

　合衆国軍隊の構成員等が合衆国軍隊の施設内の輸出物品販売場（いわゆるコンセッショネア）において免税により物品を購入する場合においても、購入後（消耗品については30日以内）に輸出するものであることを記載した「購入者誓約書」を提出し、その物品の引渡しを受けることになります（令18③四、五）。

　また、消耗品を免税で販売する場合には、平成26年経済産業省・国土交通省告示第6号において指定する方法による包装をしなければなりません（191ページ参照）。

チェックポイント

☆　合衆国軍隊の施設内の輸出物品販売場においては、免税販売の対象者は合衆国軍隊の構成員、軍属及びこれらの家族に限られ、一般物品の譲渡に係る金額の制限はありませんが、消耗品の譲渡については、5千円以上50万円以下の範囲内のものに限られます（法8①、令18②③四、五、六、⑭三）。

☆　合衆国軍隊の施設内の輸出物品販売場においても、合衆国軍隊の構成員等が国際第二種貨物利用運送事業者に免税対象物品を引き渡す方法（192ページ参照）により、購入記録票の作成や購入者誓約書の提出等を省略することができます（令18③六）。

☆　電磁的記録による購入者誓約書の提供・保存を行うこともできます（令18⑤）。

(2)　**一般型輸出物品販売場**

イ　許可要件等

(イ)　許可

　一般型輸出物品販売場の許可を受けようとする販売場を経営する事業者は、その経営する販売場について納税地の所轄税務署長の許可を受けなければなりません（法8⑥、令18の2②一、基通8−2−1(1)）。

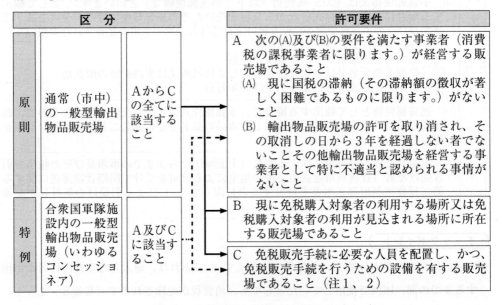

(注)1　「免税販売手続に必要な人員の配置」とは、免税販売の際に必要となる手続を非居住者に対して説明できる人員の配置を求めているものです。

　　　なお、外国語については、母国語のように話せることまでを必要としているものではなく、パンフレット等の補助材料を活用して、免税購入対象者に手続を説明できる程度で差し支えありません。

　　2　「免税販売手続を行うための設備を有する」とは、免税購入対象者であることの確認や購入記録票の作成など、免税販売の際に必要となる手続を行うためのカウンタ

一等の設備があることを求めているものであり、免税販売のための特別なカウンターを設けることまでを求めているものではありません。

> **チェックポイント**

☆ 輸出物品販売場の許可は、場所的要件、物的要件及び人的要件を総合して判断し、**特定の場所**に対して与えられるものであり、輸出物品販売場を移転した場合、移転前の場所に対する許可の効力は、移転後の場所には及びませんので、移転後の販売場については、改めて輸出物品販売場の許可を受ける必要があります。

(ロ) 取消し

税務署長は、輸出物品販売場を経営する事業者が次に該当することになった場合、輸出物品販売場に係る許可を取り消すことができます（法8⑦、基通8－2－6）。

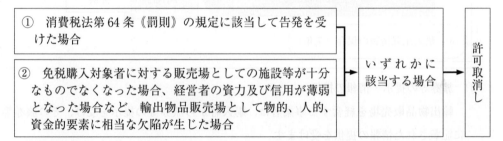

(ハ) 廃止

輸出物品販売場の許可を受けた事業者は、その輸出物品販売場をやめようとするときは、「輸出物品販売場廃止届出書」を提出する必要があります（令18の2⑰、規10の3①）。

ロ 免税販売手続

輸出物品販売場（合衆国軍隊の施設内の輸出物品販売場を除きます。）における免税販売手続については、令和2年4月1日から、輸出物品販売場を経営する事業者が、購入記録情報（非居住者から提供を受けた旅券等に記載された情報及び購入の事実を記録した電磁的記録）を、電子情報処理組織を使用して遅滞なく国税庁長官へ提供する手続に変更されました。

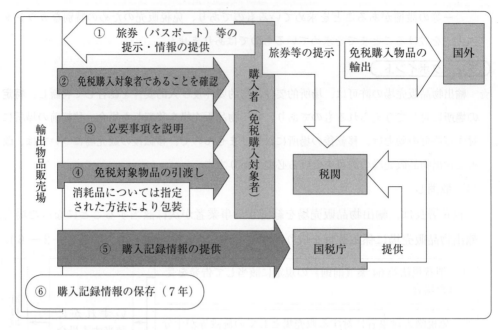

① 旅券等の提示・情報の提供

　輸出物品販売場を経営する事業者は、購入者から旅券等の提示を受け、その旅券等に記載された情報の提供を受けます。

　なお、令和5年4月1日以後に行われる販売については、デジタル庁が整備及び管理をする情報システムにより旅券等に係る情報が表示された免税購入対象者の使用する通信端末機器（入出力装置を含みます。）の映像面の提示を受け、その情報の提供を受けることもできます（令18③一イ、令4改正令附則1一）。

　また、同日以後、日本国籍を有し、国内以外の地域に引き続き2年以上住所又は居所を有する者に販売する場合は、その者が最後に入国した日から起算して6か月前の日以後に発行された在留証明又は戸籍の附票の写しにより確認する必要があるため、それらの書類の提示を受け、記載されている情報の提供又はそれらの書類の写しの提出を受ける必要があります（令18③一ロ、令4改正令附則1一）。

② 免税購入対象者であることの確認

　輸出物品販売場を経営する事業者は、①で提示を受けた旅券等により、購入者が免税購入対象者であることを確認します。

　なお、提供を受ける旅券等の情報は、㋑氏名、㋺国籍、㋩生年月日、㋥在留資格、㋭上陸年月日、㋬旅券等の種類及び㋣旅券番号です（規6②）。

　また、提供又は提出を受ける在留証明の情報については、㋷在外公館の名称、㋣発給年月日、㋬免税購入対象者の本籍、㋸発給番号であり、戸籍の附票の写しの情報については、㋣作成年月日、㋳免税購入対象者の本籍です（規6③）。

③ 購入者に対して必要事項を説明

　購入者に対して説明する事項は、次のとおりです（令18⑪、規6の3）。

イ　免税対象物品が国外へ輸出するため購入されるものである旨

　　ロ　本邦から出国する際、その出港地の所轄税関長（購入者が出国前に免税購入対象者とならなくなる場合には、その住所又は居所の所在地の所轄税務署長）にその所持する旅券等を提示しなければならない旨

　　ハ　免税購入した物品を出国の際に所持していなかった場合には、免除された消費税等相当額を徴収される旨

　購入者に対する説明方法には、口頭による方法のほか、例えば、Ⓐ説明事項を日本語及び外国語で記載した書類等を交付する方法や、Ⓑ説明事項を日本語及び外国語で記載した書類等を販売場内に掲示する方法などがあります。

　なお、Ⓐ又はⒷのような方法による場合には、単に書類等を交付し、又は掲示するだけではなく、購入者が内容を理解するよう「書類等をご一読ください」と口頭で伝えるなど、確認を促す必要があります。

④　免税対象物品の引渡し

　消耗品を免税で販売する際に必要となる包装は、次のイからロまでの要件の全てを満たす「袋」又は「箱」に入れ、かつ、開封された場合に開封されたものであることを示す文字が表示されるシールの貼付けにより封印をする方法によります（平26経済産業省・国土交通省告示6号）。

	袋の要件	箱の要件
イ	プラスチック製で無色透明又はほとんど無色透明であること。	段ボール、発泡スチロール製等であること。
ロ	使用される状況に照らして十分な強度を有するものであること。	
ハ	本邦から出国するまで開封してはならない旨及び消費税が免除された物品を消費した場合には消費税が徴収される旨が日本語及び外国語により記載されたもの又は記載された書面が貼り付けられたものであること。	
ニ	内容物の品名又は数量を外側から確認できない場合にあっては、内容物の品名及び品名ごとの数量が記載されたもの又は記載された書面が貼り付けられたものであること。	内容物の品名又は品名ごとの数量が記載されたもの又は記載された書面が貼り付けられたものであること。

　※　消耗品の鮮度の保持に必要な大きさであり、かつ、その消耗品を取り出せない大きさの穴を設けることは差し支えありません。

　　一度の販売で包装が複数個に分かれる場合、「注意事項」と「品目及び数量のリスト」は、それぞれの包装に貼り付ける必要があります。

⑤　購入記録情報の提供

　国税庁長官に購入記録情報を提供することにつき、あらかじめ納税地の所轄税務署長に「輸出物品販売場における購入記録情報の提供方法等の届出書」を提出しなければなりません（令18⑦⑱、規6の2①）。

　なお、この届出書の提出後、その記載した事項に変更があった場合には、遅滞なく、

第2章　国内取引に係る消費税

「輸出物品販売場における購入記録情報の提供方法等の変更届出書」を納税地の所轄税務署長に提出する必要があります（規6の2③）。

購入記録情報とは、次の事項が記録された電磁的記録をいいます（令18⑦、規6⑨）。

㋑　購入者から提供を受けた旅券等に記載された情報（上記②参照）
㋺　輸出物品販売場を経営する事業者の氏名又は名称及び納税地
㋩　輸出物品販売場の名称、所在地及び税務署長から通知を受けた識別符号 　※　上記⑤の届出書の提出後、輸出物品販売場ごとに通知されます。
㋥　免税対象物品の譲渡の年月日
㋭　免税対象物品の品名、品名ごとの数量、価額及び一般物品又は消耗品の別並びにその免税対象物品の価額の合計額
㋬　購入者が購入した免税対象物品をその場で運送業者（代理人を含みます。）に引き渡す方法によりその物品を海外へ直送する場合には、その運送業者の氏名又は名称
㋣　一の特定商業施設内の複数の手続委託型輸出物品販売場（その特定商業施設内において承認免税手続事業者が経営する一般型輸出物品販売場のうち、免税カウンターを設置している一般型輸出物品販売場を含みます。）において、同一の日に同一の購入者に対して譲渡する一般物品の販売価額（税抜金額）の合計額と消耗品の販売価額（税抜金額）の合計額について、その免税販売手続を代理する一の承認免税手続事業者がそれぞれの販売価額（税抜金額）を一般物品と消耗品の別に合算し、免税販売の対象となる下限額を判定した場合には、その旨
㋠　免税対象物品の譲渡が軽減対象課税資産の譲渡等である場合には、その旨 　※　飲食料品（食品表示法に規定する食品（酒税法に規定する酒類を除きます。）をいい、一定の要件を満たした一体資産を含みます。）の譲渡をいいます。

購入記録情報は、電子情報処理組織を使用する方法により提供しなければなりません（令18⑦、規6の2④）。

なお、電子情報処理組織を使用する方法とは、国税庁の使用に係る電子計算機と電気通信回線を通じて通信できる機能を備えた事業者の電子計算機から、国税庁長官が定める方法により氏名又は名称を明らかにして購入記録情報を送信する方法をいいます（令18⑦、規6の2④、平31国税庁告示2号）。

⑥　購入記録情報の保存

購入記録情報の国税庁長官への提供は、免税販売手続の際、遅滞なく行われなければならないため、原則として、免税販売手続の都度、購入記録情報を国税庁長官に提供しなければなりません（基通8−3−2）。

事業者は、国税庁長官に提供した購入記録情報を、免税販売を行った日の課税期間の末日の翌日から2月を経過した日から7年間、納税地又は免税販売を行った輸出物品販売場の所在地に保存する必要があります（法8②、令18⑮、規7①②）。

ハ　国際第二種貨物利用運送事業者と運送契約を締結する方法

上記ロの免税販売手続に代えて、免税購入対象者が一般型輸出物品販売場において免税対象物品を購入した際、その販売場からその物品を海外へ直送することができま

す。その場合の購入記録情報の提供を除いた免税販売手続（一般型輸出物品販売場を経営する事業者が運送事業者の代理人である場合）は次のとおりです。

(注) 免税販売のためには、以下の免税販売手続に加え、購入記録情報を提供する必要があります。

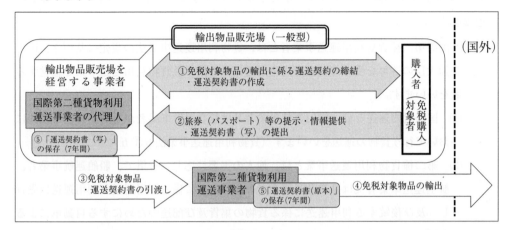

① 運送契約の締結

　免税購入対象者は、免税対象物品の輸出に係る運送契約を国際第二種貨物利用運送業者の代理人である輸出物品販売場を経営する事業者と締結します。

② 旅券（パスポート）等の提示・情報提供及び運送契約書の写しの提出

　免税購入対象者は、輸出物品販売場を経営する事業者に旅券等を提示するとともに旅券等の情報を提供し、国際第二種貨物利用運送事業者の代理人（輸出物品販売場を経営する事業者）との間で締結した運送契約書の写しを提出します。

　輸出物品販売場を経営する事業者は、免税購入対象者から旅券等の提示を受け、その旅券等に記載された情報の提供を受け、購入者が免税購入対象者であることを確認します（189ページ参照）。

③ 免税対象物品の引渡し

　免税購入対象者は、購入した物品をその場で国際第二種貨物利用運送事業者の代理人（輸出物品販売場を経営する事業者）に引き渡し、代理人は、その運送事業者に物品を引き渡します。

④ 免税対象物品の輸出

　国際第二種貨物利用運送事業者は、引渡しを受けた免税対象物品を輸出します。

⑤ 運送契約書等の保存

　一般型輸出物品販売場を経営する事業者は、提出された運送契約書の写しを納税地又は譲渡に係る販売場の所在地に保存します。保存期間は、免税対象物品を免税で販売した日の属する課税期間の末日の翌日から2か月を経過した日から7年間で

す（規7①）。

　また、国際第二種貨物利用運送事業者は、運送契約書を納税地又はその運送契約
の締結に係る事務所の所在地に保存します。保存期間は、その運送契約を締結した
日の属する課税期間の末日の翌日から2か月を経過した日から7年間です（規7の
2②）。

(注)1　国際第二種貨物利用運送事業者とは、貨物利用運送事業法の規定に基づき、国土
　　　交通大臣の許可を受けて、国際貨物運送に係る第二種貨物利用運送事業を経営する
　　　者をいいます。

　　⑴　国際貨物運送とは、船舶運航事業者又は航空運送事業者が本邦と外国との間に
　　　　おいて行う貨物の運送をいいます（貨物利用運送事業法6①五）。

　　⑵　第二種貨物利用運送事業とは、他人の需要に応じ、有償で、船舶運航事業者、
　　　　航空運送事業者又は鉄道運送事業者の行う運送に係る利用運送と利用運送に先行
　　　　し、及び後続する利用運送に係る貨物の集貨及び配達のためにする自動車による
　　　　運送とを一貫して行う事業をいいます（貨物利用運送事業法2⑧）。

　　2　免税対象物品の輸出に係る運送契約書及び運送契約書の写しには、運送契約を締
　　　結した年月日が記載される必要があります（規6④、7の2）。

　　3　免税販売する消耗品を海外へ直送する場合には、指定された方法による包装は不
　　　要です（令18③三）。

(3)　手続委託型輸出物品販売場

イ　許可要件等

㈠　許可

　手続委託型輸出物品販売場の許可を受けようとする販売場を経営する事業者は、
その経営する販売場について納税地の所轄税務署長の許可を受けなければなりませ
ん（法8⑥、令18の2②二、基通8－2－1⑵）。

— 194 —

第2節　課税の対象

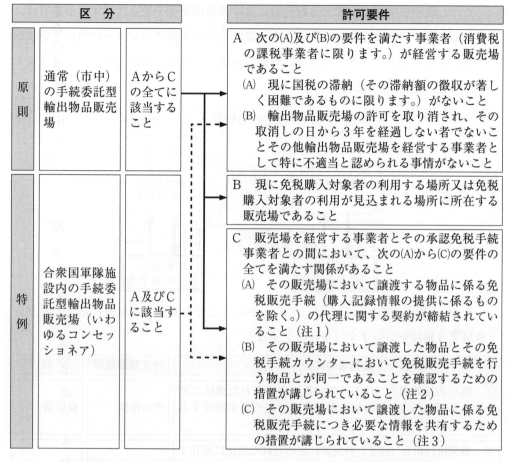

(注)1　「免税販売手続の代理に関する契約」とは、手続委託型輸出物品販売場で譲渡した免税対象物品の免税販売手続を免税手続カウンターにおいて承認免税手続事業者に代理させる契約をいいます。

2　「その販売場において譲渡した物品とその免税手続カウンターにおいて免税販売手続を行う物品とが同一であることを確認するための措置が講じられていること」とは、例えば、手続委託型輸出物品販売場で物品の販売の際に交付するレシートの記載事項が、その販売場で販売された物品であることを特定できる内容のものであり、免税手続カウンターにおいて、免税購入対象者からそのレシートと物品の提示を受けることにより、免税手続カウンターで提示を受けた物品が、その販売場で販売された物品と同一であることを確認できることなどが該当します。

3　「その販売場において譲渡した物品に係る免税販売手続につき必要な情報を共有するための措置が講じられていること」とは、例えば、手続委託型輸出物品販売場で物品の販売の際に交付するレシートに免税販売手続を行うために必要な情報（事業者の氏名又は名称、購入年月日、品名、品名ごとの数量及び単価（税抜）、販売価額（税抜）、販売価額（税抜）の合計額、一般物品と消耗品の別など）が記載されていることなどが該当します。

— 195 —

また、他の事業者が経営する販売場における免税販売手続を代理する事業者は、その販売場が所在する特定商業施設内に設けた免税手続カウンターにおいて免税販売手続を行うことにつき、納税地の所轄税務署長の承認を受けなければなりません（令18の2②二、⑦、基通8－2－3）。

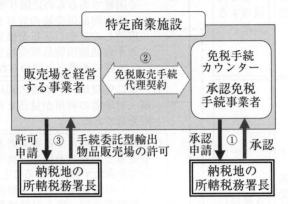

　なお、「特定商業施設」とは、次の①から④までの販売場の区分に応じた地区、地域又は施設をいいます（令18の2④）。

販売場の区分	特定商業施設	例
①　商店街振興組合（注1）の定款に定められた地区に所在する販売場（その商店街振興組合の組合員が経営する販売場に限ります。）	その地区	商店街
②　事業協同組合（注2）の定款に定められた地区に所在する事業者が近接して事業を営む地域であって、その大部分に一の商店街が形成されている地域に所在する販売場（その事業協同組合の組合員が経営する販売場に限ります。）	その地域	商店街
③　大規模小売店舗（注3）内にある販売場	その大規模小売店舗	ショッピングセンター等
④　一棟の建物（注4）（上記③に該当するものを除きます。）内にある販売場	その一棟の建物	テナントビル等

（注）1　「商店街振興組合」とは、商店街振興組合法第2条第1項《人格及び住所》に規定する商店街振興組合をいいます。
　　　　商店街振興組合の地区は、小売商業又はサービス業に属する事業を営む者の30人以上が近接してその事業を営む市（特別区を含みます。）の区域に属する地域であって、その大部分に商店街が形成されているもの（商店街振興組合法6）であり、商店街振興組合の定款に記載することとされています。
　　　2　「事業協同組合」とは、中小企業等協同組合法第3条第1号《種類》に規定する事業協同組合をいい、事業協同組合の地区は、その組合の定款に記載することとされています。

この定款で定められた地区に所在する事業者が近接してその事業を営む地域であって、その大部分に一の商店街が形成されている地域が特定商業施設に該当します。

3 「大規模小売店舗」とは、大規模小売店舗立地法第2条第2項《定義》に規定する大規模小売店舗をいい、同項では、一の建物（一の建物として大規模小売店舗立地法施行令で定めるものを含みます。）であって、その建物内の店舗面積の合計が、一定の基準面積を超えるものとされています。

4 「一棟の建物」とは、不動産登記上、一棟の建物として登記されている建物をいいます。

チェックポイント

☆ 一般型輸出物品販売場につき手続委託型輸出物品販売場として免税販売を行おうとするとき又は手続委託型輸出物品販売場につき一般型輸出物品販売場として免税販売を行おうとするときは、新たに税務署長の許可を受けなければなりません。この場合において、新たに手続委託型輸出物品販売場又は一般型輸出物品販売場の許可を受けたときは、従前の一般型輸出物品販売場又は手続委託型輸出物品販売場の許可は、その効力を失います（令18の2⑮）。

☆ 販売場の異なるごとに「一般型輸出物品販売場」と「手続委託型輸出物品販売場」の許可申請を行うことはできますが、同一の販売場について「一般型輸出物品販売場」と「手続委託型輸出物品販売場」の2つの許可申請を行うことはできません。

☆ ①の地区又は②の地域（以下「地区等」といいます。）に大規模小売店舗を設置している者が商店街振興組合又は事業協同組合の組合員である場合には、その大規模小売店舗内で販売場を経営する他の事業者は、その販売場を商店街の地区等に所在する販売場とみなして、手続委託型輸出物品販売場の許可を受けることができます（令18の2⑤）。

☆ 地区等に**隣接**する他の地区等（その隣接する他の地区等に隣接する他の地区等を含みます。）、それらの地区等を一の特定商業施設として手続委託型輸出物品販売場制度に係る規定を適用することができます（令18の2⑥一）。

☆ 地区等とその地区等に**近接**する他の地区等のいずれもが同一の税務署の管轄区域内に所在している場合には、それらの地区等を一の特定商業施設として手続委託型輸出物品販売場制度に係る規定を適用することができます（令18の2⑥二）。

㈨ 移転

手続委託型輸出物品販売場に係る許可を受けた事業者は、その許可に係る特定商業施設内においてその販売場を移転するときは、その移転する日の前日までに「手続委託型輸出物品販売場移転届出書」を提出しなければなりません（令18の2③、規10③④、基通8—2—2）。

— 197 —

第2章　国内取引に係る消費税

(ハ)　取消し

　税務署長は、輸出物品販売場を経営する事業者が次に該当することになった場合、輸出物品販売場に係る許可を取り消すことができます（法8⑦、基通8−2−6）。

①　消費税法第64条《罰則》の規定に該当して告発を受けた場合	いずれかに該当する場合	許可取消し
②　免税購入対象者に対する販売場としての施設等が十分なものでなくなった場合、経営者の資力及び信用が薄弱となった場合など、輸出物品販売場として物的、人的、資金的要素に相当な欠陥が生じた場合		

(ニ)　廃止

　輸出物品販売場の許可を受けた事業者は、その輸出物品販売場をやめようとするときは、「輸出物品販売場廃止届出書」を提出する必要があります（令18の2⑯、規10の3①）。

ロ　承認免税手続事業者

(イ)　承認

　承認免税手続事業者とは、次に掲げる要件の全てを満たす事業者（課税事業者に限ります。）で、一の特定商業施設内に免税手続カウンターを設置することにつき、納税地の所轄税務署長の承認を受けた者をいいます（令18の2⑦、基通8−2−3）。

①　現に国税の滞納（その滞納額の徴収が著しく困難であるものに限ります。）がないこと
②　免税手続カウンターに免税販売手続に必要な人員を配置すること
③　輸出物品販売場の許可又は承認免税手続事業者若しくは承認送信事業者の承認を取り消され、その取消しの日から3年を経過しない者でないことその他免税手続カウンターを設置する承認免税手続事業者として特に不適当と認められる事情がないこと

(ロ)　移転等

　承認免税手続事業者は、承認を受けた特定商業施設内において免税手続カウンターを移転するとき、新たに設置するとき又は廃止するとき（その特定商業施設内に設置する免税手続カウンターの全てを廃止する場合を除きます。）は、その移転する日、設置する日又は廃止する日の前日までに、「免税手続カウンター設置場所変更届出書」を提出しなければなりません（令18の2⑭、規10の2⑥⑦、基通8−2−3）。

(ハ)　取消し

　税務署長は、承認免税手続事業者が次に該当することになった場合、承認免税手続事業者の承認を取り消すことができます（令18の2⑩、基通8−2−7）。

— 198 —

① 消費税法第64条《罰則》の規定に該当して告発を受けた場合

② 免税手続カウンターの施設等が十分なものでなくなった場合、承認免税手続事業者の資力及び信用が薄弱となった場合など、承認免税手続事業者として物的、人的、資金的要素に相当な欠陥が生じた場合

いずれかに該当する場合 → 許可取消し

㈡ 廃止

　税務署長の承認を受けた承認免税手続事業者がその承認に係る特定商業施設内に設置する免税カウンターの全てを廃止しようとするときは、「承認免税手続事業者不適用届出書」を提出しなければなりません（令18の2⑰、規10の3②）。

　この場合において、「承認免税手続事業者不適用届出書」の提出があったときは、提出があった日限りで承認の効力は失われます。

㈥ 特定商業施設の区分の変更

　「大規模小売店舗（その設置者が商店街振興組合等の組合員である場合に限ります。）を特定商業施設とする免税手続カウンター」を設置している承認免税手続事業者が、その免税手続カウンターを「地区等を特定商業施設とする免税手続カウンター」に変更するためには、新たに承認免税手続事業者の承認を受ける必要があります（令18の2⑫）。

> チェックポイント

☆　承認免税手続事業者が、新たに地区等を特定商業施設とする免税手続カウンターの設置承認（以下「新承認」といいます。）を受けた場合には、従前に受けた大規模小売店舗を特定商業施設とする免税手続カウンターの設置承認（以下「旧承認」といいます。）の効力は失われます（令18の2⑫）。

　したがって、その大規模小売店舗を特定商業施設とする手続委託型輸出物品販売場を経営する事業者が、その地区等を特定商業施設とする免税手続カウンターにおいて、引き続き免税販売手続をその承認免税手続事業者に代理させるためには、その承認免税手続事業者が新承認に係る特定商業施設内において引き続き免税販売手続を代理する旨に同意することが必要です（規10の2⑤）。

　この場合において、その大規模小売店舗を特定商業施設とする手続委託型輸出物品販売場は、その承認免税手続事業者が新承認を受けた日に、地区等を特定商業施設として許可を受けた手続委託型輸出物品販売場とみなされ、従前に受けた許可は、同日限りでその効力を失います（令18の2⑬）。

ハ 免税販売手続

免税手続カウンターにおいて承認免税手続事業者が行う手続は、次の①から⑤までとなります。

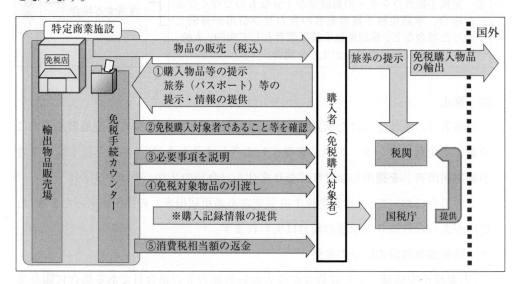

① 購入者から購入物品等と旅券（パスポート）等の提示・情報の提供等を受けます。
② 次の事項を確認します。
・ 提示を受けた旅券等により、購入者が免税購入対象者であること。
・ 免税購入対象者が免税手続カウンターにおいて提示する物品等と手続委託型輸出物品販売場において販売された物品とが同一であること。
③ 購入者に対して必要事項を説明します。
④ 免税対象物品を引き渡します（消耗品（一般物品と消耗品を合算して購入下限額を判定する場合には、その一般物品も含みます。）については、指定された方法により包装します。）。
⑤ 免税販売手続を行った物品に係る消費税相当額をその非居住者へ返金します。
　(注) 購入日に上記①から⑤まで及び購入記録情報の提供を行った場合のみ免税販売することができますので、購入日の翌日以後に手続を行ったとしても免税販売することはできません。

ニ 免税手続カウンターにおける手続等の特例

一の承認免税手続事業者が免税販売手続を行う、一の特定商業施設に所在する複数の手続委託型輸出物品販売場において、同一の日に同一の非居住者に対して譲渡する一般物品の対価の額（税抜価額）の合計額と消耗品の対価の額（税抜価額）の合計額をそれぞれ合計している場合には、その複数の委託型輸出物品販売場を一の販売場とみなして、免税販売の対象となる下限額（185ページ参照）以上かどうかを判定する

ことができます（令18の３）。

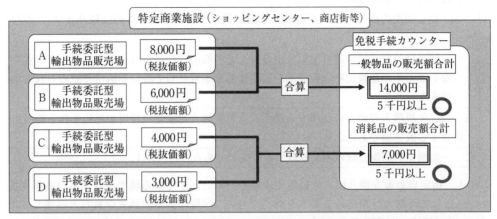

(注)　手続委託型輸出物品販売場AからDまでにおけるそれぞれの販売額（税抜価額）が免税販売の対象となる下限額を超えていない場合でも、AからDまでの免税販売手続を行う免税手続カウンターにおいて、同一の日に同一の非居住者に対する一般物品の販売額と消耗品の販売額をそれぞれ合計し、その合計額が免税販売の対象となる下限額を超えていれば、免税販売の対象となります。

　なお、承認免税手続事業者は、免税販売手続の代理を行う手続委託型輸出物品販売場ごとに記録を作成し、各手続委託型輸出物品販売場の販売額の合計額により免税販売の対象となる下限額を超えたことなどについて、記録を保存しなければなりません。

　また、この特例は、消費税法施行令第18条第14項《輸出物品販売場における輸出免税の最低限度額》に定める金額を超えるかどうかの判定にのみ適用されますので、同条第２項第２号に規定する消耗品の譲渡に係る対価の額の合計額が50万円を超えない範囲内であるかどうかの判定は販売場ごとに行うこととなります（基通８―１―12）。

(4)　自動販売機型輸出物品販売場

　免税販売手続が自動販売機によってのみ行われる輸出物品販売場を「自動販売機型輸出物品販売場」といいます（令18の２②三）。

イ　許可要件等

（イ）　許可

　自動販売機型輸出物品販売場の許可を受けようとする販売場を経営する事業者は、その経営する販売場について納税地の所轄税務署長の許可を受けなければなりません（法８⑥、令18の２②三）。

　なお、この承認は、次に掲げる要件の全てを満たす事業者に与えられます（令18の２②三、基通８―２―１(3)）。

A	次の(A)及び(B)の要件を満たす事業者（消費税の課税事業者に限ります。）が経営する販売場であること。 (A) 現に国税の滞納（その滞納額の徴収が著しく困難であるものに限ります。）がないこと (B) 輸出物品販売場の許可を取り消され、その取消しの日から3年を経過しない者でないことその他輸出物品販売場を経営する事業者として特に不適当と認められる事情がないこと
B	現に免税購入対象者の利用する場所又は免税購入対象者の利用が見込まれる場所に所在する販売場であること
C	一の指定自動販売機のみを設置する販売場であること（注1、2）

(注)1　指定自動販売機とは、免税販売手続を行うことができる機能を有する自動販売機として財務大臣が定める基準を満たすもの（国税庁長官が観光庁長官と協議して指定するものに限ります。）をいいます。
　　2　指定自動販売機を設置する販売場ごとに自動販売機型輸出物品販売場の許可を受ける必要があります。

(ロ)　取消し

税務署長は、輸出物品販売場を経営する事業者が次に該当することとなった場合、輸出物品販売場に係る許可を取り消すことができます（法8⑦、基通8－2－6）。

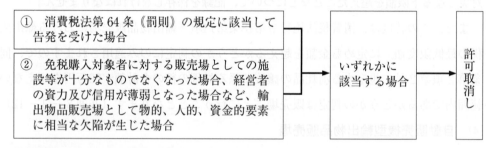

(ハ)　廃止

輸出物品販売場の許可を受けた事業者は、その輸出物品販売場をやめようとするときは、「輸出物品販売場廃止届出書」を提出する必要があります（令18の2⑰、規10の3①）。

ロ　指定自動販売機の基準

指定自動販売機とは、免税販売手続を行うことができる機能を有する自動販売機として財務大臣が定める基準を満たすもの（国税庁長官が観光庁長官と協議して指定するものに限ります。）をいいますが、その基準は次のとおりです（令2財務省告示第79号）。

①　免税購入対象者が所持する旅券の顔写真による本人確認を適正に行う機能を有すること。

②　上記①の本人確認で使用した旅券から、在留資格、上陸年月日その他の免税販売

手続（令18⑦）に必要な情報を読み取る機能を有すること。

③　免税販売手続を行う場合に、自動販売機で物品を購入する者が免税購入対象者であることの確認及び自動販売機で販売する物品が免税対象物品であることの確認（その免税購入対象者に対して、同一の輸出物品販売場において同一の日に譲渡する一般物品又は消耗品が５千円以上であることの確認を含みます。）を行う機能を有すること。

④　購入記録情報を国税庁長官に提供するための機能を有すること。

⑤　輸出物品販売場を経営する事業者が、免税対象物品を購入する非居住者に対して説明しなければならない事項を説明（令18⑪）するための機能を有すること。

⑥　免税販売手続が完了するまで免税販売手続に係る免税対象物品を免税購入対象者に引き渡さない機能を有すること。

⑦　自動販売機の故障その他の事由により免税販売手続の一部でも正常に行うことができない場合には、免税販売手続を中止する機能を有すること。

⑧　その他免税販売手続を行う自動販売機として不適当な機能を有しないこと。

(5)　承認送信事業者

イ　承認要件等

(イ)　提供要件

　承認送信事業者は、次に掲げる要件の全てを満たす場合、契約を締結した輸出物品販売場を経営する事業者のために、その事業者が国税庁長官に行うべき購入記録情報の提供をその契約に係る輸出物品販売場の別に行うことができます（令18の4①）。

①　輸出物品販売場を経営する事業者(注)と承認送信事業者との間において、その承認送信事業者がその輸出物品販売場に係る購入記録情報を提供することに関する契約が締結されていること
②　承認送信事業者が購入記録情報を提供することにつき、輸出物品販売場を経営する事業者(注)との間において必要な情報を共有するための措置が講じられていること

(注)　その輸出物品販売場が手続委託型である場合には、その販売場を経営する事業者又はその販売場に係る承認免税手続事業者になります。

(ロ)　承認

　承認送信事業者とは、次に掲げる要件の全てを満たす事業者（課税事業者に限ります。）で、購入記録情報を提供することにつき、納税地の所轄税務署長の承認を受けた者をいいます（令18の4④⑤、規10の7①②）。

①　現に国税の滞納（その滞納額の徴収が著しく困難であるものに限ります。）がないこと

— 203 —

第2章　国内取引に係る消費税

②　購入記録情報を適切に国税庁長官に提供できること
③　輸出物品販売場の許可を取り消され、又は承認免税手続事業者若しくは承認送信事業者の承認を取り消され、かつ、その取消しの日から３年を経過しない者でないことその他購入記録情報を提供する承認送信事業者として特に不適当と認められる事情がないこと

ロ　購入記録情報等の取扱い

(イ)　購入記録情報等の提供義務

　　承認送信事業者は、購入記録情報を国税庁長官に提供した場合、その提供した購入記録情報又はその情報を出力する方法により作成した書面を輸出物品販売場を経営する事業者に対して提供し、又は交付しなければなりません（令18の４①、規10の５②）。

　　その際には、承認送信事業者の識別符号も併せて提供しなければなりません（規10の５①）。

(ロ)　購入記録情報の保存義務

　　承認送信事業者は、契約を締結した輸出物品販売場ごとに提供した購入記録情報を整理し、購入記録情報の提供を行った日の属する課税期間の末日の翌日から２月を経過した日から７年間、これを納税地又は購入記録情報の提供に係る事務所、事業所その他これらに準ずるものの所在地に保存しなければなりません（令18の４②、規10の６）。

　　なお、保存方法は、輸出物品販売場を経営する事業者が保存する場合における方法と同様です。

(ハ)　承認送信事業者から輸出物品販売場を経営する事業者への購入記録情報の提供等の方法

　　承認送信事業者が、契約を締結した輸出物品販売場に係る購入記録情報を国税庁長官に提供（免税販売管理システムに送信）した場合は、その提供（送信）した購入記録情報又はその購入記録情報を出力（印刷等）する方法により作成した書面を輸出物品販売場を経営する事業者に対して提供し、又は交付しなければなりません（令18の４①、規10の５②）。

　　このうち、国税庁長官に提供（免税販売管理システムに送信）した購入記録情報をデータのまま提供する場合については、具体的には、例えば、次のような提供方法が該当します（基通８－３－４）。

①　承認送信事業者のシステムと輸出物品販売場を経営する事業者のシステムをインターネット回線等で接続し、承認送信事業者のシステムから輸出物品

— 204 —

販売場を経営する事業者のシステムに購入記録情報を送信する方法
② 承認送信事業者が自らのシステムに購入記録情報を記録・保存し、そのシステムをインターネット回線等を通じて輸出物品販売場を経営する事業者が自由に閲覧できるようにしておく方法
③ 承認送信事業者が光ディスク等の記録媒体に購入記録情報を記録し、その記録媒体を輸出物品販売場を経営する事業者に交付する方法

(注)1 国税庁長官に提供（免税販売管理システムに送信）した購入記録情報を出力（印刷等）する方法により作成した書面を交付する場合については、交付する書面は、整然とした形式及び明瞭な状態で出力（印刷等）したものに限ります。具体的には、例えば、購入記録情報の各記録項目と記録内容を表形式で対応関係が明らかにされた書面などが該当します。
2 データでの提供及び書面の交付のいずれの方法であっても、月ごとに区切って定期的に行うなど、免税販売を行った日の属する課税期間の末日の翌日から2月を経過する日までに、適宜の方法で行うことができます。

(二) 手続委託型輸出物品販売場の購入記録情報の提供（送信）方法
① 承認免税手続事業者が、承認送信事業者の承認を受けて、手続委託型輸出物品販売場を経営する事業者との間で購入記録情報を国税庁長官に提供（免税販売管理システムに送信）することに関する契約を締結し、手続委託型輸出物品販売場に係る購入記録情報を提供（送信）する方法
② 手続委託型輸出物品販売場を経営する事業者又は承認免税手続事業者が他の承認送信事業者との間で購入記録情報を国税庁長官に提供（免税販売管理システムに送信）することに関する契約を締結し、その承認送信事業者が購入記録情報を提供（送信）する方法
③ 手続委託型輸出物品販売場が自ら国税庁長官に購入記録情報を提供（免税販売管理システムに送信）する方法

○ 購入記録情報の提供の流れ（上記①から③までのイメージ）

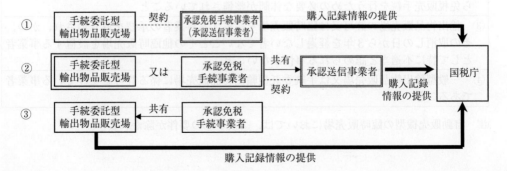

第2章　国内取引に係る消費税

　　㊟1　①から③までのいずれの方法によったとしても、承認免税手続事業者が行う免税販売手続の際、遅滞なく購入記録情報の提供（送信）を行うことが必要となります。

　　　2　①又は②のケースにおいて、承認送信事業者は、国税庁長官に提供（免税販売管理システムに送信）した購入記録情報又はその購入記録情報を出力（印刷等）する方法により作成した書面を手続委託型輸出物品販売場を経営する事業者に提供又は交付する必要があります（令18の4①）。

　　　3　購入記録情報は、輸出物品販売場を経営する事業者及び承認送信事業者において保存する必要がありますが、承認送信事業者が購入記録情報を消規則第10条の6第2項の規定に従って保存する場合であって、輸出物品販売場を経営する事業者がその購入記録情報を閲覧可能である場合は、閲覧可能である期間については、輸出物品販売場を経営する事業者においても購入記録情報を保存しているものとして取り扱われます（基通8―3―4）。

(6)　臨時販売場

イ　承認

　輸出物品販売場の許可を受けている事業者で、あらかじめ納税地の所轄税務署長の承認を受けた者が、臨時販売場（免税購入対象者に対し、免税対象物品を譲渡するために7月以内の期間を定めて設置する販売場をいいます。）を設置する日の前日までに「臨時販売場設置届出書」を納税地の所轄税務署長に提出した場合、その届出書に記載したその臨時販売場を設置しようとする期間に限り、その臨時販売場を輸出物品販売場とみなして免税販売することができます（法8⑧⑨、令18の5）。

　なお、この承認は、次に掲げる要件の全てを満たす事業者に与えられます（令18の5②、規10の8③、基通8―2―5）。

①　臨時販売場において行った免税販売手続について検証を行うための必要な体制が整備されていること
㊟　臨時販売場を設置していた期間中の免税販売の記録等が臨時販売場の閉鎖後においても適切に保存され、確認できるような体制が整備されていることをいいます。
②　手続委託型輸出物品販売場のみを経営する事業者にあっては、臨時販売場において自ら免税販売手続を行うための必要な体制が整備されていること
③　輸出物品販売場の許可又は臨時販売場を設置する事業者の承認を取り消され、かつ、その取消しの日から3年を経過しない者でないことその他臨時販売場を設置する事業者として特に不適当と認められる事情がないこと
④　一般型輸出物品販売場又は手続委託型輸出物品販売場に係る許可を受けている事業者であること

㊟　自動販売機型の臨時販売場においては、②及び④の要件が除かれます。

― 206 ―

第2節　課税の対象

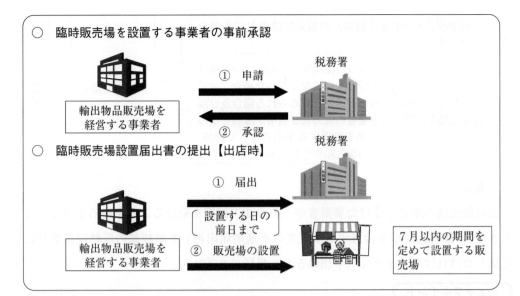

○　臨時販売場を設置する事業者の事前承認

○　臨時販売場設置届出書の提出【出店時】

《参考》設置期間（7月以内）の計算方法（月の途中から販売場を設置する場合）

　期間の計算において、月の始めから期間を起算しないときは、その期間は、最後の月の起算日に応当する日の前日に満了することとされています（応当する日がないときは、その月の末日に満了することとなります。）。

（例）X年1月19日から設置する場合

起算日：X年1月19日　｜　応当日の前日（設置日から7月以内）：X年8月18日

⇒　X年8月18日まで設置する販売場については、臨時販売場に該当しますが、X年8月19日以後も引き続き設置する販売場は、臨時販売場に該当しません。

※　臨時販売場に該当しない販売場については、輸出物品販売場として許可を受けることにより、免税販売を行うことができます。

ロ　事前届出

　臨時販売場を設置する日の前日までに「臨時販売場設置届出書」を納税地の所轄税務署長に提出する必要があります（法8⑧、規10の9②）。

ハ　取消し

　税務署長は、臨時販売場の承認を受けていた事業者が次に該当することになった場合、臨時販売場に係る承認を取り消すことができます（令18の5③、基通8－2－9）。

— 207 —

① 消費税法第64条《罰則》の規定に該当して告発を受けた場合		
② 臨時販売場において行った免税販売手続について検証を行うための体制が十分なものでなくなった場合、設置する臨時販売場の場所が不適当と認められる場合及び臨時販売場を設置する事業者の資力及び信用が薄弱となった場合など、臨時販売場を設置する事業者として物的、人的、資金的要素に相当な欠陥が生じた場合	いずれかに該当する場合	承認取消し

ニ 廃止

　臨時販売場の承認を受けた事業者がその承認の適用を受けることをやめようとするときは、「臨時販売場を設置する事業者の不適用届出書」を納税地の所轄税務署長に提出しなければなりません（令18の5⑥、規10の8④）。

（チェックポイント）

☆　臨時販売場における免税販売手続については、「臨時販売場設置届出書」に記載した免税販売手続の区分（一般型、手続委託型又は自動販売機型）に応じて行うこととなります（規10の8③）。

☆　臨時販売場の設置期間が7月を超えることとなる場合は、臨時販売場に該当しませんので、その販売場について輸出物品販売場として許可を受ける必要があります。

☆　事前承認港湾施設内における臨時販売場は、令和元年6月30日をもって廃止されました。したがって、同年7月1日以後に港湾施設内に設置する販売場で免税販売を行おうとする場合には、臨時販売場の承認を受ける必要があります。

〔参考〕　従前の書面による免税販売手続

1　一般型輸出物品販売場

　一般型輸出物品販売場における免税販売手続は、次のとおりです。

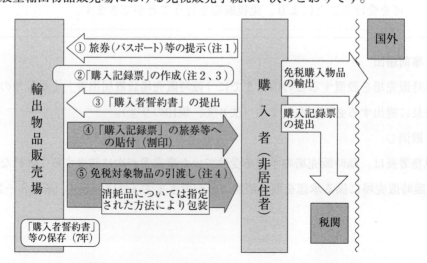

(注) 1　一般物品を購入する場合において、同一の日の購入合計額が100万円を超えるときには、非居住者は、旅券等（パスポートの場合には、パスポートの番号、非居住者の氏名、生年月日、性別及び国籍が印字された部分）の写しを輸出物品販売場を経営する事業者に提出しなければなりません（旧令18②一ハ）。

また、提出を受けた事業者は、その旅券等の写しを課税期間の末日の翌日から2月を経過した日から7年間、保存する必要があります（旧令18⑨、旧規7）。

2　購入記録票及び購入者誓約書に記載すべき事項は、次のとおりです（旧規6①～④）。

記載すべき事項	購入記録票	購入者誓約書
①　購入者の氏名、国籍、生年月日、在留資格及び上陸年月日	○	○
②　購入者の所持する旅券等の種類及び番号	○	○
③　輸出物品販売場を経営する事業者の氏名又は名称	○	○
④　輸出物品販売場を経営する事業者の納税地及び所轄税務署名、輸出物品販売場の所在地	○	―
⑤　購入年月日	○	○
⑥　品名、品名ごとの数量及び価額、物品の価額の合計額	○	○
⑦　購入後において輸出することを誓約する旨（消耗品の場合、購入した日から30日以内に輸出することを誓約する旨）及び購入者の署名	―	○

※　価額は、免税販売した実際の取引価額（消費税相当額が含まれない税抜価額）です。物品の価額の合計額は、一般物品の価額の合計額及び消耗品の価額の合計額のそれぞれを記載する必要があります。

また、免税対象物品が軽減対象課税資産である場合はその旨を記載する必要があります（平28改正規附則9②）。

3　購入記録票には、次の事項を日本語及び外国語で記載する必要があります（旧規6⑩）。

①　本邦から出国する際又は居住者となる際に、その出港地を所轄する税関長又はその住所若しくは居所の所在地を所轄する税務署長に購入記録票を提出しなければならない旨
②　本邦から出国するまでは、購入記録票を旅券等から切り離してはならない旨
③　免税で購入した物品を本邦からの出国する際に所持していなかった場合には、その購入した物品について免除された消費税額（地方消費税額を含む。）に相当する額を徴収される旨
④　上記③の場合において、災害その他やむを得ない事情により免税で購入した物品を亡失したため輸出しないことにつき税関長の承認を受けたとき、又は既に輸出したことを証する書類を出港地を所轄する税関長に提出したときは、消費税額（地方消費税額を含む。）に相当する額を徴収されない旨

※　上記②から④までの事項については、書類の裏面に記載することができます。

第2章　国内取引に係る消費税

　　　　また、外国語の記載については、例えば、英語、中国語、韓国語など、販
　　　売場ごとに、来店する非居住者の状況を踏まえて対応する必要があります。
　　4　消耗品については、購入した日から30日以内に輸出する旨を誓約する書類を
　　　輸出物品販売場を経営する事業者に提供し、平成26年経済産業省・国土交通省
　　　告示第6号において指定する方法により包装した上で購入者に引き渡します
　　　（191ページ参照）（旧令18②二、五）。

　　　　免税対象物品が消耗品（一般物品と消耗品を合算して購入下限額を判定する
　　　場合にはその一般物品も含みます。）である場合には、平成26年経済産業省・国
　　　土交通省告示第6号において指定する方法により包装した上で購入者に引き渡
　　　します（令18③）。

チェックポイント

☆　輸出物品販売場への購入者誓約書の提供は、電磁的記録（購入者誓約書の記載事
　項を記録したものに限ります。）によることができます（旧令18③）。

　　また、輸出物品販売場を経営する事業者がその電磁的記録の提供を受けた場合には、
　次のとおり、「電子計算機を使用して作成する国税関係帳簿書類の保存方法等の特例
　に関する法律施行規則」第8条第1項各号に規定する措置（注1）を行い、同項に
　規定する要件に準ずる要件（注2）に従って保存する必要があります（旧規7②）。

　注1　電磁的記録による提供を受けた後、遅滞なく、記録事項にタイムスタンプを
　　　付すこと、又は電磁的記録の訂正等の防止に関する事務処理規程を定め、当該
　　　規程に沿った運用を行うこと。

　　2　電磁的記録をディスプレイの画面及び書面に、整然とした形式及び明瞭な状
　　　態で、速やかに出力できるようにしておくとともに、記録事項を検索すること
　　　ができる機能を確保しておくこと。

☆　購入者誓約書が電磁的記録により提供された場合にも、購入記録票の旅券等への
　貼付けは行う必要があります。

2　手続委託型輸出物品販売場

　手続委託型輸出物品販売場における免税販売手続は、次のとおりです。

　なお、手続委託型輸出物品販売場における免税販売手続は、免税手続カウンタ
ーにおいて行うことになりますが、購入物品等の提示及び消費税相当額の返金を
除き、原則として、一般型輸出物品販売場における免税販売手続と同様になりま
す。

— 210 —

第2節　課税の対象

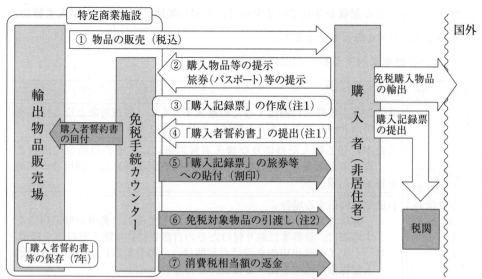

注1　一の特定商業施設内に所在する複数の手続委託型輸出物品販売場の免税販売手続を代理する場合、免税手続カウンターにおいて販売場ごとに「購入記録票」を作成する必要があります。
　　　また、非居住者が提出する「購入者誓約書」についても同様に、販売場ごとに作成する必要があります。
　2　消耗品については、指定された方法により包装する必要があります。

チェックポイント

☆　手続委託型輸出物品販売場における免税販売手続は、消費税法施行令第18条の2第2項第2号イに規定する免税販売手続の代理に関する契約に基づき、承認免税手続事業者がその販売場を経営する事業者に代わって行うこととなりますので、同令第18条第2項第1号及び第2号《購入手続》の規定により非居住者が輸出物品販売場を経営する事業者に対して行うこととされている旅券等の提示及び購入者誓約書の提出は、承認免税手続事業者に対して行うこととなります（旧基通8-1-7の4）。

☆　複数の手続委託型輸出物品販売場の免税販売手続の代理を行う承認免税手続事業者は、その販売場ごとに購入記録票を作成する必要があります。
　　なお、非居住者が提出することとなる購入者誓約書についても同様です（旧基通8-1-7の5）。

☆　承認免税手続事業者は、手続委託型輸出物品販売場ごとに、①免税販売手続を行った日、②その際の販売価額（税抜）、③他の手続委託型輸出物品販売場の販売価額（税抜）と合算して免税販売の対象となった場合にはその状況（例えば、帳簿等の備考欄に「A店舗とB店舗分を合算」と記載するなど）を記載した帳簿等を作成し、免税販売手続を行った日の属する課税期間の末日の翌日から2カ月を経過した日から7年間、承認免税手続事業者の納税地又は特定商業施設内に設置する免税手続カウンターの所在地に保存しなければなりません（旧令18の3②、旧規10の4）。
　　なお、免税販売手続の際に作成した購入者誓約書には、上記①から③までを確認

第2章　国内取引に係る消費税

することができる記載がされていますので、上記の帳簿等に代えて、購入者誓約書
の写しを保存することもできます。

3　輸出自動車に対する輸出物品販売場免税

区　　分	要　　　　　　　　　　　件
輸出自動車に対する取扱い（旧基通8－1－8）	非居住者が最終的に輸出するため購入するもの（免税対象となる自動車は非居住者が出国するまでの間は、国内で使用することができます。）
	自動車に係る購入記録票及び購入者誓約書には、その自動車の車台番号、自動車登録番号（軽自動車にあっては車両番号）及び使用の本拠地を併せて記載
	自動車を輸出する場合 　イ　非居住者は、輸出地の所轄税関に対してその自動車の輸出申告をする際に、旅券等に貼り付けたその自動車に係る購入記録票を提示 　ロ　上記イの輸出申告を受けた税関は、その自動車について、その購入記録票に輸出を証する確認印を押なつ 　ハ　非居住者の出国地の所轄税関は、上記イの輸出申告に係る輸出許可書及び上記ロの確認印によりその自動車が輸出されたことを確認

4　国際第二種貨物利用運送事業者と運送契約を締結する方法

　上記1又は2の免税販売手続に代えて、非居住者が輸出物品販売場において免税対象物品を購入する際、①国際第二種貨物利用運送事業者（注1）とその物品の輸出に係る運送契約を締結し、②その販売場又は免税手続カウンターに旅券等の提示及びその運送契約に係る契約書の写しの提出を行い、③その物品をその場でその運送事業者（代理人を含む。）に引き渡して海外へ直送する場合には、購入記録票の作成や購入者誓約書の提出等を省略することができます（旧令18②三）。

(注)1　「国際第二種貨物利用運送事業者」とは、貨物利用運送事業法の規定に基づき、国土交通大臣の許可を受けて国際貨物運送に係る第二種貨物利用運送事業を経営する者をいいます。

　2　免税対象物品の輸出に係る運送契約書及びその運送契約書の写し（以下「運送契約書等」といいます。）には、購入者（非居住者）の在留資格や旅券番号、免税対象物品の品名ごとの数量・価額等が記載される必要があります（旧規6⑤）。

　　　なお、記載すべき事項の全部又は一部が記載された明細書等を運送契約書等に貼り付け、かつ、その明細書等と運送契約書等との間に国際第二種貨物利用運送事業者（代理人を含みます。）又は輸出物品販売場を経営する事業者が割印した場合には、その明細書等に記載された事項の運送契約書等への記載を省略することができます（旧規6⑨、7の2①）。

　3　非居住者に販売する免税対象物品のうち一部を海外へ直送し、一部はその非居住者が携行して輸出する場合、免税対象金額の判定は、海外へ直送する物品と携行する物品とを区分せず行います。この場合、非居住者が携行して輸出する物品

— 212 —

については、購入記録票の作成及び購入者誓約書の提出等が必要です。

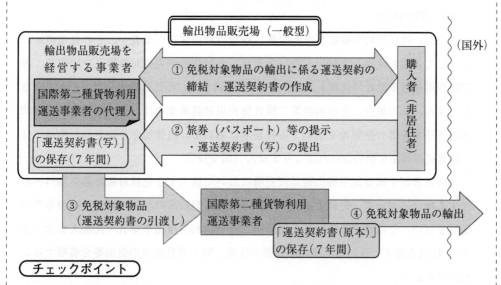

- **チェックポイント**

☆ 運送契約等の記載事項は、次のとおりです（旧規6⑤、7の2①）。

① 免税対象物品の購入者の氏名、住所又は居所、国籍、生年月日、在留資格及び上陸年月日

② 免税対象物品の購入者の所持する旅券等の種類及び番号

③ 免税対象物品を譲渡する市中輸出物品販売場を経営する事業者の氏名又は名称及び市中輸出物品販売場の所在地

④ 運送契約を締結した年月日

⑤ 免税対象物品の品名、品名ごとの数量、価額及び一般物品又は消耗品の別並びに免税対象物品の価額の合計額（当該免税対象物品のうちに、一般物品と消耗品とがある場合には、当該一般物品の価額と当該消耗品の価額のそれぞれの合計額）

⑥ 運送契約を締結した国際第二種貨物利用運送事業者の氏名又は名称及び納税地

☆ 輸出物品販売場を経営する事業者は、運送契約に係る契約書の写しを販売した日の属する課税期間の末日の翌日から2月を経過した日から7年間保存しなければなりません（旧法8②、旧規7①）。

　また、免税対象物品の引渡しを受けた国際第二種貨物利用運送事業者は、運送契約に係る契約書を運送契約を締結した日の属する課税期間の末日の翌日から2月を経過した日から7年間、納税地又は運送契約の締結に係る事務所の所在地に保存しなければなりません（旧令18⑩、旧規7の2②）。

☆ この制度の適用を受ける場合（海外へ直送する物品に係る部分に限ります。）には、旅券等への購入記録票の貼付けは不要です。

☆ この制度の適用を受ける場合（海外へ直送する物品に係る部分に限ります。）には、非居住者が免税対象物品を国際第二種貨物利用運送事業者（代理人を含みます。）に引き渡

した日に輸出したものとみなして、消費税法第8条第3項の規定（即時徴収）が適用されます（旧令18⑪）。

　　ただし、運送契約を締結した国際第二種貨物利用運送事業者が、その運送契約に違反して免税対象物品を輸出しないときは、非居住者が免税対象物品を国際第二種貨物利用運送事業者（代理人を含みます。）に引き渡した日に輸出したものとみなされません。この場合、その国際第二種貨物利用運送事業者は、その国際第二種貨物利用運送事業者の納税地を所轄する税務署において、消費税を免除された物品に係る消費税相当額を納めなければなりません（旧令18⑫）。

☆　非居住者が手続委託型輸出物品販売場において購入する免税対象物品を海外へ直送する場合において、免税手続カウンターに運送契約書の写しの提出及び旅券等の提示を行い、その場でその物品を国際第二種貨物利用運送事業者（代理人を含みます。）に引き渡すときには、購入記録票の作成、購入者誓約書の提出等を省略することができます。

第2節　課税の対象

3　租税特別措置法等による免税

租税特別措置法等による免税の規定は、本来は消費税が課される国内における資産の譲渡等について、外国との相互主義など、一定の政策的配慮等に基づいて消費税を免除するものです。

(1) 外航船等に積み込む物品の譲渡等

酒類、製造たばこその他の指定物品（157ページ参照）の譲渡を行う事業者又は指定物品（外国貨物）を保税地域から引き取る者が、本邦の外航船（これに準ずる遠洋漁業船等を含みます。）又は本邦の国際航空機に船用品又は機用品として積み込むため、積み込もうとする港の所在地の所轄税関長の承認を受けた指定物品を譲渡し、又は保税地域から引き取る場合には、その外航船又は国際航空機への積込みを輸出又は外国の船舶若しくは航空機への積込みとみなして、消費税が免除されます（措法85①、措令45、基通7－3－1・2）。

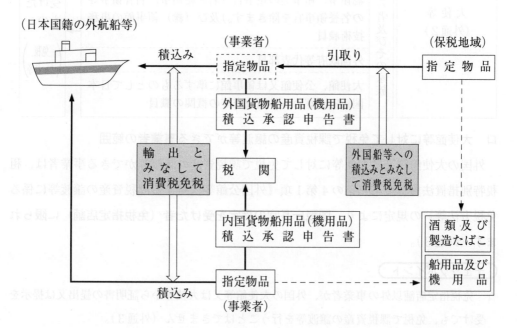

(注)1　実際に積み込む者と船用品又は機用品を船舶運航事業者等に販売する者が異なる場合には、積込承認申告書の申告者住所氏名欄に実際の積込者と譲渡者について二段書することにより、船用品又は機用品の譲渡に係る免税が可能になります（基通7－3－3）。
　　2　外航船等に積み込む物品が酒類又は製造たばこの場合には、積込承認書を酒税又はたばこ税の納税申告書に添付しなければなりません（措規36③）。

(2) 外国公館等に対する課税資産の譲渡等

事業者が、本邦にある外国の大使館等又は本邦に派遣された外国の大使等に対して課税資産の譲渡等（特定資産の譲渡等に該当するものを除きます。）を行った場合に

おいて、その外国の大使館等又は大使等が、外交、領事その他の任務を遂行するために必要なものとして、一定の方法により、その課税資産を譲り受け、若しくは借り受け、又は役務の提供を受けるときには、その課税資産の譲渡等については、消費税が免除されます（措法86①）。

イ　免税の対象となる大使館及び大使等の範囲（外通１、２）

区　　分	範　　　　　　　　　　　　　　　　　囲		免税の対象
大使館等 （外通１）	大使館、公使館、総領事館、領事館（名誉（総）領事館を除きます。）及び外国政府等代表部並びにこれらに類する外国政府等の機関で大使館、公使館、総領事館又は領事館に準ずるものとして日本国政府が認める機関		外務省大臣官房儀典総括官が発行した証明書の交付を受けたもの （免税カード等）
大　使　等 （外通２）	右に掲げる者及びその家族	大使、公使、代理公使、臨時代理大（公）使及び大（公）使館員（参事官、書記官、外交官補、陸海空軍駐在官及びその他の外交職員並びに事務技術職員）	
		総領事、領事等の領事官（名誉総領事、名誉領事等の名誉領事官を除きます。）及び（総）領事館の事務技術職員	
		外国政府等代表部員	
		大使館、公使館又は領事館に準ずるものとして日本国政府が認める外国政府等の機関の職員	

ロ　大使館等に対して免税で課税資産の譲渡等ができる事業者の範囲

　外国の大使館等又は大使等に対して免税で課税資産の譲渡等ができる事業者は、租税特別措置法施行令第45条の４第１項《外国公館等に対する課税資産の譲渡等に係る免税方法等》の規定により、**国税庁長官の指定を受けた者（免税指定店舗）に限られます**（外通３）。

(チェックポイント)

☆　免税指定店舗以外の事業者が、外国の大使館等又は大使等から証明書の提出又は提示を受けても、免税で課税資産の譲渡等を行うことはできません（外通３）。

ハ　免税店舗の指定手続

　租税特別措置法施行令第45条の４第１項《外国公館等に対する課税資産の譲渡等に係る免税方法等》の規定により国税庁長官の指定を受けようとする事業者は、「外国公館等に対する消費税免除指定店舗申請書」を指定を受けようとする店舗別に作成し、その申請書を外務省に提出することにより、同省を通じて申請します（外通４）。

第2節　課税の対象

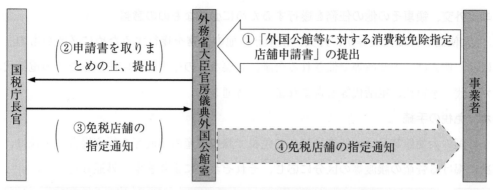

注1　消費税法第9条第1項《小規模事業者に係る納税義務の免除》の規定により消費税の納税義務が免除される事業者は、その指定を受けることはできません。

2　指定を受けようとする店舗が給油所（ガソリンスタンド）である場合には、既に揮発油税の「指定給油所」としての指定を受けているときを除き、給油所の所在地を所轄する税務署へ「揮発油税外国公館等用揮発油給油所指定申請書」を提出して指定を受ける必要があります。

3　複数の店舗について一括して国税庁長官の指定を受ける場合には、指定申請書は1通提出し、店舗の明細を添付することにより指定が受けられます。

ニ　外交、領事その他の任務を遂行するために必要なものの意義

「大使館等又は大使等が、外交、領事その他の任務を遂行するために必要なもの」には、例えば、大使館等で催される会議に必要なものや本邦に居住するための電気代、ガス代、水道代、電話代等も含まれます（外通5）。

ホ　免税の手続

外国の大使館等又は大使等に対して免税で課税資産の譲渡等を行う場合の手続は、次に掲げる資産の譲渡等の区分に応じ、それぞれ次によります（外通6）。

区分	手　　　　　続　　　　　等	
揮　発　油　の　譲　渡	揮発油の製造場が譲渡する場合	①　大使館等又は大使等は、租税特別措置法施行規則第36条の2第1項《外国公館等であることの証明等》に規定する証明書として「外交官等用揮発油購入証明書」の交付申請を外務省に対して行い、その証明書の交付を受けます。
		②　大使館等又は大使等は、その**外交官等用揮発油購入証明書を**免税指定店舗に**提示する**とともに、「外国公館等用免税購入表」に必要事項を記載して、その外国公館等用免税購入表をその免税指定店舗に租税特別措置法施行令第45条の4第1項《外国公館等に対する課税資産の譲渡等に係る免税方法等》に規定する書類として提出した上で、免税で揮発油を購入します。
		③　免税指定店舗は、大使館等又は大使等から提出されたその**外国公館等用免税購入表を受領し、これを保存します。**
	指定給油所が譲渡する場合	①　大使館等又は大使等は、外務省に対して租税特別措置法施行規則第36条の2第1項《外国公館等であることの証明等》に規定する証明書として「外交官等用揮発油購入証明書」及び「外交官等用揮発油購入票」の交付申請を行い、その証明書等の交付を受けます。
		②　大使館等又は大使等は、その**外交官等用揮発油購入証明書を**指定給油所である免税指定店舗に**提示する**とともに、その外交官等用揮発油購入票に必要事項を記載して、その購入票を租税特別措置法施行令第45条の4第1項《外国公館等に対する課税資産の譲渡等に係る免税方法等》に規定する書類としてその免税指定店舗に提出した上で、免税で揮発油を購入します。
		③　免税指定店舗は、大使館等又は大使等から提出された**外交官等用揮発油購入票を受領し、これを保存します。**

第2節　課税の対象

区分	手　　　　続　　　　等
自動車の譲渡	①　大使館等又は大使等は、外務省に対して租税特別措置法施行規則第36条の2第1項《外国公館等であることの証明等》に規定する証明書として「外国公館等用消費税免除証明書」の交付申請を行い、その証明書の交付を受けます。 ②　大使館等又は大使等は、その外国公館等用消費税免除証明書に必要事項を記載し、その証明書を租税特別措置法施行令第45条の4第1項《外国公館等に対する課税資産の譲渡等に係る免税方法等》に規定する証明書兼書類としてその免税指定店舗に提出した上で、免税で自動車を購入します。 ③　免税指定店舗は、大使館等又は大使等から提出された**外国公館等用消費税免除証明書を受領し**、その証明書を租税特別措置法施行令第45条の4第1項《外国公館等に対する課税資産の譲渡等に係る免税方法等》に規定する証明書兼書類として**保存します**。
電気、ガス、水道水、電気通信役務の供給又は提供	①　大使館等又は大使等は外務省に対して、電気、ガス、水道水又は電気通信役務の供給又は提供に係る免税に関する申請を行います。 ②　免税指定店舗は、**外務省から**租税特別措置法施行規則第36条の2第1項《外国公館等であることの証明等》に規定する証明書として「**外国公館等用免税（電気、ガス、電話、水道）申請表」の交付を受け**、これを租税特別措置法施行令第45条の4第1項《外国公館等に対する課税資産の譲渡等に係る免税方法等》に規定する証明書の提出を受けたものとして**保存します**。 ③　大使館等又は大使等は、電気、ガス、水道水及び電気通信役務の供給又は提供につき免税による給付を受け、「外国公館等用免税購入表」に必要事項を記載して、その購入表を租税特別措置法施行令第45条の4第1項《外国公館等に対する課税資産の譲渡等に係る免税方法等》に規定する書類として免税指定店舗に提出します。 ④　免税指定店舗は、大使館等又は大使等から提出されたその**外国公館等用免税購入表を受領し、これを保存します**。
その他の課税資産の譲渡等	①　大使館等又は大使等は、外務省に対して租税特別措置法施行規則第36条の2第1項《外国公館等であることの証明等》に規定する証明書として外務省が定める「免税カード」の交付申請を行い、そのカードの交付を受けます。 ②　大使館等又は大使等は、免税指定店舗に**免税カードを提示する**とともに、外務省が定める「外国公館等用免税購入表」に必要事項を記載して、その購入表を租税特別措置法施行令第45条の4第1項《外国公館等に対する課税資産の譲渡等に係る免税方法等》に規定する書類として免税指定店舗に提出した上で、免税で課税資産の譲渡等を受けます。 ③　免税指定店舗は、大使館等又は大使等から提出されたその**外国公館等用免税購入表を受領し、これを保存します**。

— 219 —

(注) 大使館等又は大使等が免税で譲渡等を受けられる課税資産の譲渡等については、免税カードの種類により、課税資産の譲渡等の内容及び1回の取引につき免税の対象となる課税資産の譲渡等の最低金額に制限が加えられます。

(3) 海軍販売所等に対する物品の譲渡

事業者が、日米地位協定第15条第1項(a)に規定する海軍販売所又はピー・エックスに対し、同協定第1条に規定する合衆国軍隊の構成員及び軍属並びにこれらの家族が輸出する目的でこれらの機関から一定の方法により購入する物品で一定のものを譲渡する場合、その物品の譲渡については、消費税が免除されます（措法86の2①、措令46）。

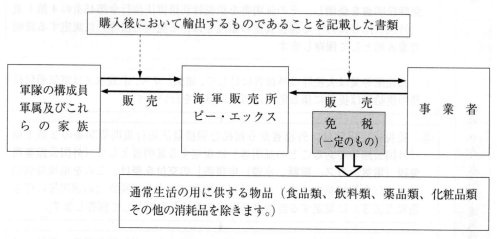

(4) 合衆国軍隊等に対する資産の譲渡等

事業者が、合衆国軍隊若しくは合衆国軍隊の公認調達機関が合衆国軍隊の用に供するために購入するもの又は個人契約者若しくは法人契約者がその建設等契約に係る建設、維持若しくは運営のみの事業の用に供するために購入するもので合衆国軍隊の用に供されるもの及びその事業を行うためにこれらの者が購入する写真用のフィルム、乾板、感光紙又は揮発油を譲渡等する場合において、その譲渡した課税資産が合衆国軍隊の用に供するものであることにつき、合衆国軍隊の権限ある官憲が発給する証明書を保存しているときには、消費税が免除されます（所得臨特法7、所得臨特令1、2）。

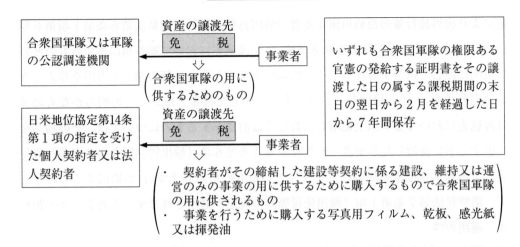

(5) 合衆国軍隊の調達機関を通じて輸出される物品

　本邦にあるアメリカ合衆国軍隊の公認調達機関に納入する物品で、その公認調達機関により、本法施行地外にあるアメリカ合衆国が公認し、かつ、規制する海軍販売所及びピー・エックスに輸出されるものについては、その物品を納入する事業者が、その物品をその公認調達機関に納入した時に輸出したものとして、消費税法第7条《輸出免税等》の規定が適用されます（基通7－2－19）。

　㊟　本法施行地内にある海軍販売所及びピー・エックスに対する物品の譲渡については、租税特別措置法第86条の2《海軍販売所等に対する物品の譲渡に係る免税》の規定が適用されます（220ページ参照）。

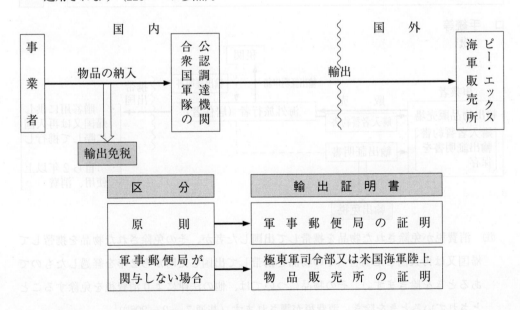

(6) 海外旅行者が出国に際して携帯する物品

　出入国管理及び難民認定法第25条《出国の手続》又は第60条《日本人の出国》の規

定により海外旅行等のため出国する者（外国為替及び外国貿易法第6条第1項第6号《定義》に規定する非居住者を除きます。）が渡航先において贈答用に供するものとして出国に際して携帯する物品（その物品の1個当たりの対価の額が1万円を超えるものに限ります。）で、帰国若しくは再入国に際して携帯しないことの明らかなもの又は渡航先において2年以上使用し、若しくは消費をするものについては、その物品を出国する者に譲渡した事業者（消費税法第8条第6項《輸出物品販売場の定義》の規定による輸出物品販売場の許可を受けているものに限ります。）が輸出するものとして、消費税法第7条第1項《輸出免税等》の規定が適用されます（基通7－2－20）。

イ　適用要件

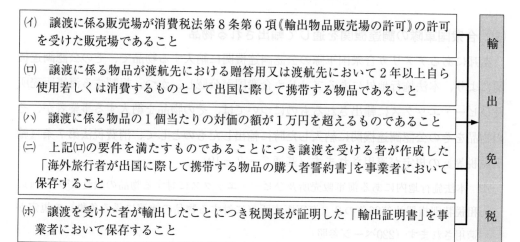

ロ　手続等

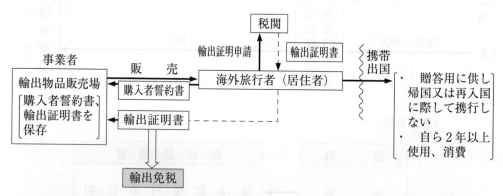

(注)　消費税が免除された物品を携帯して出国した者が、その免除された物品を携帯して帰国又は再入国した場合（その物品を携帯して出国した時から2年を経過したものであるときを除きます。）、その物品については、他の法律により消費税を免除することとされているときを除き、消費税が課されます（基通7－2－20(注)）。

(7) 保税蔵置場の許可を受けた者が海外旅行者等に課税資産の譲渡を行う場合

　海外旅行者が出国に際して携帯する物品と同様、物品の譲渡をした事業者が自ら輸出するものではありませんが、譲渡を受けた者（非居住者を含みます。）が国外に携帯することが明らかなものについては、消費税法第7条第1項《輸出免税》の規定が適用されます（基通7－2－21）。

イ　適用要件

- (イ)　関税法第42条《保税蔵置場の許可》の規定により保税蔵置場の許可を受けた者が、その経営する保税地域に該当する店舗で行う課税資産の譲渡であること
  - (注)　国際空港における免税売店等（いわゆる「サテライトショップ」も本取扱いの適用の対象となります。）
- (ロ)　帰国又は再入国に際してその課税資産を携帯しないこと又は渡航先において使用若しくは消費することが客観的に明らかであること
- (ハ)　譲渡を受けた者が輸出したことにつき税関長が証明した「輸出証明書」を事業者において保存すること

→ 輸出免税

ロ　手続等

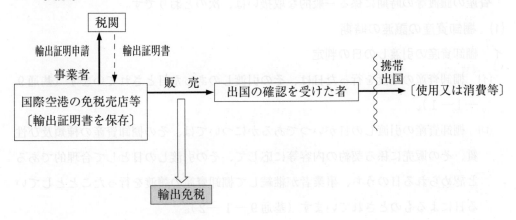

第3節　資産の譲渡等の時期

第1　資産の譲渡等の時期

　国内取引に係る消費税の納税義務は、「課税資産の譲渡等をした時」又は「特定課税仕入れをした時」に、輸入取引に係る消費税の納税義務は、「課税貨物を保税地域から引き取る時」に成立することとされています（通則法15②七）。

1　納税義務の成立時期

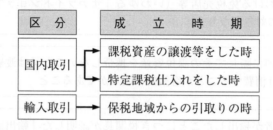

2　資産の譲渡等の時期

　資産の譲渡等の時期に係る一般的な取扱いは、次のとおりです。

(1)　棚卸資産の譲渡の時期

イ　棚卸資産の引渡しの日の判定

　(イ)　棚卸資産の譲渡を行った日は、その引渡しのあった日とされています（基通9－1－1）。

　(ロ)　棚卸資産の引渡しの日がいつであるかについては、その棚卸資産の種類及び性質、その販売に係る契約の内容等に応じて、その引渡しの日として合理的であると認められる日のうち、事業者が継続して棚卸資産の譲渡を行ったこととしている日によるものとされています（基通9－1－2）。

第3節　資産の譲渡等の時期

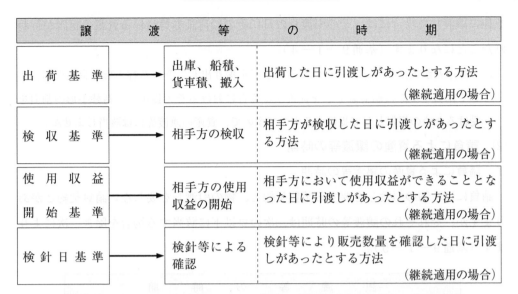

(注)　棚卸資産の種類、性質、販売契約の内容等に応じて2以上の異なる引渡基準を採用することができます。

(ハ)　棚卸資産が土地又は土地の上に存する権利であり、その引渡しの日がいつであるかが明らかでない場合（山林、原野のような土地の販売で、その引渡しの日が一般の引渡しの日の判定基準によっては明らかにできない特殊な場合）には、次によることができます（基通9－1－2）。

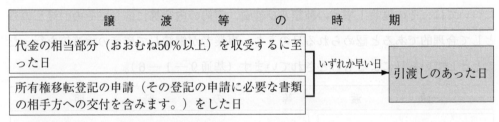

ロ　委託販売による資産の譲渡の時期

棚卸資産の委託販売に係る委託者における資産の譲渡をした日は、次によります（基通9－1－3）。

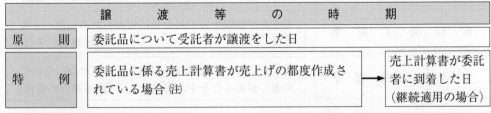

(注)　受託者が週、旬又は月を単位として一括して売上計算書を作成している場合は、「売上げの都度作成されている場合」に該当します。

ハ　船荷証券等の譲渡の時期

荷受人が船荷証券若しくは複合運送証券を他に譲渡した場合又は寄託者が倉荷証券

を他に譲渡した場合には、その引渡しの日にその船荷証券等に係る資産の譲渡が行われたことになります（基通9－1－4）。

　(注)　荷送人が運送品の譲渡について為替手形を振り出し、その為替手形を金融機関において割引する際に船荷証券等を提供する場合におけるその提供は、為替手形の割引を受けるための担保として提供するものですので、資産の譲渡等には該当しません。

(2)　**請負による資産の譲渡等の時期**

イ　請負による資産の譲渡等の時期

　請負には、物の引渡しを要する請負契約と、物の引渡しを要しない請負契約とがありますが、それぞれの譲渡等の時期は、次のロ以下に該当する場合を除き、次によります（基通9－1－5）。

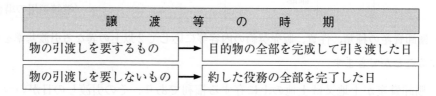

ロ　建設工事等の引渡しの日の判定

　請負契約の内容が建設、造船その他これらに類する工事（以下「建設工事等」といいます。）を行うことを目的とするものである場合、その引渡しの日がいつであるかについては、その建設工事等の種類及び性質、契約の内容等に応じてその引渡しの日として合理的であると認められる日のうち、事業者が継続して資産の譲渡等を行ったこととしている日によるものとされています（基通9－1－6）。

譲　渡　等　の　時　期	
作 業 結 了 基 準	作業を結了した日に引渡しがあったとする方法 （継続適用の場合）
受 入 場 所 搬 入 基 準	相手方の受入場所に搬入した日に引渡しがあったとする方法 （継続適用の場合）
検 収 完 了 基 準	相手方が検収を完了した日に引渡しがあったとする方法 （継続適用の場合）
管 理 権 移 転 基 準	相手方において使用収益ができることとなった日に引渡しがあったとする方法 （継続適用の場合）

ハ　値増金に係る資産の譲渡等の時期

　事業者が請け負った建設工事等に係る工事代金につき資材の値上り等に応じて一定の値増金を収入する場合におけるその値増金に係る資産の譲渡等の時期は、次によります（基通9－1－7）。

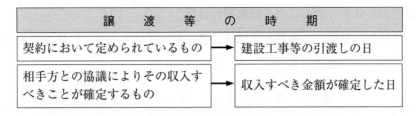

ニ 部分完成基準による資産の譲渡等の時期の特例

　事業者が請け負った建設工事等(注)に次に掲げるような事実がある場合、その建設工事等の全部が完成しないときにおいても、その課税期間において引き渡した建設工事等の量又は完成した部分に対応する工事代金に係る資産の譲渡等の時期については、その引渡しを行った日とすることとされています（基通9－1－8）。

形　態	譲渡等の時期
一の契約により同種の建設工事等を多量に請け負ったような場合において、その引渡量に従い工事代金を収入する旨の特約又は慣習がある場合	完成した部分の引渡しを行った日
１個の建設工事等であっても、その建設工事等の一部が完成し、その完成した部分を引き渡した都度その割合に応じて工事代金を収入する旨の特約又は慣習がある場合	

　(注)　消費税法第17条第１項又は第２項の規定《工事の請負に係る資産の譲渡等の時期の特例》（246ページ参照）の適用を受けるものを除きます。

ホ　機械設備の販売に伴う据付工事による資産の譲渡等の時期の特例

　事業者が機械設備等の販売(注)をしたことに伴いその据付工事を行った場合において、その据付工事が相当の規模のものであり、その据付工事に係る対価の額を契約その他に基づいて合理的に区分することができるときには、機械設備等に係る販売代金の額と据付工事に係る対価の額とを区分して、それぞれについて資産の譲渡等を行ったものとすることができます（基通9－1－9）。

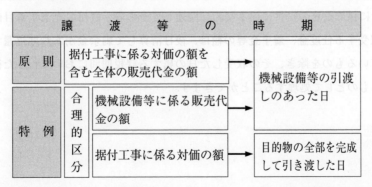

　(注)　消費税法第17条第１項又は第２項の規定《工事の請負に係る資産の譲渡等の時期の特例》（246ページ参照）の適用を受けるものを除きます。

ヘ　不動産の仲介あっせんに係る譲渡等の時期

　土地、建物等の売買、交換若しくは賃貸借の仲介又はあっせんに係る資産の譲渡等の時期は、次によります（基通9―1―10）。

	譲　渡　等　の　時　期
原　則	その売買等に係る契約の効力が発生した日
特　例	その売買等の契約に係る取引の完了した日（取引の完了した日前に実際に収受した金額があるときは、その金額を収受した日）（継続適用の場合）

ト　技術役務の提供に係る資産の譲渡等の時期

　設計、作業の指揮監督、技術指導その他の技術に係る役務の提供に係る資産の譲渡等の時期は、次によります（基通9―1―11）。

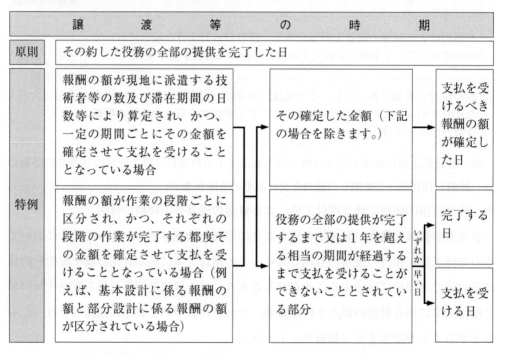

　(注)　技術に係る役務の提供に係る契約に関連してその着手費用に充当する目的で相手方から収受する**仕度金**、**着手金等**の額は、後日清算して剰余金があれば返還することとなっているものを除き、その収受した日の属する課税期間において行った役務の提供に係るものとして処理することができます。

第3節　資産の譲渡等の時期

チ　運送収入に係る資産の譲渡等の時期

　運送業における運送に係る資産の譲渡等の時期は、次によります（基通9―1―12）。

譲　　渡　　等　　の　　時　　期		
原則		運送に係る役務の提供を完了した日
特例	発 売 日 基 準	乗車券、乗船券、搭乗券等を発売した日（自動販売機によるものについては、その集金をした時）にその発売に係る運送収入を対価とする資産の譲渡等を行ったものとする方法 （継続適用の場合）
	積 切 出 帆 基 準	船舶、航空機等が積地を出発した日にその船舶、航空機等に積載した貨物又は乗客に係る運送収入を対価とする資産の譲渡等を行ったものとする方法 （継続適用の場合）
	航 海 完 了 基 準	一航海（船舶が発港地を出発してから帰港地に到着するまでの航海をいいます。）に通常要する期間がおおむね4か月以内である場合において、その一航海を完了した日にその一航海に係る運送収入を対価とする資産の譲渡等を行ったものとする方法 （継続適用の場合）
	発 生 日 割 基 準 又 は 月 割 基 準	一の運送に通常要する期間又は運送を約した期間の経過に応じて日割又は月割等により一定の日にその運送収入を対価とする資産の譲渡等を行ったものとする方法　（継続適用の場合）

　㊟1　鉄道の相互乗入れや海上運送業における運賃同盟などのように、運送業を営む2以上の事業者が**運賃の交互計算又は共同計算**を行っている場合におけるその**交互計算又は共同計算**によりその2以上の事業者が配分を受けるべき収益の額を対価とする資産の譲渡等については、その配分額が確定した日に資産の譲渡等を行ったものとすることができます。

　　2　海上運送事業を営む事業者が船舶による運送に関連して受払する**滞船料又は早出料**を対価とする資産の譲渡等については、その額が確定した日に資産の譲渡等又は売上げに係る対価の返還等を行ったものとすることができます。

— 229 —

(3) 固定資産の譲渡の時期

固定資産の譲渡の時期は、次によります（基通9－1－13～16）。

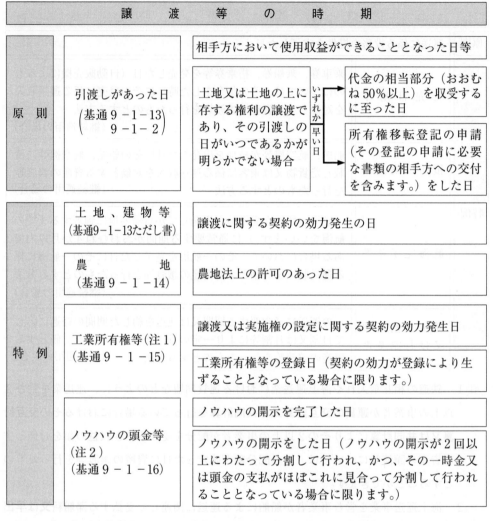

注1 「工業所有権等」とは、特許権、実用新案権、意匠権、商標権又は回路配置利用権並びにこれらの権利に係る出願権及び実施権をいいます。

　なお、実施権の設定による資産の譲渡等に関して受ける対価の額は、それが使用料等に充当されることとなっている場合であっても、前受金等として繰り延べることはできません。

2 一時金又は頭金の額が、ノウハウの開示のために現地に派遣する技術者等の数及び滞在期間の日数等により算定され、かつ、一定の期間ごとにその金額を確定させて支払を受けることとなっている場合には、その支払を受けるべき金額が確定する都度、資産の譲渡等が行われたものとなります。

(4) 有価証券等の譲渡の時期

有価証券等の譲渡の時期は、次によります（基通9―1―17～18）。

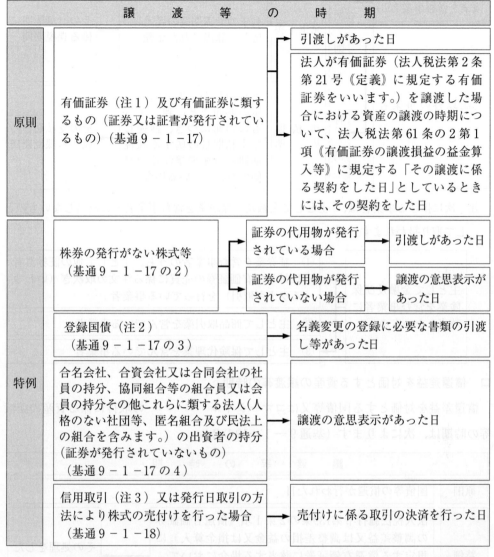

注1 「有価証券」とは、金融商品取引法第2条第1項《定義》に規定する有価証券をいいます（基通9―1―17）。

2 「登録国債」とは、国債に関する法律の規定により登録された国債をいいます（令1②三）。

3 「信用取引」とは、金融商品取引法第161条の2第1項《信用取引等における金銭の預託》に規定する信用取引をいいます（基通9―1―18）。

(5) 利子、使用料等を対価とする資産の譲渡等の時期

イ 貸付金利子等を対価とする資産の譲渡等の時期

貸付金、預金、貯金又は有価証券から生ずる利子に係る資産の譲渡等の時期は、次によります（基通9―1―19）。

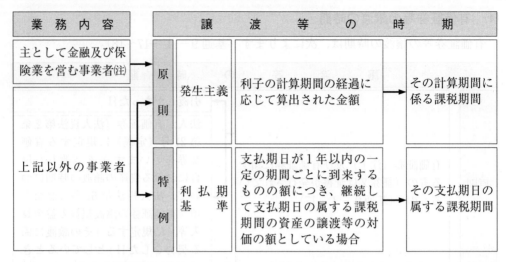

(注) 次に掲げる事業者は、「主として金融及び保険業を営む事業者」に該当しないものとして取り扱われます。

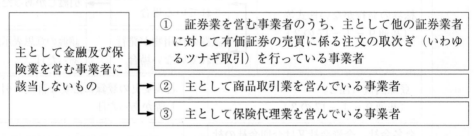

ロ　償還差益を対価とする資産の譲渡等の時期

償還差益を対価とする国債等又はコマーシャル・ペーパーの取得に係る資産の譲渡等の時期は、次によります（基通9—1—19の2）。

譲　渡　等　の　時　期		
原則	国債等の償還が行われた日	
特例	法人税法施行令第139条の2第1項《償還有価証券の調整差益又は調整差損の益金又は損金算入》に規定する償還有価証券に該当する場合において、法人が消費税の計算上も同項の調整差益の額を各事業年度の償還差益の額としているとき	その処理をした課税期間

ハ 賃貸借契約に基づく使用料等を対価とする資産の譲渡等の時期

資産の賃貸借契約に基づいて支払を受ける使用料等の額（前受けに係る額を除きます。）を対価とする資産の譲渡等の時期は、次によります（基通9－1－20）。

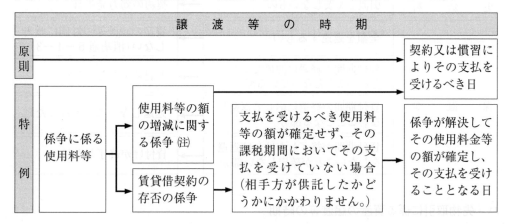

(注) この場合における使用料等の額は、契約の内容、相手方が供託をした金額等を勘案して合理的に見積ります。

ニ 工業所有権等の使用料を対価とする資産の譲渡等の時期

工業所有権等又はノウハウを他の者に使用させたことにより支払を受ける使用料の額を対価とする資産の譲渡等の時期は、次によります（基通9－1－21）。

譲 渡 等 の 時 期	
原　則	使用料の額が確定した日
特　例	使用料の額の支払を受けることとなっている日（継続適用の場合）

(6) その他の資産の譲渡等の時期

イ 物品切手等と引換給付する場合の譲渡等の時期

物品切手等と引換えに物品の給付若しくは貸付け又は役務の提供を行う場合には、その物品切手等が自ら発行したものであるか又は他の者が発行したものであるかにかかわらず、その物品の給付等を行う時にその物品の給付等に係る資産の譲渡等を行ったことになります（基通9－1－22）。

ロ 保証金等のうち返還しないものの額を対価とする資産の譲渡等の時期

資産の賃貸借契約等に基づいて保証金、敷金等として受け入れた金額のうち、期間の経過その他その賃貸借契約等の終了前における**一定の事由の発生により返還しないこととなる部分の金額**に係る資産の譲渡等の時期は、次によります（基通9－1－23）。

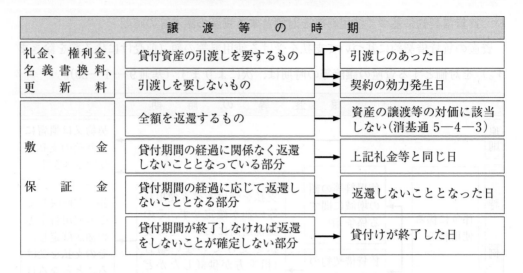

ハ　先物取引に係る資産の譲渡等の時期

商品先物取引法の規定により商品の先物取引を行った場合における資産の譲渡等の時期は、次によります（基通9－1－24）。

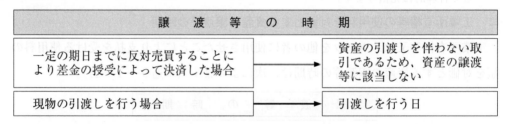

ニ　強制換価手続による換価による資産の譲渡等の時期

事業者が所有する資産が強制換価手続により換価された場合には、その換価により買受代金が納入された時にその事業者が資産の譲渡等を行ったものとされます（基通9－1－26）。

ホ　前受金及び仮受金に係る資産の譲渡等の時期

資産の譲渡等に係る前受金及び仮受金に係る資産の譲渡等の時期は、消費税法第18条《小規模事業者に係る資産の譲渡等の時期等の特例》の規定の適用を受ける事業者を除き、現実に資産の譲渡等を行った時になります（基通9－1－27）。

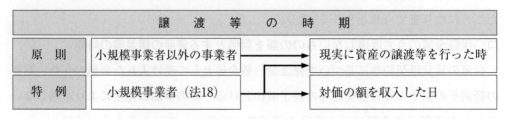

第3節 資産の譲渡等の時期

チェックポイント

☆ **前受金及び仮受金**について現実に資産の譲渡等があった場合には、経理処理上これらの前受金等を売上高等に振り替えていないときであっても、課税標準額に算入すべきことになります。

ヘ 共同事業の計算期間が構成員の課税期間と異なる場合の資産の譲渡等の時期

共同事業において、消費税法基本通達1―3―1《共同事業に係る消費税の納税義務》により各構成員が行ったこととされる資産の譲渡等の時期は、次によります（基通9―1―28）。

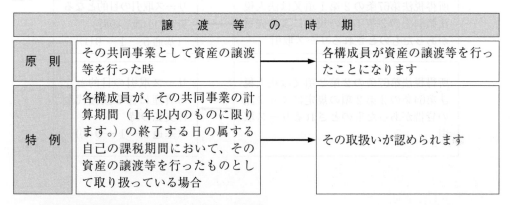

	譲 渡 等 の 時 期	
原 則	その共同事業として資産の譲渡等を行った時	各構成員が資産の譲渡等を行ったことになります
特 例	各構成員が、その共同事業の計算期間（1年以内のものに限ります。）の終了する日の属する自己の課税期間において、その資産の譲渡等を行ったものとして取り扱っている場合	その取扱いが認められます

ト 受益者等課税信託の資産の譲渡等の時期

受益者等課税信託(注)において、受益者等が行ったとみなされる資産等取引については、その受益者の課税期間に対応させて消費税額を計算することになります（基通9―1―29）。

(注) 受益者等課税信託とは、受益者（受益者とみなされる者を含みます。）がその信託財産に属する資産を有するものとみなされる信託をいいます（基通4―2―1）。

チ 集団投資信託等の資産の譲渡等の時期

集団投資信託等(注)の資産の譲渡等の時期は、次によります（基通9―1―30）。

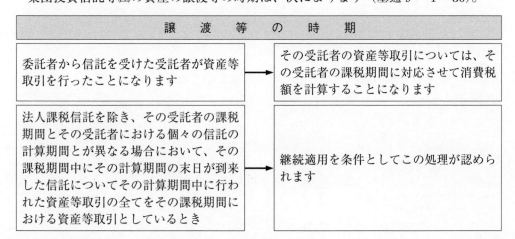

	譲 渡 等 の 時 期	
	委託者から信託を受けた受託者が資産等取引を行ったことになります	その受託者の資産等取引については、その受託者の課税期間に対応させて消費税額を計算することになります
	法人課税信託を除き、その受託者の課税期間とその受託者における個々の信託の計算期間とが異なる場合において、その課税期間中にその計算期間の末日が到来した信託についてその計算期間中に行われた資産等取引の全てをその課税期間における資産等取引としているとき	継続適用を条件としてこの処理が認められます

― 235 ―

(注) 集団投資信託等とは、集団投資信託、法人課税信託、退職年金等信託又は特定公益信託等をいいます（基通4―2―2）。

リ　リース取引に係る資産の譲渡等の時期

　リース取引について、所得税法又は法人税法の課税所得計算における取扱いの例により、資産の譲渡、若しくは貸付け、又は金銭の貸付けのいずれに該当するか判定します。この場合における資産の譲渡等の時期は、次によります（基通5―1―9）。

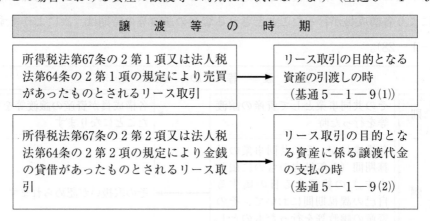

第3節　資産の譲渡等の時期

第2　資産の譲渡等の時期の特例

　所得税又は法人税の課税所得金額の計算における営業収益計上時期の特例と同様の特例が、消費税においても設けられています。

1　リース譲渡に係る資産の譲渡等の時期の特例

(1)　延払基準の方法により経理する場合の特例

　事業者が所得税法第65条第1項《リース譲渡に係る収入及び費用の帰属時期》又は法人税法第63条第1項《リース譲渡に係る収益及び費用の帰属事業年度》に規定するリース譲渡に該当する資産の譲渡等（以下「リース譲渡」といいます。）を行った場合において、その事業者がこれらの規定の適用を受けるため、そのリース譲渡に係る対価の額につきこれらの規定に規定する延払基準の方法により経理することとしているときには、次のように取り扱うことができます（法16）。

　なお、この特例の適用を受けようとする事業者は、申告書にその旨を付記しなければなりません（法16③）。

区　　　　分		取　扱　い
①　リース譲渡に係る賦払金の額でそのリース譲渡をした日の属する課税期間においてその支払の期日が到来しないもの（その課税期間において支払を受けたものを除きます。）に係る部分		その課税期間において資産の譲渡等を行わなかったものとみなして、その部分に係る対価の額をその課税期間におけるそのリース譲渡に係る対価の額から控除することができます（法16①）。
②　上記①によりリース譲渡をした日の属する課税期間において資産の譲渡等を行わなかったものとみなされた部分 (注)　リース譲渡に係る賦払金のうち、その課税期間中にその支払の期日が到来するものに係る部分（その賦払金につきその課税期間の初日の前日以前に既に支払を受けている金額がある場合にはその金額に係る部分を除くものとし、その課税期間の末日の翌日以後に支払の期日が到来する賦払金につきその課税期間中に支払を受けた金額がある場合にはその金額に係る部分を含みます。）となります（令31）。		そのリース譲渡に係る賦払金の支払の期日の属する各課税期間において、それぞれその賦払金に係る部分の資産の譲渡等を行ったものとみなされます（法16②本文）。
③　所得税法第65条第1項ただし書又は法人税法第63条第1項ただし書に規定する場合に該当することとなった場合（延払基準の方法により経理しなかった場合、通算制度の適用を受けた場合等、非適格株式交換を行った場合等）	上記②の適用を受けていたリース譲渡に係る賦払金の額で次の課税期間の初日以後にその支払の期日が到来するもの（これらの課税期間の初日の前日以前に既に支払を受けたものを除きます。）に係る部分	これらの課税期間において資産の譲渡等を行ったものとみなされます（法16②ただし書、令32①）。

— 237 —

	イ　所得税法第65条第1項ただし書に規定する経理しなかった年の12月31日の属する課税期間 ロ　法人税法第63条第1項ただし書に規定する経理しなかった決算に係る事業年度終了の日の属する課税期間 ハ　法人税法第63条第3項又は第4項の規定の適用を受けた事業年度終了の日の属する課税期間	
④　法人税法施行令第125条第3項の規定の適用を受けることとなった場合（普通法人又は協同組合等が公益法人等に該当することとなる場合）	上記②の適用を受けていたリース譲渡に係る賦払金の額でその該当することとなる日の前日の属する事業年度終了の日の属する課税期間の初日以後にその支払の期日が到来するもの（その課税期間の初日の前日以前に既に支払を受けたものを除きます。）に係る部分	その課税期間において資産の譲渡等を行ったものとみなされます（令32②）。
⑤　上記①の適用を受けることとした課税期間の翌課税期間以後のいずれかの課税期間においてその適用を受けないこととした場合（上記③及び④に該当する場合を除きます。）	上記②の適用を受けないこととしたリース譲渡に係る賦払金の額でその適用を受けないこととした課税期間の初日以後にその支払の期日が到来するもの（その課税期間の初日の前日以前に既に支払を受けたものを除きます。）に係る部分	その課税期間において資産の譲渡等を行ったものとみなされます（令32③）。
⑥　上記②の適用を受けている事業者が次に該当することとなった場合 イ　課税事業者が免税事業者となった場合 ロ　免税事業者が課税事業者となった場合	上記②の適用を受けていたリース譲渡に係る賦払金の額でその該当することとなった課税期間の初日以後にその支払の期日が到来するもの（その課税期間の初日の前日以前に既に支払を受けたものを除きます。）に係る部分	その課税期間の初日の前日において資産の譲渡等を行ったものとみなされます（法16④、令33）。
⑦　死亡、事業譲渡等の場合		
イ　被相続人、事業譲渡等をした者 　上記②の適用を受けている個人事業者が次に該当することとなった場合 Ⓐ　その個人事業者が死亡した場合において、そのリース譲渡に係る事業を承継した相続人がないとき Ⓑ　その個人事業者（免税事業者を除きます。）が死亡した場合において、そのリース譲渡に係る事業を承継した相続人が免税事業者で	上記②の適用を受けていたリース譲渡に係る賦払金の額でその該当することとなった日の属する課税期間の初日以後にその支払の期日が到来するもの（その課税期間の初日の前日以前に既に支払を受けたものを除きます。）に係る部分	その個人事業者がその課税期間において資産の譲渡等を行ったものとみなされます（法16④、令34①）。

あるとき Ⓒ その個人事業者（免税事業者に限ります。）が死亡した場合において、そのリース譲渡に係る事業を承継した相続人が課税事業者であるとき Ⓓ その個人事業者がそのリース譲渡に係る事業の全部を譲渡し、又は廃止した場合		
㋺ 延払基準の方法により経理する相続人 　上記②の適用を受けている個人事業者が死亡した場合（上記㋑のⒷ又はⒸに該当することとなった場合を除きます。）において、上記②の適用を受けていたリース譲渡に係る対価の額につき、そのリース譲渡に係る事業を承継した相続人がその死亡の日の属する課税期間以後の課税期間において延払基準の方法により経理することとしているとき	その経理することとしている対価の額に係るリース譲渡	その相続人が資産の譲渡等を行ったものとみなして、上記②の特例を適用することになります（令34②）。
㋩ 延払基準の方法により経理しなかった相続人 　上記②の適用を受けている個人事業者が死亡した場合（上記㋑のⒷ又はⒸに該当することとなった場合を除きます。）において、その個人事業者のそのリース譲渡に係る事業を承継した相続人が、その死亡の日の属する年以後のいずれかの年において、上記②の適用を受けていたリース譲渡に係る対価の額につき延払基準の方法により経理しなかったとき	そのリース譲渡に係る賦払金の額でその経理しなかった年の12月31日の属する課税期間の初日以後にその支払の期日が到来するもの（その課税期間の初日の前日以前に既にその個人事業者又はその相続人が支払を受けたものを除きます。）に係る部分	その相続人がその課税期間において資産の譲渡等を行ったものとみなされます（令34③）。
㊁ 特例の適用を受けないこととした相続人 　上記②の適用を受けている個人事業者が死亡した場合（上記㋑のⒷ又はⒸに該当することとなった場合を除きます。）において、その個人事業者のそのリース譲渡に係る事業を承継した相続人が、その死亡の日の属する課税期間以後のいずれかの課税期間において、上記②の適用を受けていたリース譲渡に係る対価の額につき上記②の適用を受けないこととしたとき	上記②の適用を受けないこととしたリース譲渡に係る賦払金の額でその適用を受けないこととした課税期間の初日以後にその支払の期日が到来するもの（その課税期間の初日の前日以前に既にその個人事業者又はその相続人が支払を受けたものを除きます。）に係る部分	その相続人がその課税期間において資産の譲渡等を行ったものとみなされます（令34④）。

⑧ 合併、事業譲渡の場合		
㋑ 被合併法人等 　上記②の適用を受けている法人が次に該当することとなった場合 Ⓐ　その法人（免税事業者を除きます。）が合併により消滅した場合において、そのリース譲渡に係る事業を承継した合併法人が免税事業者であるとき Ⓑ　その法人（免税事業者に限ります。）が合併により消滅した場合において、そのリース譲渡に係る事業を承継した合併法人が課税事業者であるとき Ⓒ　その法人がそのリース譲渡に係る事業の全部を譲渡した場合	上記②の適用を受けていたリース譲渡に係る賦払金の額でその該当することとなった日の属する課税期間の初日以後にその支払の期日が到来するもの（その課税期間の初日の前日以前に既に支払を受けたものを除きます。）に係る部分	その法人がその課税期間において資産の譲渡等を行ったものとみなされます（法16④、令35①）。
㋺　延払基準の方法により経理する合併法人 　上記②の適用を受けている法人が合併により消滅した場合（上記㋑のⒶ又はⒷに該当することとなった場合を除きます。）において、上記②の適用を受けていたリース譲渡に係る対価の額につき、その合併法人がその合併の日の属する課税期間以後の課税期間において延払基準の方法により経理することとしているとき	その経理することとしている対価の額に係るリース譲渡	その合併法人が資産の譲渡等を行ったものとみなして、上記②の特例を適用することになります（令35②）。
㊁　延払基準の方法により経理しなかった合併法人 　上記②の適用を受けている法人が合併により消滅した場合（上記㋑のⒶ又はⒷに該当することとなった場合を除きます。）において、その合併法人がその合併の日の属する事業年度以後のいずれかの事業年度において上記②の適用を受けていたリース譲渡に係る対価の額につき延払基準の方法により経理しなかったとき	そのリース譲渡に係る賦払金の額でその経理しなかった決算に係る事業年度終了の日の属する課税期間の初日以後にその支払の期日が到来するもの（その課税期間の初日の前日以前に既にその被合併法人又はその合併法人が支払を受けたものを除きます。）に係る部分	その合併法人がその課税期間において資産の譲渡等を行ったものとみなされます（令35③）。
㊁　特例の適用を受けないこととした合併法人 　上記②の適用を受けている法人が合併により消滅した場合（上記㋑のⒶ又はⒷに該当	上記②の適用を受けないこととしたリース譲渡に係る賦払金の額でその適用を受けないこととした課税期間の初日以後にその支払の期日が到来するもの	その合併法人がその課税期間において資産の譲渡等を行ったものとみなされます（令35④）。

することとなった場合を除きます。）において、その合併法人がその合併の日の属する課税期間以後のいずれかの課税期間において上記②の適用を受けていたリース譲渡に係る対価の額につき上記②の適用を受けないこととしたとき	（その課税期間の初日の前日以前に既にその被合併法人又はその合併法人が支払を受けたものを除きます。）に係る部分	
㋭　分割の場合の処理 　上記②の適用を受けている法人が分割によりリース譲渡に係る事業を分割承継法人に承継させた場合	上記㋑から㊁と同様に処理することになります（令35⑤）。

⑵　リース延払基準の方法により経理した場合の特例

　所得税法第65条第1項又は法人税法第63条第1項に規定するリース譲渡に該当する資産の譲渡等を行った事業者の延払基準の方法が、所得税法施行令第188条第1項第2号《延払基準の方法》又は法人税法施行令第124条第1項第2号《延払基準の方法》に掲げる方法㊟である場合には、次のように取り扱うことができます（令32の2）。

　なお、この特例の適用を受けようとする事業者は、申告書にその旨を付記しなければなりません（法16③）。

㊟　リース譲渡に係る次の㋑及び㋺に掲げる金額の合計額をその年分の収入金額又はその事業年度の収益の額とし、㋩に掲げる金額をその年分又はその事業年度の費用の額とする方法をいいます。

㋑

$$\frac{元本相当額 \left(\begin{array}{c} そのリース譲\\ 渡の対価の額 \end{array} - 利息相当額(※) \right)}{リース資産のリース期間の月数} \times その年（又はその事業年度）におけるそのリース期間の月数$$

（※）　そのリース譲渡の対価の額のうちに含まれる利息に相当する金額をいいます。

㋺　そのリース譲渡の利息相当額がその元本相当額のうちその支払の期日が到来していないものの金額に応じて生ずるものとした場合にその年又はその事業年度におけるリース期間に帰せられる利息相当額

㋩　$\dfrac{そのリース譲渡の原価の額}{リース期間の月数} \times$　その年（又はその事業年度）におけるそのリース期間の月数

区　　分	取　扱　い
①　そのリース譲渡に係る各年又は各事業年度（その課税期間の翌課税期間の初日以後にその年の12月31日又はその事業年度終了の日が到来するものに限ります。）のリース譲渡延払収益額（その各年の総収入金額に算入される収入金額又はその各事業年度の益金の額に算入される収益の額をいいます。）に係る部分	その課税期間において資産の譲渡等を行わなかったものとみなして、その部分に係る対価の額をそのリース譲渡に係る対価の額から控除することができます（令32の2①）。

— 241 —

第2章　国内取引に係る消費税

②　上記①によりリース譲渡をした日の属する課税期間において資産の譲渡等を行わなかったものとみなされた部分	リース譲渡延払収益額が帰属する各年の12月31日の属する課税期間又は各事業年度終了の日の属する課税期間において、そのリース譲渡延払収益額につき資産の譲渡等を行ったものとみなされます（令32の2②）。
③　上記②の適用を受けている事業者が上記(1)の③から⑧に該当することとなった場合	これらと同様に処理することになります（令32の2③）。

(3)　リース譲渡の特例計算の方法により経理した場合の特例

　事業者がリース譲渡を行った場合において、その事業者（相続によりその事業者のそのリース譲渡に係る事業を承継した相続人、合併によりその事業を承継した合併法人及び分割によりそのリース譲渡に係る事業を承継した分割承継法人を含みます。）がそのリース譲渡につき所得税法第65条第2項又は法人税法第63条第2項本文の規定の適用を受けるとき㈲には、次のように取り扱うことができます（令36の2）。

　なお、この特例の適用を受けようとする事業者は、申告書にその旨を付記しなければなりません（令36の2⑤）。

　㈲　リース譲渡につき所得税法第65条第2項又は法人税法第63条第2項本文の規定の適用を受ける場合、そのリース譲渡の対価の額を利息に相当する部分（※1）とそれ以外の部分とに区分したときにおける、そのリース譲渡の日の属する年以後の各年の収入金額（※2）及び費用の額（※3）は、その各年分の総収入金額及び必要経費に算入し、又はそのリース譲渡の日の属する事業年度以後の各事業年度の収益の額（※2）及び費用の額（※3）は、その各事業年度の益金の額及び損金の額に算入することになります。

　※1　「利息に相当する部分」とは、リース譲渡の対価の額からその原価の額を控除した金額の100分の20に相当する金額（次の2において「利息相当額」といいます。）となります（所令188②、法令124③）。

　※2　「収入金額」及び「収益の額」とは、次の①の金額と②の金額との合計額となります（所令188③、法令124④）。

　　①　$\dfrac{\text{元本相当額}\left(\begin{array}{c}\text{リース譲渡}\\\text{の対価の額}\end{array} - \text{利息相当額}\right)}{\text{リース期間の月数}} \times \begin{array}{c}\text{その年（又はその事業年}\\\text{度）におけるそのリース}\\\text{期間の月数}\end{array}$

　　②　リース譲渡に係る賦払金の支払を、支払期間をリース期間と、支払日をそのリース譲渡に係る対価の支払の期日と、各支払日の支払額をそのリース譲渡に

— 242 —

第3節　資産の譲渡等の時期

係る対価の各支払日の支払額と、利息の総額を利息相当額と、元本の総額を元本相当額とし、利率をその支払期間、支払日、各支払日の支払額、利息の総額及び元本の総額を基礎とした複利法により求められる一定の率として賦払の方法により行うものとした場合にその年又はその事業年度におけるリース期間に帰せられる利息の額に相当する金額

※3　「費用の額」とは、次の算式により計算した金額です（所令188③、法令124④）。

（算式）

$$\frac{リース譲渡の原価の額}{リース期間の月数} \times \begin{array}{l}その年（又はその事業年度）に\\おけるそのリース期間の月数\end{array}$$

区　　　分		取　扱　い
①　そのリース譲渡に係る各年又は各事業年度（そのリース譲渡をした日の属する課税期間の翌課税期間の初日以後にその年の12月31日又はその事業年度終了の日が到来するものに限ります。）のリース譲渡収益額（その各年の総収入金額に算入される収入金額又はその各事業年度の益金の額に算入される収益の額をいいます。）に係る部分		その課税期間において資産の譲渡等を行わなかったものとみなして、その部分に係る対価の額をその課税期間におけるそのリース譲渡に係る対価の額から控除することができます（令36の2①）。
②　上記①によりリース譲渡をした日の属する課税期間において資産の譲渡等を行わなかったものとみなされた部分		各年又は各事業年度のリース譲渡収益額に係る部分につきそれぞれの年の12月31日の属する課税期間又はそれぞれの事業年度終了の日の属する課税期間において、資産の譲渡等を行ったものとみなされます（令36の2②）。
③　上記②の適用を受けている事業者がそのリース譲渡に係る対価の額につき法人税法第63条第2項ただし書若しくは法人税法施行令第125条第2項若しくは第3項《延払基準の方法により経理しなかった場合等の処理》又は所得税法施行令第189条第2項《延払基準の方法により経理しなかった場合等の処理》の規定の適用を受けることとなった場合	上記②の適用を受けていたリース譲渡に係る対価の額で次の課税期間（以下「特定課税期間」と総称します。）以後の各課税期間におけるリース譲渡収益額に係る部分 ㋑　法人税法第63条第2項ただし書又は法人税法施行令第125条第2項の規定の適用を受けた事業年度終了の日の属する課税期間 ㋺　法人税法施行令第125条第3項に規定する前日の属する事業年度終了の日の属する課税期間	その特定課税期間において資産の譲渡等を行ったものとみなされます（令36の2③）。

— 243 —

第2章　国内取引に係る消費税

	(ハ)　所得税法施行令第189条第2項の規定の適用を受けた年の12月31日の属する課税期間	
④　上記②の適用を受けている事業者が上記(1)の⑤から⑧に該当することとなった場合		これらと同様に処理することになります（令36の2④）。

(4)　個人事業者の山林所得又は譲渡所得の基因となる資産の延払条件付譲渡の時期の特例

　個人事業者が所得税法第132条第1項《延払条件付譲渡に係る所得税額の延納》に規定する山林所得又は譲渡所得の基因となる資産の延払条件付譲渡に該当する資産の譲渡等（以下「延払条件付譲渡」といいます。）を行った場合において、その個人事業者（その相続人を含みます。）がその延払条件付譲渡に係る所得税の額の全部又は一部につき延納の許可を受けたときには、次のように取り扱うことができます（法16⑤、令36）。

　なお、この特例の適用を受けようとする事業者は、申告書にその旨を付記しなければなりません（令36⑤）。

区　　　分	取　扱　い
①　延払条件付譲渡に係る賦払金の額でその延払条件付譲渡をした日の属する課税期間においてその支払の期日が到来しないもの（その課税期間において支払を受けたものを除きます。）に係る部分	その課税期間において資産の譲渡等を行わなかったものとみなして、その部分に係る対価の額をその課税期間におけるその延払条件付譲渡に係る対価の額から控除することができます（法16⑤、令36①）。
②　上記①により延払条件付譲渡をした日の属する課税期間において資産の譲渡等を行わなかったものとみなされた部分	その延払条件付譲渡に係る賦払金の支払の期日の属する課税期間においてそれぞれその賦払金に係る部分（その賦払金につきその課税期間の初日の前日以前に既に支払を受けている金額がある場合にはその金額に係る部分を除くものとし、その課税期間の末日の翌日以後に支払の期日が到来する賦払金につきそ

— 244 —

第3節　資産の譲渡等の時期

		の課税期間中に支払を受けた金額がある場合にはその金額に係る部分を含みます。）の資産の譲渡等を行ったものとみなされます（令36②）。
③　上記①の適用を受けた個人事業者が延払条件付譲渡に係る所得税の額につき所得税法第135条第1項《延払条件付譲渡に係る所得税額の延納の取消し》の規定により延納の許可が取り消された場合	延払条件付譲渡に係る賦払金の額でその延納の許可が取り消された日の属する課税期間の初日以後にその支払の期日が到来するもの（その課税期間の初日の前日以前に既に支払を受けたものを除きます。）に係る部分	その課税期間において資産の譲渡等を行ったものとみなされます（令36③）。
④　上記②の適用を受けている個人事業者が、特例の適用を受けないこととした場合	上記②の適用を受けないこととした延払条件付譲渡に係る賦払金の額でその適用を受けないこととした課税期間の初日以後にその支払の期日が到来するもの（その課税期間の初日の前日以前に既に支払を受けたものを除きます。）に係る部分	その課税期間において資産の譲渡等を行ったものとみなされます（令36④、32③）。
⑤　上記②の適用を受けている個人事業者が次に該当することとなった場合 イ　課税事業者が免税事業者となった場合 ロ　免税事業者が課税事業者となった場合	上記②の適用を受けていた延払条件付譲渡に係る賦払金の額でその該当することとなった課税期間の初日以後にその支払の期日が到来するもの（その課税期間の初日の前日以前に既に支払を受けたものを除きます。）に係る部分	その課税期間の初日の前日において資産の譲渡等を行ったものとみなされます（令36④、33）。
⑥　上記②の適用を受けている個人事業者が次に該当することとなった場合 イ　その個人事業者が死亡した場合において、その延払条件付譲渡に係る事業を承継した相続人がないとき ロ　その個人事業者（免税事業者を除きます。）が死亡した場合においてその延払条件付譲渡に係る事業を承継した相続人が免税事業者であるとき ハ　その個人事業者（免税事業者に限ります。）が死亡した場合において、その延	上記②の適用を受けていた延払条件付譲渡に係る賦払金の額でその該当することとなった日の属する課税期間の初日以後にその支払期日が到来するもの（その課税期間の初日の前日以前に既に支払いを受けたものを除きます。）に係る部分	その個人事業者がその課税期間において資産の譲渡等を行ったものとみなされます（令36④、34①）。

— 245 —

払条件付譲渡に係る事業を承継した相続人が課税事業者であるとき		
㊁ その個人事業者がその延払条件付譲渡に係る事業の全部を譲渡し、又は廃止した場合		

⑸ 公共法人等のリース譲渡の時期の特例

　法人税法の規定の適用を受けない法人がリース譲渡を行った場合において、その法人がそのリース譲渡に係る対価の額につき法人税法第63条第1項に規定する延払基準の方法又はこれに準ずる方法により経理することとしているときは、その法人が同項の規定の適用を受けるため延払基準の方法により経理するものとみなして、消費税法第16条の規定が適用されます（令37）。

　※　平成30年4月1日前に改正前の消費税法第16条第1項に規定する長期割賦販売等（改正後の消費税法第16条第1項に規定するリース譲渡を除きます。以下「特定長期割賦販売等」といいます。）を行った事業者（平成30年4月1日前に行われた特定長期割賦販売等に係る契約の移転を受けた事業者を含みます。）の平成30年4月1日以後に終了する年又は事業年度に含まれる各課税期間（個人事業者にあっては令和5年12月31日以前に開始する課税期間に限るものとし、法人にあっては同年3月31日以前に開始する事業年度に含まれる各課税期間に限ります。）については、改正前の消費税法第16条（特定長期割賦販売等に適用される場合に限ります。）の規定は、なおその効力を有します（平30改正法附則44①）。

2　工事の請負に係る資産の譲渡等の時期の特例

⑴　長期大規模工事に係る特例

　事業者が所得税法第66条第1項《工事の請負に係る収入及び費用の帰属時期》又は法人税法第64条第1項《工事の請負に係る収益及び費用の帰属事業年度》に規定する**長期大規模工事の請負に係る契約に基づき資産の譲渡等を行う場合**、その長期大規模工事の目的物のうちこれらの規定に規定する**工事進行基準の方法により計算した収入金額又は収益の額に係る部分**については、これらの規定によりその収入金額が総収入金額に算入されたそれぞれの年の12月31日の属する課税期間又はその収益の額が益金の額に算入されたそれぞれの事業年度終了の日の属する課税期間において、資産の譲渡等を行ったものとすることができます（法17①）。

第3節　資産の譲渡等の時期

（　チェックポイント　）

☆　**長期大規模工事**とは、次の要件を満たすものとされています（所法66①、所令192①②、法法64①、法令129①②）。

①　その工事（製造及びソフトウェアの開発を含みます。）の着手の日からその工事に係る契約において定められている目的物の引渡しの期日までの期間が**1年以上である**こと
②　その工事の請負の対価の額が**10億円以上であること**
③　その工事に係る契約において、その請負の**対価の額の1／2以上**が、その工事の目的物の引渡しの期日から1年を経過する日後に支払われることが定められていないものであること

(2)　**長期大規模工事に該当しない工事に係る特例**

　事業者が所得税法第66条第2項又は法人税法第64条第2項に規定する工事の請負（目的物の引渡しが翌事業年度（個人事業者の場合は翌年）以後となる工事）に係る契約に基づき資産の譲渡等を行う場合において、その事業者がこれらの規定の適用を受けるため、その工事の請負に係る対価の額につきこれらの規定に規定する**工事進行基準の方法により経理**することとしているときには、その工事の目的物のうちその方法により経理した収入金額又は収益の額に係る部分については、これらの規定によりその収入金額が総収入金額に算入されたそれぞれの年の12月31日の属する課税期間又はその収益の額が益金の額に算入されたそれぞれの事業年度終了の日の属する課税期間において、資産の譲渡等を行ったものとすることができます。

　ただし、翌課税期間以後の課税期間において工事進行基準の方法により経理しなかった場合、経理しなかった年の12月31日の属する課税期間以後の課税期間又は経理しなかった決算に係る事業年度終了の日の属する課税期間以後の課税期間については、この特例を適用できません（法17②）。

（　チェックポイント　）

☆　工事の区分と所得税法又は法人税法における収益計上の基準は、次のとおりです。

工　事　の　区　分	基　　準
工事期間1年以上、請負金額10億円以上、かつ、対価の額の2分の1以上が引渡日から1年を経過する日後に支払われるものでない工事（長期大規模工事）	工事進行基準
目的物の引渡しが翌事業年度（個人事業者の場合は翌年）以後となる工事	工事完成基準又は工事進行基準
上記以外の工事	工事完成基準

(3) 適用関係

　上記(1)又は(2)の特例の適用を受けた事業者が長期大規模工事又は工事の目的物の引渡しを行った場合、その長期大規模工事又は工事の請負に係る資産の譲渡等のうち、その着手の日の属する課税期間からその引渡しの日の属する課税期間の直前の課税期間までの各課税期間においてこれらの特例により資産の譲渡等を行ったものとされた部分については、同日の属する課税期間においては資産の譲渡等がなかったものとして、その部分に係る対価の額の合計額をその長期大規模工事又は工事の請負に係る対価の額から控除します（法17③）。

　また、これらの特例の適用を受けようとする事業者は、**確定申告書（期限後申告書を含みます。）にその旨を付記**する必要があります（法17④）。

チェックポイント

☆　これらの特例は、所得税法又は法人税法上の特例の適用を受ける場合に限って適用することができますが、これらの特例の適用を受ける場合であっても、工事の請負に係る資産の譲渡等の時期をその引渡しのあった日によることとすることもできます（基通9－4－1）。

　　(注)　所得税又は法人税の所得金額の計算上、工事進行基準によらなければならない長期大規模工事の場合であっても、資産の譲渡等の時期をその引渡しのあった日によることとすることができます。

☆　事業者が長期大規模工事等についてこの特例の規定の適用を受けている場合においても、その長期大規模工事等に係る契約の相手方である事業者のその長期大規模工事等に係る目的物の譲受けの時期は、その目的物の引渡しを受けた日になります。

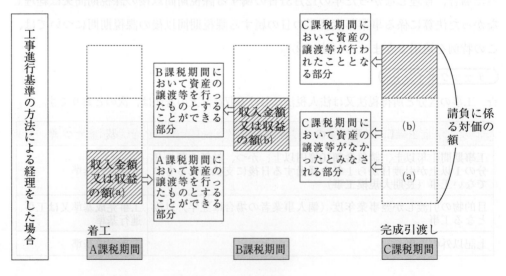

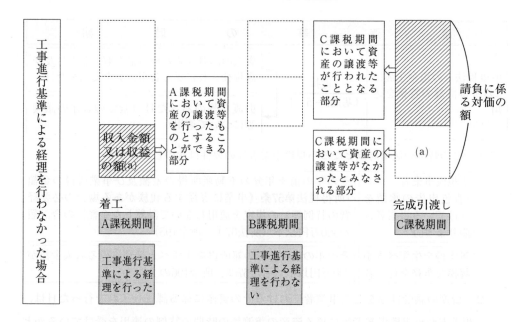

(4) 死亡、合併等の場合

　これらの特例の適用を受ける個人事業者が死亡した場合、法人が合併により消滅した場合又は分割により長期大規模工事若しくは工事に係る事業を分割承継法人に承継させた場合において、その事業を承継した者がその工事の目的物の引渡しを行ったときには、その工事の請負に係る資産の譲渡等のうち、被相続人、被合併法人又は分割法人がこの特例により資産の譲渡等を行ったものとされた部分については、その事業を承継した者が資産の譲渡等を行ったものとみなして、その日の属する課税期間においては資産の譲渡等がなかったものとして、その部分に係る対価の額の合計額をその長期大規模工事又は工事の請負に係る対価の額から控除します（法17⑤、令38）。

3　小規模事業者等に係る資産の譲渡等の時期等の特例

　個人事業者で所得税法第67条《小規模事業者等の収入及び費用の帰属時期》の規定により、**現金主義による所得計算の特例の適用を受ける者（小規模事業者等）**の資産の譲渡等及び課税仕入れを行った時期は、その資産の譲渡等に係る対価の額を収入した日及びその課税仕入れに係る費用の額を支出した日とすることができます（法18①）。

　なお、この特例の適用を受けようとする事業者は、**確定申告書にその旨を付記**する必要があります（法18②）。

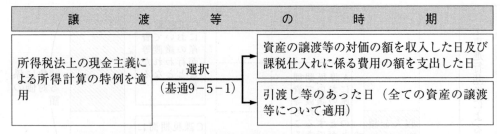

(注)1 この特例の適用対象となる小規模事業者等の要件は次のとおりです。

小規模事業者（青色申告の承認を受けている事業者に限ります。）	その年の前々年分の不動産所得の金額及び事業所得の金額（所得税法第57条《事業に専従する親族がある場合の必要経費の特例等》の規定を適用しないで計算した金額）の合計額が300万円以下（所法67①、所令195）
雑所得を生ずべき小規模な業務を行う者	その年の前々年分の雑所得を生ずべき業務に係る収入金額が300万円以下（所法67②、所令196の2）

2 資産の譲受け等をした事業者におけるその資産に係る課税仕入れを行った日は、相手方が小規模事業者等に係る資産の譲渡等の時期の特例の適用を受けているかどうかに関わらず、実際にその目的物の引渡しを受けた日になります。

(1) 手形又は小切手取引に係る資産の譲渡等の時期等

この特例の適用を受けている小規模事業者等が資産の譲渡等に係る対価の額及び課税仕入れに係る支払対価の額を手形又は小切手で受け取り、又は支払った場合におけるその資産の譲渡等及び課税仕入れを行った時期は、次によります（基通9―5―2）。

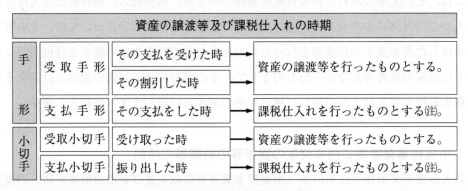

(注) 手形又は小切手での支払の対象が課税仕入れに該当するものに限ります。

また、割引した手形又は小切手が不渡りとなった場合における資産の譲渡等及び課税仕入れの取扱いは、次によります。

第3節　資産の譲渡等の時期

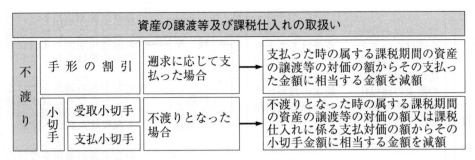

(2) **現金主義の適用を受けないこととなった場合**

　この特例の適用を受ける個人事業者がその適用を受けないこととなった場合における資産の譲渡等、課税仕入れ（特定課税仕入れに該当するものを除きます。）及び特定課税仕入れを行った時期については、次のとおり調整することになります（法18③、令40）。

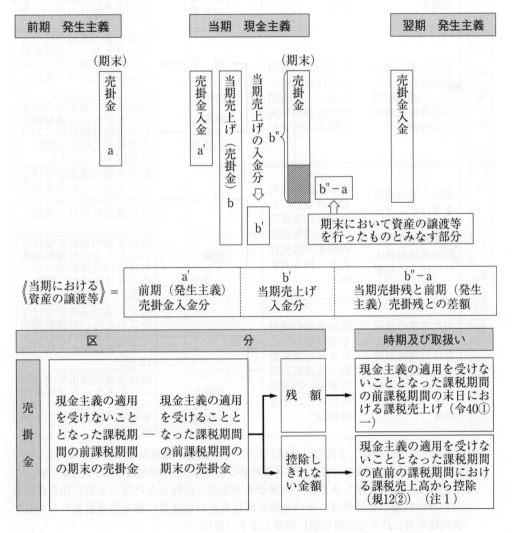

— 251 —

第2章　国内取引に係る消費税

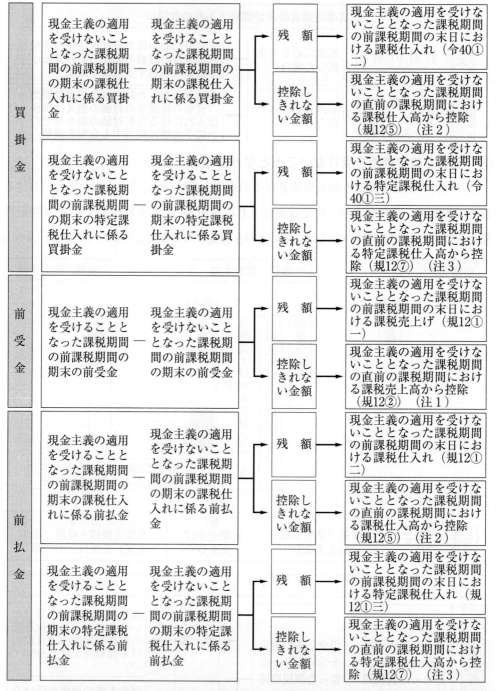

(注)1　控除して更に控除しきれない金額があり、その金額が課税資産の譲渡等に係るものである場合には、その金額は売上げに係る対価の返還等をした金額とみなされます（規12④）。
　　2　控除して更に控除しきれない金額がある場合、控除しきれない金額に係る課税仕入れ等の税額の合計額は、その金額を課税資産の譲渡等に係る消費税額とみなして課税標準額に対する消費税額に加算します（規12⑥）。
　　3　控除して更に控除しきれない金額がある場合、控除しきれない金額に係る特定課税仕入れ等の税額の合計額は、直前の課税期間において行った特定課税仕入れに係る対価の返還等をした金額とみなされます（規12⑧）。

第4節　課税売上げ等に係る消費税額の計算

第1　課税資産の譲渡等に係る課税標準

　課税標準とは、税額計算の基礎となるべきもので、税額を算出する直接の対象となる金額のことをいい、これに税率を乗じて課税売上げに係る消費税額を算出します。

1　原則

　課税資産の譲渡等に係る消費税の課税標準は、課税資産の譲渡等の対価の額とされています。

　なお、その対価の額には、課税資産の譲渡等につき課されるべき消費税額及びその消費税額を課税標準として課されるべき地方消費税額に相当する額を含まないものとされています（法28①）。

イ　課税資産の譲渡等の対価の額

区　　　分	対　　価　　の　　額	
対価として収受し、又は収受すべき一切の金銭	その譲渡等に係る当事者間で授受することとした対価の額（基通10—1—1）	その課税資産等の価額（時価）をいうのではありません。
金銭以外の物又は権利その他経済的な利益の額	その物若しくは権利を取得し、又はその利益を享受する時における価額（令45①）	実質的に資産の譲渡等の対価と同様の経済的効果をもたらすものをいいます（基通10—1—3）。
		（事業者が課税資産の譲渡等の対価として他の者の有する資産を専属的に利用する場合） 　その利用に係る経済的な利益の額は、その資産の利用につき通常支払うべき使用料その他その利用の対価に相当する額（その利用者がその利用の対価として支出する金額があるときは、これを控除した額）になります（基通10—1—10）。

— 253 —

第2章　国内取引に係る消費税

ロ　特殊な課税資産の譲渡等に係る対価の額

区　　分	対　　価　　の　　額
代物弁済による資産の譲渡 （令45②一）	その代物弁済により消滅する債務の額に相当する金額　→　差額の支払を受ける場合　→　その支払を受ける金額を加算した金額
負担付き贈与による資産の譲渡 （令45②二）	その負担付き贈与に係る負担の価額に相当する金額
金銭以外の資産の出資（現物出資等） （令45②三）	その出資により取得する株式（出資を含みます。）の取得の時における価額に相当する金額
資産の交換 （令45②四）	その交換により取得する資産の取得の時における価額に相当する金額　交換差金　→　取得する場合　→　その交換差金の額を加算した金額／→　支払う場合　→　その交換差金の額を控除した金額
特定受益証券発行信託、法人課税信託の委託者がその有する資産（金銭以外の資産に限ります。）の信託をした場合におけるその資産の移転等（令45②五）	その資産の移転の時又は法人課税信託に該当することとなった時におけるその資産の価額に相当する金額

ハ　次に掲げる資産を課税資産の譲渡等の対価として取得した場合

区　　分	対　　価　　の　　額
物品切手等（消費税法別表第一第4号に規定する物品切手等をいいます。） （基通10―1―9(1)）	券面金額（券面金額がない場合には、その物品切手等により引換給付される物品又は役務について取得し、又は提供を受けるために通常要する金額）
定期金に関する権利又は信託の受益権 （基通10―1―9(2)）	相続税法又は相続税評価通達に定めるところに準じて評価した価額
生命保険契約に関する権利 （基通10―1―9(3)）	その取得した時においてその契約を解除したとした場合に支払われることとなる解約返戻金の額（解約返戻金のほかに支払われることとなる前納保険料の金額、剰余金の分配等があるときには、これらの金額との合計額）

— 254 —

第4節　課税売上げ等に係る消費税額の計算

ニ　その他の対価の額

区　　分	対　　価　　の　　額		
譲渡等に係る対価が確定していない場合の見積り（基通10—1—20）	その資産の譲渡等をした日の属する課税期間の末日の現況により適正に見積もった金額		
	その後確定した対価の額が見積額と異なるとき	→	その差額は、その確定した日の属する課税期間における資産の譲渡等の対価の額に加算し、又はその対価の額から控除することになります。
返品、値引等の処理	原則	売上げに係る対価の返還等をした日の属する課税期間の課税標準額に対する消費税額から、その課税期間において行った売上げに係る対価の返還等の金額に係る消費税額（その返還をした税込価額又はその減額をした債権の額に7.8/110（軽減対象課税資産の譲渡等については6.24/108）㊟を乗じて算出した金額）の合計額を控除します（法38①）。 ㊟1　平成26年3月31日以前に行った課税資産の譲渡等について、売上げに係る対価の返還等をした場合には、4/105となります。 　　2　令和元年9月30日以前に行った課税資産の譲渡等について、売上げに係る対価の返還等をした場合には、6.3/108となります。	
	特例	課税資産の譲渡等の金額から返品額、値引額又は割戻額を控除する経理処理を継続している場合（基通10—1—15） ㊟　この場合の返品額又は値引額若しくは割戻額については、消費税法第38条第1項《売上げに係る対価の返還等をした場合の消費税額の控除》の規定の適用はありません。	その控除後の金額
軽減対象課税資産、軽減対象以外の課税資産及び非課税資産の区分のうち、異なる二以上の区分の資産を同一の者に対して同時に譲渡した場合	これらの資産の譲渡の対価の額が資産ごとに合理的に区分されている場合	その資産の区分ごとの課税資産の譲渡の対価の額	
	合理的に区分されていない場合（令45③、平28改正令附則6①）	【軽減対象以外の課税資産の譲渡の対価の額】 これらの資産の譲渡の対価の額に、これらの資産の譲渡の時におけるこれらの資産の価額の合計額のうちに軽減対象以外の課税資産の価額の占める割合を乗じて計算した金額 --- 【軽減対象課税資産の譲渡の対価の額】 これらの資産の譲渡の対価の額に、これらの資産の譲渡の時におけるこれらの資産の価額の合計額のうちに軽減対象課税資産の価額の占める割合を乗じて計算した金額	

— 255 —

区　　分	対　　価　　の　　額			
建物、土地等を同一の者に対し同時に譲渡した場合	それぞれの対価につき、所得税又は法人税の土地の譲渡等に係る課税の特例の計算における取扱いにより区分しているときは、その区分したところによります（基通10—1—5）。			
	その他の合理的区分の例示			
	譲渡時における土地及び建物のそれぞれの時価の比率により按分計算			
	相続税評価額や固定資産税評価額を基に按分計算			
	土地及び建物の原価（取得費、造成費、一般管理費・販売費、支払利子等を含みます。）を基に按分計算			
課税資産と非課税資産を同一の者に対して同時に譲渡した場合	これらの資産の譲渡の対価の額が課税資産の譲渡の対価の額と非課税資産の譲渡の対価の額とに合理的に区分されている場合		その課税資産の譲渡の対価の額	
	合理的に区分されていない場合（令45③）		これらの資産の譲渡の対価の額に、これらの資産の譲渡の時におけるその課税資産の価額とその非課税資産の価額との合計額のうちにその課税資産の価額の占める割合を乗じて計算した金額	
委託販売その他業務代行等に係る手数料（基通10—1—12）	委託者	原則	受託者が委託商品を譲渡等したことに伴い収受した又は収受すべき金額	
		特例(注)	その課税期間中に行った委託販売等の全てについて、その資産の譲渡等の金額から、その受託者に支払う委託販売手数料を控除した残額を委託者における資産の譲渡等の金額としている場合	その残額
	受託者	原則	委託者から受ける委託販売手数料の額	
		特例(注)	委託者から**課税資産の譲渡等のみ**を行うことを委託されている場合	委託された商品の譲渡等に伴い収受した又は収受すべき金額を課税資産の譲渡等の金額とし、委託者に支払う金額を課税仕入れに係る金額とすることができます。

(注)　委託販売等に係る課税資産の譲渡が軽減税率の適用対象となる場合には、特例を適用することはできません（軽減通達16）。

第4節　課税売上げ等に係る消費税額の計算

区　　分	対　　価　　の　　額	
原材料等の支給による加工等 （基通1—4—3）	製造販売契約の方式により原材料等の有償支給を受けている場合	加工等を行った製品の譲渡の対価の額
	賃加工契約の方式により原材料等の無償支給を受けている場合	加工等に係る役務の提供の対価の額
別途収受する配送料等 （基通10—1—16）	課税資産の譲渡等に係る相手先から、他の者に委託する配送等に係る料金を課税資産の譲渡の対価の額と**明確に区分して収受し、その料金を預り金又は仮受金等として処理**している場合	その料金は、その事業者における課税資産の譲渡等の対価の額に含めないものとすることができます。
資産の貸付けに伴う共益費 （基通10—1—14）	【原則】建物等の資産の貸付けに際し、賃貸人がその賃借人から収受する電気、ガス、水道料等の実費に相当するいわゆる共益費は、建物等の資産の貸付けに係る対価に含まれます。	
	【特例】各貸付先にメーターを取り付ける等により実費精算されていると認められる共益費について、**その対価の額を相手方に明示し、預り金又は立替金として処理**している場合	資産の貸付けに係る対価に含めることは要しません。
印紙税等に充てられるため受け取る金銭等 （基通10—1—4）	事業者が課税資産の譲渡等に関連して受け取る金銭等のうち、その事業者が国又は地方公共団体に対して本来納付すべきものとされている印紙税、手数料等に相当する金額	その課税資産の譲渡等の金額から控除することはできません。
	課税資産の譲渡等を受ける者が本来納付すべきものとされている登録免許税等（登録免許税、自動車重量税、自動車取得税及び手数料等）について登録免許税等として受け取ったことが明らかな場合	課税資産の譲渡等の金額に含まれません。

区　　　分	対　　価　　の　　額	
外貨建取引 （基通10―1―7）	所得税又は法人税の課税所得金額の計算において外貨建ての取引に係る売上金額その他の収入金額につき円換算して計上すべきこととされている金額	法人税法第61条の9第1項第1号《外貨建資産等の期末換算差益又は期末換算差損の益金又は損金算入等》に規定する外貨建債権、債務に係る為替換算差損益又は為替差損益は、資産の譲渡等の対価の額又は課税仕入れに係る支払対価の額に含まれません。
個別消費税 （基通10―1―11）	酒税、たばこ税、揮発油税、石油石炭税及び石油ガス税等	課税資産の譲渡等の対価の額に含まれます。

個別消費税の下段：

軽油引取税、ゴルフ場利用税及び入湯税（利用者等が納税義務者となっているもの）→ その税額に相当する金額

- 明確に区分されている場合 → 課税資産の譲渡等の対価の額に含まれません。
- 明確に区分されていない場合 → 課税資産の譲渡等の対価の額に含まれます。

第4節　課税売上げ等に係る消費税額の計算

2　特例

　法人が役員に対して低額譲渡若しくは贈与を行った場合又は個人事業者が家事消費等を行った場合における課税標準は、その資産の譲渡、消費等の時におけるその資産の価額（時価）に相当する金額をその対価の額とみなします（法28①③）。

区　　　分	取　　　扱　　　い		
	原　　則	特　　　　　例	
法人の役員に対する低額譲渡（その譲渡の時における資産の価額に相当する金額のおおむね50％に相当する金額に満たない場合をいいます。）（基通10－1－2）	譲渡の時における資産の価額（時価）（法28①ただし書）	その資産（棚卸資産に限ります。）の譲渡金額がその資産の課税仕入れの金額以上の金額で、かつ、その資産の通常他に販売する価額のおおむね50％に相当する金額以上の金額である場合（基通10－1－2なお書）	実際の対価の額
		その資産の譲渡が、役員及び使用人の全部につき一律に又は勤続年数等に応ずる合理的な基準により普遍的に定められた値引率に基づいて行われた場合（基通10－1－2ただし書）	
法人の役員に対する贈与	贈与の時における資産の価額（時価）（法28③二）	その資産（棚卸資産に限ります。）の譲渡金額がその資産の課税仕入れの金額以上の金額で、かつ、その資産の通常他に販売する価額のおおむね50％に相当する金額以上の金額で確定申告したとき（基通10－1－18）	その確定申告をした金額
個人事業者の家事消費等	家事消費等の時における資産の価額（時価）（法28③一）		

■チェックポイント■

☆　交換の当事者が**交換**に係る資産の価額を定め、相互に等価であるとして交換した場合において、その定めた価額が通常の取引価額と異なるときであっても、その交換がその交換をするに至った事情に照らし、正常な取引条件に従って行われたものであると認められるときは、これらの資産の価額は、その当事者間において合意されたところによります（基通10－1－8）。

☆　営業に係る資産及び負債の一切を含めて譲渡するいわゆる**営業の譲渡**を行った場合における資産の譲渡は、課税資産と非課税資産を一括して譲渡するものと認められますので、各々の対価の額を合理的に区分することになります（令45③）。

☆　固定資産税等（固定資産税、自動車税等）の課税の対象となる資産の譲渡に伴い、その

— 259 —

資産に対して課された固定資産税等について譲渡の時に未経過分（**未経過固定資産税等**）がある場合において、その未経過分に相当する金額をその資産の譲渡について収受する金額とは別に収受しているときであっても、その未経過分に相当する金額は、建物等の譲受者が未経過期間において固定資産税等の負担なしに所有又は使用することができる建物等の購入代金の一部として支払うものですから、その資産の譲渡の対価の額に含まれます（基通10―1―6）。

⒠　資産の譲渡を受けた者に対して課されるべき固定資産税等が、その資産の名義変更をしなかったこと等により、その資産の譲渡をした事業者に対して課された場合において、その事業者がその譲渡を受けた者からその固定資産税等に相当する金額を収受するときには、その金額は資産の譲渡等の対価の額に該当しません。

☆　課税資産の譲渡等に際して資産の下取りを行った場合であっても、その課税資産の譲渡等の金額について、その下取りに係る資産の価額を控除した後の金額とすることはできません（基通10―1―17）。

⒠　課税資産の下取りをした場合には、その下取りは課税仕入れに該当し、消費税法第30条《仕入れに係る消費税額の控除》の規定を適用することになります。

☆　事業者が課税資産の譲渡等に際して収受する金額が源泉所得税に相当する金額を控除した残額である場合であっても、源泉徴収前の金額によって消費税の課税関係を判定します（基通10―1―13）。

☆　報酬・料金等が支払われる場合において、その報酬・料金等が消費税の課税標準たる課税資産の譲渡等の対価の額にも該当するときにおける源泉徴収の対象とする金額は、次のとおりです（直法6―1通達3）。

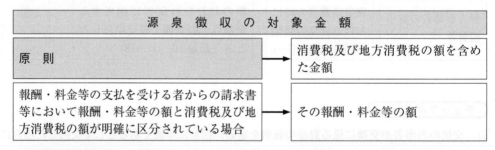

☆　**運送業者が荷送人に代わって付保**（委任を受けて運送業者名で運送保険を締結する。）**する場合の保険料**について、立替金又は仮払金としている場合におけるその保険料相当額は、課税資産の譲渡等の対価の額に含めないこととすることができます。

　なお、運送業者自らが保険契約者となる損害賠償責任保険に係る保険料の額は、運送業者の処理のいかんにかかわらず、課税資産の譲渡等の対価の額に含めます。

☆　**売買契約等において本体価額と消費税及び地方消費税に相当する額とを明らかにしていない場合**におけるその課税資産の譲渡等の対価の額は、消費税及び地方消費税の額を含んでいることになります。

第2　特定課税仕入れに係る課税標準

1　いわゆる「リバースチャージ方式」の概要

　消費税法においては、資産の譲渡等を行った事業者がその資産の譲渡等に係る申告・納税を行うこととされていますが、電気通信利用役務の提供（570ページ参照）のうち「事業者向け電気通信利用役務の提供」（573ページ参照）の課税方式については、国外事業者からその役務の提供を受けた国内事業者が、その役務の提供に係る申告・納税を行う、いわゆる「リバースチャージ方式」が導入されています。

　具体的には、「事業者向け電気通信利用役務の提供」及び後述する「特定役務の提供」を「特定資産の譲渡等」といい（法2①八の二）、事業として他の者から受けた「特定資産の譲渡等」を「特定仕入れ」といいますが、「特定仕入れ」には消費税が課されます（法4①）。

　また、課税仕入れのうち「特定仕入れ」に該当するものを「特定課税仕入れ」といいますが、事業者は、国内において行った「特定課税仕入れ」について消費税を納める義務があります（法5①）。

2　課税標準

　特定課税仕入れに係る消費税の課税標準は、「特定課税仕入れに係る支払対価の額」㊟とされています（法28②）。

　なお、特定課税仕入れが他の者から受けた特定役務の提供に係るものである場合において、事業者が支払う金額が、源泉所得税に相当する金額を控除した残額であるときであっても、特定課税仕入れに係る支払対価の額は、源泉徴収前の金額となります（基通10―2―1）。

　㊟　「特定課税仕入れに係る支払対価の額」とは、特定課税仕入れに係る支払対価につき、対価として支払い、又は支払うべき一切の金銭又は金銭以外の物若しくは権利その他経済的な利益の額をいい、この場合の「支払うべき」とは、その特定課税仕入れに係る当事者間で授受することとした対価の額をいいます。

　　　また、「金銭以外の物若しくは権利その他経済的な利益」とは、実質的に特定課税仕入れに係る支払対価と同様の経済的効果をもたらすものをいいます。

チェックポイント

☆　事業者が、特定課税仕入れを行った場合であっても、次の①又は②に該当する課税期間については、当分の間、その特定課税仕入れはなかったものとされますので、リバースチャー

ジ方式による申告を行う必要はありません。また、仕入税額控除も行えません（平27改正法附則42、44②）。

① 一般課税により申告する課税期間であって、その課税売上割合が95％以上の課税期間
② 簡易課税制度が適用される課税期間

第4節　課税売上げ等に係る消費税額の計算

<h1 style="text-align:center">第3　税率</h1>

　消費税の税率は、令和元年10月1日から7.8％又は6.24％の複数税率とされています（法29、平28改正法附則34①）。

　また、地方消費税は、消費税額を課税標準額とし、その税率は22/78（消費税率に換算すると2.2％又は1.76％相当）とされていますので、消費税と地方消費税とを合わせた税率は、10％又は8％になります（地方税法第72条の83）。

　なお、平成元年4月1日から平成9年3月31日までの間は3％（消費税率のみの単一税率）、平成9年4月1日から平成26年3月31日までの間は5％（消費税率4％＋地方消費税率1％（消費税率換算））、平成26年4月1日から令和元年9月30日までの間は8％（消費税率6.3％＋地方消費税率1.7％（消費税率換算））とされていました。

1　消費税率等

　消費税率及び地方消費税率は、次表のとおりです。

税率 区分	標準税率	軽減税率
消　費　税　率	7.8％	6.24％
地方消費税率	消費税率換算　2.2％ （消費税額の22/78）	消費税率換算　1.76％ （消費税額の22/78）
合　　　計	10.0％	8.0％

（注）　令和元年10月1日からの消費税率の引上げに伴い、低所得者に配慮する観点から、軽減税率制度が実施されています（税制抜本改革法7、平28改正法附則34①）（286ページ参照）。

（チェックポイント）

☆　税制抜本改革法による改正後の消費税法は、令和元年10月1日以後に行われる資産の譲渡等並びに課税仕入れ及び保税地域からの課税貨物の引取り（以下「課税仕入れ等」といいます。）について適用されますので、同年9月30日までに締結した契約に基づき行われる資産の譲渡等及び課税仕入れ等であっても、これらが同年10月1日以後に行われる場合、次の2の税率引上げに伴う経過措置の適用があるときを除き、その資産の譲渡等及び課税仕入れ等については、改正後の消費税法が適用されます（税制抜本改革法附則15、経過措置通達2）。

　また、令和元年9月30日までに他から仕入れた資産を同年10月1日以後に販売する場合、次の2の税率引上げに伴う経過措置の適用があるときを除き、資産の譲渡等については改

－ 263 －

正後の消費税法が、その資産の課税仕入れ等については改正前の消費税法が適用されます（経過措置通達3）。

> **例①**　出荷基準を採用している事業者が、令和元年9月30日以前に出荷した商品については、6.3％の税率が適用されますので、この商品の仕入れを行う事業者が令和元年10月1日以降に検収基準によって仕入れを計上する場合においても、6.3％の税率により仕入税額控除の計算を行うこととなります。

> **例②**　毎年9月20日を決算締切日として法人税基本通達2―6―1《決算締切日》の取扱いを適用しているような場合であっても、令和元年9月21日から同月30日までの間に行われる資産の譲渡等及び課税仕入れ等については、改正前の消費税法が適用されることになります。
>
> 　なお、継続的に、売上げ及び仕入れの締切日を一致させる処理をしている場合、令和元年9月21日から同月30日までの間における売上げ及び仕入れについては、令和元年10月分の売上げ及び仕入れとして、消費税の申告をすることも認められます。

> **例③**　令和元年9月1日に、その契約期間を同日から1年間として料金を年額で定めたコピー機等のメンテナンス契約を締結した場合、その役務の提供が年ごとに完了するものである場合には、その資産の譲渡等の時期は役務の全部を完了する日である令和2年8月31日となり、令和元年10月1日以後に行う課税資産の譲渡等となりますから、原則として、改正後の消費税法が適用されます。
>
> 　ただし、1年分の対価を受領することとしており、中途解約時の未経過部分について返還の定めがない契約において、事業者が継続してその対価を受領した時点の収益として計上しているときには、令和元年9月30日までに収益として計上したものについては、改正前の消費税法を適用することも認められます。

> **例④**　令和元年10月1日前に行った商品の販売について、同日以後に商品が返品され、対価の返還等を行った場合には、6.3％の税率により売上げに係る対価の返還等に係る消費税額の計算を行います（税制抜本改革法附則11、16）。
>
> 　ただし、合理的な方法により継続して返品等の処理を行っている場合には、事業者が継続している方法により計算を行うことも認められます。
>
> 　したがって、例えば、10月中に返品を受けた商品は、9月中の販売に対応するものとして事業者が継続して返品等の処理を行っている場合には、令和元年10月中の返品については令和元年9月中の販売に対応するものとして、売上げに係る対価の返還等に係る消費税額を計算することも認められます。
>
> 　なお、このように取り扱う場合には、取引当事者間において取り交わす請求書等に適用税率を明記し、取引の相手方は、その請求書等に記載された税率により仕入れに係る対価の返還等に係る消費税額の計算を行うこととなります。

> **例⑤** 12月決算法人である事業者が、平成30年12月に、平成31年1月から令和元年12月までの1年間の保守契約を月極め料金（平成31年1月から令和元年9月分までの保守料金には6.3％の税率を適用し、令和元年10月から12月分までの保守料金には7.8％の税率を適用）で締結して1年分の保守料金を支払い、平成30年12月期の法人税の申告において、法人税基本通達2—2—14《短期の前払費用》の規定の適用を受けている場合、平成30年12月期に係る消費税の申告における保守料金に係る仕入税額控除の計算は、平成31年1月から令和元年9月分までの保守料金についてのみ、仕入税額控除を行い、令和元年10月から12月分までの保守料金については、仮払金として翌課税期間に繰り越し、翌課税期間に7.8％の税率を適用して仕入税額控除を行うこととなります。
> 　なお、1年分の保守料金について6.3％の税率を適用して仕入税額控除を行い、翌課税期間において、令和元年9月分から12月分までの保守料金について6.3％の税率を適用して仕入れに係る対価の返還を受けたものとして処理した上で、改めて7.8％の税率を適用して仕入税額控除を行うこともできます。

2 税率引上げに伴う経過措置

令和元年10月1日から適用されている税率引上げに伴う経過措置は、次のとおりです。

(1) 旅客運賃等

事業者が、旅客運賃、映画又は演劇を催す場所への入場料金その他の不特定かつ多数の者に対する課税資産の譲渡等に係る対価で、次のものを平成26年4月1日から令和元年9月30日までの間に領収している場合において、その対価の領収に係る課税資産の譲渡等を令和元年10月1日以後に行うときには、その課税資産の譲渡等については、6.3％の税率が適用されます（税制抜本改革法附則5①、16①、平26改正令附則4①）。

イ　汽車、電車、乗合自動車、船舶又は航空機に係る旅客運賃（料金を含みます。）
ロ　映画、演劇、演芸、音楽、スポーツ又は見せ物を不特定かつ多数の者に見せ、又は聴かせる場所への入場料金
ハ　競馬場、競輪場、小型自動車競走場又はモーターボート競走場への入場料金
ニ　美術館、遊園地、動物園、博覧会の会場その他不特定かつ多数の者が入場する施設又は場所でこれらに類するものへの入場料金

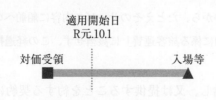

第2章　国内取引に係る消費税

チェックポイント

☆　旅客運賃又は入場料金を平成26年4月1日から令和元年9月30日までの間に領収している場合とは、具体的にはおおむね次のような場合がこれに該当します（経過措置通達4）。

区　　分	領収している場合
①　乗車、入場又は利用（以下「乗車等」といいます。）をすることができる日が令和元年10月1日以後の特定の日に指定されている乗車券、入場券又は利用券等（以下「乗車券等」といいます。）	平成26年4月1日から令和元年9月30日までの間に販売した場合（前売指定席券、前売入場券等）
②　乗車等の日が令和元年10月1日以後の一定の期間又は同日前から同日以後にわたる一定の期間の任意の日とされている乗車券等	平成26年4月1日から令和元年9月30日までの間に販売した場合（回数券等）
③　令和元年10月1日の前後を通じて又は同日以後の一定期間継続して乗車等することができる乗車券等（定期乗車券等）	平成26年4月1日から令和元年9月30日までの間に販売した場合
④　スポーツ等を催す競技場等における年間予約席等について、令和元年10月1日前後を通じて又は同日以後の一定期間継続して独占的に利用させるため、あらかじめその一定期間分の入場料金を一括して領収することを内容とする契約	平成26年4月1日から令和元年9月30日までの間に締結している場合（プロ野球の年間予約席等）

☆　いわゆるチケットレスサービスによる乗車等の乗車券等が発行されない場合であっても、その旅客運賃等を平成26年4月1日から令和元年9月30日までの間に領収しているときにおいて、この経過措置が適用されます。

☆　利用者が平成26年4月1日から令和元年9月30日までの間にICカードに現金をチャージ（入金）し、令和元年10月1日以後にそのICカードにより乗車券等を購入し、又は乗車等する場合、利用者によってICカードに現金がチャージ（入金）された時点では、乗車券等の販売を行っていることになりませんので、この経過措置は適用されません。

☆　令和元年10月1日以後に開催するディナーショーについて、その料金を平成26年4月1日から令和元年9月30日までの間に領収している場合、その料金は、「映画、演劇、演芸、音楽、スポーツ又は見せ物を不特定かつ多数の者に見せ、又は聴かせる場所への入場料金」に該当しますので、この経過措置が適用されます。

　なお、ディナークルーズと称し、クルーザーで遊覧航行しながら飲食を提供する場合のそのサービスは、飲食の提供を主目的とするものであり、遊覧航行は飲食を提供する場所に付加価値を与えるものですから、たとえそのサービス内容に船舶への乗船が含まれているとしても、その料金は「船舶に係る旅客運賃」に該当せず、この経過措置は適用されません。

(2)　電気料金等

　事業者が継続的に供給し、又は提供することを約する契約に基づき、令和元年10月

１日前から継続して供給し、又は提供している次のイの課税資産の譲渡等並びに令和元年10月１日前から継続して提供を受けている特定課税仕入れで、同日から同月31日までの間に料金の支払を受ける権利又は支払義務が確定するもの（令和元年10月１日以後初めて料金の支払を受ける権利又は支払義務が確定する日が同月31日より後である課税資産の譲渡等又は特定課税仕入れにあっては、その確定した料金のうち、次のロの部分に対応する部分に係るものに限ります。）については、6.3％の税率が適用されます（税制抜本改革法附則５②、16①、平26改正令附則４②～④）。

イ　次に掲げる課税資産の譲渡等で、検針その他これに類する行為に基づき料金の支払を受ける権利が確定するもののうち、特定資産の譲渡等に該当しないもの

　(イ)　電気の供給

　(ロ)　ガスの供給

　(ハ)　水道水又は工業用水の供給及び下水道を使用させる行為

　(ニ)　電気通信事業法第２条第３号に規定する電気通信役務の提供

　(ホ)　熱供給（熱供給事業法第２条第１項に規定する熱供給をいいます。）及び温泉の供給

　(ヘ)　灯油（揮発油等の品質の確保等に関する法律第２条第11項に規定する灯油をいいます。）の供給

ロ　次の算式により計算した金額に係る部分

(算式)

令和元年10月１日以後初めて支払を受ける権利又は支払義務が確定する料金 × $\dfrac{\text{前回確定日（注１）から令和元年10月31日までの期間の月数（注２）}}{\text{前回確定日（注１）から令和元年10月１日以後初めて料金の支払を受ける権利又は支払義務が確定する日までの期間の月数（注２）}}$

(注)１　その直前の料金の支払を受ける権利又は支払義務が確定した日をいいます。

　　２　月数は、暦に従って計算し、１月に満たない端数を生じたときは、これを１月とします。

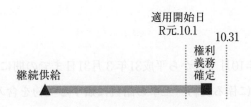

チェックポイント

☆　「継続的に供給し、又は提供することを約する契約」とは、上記(2)イに掲げる課税資産の譲渡等を不特定多数の者に対して継続して行うために定められた供給規定、提供約款等

に基づく条件により、長期間にわたって継続して供給し、又は提供することを約する契約をいい、プロパンガスの供給契約で、ボンベに取り付けられた内容量メーターにより使用量を把握して料金が確定される内容のものもこれに含まれます（経過措置通達5）。

☆ 「料金の支払を受ける権利又は支払義務が確定するもの」とは、電気、ガス、灯油、水道水等の使用量を計量するために設けられた電力量計その他の計量器を定期的に検針その他これに類する行為により確認する方法等により、一定期間における使用量を把握し、これに基づき料金が確定するものをいいます（経過措置通達6）。

☆ 経過措置の適用についての主な具体例は次のとおりです。

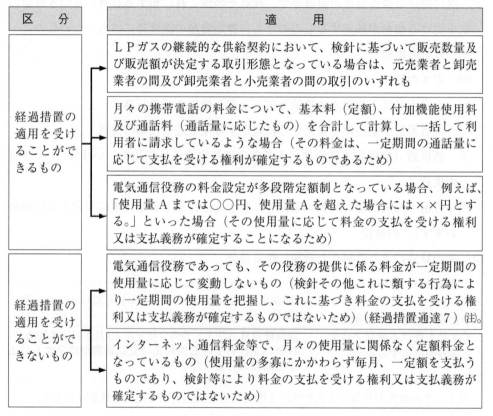

(注) この経過措置における電気通信役務とは、電気通信事業法第2条第3号《定義》に規定する電気通信役務をいい、例えば、電話、インターネット接続に係る役務等がこれに該当します。

(3) 工事の請負等

　事業者が、平成25年10月1日から平成31年3月31日までの間に締結した工事（製造を含みます。）の請負に係る契約（工事の請負に類する契約を含みます。）に基づき、令和元年10月1日以後にその契約に係る課税資産の譲渡等を行う場合、その課税資産の譲渡等（平成31年4月1日以後にその契約に係る対価の額が増額された場合には、その増額される前の対価の額に相当する部分に限ります。）については、6.3％の税率

が適用されます（税制抜本改革法附則5③⑧、16①②、平26改正令附則4⑤）。

　なお、事業者が、この経過措置の適用を受けた課税資産の譲渡等を行った場合には、その相手方に対してその課税資産の譲渡等がこの経過措置の適用を受けたものであることについて**書面により通知**しなければなりません。

　㊟　工事の請負に類する契約とは、測量、地質調査、工事の施工に関する調査、企画、立案及び監理並びに設計、映画の制作、ソフトウエアの開発その他の請負に係る契約（委任その他の請負に類する契約を含みます。）で、仕事の完成に長期間を要し、かつ、その仕事の目的物の引渡しが一括して行われることとされているもののうち、その契約に係る仕事の内容につき相手方の注文が付されているもの（建物の譲渡に係る契約で、その建物の内装若しくは外装又は設備の設置若しくは構造についてのその建物の譲渡を受ける者の注文に応じて建築される建物に係るものを含みます。）をいいます。

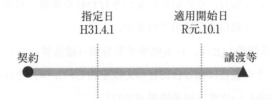

　◯チェックポイント

☆　**契約の締結時期等**に関するチェックポイントは、次のとおりです。

　①　この経過措置における契約には、平成31年3月31日までに既存の契約を変更した場合におけるその変更後の契約も含まれます（経過措置通達8）。

　②　平成31年4月1日以後に締結された契約に基づく工事の請負等には、この経過措置は適用されません（経過措置通達9）。

　㊟　平成31年4月1日以後に締結された契約に基づき令和元年10月1日以後にその契約に係る目的物の引渡しが行われる工事の請負であっても、消費税法第17条第1項《工事の請負に係る資産の譲渡等の時期の特例》に規定する長期大規模工事又は同条第2項に規定する工事の請負に係る契約に基づき、同日以後にその契約に係る目的物の引渡しを行う場合において、その長期大規模工事又は工事に係る対価の額についてこれらの規定の適用を受けるときには、281ページの(7)「工事の請負に係る資産の譲渡等の時期の特例を受ける場合」の経過措置を適用することになります。

　③　平成25年10月1日から平成31年3月31日までの間に契約を締結した工事の請負等であれば、令和元年10月1日前に着手するかどうか、また、その契約に係る対価の全部又は一部を収受しているかどうかにかかわらず、この経過措置が適用されます。

　④　例えば、受注した建設工事の全部を下請会社に発注したような場合には、個々の取引ごとに、その契約の締結時期及び工事の内容がこの経過措置の適用要件を満たすかどうかを判断することになります。

☆　**「工事の請負に係る契約」**に関するチェックポイントは、次のとおりです。

① 「工事の請負に係る契約」とは、日本標準産業分類（総務省）の大分類に掲げる建設業（中分類の総合工事業、職別工事業及び設備工事業）に係る工事につき、その工事の完成を約し、かつ、それに対する対価を支払うことを約する契約をいいます（経過措置通達10）。

② 事業者が機械設備等の販売に伴いその据付工事を行う場合で、その機械設備等の販売に係る契約において、その据付工事の対価の額を合理的に区分しているときには、その据付工事については、この経過措置における工事の請負に係る契約に基づく工事に該当するものとして、この経過措置が適用されます（経過措置通達12）。

なお、契約書の名称が「機械販売契約書」等となっていても、その契約内容が機械設備の製造を請け負うものであり、その製造請負の対価が据付工事に係る対価を含んだところで契約されている場合、その契約に基づき行われる機械の製造及び据付工事は、その全体についてこの経過措置が適用されます。

☆ 「**製造の請負に係る契約**」とは、日本標準産業分類（総務省）の大分類に掲げる製造業に係る製造につき、その製造に係る目的物の完成を約し、かつ、それに対する対価を支払うことを約する契約をいいます（経過措置通達11）。

(注) 製造物品であっても、その製造がいわゆる見込み生産によるものは、「製造の請負に係る契約」によって製造されたものになりませんので、この経過措置は適用されません。

☆ 「**工事の請負に係る契約に類する契約**」に関するチェックポイントは、次のとおりです。

① 「工事の請負に係る契約に類する契約」には、「その他の請負に係る契約」及び「委任その他の請負に類する契約」が該当します。

なお、この経過措置の対象となるものは、これらの契約のうち、その仕事の目的物の引渡しが一括して行われることとされているなど、一定の要件を満たすものに限られますので、個々の契約の内容により経過措置の適用の有無を判断することになります。

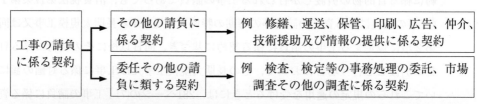

② 「工事の請負に係る契約に類する契約」については、「仕事の完成に長期間を要するものであること」が要件とされていますが、「測量、地質調査、工事の施工に関する調査、企画、立案及び監理並びに設計、映画の制作、ソフトウエアの開発その他の請負に係る契約（委任その他の請負に類する契約を含みます。）」は、仕事の性質上、その仕事が完成するまでに長期間を要するのが通例ですので、実際の仕事の完成までの期間の長短については問わないものとして取り扱うことができます。

③ 「工事の請負に係る契約に類する契約」については、「仕事の目的物の引渡しが一括して行われること」が要件とされています。

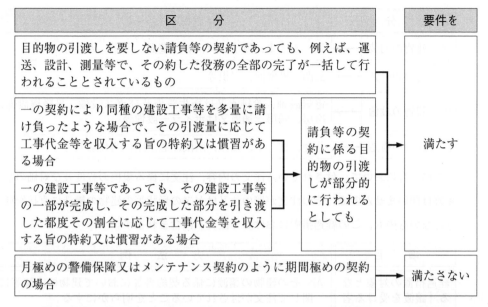

④ 「工事の請負に係る契約に類する契約」については、「仕事の内容につき相手方の注文が付されている」契約であることが要件とされていますが、この契約とは、例えば、次のようなものをいい、注文の内容、注文に係る規模の程度及び対価の額の多寡を問いません。

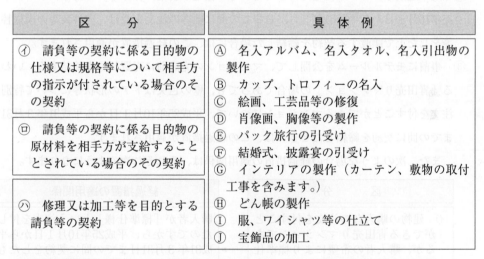

☆ 「建物の譲渡に係る契約」に関するチェックポイントは、次のとおりです。

① 「建物の譲渡に係る契約で、その建物の内装若しくは外装又は設備の設置若しくは構造についてのその建物の譲渡を受ける者の注文に応じて建築される建物に係るもの」には、譲渡契約に係る建物について、注文者が壁の色又はドアの形状等について特別の注文を付すことができることとなっているものも含まれます（経過措置通達13）。

この場合における「注文」とは、例えば、次に掲げる区分に応じ、それぞれに掲げるものにつき付される注文をいいます。

区　分	建物に係るもの
㋑　建物の内装	畳、ふすま、障子、戸、扉、壁面、床面、天井等
㋺　建物の外装	玄関、外壁面、屋根等
㋩　建物の設備	電気設備、給排水又は衛生設備及びガス設備、昇降機設備、冷房、暖房、通風又はボイラー設備等
㋥　建物の構造	基礎、柱、壁、はり、階段、窓、床、間仕切り等

　この場合において、付されている注文の内容、注文に係る規模の程度及び対価の額の多寡は問いませんので、その注文が壁の色又はドアの形状等の建物の構造に直接影響を与えないものも、この経過措置における「注文」に含まれます。

項　目	方　法　例
経過措置の対象となる「譲渡を受ける者の注文に応じて建築される建物」であることを明らかにする方法	Ⓐ　その建物の譲渡に係る契約書等において建物の内装等に関して注文が付されていることを明らかにする。 Ⓑ　取引の前提条件を示す申込約款等において、いわゆるオプションを受け付ける部分を明示して、どの部分のオプションを受けたのかを申込書等において明らかにする。

②　既に建設されている住宅であっても、その住宅が新築に係るものであり、かつ、平成25年10月1日から平成31年3月31日までの間に顧客の注文を受け、内外装等の模様替え等をした上で譲渡する契約を締結した場合には、この経過措置が適用されます。

③　事前にモデルルームを公開して、マンションの完成前に売買契約を締結する、いわゆる「青田売りマンション」の場合であっても、壁の色又はドアの形状等について特別の注文を付すことができるマンションについて、平成25年10月1日から平成31年3月31日までの間に契約を締結したときには、この経過措置が適用されます。

　また、次のような場合の経過措置の適用関係は、それぞれ次のようになります。

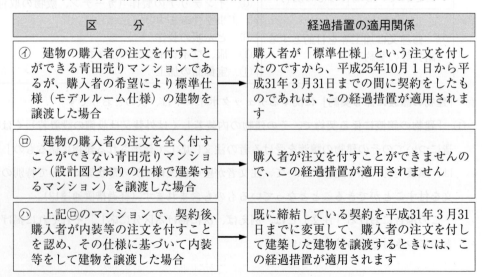

区　分	経過措置の適用関係
㋑　建物の購入者の注文を付すことができる青田売りマンションであるが、購入者の希望により標準仕様（モデルルーム仕様）の建物を譲渡した場合	購入者が「標準仕様」という注文を付したのですから、平成25年10月1日から平成31年3月31日までの間に契約をしたものであれば、この経過措置が適用されます
㋺　建物の購入者の注文を全く付すことができない青田売りマンション（設計図どおりの仕様で建築するマンション）を譲渡した場合	購入者が注文を付すことができませんので、この経過措置が適用されません
㋩　上記㋺のマンションで、契約後、購入者が内装等の注文を付すことを認め、その仕様に基づいて内装等をして建物を譲渡した場合	既に締結している契約を平成31年3月31日までに変更して、購入者の注文を付して建築した建物を譲渡するときには、この経過措置が適用されます

第4節　課税売上げ等に係る消費税額の計算

☆　「対価の額の変更」に関するチェックポイントは、次のとおりです。

①　平成31年4月1日以後に請負金額（対価の額）が増額された場合には、その増額された対価の部分についてこの経過措置の適用を受けることができませんが、その増額された対価の部分については、その増額が工事（製造を含みます。）に係る目的物の引渡し以前に確定した場合にはその引渡しの日を含む課税期間、引渡し後に確定した場合にはその確定をした日を含む課税期間における消費税の課税標準額に算入することになります（経過措置通達14）。

　㊟　工事（製造を含みます。）の請負契約において、その契約に係る役務の提供の性質上、その契約に係る目的物の対価の額をあらかじめ定めることができないものにつき、あらかじめ定めた単価の額（一の役務の提供を単位とする対価をいいます。）にその目的物に係る役務の提供量を乗じた金額をその目的物に係る対価の額とすることを定めている場合に、その単価の額に増額があったときには、その増額された部分の金額にその目的物に係る役務の提供量を乗じて計算した金額について、この取扱いが適用されます。

②　平成31年4月1日以後に請負金額（対価の額）の増額又は減額が行われた場合には、当初契約の請負金額と最終の請負金額との差額により次のように取り扱われます。

　㊟1　平成31年3月31日までに締結した変更契約により当初契約の請負金額を増額又は減額している場合には、その変更後の請負金額を基に判定します。

　　2　増額の理由が、追加工事など、当初の工事契約において定められていなかったことによる場合には、その追加工事ごとにこの経過措置が適用されるかどうかを判断します。

区　　分	経過措置の適用関係	具　体　例
㋑　最終の請負金額が当初契約の請負金額より少ない場合	最終の請負金額の全額がこの経過措置の対象となります	㋕　次のような場合には、70万円についてこの経過措置が適用されます。 Ⓐ　当初契約の請負金額　　100万円 Ⓑ　減額後の請負金額　　40万円（▲60万円） Ⓒ　最終の請負金額　　70万円（＋30万円）
㋺　最終の請負金額が当初契約の請負金額より多い場合	当初契約の請負金額を超える部分については、経過措置は適用されません（7.8％の税率が適用されます）	㋕　次のような場合には、100万円についてこの経過措置が適用され、増額分の20万円についてはこの経過措置は適用されず、7.8％の税率が適用されます Ⓐ　当初契約の請負金額　　100万円 Ⓑ　増額後の請負金額　　150万円（＋50万円） Ⓒ　最終の請負金額　　120万円（▲30万円）

☆　その他のこの経過措置に関するチェックポイントは、次のとおりです。

①　この経過措置の適用を受ける工事に要する課税仕入れであっても、令和元年10月1日

— 273 —

以後の課税仕入れについては、経過措置の適用を受けるものでない限り、7.8％の税率を適用して課税仕入れに係る消費税額（仕入控除税額）を計算します。

② 契約書その他の書類を作成しているかどうかは、この経過措置の適用を受けるための要件ではありませんが、経過措置の適用があることを明らかにするためには、契約の締結時期及び仕事の内容が経過措置の適用要件を満たすことについて、契約書その他の書類により明らかにしておく必要があります。

③ 事業者がこの経過措置の適用を受けた課税資産の譲渡等を行った場合には、その相手方に対してその課税資産の譲渡等がこの経過措置の適用を受けたものであることを書面により通知しなければなりませんが、その通知は、消費税法第30条第9項《請求書等の範囲》に規定する請求書等にその旨を表示することにより行うことができます（経過措置通達22）。

なお、この通知をしたかどうかは、経過措置の適用関係に影響するものではありません。

☆ 地方公共団体では、一定金額を超える工事を発注するには、予算上の制約等から議会の承認（議決）を得ることとなっており、議会の承認を得る前に入札等により請負業者、請負金額等が決定している場合には、請負業者との間で、「議会の承認を得た場合に本契約を締結し工事を実施する」旨を定めた仮契約を締結することがあります。

地方公共団体が締結したその仮契約は、議会の承認を得た場合には本契約を締結し、工事を実施することを内容とするものですから、一種の停止条件付請負契約であると考えられます。このような停止条件付契約も、「工事の請負に係る契約」に含まれますから、平成25年10月1日から平成31年3月31日までの間に仮契約したその工事については、この経過措置が適用されます。

☆ この経過措置が適用されない工事等のうち、令和元年10月1日前後の取引については、次のとおり取り扱うこととなります。

① 建設工事等（消費税法第17条《工事の請負に係る資産の譲渡等の時期の特例》の規定を受けるものを除きます。）について、消費税法基本通達9－1－8《部分完成基準による資産の譲渡等の時期の特例》に掲げる事実がある場合には、その建設工事等の全部が完成しないときにおいても、その課税期間において引き渡した建設工事等の量又は完成した部分に対応する工事代金に係る資産の譲渡等の時期については、その引渡しを行った日とすることとされています。

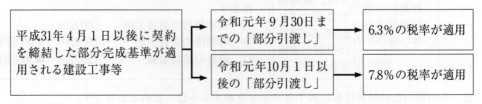

② 例えば、9月決算法人である事業者が、平成31年4月1日以後に下請業者との間で建

設工事等の請負契約を締結し、令和元年10月１日以後に下請業者からこの建設工事等の目的物の引渡しを受ける場合には、7.8％の税率が適用されますが、この事業者が消費税法基本通達11―６―６《元請業者が作成する出来高検収書の取扱い》を適用する場合の令和元年９月課税期間に係る消費税の申告は、次のとおり行うこととなります。なお、この場合において、令和元年10月１日前に出来高検収により支払った金額については、上記①の部分完成基準の場合と異なり、部分引渡しが行われているものではありませんので、目的物の引渡しが行われた日の税率である7.8％が適用されます。

課税期間	仕入税額控除
令和元年９月課税期間	令和元年９月30日までに出来高検収書に基づき支払った工事代金について、6.3％の税率を適用して仕入税額控除
この建設工事等の目的物の引渡しを受けた課税期間	既に6.3％の税率に基づき仕入税額控除をした部分について仕入対価の返還を受けたものとして処理した上で、改めて7.8％の税率に基づき仕入税額控除

③　例えば、事務機器の保守サービスを行っている事業者が、年間契約（月額○○円）で保守サービスを締結し、月ごと（20日締め）に作業報告書を作成して保守料金を請求している場合の令和元年９月21日から同年10月20日までの期間に対応する保守サービスについては、この保守サービスの役務提供の完了した日である同年10月20日における7.8％の税率が適用されます。

㊟　１か月分の料金を日割り計算する等により、９月21日から９月30日の期間に相当する金額を算出することも可能ですが、このような取引は、毎月20日締めとしている１か月分の計算期間が一の取引単位であると認められますので、その取引単位ごとに同一の税率が適用されます。

④　例えば、事務機器の保守サービスを行う事業者が、次の④から◎のような契約内容の保守契約を令和元年９月30日までに締結し、同日までに１年間分の保守料金を一括収受した上で、前受金として計上して、毎月の役務の提供の完了の都度、収益に計上している場合には、役務の提供が月々完了すると認められますので、資産の譲渡等の時期は現実に毎月の役務提供が完了する時であり、その時の消費税率が適用されます。

したがって、令和元年10月１日以後に役務の提供が完了するものについては、7.8％の税率が適用されます（基通９―１―５、９―１―27）。

保守契約	契　約　内　容
	Ⓐ　中途解約があった場合には、未経過期間分の保守料金を返還する。
	Ⓑ　保守サービスは、月額○○円の年間契約とする。
	Ⓒ　契約期間は、令和元年10月１日から１年間とする。

☆　例えば、建設工事等に係る目的物の完成前（平成26年４月１日から令和元年９月30日ま

第2章　国内取引に係る消費税

での間）に行ったその建設工事等のための課税仕入れの金額を未成工事支出金として経理したものについて、目的物の引渡しが令和元年10月１日以後であるので、消費税法基本通達11―3―5《未成工事支出金》を適用し、目的物の引渡しをした日（令和元年10月１日以後）の属する課税期間における課税仕入れとする場合であっても、適用される税率は6.3%となります。

　　㊟　未成工事支出金として経理した課税仕入れ等について、目的物の引渡しをした日の属する課税期間における課税仕入れ等をすることは、継続適用を条件に認められています（基通11―3―5）。

☆　例えば、建設工事等に係る目的物の完成前（平成26年４月１日から令和元年９月30日までの間）に行ったその建設工事等のための課税仕入れの金額を建設仮勘定として経理したものについて、目的物の完成が令和元年10月１日以後であるので、消費税法基本通達11―3―6《建設仮勘定》を適用し、目的物の完成した日（令和元年10月１日以後）の属する課税期間における課税仕入れとする場合であっても、適用される税率は6.3%となります。

⑷　資産の貸付け

　事業者が、平成25年10月１日から平成31年３月31日までの間に締結した資産の貸付けに係る契約に基づき、令和元年10月１日前から同日以後引き続きその契約に係る資産の貸付けを行っている場合において、その契約の内容が、次の「イ及びロ」又は「イ及びハ」に掲げる要件に該当するときには、同日以後に行うその資産の貸付けについては、6.3%の税率が適用されます（税制抜本改革法附則5④⑧、16①②、平26改正令附則4⑥）。

イ　その契約に係る資産の貸付けの期間及びその期間中の対価の額が定められていること
ロ　事業者が事情の変更その他の理由によりその対価の額の変更を求めることができる旨の定めがないこと

ハ	契約期間中に当事者の一方又は双方がいつでも解約の申入れをすることができる旨の定めがないこと	及び	$\dfrac{その契約期間中に支払われるその資産の貸付けの対価の額の合計額}{その貸付けに係る資産の取得に要した費用の額 ＋ 付随費用の額（利子又は保険料の額を含みます。）} \geq 90\%$	であるようにその契約において定められていること

　ただし、平成31年４月１日以後にその資産の貸付けの対価の額の変更が行われた場合には、その変更後におけるその資産の貸付けについては、この経過措置は適用されません。

　なお、事業者が、この経過措置の適用を受けた課税資産の譲渡等を行った場合には、その相手方に対してその課税資産の譲渡等がこの経過措置の適用を受けたものである

ことについて**書面により通知**しなければなりません。

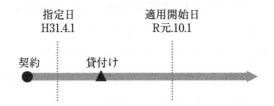

> チェックポイント

☆ **契約の締結時期等**に関するチェックポイントは、次のとおりです。

① この経過措置における契約には、平成31年3月31日までに既存の契約を変更した場合におけるその変更後の契約も含まれます（経過措置通達8）。

したがって、例えば、事務所の賃貸借契約において、当初契約では対価の額の変更を求めることができることとしていたものを、同年4月1日前の変更契約において対価の額の変更ができないこととした場合、その変更後の賃貸借契約については、「対価の額の変更を求めることができる旨の定めがないこと」の要件を満たすことになります。

② 例えば、当初の貸付期間が令和元年10月1日を含む2年間で、その後2年ごとに自動継続するような契約の場合には、自動継続条項があるとしても、契約における当初の貸付期間は2年間ですから、その2年間のうち、令和元年10月1日以後に行われる貸付けのみがこの経過措置の対象となります。

㊟ 自動継続条項のある賃貸借契約で、例えば、解約するときには貸付期間満了日の〇月前までに申し出ることとされている場合、解約申出期限を経過したときに当事者間の合意、すなわち新たな契約の締結があったものと考えるのが相当ですから、平成25年10月1日から平成31年3月31日までの間に解約申出期限が経過して自動継続された契約に基づき、令和元年10月1日前から同日以後引き続き貸付けを行う場合には、その自動継続後の貸付けで同日以後行われるものについてこの経過措置が適用されます。

なお、平成31年4月1日以後に解約申出期限が経過して自動継続された場合には、その自動継続後の貸付けについてこの経過措置は適用されません。

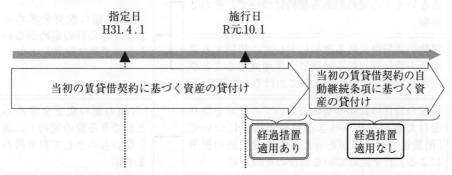

③ 「令和元年10月1日前から同日以後引き続きその契約に係る資産の貸付けを行ってい

る場合」とは、その貸付けに係る資産の賃借人への貸付けのための引渡しが平成26年4月1日から令和元年9月30日までの間に行われ、かつ、令和元年10月1日以後も引き続き貸付けを行っている場合をいいます（経過措置通達16）。

☆ 「**対価の額が定められていること**」に関するチェックポイントは、次のとおりです。

① 「対価の額が定められている」とは、契約において、その契約期間中の対価の総額が具体的な金額により定められている場合又は総額が計算できる具体的な方法が定められている場合をいいます。

区　　分	具　体　例
対価の額が定められているもの	契約期間中の賃貸料の総額を定めているもの
	賃貸料の年額、月額等を、例えば、「年（月）額○○円」と定めており、これに契約期間の年数、月数等を乗じることにより、契約期間中の賃貸料の総額を計算できるもの
	貸付けに係る資産の数量及び賃貸料の月額単価を、例えば、「○台貸付け、1台当たり月額○○円とする。」と定めており、これに資産の数量及び契約期間の月数を乗じることにより、契約期間中の賃貸料の総額を計算できるもの
	例えば、貸付期間を2年間とし、その期間中の賃貸料につき最初の1年間は月20万円、残りの1年間は月15万円としているような契約の場合
対価の額が定められていないもの	建物の賃貸料を、例えば、「定額料金○○円に売上金額の○％相当額を加算した額とする。」と定めているもの
	建物の賃貸料を、例えば「その年の固定資産税の○倍とする。」と定めているもの

☆ 「**対価の額の変更を求めることができる旨の定めがないこと**」に関する判定例は、次のとおりです（経過措置通達17、18）。

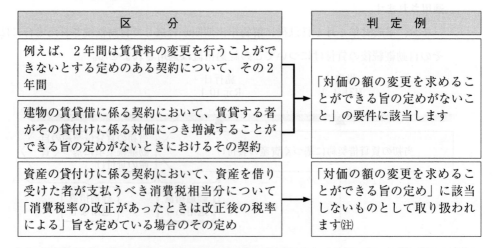

(注) 「消費税率の改正があったときは改正後の税率による」旨の定めに基づき、平成31

第4節　課税売上げ等に係る消費税額の計算

　　年4月1日以後に賃貸料の額を変更した場合には、その変更後におけるその資産の
　　貸付けについては、この経過措置は適用されません。
☆　その他のこの経過措置に関するチェックポイントは、次のとおりです。
　①　事業者が、資産の貸付けを行っている場合において、その貸付けに係る資産が、その
　　事業者が他の者から借り受けているものであるときには、事業者がその貸付けに係る資
　　産を取得したものではありませんので、「解約の申入れをすることができる旨の定めが
　　ないこと及び資産の取得に要した費用等の額のうちに資産の貸付けの対価の額の占める
　　割合が90/100以上であるように契約において定められていること」の要件に該当しない
　　ことになります。
　　　したがって、他の者から資産を借り受け、その資産の貸付けを行ういわゆる転貸につ
　　いて、この経過措置が適用されるのは、「貸付期間及び対価の額が定められていること」
　　及び「対価の額の変更を求めることができる旨の定めがないこと」の要件に該当する場
　　合に限られます（経過措置通達15）。
　㊟　平成20年4月1日以後に契約を締結したリース取引のうち、「解約の申入れをするこ
　　　とができる旨の定めがないこと及び資産の取得に要した費用等の額のうちに資産の貸
　　　付けの対価の額の占める割合が90/100以上であるように契約において定められている
　　　こと」の要件を満たすものは、所得税法又は法人税法上、売買又は金銭の貸付けとし
　　　て取り扱われるリース取引となりますので、そもそもこの経過措置が適用されません。
　　　　ただし、平成20年4月1日前に契約を締結したリース取引については、この要件
　　　を満たしたとしても、資産の貸付けとして取り扱われる場合がありますので、この
　　　経過措置が適用される場合があります。
　②　資産の貸付けの対価の額の変更が、例えば、賃貸人が修繕義務を履行しないことによ
　　り行われたものであるなど正当な理由に基づくものである場合、その対価の額の変更に
　　ついては、この経過措置における「資産の貸付けの対価の額の変更が行われた場合」に
　　は該当しないものとして取り扱われます（経過措置通達19）。
　　　なお、物価変動、租税公課等の増減を理由とする対価の額の変更は、正当な理由に基
　　づくものには該当しません。
　③　事業者がこの経過措置の適用を受けた課税資産の譲渡等を行った場合には、その相手方
　　に対してその課税資産の譲渡等がこの経過措置の適用を受けたものであることを書面によ
　　り通知しなければなりませんが、その通知は、消費税法第30条第9項《請求書等の範囲》
　　に規定する請求書等にその旨を表示することによることができます（経過措置通達22）。
　　　なお、この通知をしたかどうかは、経過措置の適用関係に影響するものではありません。
☆　平成31年4月1日以後に契約する賃貸借契約にはこの経過措置は適用されませんので、
　　その場合における施行日（令和元年10月1日）前後の賃貸料の適用税率は、次のとおりと
　　なります。

— 279 —

区　　　　分	適用税率
令和元年10月分の賃貸料を令和元年9月に受領する場合	令和元年10月末日における税率（7.8%）
令和元年9月分の賃貸料を令和元年10月に受領する場合	令和元年9月末日における税率（6.3%）

(5) 指定役務の提供

　事業者が平成25年10月1日から平成31年3月31日までの間に締結した役務の提供に係る契約で、その契約の性質上その役務の提供の時期をあらかじめ定めることができないものであって、その役務の提供に先立って対価の全部又は一部が分割して支払われる契約（割賦販売法第2条第6項に規定する前払式特定取引に係る契約のうち、同項に規定する指定役務の提供に係るもの）に基づき、令和元年10月1日以後にその契約に係る役務の提供を行う場合において、その契約の内容が次に掲げる要件に該当するときには、その役務の提供については、6.3%の税率が適用されます（税制抜本改革法附則5⑤、16①、平26改正令附則4⑦）。

イ　その契約に係る役務の提供の対価の額が定められていること
ロ　事業者が事情の変更その他の理由によりその対価の額の変更を求めることができる旨の定めがないこと

　ただし、平成31年4月1日以後においてその役務の提供の対価の額の変更が行われた場合には、この経過措置は適用されません。

▶ チェックポイント

☆　この経過措置における契約には、平成31年3月31日までに既存の契約を変更した場合におけるその変更後の契約も含まれます（経過措置通達8）。

☆　「指定役務の提供」とは、冠婚葬祭のための施設の提供その他の便宜の提供等に係る役務の提供をいいます、資産の購入を前提にその購入対価を積み立てることとしているもの（例えば、デパートの積立会員制度を利用した商品等の購入）は、これに含まれません（経過措置通達20）。

指定役務の提供	含まれるものの例	含まれないものの例
冠婚葬祭のための施設の提供その他の便宜の提供等に係る役務の提供	① 婚礼（結婚披露を含みます。）のための施設の提供、衣服の貸与その他の便益の提供及びこれに附随する物品の給付 ② 葬式のための祭壇の貸与その他の便益の提供及びこれに附随する物品の給付	資産の購入を前提にその購入対価を積み立てることとしているもの（例えば、デパートの積立会員制度を利用した商品等の購入）

☆ 「役務の提供の対価の額の変更」には、その役務の提供に係る契約において定められた対価の額の変更のほか、その契約において定められた役務の提供の内容の変更による対価の変更が含まれます（経過措置通達21）。

(注) 平成31年4月1日以後においてその役務の提供の対価の額の変更が行われた場合、その変更後に収受する分割払の金銭については、その収受の時に消費税が課されるのではなく、契約に定められた役務の提供を行った時において、その役務の提供を行った時の税率により消費税が課されることになります。

(6) リース譲渡に係る資産の譲渡等の時期の特例を受ける場合

事業者が、平成26年4月1日から令和元年9月30日までの間に行った消費税法第16条第1項に規定するリース譲渡（所得税法等の一部を改正する法律（平成30年法律第7号）第5条の規定による改正前の消費税法第16条第1項に規定する長期割賦販売等を含みます。）につき、そのリース譲渡に係る賦払金の額で令和元年10月1日以後にその支払の期日が到来するものがあるときには、そのリース譲渡のうち令和元年10月1日以後に課税資産の譲渡等を行ったものとみなされる部分については、6.3%の税率が適用されます（税制抜本改革法附則16の2）。

(7) 工事の請負に係る資産の譲渡等の時期の特例を受ける場合

事業者が、平成31年4月1日から令和元年9月30日までの間に締結した消費税法第17条第1項に規定する長期大規模工事又は同条第2項に規定する工事（以下「長期大規模工事等」といいます。）の請負に係る契約に基づき、令和元年10月1日以後にその契約に係る目的物の引渡しを行う場合において、その長期大規模工事等に係る対価の額につき、同日の属する年又は事業年度以前の年又は事業年度においてこれらの規定の適用を受けるときには、次の算式により計算した金額に係る部分の課税資産の譲渡等については、6.3%の税率が適用されます（税制抜本改革法附則7①④、16①③、平26改正令附則9）。

（算式）

長期大規模工事等に係る対価の額 × 長期大規模工事等の着手の日から令和元年9月30日までの間に支出した原材料費、労務費その他の経費の額の合計額 / 令和元年9月30日の現況により長期大規模工事等につき見積もられる工事原価の額

なお、事業者が、この経過措置の適用を受けた目的物の引渡しを行った場合には、その相手方に対してその目的物の引渡しがこの経過措置の適用を受けたものである旨及び適用を受けた部分に係る対価の額を書面により通知しなければなりません。

(8) 小規模事業者に係る資産の譲渡等の時期等の特例を受ける場合

消費税法第18条第1項の個人事業者が、平成26年4月1日から令和元年9月30日までの間に行った課税資産の譲渡等又は特定課税仕入れにつき、その課税資産の譲渡等に係る対価の額を収入した日又はその特定課税仕入れに係る費用の額を支出した日が令和元年10月1日以後である場合、その課税資産の譲渡等又は特定課税仕入れについては、6.3%の税率が適用されます（税制抜本改革法附則8①③、16）。

また、平成26年4月1日から令和元年9月30日までの間に行った課税仕入れにつき、その課税仕入れに係る費用の額を支出した日が令和元年10月1日以後である場合、その課税仕入れに係る改正後の消費税法第30条から第36条までの規定による仕入れに係る消費税額の計算については、6.3%の税率が適用されます。

(9) 予約販売に係る書籍等

事業者が、平成31年4月1日前に締結した不特定かつ多数の者に定期的に継続して供給することを約する契約に基づき譲渡する書籍その他の物品（以下「書籍等」といいます。）で、その契約に定められたその譲渡に係る対価の全部又は一部を令和元年10月1日前に領収している場合において、その対価の領収に係る書籍等の譲渡を同日以後に行うときには、その書籍等に係る課税資産の譲渡等のうちその領収した対価に係る部分の課税資産の譲渡等については、6.3%の税率が適用されます（平26改正令附則5①）。

なお、軽減税率（6.24%）が適用される課税資産の譲渡等については、本経過措置の適用はありません（経過措置通達23）。

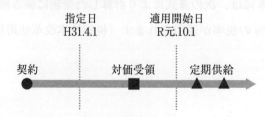

チェックポイント

☆ この経過措置における契約には、平成31年3月31日までに既存の契約を変更した場合におけるその変更後の契約も含まれます（経過措置通達8）。

☆ 「定期的に継続して供給する」とは、週、月、年その他の一定の周期を単位とし、おおむね規則的に継続して供給することをいいます。

(10) 特定新聞

事業者が、特定新聞（不特定かつ多数の者に週、月その他の一定の期間を周期として定期的に発行される新聞で、その発行する者が発売する日を指定するもののうち、その指定する日が令和元年10月1日前であるものをいいます。）を令和元年10月1日以後に譲渡する場合、その特定新聞の譲渡については、6.3％の税率が適用されます（平26改正令附則5②）。

なお、軽減税率（6.24％）が適用される特定新聞の譲渡については、本経過措置の適用はありません（経過措置通達23）。

(11) 通信販売等

通信販売（不特定かつ多数の者に商品の内容、販売価格その他の条件を提示し、郵便、電話その他の方法により売買契約の申込みを受けてその提示した条件に従って行う商品の販売をいい、上記(9)の契約に係る販売を除きます。）の方法により商品を販売する事業者が、平成31年4月1日前にその条件を提示し、又は提示する準備を完了した場合において、令和元年10月1日前に申込みを受けてその提示した条件に従って同日以後に商品を販売するときには、その商品の販売については、6.3％の税率が適用されます（平26改正令附則5③）。

なお、軽減税率（6.24％）の適用される商品の販売については、本経過措置の適用はありません（経過措置通達23）。

チェックポイント

☆ 「不特定かつ多数の者に販売条件を提示すること」とは、一般に、新聞、テレビ、チラシ、カタログ、インターネット等の媒体を通じて購読者又は視聴者等に対して販売条件を提示することをいいます。

該当する例	該当しない例
○○頒布会、○○友の会等と称する会で、相当数の会員で構成され、かつ、会員数が固定的でないような会が会員等を対象としてこれらの媒体を通じて販売条件を提示するような場合	訪問面談により販売条件を提示する場合

☆ 「提示する準備を完了した場合」とは、販売条件等の提示方法に応じ、いつでも提示することができる状態にある場合をいいますので、例えば、販売条件等を掲載したカタログ等の印刷物の作成を完了した場合などがこれに該当します。

☆ 「その他の方法」による売買契約の申込みには、例えば、インターネット通信を利用した申込みや預貯金の口座に対する払込みによる売買契約の申込みが含まれますが、訪問面談による売買契約の申込みは含まれません。

☆ 「商品の販売」は、物品の販売に限られませんので、通信教育等の役務の提供も含まれます。

⑿ 有料老人ホームの入居一時金

事業者が、平成25年10月１日から平成31年３月31日までの間に締結した老人福祉法第29条第１項に規定する有料老人ホームに係る終身入居契約（その契約に基づき、その契約の相手方が、その有料老人ホームに入居する際に一時金を支払うことにより、その有料老人ホームに終身居住する権利を取得するものをいいます。）で、入居期間中の介護に係る役務の提供（消費税法別表第一第７号に掲げる資産の譲渡等に該当するものを除きます。）の対価が入居の際に一時金として支払われ、かつ、その一時金につきその事業者が事情の変更その他の理由によりその額の変更を求めることができる旨の定めがないものに基づき、令和元年10月１日前から同日以後引き続きその契約に係る資産の譲渡等を行っている場合、同日以後に行うその役務の提供（その一時金に対応する部分に限ります。）については、6.3％の税率が適用されます（平26改正令附則５④）。

ただし、平成31年４月１日以後においてその一時金の額の変更が行われた場合、その変更後に行うその役務の提供については、この経過措置が適用されません。

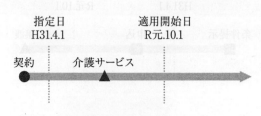

第4節　課税売上げ等に係る消費税額の計算

> **チェックポイント**

☆　この経過措置における契約には、平成31年3月31日までに既存の契約を変更した場合におけるその変更後の契約も含まれます（経過措置通達8）。

⒀　**特定家庭用機器再商品化法（家電リサイクル法）に規定する再商品化等**

家電リサイクル法に規定する製造業者等が、同法に規定する特定家庭用機器廃棄物の再商品化等に係る対価を令和元年10月1日前に領収している場合（同法の規定に基づき小売業者が領収している場合も含みます。）、その対価の領収に係る再商品化等が令和元年10月1日以後に行われるものについては、6.3％の税率が適用されます（平26改正令附則5⑤）。

⒁　**リース延払基準の方法により経理した場合のリース譲渡に係る資産の譲渡等の時期の特例を受ける場合**

事業者が、平成26年4月1日から令和元年9月30日までの間に行った消費税法施行令第32条の2第1項に規定するリース譲渡につき同項の規定の適用を受けた場合において、同条第2項の規定により令和元年10月1日以後に資産の譲渡等を行ったものとみなされる同項に規定するリース譲渡延払収益額に係る部分があるときには、そのリース譲渡延払収益額に係る部分の課税資産の譲渡等については、6.3％の税率が適用されます（平26改正令附則6①）。

> **チェックポイント**

☆　消費税法施行令第32条の2第3項の規定により読み替えて適用する同令第32条《延払基準の方法により経理しなかった場合等の処理》及び第33条《納税義務の免除を受けることとなった場合等の処理》から第35条《合併等の場合のリース譲渡に係る資産の譲渡等の時期の特例》までの規定の適用がある場合であっても、その部分については、6.3％の税率が適用されます（経過措置通達24）。

⒂　**個人事業者の山林所得又は譲渡所得の基因となる資産の延払条件付譲渡の時期の特例を受ける場合**

個人事業者が、平成26年4月1日から令和元年9月30日までの間に行った消費税法施行令第36条第1項に規定する延払条件付譲渡につき同項の規定の適用を受けた場合において、その延払条件付譲渡に係る賦払金の額で令和元年10月1日以後にその支払の期日が到来するものがあるときには、その賦払金に係る部分の課税資産の譲渡等については、6.3％の税率が適用されます（平26改正令附則7①）。

⒃　**リース譲渡の特例計算の方法により経理した場合のリース譲渡に係る資産の譲渡等の時期の特例を受ける場合**

事業者が、平成26年4月1日から令和元年9月30日までの間に行った消費税法施行

令第36条の2第1項に規定するリース譲渡につき同項の規定の適用を受けた場合において、同条第2項の規定により令和元年10月1日以後に資産の譲渡等を行ったものとみなされる同項に規定するリース譲渡収益額に係る部分があるときには、そのリース譲渡収益額に係る部分の課税資産の譲渡等については、6.3%の税率が適用されます（平26改正令附則8①）。

（チェックポイント）

☆　消費税法施行令第36条の2第3項の規定又は同条第4項において準用する同令第32条《延払基準の方法により経理しなかった場合等の処理》及び第33条《納税義務の免除を受けることとなった場合等の処理》から第35条《合併等の場合のリース譲渡に係る資産の譲渡等の時期の特例》までの規定の適用がある場合であっても、その部分については、6.3%の税率が適用されます（経過措置通達25）。

☆　所得税法施行令第120条の2第2項第5号又は法人税法施行令第48条の2第5項第5号に規定するリース取引（所有権移転外ファイナンス・リース取引）について、賃借人が賃貸借処理をしている場合には、そのリース料について支払うべき日の属する課税期間における課税仕入れとする処理（以下「分割控除」といいます。）が認められています。

　　この場合において、平成26年4月1日から令和元年9月30日までの間に引渡しを受けた所有権移転外ファイナンス・リース取引に係るリース資産について分割控除を行う場合には、令和元年10月1日以後の支払に係る分割控除についても6.3%の税率が適用されます。

3　軽減税率制度

　令和元年10月1日からの税率引上げと同時に、低所得者に配慮する観点から、国内において行う課税資産の譲渡等（特定資産の譲渡等に該当するものを除きます。）のうち、次のものについて、軽減税率（6.24%）が適用されています（平28改正法附則34①）。

①　飲食料品（食品表示法に規定する食品（酒税法に規定する酒類を除きます。）をいい、食品と食品以外の資産が一の資産を形成し、又は構成している一定の資産を含みます。）の譲渡㈲
②　一定の題号を用い、政治、経済、社会、文化等に関する一般社会的事実を掲載する新聞（1週に2回以上発行する新聞に限ります。）の定期購読契約に基づく譲渡

㈲　次の飲食料品の譲渡を含みません。
　1　飲食店業等を営む者が行う食事の提供（テーブル、椅子、カウンター等の飲食に用いられる設備のある場所において飲食料品を飲食させる役務の提供をいい、その飲食料品を持帰りのための容器に入れ、又は包装を施して行う譲渡は含みません。）

2 課税資産の譲渡等の相手方が指定した場所において行う加熱、調理又は給仕等の役務を伴う飲食料品の提供（有料老人ホーム等の人が生活を営む場所において行う一定の飲食料品の提供を除きます。）

　また、保税地域から引き取られる課税貨物のうち、上記①の飲食料品に該当するものについては、軽減税率（6.24％）を適用することとされています（平28改正法附則34①）。

　軽減税率の対象となる飲食料品の範囲のイメージは、次のとおりです。

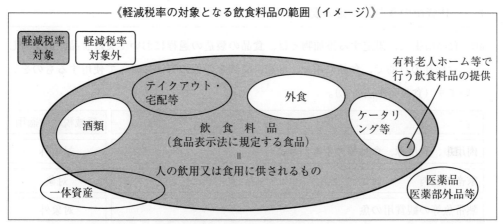

(1) 「飲食料品の譲渡」の範囲等

　軽減税率の対象品目である「飲食料品」とは、食品表示法第2条第1項に規定する食品（酒税法第2条第1項に規定する酒類を除きます。）をいいます（平28改正法附則34①一）。

　ここでいう「食品」とは、人の飲用又は食用に供されるものをいいますので、例えば、工業用原材料として取引される塩や観賞用・栽培用として取引される植物及びその種子など、人の飲用又は食用以外の用途に供するものとして取引されるものは、飲食が可能なものであっても、「食品」には該当しません（軽減通達2）。

　食品表示法に規定する「食品」とは、全ての飲食物をいい、「医薬品、医療機器等の品質、有効性及び安全性の確保等に関する法律」に規定する「医薬品」、「医薬部外品」及び「再生医療等製品」を除き、食品衛生法に規定する「添加物」を含むものとされています（食品表示法2①）。

　また、「飲食料品」には、食品と食品以外の資産があらかじめ一の資産を形成し、又は構成しているもの（その一の資産に係る価格のみが提示されているものに限ります。以下「一体資産」といいます。）のうち、一定の要件を満たすものを含みます（平28改正令附則2）（299ページ参照）。

したがって、「飲食料品」とは、人の飲用又は食用に供される次のものをいい、医薬品、医薬部外品、再生医療等製品、酒税法に規定する酒類を除くものとなります。

①	米穀や野菜、果実などの農産物、食肉や牛乳、食用鳥卵などの畜産物、魚類や貝類、海藻類などの水産物

②	めん類、パン類、菓子類、調味料、飲料等、その他製造又は加工された食品

③	添加物（食品衛生法に規定するもの）㊟

④	一体資産のうち、一定の要件を満たすもの

㊟　食品衛生法に規定する添加物とは、食品の製造の過程において又は食品の加工若しくは保存の目的で、食品に添加、混和、浸潤その他の方法によって使用するものをいいます（食品衛生法4②）。

区　　　分	軽減税率の適用
肉用牛、食用豚、食鳥等の生きた家畜	対象外
家畜の枝肉	対象
熱帯魚等の観賞用の魚	対象外
食用の生きた魚	対象
家畜の飼料やペットフード	対象外
種籾	対象外
食用の籾	対象
果物の苗木等の栽培用として販売される植物及びその種子	対象外
おやつや製菓の材料用等の種子	対象
水道水（ペットボトルに入れるなど、「食品」として販売する場合を除きます。）	対象外
ミネラルウォーター等の飲料水	対象
ウォーターサーバーのレンタル	対象外
ウォーターサーバーで使用する水の販売	対象
ドライアイスや保冷用の氷	対象外
かき氷に用いられる氷や飲料に入れて使用される氷等の食用氷	対象
みりんや料理酒（酒税法に規定する酒類に該当するもの）	対象外
みりん風調味料（酒税法に規定する酒類に該当しないもの）	対象

第4節　課税売上げ等に係る消費税額の計算

区　　　　分	軽減税率の適用
ノンアルコールビールや甘酒等（酒税法に規定する酒類に該当しないもの）	対象
酒類を原料とした菓子（酒税法に規定する酒類に該当しないもの）	対象
日本酒を製造するための原材料の米	対象
コーヒーの生豆	対象
食品衛生法に規定する添加物として販売される金箔	対象
清掃用として販売される重曹	対象外
食品衛生法に規定する添加物として販売される重曹	対象
「医薬品」、「医薬部外品」及び「再生医療等製品」（以下「医薬品等」といいます。）に該当する栄養ドリンク	対象外
医薬品等に該当しない栄養ドリンク	対象
特定保健用食品や栄養機能食品	対象
医薬品等に該当しない健康食品や美容食品	対象

チェックポイント

☆　**適用税率の判定時期**に関するチェックポイントは次のとおりです。

(1)　軽減税率が適用される取引か否かの判定は、事業者が課税資産の譲渡等を行う時、すなわち、**飲食料品を提供する時点**（取引を行う時点）で行うこととなります。

　　したがって、販売する事業者が、人の飲用又は食用に供されるものとして譲渡した場合には、顧客がそれ以外の目的で購入し、又はそれ以外の目的で使用したとしても、その取引は「飲食料品の譲渡」に該当し、軽減税率の適用対象となります（軽減通達2(注)）。

(2)　事業者が行う飲食料品の提供等に係る課税資産の譲渡等が、「**食事の提供**」に該当して標準税率の適用対象となるのか、又は「**持ち帰りのための容器に入れ、若しくは包装を施して行う飲食料品の譲渡**」に該当して軽減税率の適用対象となるのかは、その飲食料品の提供等を行う時において、例えば、店内設備等を利用して飲食するのか、又は持ち帰るのかを適宜の方法で相手方に意思確認するなどにより判定します。

　　なお、事業者が「持ち帰り」の際に利用している容器に入れて飲食料品を提供したとしても、相手方が、店内設備等を利用して食事の提供を受ける旨の意思表示を行っているのであれば、その飲食料品の提供は、「食事の提供」に該当しますので、軽減税率の適用対象となりません（軽減通達11）。

☆　**包装材料等**の取扱いに関するチェックポイントは次のとおりです。

(1)　軽減税率の適用対象に関する具体例は次のとおりです。

— 289 —

第2章　国内取引に係る消費税

軽減税率の適用対象	
なるもの	**ならないもの**
飲食料品の販売に際して使用される包装材料及び容器（以下「**包装材料等**」といいます。）が、その**販売に付帯して通常必要なもの**として使用されるもの（軽減通達3㊟）	**贈答用の包装**など、包装材料等につき別途対価を定めている場合のその包装材料等の譲渡（軽減通達3㊟1）
人の飲用又は食用に供されるケーキやプリンなどの洋菓子に、サービスで**保冷剤**を付けて販売する場合	保冷剤について別途対価を徴している場合
弁当に付帯する割り箸やよう枝、スプーン、お手拭き、飲料に付帯するストローなどの食器具等 （再利用させることを前提としていない場合）	弁当に付帯する割り箸やよう枝、スプーン、お手拭き、飲料に付帯するストローなどの食器具等 （再利用させることを前提としている場合）

㊟　通常必要なものとして使用される包装材料等とは、その飲食料品の販売に付帯するものであり、通常、飲食料品が費消され、又はその飲食料品と分離された場合に不要となるようなものが該当します。

(2)　**陶磁器やガラス食器等の容器**のように飲食の用に供された後において食器や装飾品等として利用できるものを包装材料等として使用しており、食品とその容器をあらかじめ組み合わせて一の商品として価格を提示して販売しているものについては、その商品は「一体資産」に該当します（軽減通達3㊟2）。

(3)　飲食料品の販売に際して付帯するビニール袋、プラスチック容器、紙箱、缶箱等が、例えば、その形状や販売方法等から飲食料品の包装材料等以外の用途に再利用させることを前提として付帯しているものでなければ、キャラクター等が印刷された缶箱であっても、基本的には、その商品の販売に付帯して通常必要なものとして使用される容器に該当します。

(4)　飲食料品が、**桐の箱等の容器**に入れられて販売されることがありますが、桐の箱にその商品の名称等を直接印刷するなどして、その飲食料品を販売するためにのみ使用していることが明らかな場合には、その飲食料品に付帯して通常必要なものとして使用されるものに該当するものとして取り扱うことができます。

　なお、容器等に商品の名称などを直接印刷等したとしても、その飲食料品を販売するためにのみ使用していることが明らかでないもの（例えば、その形状や販売方法等から、装飾品、小物入れ、玩具など、他の用途として再利用させることを前提として付帯しているもの）については、その飲食料品の販売に付帯して通常必要なものには該当しません。

第4節　課税売上げ等に係る消費税額の計算

☆　**飲食料品の譲渡の範囲**に関するチェックポイントは次のとおりです。

区　　　分		取　扱　い
果樹園での果物狩り（いちご狩りやなし狩りなど） ※　潮干狩りや釣り堀等についても同様の取扱いになります。	入園料	顧客に果物を収穫させ、収穫した果物をその場で飲食させるといった役務の提供に該当しますので、「飲食料品の譲渡」に該当せず、軽減税率の適用対象となりません
	収穫した果物について別途対価を徴している場合のその果物の販売	「飲食料品の譲渡」に該当し、軽減税率の適用対象となります
自動販売機により行われるジュース、パン、お菓子等の販売		飲食料品を飲食させる役務の提供を行っているものではなく、単にこれらの飲食料品を販売するものですので、軽減税率の適用対象となる「飲食料品の譲渡」に該当します（軽減通達6）
インターネット等を利用した**通信販売**であっても、販売する商品が「飲食料品」に該当する場合		軽減税率の適用対象となる「飲食料品の譲渡」に該当します ㊟　消費税及び地方消費税の税率の引上げに伴い、平成31年4月1日前にその販売価格の条件を提示し、又は提示する準備を完了した場合において、令和元年10月1日前に申込みを受け、提示した条件に従って令和元年10月1日以後に行われる商品の販売については、通信販売に係る経過措置が設けられていますが、「飲食料品の譲渡」には、この経過措置が適用されず、軽減税率が適用されます（平26改正令附則5③、平28改正令附則4）。
飲食料品のお土産が付いている**パック旅行**		様々な資産の譲渡等（交通、宿泊、飲食など）を複合して提供されるものであり、旅行という包括的な一の役務の提供を行っていることとなりますので、たとえ飲食料品のお土産が付く場合であっても、その対価の全体が軽減税率の適用対象となりません
贈答を受けた者（受贈者）が、カタログに掲載された商品の中から任意に選択した商品を受け取ることができる、いわゆる**カタログギフト**の販売		カタログギフトの購入者（贈与者）による商品の贈答をカタログギフトの組成会社が代行すること（様々な商品を掲載したカタログを提示するとともに、受贈者の選択した商品を手配する一連のサービス）を内容とする役務の提供に該当しますので、食品のみを掲載するカタログギフトの販売であっても、「飲食料品の譲渡」に該当せず、軽減税率の適用対象とはなりません

— 291 —

区　　　分		取　扱　い
レストラン	が行う食事の提供	軽減税率の適用対象とならない、いわゆる「外食」になります
	に対して行う食材の販売	軽減税率の適用対象となる「飲食料品の譲渡」に該当します
飲食料品の譲渡に要する送料	原則	飲食料品の譲渡の対価ではありませんので、軽減税率の適用対象となりません
	例えば、「送料込み商品」の販売など、別途送料を求めない場合に、その商品が「飲食料品」に該当するもの	軽減税率の適用対象となります
コーヒーの生豆の焙煎等の加工		「役務の提供」に該当するものであり、「飲食料品の譲渡」に該当するものではありませんので、軽減税率の適用対象とはなりません
製作物供給契約により飲食料品を製造する場合	製造販売㈲	「飲食料品の譲渡」として軽減税率の適用対象となります
	賃加工㈲	「役務の提供」として軽減税率の適用対象とはなりません

㈲　その取引が「製造販売」に当たるか「賃加工」に当たるかは、その契約内容等により例えば、次の点を踏まえて個別に判断することとなります。
・　受託者の使用する原材料や包装資材は、どのように調達されるか（委託者からの無償支給か、有償支給か、自社調達か）
・　契約に係る対価の額はどのように設定されるか
・　完成品の所有権がどちらにあるか

☆　**売上げに係る対価の返還等又は仕入れに係る対価の返還等**については、それぞれその対象となった課税資産の譲渡等又は課税仕入れの事実に基づいて、適用される税率を判断することとなりますので、その売上げに係る対価の返還等又は仕入れに係る対価の返還等の対象となった取引が「飲食料品の譲渡」であれば、軽減税率が適用されます。

☆　**輸入される飲食料品**の取扱いに関するチェックポイントは次のとおりです。

(1)　保税地域から引き取られる課税貨物のうち、「飲食料品」に該当するものについては、軽減税率が適用されますが、課税貨物が「飲食料品」に該当するかどうかは、輸入の際に、人の飲用又は食用に供されるものとして輸入されるかどうかにより判定されます。

　　したがって、例えば、食用のまぐろを輸入した場合には、軽減税率が適用されます。

　　なお、食用のまぐろを輸入した後に、食品加工業者に販売し、売れ残ったものを飼料用として別業者に販売する場合には、食品加工業者に販売したまぐろは、軽減税率の適

用対象となりますが、飼料用として販売したまぐろは、人の飲用又は食用に供されるものとして譲渡されるものではないので、軽減税率の適用対象となりません。

(2) 取引先のレストランが食事を提供するための食材を輸入する場合であっても、その輸入については、「飲食料品」の輸入として軽減税率が適用され、また、輸入後に行うレストランへの食材の販売についても、「飲食料品」の譲渡として、軽減税率が適用されます。

イ 軽減税率の適用対象とならない「食事の提供」（いわゆる「外食」）の範囲

軽減税率が適用されない「飲食店業等を営む者が行う食事の提供」（いわゆる「外食」）とは、次の2つの要件を満たすものをいい、例えば、レストランやフードコートでの食事の提供がこれに該当します（平28改正法附則34①一イ）。

なお、飲食料品を持帰りのための容器に入れ、又は包装を施して行う譲渡（いわゆる「テイクアウト」や「持ち帰り販売」）は、いわゆる「外食」には含まれませんので、「飲食料品の譲渡」として軽減税率の適用対象となります（平28改正法附則34①一イ）。

場所要件	飲食店業等を営む者（注1）がテーブル、椅子、カウンターその他の飲食に用いられる設備（以下「飲食設備」（注2）といいます。）のある場所において行うものであること
サービス要件	飲食料品を飲食させる役務の提供であること

(注)1 「飲食店業等を営む者」とは、食品衛生法施行令第34条の2第2号に規定する飲食店営業、その他の飲食料品をその場で飲食させる事業を営む者をいいますので、飲食設備のある場所において飲食料品を飲食させる役務の提供を行う全ての事業者が該当します（平28改正令附則3①、軽減通達7）。

2 「飲食設備」とは、飲食に用いられるテーブル、椅子、カウンター等の設備であれば、その規模や目的を問いませんので、

① 飲食のための専用の設備である必要はなく、

② 飲食料品の提供を行う者と設備を設置又は管理する者（以下「設備設置者」といいます。）が異なる場合であっても、飲食料品の提供を行う者と設備設置者との間の合意等に基づき、その飲食設備を飲食料品の提供を行う者の顧客に利用させることとしているとき

は、「飲食設備」に該当します（軽減通達8、9）。

（チェックポイント）

☆ **飲食設備等**に関するチェックポイントは次のとおりです。

(1) テーブルのみ、椅子のみ、カウンターのみ又はこれら以外の設備や、飲食目的以外の施設等に設置されたテーブル等であっても、これらの設備が飲食料品の飲食に用いられるのであれば、「飲食設備」に該当します（軽減通達8）。

(2) 飲食目的以外の施設等で行うものであっても、テーブル、椅子、カウンターその他の

— 293 —

第2章　国内取引に係る消費税

飲食に用いられる設備のある場所を顧客に飲食させる場所として特定して行う、例えば、次のようなものは、「食事の提供」に該当し、軽減税率の適用対象となりません（持ち帰りのための飲食料品の譲渡に該当する場合を除きます。）（軽減通達10）。

①　**ホテル等の宿泊施設内のレストラン等**又は**宴会場**若しくは客室で顧客に飲食させるために行われる飲食料品の提供
②　**カラオケボックス等**の客室又は施設内に設置されたテーブルや椅子等のある場所で顧客に飲食させるために行われる飲食料品の提供
③　小売店内に設置されたテーブルや椅子等のある場所（いわゆるイートインコーナーやフードコート）で顧客に飲食させるために行われる飲食料品の提供
④　**映画館、野球場等の施設内のレストラン等**又は同施設内の売店等の設備として設置されたテーブルや椅子等のある場所で顧客に飲食させるために行われる飲食料品の提供㊟
⑤　**旅客列車等の食堂施設等**において顧客に飲食させるために行われる飲食料品の提供㊟

　㊟　上記④及び⑤の施設内に設置された売店や**移動ワゴン等**による弁当や飲み物等の販売は、例えば、その施設内の座席等で飲食させるために提供していると認められる次のような飲食料品の提供を除き、「飲食料品の譲渡」に該当し、軽減税率の適用対象となります。

㋑　座席等で飲食させるための飲食メニューを座席等に設置して、顧客の注文に応じてその座席等で行う飲食料品の提供
㋺　座席等で飲食させるため事前に予約を受けて行う飲食料品の提供

⑶　会社内や事業所内に設けられた**社員食堂**で提供する食事は、その食堂において、社員や職員に、飲食料品を飲食させる役務の提供を行うものですので、「食事の提供」に該当し、軽減税率の適用対象となりません。

⑷　**セルフサービスの飲食店**についても、顧客にその店舗のテーブル、椅子、カウンター等の飲食設備を利用させて、飲食料品を飲食させるものですので、「食事の提供」に該当し、軽減税率の適用対象となりません。

⑸　**おでん屋やラーメン屋等の屋台**を営む事業者について、軽減税率の適用対象となるかの判定例は次のとおりです。

区　　分	取　扱　い
①自らテーブル、椅子、カウンター等を設置している場合	「食事の提供」に該当し、軽減税率の適用対象となりません
②自ら設置はしていないが、例えば、設備設置者から使用許可等を受けている場合	

— 294 —

区　　　分	取　扱　い
③テーブル、椅子、カウンター等がない場合	「持ち帰りのための容器に入れ、若しくは包装を施して行う飲食料品の譲渡」に該当し、軽減税率の適用対象となります
④テーブル、椅子、カウンター等はあるが、例えば、公園などの公共のベンチ等で特段の使用許可等をとっておらず、顧客が使用することもあるがその他の者も自由に使用している場合	

(6)　移動販売車等で「食品」を販売し、顧客が**誰でも利用できる**公園のベンチを利用して飲食している場合、そのベンチは「飲食設備」には該当しませんので、軽減税率の適用対象となります。

(7)　遊園地内の売店にとっての「飲食設備」は、遊園地という施設全体を指すものではなく、例えば、売店のそばに設置したテーブルや椅子など、売店の管理が及ぶものが該当しますので、園内に点在している売店の管理が及ばないベンチ等は、その売店にとっての「飲食設備」に該当しませんので、顧客が飲食料品を園内において食べ歩く場合や、売店の管理の及ばない園内に点在するベンチで飲食する場合は、軽減税率の適用対象となります。

(8)　「合意等」には、契約書等で明らかにされている明示的な合意のみならず、「黙示の合意」も含みます。

　「黙示の合意」とは、飲食料品を提供する事業者が、設備設置者との明示の合意なく自らの顧客にその設備を使わせていることが設備設置者に黙認されており、かつ、飲食料品を提供する事業者がその設備を「管理支配しているような状況」をいいます。

　また、ここでいう「管理支配しているような状況」とは、例えば、その設備にメニュー等を設置、顧客を案内、配膳、下膳、清掃を行っているなど、自らの飲食設備として利用させている状況が挙げられます。

☆　コンビニエンスストア等の**イートインスペース**での飲食の取扱いに関するチェックポイントは次のとおりです。

(1)　イートインスペースを設置しているコンビニエンスストアにおいて、例えば、トレイや返却が必要な食器に入れて飲食料品を提供する場合などは、店内のイートインスペースで飲食させる「食事の提供」であり、軽減税率の適用対象となりません。

(2)　大半の商品（飲食料品）が持帰りであることを前提として営業しているコンビニエンスストアやスーパーマーケットでは、店内飲食か持ち帰りかの意思確認を行う方法として、例えば、「イートインコーナー、休憩スペースを利用する場合はお申し出ください」等の掲示を行うなど、営業の実態に応じた方法で意思確認を行うことができます。

(3)　スーパーマーケット等において、「飲食はお控えください」といった掲示を行うなどして実態として顧客に飲食させていない休憩スペース等や、従業員専用のバックヤード、トイレ、サッカー台のように顧客により飲食に用いられないことが明らかな設備につい

— 295 —

ては、飲食設備に該当しません。

　これは、従業員が顧客として飲食料品を購入し、従業員専用のバックヤードで飲食する場合であっても同様です。

　飲食設備がない場合には、持ち帰り販売のみを行うことになりますので、意思確認は不要となります。

(4) コンビニエンスストアやスーパーマーケットのイートインスペースにおいて、飲み物とパンのみが飲食可能な旨の掲示を行うなどして実態としてそれら以外の飲食料品（弁当、惣菜等）を顧客に飲食させていない場合、それら以外の飲食料品については、そのイートインスペースにおいて飲食されないことが明らかであり、持ち帰り販売のみを行うこととなりますので、意思確認は不要となります。

　ただし、実態としてそれら以外の飲食料品も顧客に飲食させているような場合におけるその飲食料品の提供は「食事の提供」に当たり、軽減税率の適用対象となりません。

☆　**飲食店等における飲食料品の提供**に関するチェックポイントは次のとおりです。

区　　　分	取　扱　い
顧客が注文した料理の残りを**折り詰め**にして持ち帰らせるサービス （その後持ち帰ることとしても同様です。）	顧客が注文した料理を提供した時点で「食事の提供」に該当しますので、軽減税率の適用対象となりません
一の商品であるハンバーガーとドリンクのセット商品の販売	ドリンクを店内飲食し、ハンバーガーを持ち帰るとの意思表示がされた場合であっても、一のセット商品の一部をその場で飲食させるために提供することになりますので、そのセット商品の販売は、「食事の提供」に該当します
飲食店のレジ前にある菓子の販売	単に飲食料品を販売しているものと考えられますので、軽減税率の適用対象となります
飲食店において缶飲料、ペットボトル飲料を顧客にそのまま提供している場合	店内で飲食させるものとして提供しているものですので、「食事の提供」に該当し、軽減税率の適用対象となりません
飲食店内にある**自動販売機**による飲料の販売	「飲食料品の譲渡」に該当し、軽減税率の適用対象となります
ホテルの客室から、ホテルが直接運営する、又はホテルのテナントであるレストランに対して飲食料品を注文し、そのレストランが客室に飲食料品を届けるようないわゆる**ルームサービス**	ホテルの客室内のテーブル、椅子等の飲食設備がある場所において飲食料品を飲食させる役務の提供であり、「食事の提供」に該当しますので、軽減税率の適用対象となりません
ホテル等の客室に備え付けられた冷蔵庫内の飲料（酒税法に規定する酒類を除きます。）を販売する場合	単に飲食料品を販売するものであり、飲食料品を飲食させる役務の提供に該当しませんので、軽減税率の適用対象となります

区　　　分	取　扱　い
バーベキュー施設内で飲食する飲食料品について、そのバーベキュー施設を運営する事業者からしか提供を受けることができない場合	施設利用料と食材代を区分していたとしても、その全額が飲食に用いられる設備において飲食料品を飲食させる役務の提供に係る対価と認められますので、その全額が「食事の提供」の対価に該当し、軽減税率の適用対象となりません

ロ　軽減税率の適用対象とならない「ケータリング、出張料理」の範囲

軽減税率の適用対象となる「飲食料品の譲渡」には、次のような「課税資産の譲渡等の相手方が指定した場所において行う加熱、調理又は給仕等の役務を伴う飲食料品の提供」（いわゆる「ケータリング、出張料理」）は含まれません（平28改正法附則34①一ロ、軽減通達12）。

①　相手方が指定した場所で、飲食料品の提供を行う事業者が食材等を持参して調理を行って提供する場合
②　調理済みの食材をその指定された場所で加熱して温かい状態で提供する場合
③　相手方が指定した場所で飲食料品の盛り付けを行う場合
④　相手方が指定した場所で飲食料品が入っている器を配膳する場合
⑤　相手方が指定した場所で飲食料品の提供とともに取り分け用の食器等を飲食に適する状態に配置等を行う場合　等

なお、「相手方が指定した場所において行う役務を伴う飲食料品の提供」であっても、次の施設において行う一定の基準（注１）を満たす飲食料品の提供については、軽減税率の適用対象とされています（平28改正法附則34①一ロ、平28改正令附則３②）。

①　老人福祉法第29条第１項の規定による届出が行われている有料老人ホームにおいて、その有料老人ホームの設置者又は運営者（設置者等から委託を受けた給食サービス事業者を含みます。）が、その有料老人ホームの一定の入居者（注２）に対して行う飲食料品の提供
②　「高齢者の居住の安定確保に関する法律」第６条第１項に規定する登録を受けたサービス付き高齢者向け住宅において、そのサービス付き高齢者向け住宅の設置者又は運営者（設置者等から委託を受けた給食サービス事業者を含みます。）が、そのサービス付き高齢者向け住宅の入居者に対して行う飲食料品の提供
③　学校給食法第３条第２項に規定する義務教育諸学校の施設において、その義務教育諸学校の設置者が、その児童又は生徒の全て（注３）に対して学校給食として行う飲食料品の提供
④　「夜間課程を置く高等学校における学校給食に関する法律」第２条に規定する夜間課程を置く高等学校の施設において、その高等学校の設置者が、その夜間課程において行う教育を受ける生徒の全て（注３）に対して夜間学校給食として行う飲食料品の提供

⑤	「特別支援学校の幼稚部及び高等部における学校給食に関する法律」第2条に規定する特別支援学校の幼稚部又は高等部の施設において、その特別支援学校の設置者が、その幼児又は生徒の全て（注3）に対して学校給食として行う飲食料品の提供
⑥	学校教育法第1条に規定する幼稚園の施設において、その幼稚園の設置者が、その施設で教育を受ける幼児の全て（注3）に対して学校給食に準じて行う飲食料品の提供
⑦	学校教育法第1条に規定する特別支援学校に設置される寄宿舎において、その寄宿舎の設置者が、その寄宿舎に寄宿する幼児、児童又は生徒に対して行う飲食料品の提供

(注)1　施設の設置者等が同一の日に同一の者に対して行う飲食料品の提供の対価の額（税抜き）が一食につき640円以下であるもののうち、その累計額が1,920円に達するまでの飲食料品の提供であることとされています。

また、累計額の計算方法につきあらかじめ書面で定めている場合には、その方法によります（平28財務省告示100号）。

2　60歳以上の者、要介護認定・要支援認定を受けている60歳未満の者又はそれらの者と同居している配偶者（婚姻の届出をしていないが、事実上婚姻関係と同様の事情にある者を含みます。）に限られます（平28改正規附則6）。

3　アレルギーなどの個別事情により、全ての児童又は生徒に対して提供することができなかったとしても、軽減税率の適用対象となります。

チェックポイント

☆　ケータリング・出張料理の範囲に関するチェックポイントは次のとおりです。

区　　　分	取　扱　い
料理代行サービスのような顧客の自宅で料理を行い、飲食料品を提供するサービス	いわゆる「**ケータリング、出張料理**」に該当しますので、軽減税率の適用対象となりません
飲食料品の譲渡に通常必要な行為である、例えば、持ち帰り用のコーヒーをカップに注ぐような容器への「**取り分け**」という行為は、給仕等の役務には該当しませんので、その持ち帰り用のコーヒーの譲渡	いわゆる「ケータリング、出張料理」に該当せず、軽減税率の適用対象となります
そばの出前、宅配ピザの配達等	顧客の指定した場所まで単に飲食料品を届けるだけであるため、「飲食料品の譲渡」に該当し、軽減税率の適用対象となります

☆　**有料老人ホーム等で行う食事の提供**のチェックポイントは次のとおりです。

(1)　**有料老人ホーム等で行う食事の提供**における「**累計額**」の考え方は、次のとおりです。

第4節　課税売上げ等に係る消費税額の計算

（例）朝食500円、昼食550円、夕食640円で、昼食と夕食の間の15時に500円の間食を提供する場合（提供する食事は全て税抜価格）
①　あらかじめ書面により、その累計額の計算の対象となる飲食料品の提供を明らかにしていない場合
朝食（軽減）　　昼食（軽減）　　間食（軽減）　　夕食（標準）　　合計（内軽減税率対象） 500円≦640円　　550円≦640円　　500円≦640円　　640円≦640円　　＝　2,190円（1,550円） （累計500円）　　（累計1,050円）　（累計1,550円）　（累計2,190円）
②　あらかじめ書面において、累計額の計算の対象となる飲食料品の提供を、朝食、昼食、夕食としていた場合
朝食（軽減）　　昼食（軽減）　　間食（標準）　　夕食（軽減）　　合計（内軽減税率対象） 500円≦640円　　550円≦640円　　500円≦640円　　640円≦640円　　＝　2,190円（1,690円） （累計500円）　　（累計1,050円）　累計対象外　　（累計1,690円）

(2)　老人福祉法に規定する有料老人ホーム等を設置し、又は運営する者（以下「設置者等」といいます。）が、外部業者へその施設の入居者に対する飲食料品の提供に係る**調理等を委託している場合**における、受託者であるその外部業者の行う調理等に係る役務の提供は、委託者であるその設置者等に対する役務の提供となりますので、軽減税率の適用対象となりません（軽減通達13）。

(3)　「学校給食」に該当しない**学生食堂**での飲食料品の提供は、飲食設備のある場所において飲食料品を飲食させる役務の提供（食事の提供）に該当しますので、軽減税率の適用対象となりません。

(4)　**病院食の提供**については、健康保険法等の規定に基づく入院時食事療養費に係るものは非課税に該当し、消費税は課されません（法6①、別表1六、令14）が、患者の自己選択により、特別メニューの食事の提供を受けている場合に支払う特別の料金については、非課税とならず、病室等で役務を伴う飲食料品の提供を行うものですので、「飲食料品の譲渡」に該当せず、軽減税率の適用対象となりません。

ハ　軽減税率の適用対象となる「一体資産」等の範囲

「一体資産」とは、食品と食品以外の資産があらかじめ一の資産を形成し、又は構成しているもので、「一の資産」としての価格のみが提示されているものをいいます。

また、「一体貨物」とは、食品と食品以外の資産があらかじめ一の資産を形成し、又は構成しているもので、外国貨物（法2①十）に該当し、その外国貨物が、関税定率法別表の適用上の所属の一の区分に属する物品に該当するものをいいます。

「一体資産」又は「一体貨物」の譲渡は、原則として軽減税率の適用対象ではありませんが、次のいずれの要件も満たす場合には、飲食料品として、その譲渡の全体につき軽減税率が適用されます（平28改正法附則34①、平28改正令附則2）。

— 299 —

第2章　国内取引に係る消費税

①　一体資産（一体貨物）の譲渡の対価の額（税抜き）が1万円以下であること
②　一体資産（一体貨物）の価額のうちにその一体資産（一体貨物）に含まれる食品に係る部分の価額の占める割合として合理的な方法(注)により計算した割合が3分の2以上であること

(注)　合理的な方法とは、例えば、㋑一体資産の譲渡に係る売価のうち、食品の売価の占める割合や、㋺一体資産の譲渡に係る原価のうち、食品の原価の占める割合による方法があります（軽減通達5）。

チェックポイント

☆　**価格の提示方法**に関するチェックポイントは次のとおりです。

⑴　食品と食品以外の資産を組み合わせた一の**詰め合わせ商品**について、その詰め合わせ商品の価格とともに、これを構成する個々の商品の価格を内訳として提示している場合には、「一体資産」に該当しませんので、個々の商品ごとに適用税率を判定することになります（軽減通達4⑴(注)1）。

⑵　それぞれの商品の価格を提示して販売しているかどうかにかかわらず、例えば、食品と食品以外の資産を「**よりどり3品△△円**」との価格を提示し、顧客が自由に組み合わせることができるようにして販売している場合には、「一体資産」に該当しませんので、個々の商品ごとに適用税率を判定します（軽減通達4⑵(注)1）。

この場合において、個々の商品に係る対価の額が明らかでないときには、対価の額を合理的に区分することとなります（軽減通達4(注)2）。

☆　**食品の売価の占める割合**に関するチェックポイントは次のとおりです。

⑴　特定の食品の販売に際し、非売品の販促品を付けた状態で販売され、また、一の資産に係る価格のみが提示されている場合、その商品は「一体資産」に該当します。なお、販促品は非売品であり、販促品が付かない場合でも価格が変わらない場合、販促品の価格は0円であると認められます。

⑵　食品と食品以外のセット商品の一部が単品で販売されていない場合であっても、セット商品の売価から実際に販売されている商品の価格を控除した後の残額を単品で販売されていないものの売価とすることにより合理的に計算できる場合には、一体資産の譲渡に係る売価のうち、合理的に計算した食品の売価の占める割合による方法により計算を行うことができます。

☆　**食品の原価の占める割合**に関するチェックポイントは次のとおりです。

⑴　一体資産に含まれる食品に係る部分の割合として合理的な方法により計算した割合を、「一体資産の譲渡に係る原価のうち、食品の原価の占める割合による方法」により計算を行う場合において、その原価が日々変動するなど、その割合の計算が困難なときには、**前課税期間における原価の実績等**により合理的に計算することができます（軽減通達5(注)1）。

— 300 —

第4節　課税売上げ等に係る消費税額の計算

(2)　売価又は原価と何ら関係のない、例えば、**重量、表面積、容積等**といった基準のみにより計算した割合は、その一体資産に含まれる食品に係る部分の価額に占める割合として合理的な方法により計算した割合とは認められません（軽減通達5(注)2）。

(3)　ケーキ等の洋菓子を**食器として再利用できる専用容器**に盛り付けて販売している場合（洋菓子より専用容器の方が高価である場合）には、全体の価額のうちに食品（洋菓子）の価額の占める割合が3分の2以上という要件に該当しません。

(4)　小売業や卸売業等を営む事業者が、**一体資産に該当する商品を仕入れて販売する場合**において、その一体資産に含まれる食品に係る部分の価額に占める割合が不明なときであっても、販売する対価の額（税抜き）が1万円以下であれば、その課税仕入れのときに仕入先が適用した税率をそのまま適用することができます。

(5)　食品と食品以外の資産の仕入れに共通して要した付随費用がある場合、例えば、

・商品の仕入価格のみで計算する方法

・商品の仕入価格とそれぞれの商品の仕入れに要するものとしてあん分した付随費用
　との合計額で割合を計算する方法

のいずれかの方法で計算することができます。

　なお、例えば、その付随費用を食品の原価にのみ加算して計算することや、付随費用のみで計算することは、合理的であるとはいえません。

☆　**一体資産の譲渡の対価の額**に関するチェックポイントは次のとおりです。

(1)　例えば、一体資産を100個単位で販売し、その価格を10万円（税抜き）としている場合、一体資産の譲渡の対価の額（税抜き）が1万円以下かどうかは、一体資産1個当たりの販売価格（1千円）により判定します。

(2)　ビールと惣菜をそれぞれ別々の商品として販売している場合において、これらの商品を組み合わせて、**一括で値引き**を行って販売するときには、あらかじめ一の資産を形成し、又は構成しているものではありませんので、「一体資産」に該当しません。

　この場合、一括して値引きを行った場合のそれぞれの値引き後の対価の額は、それぞれの資産の値引き前の対価の額等により按分するなど、合理的に算出します（軽減通達15）。

(3)　例えば、食品の譲渡と食品以外の資産の譲渡等を同時に行うに際して、顧客が**割引券等**を利用したことにより、これら同時に行った資産の譲渡等を対象として一括して対価の額の値引きが行われており、その資産の譲渡等に係る適用税率ごとの値引額又は値引額控除後の対価の額が明らかでないときは、割引券等による値引額をその資産の譲渡等に係る価額の比率により按分し、適用税率ごとの値引額及び値引額控除後の対価の額を区分します。

　なお、その資産の譲渡等に際して顧客へ交付する領収書等の書類により適用税率ごとの値引額又は値引額控除後の対価の額が確認できるときは、その資産の譲渡等に係る値引額又は値引額控除後の対価の額が、適用税率ごとに合理的に区分されているものに該

当します（軽減通達15）。

したがって、例えば、軽減税率の対象とならない課税資産の譲渡等の対価の額からのみ値引きしたとしても、値引額又は値引き後の対価の額が領収書等の書類により確認できるときは、適用税率ごとに合理的に区分されているものに該当します。

(2) 「新聞の譲渡」の範囲等

一定の題号を用い、政治、経済、社会、文化等に関する一般社会的事実を掲載する新聞（１週に２回以上発行する新聞に限ります。）の定期購読契約（その新聞を購読しようとする者に対して、その新聞を定期的に継続して供給することを約する契約をいいます。）に基づく譲渡は、軽減税率が適用されます（平28改正法附則34①二）。

チェックポイント

☆　いわゆる**スポーツ新聞**や**業界紙**、**日本語以外の新聞等**についても、１週に２回以上発行される新聞で、定期購読契約に基づく譲渡であれば、軽減税率の適用対象となります。

☆　**コンビニエンスストア等で販売する新聞**は、定期購読契約に基づくものではないため、軽減税率の適用対象となりません。

☆　軽減税率の適用対象となる「１週に２回以上発行する新聞」とは、通常の発行予定日が週２回以上とされている新聞をいいますので、国民の祝日及び通常の頻度で設けられている**新聞休刊日**によって発行が１週に１回以下となる週があっても、「１週に２回以上発行する新聞」に該当します（軽減通達14）。

☆　「購読」とは、「購入して読むこと」をいい、購入した者が「自らの事業に使用すること（再販売することは除きます。）」も含まれますので、例えば、ホテルが従業員の購読用とするもののほか、宿泊客の閲覧用としてロビーに設置するものや無料で配布するものとして定期購読契約する場合、ホテルが「自らの事業に使用すること」に含まれ、ホテルは「購読しようとする者」に該当します。

なお、ホテルで再販売（ホテルの売店等での販売や、宿泊客から新聞代を徴して配布すること）するためのものとして新聞を販売する場合、ホテルは「購読」しようとする者には当たりません。

☆　インターネットを通じて配信する**電子版の新聞**は、電気通信回線を介して行われる役務の提供である「電気通信利用役務の提供」に該当し、「新聞の譲渡」に該当しませんので、軽減税率の適用対象となりません（法２①八の三）。

紙の新聞とセットで販売している場合には、セット販売の対価の額を軽減税率の適用対象となる「紙の新聞」の金額と、軽減税率の適用対象とならない「電子版の新聞」の金額とに区分した上で、それぞれの税率が適用されることとなります。

第4節　課税売上げ等に係る消費税額の計算

(3)　その他の留意事項

イ　委託販売手数料

　委託販売その他業務代行等（以下「委託販売等」といいます。）において、受託者が行う委託販売手数料等を対価とする役務の提供は、その委託販売等に係る課税資産の譲渡が軽減税率の適用対象となる場合であっても、標準税率の適用対象となります。

　(注)　その委託販売等に係る課税資産の譲渡が軽減税率の適用対象となる場合には、適用税率ごとに区分して、委託者及び受託者の課税資産の譲渡等の対価の額及び課税仕入れに係る支払対価の額の計算を行うこととなりますので、消費税法基本通達10－1－12(1)及び(2)なお書による取扱いの適用はありません（軽減通達16）。

　（参考）消費税法基本通達10－1－12

　　委託販売その他業務代行等（以下10－1－12において「委託販売等」という。）に係る資産の譲渡等を行った場合の取扱いは、次による。

(1)　委託販売等に係る委託者については、受託者が委託商品を譲渡等したことに伴い収受した又は収受すべき金額が委託者における資産の譲渡等の金額となるのであるが、その課税期間中に行った委託販売等の全てについて、当該資産の譲渡等の金額から当該受託者に支払う委託販売手数料を控除した残額を委託者における資産の譲渡等の金額としているときは、これを認める。

(2)　委託販売等に係る受託者については、委託者から受ける委託販売手数料が役務の提供の対価となる。

　　なお、委託者から課税資産の譲渡等のみを行うことを委託されている場合の委託販売等に係る受託者については、委託された商品の譲渡等に伴い収受した又は収受すべき金額を課税資産の譲渡等の金額とし、委託者に支払う金額を課税仕入れに係る金額としても差し支えないものとする。

－ 303 －

○　軽減税率制度の実施前

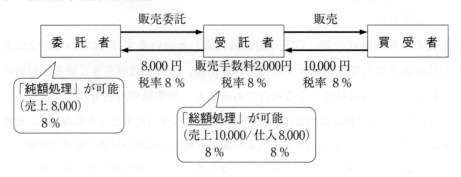

○　軽減税率制度の実施後

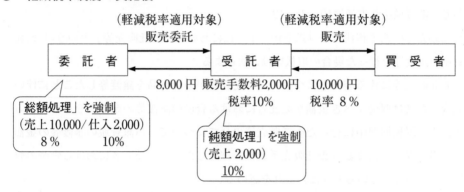

ロ　返品、値引等の処理

　事業者が、その課税期間において行った軽減対象資産の譲渡等とそれ以外の課税資産の譲渡等について、その課税期間中に返品を受け、又は値引き若しくは割戻しをした場合に、その課税資産の譲渡等に係る返品額又は値引額若しくは割戻額につき税率の異なるごとに合理的に区分した金額を、その課税資産の譲渡等の税率の異なるごとの金額からそれぞれ控除する経理処理を継続しているときは、これを認めることとされています。

　この場合の返品額又は値引額若しくは割戻額については、消費税法第38条第1項《売上げに係る対価の返還等をした場合の消費税額の控除》の規定の適用はありませんが、同条第2項に規定する帳簿を保存する必要があります（軽減通達17）。

第4 課税標準額に対する消費税額の計算

1　原則

　課税資産の譲渡等については、原則として、税込価額に100/110（軽減対象資産の譲渡等は100/108）を乗じた金額を合計して、課税標準額を計算します。

　また、特定課税仕入れについては、特定課税仕入れを行った事業者に納税義務が課されており、支払対価の額には消費税額等に相当する金額は含まれていないため、特定課税仕入れに係る支払対価の額がそのまま課税標準額となります。

　これらの合計額に税率を乗じて、課税標準額に対する消費税額を計算することになります。

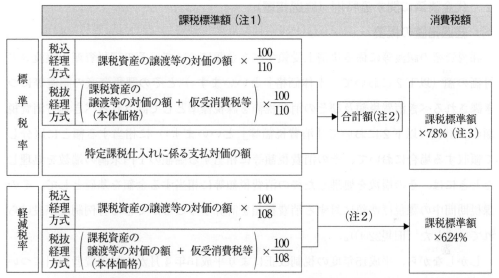

(注)1　売上げを税率の異なるごとに区分することが困難な事業者は、売上税額の計算の特例（経過措置）を適用することができます（312ページ参照）。
　　2　1,000円未満の端数があるときは、その端数を切り捨てます。
　　3　令和元年10月1日以後に行った課税資産の譲渡等であっても、経過措置により旧税率（6.3％）を適用する場合があります（265ページ参照）。

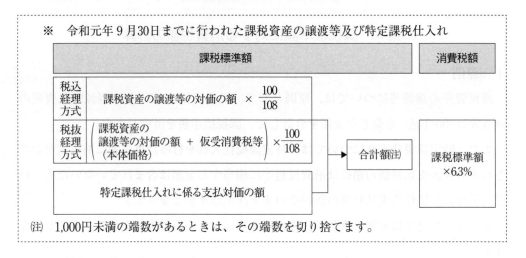

2　代金決済に関する特例（経過措置）

(1)　経過措置の概要

　課税資産の譲渡等に係る決済上受領すべき金額について、その課税資産の譲渡等の対価の額（以下2において「本体価格」といいます。）とその課税資産の譲渡等につき課されるべき消費税額及びその消費税額を課税標準として課されるべき地方消費税額の合計額（以下2において「消費税額等」といいます。）に相当する額とに区分して領収する場合において、その消費税額等に相当する金額の1円未満の端数を処理したときには、その端数を処理した後の消費税額等に相当する金額を基礎として、その課税期間中の課税標準額に対する消費税額を計算することができる特例制度が設けられていました（旧規22①）。

　しかしながら、平成15年度の税制改正により平成16年4月から対消費者取引について、「税込価格」を表示する「総額表示」が義務付けられた（法63）ことに伴い、「税抜価格」を前提としたこの特例制度（旧規22①）が平成16年3月31日をもって廃止されました（平15改正規附則2①）。

　なお、これまで「税抜価格」を前提とした値付け等を行ってきた事業者が多いこと、また、「税込価格」を基に計算するレジシステム等に変更する必要がある場合でも、レジシステムの変更にはある程度時間を要する事業者もいると考えられることなどを踏まえ、次のとおり、3つの経過措置が設けられています（平15改正規附則2②～⑤）。

第4節　課税売上げ等に係る消費税額の計算

	対象取引	要　件	適用内容
経過措置1	総額表示義務の適用を受けない課税資産の譲渡等（事業者間取引等）（注1）	代金の決済に当たって、取引の相手方へ交付する領収書等で、その取引における「課税資産の譲渡等の対価の額（税抜価格）を税率の異なるごとに区分して合計した金額」と「その税抜価格の合計額に10％（又は8％）を乗じて1円未満の端数を税率の異なるごとに区分して処理した後の消費税相当額」を区分して明示している場合	令和5年9月30日までの間、廃止された消費税法施行規則第22条第1項の規定を適用することができます。
経過措置2	課税資産の譲渡等（総額表示義務の規定の適用を受けない事業者間取引等を含みます。）（注1）	「税込価格」を基礎とした代金決済を行う場合で、税率の異なるごとに区分して合計した決済上受領すべき金額（例えば、複数の商品を一括して販売し、その代金を一括して受領する場合には、一括販売した商品の税込価格の合計）に含まれる「消費税相当額（その決済上受領すべき金額のうち、課税資産の譲渡等に係る税込価格の合計額に10/110を乗じて算出した金額及び軽減対象資産の譲渡等に係る税込価格の合計額に8/108を乗じて算出した金額）」の1円未満の端数を税率の異なるごとに区分して処理した後の金額を領収書等に明示した場合	令和5年9月30日までの間、その端数を処理した後の消費税相当額を基礎として課税標準額に対する消費税額を計算することができます。
経過措置3	総額表示義務の規定の適用を受ける課税資産の譲渡等（注1）	総額表示を行っている場合で、レジシステム等の変更が間に合わない等のやむを得ない事情により、「税込価格」を基礎とした代金決済ができない場合	平成26年4月1日以後に行われる課税資産の譲渡等については、令和5年9月30日までの間、廃止された旧規則第22条第1項の規定を適用することができます（注2）。

㊟1　特定資産の譲渡等に該当する課税資産の譲渡等を除きます（平15改正規附則2）。

　2　経過措置3については、平成19年3月31日までに行われる課税資産の譲渡等に適用されることとされていたものが改正され、平成26年4月1日以後に行われる課税資産の譲渡等について、令和5年9月30日まで適用することができることとされています。

（チェックポイント）

☆　代金決済に関する特例は、消費税額等に相当する額を税率の異なるごとに区分している場合に適用できるので、軽減対象資産の譲渡等とそれ以外の課税資産の譲渡等に係る取引の代金決済を一の領収書又は請求書等により行う場合、課税標準額に対する消費税額の計算に当たっては、消費税額等に相当する額について、1円未満の端数を税率の異なるごとに区分して処理した後の金額を基礎として行うことになります（平28改正規附則12、軽減通達25）。

(2)　**経過措置1（総額表示義務の対象とならない取引（事業者間取引等））**

総額表示義務の規定の適用を受けない課税資産の譲渡等（事業者間取引等）に係る

決済上受領すべき金額について、課税資産の譲渡等の対価の額（本体価格）を税率の異なるごとに区分して合計した金額とその課税資産の譲渡等につき課されるべき消費税額及びその消費税額を課税標準として課されるべき地方消費税額の合計額を税率の異なるごとに区分して合計した金額に相当する額とに区別して領収する場合において、その消費税額等に相当する金額の1円未満の端数を税率の異なるごとに区分して処理したときには、当分の間、その端数を税率の異なるごとに区分して処理した後の消費税額等に相当する額の合計額の78／100（軽減対象資産の譲渡等については62.4/80）に相当する金額をもってその課税期間中の課税標準額に対する消費税額にすることができます（平15改正規附則2②、平28改正規附則12②、総通10、11）。

　なお、課税資産の譲渡等が特定資産の譲渡等に該当する場合には、この経過措置を適用することはできません。

第4節　課税売上げ等に係る消費税額の計算

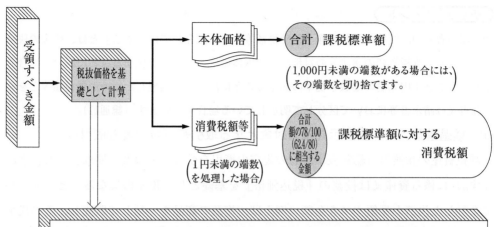

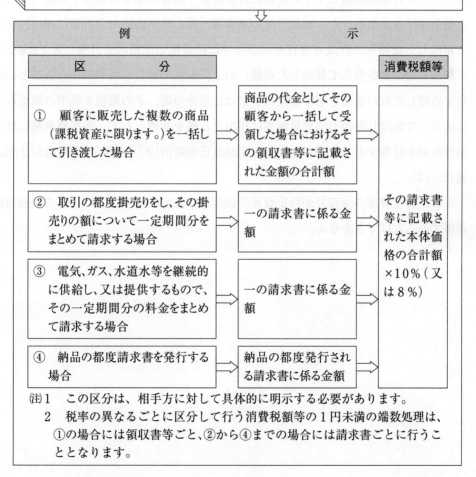

第2章　国内取引に係る消費税

チェックポイント

☆　課税資産の譲渡等の対価の額と消費税額等とに「区分して領収する」とは、代金の決済に当たって課税資産の譲渡等の対価の額（本体価格）を税率の異なるごとに区分して合計した金額と1円未満の端数を税率の異なるごとに区分して処理した後の消費税額等とを領収書又は請求書等において区分して明示している場合をいいます（総通11）。

(3)　経過措置2（総額表示義務の対象となる取引等（対消費者取引））

　課税資産の譲渡等（総額表示義務の規定の適用を受けない事業者間取引等も含まれます。）に係る資産又は役務の「税込価格」を基礎として税率の異なるごとに区分して合計した決済上受領すべき金額（例えば、複数の商品を一括して販売し、その代金を一括して受領する場合には、一括した商品の税込価格の合計額）を領収する場合において、その領収に際してその金額に含まれる「消費税額等に相当する額（その決済上受領すべき金額のうち、課税資産の譲渡等に係る税込価格の合計額に10/110を乗じて算出した金額及び軽減対象資産の譲渡等に係る税込価格の合計額に8／108を乗じて算出した金額を乗じて算出した金額）の1円未満の端数を税率の異なるごとに区分して処理した後の金額を明示したときには、当分の間、その端数を税率の異なるごとに区分して処理した後の消費税額等に相当する額を基礎として、課税標準額に対する消費税額を計算することができます（平28改正規附則12①、平15改正規附則2③、総通12、13）。

　なお、課税資産の譲渡等が特定資産の譲渡等に該当する場合には、この経過措置を適用することはできません。

第4節　課税売上げ等に係る消費税額の計算

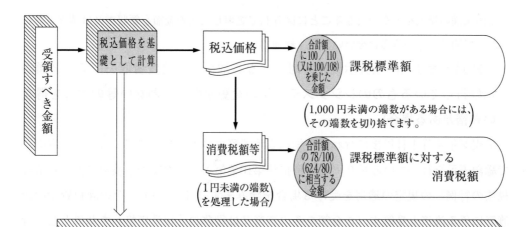

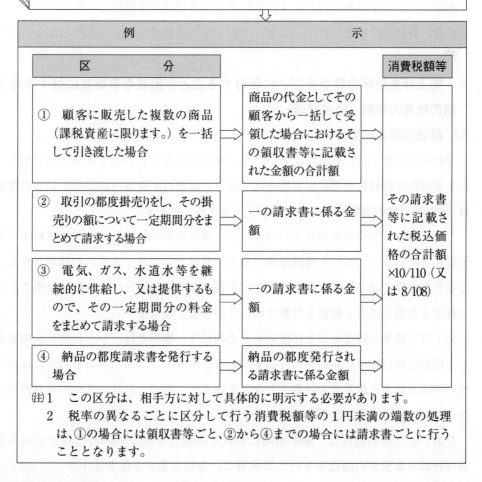

(注) 1　この区分は、相手方に対して具体的に明示する必要があります。
　　 2　税率の異なるごとに区分して行う消費税額等の1円未満の端数の処理は、①の場合には領収書等ごと、②から④までの場合には請求書ごとに行うこととなります。

チェックポイント

☆　「その領収に際してその金額に含まれる消費税額等に相当する額の1円未満の端数を処理した後の金額を明示したとき」とは、代金の決済に当たって消費税額等に相当する額の

第2章　国内取引に係る消費税

1円未満の端数を税率の異なるごとに区分して処理した後の金額を領収書又は請求書等に
おいて明示している場合をいいます（総通13）。

**⑷　経過措置3（総額表示義務の対象となる取引（対消費者取引）で、総額表
示は行っているもののレジシステム等の変更が間に合わない等のやむを得な
い事情がある場合）**

平成26年4月1日以後に行われる総額表示義務の対象となる取引（対消費者取引）
で総額表示を行っている場合（転嫁特措法第10条第1項《総額表示義務に関する消費
税法の特例》の規定の適用を受ける場合を含みます。）において、その課税資産の譲
渡等に係る決済上受領すべき金額をその資産又は役務の「税込価格」を基礎として計
算することができなかったことについて、レジシステム等の変更が間に合わない等の
やむを得ない事情があるときには、当分の間、廃止された旧規則第22条第1項の規定
を適用することができることとされています（平15改正規附則2④⑤）。

なお、具体的な取扱いについては、上記「⑵　経過措置1」を参照してください。

**3　売上げを税率の異なるごとに区分することが困難な事業者に対する売上税
額の計算の特例（経過措置）**

⑴　経過措置の概要

令和元年10月1日から消費税率が7.8％（地方消費税と合わせて10％）に引き上げら
れると同時に軽減税率制度が実施されており、軽減対象資産の譲渡等に係る消費税率
は、6.24％（地方消費税と合わせて8％）とされています。

これにより、令和元年10月1日以後に行う課税資産の譲渡等には、標準税率（地方
消費税と合わせて10％）と軽減税率（地方消費税と合わせて8％）が適用されること
となり、事業者は、原則として、売上げを税率の異なるごとに区分し、税率ごとの売
上総額を算出して売上税額を計算することが必要となります。

売上げを税率の異なるごとに区分するためには、事業者は、レジシステムの変更な
ど、区分経理に向けた対応を行う必要がありますが、こうした対応を行うにはある程
度の時間を要する事業者もいることなどを踏まえ、次のとおり、3つの経過措置が設
けられています（平28改正法附則38①②④）。

なお、この経過措置は、基準期間における課税売上高が5,000万円以下である事業
者（軽減対象資産の譲渡等を行う事業者で、免税事業者を除きます。）で、売上げを
税率の異なるごとに区分して合計することにつき困難な事情があるときについては、
令和元年10月1日から令和5年9月30日までの期間（経過措置1については、簡易課
税制度の適用を受けない期間に限ります。）において行った課税資産の譲渡等につい

— 312 —

第4節　課税売上げ等に係る消費税額の計算

て、適用することができることとされています。

	経過措置1 （小売等軽減仕入割合の特例）	経過措置2 （軽減売上割合の特例）	経過措置3 （左記の計算が困難な場合の特例）
経過措置の対象となる場合	国内において行った卸売業及び小売業に係る課税資産の譲渡等の税込価額を税率の異なるごとに区分して合計することにつき困難な事情があるとき（経過措置2の適用を受ける場合を除きます。）	国内において行った課税資産の譲渡等の税込価額を税率の異なるごとに区分して合計することにつき困難な事情があるとき	経過措置1又は2の適用を受けようとする事業者（主として軽減対象資産の譲渡等を行う事業者に限ります。）が、経過措置1の小売等軽減仕入割合（注1）又は経過措置2の軽減売上割合（注2）の計算につき困難な事情があるとき
経過措置の概要	卸売業・小売業に係る課税資産の譲渡等の税込価額の合計額に小売等軽減仕入割合（注1）を乗じた金額を軽減対象資産に係る税込売上金額とし、売上税額を計算	課税資産の譲渡等の税込価額の合計額に軽減売上割合（注2）を乗じた金額を軽減対象資産に係る税込売上金額とし、売上税額を計算	課税資産の譲渡等の税込価額の合計額の50/100を軽減対象資産に係る税込売上金額とみなし、売上税額を計算

(注)1　「小売等軽減仕入割合」とは、「卸売業及び小売業にのみ要する課税仕入れ等の金額（税込み）の合計額」に占める「卸売業及び小売業にのみ要する課税仕入れ等の金額（税込み）の合計額のうち、軽減対象資産の譲渡等にのみ要するものの金額」の割合をいいます（平28改正法附則38②）。

　　2　「軽減売上割合」とは、「通常の事業を行う連続する10営業日中に国内において行った課税資産の譲渡等の税込価額の合計額」に占める「通常の事業を行う連続する10営業日中に国内において行った課税資産の譲渡等の税込価額の合計額のうち、軽減対象資産の譲渡等に係る部分の金額」の割合をいいます（平28改正法附則38①）。

(2)　経過措置1（小売等軽減仕入割合の特例（平28改正法附則38②））

イ　対象となる事業者

　国内において行った卸売業及び小売業に係る課税資産の譲渡等の税込価額を税率の異なるごとに区分して合計することにつき困難な事情がある中小事業者（基準期間における課税売上高が5,000万円以下、かつ、軽減対象資産の譲渡等を行う事業者で、免税事業者を除きます。）

ロ　適用対象期間

　令和元年10月1日から令和5年9月30日までの期間（簡易課税制度(注)の適用を受けない期間に限ります。）

(注)　簡易課税制度の届出の特例（338ページ参照）を適用する場合を含みます（平28改正法附則40①）。

— 313 —

ハ　計算方法

① 卸売業及び小売業に係る軽減税率の対象となる課税標準額

（算式）

軽減税率の対象となる
課税標準額　＝　軽減対象資産
に係る税込売上金額　×　100／108
（卸売業及び小売業分）　（卸売業及び小売業分）

⇩

$$\left[\begin{array}{c}\text{課税資産の譲渡等の}\\\text{税込価額の合計額}\\\text{（卸売業及び小売業分）}\end{array}\quad\times\quad\text{小売等軽減仕入割合（注）}\right]$$

（注）「小売等軽減仕入割合」とは、次の割合をいいます。

小売等軽減仕入割合　＝　分母の金額のうち、軽減対象資産の譲渡等にのみ要するものの金額
――――――――――――――――――――――
卸売業及び小売業にのみ要する課税仕入れ等の金額（税込み）の合計額（※）

※　「課税仕入れ等の金額（税込み）の合計額」とは、次の金額の合計額をいいます。

　イ　国内において行った課税仕入れに係る支払対価の額
　ロ　国内において行った特定課税仕入れに係る支払対価の額に 110/100 を乗じて計算した金額
　ハ　保税地域から引き取った課税貨物に係る消費税の課税標準に、その課税貨物に課された又は課されるべき消費税額及びその消費税額を課税標準として課されるべき地方消費税額（附帯税の額に相当する額を除きます。）を加算した金額

② 卸売業及び小売業に係る標準税率の対象となる課税標準額

（算式）

標準税率の対象となる
課税標準額　＝　$\left[\begin{array}{c}\text{課税資産の譲渡等の}\\\text{税込価額の合計額}\\\text{（卸売業及び小売業分）}\end{array}-\begin{array}{c}\text{軽減対象資産}\\\text{に係る税込売上金額}\\\text{（卸売業及び小売業分）}\end{array}\right]$　×　100／110
（卸売業及び小売業分）

⑶　経過措置2（軽減売上割合の特例（平28改正法附則38①））

イ　対象となる事業者

　国内において行った課税資産の譲渡等の税込価額を税率の異なるごとに区分して合計することにつき困難な事情がある中小事業者（基準期間における課税売上高が5,000万円以下、かつ、軽減対象資産の譲渡等を行う事業者で、免税事業者を除きます。）

ロ　適用対象期間

　令和元年10月1日から令和5年9月30日までの期間

第4節　課税売上げ等に係る消費税額の計算

ハ　計算方法

①　軽減税率の対象となる課税標準額

(算式)

$$\text{軽減税率の対象となる課税標準額} = \text{軽減対象資産に係る税込売上金額} \times 100 / 108$$

⬇

$$\left(\text{課税資産の譲渡等の税込価額の合計額} \times \text{軽減売上割合(注)}\right)$$

(注)　「軽減売上割合」とは、次の割合をいいます。

$$\text{軽減売上割合} = \frac{\text{分母の金額のうち、軽減対象資産の譲渡等に係る部分の金額}}{\text{通常の事業を行う連続する10営業日（※）中に国内において行った課税資産の譲渡等の税込価額の合計額}}$$

※　適用対象期間に通常の事業を行う連続する10営業日がない場合には、その適用対象期間となります。

②　標準税率の対象となる課税標準額

(算式)

$$\text{標準税率の対象となる課税標準額} = \left(\text{課税資産の譲渡等の税込価額の合計額} - \text{軽減対象資産に係る税込売上金額}\right) \times 100 / 110$$

(4)　経過措置3（経過措置1又は2の割合の計算が困難な場合の特例（平28改正法附則38④））

イ　対象となる事業者

経過措置1又は2の適用を受けようとする事業者（主として軽減対象資産の譲渡等を行う事業者に限ります。）で、経過措置1の小売等軽減仕入割合又は経過措置2の軽減売上割合の計算につき困難な事情がある中小事業者（基準期間における課税売上高が5,000万円以下である事業者で、免税事業者を除きます。）

ロ　適用対象期間

令和元年10月1日から令和5年9月30日までの期間

— 315 —

ハ　計算方法

①　軽減税率の対象となる課税標準額

（算式）

$$\begin{array}{c}\text{軽減税率の対象となる}\\\text{課税標準額}\end{array} = \begin{array}{c}\text{軽減対象資産}\\\text{に係る税込売上金額}\end{array} \times 100 / 108$$

⇩

$$\left(\begin{array}{c}\text{課税資産の譲渡等の}\\\text{税込価額の合計額}\end{array} \times 50 / 100^{(注)}\right)$$

(注)　50/100を経過措置1の小売等軽減仕入割合又は経過措置2の軽減売上割合とみなして、経過措置1又は2の規定を適用することができることとされています。

②　標準税率の対象となる課税標準額

（算式）

$$\begin{array}{c}\text{標準税率の対象となる}\\\text{課税標準額}\end{array} = \left(\begin{array}{c}\text{課税資産の譲渡等の}\\\text{税込価額の合計額}\end{array} - \begin{array}{c}\text{軽減対象資産}\\\text{に係る税込売上金額}\end{array}\right) \times 100 / 110$$

◖ チェックポイント ◗

☆　**経過措置1（小売等軽減仕入割合の特例）**のチェックポイントは、次のとおりです。

①　卸売業とは、他の者から購入した商品をその性質及び形状を変更しないで他の事業者に対して販売する事業をいい、小売業とは、他の者から購入した商品をその性質及び形状を変更しないで販売する事業で卸売業以外のものをいいます（平28改正法附則38③）。

②　経過措置1については、簡易課税制度（簡易課税制度の届出の特例（338ページ参照）を適用する場合を含みます。）と併用することはできません。

③　経過措置1を適用した場合には、確定申告書に**「課税資産の譲渡等の対価の額の計算表〔小売等軽減仕入割合を使用する課税期間用〕」**を添付する必要があります。

☆　**経過措置2（軽減売上割合の特例）**のチェックポイントは、次のとおりです。

①　**「通常の事業を行う連続する10営業日」**は、適用対象期間における通常の事業を行う連続する10営業日であればいつかを問いませんが、この場合の**「通常の事業」**には、通常飲食料品と飲食料品以外の資産の譲渡等を行う事業者が、特別な営業により、ある10日間について飲食料品の譲渡のみを行うといった営業日は、ここでいう「通常の事業」を行う営業日に含まれません。

　　したがって、これら「通常の事業」でない営業日を含む連続する10営業日に基づいて経過措置2を適用することはできませんが、このような「通常の事業」でない営業日を除いた前後の連続する期間の合計10営業日については、「通常の事業を行う連続する10営業日」として取り扱われます（軽減通達22）。

第4節　課税売上げ等に係る消費税額の計算

② 経過措置2については、簡易課税制度（簡易課税制度の届出の特例（338ページ参照）を適用する場合を含みます。）と併用することもできます。

③ 経過措置2を適用した場合には、確定申告書に「**課税資産の譲渡等の対価の額の計算表〔軽減売上割合を使用する課税期間用〕**」を添付する必要があります。

☆ **経過措置3（経過措置1又は2の割合の計算が困難な場合の特例）**のチェックポイントは、次のとおりです。

① 経過措置3は、「**主として軽減対象資産の譲渡等を行う事業者**」に限り、適用することができますが、「**主として軽減対象資産の譲渡等を行う事業者**」とは、適用対象期間中に国内において行った課税資産の譲渡等の対価の額のうち、軽減対象資産の譲渡等の対価の額の占める割合がおおむね50％以上である事業者をいいます（軽減通達23）。

② 経過措置3は、50％を経過措置1の小売等軽減仕入割合又は経過措置2の軽減売上割合とみなして、経過措置1又は2の規定を適用することができるという特例ですので、確定申告書に「課税資産の譲渡等の対価の額の計算表〔小売等軽減仕入割合を使用する課税期間用〕」又は「課税資産の譲渡等の対価の額の計算表〔軽減売上割合を使用する課税期間用〕」を添付する必要があります。

☆ 経過措置1から3に共通するチェックポイントは、次のとおりです。

① 経過措置を適用する要件である「**困難な事情があるとき**」とは、例えば、事業者が適用対象期間中に国内において行った課税資産の譲渡等につき、税率の異なるごとの管理が行えないことなどにより、その適用対象期間中のその課税資産の譲渡等の税込価額を税率の異なるごとに区分して合計することが困難である場合をいいます。

　したがって、そのような場合には、その困難の度合いを問わず、これらの経過措置を適用することができます（軽減通達21）。

② 事業者（免税事業者を除きます。）が国内において行った課税資産の譲渡等につき、**売上げに係る対価の返還等**を行った場合には、その対価の返還等の金額を課税資産の譲渡等の事実に基づき税率の異なるごとに区分して、その対価の返還等をした日の属する課税期間の課税標準額に対する消費税額から、その対価の返還等に係る消費税額を控除します。

　ただし、その売上げに係る対価の返還等の金額を税率の異なるごとに区分することが困難な場合には、その売上げに係る対価の返還等の金額にその課税資産の譲渡等を行った適用対象期間における小売等軽減仕入割合又は軽減売上割合（経過措置3を適用した場合には50％）を乗じて計算した金額を軽減対象資産の譲渡等に係るものとして、売上げに係る対価の返還等をした場合の消費税額の控除の規定（法38）を適用することができます（平28改正法附則38⑤）。

③ 事業者（免税事業者を除きます。）が国内において行った課税資産の譲渡等を行った場合において、その課税資産の譲渡等の相手方に対する売掛金その他の債権につき債権

— 317 —

の切捨てなど、一定の事実が生じたため、その課税資産の譲渡等の税込価額の全部又は一部の領収をすることができなくなったときには、その領収をすることができなくなった金額を課税資産の譲渡等の事実に基づき税率の異なるごとに区分して、その領収をすることができなくなった日の属する課税期間の課税標準額に対する消費税額から、その領収をすることができなくなった課税資産の譲渡等の税込価額に係る消費税額の合計額を控除します。

ただし、その領収をすることができなくなった課税資産の譲渡等の税込価額を税率の異なるごとに区分することが困難な場合には、その領収をすることができなくなった課税資産の譲渡等の税込価額にその課税資産の譲渡等を行った適用対象期間における小売等軽減仕入割合又は軽減売上割合（経過措置3を適用した場合には50%）を乗じて計算した金額を軽減対象資産の譲渡等に係るものとして、貸倒れに係る消費税額の控除等の規定（法39）を適用することができます（平28改正法附則38⑥）。

4 課税標準額に対する消費税額の算出方法の特例【令和5年10月1日から】

課税期間中に国内において行った課税資産の譲渡等につき交付した適格請求書（373ページ参照）又は適格簡易請求書（373ページ参照）の写しを消費税法第57条の4第6項の規定により保存している場合（同項の規定により同項の電磁的記録を保存している場合を含みます。）、その課税資産の譲渡等に係る税率の異なるごとに区分した課税標準額に対する消費税額については、課税資産の譲渡等（特定資産の譲渡等に該当するものを除きます。）の区分に応じて次表に掲げる金額の合計額に78/100を乗じて算出した金額とすることができます（法45⑤、令62①）。

区　　　分	消費税額等
適格請求書を交付した課税資産の譲渡等	その適格請求書に記載した消費税額等
適格簡易請求書を交付した課税資産の譲渡等	その適格簡易請求書に記載した消費税額等
適格請求書又は適格簡易請求書に記載すべき事項に係る電磁的記録を提供した課税資産の譲渡等	その電磁的記録に記録した消費税額等

チェックポイント

☆　その課税期間に係る税率の異なるごとに区分した課税標準額に対する消費税額は、原則として、課税標準額につき、税率の異なるごとに標準税率又は軽減税率を乗じて算出した金額を合計する方法（以下「総額割戻し方式」といいます。）により算出した金額となりますが、その課税期間中に国内において行った課税資産の譲渡等につき交付した適格請求

書又は適格簡易請求書の写しを保存している場合（電磁的記録を保存している場合を含みます。）には、その適格請求書又はその適格簡易請求書に記載した消費税額等及びその電磁的記録に記録した消費税額等の合計額に100分の78を乗じる方法（以下「適格請求書等積上げ方式」といいます。）により算出した金額とすることができます。

　また、取引先ごと又は事業ごとにそれぞれ別の方式によるなど、総額割戻し方式と適格請求書等積上げ方式を併用することもできます（インボイス通達3―13）。

(注)1　適用税率のみを記載した適格簡易請求書には、消費税額等の記載がありませんので、適格請求書等積上げ方式によることはできません。

　　2　その課税期間に係る課税標準額に対する消費税額の計算につき、適格請求書等積上げ方式による場合（総額割戻し方式と適格請求書等積上げ方式を併用する場合を含みます。）には、課税仕入れに係る消費税額の計算につき、消費税法施行令第46条第3項《課税仕入れに係る支払対価の合計額から割り戻す方法による消費税額の計算》に規定する計算の方法によることはできません。

第5節　税額控除等

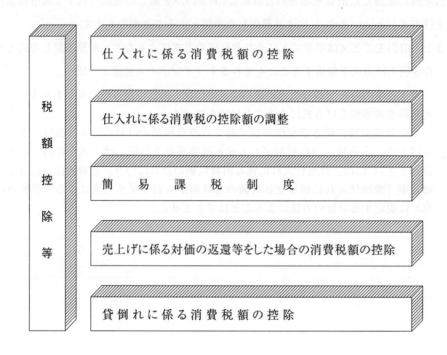

第1　仕入れに係る消費税額の控除

　消費税においては、税の累積を排除する観点から、前段階の税額を控除する仕入税額控除制度が設けられています。
　課税事業者は、その課税期間における課税標準額に対する消費税額から、その課税期間中に国内において行った課税仕入れに係る消費税額、その課税期間中に国内において行った特定課税仕入れに係る消費税額及びその課税期間における保税地域からの課税貨物の引取りに係る消費税額（以下「課税仕入れ等の税額」といいます。）の合計額を控除します（法30①）。

1 仕入税額控除の対象

　仕入税額控除の対象は、その課税期間中に国内において行った課税仕入れに係る消費税額、その課税期間中に国内において行った特定課税仕入れに係る消費税額及びその課税期間における保税地域からの引取りに係る課税貨物につき課された又は課されるべき消費税額の合計額になります（法30①）。

　ただし、事業者が、国内において行う「**居住用賃貸建物**」に係る課税仕入れ等の税額については、仕入税額控除の対象になりません（法30⑩）（331ページ参照）。

　また、その課税仕入れの際に、その課税仕入れに係る資産が納付すべき消費税を納付しないで保税地域から引き取られた課税貨物（いわゆる密輸品）に係るものである場合（その課税仕入れを行う事業者が、その消費税が納付されていないことを知っていた場合に限ります。）、その課税仕入れに係る消費税額については、仕入税額控除の対象になりません（法30⑫）。

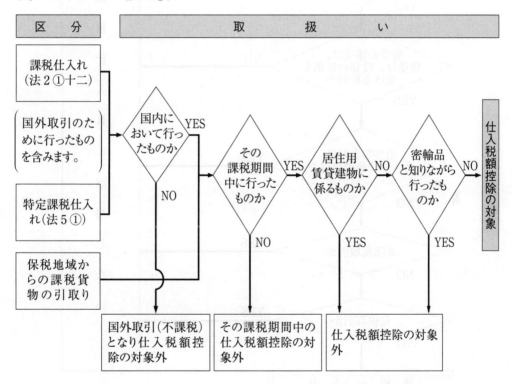

(1) **課税仕入れ**

　課税仕入れとは、事業者が、事業として他の者から資産を譲り受け、若しくは借り受け、又は役務の提供（所得税法第28条第1項《給与所得》に規定する給与等を対価とする役務の提供を除きます。）を受けること（その他の者が事業としてその資産を譲り渡し、若しくは貸し付け、又はその役務の提供をしたとした場合に課税資産の譲渡等に該当することになるもので、輸出免税等の規定により消費税が免除されるもの以外のものに限ります。）をいいます（法2①十二）。

　課税仕入れに該当するかどうかの判定は、次のとおりです。

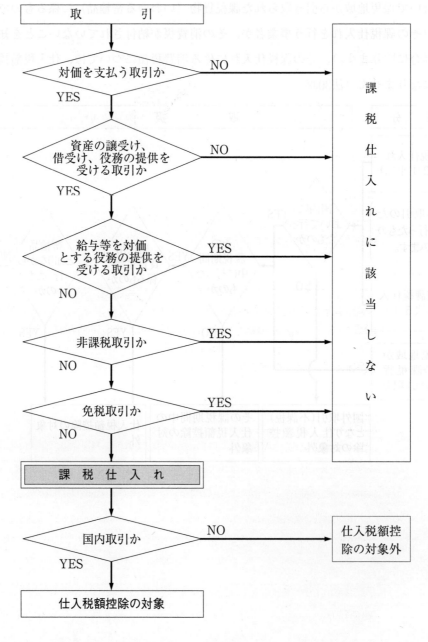

第5節　税額控除等

イ　課税仕入れの範囲

　課税仕入れとは、事業者が、事業として他の者から資産を譲り受け、若しくは借り受け、又は役務の提供を受けることをいいますので、棚卸資産の購入（いわゆる仕入れ）のほか、設備投資、事務用品の購入など、事業の遂行のために必要な全ての取引が含まれます。

　なお、課税仕入れの要件である対価性があるかどうかについて判定が困難なものの取扱いは、次のとおりです。

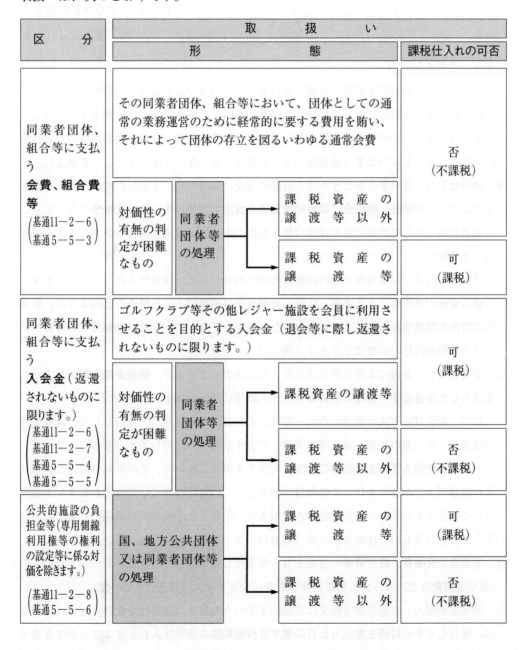

第2章　国内取引に係る消費税

区　　分	取　　　　扱　　　　い		
	形　　　　　態		課税仕入れの可否
共同行事等に係る負担金等 （基通11－2－9） （基通5－5－7）	原則	主宰者の構成員に対する役務の提供		可 （課税）
	特例	構成員が共同事業を実施したものとして取り扱う場合	費用の全額について構成員ごとの負担割合があらかじめ定められている場合において、主宰者が構成員から収受した負担金等について仮勘定として経理したとき	構成員において負担金等の**費途ごとに課税仕入れに該当するかどうかを判定**する。

チェックポイント

☆　対価性の有無の判定が困難な会費、組合費、入会金及び公共的施設の負担金等について、それぞれの通達を適用して「課税資産の譲渡等以外」とする場合、国、地方公共団体又は同業者団体等は、その旨をその構成員に通知し、収受する側と支払う側の処理の整合性を担保することとしています（基通5－5－3㈲3、5－5－4㈲、5－5－6㈲2）。

☆　課税仕入れに該当するかどうかは、資産の譲受け等のために支出した金銭の源泉を問いませんから、**保険金、補助金、損害賠償金等を資産の譲受け等に充てた場合**であっても、事業者が事業として課税資産の譲受け等をしたときには、課税仕入れに該当します（基通11－2－10）。

☆　課税仕入れ又は保税地域からの課税貨物の引取り（以下「課税仕入れ等」といいます。）に係る資産が事故等により**滅失、亡失した場合又は盗難にあった場合**などのように、結果的に資産の譲渡等を行うことができなくなった場合であっても、その課税仕入れ等については仕入税額控除の対象になります（基通11－2－11）。

☆　事業者がした金銭による寄附は課税仕入れに該当しませんが、**課税資産を取得してそれを贈与した場合のその資産の取得**は課税仕入れ等に該当します。

　　なお、個別対応方式の適用に当たっては、その課税仕入れ等は、原則として、課税資産の譲渡等とその他の資産の譲渡等に共通して要するものに該当します（基通11－2－17）。

☆　事業者が**使用人等に金銭以外の資産を給付する場合**において、その資産の取得が課税仕入れに該当するかどうかは、その取得が事業としての資産の譲受けであるかどうかを基礎として判定するのであり、その給付が使用人等の給与として所得税の課税の対象となるかどうかに関わるものではありません（基通11－2－3）。

☆　事業者が**交際費、機密費等**の名義をもって支出した金額でその費途が明らかでないもの（**渡切交際費**など）は、仕入税額控除の対象になりません（基通11－2－23）。

☆　事業者が購入した郵便切手類又は物品切手等のうち**自ら**引換給付を受けるものについては、継続してその**対価を支払った日の属する課税期間**の課税仕入れとすることができますが、**贈答用に購入した物品切手等**（**商品券、ビール券等**）については、この取扱いをする

－ 324 －

第5節 税額控除等

ことはできません（基通11—3—7）。

　なお、事業者が福利厚生の一環として、従業員に対して、①企業が協賛している催物等の入場券、②永年勤務者に対する旅行券等を支給し、従業員が物品又は役務の引換給付を受けるものであっても、事業者が自ら引換給付を受けるものと同様の状況にあると認められるものは、仕入税額控除の対象として取り扱うことができます。

☆　事業者が、広告宣伝用に**プリペイドカード**（本体）を購入した上で、広告宣伝用の図柄の印刷を他の事業者に依頼する場合、①カード（本体）の購入費用は、非課税（又は不課税）となる仕入れに係る支払対価になり、②広告宣伝用図柄の印刷費用は、課税仕入れに係る支払対価になります。

　なお、既製の図柄入りプリペイドカードを「プリペイドカード」として購入する場合、その購入費用は、非課税（又は不課税）となる仕入れに係る支払対価になります。

☆　事業者が、業務上有益な発明、考案等をした自己の使用人等に支給する**報償金、表彰金、賞金等**の金銭のうち次に掲げる金銭については、課税仕入れに係る支払対価に該当します（基通11—2—4）。

⑴　業務上有益な発明、考案又は創作をした使用人等からその発明、考案又は創作に係る特許を受ける権利、実用新案登録を受ける権利若しくは意匠登録を受ける権利又は特許権、実用新案権若しくは意匠権を承継したことにより支給するもの

⑵　特許権、実用新案権又は意匠権を取得した使用人等にこれらの権利に係る実施権の対価として支給するもの

⑶　事務若しくは作業の合理化、製品の品質改良又は経費の節約等に寄与する工夫、考案等（特許又は実用新案登録若しくは意匠登録を受けるに至らないものに限り、その工夫、考案等がその者の通常の職務の範囲内の行為である場合を除きます。）をした使用人等に支給するもの

☆　事業者が社員の通信教育費を負担する場合において、事業者が**通信教育**の申込みを行い、通信教育を行っている者に対して**直接**受講料を支払っているときには、課税仕入れに係る支払対価に該当します。

　一方、通信教育の**受講料相当額**を従業員に対して現金で支給する場合には、その支給額は給与の一部ですから、課税仕入れに係る支払対価には該当しません。

　ただし、従業員に現金を支給した場合であっても、その通信教育の受講が事業者の業務上の必要性に基づくものであり、その受講料の支払に係る事業者宛の領収証を徴したものについては、事業者が通信教育の受講料として支出したことが明らかであり、実質的に事業者が直接支払った場合と同様であるので、課税仕入れに係る支払対価に該当します。

☆　企業が従業員の福利厚生を図るため、他の事業者が経営する食堂を**社員食堂**として利用する場合に企業が一部負担する食事代金（次ページ参照）は、課税仕入れに係る支払対価に該当します。

— 325 —

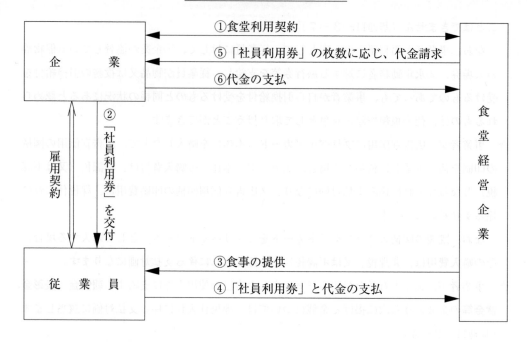

　(注)　社員利用券を提出することにより、通常料金より100円引きで食事ができるような場合であっても、社員に交付する社員利用券が給与課税の対象となるかどうかに関わらず、課税仕入れに係る支払対価になります。

☆　**割賦販売等に係る手数料等**が契約においてその額が明示されている場合、その手数料等は非課税になりますから、課税仕入れに係る支払対価に該当しません（令10③九、十、基通6－3－1(11)(12)）。

☆　**現物出資**により資産を取得した場合において、その資産の取得が課税仕入れに該当するときにおけるその課税仕入れに係る支払対価の額は、現物出資を行った者との間で授受することとした株式（出資を含みます。）の交付（持分を明らかにして株券等を交付しない場合を含みます。）の時におけるその株式の価額に相当する金額（課税資産に対応する部分に限ります。）になります（基通11－4－1）。

　(注)　消費税法第12条第7項第3号《分割等の意義》に該当する分割等により設立された新設分割子法人が、同号の契約に基づく金銭以外の資産の譲渡を受けた場合（事後設立）の課税仕入れに係る支払対価の額は、新設分割親法人との間で授受することとした金額のうち課税資産に対応する部分の金額になります。

☆　**課税資産と非課税資産とを同一の者から同時に譲り受けた場合**には、その譲受けに係る支払対価の額を課税仕入れに係る支払対価の額とその他の仕入れに係る支払対価の額とに合理的に区分しなければなりませんが、建物と土地等を同一の者から同時に譲り受けた場合において、その支払対価の額につき、所得税又は法人税の土地の譲渡等に係る課税の特例の計算における取扱いにより区分しているときは、その区分したところによります（基

通11—4—2）。

☆ 郵便切手類又は物品切手等による引換給付として課税仕入れを行った場合における課税仕入れに係る支払対価の額は、事業者がその郵便切手類又は物品切手等の取得に要した金額になります（基通11—4—3）。

☆ 支払対価を外貨建てとする課税仕入れを行った場合において、課税仕入れを行った時の為替相場とその外貨建てに係る対価を決済した時の為替相場が異なることによって、**為替差損益**が生じたとしても、その課税仕入れに係る支払対価の額は、課税仕入れを行った時においてその課税仕入れの支払対価の額として計上した額になります（基通11—4—4）。

☆ 課税仕入れを行った日の属する課税期間の末日までにその**支払対価の額が確定していない場合**には、同日の現況によりその金額を適正に見積もることになります。

なお、この場合において、その後確定した対価の額が見積額と異なるときには、その差額は、その確定した日の属する課税期間における課税仕入れに係る支払対価の額に加算し、又は支払対価の額から控除することになります（基通11—4—5）。

ロ 「事業として」の意義

個人事業者が**家事消費又は家事使用**をするために資産を譲り受け、若しくは借り受け、又は役務の提供を受けることは、「事業として」行われるものではないので、課税仕入れに該当しません（基通11—1—1）。

なお、法人の場合には、全て「事業として」行ったものに該当します（基通5—1—1(注2)）。

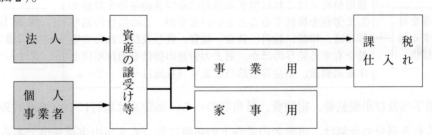

（チェックポイント）

☆ 個人事業者が資産を事業と家事の用途に共通して消費し、又は使用するものとして取得した場合、その家事消費又は家事使用に係る部分は課税仕入れに該当しません。また、その資産の取得に要した課税仕入れに係る支払対価の額は、その資産の消費又は使用の実態に基づく使用率、使用面積割合等の合理的な基準により計算することになります。

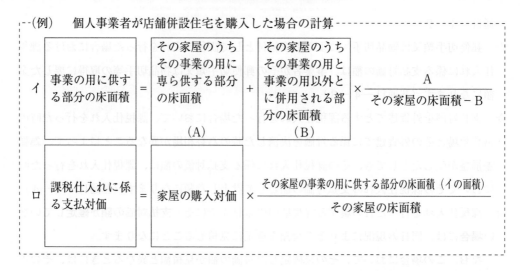

　なお、個人事業者が、課税仕入れに係る資産を一時的に家事使用しても、その家事使用については、消費税法第4条第5項第1号《みなし譲渡》の規定の適用はありません（基通11－1－4）。

☆　個人事業者が支出する**水道光熱費等**の支払対価の額のうち課税仕入れに係る支払対価の額に該当するのは、所得税法施行令第96条各号《家事関連費》に掲げる経費に係る部分に限られます（基通11－1－5）。

ハ　給与等を対価とする役務の提供の意義

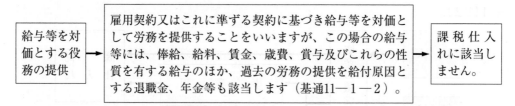

　通勤手当及び出張旅費、宿泊費、日当等のうち、通勤又は旅行について通常必要と認められる部分の金額は、事業者の業務上の必要に基づく支出の実費弁償であると考えられますので、このような通勤手当及び出張旅費等の支給は、課税仕入れに係る支払対価になります。

第5節　税額控除等

区　　分	取　　　　　　扱　　　　　　い		課税仕入れの可否
	形　　　　　　　　態		
通勤手当 （定期券等の現物による支給を含みます。） （基通11—2—2）	その通勤に**通常必要と認められる部分**の金額		可 （課税）
	上記以外の部分の金額		否 （不課税）
出張旅費、宿泊費、日当等 （基通11—2—1）	その旅行について**通常必要と認められる部分**の金額	国内出張	可（課税）
		海外出張	否 （不課税）
	上記以外の部分の金額		

【チェックポイント】

☆　通勤手当は、「その通勤に**通常必要であると認められる部分の金額**」である限り、遠距離通勤の場合の新幹線通勤等のように、所得税法上、非課税限度額を超えるためその一部が給与に該当する場合であっても、課税仕入れに係る支払対価になります。

☆　事業者が自転車通勤者に対して所得税法施行令第20条の2《非課税とされる通勤手当》に規定する非課税限度額の範囲内で通勤手当を支給した場合、少なくともその非課税限度額の範囲内の通勤手当は、課税仕入れに係る支払対価に該当します。

☆　「**その旅行について通常必要であると認められる部分の金額**」の範囲については、所得税基本通達9—3《非課税とされる旅費の範囲》の例により判定します（基通11—2—1㊟1）。

☆　事業者が従業員所有の自家用車を一定の条件で借り上げる、いわゆる**借上自動車**を営業活動に使用させ、借上料として、ガソリン代の実費額と走行キロ数に応じた金額（例えば、1km当たり50円）の合計額をその従業員に支給した場合には、課税仕入れに係る支払対価に該当します。

☆　外交員等に対して支払う報酬又は料金のうち、所得税法第28条第1項《給与所得》に規定する給与所得に該当する部分については、課税仕入れに係る支払対価には該当しません（基通11—2—5）。

　　この場合において、給与所得に該当する部分とその他の部分との区分は、所得税基本通達204—22《外交員又は集金人の業務に関する報酬又は料金》の例によって判定します（基通11—2—5㊟）。

ニ　免税事業者又は消費者からの課税仕入れ

　　事業者が免税事業者や消費者から事業として資産を譲り受け、若しくは借り受け、又は役務の提供を受けた場合であっても、その免税事業者や消費者が事業としてその資産を譲渡し、若しくは貸し付け、又はその役務の提供をしたとした場合に課税資産の譲渡等に該当することとなるものは、課税仕入れに該当します（基通11—1—3）。

— 329 —

第2章　国内取引に係る消費税

⑵　特定課税仕入れ

　「特定課税仕入れ」とは、課税仕入れのうち「特定仕入れ」に該当するものをいいますが（法5①）、「特定仕入れ」とは、事業として他の者から受けた「特定資産の譲渡等」をいい（法4①）、更に「特定資産の譲渡等」とは、「事業者向け電気通信利用役務の提供」及び「特定役務の提供」をいいます（法2①八の二）。

　すなわち、事業として他の者から受けた「事業者向け電気通信利用役務の提供」及び「特定役務の提供」を「特定課税仕入れ」ということになります。

　なお、「事業者向け電気通信利用役務の提供」及び「特定役務の提供」の詳細については、「第11節　国境を越えた役務の提供に係る消費税の課税関係」（570ページ）を参照してください。

⑶　保税地域からの課税貨物の引取り

　事業者が保税地域から引き取る課税貨物については、次に掲げる場合の区分に応じ、その区分に定める日の属する課税期間における課税標準額に対する消費税額から、その課税期間における保税地域からの引取りに係る課税貨物につき課された又は課されるべき消費税額（附帯税の額に相当する額を除きます。）を控除します（法30①）。

イ　保税地域から引き取る課税貨物につき一般申告書を提出した場合

　　その申告に係る課税貨物を引き取った日（法30①三）

ロ　保税地域から引き取る課税貨物につき特例申告書（関税法第7条の2第2項）を提出した場合（決定があった場合を含みます。）

　　その特例申告書を提出した日又はその申告に係る決定の通知を受けた日（法30①四）

（　チェックポイント　）

☆　「**課税貨物を引き取った日**」とは、関税法第67条《輸出又は輸入の許可》に規定する輸入の許可を受けた日をいいます。

　　なお、関税法第73条第1項《輸入の許可前における貨物の引取り》に規定する承認を受けて課税貨物を引き取った場合における消費税法第30条第1項の規定の適用は、実際にその課税貨物を引き取った日の属する課税期間になりますが、同法施行令第46条第1項《輸入の許可前に引き取る課税貨物に係る消費税額の控除の時期の特例》の規定によることもできます。

　　また、関税法第77条第5項《郵便物の関税の納付等》の規定の適用を受ける郵便物を引き取った場合も同様です（基通11―3―9）。

　㊟　保税地域から引き取る課税貨物につき特例申告書を提出した場合には、その特例申告書を提出した日の属する課税期間において消費税法第30条《仕入れに係る消費税額

— 330 —

第5節　税額控除等

の控除》の規定が適用されます。

☆　関税法第73条第1項《輸入の許可前における貨物の引取り》に規定する税関長の承認を
受けて輸入の許可前に課税貨物を引き取り、その引取りに係る見積消費税額（輸入申告書
の金額を基に計算する等の方法により合理的に見積もった課税貨物の引取りに係る消費税
額をいいます。）について、その課税貨物の引取りを行った日の属する課税期間において
消費税法第30条《仕入れに係る消費税額の控除》の規定の適用を受けた場合において、そ
の後確定した引取りに係る消費税額が見積消費税額と異なるときには、その差額は、その
確定した日の属する課税期間の課税仕入れ等の税額に加算し、又はその課税仕入れ等の税
額から控除します（基通11—3—10）。

(4)　居住用賃貸建物の取得等に係る仕入税額控除の制限（※）

事業者が国内において行う「**居住用賃貸建物**」（注1）に係る課税仕入れ等の税額
については、仕入税額控除の適用を受けることができません（法30⑩）。

(注)1　「居住用賃貸建物」とは、消費税法別表第一第13号に掲げる住宅の貸付け（149ペ
ージ参照）の用に供しないことが明らかな建物（その附属設備を含みます。）以外の
建物（高額特定資産（注2）又は調整対象自己建設高額資産（注3）に該当するも
のに限ります。）をいいます（法30⑩）。

2　「高額特定資産」とは、棚卸資産及び調整対象固定資産（以下「対象資産」といい
ます。）のうち、次に掲げるものをいいます（法12の4①、令25の5①）。

(1)　対象資産（次の(2)に掲げる自己建設資産に該当するものを除きます。）　その対
象資産の一の取引の単位（通常一組又は一式をもって取引の単位とされるものに
あっては、一組又は一式）に係る課税仕入れに係る支払対価の額の税抜金額、特
定課税仕入れに係る支払対価の額又は保税地域から引き取られるその対象資産の
課税標準である金額が1,000万円以上のもの

(2)　自己建設資産（対象資産のうち、他の者との契約に基づき、又は事業者の棚卸
資産若しくは調整対象固定資産として自ら建設等をしたものをいいます。）　その
自己建設資産の建設等に要した課税仕入れに係る支払対価の額の税抜金額、特定
課税仕入れに係る支払対価の額及び保税地域から引き取られる課税貨物の課税標
準である金額（その自己建設資産の建設等のために要した原材料費及び経費に係
るものに限り、その建設等を行った事業者が、納税義務が免除されることとなる
課税期間又は簡易課税制度の適用を受ける課税期間中に国内において行った課税
仕入れ及び保税地域から引き取った課税貨物に係るものを除きます。）の合計額が
1,000万円以上のもの

3　「調整対象自己建設高額資産」とは、他の者との契約に基づき、又はその事業者の

— 331 —

第2章　国内取引に係る消費税

棚卸資産として自ら建設等をした棚卸資産（その建設等に要した課税仕入れに係る支払対価の額の税抜金額、特定課税仕入れに係る支払対価の額及び保税地域から引き取られる課税貨物の課税標準である金額（その建設等のために要した原材料費及び経費に係るものに限ります。）の累計額が1,000万円以上となったものに限ります。）をいいます（法12の4②、令25の5③）。

イ　仕入税額控除の対象外となる居住用賃貸建物の範囲

区　　　　　分		取　扱　い
住宅の貸付けの用に供しないことが明らかな部分がある居住用賃貸建物について仕入税額控除の制限を受けることとなる事業者	その居住用賃貸建物をその構造及び設備の状況その他の状況によりその部分とそれ以外の部分（以下「居住用賃貸部分」といいます。）とに合理的に区分しているとき	その居住用賃貸部分に係る課税仕入れ等の税額についてのみ、仕入税額控除の対象になりません（令50の2①）。
居住用賃貸建物が自己建設高額特定資産（注）として「高額特定資産を取得した場合等の納税義務の免除の特例」の適用を受ける場合	その自己建設高額特定資産の仕入れを行った場合に該当することとなった日の属する課税期間以後の課税期間	その居住用賃貸建物に係る課税仕入れ等の税額についてのみ、仕入税額控除の対象になりません（令50の2②）。

㊟　「自己建設高額特定資産」とは、他の者との契約に基づき、又はその事業者の棚卸資産若しくは調整対象固定資産として自ら建設、製作又は製造をした高額特定資産をいいます（法12の4①）。

ロ　仕入控除税額の調整

居住用賃貸建物に係る課税仕入れ等の税額については、仕入控除税額の調整措置の対象となる場合があります（422ページ参照）。

（※）　居住用賃貸建物の取得等に係る仕入税額控除の制限は、令和2年10月1日以後に行われる居住用賃貸建物の課税仕入れ等の税額について適用されています。

なお、令和2年3月31日までに締結した契約に基づき同年10月1日以後に居住用賃貸建物の課税仕入れ等を行った場合には、この特例の適用はありません（令2改正法附則44①②）。

（　チェックポイント　）

☆　「住宅の貸付けの用に供しないことが明らかな建物」とは、建物の構造及び設備の状況その他の状況により住宅の貸付けの用に供しないことが客観的に明らかなものをいい、例えば、次に掲げるようなものがこれに該当します（基通11―7―1）。

(1)　建物の全てが店舗等の事業用施設である建物など、建物の設備等の状況により住宅の貸付けの用に供しないことが明らかな建物

― 332 ―

第5節　税額控除等

(2) 旅館又はホテルなど、旅館業法第2条第1項《定義》に規定する旅館業に係る施設の貸付けに供することが明らかな建物

(3) 棚卸資産として取得した建物であって、所有している間、住宅の貸付けの用に供しないことが明らかなもの

☆　居住用賃貸建物に該当するかどうかは、課税仕入れを行った日（自己建設資産にあっては、消費税法第12条の4第1項第2号《高額特定資産を取得した場合等の納税義務の免除の特例》に定める日）の状況により判定し、同日において住宅の貸付けの用に供しないことが明らかでない建物（高額特定資産及び調整対象自己建設高額資産に限ります。）については、居住用賃貸建物に該当しますが、その課税仕入れを行った日の属する課税期間の末日において、住宅の貸付けの用に供しないことが明らかにされたときは、居住用賃貸建物に該当しないものとすることができます（基通11—7—2）。

☆　消費税法施行令第50条の2第1項《仕入れに係る消費税額の控除の対象外となる居住用賃貸建物の範囲》に規定する「住宅の貸付けの用に供しないことが明らかな部分がある居住用賃貸建物」とは、例えば、建物の一部が店舗用の構造等となっている居住用賃貸建物をいい、同項に規定する「合理的に区分している」とは、使用面積割合や使用面積に対する建設原価の割合など、その建物の実態に応じた合理的な基準により区分していることをいいます（基通11—7—3）。

☆　消費税法第12条の4第1項《高額特定資産を取得した場合等の納税義務の免除の特例》に規定する自己建設高額特定資産である居住用賃貸建物に係る同法第30条第10項《居住用賃貸建物に係る仕入税額控除の制限》の規定の適用は、同法施行令第50条の2第2項《仕入れに係る消費税額の控除の対象外となる居住用賃貸建物の範囲》の規定により、同法施行令第25条の5第2項《高額特定資産の範囲等》に規定する累計額が1,000万円以上となった課税期間以後のその建物に係る課税仕入れ等の税額について適用されますので、その課税期間の前課税期間以前に行われたその建物に係る課税仕入れ等の税額は、同法第30条第1項《仕入れに係る消費税額の控除》の規定の適用があります（基通11—7—4）。

☆　消費税法第30条第10項《居住用賃貸建物に係る仕入税額控除の制限》に規定する「居住用賃貸建物に係る課税仕入れ等の税額」には、その建物に係る資本的支出（事業の用に供されている資産の修理、改良等のために支出した金額のうち、その資産の価値を高め、又はその耐久性を増すこととなると認められる部分に対応する金額をいいます。）に係る課税仕入れ等の税額が含まれます。

なお、例えば、以下に掲げる場合のように、建物に係る資本的支出自体が居住用賃貸建物の課税仕入れ等に該当しない場合、同項の規定は適用されません（基通11—7—5）。

(1) 建物に係る資本的支出自体が高額特定資産の仕入れ等を行った場合（消費税法第12条

— 333 —

の４第１項《高額特定資産を取得した場合等の納税義務の免除の特例》に規定する高額特定資産の仕入れ等を行った場合をいいます。）に該当しない場合
(2) 建物に係る資本的支出自体が住宅の貸付けの用に供しないことが明らかな建物に係る課税仕入れ等に該当する場合

2　対象となる事業者

　課税仕入れ等の税額の控除ができるのは課税事業者に限られていますので、免税事業者は、納税義務が免除されるのと同時に、仕入税額控除もできません（法30①）。

　なお、免税事業者に該当する者であっても、課税事業者となることを選択（23、24ページ参照）することにより、課税仕入れ等の税額を控除することができます。

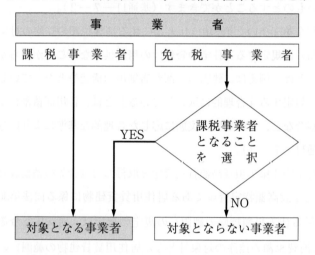

（ チェックポイント ）

☆　**新たに事業を開始した個人事業者**又は**新たに設立した法人**は、消費税法第９条の２《前年又は前事業年度等における課税売上高による納税義務の免除の特例》から第12条の４《高額特定資産を取得した場合の納税義務の免除の特例》までの規定により納税義務が免除されない者を除き、同法第９条第１項本文《小規模事業者に係る納税義務の免除》の規定により納税義務が免除されることになりますので、**課税事業者となることを選択しない限り、課税仕入れ等の税額を控除することはできません**（基通11－1－7）。

　なお、免税事業者が消費税法第10条第１項、第11条第１項又は第12条第１項若しくは第５項の規定により、その課税期間の中途において同法第９条第１項本文の規定の適用を受けないこととなった場合、その適用を受けないこととなった日からその課税期間の末日までの期間については、課税仕入れ等の税額の控除ができます（基通11－1－8）。

第5節　税額控除等

3　仕入税額控除の時期

　仕入税額控除は、国内において課税仕入れを行った日、特定課税仕入れを行った日及び保税地域から課税貨物を引き取った日の属する課税期間に行います（法30①）。

区　　分	取　　　扱　　　い
課税仕入れを行った日及び特定課税仕入れを行った日（基通11―3―1）	課税仕入れに係る資産を譲り受け、若しくは借り受け、又は役務の提供を受けた日（原則として、所得税法又は法人税法における所得金額の計算上の資産の取得の時期又は費用等の計上時期と同じになります。）
課税貨物を引き取った日（基通11―3―9）	関税法第67条《輸出又は輸入の許可》に規定する輸入の許可を受けた日 (注)　保税地域から引き取る課税貨物につき特例申告書を提出した場合にはその特例申告書を提出した日

区　　分	仕　入　税　額　控　除　の　時　期	
	原　　則	特　　　　　例
割賦購入資産、リース資産等（基通11―3―2）	その資産の引渡し等を受けた日	リース料を支払うべき日（所有権移転外ファイナンスリース取引について賃借処理している場合に限ります。）
減価償却資産繰延資産（基通11―3―3・4）	課税仕入れ等を行った日	
未成工事支出金として経理した場合（基通11―3―5）	課税仕入れ等を行った日（資産の引渡しを受けた時又は外注先若しくは下請先の役務の提供が完了した時）	継続適用を条件として、目的物の引渡しをした日（未成工事支出金勘定から完成工事原価に振替処理を行う時）
建設仮勘定として経理した場合（基通11―3―6）	課税仕入れ等を行った日（設計料に係る役務の提供を受けた日、資材を譲り受けた時）	目的物の完成した日（目的物の全部の引渡しを受けた日）
郵便切手類物品切手等（基通11―3―7）	役務又は物品の引換給付を受けた時	継続適用を条件として、自ら引換給付を受けるものについては、その郵便切手類又は物品切手等の対価を支払った日
短期前払費用（基通11―3―8）	課税仕入れ等を行った日	所得税基本通達37―30の2又は法人税基本通達2―2―14《短期の前払費用》の適用を受けている場合には、その支出した日
現金主義会計適用者（所法67）	課税仕入れ等を行った日	課税仕入れに係る費用の額を支出した日（法18①）

4 課税仕入れ等に係る消費税額

⑴ 課税仕入れに係る消費税額

イ 令和元年10月1日から令和5年9月30日まで

　課税仕入れに係る消費税額は、課税仕入れに係る支払対価の額に基づき、次の算式により計算することになります（法30①）。

　なお、「**課税仕入れに係る支払対価の額**」とは、課税仕入れの対価の額（対価として支払い、又は支払うべき一切の金銭又は金銭以外の物若しくは権利その他経済的な利益の額をいいます。）をいい、消費税額及び地方消費税額（附帯税の額に相当する額を除きます。）に相当する額を含みます（法30⑥）。

　また、課税仕入れに係る消費税額は、適用税率ごとの課税仕入れに係る支払対価の額に基づき、次の算式により計算することになります。

```
(算式)
  （標準税率が適用される課税仕入れ）

  課税仕入れに      ＝ 課税仕入れに係る支払対価の額 × 7.8
  係る消費税額                                         ───
                                                       110

  （軽減税率が適用される課税仕入れ）

  課税仕入れに      ＝ 課税仕入れに係る支払対価の額 × 6.24
  係る消費税額                                         ────
                                                       108
```

　（注）令和元年9月30日までは、課税仕入れに係る支払対価の額に$\frac{6.3}{108}$を乗じて計算することになります。

【 **チェックポイント** 】

☆ **税抜経理方式を適用している場合**には、仮払消費税等を加算した金額が課税仕入れに係る支払対価の額になります。

☆ 課税仕入れに係る消費税額の計算に当たっては、原則として、その課税期間中に国内において行った課税仕入れに係る支払対価の額の合計額に7.8/110（軽減対象資産の譲渡等に係るものである場合には、6.24/108）を乗じて計算することになりますが、課税仕入れの都度、課税仕入れに係る支払対価の額について、税抜経理方式を採用している場合において、次の態様に応じ処理しているときは、その処理が認められます（総通14）。

⑴　課税仕入れの相手方が課税資産の譲渡等に係る決済上受領すべき金額を、本体価額を税率の異なるごとに区分して合計した金額と1円未満の端数を税率の異なるごとに区分して処理した後の消費税額等とに区分して領収する場合に作成した領収書又は請求書等において別記されている消費税額等を仮払消費税等として経理し、その課税期間中における仮払消費税等の合計額の78/100（軽減対象資産の譲渡等に係るものである場合には、62.4/80）に相当する金額を課税仕入れに係る消費税額とする。

第5節　税額控除等

(2)　課税仕入れの相手方から交付を受けた領収書又は請求書等に明示された税込価格を基礎として税率の異なるごとに区分して合計した決済上受領すべき金額に含まれる消費税額等に相当する額（当該決済上受領すべき金額に10/110（軽減対象資産の譲渡等に係るものである場合には、8/108）を乗じて算出した金額）の1円未満の端数を税率の異なるごとに区分して処理した後の金額を仮払消費税等として経理し、その課税期間中における仮払消費税等の合計額の78/100（軽減対象資産の譲渡等に係るものである場合には、62.4/80）に相当する金額を課税仕入れに係る消費税額とする。

(3)　課税仕入れの相手方から交付を受けた領収書又は請求書等では課税資産の譲渡等に係る決済上受領すべき金額を本体価額を税率の異なるごとに区分して合計した金額と1円未満の端数を税率の異なるごとに区分して処理した後の消費税額等とに区分して記載されていない場合、あるいは課税仕入れの相手方から交付を受けた領収書又は請求書等では税込価格を基礎として税率の異なるごとに区分して合計した決済上受領すべき金額に含まれる消費税額等に相当する額（当該決済上受領すべき金額に10/110（軽減対象資産の譲渡等に係るものである場合には、8/108）を乗じて算出した金額）の1円未満の端数を税率の異なるごとに区分して処理した後の金額がそれぞれ明示されていない場合において、課税仕入れ等に係る帳簿等により課税仕入れに係る支払対価の額に10/110（軽減対象資産の譲渡等に係るものである場合には、8/108）を乗じた金額（1円未満の端数を切捨て又は四捨五入の方法により処理する場合に限ります。）を仮払消費税等として経理する方法を継続的に行っているときには、その課税期間中における仮払消費税等の合計額の78/100（軽減対象資産の譲渡等に係るものである場合には、62.4/80）に相当する金額を課税仕入れに係る消費税額とする。

㊟　(3)の方式は、(1)又は(2)が適用できない場合について認められます。

☆　消費税法第30条第1項《仕入れに係る消費税額の控除》に規定する課税仕入れに係る消費税額について、軽減対象資産の譲渡等とそれ以外の課税資産の譲渡等の取引の代金決済が一の領収書又は請求書等により行われた場合における「平成16年2月19日付課消1—8ほか5課共同『事業者が消費者に対して価格を表示する場合の取扱い及び課税標準額に対する消費税額の計算に関する経過措置の取扱いについて』法令解釈通達」第14項による処理（336ページ参照）は、税率の異なるごとに処理された後の消費税額等を仮払消費税等として経理し、同項の各態様に応じた要件を満たす処理が行われている場合、その処理が認められます。

なお、この場合に、軽減税率の対象となる課税仕入れに係る消費税額は、仮払消費税等として経理し、その課税期間中における仮払消費税等の合計額の62.4/80に相当する金額とします（軽減通達25）。

— 337 —

第2章　国内取引に係る消費税

【課税仕入れ等を税率の異なるごとに区分することが困難な事業者に対する仕入税額の計算の特例（経過措置）】

Ⅰ　売上げを税率ごとに管理できる卸売事業者・小売事業者に対する経過措置（小売等軽減売上割合の特例）

　基準期間における課税売上高が5,000万円以下である課税期間のうち、令和元年10月1日から令和2年9月30日の属する課税期間の末日までの期間（簡易課税制度の適用を受ける課税期間を除きます。）中に国内において行った卸売業及び小売業に係る課税仕入れに係る支払対価の額又はその課税期間中に保税地域から引き取った課税貨物に係る税込引取価額を税率の異なるごとに区分して合計することにつき困難な事情があるときは、次の計算により算出した額を、その課税期間における卸売業及び小売業に係る課税仕入れ等の税額の合計額とすることができました（平28改正法附則39①）。

--(算式)--

　　卸売業及び小売業に係る課税仕入れ等の税額の合計額＝①＋②

①　軽減対象税込課税仕入れ等の金額(注)　×　$\dfrac{6.24}{108}$

②　$\left(\begin{array}{l}\text{課税仕入れに係る支払対価の額}\\\text{及び課税貨物に係る税込引取価}\\\text{額の合計額}\end{array} - \begin{array}{l}\text{軽減対象税込課税仕入れ}\\\text{等の金額}\end{array}\right) \times \dfrac{7.8}{110}$

(注)　軽減対象税込課税仕入れ等の金額とは、次の金額をいいます。

$$\begin{array}{l}\text{軽減対象税込課税}\\\text{仕入れ等の金額}\end{array} = \begin{array}{l}\text{課税仕入れに係る支払対価の額}\\\text{及び課税貨物に係る税込引取価}\\\text{額の合計額}\end{array} \times \begin{array}{l}\text{小売等軽減売上}\\\text{割合（※）}\end{array}$$

※　小売等軽減売上割合とは、次の割合をいいます。

$$\text{小売等軽減売上割合} = \dfrac{\begin{array}{l}\text{卸売業及び小売業に係る軽減対象資産の}\\\text{譲渡等の税込価額の合計額}\end{array}}{\begin{array}{l}\text{卸売業及び小売業に係る課税資産の}\\\text{譲渡等の税込価額の合計額}\end{array}}$$

チェックポイント

☆　この経過措置を適用した場合には、確定申告書に「課税仕入れ等の税額の計算表〔小売等軽減売上割合を使用する課税期間用〕」を添付する必要があります。

Ⅱ　上記Ⅰ以外の事業者に対する経過措置（簡易課税制度に係る特例）

　基準期間における課税売上高が5,000万円以下で、令和元年10月1日から令和2年9月30日までの日の属する課税期間（簡易課税制度の適用を受ける課税期間

を除きます。）中に、国内において行った課税仕入れに係る支払対価の額又はその課税期間中に保税地域から引き取った課税貨物に係る税込引取価額を税率の異なるごとに区分して合計することにつき困難な事情のある事業者が、その課税期間の末日までに、所轄税務署長に「消費税簡易課税制度選択届出書」を提出したときは、その届出書が、その課税期間の初日の前日に提出されたものとみなされ、その課税期間から簡易課税制度の適用を受けることができました（平28改正法附則40①）。

《3月決算法人が令和3年3月期に簡易課税制度の適用を受ける場合》

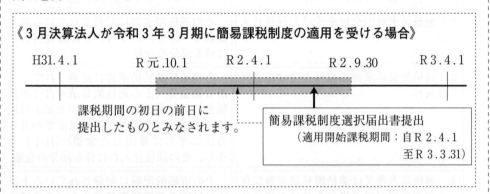

《仕入税額の計算の特例の一覧》

区分	① 課税売上げ（税込み）を税率ごとに管理できる卸売業・小売業を営む中小事業者 【小売等軽減売上割合の特例】	② ①以外の中小事業者 【簡易課税制度の届出の特例】
内容	卸売業・小売業に係る課税仕入れ（税込み）に小売等軽減売上割合を乗じた金額を軽減税率対象品目の課税仕入れ（税込み）とし、仕入税額を計算する。 小売等軽減売上割合 $= \dfrac{\text{卸売業・小売業に係る軽減税率対象品目の課税売上げ（税込み）}}{\text{卸売業・小売業に係る課税売上げ（税込み）}}$	簡易課税制度選択届出書を提出した課税期間から簡易課税制度を適用できる。 （参考）原則は、その課税期間の開始前に届出書の提出が必要
適用対象	以下の期間において行った課税仕入れ 令和元年10月1日から令和2年9月30日までの日の属する課税期間の末日までの期間 ※ 簡易課税制度の適用を受けない期間に限る。	以下の課税期間に適用可能 令和元年10月1日から令和2年9月30日までの日の属する課税期間

ロ　令和5年10月1日から

　課税仕入れに係る消費税額は、適格請求書又は適格簡易請求書の記載事項を基礎と
して、次のいずれかの方法により計算した金額となります（法30①）。

(イ)　**請求書等積上げ方式【原則】**

　　次表の左欄に掲げる課税仕入れの区分に応じ、右欄の金額の合計額に78/100を
乗じて算出した金額とします（令46①）。

課税仕入れの区分	課税仕入れに係る消費税額等
①　適格請求書の交付を受けた課税仕入れ	その適格請求書に記載されている消費税額等（注1）のうち、その課税仕入れに係る部分の金額
②　適格簡易請求書の交付を受けた課税仕入れ	その適格簡易請求書に記載されている消費税額等（その適格簡易請求書に消費税額等の記載がないときは、上記①の適格請求書に記載すべき消費税額等の計算方法に準じて算出した金額）（注1）のうち、その課税仕入れに係る部分の金額
③　適格請求書又は適格簡易請求書に代えて電磁的記録の提供を受けた課税仕入れ	その電磁的記録に記録されている上記①又は②の消費税額等のうち、その課税仕入れに係る部分の金額
④　事業者がその行った課税仕入れにつき作成する仕入明細書、仕入計算書その他これらに類する書類で所定の事項が記載されているもの（その書類に記載されている事項につき、その課税仕入れの相手方の確認を受けたものに限ります。）又はその書類に記載すべき事項に係る電磁的記録を作成した課税仕入れ	その書類に記載され、又は電磁的記録に記録されている消費税額等（注2）のうち、その課税仕入れに係る部分の金額
⑤　事業者がその行った課税仕入れ（媒介又は取次ぎに係る業務を行う者を介して行われる一定の課税仕入れ（注3）に限ります。）につきその媒介又は取次ぎに係る業務を行う者から交付を受ける請求書、納品書その他これらに類する書類で所定の事項が記載されているものの交付又はその書類に記載すべき事項に係る電磁的記録の提供を受けた課税仕入れ	その書類に記載され、又はその電磁的記録に記録されている消費税額等（注1）のうち、その課税仕入れに係る部分の金額
⑥　請求書等の交付を受けることが困難である場合の一定の課税仕入れ（注4）	課税仕入れに係る支払対価の額に10/110（その課税仕入れが他の者から受けた軽減対象課税資産の譲渡等に係るものである場合には、8/108）を乗じて算出した金額（その金額に1円未満の端数が生じたときは、その端数を切り捨て、又は四捨五入した後の金額）

第 5 節　税額控除等

㊟1　次のいずれかの方法により計算した金額になります。この場合において、算出した金額に 1 円未満の端数が生じたときには、その端数を処理します（令70の10）。

> ①　課税資産の譲渡等に係る税抜価額を税率の異なるごとに区分して合計した金額に10/100（その合計した金額が軽減対象課税資産の譲渡等に係るものである場合には、 8 /100）を乗じて算出する方法
>
> ②　課税資産の譲渡等に係る税込価額を税率の異なるごとに区分して合計した金額に10/110（その合計した金額が軽減対象課税資産の譲渡等に係るものである場合には、 8 /108）を乗じて算出する方法

2　課税仕入れに係る支払対価の額に10/110（その課税仕入れが他の者から受けた軽減対象課税資産の譲渡等に係るものである場合には、 8 /108）を乗じて算出した金額とし、その金額に 1 円未満の端数が生じたときは、その端数を処理した後の金額とします（令49④六）。

3　媒介又は取次ぎに係る業務を行う者を介して行われる課税資産の譲渡等のうち次に掲げるものに係る課税仕入れをいいます（令70の 9 ②二、規26の 5 ）。

> ①　卸売市場法に規定する卸売市場において、同法第 2 条第 4 項に規定する卸売業者が同項に規定する卸売の業務（出荷者から卸売のための販売の委託を受けて行うものに限ります。）として行う同法第 2 条第 1 項に規定する生鮮食料品等の譲渡
>
> ②　一定の組合※1が、その組合員その他の構成員から販売の委託（販売条件を付さず、かつ、一定の方法※2により販売代金の精算が行われるものに限ります。）を受けて行う農林水産物の譲渡（その農林水産物の譲渡を行う者を特定せずに行われるものに限ります。）

　　※1　次に掲げる組合になります。

> ㋑　農業協同組合法第 4 条に規定する農業協同組合及び農業協同組合連合会
>
> ㋺　水産業協同組合法第 2 条に規定する漁業協同組合、漁業生産組合及び漁業協同組合連合会、水産加工業協同組合及び水産加工業協同組合連合会並びに共済水産業協同組合連合会
>
> ㋩　森林組合法第 4 条に規定する森林組合、生産森林組合及び森林組合連合会
>
> ㊁　農業協同組合法第72条の 6 に規定する農事組合法人
>
> ㋭　上記㋑から㋩に掲げる組合に準ずるものであって、中小企業等協同組合法第 3 条第 1 号に規定する事業協同組合及びその事業協同組合をもって組織する同条第 3 号に規定する協同組合連合会

　　※2　組合による農林水産物の譲渡に係る対価の額のその組合の組合員その他の構成員に対する精算につき、一定の期間におけるその農林水産物の譲渡に係る対価の額をその農林水産物の種類、品質、等級その他の区分ごとに平均した価格をもって算出した金額を基礎として行う方法になります。

第2章　国内取引に係る消費税

4　次に掲げる課税仕入れをいいます（令49①一、規15の4）。

①　他の者から受けた次に掲げる役務の提供※1のうちその税込価額が3万円未満※2のもの

　㋑　海上運送法第2条第5項に規定する一般旅客定期航路事業、同法第19条の6の2に規定する人の運送をする貨物定期航路事業及び同法第20条第2項に規定する人の運送をする不定期航路事業（乗合旅客の運送をするものに限ります。）として行う旅客の運送

　㋺　道路運送法第3条第1号イに規定する一般乗合旅客自動車運送事業として行う旅客の運送

　㋩　鉄道事業法第2条第2項に規定する第一種鉄道事業又は同条第3項に規定する第二種鉄道事業として行う旅客の運送

　㋥　軌道法第3条に規定する運輸事業として行う旅客の運送

②　入場券その他の課税仕入れに係る書類のうち適格簡易請求書の法定記載事項（課税資産の譲渡等を行った年月日を除きます。）が記載されているものが、その課税仕入れに係る課税資産の譲渡等を受けた際にその課税資産の譲渡等を行う適格請求書発行事業者により回収された課税仕入れ（上記①に掲げる課税仕入れを除きます。）

③　課税仕入れに係る資産が次に掲げる資産のいずれかに該当する場合におけるその課税仕入れ（その資産が棚卸資産（消耗品を除きます。）に該当する場合に限ります。）

　㋑　古物営業法第2条第2項に規定する古物営業を営む同条第3項に規定する古物商である事業者が、他の者（適格請求書発行事業者を除きます。）から買い受けた同条第1項に規定する古物（これに準ずる物品及び証票で、当該他の者が使用、鑑賞その他の目的で取引したもの（その古物商である事業者が同条第2項に規定する古物営業と同等の取引方法により買い受ける場合に限ります。）を含みます。）※3

　㋺　質屋営業法第1条第1項に規定する質屋営業を営む同条第2項に規定する質屋である事業者が、同法第18条第1項の規定により他の者（適格請求書発行事業者を除きます。）から所有権を取得した質物

　㋩　宅地建物取引業法第2条第2号に規定する宅地建物取引業を営む同条第3号に規定する宅地建物取引業者である事業者が、他の者（適格請求書発行事業者を除きます。）から買い受けた同条第2号に規定する建物

　㋥　再生資源卸売業その他不特定かつ多数の者から再生資源等（資源の有効な利用の促進に関する法律第2条第4項に規定する再生資源及び同条第5項に規定する再生部品をいいます。）に係る課税仕入れを行う事業を営む事業者が、他の者（適格請求書発行事業者を除きます。）から買い受けたその再生資源等

④　自動販売機又は自動サービス機※4により行われる課税資産の譲渡等のうちその課税資産の譲渡等に係る税込価額が3万円未満※2のものに係る課税仕入れ

⑤　郵便切手類（郵便切手類販売所等に関する法律第1条に規定する郵便切手その他郵便に関する料金を表す証票をいいます。）のみを対価とする郵便法第1条に規定する郵便の役務及び貨物の運送（同法第38条第1項に規定する郵便差出箱に差し出された郵便物及び貨物に係るものに限ります。）に係る課税仕入れ

— 342 —

第5節　税額控除等

⑥　法人税法第2条第15号に規定する役員若しくは使用人（以下「使用人等」といいます。）が勤務する場所を離れてその職務を遂行するため旅行をし、若しくは転任に伴う転居のための旅行をした場合又は就職若しくは退職をした者若しくは死亡による退職をした者の遺族（以下「退職者等」といいます。）がこれらに伴う転居のための旅行をした場合に、その旅行に必要な支出に充てるために事業者がその使用人等又はその退職者等に対して支給する金品※5で、その旅行について通常必要であると認められる部分の金額に係る課税仕入れ

⑦　事業者が、その使用人等で通勤する者（以下「通勤者」といいます。）に対して支給する所得税法第9条第1項第5号に規定する通勤手当のうち、その通勤者につき通常必要であると認められる部分※6の金額に係る課税仕入れ

※1　「旅客の運送」には、旅客の運送に直接的に附帯するものとして収受する特別急行料金、急行料金、寝台料金等を対価とする役務の提供は含まれますが、旅客の運送に直接的に附帯するものではない入場料金、手回品料金、貨物留置料金等を対価とする役務の提供は含まれません（インボイス通達3―10）。

※2　「税込価額が3万円未満のもの」に該当するかどうかは、一回の取引の課税資産の譲渡等に係る税込価額が3万円未満であるかどうかで判定しますので、課税資産の譲渡等に係る一の商品（役務）ごとの税込価額により判定するものではありません（インボイス通達3―9）。

※3　「古物に準ずる物品及び証票」とは、古物営業法上の古物に該当しない、例えば、金、銀、白金といった貴金属の地金やゴルフ会員権がこれに該当します。

　　　また、「古物営業と同等の取引方法」とは、その古物に準ずる物品及び証票の買受けに際して、例えば、古物営業法第15条《確認等及び申告》の規定に基づき相手方の住所、氏名等の確認等を行うとともに、同法第16条《帳簿等への記載等》の規定に基づき業務に関する帳簿等への記載等を行うなど、古物商が古物を買い受ける場合と同等の取引方法にあることをいいます（インボイス通達4―8）。

※4　「自動販売機又は自動サービス機」とは、商品の販売又は役務の提供（課税資産の譲渡等に該当するものに限ります。）及び代金の収受が自動で行われる機械装置であって、その機械装置のみにより商品の販売又は役務の提供が完結するものをいい、例えば、飲食料品の自動販売機のほか、コインロッカーやコインランドリー等がこれに該当します。

　　　なお、小売店内に設置されたセルフレジなどのように、単に代金の精算のみを行うものは、これに該当しません（インボイス通達3―11）。

※5　「その旅行に必要な支出に充てるために事業者がその使用人等又はその退職者等に対して支給する金品」とは、例えば、使用人等又は退職者等が次に掲げる旅行をした場合に、事業者が使用人等又は退職者等に出張旅費、宿泊費、日当等として支給する金品がこれに該当しますが、請求書等の保存を要さない課税仕入れは、その金品のうち、その旅行について通常必要であると認められる部分に係るものに限られます（インボイス通達4―9）。

イ	使用人等が勤務する場所を離れてその職務を遂行するために行う旅行
口	使用人等の転任に伴う転居のために行う旅行
ハ	退職者等のその就職又は退職に伴う転居のために行う旅行

— 343 —

第2章　国内取引に係る消費税

　　　　なお、「その旅行について通常必要であると認められる部分」の範囲は、
　　　所得税基本通達9―3《非課税とされる旅費の範囲》の例により判定します。
　※6　「通勤者につき通常必要であると認められる部分」とは、事業者が通勤者
　　　に支給する通勤手当が、その通勤者がその通勤に必要な交通機関の利用又
　　　は交通用具の使用のために支出する費用に充てるものとした場合に、その
　　　通勤に通常必要であると認められるものをいいます。
　　　　したがって、所得税法施行令第20条の2各号《非課税とされる通勤手当》
　　　に定める金額を超えているかどうかにかかわりません（インボイス通達4
　　　―10）。

(ロ)　帳簿積上げ方式【特例】

　　　事業者が、その課税期間に係る上記(イ)に掲げる課税仕入れについて、その課税
　　仕入れの都度、課税仕入れに係る支払対価の額に10/110（その課税仕入れが他の
　　者から受けた軽減対象課税資産の譲渡等に係るものである場合には、8/108）を
　　乗じて算出した金額（その金額に1円未満の端数が生じたときは、その端数を切
　　り捨て、又は四捨五入した後の金額）を帳簿に記載している場合には、上記(イ)に
　　かかわらず、その金額を合計した金額に78/100を乗じて算出した金額を、課税仕
　　入れに係る消費税額とすることができます（令46②）。

　　　なお、「その課税仕入れの都度、……帳簿に記載している場合」には、例えば、
　　課税仕入れに係る適格請求書の交付を受けた際に、その適格請求書を単位として
　　帳簿に記載している場合のほか、課税期間の範囲内で一定の期間内に行った課税
　　仕入れにつきまとめて交付を受けた適格請求書を単位として帳簿に記載している
　　場合がこれに含まれます（インボイス通達4―4）。

(ハ)　総額割戻し方式【特例】

　　　その課税期間に係る課税標準額に対する消費税額の計算につき、積上げ計算の
　　特例の適用を受けない事業者は、上記(イ)にかかわらず、上記(ロ)の適用を受ける場
　　合を除き、その課税期間中に国内において行った課税仕入れのうち上記(イ)に掲げ
　　るものに係る課税仕入れに係る支払対価の額を税率の異なるごとに区分して合計
　　した金額に、課税資産の譲渡等（特定資産の譲渡等及び軽減対象課税資産の譲渡
　　等に該当するものを除きます。）に係る部分については7.8/110を、軽減対象課税
　　資産の譲渡等に係る部分については6.24/108をそれぞれ乗じて算出した金額の合
　　計額を、課税仕入れに係る消費税額とすることができます（令46③）。

╭─ **チェックポイント** ─╮

☆　その課税期間に係る課税標準額に対する消費税額の計算につき、消費税法第45条第5項
　《消費税額の積上げ計算》の規定の適用を受ける場合には、課税仕入れに係る消費税額の
　計算につき、請求書等積上げ方式又は帳簿積上げ方式によることになります。

― 344 ―

第5節　税額控除等

　また、その課税期間に係る課税標準額に対する消費税額の計算につき、消費税法第45条第5項の規定の適用を受けない場合には、課税仕入れに係る消費税額の計算に関し、請求書等積上げ方式又は帳簿積上げ方式のほか、「総額割戻し方式」によることもできますが、請求書等積上げ方式又は帳簿積上げ方式と総額割戻し方式との併用はできません（インボイス通達4—3）。

　㊟　請求書等積上げ方式と帳簿積上げ方式との併用は可能です。

☆　個人事業者が資産を事業と家事の用途に共通して消費し、又は使用するものとして取得した場合、その家事消費又は家事使用に係る部分は課税仕入れに該当しませんので、適格請求書、適格簡易請求書、電磁的記録等に記載されている消費税額等のうち課税仕入れに係る部分の金額又は課税仕入れに係る支払対価の額は、事業の用途に消費し、又は使用する部分の金額として、その資産の消費又は使用の実態に基づく使用率、使用面積割合等の合理的な基準により計算することになります（インボイス通達4—1）。

【適格請求書発行事業者以外の者からの課税仕入れに係る税額控除に関する経過措置】

　適格請求書発行事業者以外の者（免税事業者又は消費者）から行った課税仕入れについては、区分記載請求書等と同様の事項が記載された請求書等及び区分記載請求書等保存方式の記載事項に加え経過措置の適用を受ける課税仕入れである旨記載された帳簿を保存している場合、次のとおり、課税仕入れに係る消費税額に相当する金額に一定割合を乗じた金額が課税仕入れに係る消費税額とみなされます（平28改正法附則52①、53①）。

期　　間	割　　合
令和5年10月1日から 令和8年9月30日まで	仕入税額相当額の80%
令和8年10月1日から 令和11年9月30日まで	仕入税額相当額の50%

(2)　特定課税仕入れに係る消費税額

　特定課税仕入れに係る消費税額は、その特定課税仕入れに係る支払対価の額に7.8/100を乗じて算出した金額になります（法30①）。

　㊟　令和元年9月30日までの特定課税仕入れに係る消費税額は、その特定課税仕入れに係る支払対価の額に6.3/100を乗じて算出した金額になります。

チェックポイント

☆　簡易課税制度が適用されない課税期間において、その課税期間における課税売上割合が95%以上の事業者は、特定課税仕入れを行ったとしても、当分の間、その特定課税仕入れはなかったものとされますので、その特定課税仕入れについては、消費税法第30条〈仕入

— 345 —

れに係る消費税額の控除》の規定は適用されません（基通11―4―6(注)）。

なお、課税標準額にも加算しません。

(3) 保税地域から引き取る課税貨物に係る消費税額

保税地域から引き取る課税貨物に係る消費税額は、保税地域からの引取りに係る課税貨物につき課された又は課されるべき消費税額（附帯税の額に相当する額を除きます。）になります（法30①）。

具体的な計算は、次の算式により行います（法28④）。

---（算式）---
保税地域から引き取る課税貨物に係る消費税額 ＝（関税の課税価格（C.I.F）＋個別消費税の額（※）＋関税の額）×税率

※　その課税貨物の保税地域からの引取りに係る消費税以外の個別消費税等

5　課税仕入れ等に係る消費税額の具体的な計算

(1) 概　要

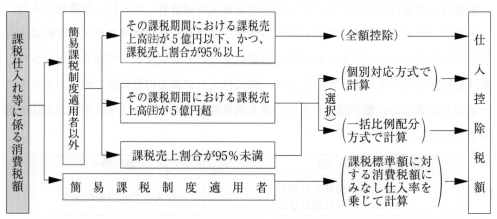

(注)　その課税期間における課税売上高とは、その課税期間に国内において行った課税資産の譲渡等の対価の額（税抜き）の合計額から、売上げに係る対価の返還等の金額（税抜き）の合計額を控除した残額をいいます。

なお、その課税期間が1年に満たない場合には、その課税期間における課税売上高をその課税期間の月数（その月数は、暦に従って計算し、1月に満たない端数を生じたときは、これを1月とします。）で除し、これに12を乗じて計算した金額となります（法30⑥）。

(2) 全額控除できる場合

その課税期間における課税売上高が5億円以下であり、かつ、課税売上割合（352ページ参照）が95％以上である事業者については、課税仕入れ等の税額の全額を控除することができます（法30①）。

第5節　税額控除等

　チェックポイント

☆　**課税売上割合が95％以上かどうかの判定**に当たっては、「課税売上割合に準ずる割合」
（356ページ参照）につき所轄税務署長の承認を受けている場合であっても、本来の課税売
上割合によって判定します（基通11―5―9）。

⑶　個別対応方式（その課税期間における課税売上高が5億円超又は課税売上割合が95％未満の事業者）

　課税仕入れ等について、①課税資産の譲渡等にのみ要するもの、②その他の資産の
譲渡等にのみ要するもの及び③これらに共通して要するものに区分が明らかにされて
いる場合には、次により仕入控除税額を計算することができます（法30②一）。

　この計算方法を**個別対応方式**といいます。

課　税　期　間　中　の　課　税　仕　入　れ　等　の　税　額		
①　課税資産の譲渡等にのみ要するもの	③　①と②の両方に共通して要するもの（課税売上割合で按分）	②　その他の資産の譲渡等にのみ要するもの
仕入控除できる税額		仕入控除できない税額

----(算式)----

$$\text{仕入控除税額} = \text{①に係る課税仕入れ等の税額} + \left(\text{③に係る課税仕入れ等の税額} \times \text{課税売上割合}\right)$$

　チェックポイント

☆　**個別対応方式により仕入控除税額を計算する場合**には、その課税期間中において行った
個々の課税仕入れ等について、必ず、課税資産の譲渡等にのみ要するもの、その他の資産
の譲渡等にのみ要するもの及び課税資産の譲渡等とその他の資産の譲渡等に共通して要す
るものとに区分する必要があります。

　　したがって、例えば、課税仕入れ等の中から課税資産の譲渡等にのみ要するものを抽出
し、それ以外のものを全て課税資産の譲渡等とその他の資産の譲渡等に共通して要するも
のに該当するものとして区分することはできません（基通11―2―18）。

☆　個別対応方式により仕入れに係る消費税額を計算する場合において、課税仕入れ及び保
税地域から引き取った課税貨物を課税資産の譲渡等にのみ要するもの、その他の資産の譲
渡等にのみ要するもの及び課税資産の譲渡等とその他の資産の譲渡等に共通して要するも
のに区分するときのその区分は、課税仕入れを行った日又は課税貨物を引き取った日の状
況により行うことになりますが、課税仕入れを行った日又は課税貨物を引き取った日にお
いてその区分が明らかにされていない場合において、**その日の属する課税期間の末日まで
にその区分が明らかにされたときには**、その明らかにされた区分によって仕入控除税額を

— 347 —

第2章　国内取引に係る消費税

計算することもできます（基通11―2―20）。

☆　個別対応方式における区分を明らかにする方法は、事業者の行う課税仕入れ等について、課税資産の譲渡等にのみ要するもの、その他の資産の譲渡等にのみ要するもの又は課税資産の譲渡等とその他の資産の譲渡等に共通して要するものであることが明らかとなるように、例えば、課税仕入れ等に係る帳簿にその区分を記載する、又は会計ソフトにその区分を入力するなど、申告後においても客観的に判断できるように区分されていればよく、その方法は問いません。

☆　個別対応方式を適用する場合において、所轄税務署長の承認を受けているときには、本来の課税売上割合に代えて、課税売上割合に準ずる割合（356ページ参照）を課税資産の譲渡等とその他の資産の譲渡等に共通して要する課税仕入れ等の税額に乗じて、仕入控除税額を計算することができます（法30③）。

イ　課税資産の譲渡等にのみ要するものの意義

　課税資産の譲渡等にのみ要するものとは、課税資産の譲渡等を行うためにのみ必要な課税仕入れ等をいい、課税資産の譲渡等を行うために要したものではありませんので、その課税仕入れ等を行った課税期間においてその課税仕入れ等に対応する課税資産の譲渡等があったかどうかは問いません。

　課税資産の譲渡等にのみ要する課税仕入れ等には、例えば、次に掲げるものの課税仕入れ等が該当します（基通11―2―12）。

例	示
そのまま他に譲渡される課税資産	
課税資産の製造用にのみ消費し、又は使用される原材料、容器、包紙、機械及び装置、工具、器具、備品等	
課税資産に係る倉庫料、運送費、広告宣伝費、支払手数料又は支払加工賃等	

(チェックポイント)

☆　課税資産の譲渡等に係る販売促進等のために得意先等に配布される**試供品、試作品等に係る課税仕入れ等**は、課税資産の譲渡等にのみ要するものに区分されます（基通11―2―14）。

☆　「課税資産の譲渡等」（法2①九）には、輸出取引等免税とされる取引が含まれますから、輸出売上げにのみ要する課税仕入れ等は、課税資産の譲渡等にのみ要するものに区分されます。

☆　**国外取引のための課税仕入れ等がある場合**、その課税仕入れ等は、課税資産の譲渡等にのみ要するものに区分されます（基通11―2―13）。

ロ　その他の資産の譲渡等にのみ要するものの意義

　その他の資産の譲渡等にのみ要するものとは、非課税となる資産の譲渡等を行うた

― 348 ―

めにのみ必要な課税仕入れ等をいい、例えば、次に掲げるようなものがあります（基通11―2―15）。

例	示
販売用の土地（更地）の造成費用	
賃貸用住宅の建築費	
販売用の土地（更地）の取得に係る仲介手数料	
土地（更地）の譲渡に係る仲介手数料	
有価証券の売買手数料	
住宅の賃貸に係る仲介手数料	

　なお、非課税となる資産の譲渡等を行うために要したものではありませんので、その課税仕入れ等を行った課税期間においてその課税仕入れ等に対応する非課税となる資産の譲渡等があったかどうかは問いません。

ハ　課税資産の譲渡等とその他の資産の譲渡等に共通して要するものの取扱い等

　課税資産の譲渡等とその他の資産の譲渡等に共通して要するものとは、原則として、課税資産の譲渡等とその他の資産の譲渡等に共通して要する課税仕入れ等がこれに該当します。

　例えば、課税資産の譲渡等とその他の資産の譲渡等がある場合において、これらに共通して使用される資産の取得や、消耗品費、電話料金、電気料金、ガス料金、水道料金等に係る課税仕入れ等がこれに該当します。

例	示
福利厚生費、交際費等の一般管理費	
課税資産を贈与した場合のその物品の取得費（基通11―2―17）	
土地及び建物の一括譲渡に係る仲介手数料	

　なお、課税仕入れを行った課税期間の末日までに使用目的が定まっていない場合には、課税資産の譲渡等とその他の資産の譲渡等に共通して要するものに区分されます。

　課税資産の譲渡等とその他の資産の譲渡等に共通して要するものに該当する課税仕入れであっても、例えば、倉庫料、電力料等のように生産実績その他の合理的な基準により課税資産の譲渡等にのみ要するものとその他の資産の譲渡等にのみ要するものとに区分することが可能なものについて、その合理的な基準により区分している場合には、その区分したところによって個別対応方式を適用することができます（基通11―2―19）。

― 349 ―

この場合における「区分することが可能なもの」とは、原材料、包装材料、倉庫料、電力料のように製品の製造に直接用いられる課税仕入れ等をその適用事例の典型として示していることからも明らかなように、課税資産の譲渡等又はその他の資産の譲渡等と**明確かつ直接的な対応関係**があることにより、生産実績のように**既に実現している事象の数値のみによって算定される割合**で、その**合理性が検証可能な基準**により機械的に区分することが可能な課税仕入れ等をいいます。

チェックポイント

☆ 株券の発行に当たって印刷業者に支払う印刷費、証券会社に支払う引受手数料等のように、資産の譲渡等に該当しない取引（国内における不課税取引）に要する課税仕入れ等は、課税資産の譲渡等とその他の資産の譲渡等に共通して要するものに区分されます（基通11―2―16）。

☆ 金銭以外の資産を贈与した場合において、その資産の取得が課税仕入れ等に該当するときには、その課税仕入れ等は、原則として、課税資産の譲渡等とその他の資産の譲渡等に共通して要するものに区分されます（基通11―2―17）。

☆ **土地造成費及び土地売買仲介手数料に係る課税仕入れ**については、その仕入れの時における土地の利用目的に応じて、次のように、①課税資産の譲渡等にのみ要するもの、②その他の資産の譲渡等にのみ要するもの又は③課税資産の譲渡等とその他の資産の譲渡等に共通して要するものに区分されます。

仕入れ時における土地の利用目的		①	②	③
自社ビル建設	課税売上げのみの業務等の用途に供する	○		
	非課税売上げのみの業務等の用途に供する		○	
	課税・非課税売上げに共通する業務等の用途に供する			○
貸しビル等建設	店舗や貸事務所のみとして貸し付ける	○		
	住宅用のみとして貸し付ける		○	
	店舗と住宅用として貸し付ける			○
分譲マンションを建設				○

☆ 総務、経理部門等における事務費など、課税資産の譲渡等にのみ要するものとして特定されない課税仕入れ等については、課税資産の譲渡等とその他の資産の譲渡等に共通して要するものに区分することになります。

(4) 一括比例配分方式（その課税期間における課税売上高が5億円超又は課税売上割合が95％未満の事業者）

一括比例配分方式は、仕入控除税額の計算において、個別対応方式を適用できない

― 350 ―

場合又は個別対応方式を適用できる場合であっても一括比例配分方式を選択したときに適用されます。

具体的には、次のようになります（法30②二、④）。

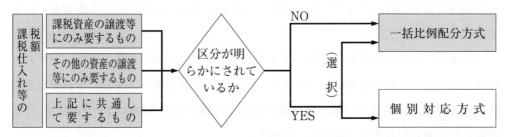

一括比例配分方式においては、次により計算した金額が仕入控除税額になります（法30②二）。

課　税　期　間　中　の　課　税　仕　入　れ　等　の　税　額	
（課税売上割合で按分）	
仕入控除できる税額	仕入控除できない税額

┌─（算式）──────────────────────────┐
│　　　　仕入控除税額＝課税仕入れ等の税額×課税売上割合（注）　　　　│
└────────────────────────────────┘

(注)　本来の課税売上割合に代えて、課税売上割合に準ずる割合を適用することはできません（法30③）。

(5) 計算方法の変更

一括比例配分方式を適用した事業者は、一括比例配分方式を２年間以上継続した後でなければ、個別対応方式に変更できません（法30⑤）。

(注)　一括比例配分方式を適用した課税期間の翌課税期間以後の課税期間における課税売上高が５億円以下、かつ、課税売上割合が95％以上となり、課税仕入れ等の税額の全額が仕入税額控除の対象とされる場合にも、一括比例配分方式を継続適用したことになります（基通11―2―21）。

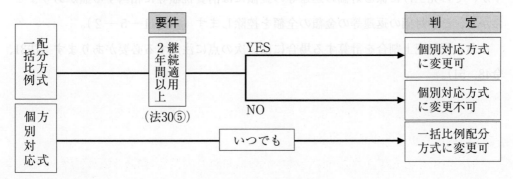

(6) 課税売上割合

課税売上割合とは、その課税期間中に国内において行った資産の譲渡等（特定資産の譲渡等に該当するものを除きます。）の対価の額の合計額のうちに、その課税期間中の国内において行った課税資産の譲渡等の対価の額の合計額の占める割合をいいます。

この場合、資産の譲渡等の対価の額及び課税資産の譲渡等の対価の額は、いずれも消費税額及び地方消費税額に相当する額を含まない金額であり、また、それぞれ売上げに係る対価の返還等の金額（輸出取引に係る対価の返還等の金額を含みます。）を控除した金額となります（法30⑥、令48①）。

----(算式)--

$$
課税売上割合 = \frac{その課税期間中に国内において行った課税資産の譲渡等の対価の額の合計額\left[\begin{array}{l}売上げに係る対価の返還\\等の金額を控除した金額\end{array}\right]（税抜）}{その課税期間中に国内において行った資産の譲渡等の対価の額の合計額\left[\begin{array}{l}売上げに係る対価の返還\\等の金額を控除した金額\end{array}\right]（税抜）}
$$

「資産の譲渡等の対価の額」及び「課税資産の譲渡等の対価の額」とは、いずれも国内において行う取引に係る資産の譲渡等の対価の額をいいますから、輸出取引に係る対価の額は含まれますが、国外において行う取引に係る対価の額は含まれません（基通11−5−4）。

また、課税資産の譲渡等に係る輸出取引等とみなされる非課税資産の輸出を行った場合又は国外における資産の譲渡等若しくは自己の使用のため資産を輸出した場合には、課税売上割合の計算上、資産の譲渡等の対価の額及び課税資産の譲渡等の対価の額には、これらの輸出額に相当する額も含みます（法31、令51②③）。

なお、免税事業者であった課税期間において行った課税資産の譲渡等につき課税事業者となった課税期間において売上げに係る対価の返還等を行った場合であっても、その売上げに係る対価の返還等の金額については、課税売上割合の計算上、「資産の譲渡等の対価の額」及び「課税資産の譲渡等の対価の額」から控除することになりますが、その売上げに係る対価の返還等の金額には消費税額等に相当する額がありませんから、その対価の返還等の金額の全額を控除します（基通11−5−2）。

なお、課税売上割合を計算する場合には、次の点に注意する必要があります（法31、令48、51）。

第5節　税額控除等

イ　分母・分子に共通して注意する点

区　　　　　　　　　　　　　　　分		取　扱　い
消費税額及び地方消費税額に相当する額		含めない
貸倒れに係る売掛金等の回収金額		
国外取引に係る対価の額		
受取配当金、受取保険金、債務免除益等（不課税取引）の額		
資産の譲渡等の対価として取得した金銭債権の譲渡の対価の額		
先物取引の転売又は買戻しに伴う差金決済（現物の引渡しが行われた場合を除きます。）の額		
売現先に係る国債等又は海外ＣＤ、ＣＰ等の譲渡の対価の額		
国債等の償還金額のうち取得価額に相当する額		
通貨、小切手等の支払手段の譲渡の対価の額		
資金決済に関する法律第2条第5項《定義》に規定する暗号資産の譲渡の対価の額（※）		
国際通貨基金協定第15条に規定する特別引出権の譲渡の対価の額		
（※）平成29年7月1日から追加されています。		
法人が資産をその役員に対して低額譲渡又は贈与した場合におけるその資産の時価に相当する額との差額又は時価に相当する額		含める
個人事業者が事業用資産を家事消費又は家事使用した場合におけるその資産の時価に相当する額		
輸出取引等に係る対価の額（基通11―5―4）		
非課税資産の輸出を行った場合における非課税資産の譲渡の対価の額	有価証券、支払手段及び金銭債権の輸出を除きます。	
国外における資産の譲渡等又は自己の使用のために輸出した資産の価額（FOB価額）		
売上げに係る対価の返還等の額（売上げにつき返品を受け、又は値引き若しくは割戻しをした金額）		控除する
輸出取引に係る対価の返還等を行った場合のその返還額（基通11―5―5）		
貸倒れとなった金額		控除できない

— 353 —

ロ　分母のみに注意する点

区　　　　　　　　　　　　　　　　　　　　　　分	取　扱　い
合名会社、合資会社、合同会社、協同組合等の社員等の持分の譲渡の対価の額	含める
公社債、貸付金、預貯金等の受取利息の額	
買現先に係る国債等又は海外ＣＤ、ＣＰ等の益部分の額	
合同運用信託、投資信託、特定目的信託又は特定公益信託等の収益の分配金の額	
国債等の償還差益の額	
抵当証券の受取利息の額	
手形の受取割引料の額	
貸付金、預金（居住者発行のCD）、売掛金その他の金銭債権（資産の譲渡等の対価として取得したものを除きます。）の譲渡の対価の額	5％相当額を含める
有価証券（金融商品取引法第2条第1項に規定する有価証券でゴルフ場利用株式等を除き、先物取引のうち現物（株式）の受渡しが行われた場合を含みます。）の譲渡の対価の額	
金融商品取引法第2条第1項第1号から第15号までに掲げる有価証券及び同項第17号に掲げる有価証券（同項第16号に掲げる有価証券の性質を有するものを除きます。）に表示されるべき権利（有価証券が発行されていないものに限ります。）の譲渡の対価の額	
株主又は投資主となる権利、優先出資者となる権利、特定社員又は優先出資社員となる権利その他法人の出資者となる権利の譲渡の対価の額	
海外ＣＤ、ＣＰの譲渡の対価の額（現先取引を除きます。）	
買現先に係る国債等又は海外ＣＤ、ＣＰ等の損部分の額	控除する
国債等の償還差損の額	

第5節　税額控除等

ハ　非課税資産の輸出等とみなされる取引（令17③）

区　分		課税売上割合の分母、分子に含める金額
債務者が非居住者	利子を対価とする金銭の貸付け	利　子
	利子を対価とする国債等の取得	
	利子を対価とする国際通貨基金協定第15条に規定する特別引出権の保有	
	預金又は貯金の預入（海外CDに係るものを含みます。）	
	収益の分配金を対価とする合同運用信託、投資信託等	分配金（利子）
	利息を対価とする抵当証券の取得	利　息
	金銭債権の譲受け等	利　子
	償還差益を対価とする国債等（注1）又はCPの取得	償還差益（利子）
非居住者に対する手形（CPを除きます。）の割引		割引料（利子）
非居住者に対して行われる金融商品取引法第2条第1項に規定する有価証券（ゴルフ場利用株式等を除きます。）、登録国債等の貸付け		貸付料（利子）

注1　国債等の取得により償還差損が発生した場合には、課税売上割合の分母及び分子の金額から控除します（令48⑥）。

　2　個別対応方式を適用している場合、非課税資産の輸出等とみなされる取引にのみ要する課税仕入れ等は、課税資産の譲渡等にのみ要するものに区分されます。

■ チェックポイント

☆　課税売上割合は、事業者がその課税期間中に国内において行った資産の譲渡等の対価の額の合計額に占める課税資産の譲渡等の対価の額の合計額の割合をいいますので、課税売上割合の計算を事業所単位又は事業部単位等で行うことはできません（基通11―5―1）。

☆　相続、合併又は分割等により、課税期間の中途において消費税法第9条第1項本文《小規模事業者に係る納税義務の免除》の規定の適用を受けないこととなった場合の相続人、合併法人、新設分割子法人又は分割承継法人の相続、吸収合併、分割等又は吸収分割があった日の属する課税期間の課税売上割合については、それぞれ相続があった日の翌日からその課税期間の末日、合併があった日からその課税期間の末日、契約に基づく金銭以外の資産の譲渡が行われた日からその課税期間の末日、吸収分割があった日からその課税期間の末日までの間における資産の譲渡等の対価の額の合計額及び課税資産の譲渡等の対価の額の合計額を基礎として計算します（基通11―5―3）。

☆　信用取引により有価証券の売買を行う場合には、信用取引も有価証券の現物取引ですので、課税売上割合の計算に当たっては、分母にその譲渡の対価の額の5％を算入すること

— 355 —

になります。

☆ 国債等の償還差損には、その国債等が法人税法施行令第139条の2第1項に規定する償還有価証券に該当する場合の同項に規定する調整差損を含みます（令48⑥）。

☆ **課税売上割合の端数処理**は、原則として行いませんが、その生じた端数を切り捨てることも認められます（基通11—5—6）。

☆ **非課税資産の輸出を行った場合等**において、課税売上割合の計算上、課税資産の譲渡等の対価とみなされる金額は、事業者免税点制度や簡易課税制度の適用の判定の基礎となる課税売上高には含まれません（基通1—4—2）。

☆ **国外における資産の譲渡等又は自己の使用のために輸出した資産の価額**（FOB価額）は、課税売上割合の計算上、分母及び分子に含めることになりますが、このFOB価額には、課税仕入れに係る消費税額等に相当する額を含んだところの支払対価の額になります（税抜経理を行っている事業者においては、税抜きの帳簿価格とすることができます。）。

☆ **「自己の使用のために輸出した」**とは、例えば、事業者が国外にある支店において使用するための事務機器等をその支店宛に輸出する場合が、これに該当します（基通11—8—1）。

6 課税売上割合に準ずる割合

個別対応方式を適用する場合において、所轄税務署長の承認を受けているときには、本来の課税売上割合に代えて、合理的に算定された割合、すなわち課税売上割合に準ずる割合を課税資産の譲渡等とその他の資産の譲渡等に共通して要する課税仕入れ等の税額に乗じて、仕入控除税額を計算することができます（法30③）。

これは、課税資産の譲渡等とその他の資産の譲渡等に共通して要する課税仕入れ等に係る仕入控除税額の計算に当たり、本来の課税売上割合によっては、事業者の事業内容等の実態が必ずしも反映されないというような場合、本来の課税売上割合よりも更に合理的な割合を適用することが、その事業者にとって事業内容等の実態を反映することとなるのであれば、その合理的な割合を認めることが妥当との趣旨によるものです。

なお、課税売上割合に準ずる割合は、個別対応方式により仕入控除税額の計算を行っている事業者に限り、所轄税務署長の承認を受けた場合に適用できますから、一括比例配分方式により仕入控除税額の計算を行っている事業者は適用できません。

— 356 —

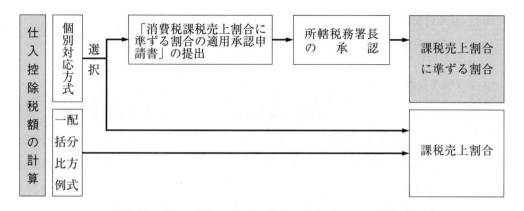

(1) 課税売上割合に準ずる割合の適用範囲

課税売上割合に準ずる割合の適用に当たっては、その事業者が行う事業の全部について同一の割合を適用する必要はなく、例えば、次の方法によることもできますが、その場合には、適用すべき全ての割合について税務署長の承認を受ける必要があります（基通11―5―8）。

具体的には、課税資産の譲渡等とその他の資産の譲渡等に共通して要する課税仕入れ等に該当するような総務、経理部門等における経費について仕入控除税額の計算をする場合には、その費用の種類ごとに区分し、①電気料には床面積割合を適用し、②コンピュータリース料には本来の課税売上割合を課税売上割合に準ずる割合として適用し、③水道料その他には従業員割合を適用するなど、それぞれの区分ごとに仕入控除税額を計算することができます。

なお、課税売上割合に準ずる割合は、その準ずる割合を用いた仕入控除税額の計算体系について、事業者の行う事業の全体として、それぞれに承認を受ける必要があるものですから、例えば、ある課税仕入れ等に適用しようとする割合が合理的であったとしても、その他の課税仕入れ等に適用しようとする割合が合理的でない場合又は適用しようとする割合の計算方法が不明確である場合には、承認を受けることができません。

課税資産の譲渡等の性質に応ずる合理的な基準【例示】 （基通11―5―7）	適用区分【例示】 （基通11―5―8）
従業員割合（※1）	営む事業の種類の異なるごと
事業部門ごとの課税売上割合（※2）	事業に係る販売費、一般管理費その他の費用の種類の異なるごと
床面積割合（※3）	
取引件数割合（※4）	事業に係る事業場の単位ごと

第2章　国内取引に係る消費税

※1　従業員割合

(1)　算定方法

$$
従業員割合 = \frac{課税資産の譲渡等にのみ従事する従業員数}{\begin{array}{c}課税資産の譲渡等に\\のみ従事する従業員数\end{array} + \begin{array}{c}その他の資産の譲渡等に\\のみ従事する従業員数\end{array}}
$$

(注)　従業員割合を適用することが認められる、課税資産の譲渡等とその他の資産の譲渡等に共通して要する課税仕入れは、おおむね次のとおりです（製造原価に含まれるものを除きます。）。

福利厚生費、水道光熱費、保健衛生費、旅費交通費、図書費

なお、これらの課税仕入れであっても、商品の生産・販売実績等の合理的な基準により課税資産の譲渡等にのみ要するものとその他の資産の譲渡等にのみ要するものとに区分することができるものについては、その区分したところによることができます。

(2)　留意事項

イ　割合の算定・割合の適用範囲

(イ)　従業員数を課税資産の譲渡等とその他の資産の譲渡等に係る業務ごとに区分できることが前提となります。

(注)　課税資産の譲渡等及びその他の資産の譲渡等の双方の業務に従事する従業員がいる場合には、「課税資産の譲渡等にのみ従事する従業員数」を「総従業員数 − その他の資産の譲渡等にのみ従事する従業員数」という方法で把握することは認められません。

(ロ)　計算の基礎となる従業員数は、原則として、課税期間の末日の現況によります。

(注)　課税期間の末日における従業員数が課税期間における実態と異なるなど、事業の実態を反映しないものである場合には、課税期間中の各月末の平均数値等によることができます。

(ハ)　課税資産の譲渡等及びその他の資産の譲渡等の双方の業務に従事する従業員については、原則としてこの割合の計算上、分母及び分子のいずれにも含めません。

ただし、事務日報等により課税資産の譲渡等及びその他の資産の譲渡等の双方の業務に従事する従業員全員の従事日数が記録されていて、この記録により従業員ごとの従事日数の割合が計算できる場合には、その従事日数の割合によりその従業員数を各業務に按分することは認められます。

(注)　その他の資産の譲渡等にのみ従事する従業員が皆無の場合であっても、課税資産の譲渡等及びその他の資産の譲渡等の双方の業務に従事する従業員全員について、上記のただし書の状況にあるときは、その従事日数の割

— 358 —

第5節　税額控除等

合により、従業員割合の適用が認められます。

㊁　例えば、建設会社の海外工事部門の従業員など、国外取引にのみ従事する従業員については、この割合の計算上、分母及び分子のいずれにも含めません。

㊋　法人の役員（非常勤役員を除きます。）も従業員に含めて取り扱います。

また、アルバイト等についても、従業員と同等の勤務状況にある場合には、従業員に含めて取り扱います。

㊬　本店・支店ごと又は事業部門ごとにそれぞれの従業員割合を適用することは認められます。

ロ　適用対象となる課税仕入れ等の税額

課税資産の譲渡等とその他の資産の譲渡等に共通して要する課税仕入れ等のうち、その額が従業員数に比例して支出されると認められるものについて適用できます。

したがって、原則として課税資産の譲渡等とその他の資産の譲渡等に共通して要する課税仕入れ等の税額の全てについて、従業員割合を適用することは認められません。

※2　事業部門ごとの課税売上割合

(1)　算定方法

$$
\text{事業部門ごとの課税売上割合} = \frac{\text{事業部門ごとの課税売上高}}{\text{事業部門ごとの課税売上高} + \text{事業部門ごとの非課税売上高}}
$$

(2)　留意事項

イ　割合の算定・割合の適用範囲

㋑　事業部門ごと（本店・支店ごとによる場合を含みます。）に、その事業部門に係る課税売上高と非課税売上高を基礎として、課税売上割合と同様の方法により割合を求めます。

㋺　この割合は、独立採算制の対象となっている事業部門や独立した会計単位となっている事業部門についてのみ適用が認められるものです。

㋩　総務、経理部門など、事業を行う部門以外の部門については、この割合の適用は認められません。

㊁　総務、経理部門等における課税資産の譲渡等とその他の資産の譲渡等に共通して要する課税仕入れ等の全てを各事業部門の従業員数比率等の適宜の比率により事業部門に振り分けた上で、事業部門ごとの課税売上割合に準ずる割合により按分する方法も認められます。

㋭　課税売上割合に準ずる割合が本来の課税売上割合よりも低いこととなる場合であっても、その承認を受けた事業部門における課税売上割合に準ずる割

— 359 —

第2章　国内取引に係る消費税

合を使用します。

　ロ　適用対象となる課税仕入れ等の税額

　　　課税売上割合に準ずる割合の承認を受けた事業部門における課税資産の譲渡
　　等とその他の資産の譲渡等に共通して要する課税仕入れ等の税額について適用
　　できます。

※3　床面積割合

　(1)　算定方法

$$
床面積割合 = \frac{課税資産の譲渡等に係る業務で使用する専用床面積}{課税資産の譲渡等に係る業務で使用する専用床面積 + その他の資産の譲渡等に係る業務で使用する専用床面積}
$$

　(注)　床面積割合を適用することが認められる、課税資産の譲渡等とその他の資産
　　　の譲渡等に共通して要する課税仕入れは、おおむね次のとおりです（製造原価
　　　に含まれるものを除きます。）。

　　　家賃、水道光熱費、建物及び付属設備の修繕費、保守料

　(2)　留意事項

　　イ　割合の算定・割合の適用範囲

　　　㈠　床面積を課税資産の譲渡等とその他の資産の譲渡等に係る業務ごとに区分
　　　　できることが前提となります。

　　　　(注)　課税資産の譲渡等及びその他の資産の譲渡等の双方の業務で使用する床
　　　　　面積がある場合には、「課税資産の譲渡等に係る業務で使用する専用床面積」
　　　　　を「総床面積 − その他の資産の譲渡に係る業務で使用する専用床面積」と
　　　　　いう方法で把握することは認められません。

　　　㈡　計算の基礎となる床面積は、原則として、課税期間の末日の現況によります。

　　　　(注)　課税期間の末日における床面積が課税期間における実態と異なるなど、
　　　　　事業の実態を反映しないものである場合には、課税期間中の各月末の平均
　　　　　数値等によることができます。

　　　㈢　課税資産の譲渡等及びその他の資産の譲渡等の双方の業務で使用する専用
　　　　床面積については、原則としてこの割合の計算上、分母及び分子のいずれに
　　　　も含めません。

　　　㈣　本店・支店ごと又は事業部門ごとにそれぞれの床面積割合を適用すること
　　　　は認められます。

　　ロ　適用対象となる課税仕入れ等の税額

　　　　課税資産の譲渡等とその他の資産の譲渡等に共通して要する課税仕入れ等の
　　　うち、その額が専用床面積に比例して支出されると認められるものについて適
　　　用できます。

したがって、原則として課税資産の譲渡等とその他の資産の譲渡等に共通して要する課税仕入れ等の税額の全てについて、床面積割合を適用することは認められません。

※4 取引件数割合

(1) 算定方法

その取引について課税資産の譲渡等に係る件数とその他の資産の譲渡等に係る件数に区分され、かつ、その取引を行うために要する課税仕入れが取引件数にほぼ比例する取引（例えば、短資会社におけるコールローン取引と無担保コールの仲介取引）を行う事業について、その取引件数を基礎として計算します。

$$
取引件数割合 \ = \ \frac{課税資産の譲渡等に係る取引件数}{\begin{matrix} 課税資産の譲渡等 \\ に係る取引件数 \end{matrix} + \begin{matrix} その他の資産の譲渡等 \\ に係る取引件数 \end{matrix}}
$$

(注) 取引件数割合を適用することが認められる、課税資産の譲渡等とその他の資産の譲渡等に共通して要する課税仕入れは、おおむね次のとおりです（製造原価に含まれるものを除きます。）。

車両費、事務機のリース料、会議費、通信費、消耗品費、交際費、広告宣伝費、委託計算費

(2) 留意事項

イ 割合の算定・割合の適用範囲

(イ) 取引件数を課税資産の譲渡等とその他の資産の譲渡等に係る件数に区分できることが前提となります。

(ロ) 本店・支店ごと又は事業部門ごとにそれぞれの取引件数割合を適用することは認められます。

ロ 適用対象となる課税仕入れ等の税額

課税資産の譲渡等とその他の資産の譲渡等に共通して要する課税仕入れ等のうち、その額が取引件数に比例して支出されると認められるものについて適用できます。

したがって、原則として課税資産の譲渡等とその他の資産の譲渡等に共通して要する課税仕入れ等の税額の全てについて、取引件数割合を適用することは認められません。

(チェックポイント)

☆ **たまたま土地の譲渡があった場合**、すなわち、土地の譲渡が単発のものであり、かつ、その土地の譲渡がなかったとした場合には、事業の実態に変動がないと認められるときに限り、次の(1)又は(2)の割合のいずれか低い割合により課税売上割合に準ずる割合の承認申請ができます。

— 361 —

(1) その土地の譲渡があった課税期間の前3年間に含まれる課税期間の通算課税売上割合（消費税法施行令第53条第3項《通算課税売上割合の計算方法》に規定する計算方法により計算した割合をいいます。）

(2) その土地の譲渡があった課税期間の直前の課税期間の課税売上割合

なお、「土地の譲渡がなかったとした場合には、事業の実態に変動がないと認められるとき」とは、事業者の営業の実態に変動がなく、かつ、過去3年間で最も高い課税売上割合と最も低い課税売上割合の差が5％以内である場合をいいます。

また、この課税売上割合に準ずる割合の承認は、たまたま土地の譲渡があった場合に行われるものですから、その課税期間において適用したときには、翌課税期間において「消費税課税売上割合に準ずる割合の不適用届出書」を提出する必要があります。

☆ 有価証券の譲渡の対価の額は、課税売上割合の計算において、消費税法施行令第48条第5項《課税売上割合の計算方法》の規定により、その譲渡の対価の額の5％相当額を分母に算入すればよいこととされており、法令において一定の手当がされていますので、有価証券の譲渡の場合には、「たまたま土地の譲渡があった場合の課税売上割合に準ずる割合の承認」と同様の方法での承認を受けることはできません。

(2) **課税売上割合に準ずる割合の適用承認申請等**

課税売上割合に準ずる割合の適用承認申請又は不適用の届出書は、それぞれ次により行うことになります（法30③、令47）。

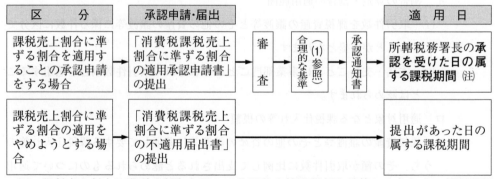

（注）課税売上割合に準ずる割合を用いて共通仕入控除税額を計算しようとする課税期間の末日までに「消費税課税売上割合に準ずる割合の適用承認申請書」の提出があった場合において、同日の翌日から同日以後1月を経過する日までの間に税務署長の承認があったときは、その課税期間の末日においてその承認があったものとみなされます（令47⑥）。

7 課税仕入れ等の事実を記載した帳簿等の保存

事業者が課税仕入れ等の事実を記録した帳簿及び課税仕入れ等の事実を証する請求書等を保存しない場合、その保存がない課税仕入れ等の税額については、仕入税額控除の適用を受けることができません（法30⑦）。

ただし、災害その他やむを得ない事情により、その保存をすることができなかったことをその事業者において証明した場合には、仕入税額控除の適用を受けることができます（法30⑦ただし書）。

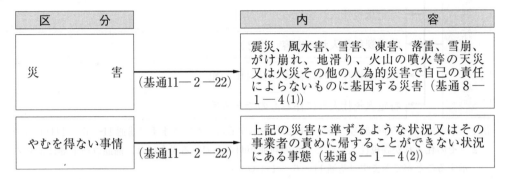

(1) 帳簿への記載事項（法30⑧）

イ　区分記載請求書等保存方式【令和5年9月30日まで】

仕入税額控除の要件となる帳簿への記載事項は、次のとおりです。

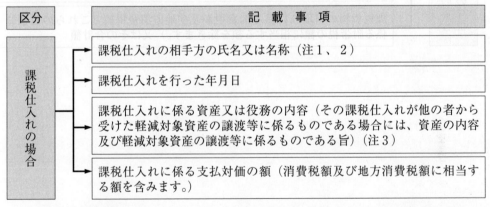

㊟1　再生資源卸売業その他不特定かつ多数の者から課税仕入れ（特定課税仕入れに該当するものを除きます。）を行う事業で再生資源卸売業に準ずるものに係る課税仕入れについては、記載を省略することができます（令49②）。

　　　また、卸売市場においてせり売又は入札の方法により行われる課税仕入れ（特定課税仕入れに該当するものを除きます。）など、媒介又は取次ぎに係る業務を行う者を介して行われる課税仕入れについては、その媒介又は取次ぎに係る業務を行う者の氏名又は名称とすることができます（令49③）。

　2　取引先コード等の記号、番号等により表示することができます（基通11－6－1(1)イ）。

　3　その仕入れが課税仕入れかどうかの判別が明らかである場合には、商品コード等により表示することができます（基通11－6－1(1)ロ）。

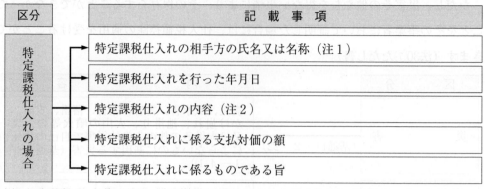

(注)1 取引先コード等の記号、番号等により表示することができます(基通11―6―1(1)イ)。
 2 その仕入れが課税仕入れかどうかの判別が明らかである場合には、商品コード等により表示することができます(基通11―6―1(1)ロ)。

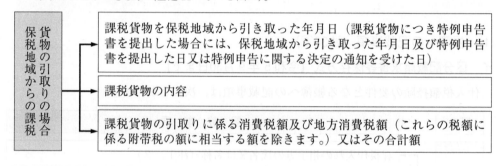

ロ　適格請求書等保存方式【令和5年10月1日から】

仕入税額控除の要件となる帳簿への記載事項は、次のとおりです。

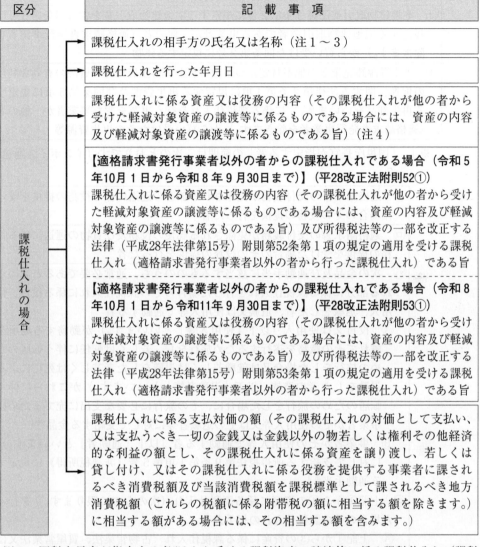

注1　国税庁長官が指定する者※1から受ける課税資産の譲渡等に係る課税仕入れ（課税仕入れに係る資産が次に掲げる資産のいずれかに該当する場合におけるその課税仕入れ（その資産が棚卸資産（消耗品を除きます。）に該当する場合に限ります。）で、帳簿にその旨を記載している場合に限ります。）のうち、不特定かつ多数の者から課税仕入れを行う事業に係る課税仕入れについては、記載を省略することができます（令49②、規15の3）。

① 古物営業法第2条第2項に規定する古物営業を営む同条第3項に規定する古物商である事業者が、他の者（適格請求書発行事業者を除きます。）から買い受けた同条第1項に規定する古物（これに準ずる物品及び証票で、当該他の者が使用、鑑賞その他の目的で取引したもの（その古物商である事業者が同条第2項に規定する古物営業と同等の取引方法により買い受ける場合に限ります。）を含みます。）
※2

② 質屋営業法第1条第1項に規定する質屋営業を営む同条第2項に規定する質屋である事業者が、同法第18条第1項の規定により他の者（適格請求書発行事業者を除きます。）から所有権を取得した質物
③ 宅地建物取引業法第2条第2号に規定する宅地建物取引業を営む同条第3号に規定する宅地建物取引業者である事業者が、他の者（適格請求書発行事業者を除きます。）から買い受けた同条第2号に規定する建物
④ 再生資源卸売業その他不特定かつ多数の者から再生資源等（資源の有効な利用の促進に関する法律第2条第4項に規定する再生資源及び同条第5項に規定する再生部品をいいます。）に係る課税仕入れを行う事業を営む事業者が、他の者（適格請求書発行事業者を除きます。）から買い受けたその再生資源等

※1 「国税庁長官が指定する者」の範囲は、次のとおりです（インボイス通達4
　　―7）。

イ 適格請求書の交付義務が免除される旅客の運送に係る役務の提供を受けた場合のその役務の提供を行った者
ロ 適格請求書の交付義務が免除される郵便の役務及び貨物の運送に係る役務の提供を受けた場合のその役務の提供を行った者
ハ 次の金品及び通勤手当に該当するもののうち、通常必要であると認められる部分に係る課税仕入れを行った場合のその課税仕入れに係る役員、使用人、退職をした者、遺族又は使用人等で通勤する者 Ⓐ 役員又は使用人（以下「使用人等」といいます。）が勤務する場所を離れてその職務を遂行するため旅行をし、若しくは転任に伴う転居のための旅行をした場合又は就職若しくは退職をした者若しくは死亡による退職をした者の遺族（以下「退職者等」といいます。）がこれらに伴う転居のための旅行をした場合に、その旅行に必要な支出に充てるために事業者がその使用人等又はその退職者等に対して支給する金品※3 Ⓑ 事業者がその使用人等で通勤する者（以下「通勤者」といいます。）に対して支給する所得税法第9条第1項第5号《非課税所得》に規定する通勤手当※4
ニ 上記①から④の資産に係る課税仕入れ（次のものに限ります。）を行った場合のその課税仕入れの相手方 Ⓐ 上記①から③の資産に係る課税仕入れ　古物営業法、質屋営業法又は宅地建物取引業法により、これらの業務に関する帳簿等へ相手方の氏名及び住所を記載することとされているもの以外のもの Ⓑ 上記④の資産に係る課税仕入れ　事業者以外の者から受けるもの

※2 「古物に準ずる物品及び証票」とは、古物営業法上の古物に該当しない、例えば、金、銀、白金といった貴金属の地金やゴルフ会員権がこれに該当します。
　　　また、「古物営業と同等の取引方法」とは、その古物に準ずる物品及び証票の買受けに際して、例えば、古物営業法第15条《確認等及び申告》の規定に基づき相手方の住所、氏名等の確認等を行うとともに、同法第16条《帳簿等への記載等》の規定に基づき業務に関する帳簿等への記載等を行うなど、古物商が古物を買い受ける場合と同等の取引方法にあることをいいます（インボイス通達4―8）。
※3 「その旅行に必要な支出に充てるために事業者がその使用人等又はその退職

第5節　税額控除等

者等に対して支給する金品」とは、例えば、使用人等又は退職者等が次に掲げる旅行をした場合に、事業者が使用人等又は退職者等に出張旅費、宿泊費、日当等として支給する金品がこれに該当しますが、請求書等の保存を要さない課税仕入れは、その金品のうち、その旅行について通常必要であると認められる部分に係るものに限られます（インボイス通達4─9）。

㋑　使用人等が勤務する場所を離れてその職務を遂行するために行う旅行
㋺　使用人等の転任に伴う転居のために行う旅行
㋩　退職者等のその就職又は退職に伴う転居のために行う旅行

　なお、「その旅行について通常必要であると認められる部分」の範囲は、所得税基本通達9─3《非課税とされる旅費の範囲》の例により判定します。

※4　「通勤者につき通常必要であると認められる部分」とは、事業者が通勤者に支給する通勤手当が、その通勤者がその通勤に必要な交通機関の利用又は交通用具の使用のために支出する費用に充てるものとした場合に、その通勤に通常必要であると認められるものをいいます。

　したがって、所得税法施行令第20条の2各号《非課税とされる通勤手当》に定める金額を超えているかどうかにかかわりません（インボイス通達4─10）。

2　媒介又は取次ぎに係る業務を行う者を介して行われる課税資産の譲渡等のうち次に掲げるもの又は媒介者等による適格請求書等の交付の特例の適用を受けた課税資産の譲渡等に係る課税仕入れについては、媒介又は取次ぎに係る業務を行う者の氏名又は名称とすることができます（令49③、規26の5）。

①　卸売市場法に規定する卸売市場において、同法第2条第4項に規定する卸売業者が同項に規定する卸売の業務（出荷者から卸売のための販売の委託を受けて行うものに限ります。）として行う同法第2条第1項に規定する生鮮食料品等の譲渡
②　一定の組合※1が、その組合員その他の構成員から販売の委託（販売条件を付さず、かつ、一定の方法※2により販売代金の精算が行われるものに限ります。）を受けて行う農林水産物の譲渡（その農林水産物の譲渡を行う者を特定せずに行われるものに限ります。）

※1　次に掲げる組合になります。

㋑　農業協同組合法第4条に規定する農業協同組合及び農業協同組合連合会
㋺　水産業協同組合法第2条に規定する漁業協同組合、漁業生産組合及び漁業協同組合連合会、水産加工業協同組合及び水産加工業協同組合連合会並びに共済水産業協同組合連合会
㋩　森林組合法第4条第1項に規定する森林組合、生産森林組合及び森林組合連合会
㋥　農業協同組合法第72条の6に規定する農事組合法人
㋭　上記㋑から㋩に掲げる組合に準ずるものであって、中小企業等協同組合法第3条第1号に規定する事業協同組合及びその事業協同組合をもって組織する同条第3号に規定する協同組合連合会

※2　組合による農林水産物の譲渡に係る対価の額のその組合の組合員その他の構成員に対する精算につき、一定の期間におけるその農林水産物の譲渡に係

る対価の額をその農林水産物の種類、品質、等級その他の区分ごとに平均した価格をもって算出した金額を基礎として行う方法になります。
3 取引先コード等の記号、番号等により表示することができます（インボイス通達4—5）。
4 その仕入れ又は資産の譲渡等が課税仕入れ又は課税資産の譲渡等かどうか、また、その資産の譲渡等が課税資産の譲渡等である場合において、軽減対象課税資産の譲渡等かどうかの判別が明らかとなるときには、商品コード等の記号、番号等により表示することができます（インボイス通達4—5）。

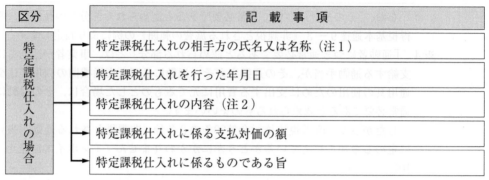

（注）1 取引先コード等の記号、番号等により表示することができます（インボイス通達4—5）。
2 その仕入れ又は資産の譲渡等が課税仕入れ又は課税資産の譲渡等かどうかの判別が明らかとなる場合には、商品コード等の記号、番号等により表示することができます（インボイス通達4—5）。

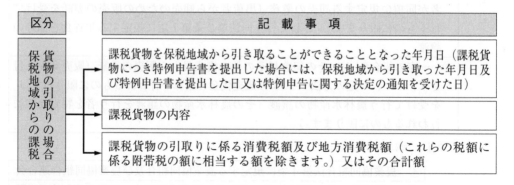

チェックポイント

☆ いわゆる伝票会計における伝票で法定記載事項を記載したものに日計表、月計表等を付加して綴り合わせたものは、帳簿に該当します。

(2) **請求書等の記載事項（法30⑨）**

イ 区分記載請求書等保存方式【令和5年9月30日まで】

仕入税額控除の要件となる区分記載請求書等とは、次の事項が記載された書類をいいます。

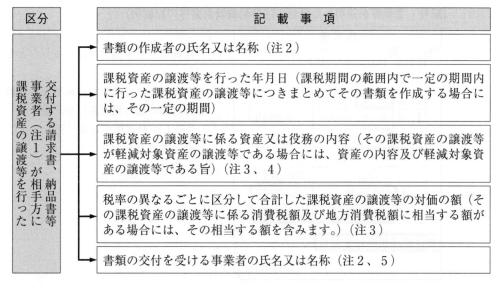

(注)1 その課税資産の譲渡等が、卸売市場においてせり売又は入札の方法により行われるものなど、媒介又は取次ぎに係る業務を行う者を介して行われるものである場合には、その「媒介又は取次ぎに係る業務を行う者」となります。
 2 取引先コード等の記号、番号等により表示することができます（基通11―6―1(2)イ）。
 3 次の事項が記載されていない請求書等については、交付を受けた事業者がその取引の事実に基づいて追記をした場合、仕入税額控除の要件となる請求書等とみなされます（平28改正法附則34③）。
　　なお、追記が認められているのは次の事項のみですので、それ以外の事項について追加・修正を行うことはできません（軽減通達19）。

| ① 課税資産の譲渡等が軽減対象資産の譲渡等である旨 |
| ② 税率の異なるごとに区分して合計した課税資産の譲渡等の対価の額 |

 4 「軽減対象資産の譲渡等である旨」の記載については、軽減対象資産の譲渡等であることが客観的に明らかであるといえる程度の表示がされていればよく、個々の取引ごとに10％や８％の税率が記載されている場合のほか、例えば、次のような場合も「軽減対象資産の譲渡等である旨」の記載があると認められます（軽減通達18）。

| ① 請求書において、軽減税率の対象となる商品に、「※」や「☆」といった記号・番号等を表示し、かつ、これらの記号・番号等が「軽減対象資産の譲渡等である旨」を別途「※（☆）は軽減対象」などと表示し、明らかにしている場合 |
| ② 同一の請求書において、軽減税率の対象となる商品とそれ以外の商品とを区分し、軽減税率の対象となる商品として区分されたものについて、その全体が軽減税率の対象であることが表示されている場合 |
| ③ 軽減税率の対象となる商品に係る請求書とそれ以外の商品に係る請求書とを分けて作成し、軽減税率の対象となる商品に係る請求書において、そこに記載された商品が軽減税率の対象であることが表示されている場合 |

第2章　国内取引に係る消費税

【記号・番号等を使用した場合の区分記載請求書等の記載例】

請求書		
㈱○○御中　　　令和XX年11月30日		
11月分 131,200円（税込）		
日付	品名	金額
11/1	米 ※ ①	5,400円
11/2	キッチンペーパー	2,200円
11/2	牛肉 ※ ①	10,800円
⋮	⋮	⋮
合計		131,200円
②	10%対象	88,000円
	8%対象	43,200円

※は軽減税率対象品目 ③

△△商事㈱

① 軽減税率対象品目には「※」などを記載

② 税率ごとに合計した課税資産の譲渡等の対価の額（税込み）を記載

③ 「※」が軽減税率対象品目であることを示すことを記載

【同一請求書内で、税率ごとに商品を区分して区分記載請求書等を発行する場合の記載例】

請求書		
㈱○○御中　　　令和XX年11月30日		
11月分 131,200円（税込）		
日付	品名	金額
11/1	米	5,400円
11/2	牛肉	10,800円
⋮	⋮	⋮
8%対象		43,200円
11/2	キッチンペーパー	2,200円
⋮	⋮	⋮
10%対象		88,000円
合計		131,200 円

△△商事㈱

— 370 —

【税率ごとに区分記載請求書等を分けて発行する場合の記載例】

○軽減税率対象分　　　　　　　　　　○軽減税率対象分以外

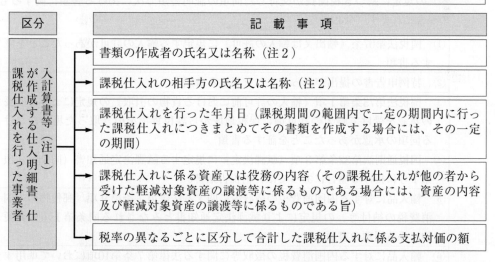

5　その課税資産の譲渡等が次の事業に係るものである場合には、記載を要しません（令49④）。

① 小売業、飲食店業、写真業及び旅行業
② 道路運送法第3条第1号ハに規定する一般乗用旅客自動車運送事業（一定のものを除きます。）
③ 駐車場業（不特定かつ多数の者に自動車その他の車両の駐車のための場所を提供するものに限ります。）
④ 上記①から③に掲げる事業に準ずる事業で不特定かつ多数の者に資産の譲渡等を行うもの

区分	記　載　事　項
課税仕入れを行った事業者が作成する仕入明細書、仕入計算書等（注1）	書類の作成者の氏名又は名称（注2）
	課税仕入れの相手方の氏名又は名称（注2）
	課税仕入れを行った年月日（課税期間の範囲内で一定の期間内に行った課税仕入れにつきまとめてその書類を作成する場合には、その一定の期間）
	課税仕入れに係る資産又は役務の内容（その課税仕入れが他の者から受けた軽減対象資産の譲渡等に係るものである場合には、資産の内容及び軽減対象資産の譲渡等に係るものである旨）
	税率の異なるごとに区分して合計した課税仕入れに係る支払対価の額

(注)1　その書類に記載されている事項につき、その課税仕入れの相手方の確認を受けたものに限ります。
　　　なお、「課税仕入れの相手方の確認を受けたもの」には、保存する仕入明細書等に課税仕入れの相手方の確認の事実が明らかにされているもののほか、例えば、次の

ものがこれに該当します（基通11－6－5）。

①	仕入明細書等への記載内容を通信回線等を通じて課税仕入れの相手方の端末機に出力し、確認の通信を受けた上で自己の端末機から出力したもの
②	仕入明細書等の写し等を課税仕入れの相手方に交付した後、一定期間内に誤りのある旨の連絡がない場合には記載内容のとおり確認があったものとする基本契約等を締結した場合におけるその一定期間を経たもの

2 取引先コード等の記号、番号等により表示することができます（基通11－6－1(3)イ）。

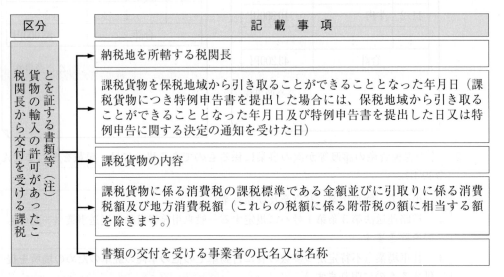

(注)1 具体的には、次に掲げる書類が該当します（令49⑤）。
なお、これらの書類には、関税法第102条第1項《証明書類の交付及び統計の閲覧等》の規定に基づき税関長が交付した同項の証明書類で次に掲げる書類に関するものが含まれます（令49⑥）。

①	関税法第67条《輸出又は輸入の許可》に規定する輸入の許可があったことを証する書類
②	特例申告書の提出があったことを証する書類
③	関税法第73条第1項《輸入の許可前における貨物の引取》の規定により税関長の承認を受けて輸入の許可前に保税地域から課税貨物を引き取った場合における同項の承認があったことを証する書類
④	国税通則法第32条第3項《賦課決定》に規定する賦課決定通知書（同条第1項第1号に掲げる場合にあっては、納税告知書）
⑤	輸入品に対する内国消費税の徴収等に関する法律第7条第9項《郵便物の内国消費税の納付等》の規定により賦課決定通知書とみなされる同条第1項の郵便物に係る同項の書面
⑥	輸入品に対する内国消費税の徴収等に関する法律第7条第10項において準用する関税法第77条第6項《郵便物の関税の納付等》の規定により税関長の承認を受けて消費税の納付前に郵便物を受け取った場合における同項の承認があったことを証する書類

⑦ 国税通則法第19条第3項《修正申告》に規定する修正申告書（輸入の許可後に提出されたものに限ります。）の提出があったことを証する書類

⑧ 国税通則法第28条第1項《更正又は決定の手続》に規定する更正通知書（輸入の許可後に行われた同項の更正に係るものに限ります。）又は決定通知書

⑨ 関税法第85条第1項《公売代金等の充当及び供託》の規定による公売又は売却に係る代金が充当されたことを証する書類

2 電子情報処理組織による輸出入等関連業務の処理等に関する法律第3条《情報通信技術利用法の適用》の規定に基づき、電子情報処理組織を使用して輸入申告したものについては、「輸入申告控」及び「輸入許可通知書」が輸入の許可があったことを証する書類になります（基通11―3―11）。

ロ 適格請求書等保存方式【令和5年10月1日から】

仕入税額控除の要件となる適格請求書等とは、次の事項が記載された書類及び電磁的記録（電子計算機を使用して作成する国税関係帳簿書類の保存方法等の特例に関する法律第2条第3号《定義》に規定する電磁的記録をいいます。）をいいます。

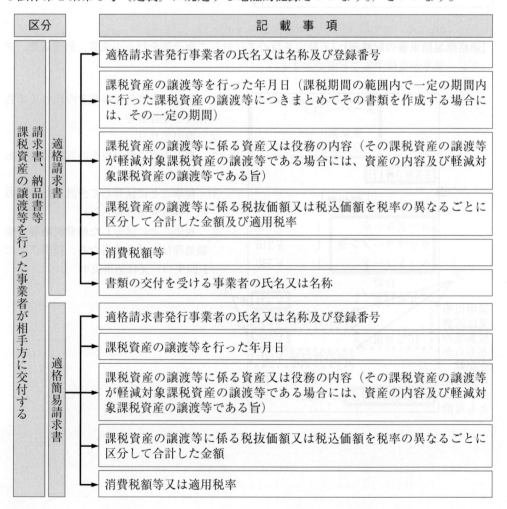

区分	記載事項
課税資産の譲渡等を行った事業者が相手方に交付する 請求書、納品書等 / 適格請求書	適格請求書発行事業者の氏名又は名称及び登録番号
	課税資産の譲渡等を行った年月日（課税期間の範囲内で一定の期間内に行った課税資産の譲渡等につきまとめてその書類を作成する場合には、その一定の期間）
	課税資産の譲渡等に係る資産又は役務の内容（その課税資産の譲渡等が軽減対象課税資産の譲渡等である場合には、資産の内容及び軽減対象課税資産の譲渡等である旨）
	課税資産の譲渡等に係る税抜価額又は税込価額を税率の異なるごとに区分して合計した金額及び適用税率
	消費税額等
	書類の交付を受ける事業者の氏名又は名称
適格簡易請求書	適格請求書発行事業者の氏名又は名称及び登録番号
	課税資産の譲渡等を行った年月日
	課税資産の譲渡等に係る資産又は役務の内容（その課税資産の譲渡等が軽減対象課税資産の譲渡等である場合には、資産の内容及び軽減対象課税資産の譲渡等である旨）
	課税資産の譲渡等に係る税抜価額又は税込価額を税率の異なるごとに区分して合計した金額
	消費税額等又は適用税率

【適格請求書の記載例】

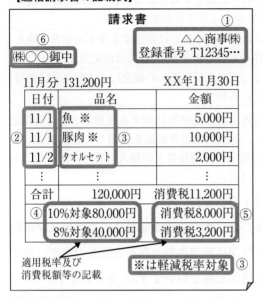

① 適格請求書発行事業者の氏名又は名称及び登録番号
② 取引年月日
③ 取引内容（軽減税率の対象品目である旨）
④ 税率ごとに区分して合計した対価の額（税抜き又は税込み）及び適用税率
⑤ 税率ごとに区分した消費税額等（端数処理は一請求書当たり、税率ごとに1回ずつ）
⑥ 書類の交付を受ける事業者の氏名又は名称

【適格簡易請求書の記載例】（不特定多数の者に対して販売等を行う小売業、飲食店業、タクシー業等が交付することができます。）

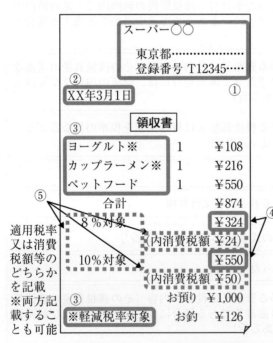

① 適格請求書発行事業者の氏名又は名称及び登録番号
② 取引年月日
③ 取引内容（軽減税率の対象品目である旨）
④ 税率ごとに区分して合計した対価の額（税抜き又は税込み）
⑤ 税率ごとに区分した消費税額等（端数処理は一請求書当たり、税率ごとに1回ずつ）又は適用税率

— 374 —

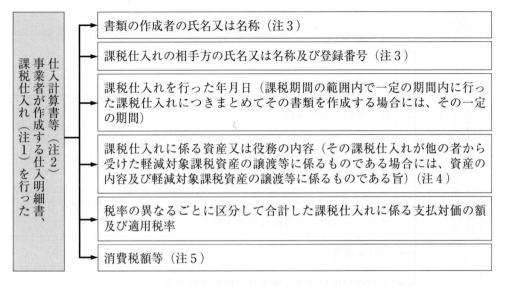

(注)1　その課税仕入れが、他の事業者が行う課税資産の譲渡等に該当するものに限ります。
　　2　その書類に記載されている事項につき、その課税仕入れの相手方の確認を受けたものに限ります。
　　　なお、「課税仕入れの相手方の確認を受けたもの」には、保存する仕入明細書等に課税仕入れの相手方の確認の事実が明らかにされたもののほか、例えば、次のようなものが該当します（インボイス通達4－6）。

① 仕入明細書等への記載内容を通信回線等を通じて課税仕入れの相手方の端末機に出力し、確認の通信を受けた上で自己の端末機から出力したもの
② 仕入明細書等に記載すべき事項に係る電磁的記録につきインターネットや電子メールなどを通じて課税仕入れの相手方へ提供し、その相手方からその確認をした旨の通知等を受けたもの
③ 仕入明細書等の写しを相手方に交付し、又はその仕入明細書等に記載すべき事項に係る電磁的記録を相手方に提供し、一定期間内に誤りのある旨の連絡がない場合には記載内容のとおりに確認があったものとする基本契約等を締結した場合におけるその一定期間を経たもの

　　3　取引先コード等の記号、番号等により表示することができます。
　　　なお、登録番号については、その記号、番号等により、登録の効力の発生時期に関する変更等の履歴が明らかとなる措置を講じておく必要があります（インボイス通達4－5）。
　　4　その仕入れ又は資産の譲渡等が課税仕入れ又は課税資産の譲渡等かどうか、また、その資産の譲渡等が課税資産の譲渡等である場合において、軽減対象課税資産の譲渡等かどうかの判別が取引の相手方との間で明らかとなるときには、商品コード等の記号、番号等により表示することができます（インボイス通達4－5）。
　　5　課税仕入れに係る支払対価の額に10/110（その課税仕入れが他の者から受けた軽減対象課税資産の譲渡等に係るものである場合には、8/108）を乗じて算出した金額とし、その金額に1円未満の端数が生じたときは、その端数を処理した後の金額とします（令49④六）。

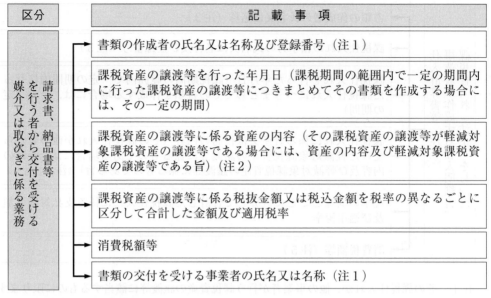

(注)1　取引先コード等の記号、番号等により表示することができます。

　　　なお、登録番号については、その記号、番号等により、登録の効力の発生時期に関する変更等の履歴が明らかとなる措置を講じておく必要があります（インボイス通達4―5）。

　　2　その仕入れ又は資産の譲渡等が課税仕入れ又は課税資産の譲渡等かどうか、また、その資産の譲渡等が課税資産の譲渡等である場合において、軽減対象課税資産の譲渡等かどうかの判別が取引の相手方との間で明らかとなるときには、商品コード等の記号、番号等により表示することができます（インボイス通達4―5）。

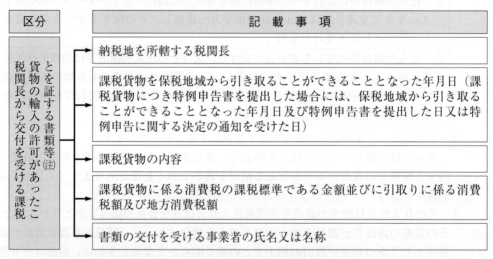

(注)1　具体的には、次に掲げる書類が該当します（令49⑧）。

　　　なお、これらの書類には、関税法第102条第1項の規定に基づき税関長が交付した同項の証明書類で次に掲げる書類に関するものが含まれます（令49⑨）。

　　　また、これらの書類に係る電磁的記録も含まれます（令49⑦）。

| ① | 関税法第67条に規定する輸入の許可があったことを証する書類 |
| ② | 特例申告書の提出があったことを証する書類 |

③	関税法第73条第1項の規定により税関長の承認を受けて輸入の許可前に保税地域から課税貨物を引き取った場合における同項の承認があったことを証する書類
④	国税通則法第32条第3項に規定する賦課決定通知書（同条第1項第1号に掲げる場合にあっては、納税告知書）
⑤	輸入品に対する内国消費税の徴収等に関する法律第7条第9項の規定により賦課決定通知書とみなされる同条第1項の郵便物に係る同項の書面
⑥	輸入品に対する内国消費税の徴収等に関する法律第7条第10項において準用する関税法第77条第6項の規定により税関長の承認を受けて消費税の納付前に郵便物を受け取った場合における同項の承認があったことを証する書類
⑦	国税通則法第19条第3項に規定する修正申告書（輸入の許可後に提出されたものに限ります。）の提出があったことを証する書類
⑧	国税通則法第28条第1項に規定する更正通知書（輸入の許可後に行われた同項の更正に係るものに限ります。）又は決定通知書
⑨	関税法第85条第1項の規定による公売又は売却に係る代金が充当されたことを証する書類

2 　電子情報処理組織による輸出入等関連業務の処理等に関する法律第3条（情報通信技術利用法の適用）の規定に基づき、電子情報処理組織を使用して輸入申告したものについては、「輸入申告控」及び「輸入許可通知書」が輸入の許可があったことを証する書類になります（基通11—3—11）。

【適格請求書発行事業者以外の者からの課税仕入れである場合（令和5年10月1日から令和11年9月30日まで）】（平28改正法附則52②、53②）

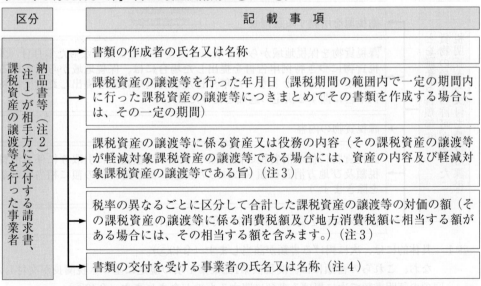

㊟1　その課税資産の譲渡等が、卸売市場においてせり売又は入札の方法により行われるものなど、媒介又は取次ぎに係る業務を行う者を介して行われるものである場合には、その「媒介又は取次ぎに係る業務を行う者」となります。
　2　その請求書、納品書等に記載すべき事項に係る電磁的記録を含みます。
　3　次の事項が記載されていない請求書等については、交付を受けた事業者が事実に基づき追記をした場合、仕入税額控除の要件となる請求書等とみなされます（平28

改正法附則52③、53③)。

①	課税資産の譲渡等が軽減対象課税資産の譲渡等である旨
②	税率の異なるごとに区分して合計した課税資産の譲渡等の対価の額

4 その課税資産の譲渡等が小売業その他の一定の事業に係るものである場合には、記載を要しません。

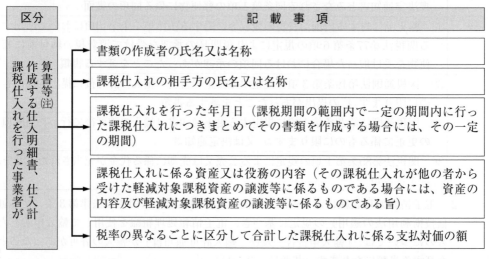

区分	記載事項
課税仕入れを行った事業者が作成する仕入明細書、仕入計算書等(注)	・書類の作成者の氏名又は名称 ・課税仕入れの相手方の氏名又は名称 ・課税仕入れを行った年月日（課税期間の範囲内で一定の期間内に行った課税仕入れにつきまとめてその書類を作成する場合には、その一定の期間） ・課税仕入れに係る資産又は役務の内容（その課税仕入れが他の者から受けた軽減対象課税資産の譲渡等に係るものである場合には、資産の内容及び軽減対象課税資産の譲渡等に係るものである旨） ・税率の異なるごとに区分して合計した課税仕入れに係る支払対価の額

(注) その書類に記載されている事項につき、その課税仕入れの相手方の確認を受けたものに限ります。

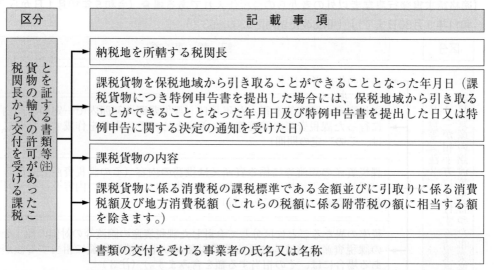

区分	記載事項
税関長から交付を受ける課税貨物の輸入の許可があったことを証する書類等(注)	・納税地を所轄する税関長 ・課税貨物を保税地域から引き取ることができることとなった年月日（課税貨物につき特例申告書を提出した場合には、保税地域から引き取ることができることとなった年月日及び特例申告書を提出した日又は特例申告に関する決定の通知を受けた日） ・課税貨物の内容 ・課税貨物に係る消費税の課税標準である金額並びに引取りに係る消費税額及び地方消費税額（これらの税額に係る附帯税の額に相当する額を除きます。） ・書類の交付を受ける事業者の氏名又は名称

(注)1 具体的には、次に掲げる書類が該当します（令49⑤）。
　　　なお、これらの書類には、関税法第102条第1項の規定に基づき税関長が交付した同項の証明書類で次に掲げる書類に関するものが含まれます（令49⑥）。
　　　また、これらの書類に係る電磁的記録も含まれます（令49⑦）。

①	関税法第67条に規定する輸入の許可があったことを証する書類
②	特例申告書の提出があったことを証する書類
③	関税法第73条第1項の規定により税関長の承認を受けて輸入の許可前に保税地域から課税貨物を引き取った場合における同項の承認があったことを証する書類

第5節　税額控除等

④	国税通則法第32条第3項に規定する賦課決定通知書（同条第1項第1号に掲げる場合にあっては、納税告知書）
⑤	輸入品に対する内国消費税の徴収等に関する法律第7条第9項の規定により賦課決定通知書とみなされる同条第1項の郵便物に係る同項の書面
⑥	輸入品に対する内国消費税の徴収等に関する法律第7条第10項において準用する関税法第77条第6項の規定により税関長の承認を受けて消費税の納付前に郵便物を受け取った場合における同項の承認があったことを証する書類
⑦	国税通則法第19条第3項に規定する修正申告書（輸入の許可後に提出されたものに限ります。）の提出があったことを証する書類
⑧	国税通則法第28条第1項に規定する更正通知書（輸入の許可後に行われた同項の更正に係るものに限ります。）又は決定通知書
⑨	関税法第85条第1項の規定による公売又は売却に係る代金が充当されたことを証する書類

2　電子情報処理組織による輸出入等関連業務の処理等に関する法律第3条《情報通信技術利用法の適用》の規定に基づき、電子情報処理組織を使用して輸入申告したものについては、「輸入申告控」及び「輸入許可通知書」が輸入の許可があったことを証する書類になります（基通11─3─11）。

チェックポイント

☆　課税仕入れに係る支払対価の額につき、例えば、複数の事業者が一の事務所を借り受け、複数の事業者が支払うべき賃料を一の事業者が立替払を行った場合のように、その課税仕入れに係る適格請求書（以下「立替払に係る適格請求書」といいます。）がその一の事業者のみに交付され、その一の事業者以外の各事業者がその課税仕入れに係る適格請求書の交付を受けることができない場合には、その一の事業者から立替払に係る適格請求書の写しの交付を受けるとともに、その各事業者の課税仕入れに係る仕入税額控除に必要な事項が記載された明細書等の交付を受け、これらを併せて保存することにより、その各事業者の課税仕入れに係る適格請求書の保存があるものとして取り扱われます。

　なお、一の事業者が、多数の事業者の課税仕入れに係る支払対価の額につき一括して立替払を行ったことにより、その一の事業者において立替払に係る適格請求書の写しの作成が大量となり、その写しを交付することが困難であることを理由に、その一の事業者が立替払に係る適格請求書を保存し、かつ、その一の事業者以外の各事業者の課税仕入れが適格請求書発行事業者から受けたものかどうかをその各事業者が確認できるための措置を講じた上で、明細書等のみを交付した場合には、その各事業者が交付を受けたその明細書等を保存することにより、その各事業者の課税仕入れに係る適格請求書の保存があるものとされます（インボイス通達4─2）。

㊟1　その明細書等の書類に記載する「課税資産の譲渡等に係る税抜価額又は税込価額を税率の異なるごとに区分して合計した金額」及び「消費税額等」については、課税仕入れを行った事業者ごとに合理的に区分する必要があります。

2　その各事業者の課税仕入れが適格請求書発行事業者から受けたものかどうかを当

— 379 —

事者間で確認できるための措置としては、例えば、その明細書等にその各事業者の課税仕入れに係る相手方の氏名又は名称及び登録番号を記載する方法のほか、これらの事項についてその各事業者へ別途書面等により通知する方法又は立替払に関する基本契約書等で明らかにする方法があります。

(3) 帳簿等の保存期間

課税仕入れの事実等を記録した帳簿及び課税仕入れの事実を証する請求書等は、7年間、納税地又はその取引に係る事務所等の所在地に保存しなければなりません。

ただし、帳簿及び請求書等の保存期間のうち6年目及び7年目は、帳簿又は請求書等のいずれかの保存で足ります（令50①、規15の3、基通11—6—7）。

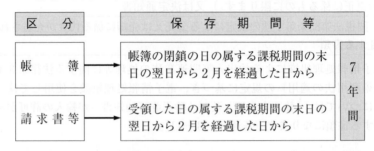

(注) 清算中の法人について残余財産が確定した場合には、課税期間の末日の翌日から1月を経過した日から7年間保存しなければなりません。

(4) 請求書等の保存を要しない課税仕入れの範囲

仕入税額控除の適用を受けるためには、帳簿を保存することに加え、請求書等を保存することを要することとされていますが、取引の実態等を踏まえ、次のような特例措置が講じられています。

イ　令和5年9月30日まで

次に掲げる場合における課税仕入れ等については、区分記載請求書等の保存は要さず、帳簿の保存のみで仕入税額控除の適用を受けることができます。

①　課税仕入れに係る支払対価の額の合計額が3万円未満である場合（令49①一）
　(注)　一回の取引の課税仕入れに係る税込みの金額が3万円未満かどうかで判定します（基通11—6—2）。

②　課税仕入れに係る支払対価の額の合計額が3万円以上である場合において、請求書等の交付を受けなかったことにつきやむを得ない理由があるとき（帳簿にその「やむを得ない理由」及び「課税仕入れの相手方の住所又は所在地」を記載している場合に限ります。）（令49①二）
　(注)1　「請求書等の交付を受けられなかったことにつきやむを得ない理由があるとき」とは、次の場合をいいます（基通11—6—3）。
　　　㋑　自動販売機を利用して課税仕入れを行った場合

第5節　税額控除等

　　　㋺　入場券、乗車券、搭乗券等のように課税仕入れに係る証明書類が資産の譲渡等を受ける時に資産の譲渡等を行う者により回収されることとなっている場合

　　　㋩　課税仕入れを行った者が課税仕入れの相手方に請求書等の交付を請求したが、交付を受けられなかった場合

　　　㋥　課税仕入れを行った課税期間の末日までにその支払対価の額が確定していない場合

　　　　※　この場合には、その後、支払対価の額が確定した時に課税仕入れの相手方から請求書等の交付を受けて保存します。

　　　㋭　上記㋑から㋥に準ずる理由により請求書等の交付を受けられなかった場合

　2　課税仕入れの相手方が次に掲げる「国税庁長官が指定する者」である場合には、帳簿に「課税仕入れの相手方の住所又は所在地」を記載する必要はありません（令49①二、基通11―6―4）。

　　　㋑　汽車、電車、乗合自動車、船舶又は航空機に係る旅客運賃（料金を含みます。）を支払って役務の提供を受けた場合の一般乗合旅客自動車運送事業者又は航空運送事業者

　　　㋺　郵便役務の提供を受けた場合のその郵便役務の提供を行った者

　　　㋩　課税仕入れに該当する出張旅費、宿泊費、日当及び通勤手当を支払った場合のその出張旅費等を受領した使用人等

　　　㋥　再生資源卸売業その他不特定かつ多数の者から課税仕入れを行う事業で再生資源卸売業に準ずるものに係る課税仕入れを行った場合のその課税仕入れの相手方

　　　　※　この場合には、「課税仕入れの相手方の氏名又は名称」についても、帳簿への記載を省略することができます（令49②）。

③　特定課税仕入れに係るものである場合（令49①三）

ロ　令和5年10月1日から

⑷　次に掲げる課税仕入れについては、適格請求書等の保存は要さず、帳簿の保存のみで仕入税額控除の適用を受けることができます（帳簿に「次に掲げる課税仕入れのいずれかに該当する旨」及び「その課税仕入れの相手方の住所又は所在地」を記載している場合に限ります。）（令49①一、規15の3、15の4）。

　　なお、課税仕入れの相手方が「国税庁長官が指定する者」（注1）である場合には、帳簿に「その課税仕入れの相手方の住所又は所在地」を記載する必要はありません。

― 381 ―

第2章　国内取引に係る消費税

① 他の者から受けた次に掲げる役務の提供（注2）のうちその税込価額が3万円未満（注3）のもの

　イ　海上運送法第2条第5項に規定する一般旅客定期航路事業（いわゆるフェリーをいいます。）、同法第19条の6の2に規定する人の運送をする貨物定期航路事業（いわゆる貨物船をいいます。）及び同法第20条第2項に規定する人の運送をする不定期航路事業（乗合旅客の運送をするものに限ります。）として行う旅客の運送

　ロ　道路運送法第3条第1号イに規定する一般乗合旅客自動車運送事業（いわゆる路線バス、乗合タクシーをいいます。）として行う旅客の運送

　ハ　鉄道事業法第2条第2項に規定する第一種鉄道事業又は同条第3項に規定する第二種鉄道事業として行う旅客の運送

　ニ　軌道法第3条に規定する運輸事業（いわゆるモノレールをいいます。）として行う旅客の運送

② 入場券その他の課税仕入れに係る書類のうち適格簡易請求書の法定記載事項（課税資産の譲渡等を行った年月日を除きます。）が記載されているものが、その課税仕入れに係る課税資産の譲渡等を受けた際にその課税資産の譲渡等を行う適格請求書発行事業者により回収された課税仕入れ（上記①に掲げる課税仕入れを除きます。）

③ 課税仕入れに係る資産が次に掲げる資産のいずれかに該当する場合におけるその課税仕入れ（その資産が棚卸資産（消耗品を除きます。）に該当する場合に限ります。）

　イ　古物営業法第2条第2項に規定する古物営業を営む同条第3項に規定する古物商である事業者が、他の者（適格請求書発行事業者を除きます。）から買い受けた同条第1項に規定する古物（これに準ずる物品及び証票で、当該他の者が使用、鑑賞その他の目的で取引したもの（その古物商である事業者が同条第2項に規定する古物営業と同等の取引方法により買い受ける場合に限ります。）を含みます。）（注4）

　ロ　質屋営業法第1条第1項に規定する質屋営業を営む同条第2項に規定する質屋である事業者が、同法第18条第1項の規定により他の者（適格請求書発行事業者を除きます。）から所有権を取得した質物

　ハ　宅地建物取引業法第2条第2号に規定する宅地建物取引業を営む同条第3号に規定する宅地建物取引業者である事業者が、他の者（適格請求書発行事業者を除きます。）から買い受けた同条第2号に規定する建物

— 382 —

㊁　再生資源卸売業その他不特定かつ多数の者から再生資源等（資源の有効な利用の促進に関する法律第２条第４項に規定する再生資源及び同条第５項に規定する再生部品をいいます。）に係る課税仕入れを行う事業を営む事業者が、他の者（適格請求書発行事業者を除きます。）から買い受けたその再生資源等
④　自動販売機又は自動サービス機（注５）により行われる課税資産の譲渡等のうちその課税資産の譲渡等に係る税込価額が３万円未満（注３）のものに係る課税仕入れ
⑤　郵便切手類（郵便切手類販売所等に関する法律第１条に規定する郵便切手その他郵便に関する料金を表す証票をいいます。）のみを対価とする郵便法第１条に規定する郵便の役務及び貨物の運送（同法第38条第１項に規定する郵便差出箱に差し出された郵便物及び貨物に係るものに限ります。）に係る課税仕入れ
⑥　法人税法第２条第15号に規定する役員若しくは使用人（以下「使用人等」といいます。）が勤務する場所を離れてその職務を遂行するため旅行をし、若しくは転任に伴う転居のための旅行をした場合又は就職若しくは退職をした者若しくは死亡による退職をした者の遺族（以下「退職者等」といいます。）がこれらに伴う転居のための旅行をした場合に、その旅行に必要な支出に充てるために事業者がその使用人等又はその退職者等に対して支給する金品（注６）で、その旅行について通常必要であると認められる部分に係る課税仕入れ
⑦　事業者が、その使用人等で通勤する者（以下「通勤者」といいます。）に対して支給する所得税法第９条第１項第５号に規定する通勤手当のうち、その通勤者につき通常必要であると認められる部分（注７）に係る課税仕入れ

㈤１　「国税庁長官が指定する者」の範囲は、次のとおりです（インボイス通達４—７）。

Ⓐ　上記①の㋑から㊁の旅客の運送に係る役務の提供を受けた場合のその役務の提供を行った者
Ⓑ　上記⑤の郵便の役務及び貨物の運送に係る役務の提供を受けた場合のその役務の提供を行った者
Ⓒ　上記⑥及び⑦の金品及び通勤手当に該当するもののうち、通常必要であると認められる部分に係る課税仕入れを行った場合のその課税仕入れに係る使用人等、退職者等又は通勤者

第2章　国内取引に係る消費税

> ⑩　上記③の資産に係る課税仕入れ（次のものに限ります。）を行った場合のその課税仕入れの相手方
> 　ⓐ　上記③の⑦から㈢の資産に係る課税仕入れ　古物営業法、質屋営業法又は宅地建物取引業法により、これらの業務に関する帳簿等へ相手方の氏名及び住所を記載することとされているもの以外のもの
> 　ⓑ　上記③の㈣の資産に係る課税仕入れ　事業者以外の者から受けるもの

2　「旅客の運送」には、旅客の運送に直接的に附帯するものとして収受する特別急行料金、急行料金、寝台料金等を対価とする役務の提供は含まれますが、旅客の運送に直接的に附帯するものではない入場料金、手回品料金、貨物留置料金等を対価とする役務の提供は含まれません（インボイス通達3―10）。

3　「税込価額が3万円未満のもの」に該当するかどうかは、一回の取引の課税資産の譲渡等に係る税込価額が3万円未満であるかどうかで判定しますので、課税資産の譲渡等に係る一の商品（役務）ごとの税込価額により判定するものではありません（インボイス通達3―9）。

4　「古物に準ずる物品及び証票」とは、古物営業法上の古物に該当しない、例えば、金、銀、白金といった貴金属の地金やゴルフ会員権がこれに該当します。
　　また、「古物営業と同等の取引方法」とは、その古物に準ずる物品及び証票の買受けに際して、例えば、古物営業法第15条《確認等及び申告》の規定に基づき相手方の住所、氏名等の確認等を行うとともに、同法第16条《帳簿等への記載等》の規定に基づき業務に関する帳簿等への記載等を行うなど、古物商が古物を買い受ける場合と同等の取引方法にあることをいいます（インボイス通達4―8）。

5　「自動販売機又は自動サービス機」とは、商品の販売又は役務の提供（課税資産の譲渡等に該当するものに限ります。）及び代金の収受が自動で行われる機械装置であって、その機械装置のみにより商品の販売又は役務の提供が完結するものをいい、例えば、飲食料品の自動販売機のほか、コインロッカーやコインランドリー等がこれに該当します。
　　なお、小売店内に設置されたセルフレジなどのように、単に代金の精算のみを行うものは、これに該当しません（インボイス通達3―11）。

6　「その旅行に必要な支出に充てるために事業者がその使用人等又はその退職者等に対して支給する金品」とは、例えば、使用人等又は退職者等が次に掲げる旅行をした場合に、事業者が使用人等又は退職者等に出張旅費、宿泊費、日当等として支給する金品がこれに該当しますが、請求書等の保存を要さない課税仕入れは、その金品のうち、その旅行について通常必要であると認められる部分に係るものに限られます（インボイス通達4―9）。

Ⓐ	使用人等が勤務する場所を離れてその職務を遂行するために行う旅行
Ⓑ	使用人等の転任に伴う転居のために行う旅行
Ⓒ	退職者等のその就職又は退職に伴う転居のために行う旅行

　　なお、「その旅行について通常必要であると認められる部分」の範囲は、所得税基本通達9―3《非課税とされる旅費の範囲》の例により判定します。

7　「通勤者につき通常必要であると認められる部分」とは、事業者が通勤者に支給する通勤手当が、その通勤者がその通勤に必要な交通機関の利用又は交通用具の使用のために支出する費用に充てるものとした場合に、その通勤に通常必要であると認められるものをいいます。

— 384 —

第5節　税額控除等

したがって、所得税法施行令第20条の2各号《非課税とされる通勤手当》に定める金額を超えているかどうかにかかわりません（インボイス通達4―10）。

㋺　特定課税仕入れについては、適格請求書等の保存は要さず、帳簿の保存のみで仕入税額控除の適用を受けることができます（法30⑦）。

⑸　帳簿の電子データによる保存制度等

事業者があらかじめ電子帳簿保存法の承認を受けて電子データ等により保存している帳簿に消費税法第30条第8項《仕入れに係る消費税額の控除》に規定する事項が記録されている場合には、その電子データ等の保存をもって同条第7項に規定されている仕入税額控除の適用要件とされている帳簿が保存されていることになります。

また、原本が紙の国税関係書類（請求書等）についても、一定の要件の下でスキャナを使用して作成した電子データにより保存することができます。

なお、この制度の適用を受ける場合には、あらかじめ税務署長の承認を受ける必要があります。

〔参考〕仕入税額控除の要件

	帳簿への記載事項	請求書等への記載事項
請求書等保存方式 （令和元年9月30日まで）	①　課税仕入れの相手方の氏名又は名称 ②　取引年月日 ③　取引の内容 ④　対価の額	①　請求書発行者の氏名又は名称 ②　取引年月日 ③　取引の内容 ④　対価の額 ⑤　請求書受領者の氏名又は名称※ ※　小売業、飲食店業等不特定多数の者と取引する事業者が交付する請求書等には、⑤の記載は省略できます。
区分記載請求書等保存方式 （令和元年10月1日～ 　令和5年9月30日）	（上記に加え） ⑤　軽減税率の対象品目である旨	（上記に加え） ⑥　軽減税率の対象品目である旨 ⑦　税率ごとに区分して合計した税込対価の額 ㊟　請求書の交付を受けた事業者による追記も可
適格請求書等保存方式 （令和5年10月1日～）		（上記に加え） ⑧　登録番号 ⑨　税率ごとの消費税額及び適用税率 ㊟　「税率ごとに合計した対価の額」は、税抜又は税込

8　適格請求書発行事業者の登録制度【令和5年10月1日から】

⑴　適格請求書発行事業者の登録

国内において課税資産の譲渡等を行い、又は行おうとする事業者であって、適格請求書の交付をしようとする事業者（免税事業者を除きます。）は、税務署長の登録を

― 385 ―

受けることができます（法57の2①）。

イ　申請書の提出時期

　登録を受けようとする事業者は、所定の事項を記載した申請書を所轄税務署長に提出しなければなりません。

　(イ)　登録に係る経過措置

　　A　令和5年10月1日から令和6年3月31日までの間のいずれかの日に登録を受けようとする事業者

　　　令和5年10月1日から令和6年3月31日までの間のいずれかの日に登録を受けようとする事業者は、令和3年10月1日から申請書を提出することができます（平28改正法附則1八、44①）。

　　B　令和5年10月1日に登録を受けようとする事業者

　　　適格請求書等保存方式が実施される令和5年10月1日に登録を受けようとする事業者は、令和5年3月31日まで(注)に登録申請書を納税地を所轄する税務署長に提出する必要があります（平28改正法附則44①）。

　　(注)　令和5年3月31日まで（※）に登録申請書を提出することにつき困難な事情がある場合において、令和5年9月30日までの間に登録申請書にその困難な事情を記載して提出し、税務署長により適格請求書発行事業者の登録を受けたときは、令和5年10月1日に登録を受けたこととみなされます（平30改正令附則15）。

　　　　なお、「困難な事情」については、その困難の度合いは問いません（インボイス通達5－2）。

　　※　特定期間の課税売上高又は給与等支払額の合計額が1,000万円を超えたことにより課税事業者となる場合（法9の2①）は令和5年6月30日まで

《登録申請のスケジュール》

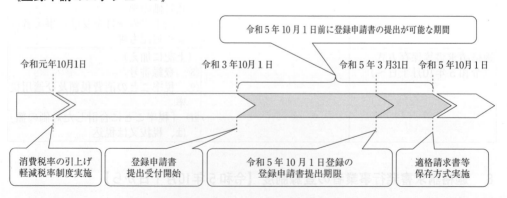

　(ロ)　免税事業者が登録を受ける場合

　　　免税事業者が、課税事業者となる課税期間の初日から登録を受けようとすると

きには、その課税期間の初日の前日から起算して１月前の日までに、申請書を提出しなければなりません（法57の２②、令70の２）。

なお、免税事業者が適格請求書発行事業者の登録を受けるためには、「消費税課税事業者選択届出書」を提出し、課税事業者となる必要があります（インボイス通達２－１）。

《免税事業者の登録に係る経過措置》

免税事業者が令和５年10月１日から令和11年９月30日の属する課税期間中に登録を受けることとなった場合には、登録を受けた日から課税事業者となりますので（平28改正法附則44④、インボイス通達５－１）、登録を受けるに当たり、届出書を提出する必要はありません。

また、登録を受けた日の属する課税期間の翌課税期間からその登録を受けた日以後２年を経過する日の属する課税期間までの各課税期間については、事業者免税点制度の適用はありません。

ただし、その登録を受けた日の属する課税期間が令和５年10月１日を含む課税期間である場合には、この限りではありません（平28改正法附則44⑤）。

（免税事業者である個人事業者が令和５年10月１日に登録を受けるため、令和５年３月31日までに登録申請書を提出し、令和５年10月１日に登録を受けた場合の例）

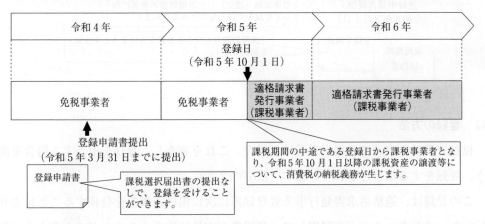

(ハ) 事業者が国内において課税資産の譲渡等に係る事業を開始した場合

免税事業者である新設法人の場合、事業を開始した日の属する課税期間の末日までに、課税選択届出書を提出すれば、その事業を開始した日の属する課税期間の初日から課税事業者となることができます（法９④、令20一）。

また、新設法人が、事業を開始した日の属する課税期間の初日から登録を受けようとする旨を記載した登録申請書を、事業を開始した日の属する課税期間の末日までに提出した場合において、税務署長により適格請求書発行事業者登録簿へ

の登載が行われたときは、その課税期間の初日に登録を受けたものとみなされます（令70の4、規26の4、インボイス通達2－2）。

したがって、免税事業者である新設法人が事業開始（設立）時から、適格請求書発行事業者の登録を受けるためには、設立後、その課税期間の末日までに、課税選択届出書と登録申請書を併せて提出することが必要です。

なお、課税事業者である新設法人の場合については、事業を開始した課税期間の末日までに、事業を開始した日の属する課税期間の初日から登録を受けようとする旨を記載した登録申請書を提出することで、新設法人等の登録時期の特例の適用を受けることができます。

（注）　新設合併、新設分割、個人事業者の新規開業等の場合も同様です。

（令和5年11月1日に法人（3月決算）を設立し、令和6年2月1日に登録申請書と課税選択届出書を併せて提出した免税事業者である新設法人の場合の例）

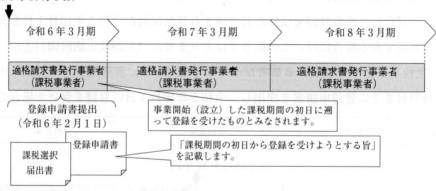

ロ　登録の方法

税務署長は、申請書の提出を受けた場合、これを審査し、登録を拒否する場合を除き、登録をすることとされています（法57の2③）。

この登録は、適格請求書発行事業者登録簿に次に掲げる事項を登載することにより行われ、インターネットを利用して、利用者が容易に検索することができるように体系的に構成された情報を提供する方法により公表されます（法57の2④、令70の5）。

①	氏名又は名称及び登録番号㈲

㈲1　登録番号の構成は、次のとおりです（インボイス通達2－3）。
　　イ　法人番号を有する課税事業者
　　　　「T」（ローマ字）＋法人番号（13桁の数字）
　　ロ　上記イ以外の課税事業者（個人事業者、人格のない社団等）
　　　　「T」（ローマ字）＋13桁の数字
　　※　13桁の数字は、法人番号とは重複しないものとされ、また、マイナンバー（個人番号）は利用されません。
　2　登録番号の記載例は、次のとおりです。
　　なお、半角・全角は問いません。
　　　・T1234567890123
　　　・T-1234567890123

②	登録年月日
③	法人（人格のない社団等を除きます。）にあっては、本店又は主たる事務所の所在地
④	特定国外事業者（国内において行う資産の譲渡等に係る事務所、事業所その他これらに準ずるものを国内に有しない国外事業者をいいます。）以外の国外事業者にあっては、国内において行う資産の譲渡等に係る事務所、事業所その他これらに準ずるものの所在地

ハ　登録の拒否

　登録を受けようとする事業者が次に掲げる事実に該当すると認められる場合には、登録を拒否されます（法57の2⑤）。

区分	登録拒否事由
特定国外事業者以外の事業者	次に掲げるいずれかの事実 ①　その事業者（納税管理人を定めなければならないこととされている者に限ります。）が、国税通則法第117条第2項の規定による納税管理人の届出をしていないこと。 ②　その事業者が、消費税法の規定に違反して罰金以上の刑に処せられ、その執行を終わり、又は執行を受けることがなくなった日から2年を経過しない者であること。
特定国外事業者	次に掲げるいずれかの事実 ①　消費税に関する税務代理（税理士法第2条第1項第1号に掲げる税務代理をいいます。）の権限を有する国税通則法第74条の9第3項第2号に規定する税務代理人がいないこと。 ②　その事業者が、国税通則法第117条第2項の規定による納税管理人の届出をしていないこと。 ③　現に国税の滞納があり、かつ、その滞納額の徴収が著しく困難であること。 ④　その事業者が、登録を取り消され（一定の取消事由に該当した場合に限ります。）、その取消しの日から1年を経過しない者であること。 ⑤　その事業者が、消費税法の規定に違反して罰金以上の刑に処せられ、その執行を終わり、又は執行を受けることがなくなった日から2年を経過しない者であること。

第2章　国内取引に係る消費税

ニ　登録の取消し

　適格請求書発行事業者が、次に掲げる事実に該当すると認められる場合には、登録を取り消されます。

区分	登録取消事由
特定国外事業者以外の事業者である適格請求書発行事業者	次に掲げるいずれかの事実 ①　その適格請求書発行事業者が1年以上所在不明であること。 ②　その適格請求書発行事業者が事業を廃止したと認められること。 ③　その適格請求書発行事業者（法人に限ります。）が合併により消滅したと認められること。 ④　その適格請求書発行事業者（納税管理人を定めなければならないこととされている者に限ります。）が国税通則法第117条第2項の規定による納税管理人の届出をしていないこと。 ⑤　その適格請求書発行事業者が、消費税法の規定に違反して罰金以上の刑に処せられたこと。 ⑥　その適格請求書発行事業者が、登録拒否事由について、虚偽の記載をした登録申請書を提出し、その申請に基づき登録を受けた者であること。
特定国外事業者である適格請求書発行事業者	次に掲げるいずれかの事実 ①　その適格請求書発行事業者が事業を廃止したと認められること。 ②　その適格請求書発行事業者（法人に限ります。）が合併により消滅したと認められること。 ③　その適格請求書発行事業者の消費税の確定申告書の提出期限までに、その申告書に係る消費税に関する税務代理の権限を有することを証する書面（税理士法第30条に規定する書面をいいます。）が提出されていないこと。 ④　その適格請求書発行事業者（納税管理人を定めなければならないこととされている者に限ります。）が国税通則法第117条第2項の規定による納税管理人の届出をしていないこと。 ⑤　消費税につき期限内申告書の提出がなかった場合において、その提出がなかったことについて正当な理由がないと認められること。 ⑥　現に国税の滞納があり、かつ、その滞納額の徴収が著しく困難であること。 ⑦　その適格請求書発行事業者が消費税法の規定に違反して罰金以上の刑に処せられたこと。 ⑧　その適格請求書発行事業者が、登録拒否事由について、虚偽の記載をした登録申請書を提出し、その申請に基づき登録を受けた者であること。

ホ　登録事項の変更

　適格請求書発行事業者は、適格請求書発行事業者登録簿に登載された事項に変更があったときは、その旨を記載した届出書を速やかに、所轄税務署長に提出しなければなりません（法57の2⑧）。

ヘ　登録の失効

　適格請求書発行事業者が次に掲げる場合に該当することとなった場合には、それぞれ次に掲げる日に、登録の効力を失います（法57の2⑩）。

登録の取消しを求める旨の届出書を所轄税務署長に提出した場合	その提出があった日の属する課税期間の末日の翌日（その提出が、その課税期間の末日から起算して30日前の日からその課税期間の末日までの間にされた場合には、その課税期間の翌課税期間の末日の翌日）
事業を廃止した場合（その旨を記載した届出書を提出した場合に限ります。）	事業を廃止した日の翌日
適格請求書発行事業者である法人が合併により消滅した場合（その旨を記載した届出書を提出した場合に限ります。）	その法人が合併により消滅した日

ト　適格請求書発行事業者が死亡した場合における手続等

　適格請求書発行事業者（個人事業者に限ります。）が死亡した場合、その相続人は、「適格請求書発行事業者の死亡届出書」を速やかに、その適格請求書発行事業者の所轄税務署長に提出しなければなりません（法57の3①）。

　なお、相続により適格請求書発行事業者の事業を承継した相続人（適格請求書発行事業者を除きます。）のその相続のあった日の翌日から、その相続人が登録を受けた日の前日又はその相続に係る適格請求書発行事業者が死亡した日の翌日から4月を経過する日のいずれか早い日までの期間については、その相続人が適格請求書発行事業者としての登録を受けた事業者とみなされます。この場合において、その期間中は、その適格請求書発行事業者の登録番号がその相続人の登録番号とみなされます（法57の3③）。

（チェックポイント）

☆　適格請求書発行事業者は、その課税期間の基準期間における課税売上高が1,000万円以下となった場合でも免税事業者となりません（法9①、インボイス通達2―5）。

(2)　適格請求書発行事業者の義務

イ　適格請求書の交付義務

　適格請求書発行事業者は、国内で課税資産の譲渡等（消費税が免除されるものを除きます。）を行った場合（注）において、その課税資産の譲渡等を受ける他の事業者（免税事業者を除きます。）から適格請求書の交付を求められたときは、原則として、その課税資産の譲渡等に係る適格請求書をその他の事業者に交付しなければなりません（法57の4①）。

　(注)　次に掲げる場合を除きます（法57の4①、令70の9①）。

— 391 —

第2章　国内取引に係る消費税

㋑	消費税法第4条第5項の規定により資産の譲渡とみなされる場合
㋺	消費税法第17条第1項又は第2項本文の規定により資産の譲渡等を行ったものとされる場合
㋩	消費税法第18条第1項の規定により、資産の譲渡等（前受金に係るものに限ります。）に係る対価の額を収入した日にその資産の譲渡等を行ったものとされる場合
㋥	消費税法第60条第2項の規定により、資産の譲渡等の対価を収納すべき会計年度の末日にその資産の譲渡等を行ったものとされる場合（その資産の譲渡等を同日の翌日以後に行う場合に限ります。）
㋭	消費税法施行令第74条第2項の規定により、資産の譲渡等の対価を収納すべき課税期間の末日にその資産の譲渡等を行ったものとされる場合（その資産の譲渡等を同日の翌日以後に行う場合に限ります。）

　なお、「適格請求書」とは、次に掲げる事項を記載した請求書、納品書その他これらに類する書類をいいます（法57の4①）。

①	適格請求書発行事業者の氏名又は名称及び登録番号（注1）
②	課税資産の譲渡等を行った年月日（課税期間の範囲内で一定の期間内に行った課税資産の譲渡等につきまとめてその書類を作成する場合には、その一定の期間）
③	課税資産の譲渡等に係る資産又は役務の内容（その課税資産の譲渡等が軽減対象課税資産の譲渡等である場合には、資産の内容及び軽減対象課税資産の譲渡等である旨）（注2）
④	課税資産の譲渡等に係る税抜価額又は税込価額を税率の異なるごとに区分して合計した金額及び適用税率
⑤	消費税額等（注3、4）
⑥	書類の交付を受ける事業者の氏名又は名称（注1）

（注）1　取引先コード等の記号、番号等により表示することができます。
　　　　なお、登録番号については、その記号、番号等により、登録の効力の発生時期に関する変更等の履歴が明らかとなる措置を講じておく必要があります（インボイス通達3—3）。
　　　2　その資産の譲渡等が課税資産の譲渡等かどうか、また、その資産の譲渡等が課税資産の譲渡等である場合においては、軽減対象課税資産の譲渡等かどうかの判別が取引の相手方との間で明らかとなるときには、商品コード等の記号、番号等により表示することができます（インボイス通達3—3）。
　　　3　次のいずれかの方法により計算した金額になります。この場合において、算出した金額に1円未満の端数が生じたときには、その端数を処理します（令70の10）。

— 392 —

第5節　税額控除等

㋑	課税資産の譲渡等に係る税抜価額を税率の異なるごとに区分して合計した金額に10/100（その合計した金額が軽減対象課税資産の譲渡等に係るものである場合には、8/100）を乗じて算出する方法
㋺	課税資産の譲渡等に係る税込価額を税率の異なるごとに区分して合計した金額に10/110（その合計した金額が軽減対象課税資産の譲渡等に係るものである場合には、8/108）を乗じて算出する方法

4　課税資産の譲渡等に係る税抜価額又は税込価額を税率の異なるごとに区分して合計した金額を基礎として算出し、算出した消費税額等の1円未満の端数を処理することになりますので、その消費税額等の1円未満の端数処理は、一の適格請求書につき、税率の異なるごとにそれぞれ1回となります。

　　なお、複数の商品の販売につき、一の適格請求書を交付する場合において、一の商品ごとに端数処理をした上でこれを合計して消費税額等として記載することはできません（インボイス通達3—12）。

（チェックポイント）

☆　適格請求書とは、法定記載事項を記載した請求書、納品書その他これらに類する書類をいいますが、その法定記載事項の記載があれば、その書類の名称は問いません。

　　また、適格請求書の交付に関して、一の書類により法定記載事項を全て記載するのではなく、例えば、納品書と請求書等の二以上の書類であっても、これらの書類について相互の関連が明確であり、その交付を受ける事業者が法定記載事項を適正に認識できる場合には、これら複数の書類全体で適格請求書の記載事項を満たすものになります（インボイス通達3—1）。

☆　適格請求書発行事業者の登録は、適格請求書発行事業者登録簿に登載された日（以下「登録日」といいます。）からその効力を有しますので、登録の通知を受けた日にかかわらず、適格請求書発行事業者は、登録日以後に行った課税資産の譲渡等について適格請求書を交付する必要があります（インボイス通達2—4）。

　㊟　登録日から登録の通知を受けた日までの間に行った課税資産の譲渡等について、既に請求書等の書類を交付している場合には、その通知を受けた日以後に登録番号等を相手方に書面等（既に交付した書類との相互の関連が明確であり、その書面等の交付を受ける事業者が法定記載事項を適正に認識できるものに限ります。）で通知することにより、これらの書類等を合わせて適格請求書の記載事項を満たすことができます。

☆　個人事業者である適格請求書発行事業者が、事業と家事の用途に共通して使用するものとして取得した資産を譲渡する場合には、その譲渡に係る金額を事業としての部分と家事使用に係る部分とに合理的に区分し、適格請求書に記載する「課税資産の譲渡等に係る税抜価額又は税込価額を税率の異なるごとに区分して合計した金額」及び「消費税額等」は、

第2章　国内取引に係る消費税

その事業としての部分に係る金額に基づき算出することになります（インボイス通達3―4）。

☆　適格請求書発行事業者が、適格請求書発行事業者以外の者である他の者と共同で所有する資産（以下「共有物」といいます。）の譲渡又は貸付けを行う場合には、その共有物に係る資産の譲渡等の金額を所有者ごとに合理的に区分し、適格請求書に記載する「課税資産の譲渡等に係る税抜価額又は税込価額を税率の異なるごとに区分して合計した金額」及び「消費税額等」は、自己の部分に係る資産の譲渡等の金額に基づき算出することになります（インボイス通達3―5）。

☆　適格請求書発行事業者が適格請求書発行事業者でなくなった後、適格請求書発行事業者であった課税期間において行った課税資産の譲渡等の相手方である事業者から、その課税資産の譲渡等に係る適格請求書の交付を求められたときは、その相手方である事業者にこれを交付しなければなりません（インボイス通達3―6）。

☆　委託販売の場合には購入者に対して課税資産の譲護等を行っているのは委託者ですので、本来は委託者が購入者に対して適格請求書を交付しなければなりませんが、受託者が委託者を代理して「委託者の氏名又は名称及び登録番号」を記載した委託者の適格請求書を相手方に交付することも認められます（代理交付）。

　また、「媒介者等による適格請求書等の交付の特例」も設けられています（令70の12①）（400ページ参照）。

(イ)　交付義務の免除

　適格請求書発行事業者が行う事業の性質上、適格請求書を交付することが困難な課税資産の譲渡等として、次に掲げる課税資産の譲渡等（特定資産の譲渡等に該当するものを除きます。）を行う場合には、交付義務が免除されます（法57の4①ただし書、令70の9②、規26の5、26の6）。

---

①　次に掲げる役務の提供（注1）のうちその税込価額が3万円未満（注2）のもの

㋑　海上運送法第2条第5項に規定する一般旅客定期航路事業（いわゆるフェリーをいいます。）、同法第19条の6の2に規定する人の運送をする貨物定期航路事業（いわゆる貨物船をいいます。）及び同法第20条第2項に規定する人の運送をする不定期航路事業（乗合旅客の運送をするものに限ります。）として行う旅客の運送

㋺　道路運送法第3条第1号イに規定する一般乗合旅客自動車運送事業（いわゆる路線バス、乗合タクシーをいいます。）として行う旅客の運送

㋩　鉄道事業法第2条第2項に規定する第一種鉄道事業又は同条第3項に規定する第二種鉄道事業として行う旅客の運送

	㊁　軌道法第3条に規定する運輸事業（いわゆるモノレールをいいます。）として行う旅客の運送
②	媒介又は取次ぎに係る業務を行う者を介して行われる課税資産の譲渡等のうち次に掲げるもの
	㋑　卸売市場法に規定する卸売市場において、同法第2条第4項に規定する卸売業者が同項に規定する卸売の業務（出荷者から卸売のための販売の委託を受けて行うものに限ります。）として行う同法第2条第1項に規定する生鮮食料品等の譲渡
	㋺　一定の組合（注3）が、その組合員その他の構成員から販売の委託（販売条件を付さず、かつ、一定の方法（注4）により販売代金の精算が行われるものに限ります。）を受けて行う農林水産物の譲渡（その農林水産物の譲渡を行う者を特定せずに行われるものに限ります。）
③	自動販売機又は自動サービス機（注5）により行われる課税資産の譲渡等のうちその税込価額が3万円未満（注2）のもの
④	郵便切手類（郵便切手類販売所等に関する法律第1条に規定する郵便切手その他郵便に関する料金を表す証票をいいます。）のみを対価とする郵便法第1条に規定する郵便の役務及び貨物の運送（同法第38条第1項に規定する郵便差出箱に差し出された郵便物及び貨物に係るものに限ります。）

(注)1　「旅客の運送」には、旅客の運送に直接的に附帯するものとして収受する特別急行料金、急行料金、寝台料金等を対価とする役務の提供は含まれますが、旅客の運送に直接的に附帯するものではない入場料金、手回品料金、貨物留置料金等を対価とする役務の提供は含まれません（インボイス通達3－10）。

2　「税込価額が3万円未満のもの」に該当するかどうかは、一回の取引の課税資産の譲渡等に係る税込価額が3万円未満であるかどうかで判定しますので、課税資産の譲渡等に係る一の商品（役務）ごとの税込価額により判定するものではありません（インボイス通達3－9）。

3　次に掲げる組合になります。

Ⓐ	農業協同組合法第4条に規定する農業協同組合及び農業協同組合連合会
Ⓑ	水産業協同組合法第2条に規定する漁業協同組合、漁業生産組合及び漁業協同組合連合会、水産加工業協同組合及び水産加工業協同組合連合会並びに共済水産業協同組合連合会
Ⓒ	森林組合法第4条第1項に規定する森林組合、生産森林組合及び森林組合連合会
Ⓓ	農業協同組合法第72条の6に規定する農事組合法人
Ⓔ	上記ⒶからⒸに掲げる組合に準ずるものであって、中小企業等協同組合法第3条第1号に規定する事業協同組合及びその事業協同組合をもって組織する同条第3号に規定する協同組合連合会

第2章　国内取引に係る消費税

4　組合による農林水産物の譲渡に係る対価の額のその組合の組合員その他の構成員に対する精算につき、一定の期間におけるその農林水産物の譲渡に係る対価の額をその農林水産物の種類、品質、等級その他の区分ごとに平均した価格をもって算出した金額を基礎として行う方法になります。

5　「自動販売機又は自動サービス機」とは、商品の販売又は役務の提供（課税資産の譲渡等に該当するものに限ります。）及び代金の収受が自動で行われる機械装置であって、その機械装置のみにより商品の販売又は役務の提供が完結するものをいい、例えば、飲食料品の自動販売機のほか、コインロッカーやコインランドリー等がこれに該当します。

　　なお、小売店内に設置されたセルフレジなどのように、単に代金の精算のみを行うものは、これに該当しません（インボイス通達3―11）。

㈥　適格簡易請求書の交付

　適格請求書発行事業者が国内において行った課税資産の譲渡等が次に掲げる事業に係るものである場合には、適格請求書に代えて、適格簡易請求書を交付することができます（法57の4②、令70の11）。

①　小売業、飲食店業、写真業及び旅行業
②　道路運送法第3条第1号ハに規定する一般乗用旅客自動車運送事業（例えばタクシー事業があり、その一般乗用旅客自動車運送事業として行う旅客の運送の引受けが営業所のみにおいて行われるものとして同法第9条の3第1項の国土交通大臣の認可を受けた運賃及び料金が適用されるものを除きます。）
③　駐車場業（不特定かつ多数の者に自動車その他の車両の駐車のための場所を提供するものに限ります。）
④　上記①から③に掲げる事業に準ずる事業で不特定かつ多数の者に資産の譲渡等を行うもの

　なお、「適格簡易請求書」とは、次に掲げる事項を記載した請求書、納品書その他これらに類する書類をいいます。

㈠　適格請求書発行事業者の氏名又は名称及び登録番号（注1）
㈡　課税資産の譲渡等を行った年月日
㈢　課税資産の譲渡等に係る資産又は役務の内容（その課税資産の譲渡等が軽減対象課税資産の譲渡等である場合には、資産の内容及び軽減対象課税資産の譲渡等である旨）（注2）
㈣　課税資産の譲渡等に係る税抜価額又は税込価額を税率の異なるごとに区分して合計した金額
㈤　消費税額等（注3）又は適用税率

— 396 —

第5節　税額控除等

(注)1　取引先コード等の記号、番号等により表示することができます。

　　　なお、登録番号については、その記号、番号等により、登録の効力の発生時期に関する変更等の履歴が明らかとなる措置を講じておく必要があります（インボイス通達3―3）。

　　2　その資産の譲渡等が課税資産の譲渡等かどうか、また、その資産の譲渡等が課税資産の譲渡等である場合において、軽減対象課税資産の譲渡等かどうかの判別が取引の相手方との間で明らかとなるときには、商品コード等の記号、番号等により表示することができます（インボイス通達3―3）。

　　3　次のいずれかの方法により計算した金額になります。この場合において、算出した金額に1円未満の端数が生じたときには、その端数を処理します（令70の10）。

> Ⓐ　課税資産の譲渡等に係る税抜価額を税率の異なるごとに区分して合計した金額に10/100（その合計した金額が軽減対象課税資産の譲渡等に係るものである場合には、8/100）を乗じて算出する方法
>
> Ⓑ　課税資産の譲渡等に係る税込価額を税率の異なるごとに区分して合計した金額に10/110（その合計した金額が軽減対象課税資産の譲渡等に係るものである場合には、8/108）を乗じて算出する方法

(ハ)　電磁的記録の提供

　適格請求書発行事業者は、適格請求書又は適格簡易請求書の交付に代えて、これらの書類に記載すべき事項に係る電磁的記録を提供することができます（法57の4⑤）。

チェックポイント

☆　適格請求書発行事業者が適格請求書、適格簡易請求書又は適格返還請求書の交付に代えて行う電磁的記録の提供には、光ディスク、磁気テープ等の記録用の媒体による提供のほか、例えば、次のようなものが該当します（インボイス通達3―2）。

①　いわゆるEDI取引を通じた提供

②　電子メールによる提供

③　インターネット上のサイトを通じた提供

ロ　適格返還請求書の交付義務

　売上げに係る対価の返還等を行う適格請求書発行事業者は、その売上げに係る対価の返還等を受ける他の事業者に対して、適格返還請求書を交付しなければなりません（法57の4③）。

　ただし、その適格請求書発行事業者が行う事業の性質上、その売上げに係る対価の返還等に際して適格返還請求書を交付することが困難な課税資産の譲渡等（上記イ(イ)に掲げる課税資産の譲渡等）を行う場合には、交付義務が免除されます（法57の4③ただし書、令70の9③）。

　また、適格返還請求書の交付に代えて、適格返還請求書に記載すべき事項に係る電磁的記録を提供することができます（法57の4⑤）。

— 397 —

第2章　国内取引に係る消費税

なお、「適格返還請求書」とは、次に掲げる事項を記載した請求書、納品書その他これらに類する書類をいいます（法57の4③）。

①　適格請求書発行事業者の氏名又は名称及び登録番号
②　売上げに係る対価の返還等を行う年月日及び当該売上げに係る対価の返還等に係る課税資産の譲渡等を行った年月日
③　売上げに係る対価の返還等に係る課税資産の譲渡等に係る資産又は役務の内容（その売上げに係る対価の返還等に係る課税資産の譲渡等が軽減対象課税資産の譲渡等である場合には、資産の内容及び軽減対象課税資産の譲渡等である旨）
④　売上げに係る対価の返還等に係る税抜価額又は税込価額を税率の異なるごとに区分して合計した金額
⑤　売上げに係る対価の返還等の金額に係る消費税額等又は適用税率

チェックポイント

☆　適格請求書発行事業者の登録を受ける前に行った課税資産の譲渡等（免税事業者であった課税期間に行ったものを除きます。）について、登録を受けた日以後に売上げに係る対価の返還等を行う場合には、その対価の返還等についても消費税法第38条第1項に規定する消費税額の控除の適用がありますが、その対価の返還等に関する適格返還請求書の交付義務はありません（インボイス通達3―14）。

☆　適格請求書発行事業者でなくなった後において、適格請求書発行事業者であった課税期間において行った課税資産の譲渡等につき、売上げに係る対価の返還等を行った場合には、適格返還請求書を交付しなければなりません（インボイス通達3―15）。

☆　一の事業者に対して、適格請求書及び適格返還請求書を交付する場合において、それぞれの記載事項を満たすものであれば、一の書類により交付することができます。

　　また、その場合の適格請求書に記載すべき「課税資産の譲渡等に係る税抜価額又は税込価額を税率の異なるごとに区分して合計した金額」と適格返還請求書に記載すべき「売上げに係る対価の返還等に係る税抜価額又は税込価額を税率の異なるごとに区分して合計した金額」については、継続適用を条件にこれらの金額の差額を記載することで、これらの記載があるものとして取り扱われます。

　　この場合において、適格請求書に記載すべき消費税額等と適格返還請求書に記載すべき売上げに係る対価の返還等の金額に係る消費税額等についても、その差額に基づき計算した金額を記載することで、これらの記載があるものとされます（インボイス通達3―16）。

－ 398 －

第5節　税額控除等

ハ　修正した適格請求書等の交付義務

　適格請求書、適格簡易請求書又は適格返還請求書を交付した適格請求書発行事業者は、これらの書類の記載事項に誤りがあった場合、これらの書類を交付した他の事業者に対して、修正した適格請求書、適格簡易請求書又は適格返還請求書を交付しなければなりません（法57の4④）。

　これは、電磁的記録として提供した事項に誤りがあった場合も同様です（法57の4⑤）。

【チェックポイント】

☆　「修正した適格請求書、適格簡易請求書又は適格返還請求書」には、当初に交付した適格請求書、適格簡易請求書又は適格返還請求書との関連性を明らかにした上で、修正した事項を明示した書類等も含まれます（インボイス通達3―17）。

ニ　適格請求書の写し等の保存義務

　適格請求書、適格簡易請求書若しくは適格返還請求書を交付し、又はこれらの書類に記載すべき事項に係る電磁的記録を提供した適格請求書発行事業者は、これらの書類の写し又はその電磁的記録を整理し、その交付又は提供した日の属する課税期間の末日の翌日から2月（清算中の法人について残余財産が確定した場合には1月）を経過した日から7年間、これを納税地又はその取引に係る事務所、事業所その他これらに準ずるものの所在地に保存しなければなりません（法57の4⑥、令70の13①）。

　なお、交付した日又は提供した日の属する課税期間の末日の翌日から2月（清算中の法人について残余財産が確定した場合には1月）を経過した日から5年を経過した日以後の期間における保存（電磁的記録の保存を除きます。）は、財務大臣の定める方法（マイクロフィルムによる帳簿書類の保存）によることができます（令70の13②）。

　また、電磁的記録の保存は、次のいずれかの方法により行います（法57の4⑥、令70の13①、規26の8）。

①　電磁的記録を、電子計算機を使用して作成する国税関係帳簿書類の保存方法等の特例に関する法律施行規則第4条第1項各号に掲げるいずれかの措置を行い、同項に規定する要件に準ずる要件に従って保存する方法
②　電磁的記録を出力することにより作成した書面（整然とした形式及び明瞭な状態で出力したものに限ります。）を保存する方法 　㊟　その書面を、納税地又はその取引に係る事務所、事業所その他これらに準ずるものの所在地に、原則として、電磁的記録を提供した日の属する課税期間の末日の翌日から2月を経過した日から7年間、整理して保存しなければなりません。

⑶ 媒介者等による適格請求書等の交付の特例

　事業者が、媒介又は取次ぎに係る業務を行う者（以下「媒介者等」といいます。）を介して国内で課税資産の譲渡等を行う場合（いわゆる「委託販売」）において、次の①及び②の要件を満たすことにより、媒介者等が委託者の課税資産の譲渡等について、自己の氏名又は名称及び登録番号を記載した適格請求書又は適格請求書に係る電磁記録を、委託者に代わって、購入者に交付し、又は提供することができます（令70の12）。

①　委託者及び媒介者等の双方が適格請求書発行事業者であること
②　委託者が媒介者等に、自己が適格請求書発行事業者の登録を受けている旨を取引前までに通知していること 　㊟　通知の方法としては、個々の取引の都度、事前に登録番号を書面等により通知する方法のほか、例えば、基本契約等により委託者の登録番号を記載する方法などがあります（インボイス通達3－7）。

【取引図】

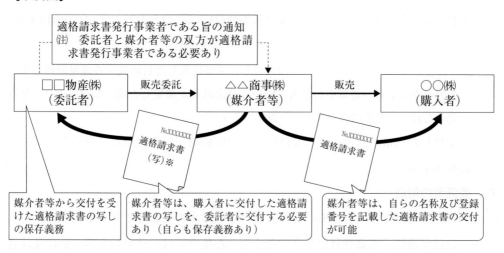

【媒介者等が委託者に適格請求書の写しとして交付する書類（精算書）の記載例】

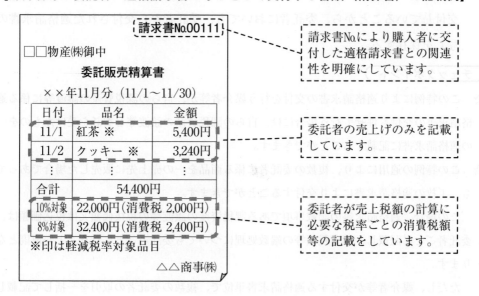

第2章　国内取引に係る消費税

イ　媒介者等の対応

この特例を適用する場合における媒介者等の対応は次のとおりです（令70の12①③）。

①　交付した適格請求書の写し又は提供した電磁的記録を保存する。

　⑺　保存期間は、原則として、その交付し、又は提供した日の属する課税期間の末日
　　の翌日から2月（清算中の法人について残余財産が確定した場合には、1月）を経
　　過した日から7年間になります（規26の7①）。

②　交付した適格請求書の写し又は提供した電磁的記録を速やかに委託者に交付又
　は提供する。

ロ　委託者の対応

この特例を適用する場合における委託者の対応は次のとおりです（令70の12④）。

①　自己が適格請求書発行事業者でなくなった場合には、その旨を速やかに受託者
　に通知する。

②　委託者の課税資産の譲渡等について、受託者が委託者に代わって適格請求書を
　交付していることから、委託者においても、受託者から交付された適格請求書の
　写しを保存する。

⎛ チェックポイント ⎞

☆　この特例により適格請求書の交付を行う媒介者等が、自らの課税資産の譲渡等に係る適
　格請求書の交付も併せて行う場合には、自らの課税資産の譲渡等と委託を受けたものを一
　の適格請求書に記載することができます。

☆　この特例の適用により、複数の委託者に係る商品を一の売上先に販売した場合であって
　も、1枚の適格請求書により交付することができます。

　　この場合、適格請求書の記載事項である課税資産の譲渡等の税抜価額又は税込価額は、
　委託者ごとに記載し、消費税額等の端数処理についても委託者ごとに行うことが原則とな
　ります。

　　ただし、媒介者等が交付する適格請求書単位で、複数の委託者の取引を一括して記載し、
　消費税額等の端数処理を行うこともできます。

☆　委託者に交付する適格請求書の写しについては、例えば、複数の委託者の商品を販売し
　た場合や、多数の購入者に対して日々適格請求書を交付する場合など適格請求書の写しそ
　のものを交付することが困難な場合には、適格請求書の写しと相互の関連が明確な、精算
　書等の書類等を交付することで差し支えありませんが、この場合には、その媒介者等にお
　いても交付したその精算書等の写しを保存する必要があります（インボイス通達3－8）。

　　なお、精算書等の書類等には、適格請求書の記載事項のうち、「課税資産の譲渡等の税
　抜価額又は税込価額を税率ごとに区分して合計した金額及び適用税率」や「税率ごとに区
　分した消費税額等」など、委託者の売上税額の計算に必要な一定事項を記載する必要があ

— 402 —

ります。

【記載例】

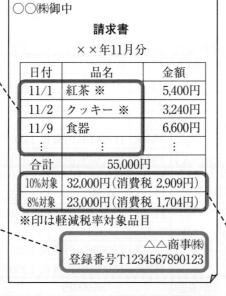

(参考) 複数の委託者の取引を一括して代理交付する場合

　　委託販売の場合には購入者に対して課税資産の譲渡等を行っているのは委託者ですので、本来は委託者が購入者に対して適格請求書を交付しなければなりませんが、受託者が委託者を代理して「委託者の氏名又は名称及び登録番号」を記載した委託者の適格請求書を相手方に交付することも認められます（代理交付）。

　　受託者（代理人）が複数の委託者の取引について代理して適格請求書を交付する場合は、「各委託者の氏名又は名称及び登録番号」を記載する必要があります。

　　また、複数の委託者の取引を一括して請求書に記載して交付する場合には、委託者ごとに「課税資産の譲渡等の税抜価額又は税込価額」を記載し、「消費税額等」も委託者ごとに計算し、端数処理を行わなければなりません。

【記載例】

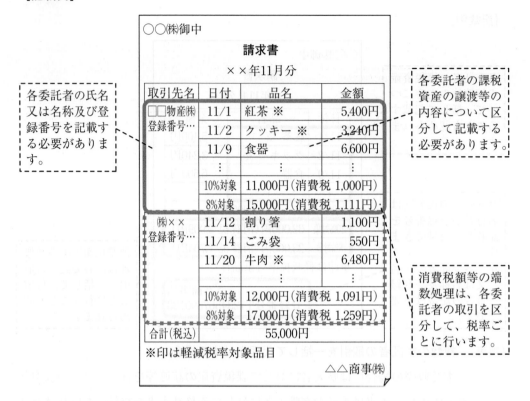

ハ 公売等において適格請求書を交付する場合の特例

　適格請求書発行事業者が、国税徴収法第２条第12号（定義）に規定する強制換価手続により執行機関を介して国内において課税資産の譲渡等を行う場合、その執行機関は、その課税資産の譲渡等を受ける他の者に対し、その適格請求書発行事業者の氏名又は名称及び登録番号に代えて、その執行機関の名称及び本特例の適用を受ける旨を記載したその課税資産の譲渡等に係る適格請求書又は適格請求書に記載すべき事項に係る電磁的記録をその適格請求書発行事業者に代わって交付し、又は提供することができます（令70の12⑤⑥）。

(4) 適格請求書類似書類等の交付の禁止

　適格請求書発行事業者以外の者は次の①の書類及び③の電磁的記録を、適格請求書発行事業者は次の②の書類及び③の電磁的記録を、それぞれ他の者に対して交付し、又は提供してはなりません（法57の５）。

① 適格請求書発行事業者が作成した適格請求書又は適格簡易請求書であると誤認されるおそれのある表示をした書類
② 偽りの記載をした適格請求書又は適格簡易請求書
③ 上記①の書類の記載事項又は上記②の書類の記載事項に係る電磁的記録

第5節　税額控除等

⑸　任意組合等の組合員による適格請求書等の交付の禁止

　民法第667条第1項に規定する組合契約によって成立する組合、投資事業有限責任組合契約に関する法律第2条第2項に規定する投資事業有限責任組合若しくは有限責任事業組合契約に関する法律第2条に規定する有限責任事業組合又は外国の法令に基づいて設立された団体であってこれらの組合に類似するもの（以下「任意組合等」といいます。）の組合員である適格請求書発行事業者は、その任意組合等の事業として国内において行った課税資産の譲渡等につき適格請求書若しくは適格簡易請求書を交付し、又はこれらの書類に記載すべき事項に係る電磁的記録を提供してはなりません。

　ただし、その任意組合等の組合員の全てが適格請求書発行事業者である場合において、その旨を記載した届出書をその任意組合等の業務を執行する者（以下「業務執行組合員」といいます。）が、その業務執行組合員の所轄税務署長に提出したときは、その提出があった日以後に行うその課税資産の譲渡等については、この限りではありません（法57の6①、令70の14）。

任意組合等の区分	業務執行組合員
①　民法第667条第1項に規定する組合契約によって成立する組合	その組合の組合員のうち同法第670条第3項に規定する業務執行者（その業務執行者が複数あるときはその業務執行者のうち一の業務執行者とし、業務執行者が存在しないときはその組合の組合員のうち一の組合員とします。）
②　投資事業有限責任組合契約に関する法律第2条第2項に規定する投資事業有限責任組合	その投資事業有限責任組合の業務を執行する無限責任組合員（その無限責任組合員が複数あるときは、その無限責任組合員のうち一の組合員とします。）
③　有限責任事業組合契約に関する法律第2条に規定する有限責任事業組合	その有限責任事業組合の業務を執行する同法第29条第3項に規定する組合員
④　外国の法令に基づいて設立された団体であって上記①から③に掲げる組合に類似するもの	上記①から③の者に準ずる者

　組合員の全てが適格請求書発行事業者である旨の届出書を提出した任意組合等が次に掲げる場合に該当することとなったときは、その該当することとなった日以後に行う課税資産の譲渡等については、適格請求書若しくは適格簡易請求書を交付し、又はこれらの書類に記載すべき事項に係る電磁的記録を提供することはできなくなります。この場合において、その任意組合等の業務執行組合員は、その該当することとなった旨を記載した届出書を速やかに、所轄税務署長に提出しなければなりません（法57の

— 405 —

第2章　国内取引に係る消費税

6②)。

㋑	適格請求書発行事業者以外の事業者を新たに組合員として加入させた場合
㋺	その任意組合等の組合員のいずれかが適格請求書発行事業者でなくなった場合

9　金又は白金の地金の課税仕入れを行った場合の本人確認書類の保存

　事業者が課税仕入れ（その課税仕入れに係る資産が金又は白金の地金である場合に限ります。）の相手方の本人確認書類を保存しない場合、その保存がない課税仕入れに係る消費税額については、仕入税額控除の適用を受けることができません。ただし、災害その他やむを得ない事情により、その保存をすることができなかったことをその事業者において証明した場合には、仕入税額控除の適用を受けることができます（法30⑪)。

　ここでいう「本人確認書類」とは、次の(1)から(6)までに掲げる者の区分に応じ、それぞれに掲げる書類（その者から提供を受けたその書類に係る電磁的記録を含み、その者の氏名又は名称及び住所若しくは居所又は本店若しくは主たる事務所の所在地の記載又は記録のあるものに限ります。）となります（規15の4①)。

(1)　国内に住所を有する個人	イ　行政手続における特定の個人を識別するための番号の利用等に関する法律第2条第7項（定義）に規定する個人番号カードでその課税仕入れの日において有効なものの写し
	ロ　住民票の写し又は住民票の記載事項証明書（地方公共団体の長の住民基本台帳の住所、氏名、生年月日その他の事項を証する書類をいいます。）で、その課税仕入れの日前1年以内に作成されたもの又はその写し
	ハ　戸籍の附票の写し又は印鑑証明書で、その課税仕入れの日前1年以内に作成されたもの又はその写し
	ニ　国民健康保険、健康保険、船員保険、後期高齢者医療若しくは介護保険の被保険者証、健康保険日雇特例被保険者手帳、国家公務員共済組合若しくは地方公務員共済組合の組合員証又は私立学校教職員共済制度の加入者証の写し
	ホ　児童扶養手当証書、特別児童扶養手当証書、母子健康手帳、身体障害者手帳、療育手帳（知的障害者の福祉の充実を図るため、児童相談所又は知的障害者福祉法第9条第6項（更生援護の実施者）に規定する知的障害者更生相談所において知的障害と判定された者に対して都道府県知事又は地方自治法第252条の19第1項（指定都市の権能）の指定都市若しくは同法第252条の22第1項（中核市の権能）の中核市の長から支給される手帳で、その者の障害の程度その他の事項の記載のあるものをいいます。）、精神障害者保健福祉手帳又は戦傷病者手帳の写し
	ヘ　道路交通法第92条第1項（免許証の交付）に規定する運転免許証（その課税仕入れの日において有効なものに限ります。）又は同法第104条の4第5項（申請による取消し）（同法第105条第2項（免許の失効）において準用する場合を含む。）に規定する運転経歴証明書（道路交通法施行規則別記様式第19の3の10の様式によるものに限ります。）の写し

— 406 —

第5節　税額控除等

(1) 国内に住所を有する個人	ト	旅券でその課税仕入れの日において有効なものの写し
	チ	日本国との平和条約に基づき日本の国籍を離脱した者等の出入国管理に関する特例法第7条第1項（特別永住者証明書の交付）に規定する特別永住者証明書で、その課税仕入れの日において有効なものの写し
	リ	国税若しくは地方税の領収証書、納税証明書若しくは社会保険料（所得税法第74条第2項（社会保険料控除）に規定する社会保険料をいいます。）の領収証書（領収日付又は発行年月日の記載のあるもので、その日がその課税仕入れの日前1年以内のものに限ります。）又はこれらの書類の写し
	ヌ	イからリまでに掲げる書類のほか、官公署から発行され、又は発給された書類その他これらに類するもので、その課税仕入れの日前1年以内に作成されたもの（有効期間又は有効期限のあるものにあっては、同日において有効なもの）又はその写し
	ル	国民年金手帳（年金制度の機能強化のための国民年金等の一部を改正する法律第2条（国民年金法の一部改正）の規定による改正前の国民年金法第13条第1項（国民年金手帳）に規定する国民年金手帳をいいます。） (注)　年金制度の機能強化のための国民年金等の一部を改正する法律の施行に伴う厚生労働省関係省令の整備に関する省令附則第6条第1項の規定により同項に規定する書類とみなされる間に限ります。

(2) 国内に住所を有しない個人	イ	戸籍の附票の写し又は印鑑証明書で、その課税仕入れの日前1年以内に作成されたもの又はその写し
	ロ	国民健康保険、健康保険、船員保険、後期高齢者医療若しくは介護保険の被保険者証、健康保険日雇特例被保険者手帳、国家公務員共済組合若しくは地方公務員共済組合の組合員証又は私立学校教職員共済制度の加入者証の写し
	ハ	児童扶養手当証書、特別児童扶養手当証書、母子健康手帳、身体障害者手帳、療育手帳（知的障害者の福祉の充実を図るため、児童相談所又は知的障害者福祉法第9条第6項（更生援護の実施者）に規定する知的障害者更生相談所において知的障害と判定された者に対して都道府県知事又は地方自治法第252条の19第1項（指定都市の権能）の指定都市若しくは同法第252条の22第1項（中核市の権能）の中核市の長から支給される手帳で、その者の障害の程度その他の事項の記載のあるものをいいます。）、精神障害者保健福祉手帳又は戦傷病者手帳の写し
	ニ	道路交通法第92条第1項（免許証の交付）に規定する運転免許証（その課税仕入れの日において有効なものに限ります。）又は同法第104条の4第5項（申請による取消し）（同法第105条第2項（免許の失効）において準用する場合を含む。）に規定する運転経歴証明書（道路交通法施行規則別記様式第19の3の10の様式によるものに限ります。）の写し
	ホ	日本国との平和条約に基づき日本の国籍を離脱した者等の出入国管理に関する特例法第7条第1項（特別永住者証明書の交付）に規定する特別永住者証明書で、その課税仕入れの日において有効なものの写し
	ヘ	国税若しくは地方税の領収証書、納税証明書若しくは社会保険料（所得税法第74条第2項（社会保険料控除）に規定する社会保険料をいいます。）の領収証書（領収日付又は発行年月日の記載のあるもので、その日がその課税仕入れの日前1年以内のものに限ります。）又はこれらの書類の写し

第2章　国内取引に係る消費税

	ト　国民年金手帳（年金制度の機能強化のための国民年金等の一部を改正する法律第2条（国民年金法の一部改正）の規定による改正前の国民年金法第13条第1項（国民年金手帳）に規定する国民年金手帳をいいます。） ⒜　年金制度の機能強化のための国民年金等の一部を改正する法律の施行に伴う厚生労働省関係省令の整備に関する省令附則第6条第1項の規定により同項に規定する書類とみなされる間に限ります。
(3) 内国法人⒜	イ　その内国法人の設立の登記に係る登記事項証明書（その内国法人が設立の登記をしていないときは、その内国法人を所轄する行政機関の長のその内国法人の名称及び本店又は主たる事務所の所在地を証する書類）又は印鑑証明書で、その課税仕入れの日前1年以内に作成されたもの又はその写し
	ロ　国税若しくは地方税の領収証書、納税証明書若しくは社会保険料（所得税法第74条第2項（社会保険料控除）に規定する社会保険料をいいます。）の領収証書（領収日付又は発行年月日の記載のあるもので、その日がその課税仕入れの日前1年以内のものに限ります。）又はこれらの書類の写し
	ハ　官公署から発行され、又は発給された書類その他これらに類するもので、その課税仕入れの日前1年以内に作成されたもの（有効期間又は有効期限のあるものにあっては、同日において有効なもの）又はその写し

⒜　国内に本店又は主たる事務所を有する法人をいい、人格のない社団等及び法人課税信託の受託事業者を除きます。

(4) 人格のない社団等⒜	イ　その人格のない社団等の定款、寄附行為、規則又は規約（名称及び主たる事務所の所在地に関する事項の定めがあるものに限ります。）で、その代表者又は管理人の当該人格のない社団等のものである旨を証する事項の記載のあるものの写し
	ロ　国税若しくは地方税の領収証書、納税証明書若しくは社会保険料（所得税法第74条第2項（社会保険料控除）に規定する社会保険料をいいます。）の領収証書（領収日付又は発行年月日の記載のあるもので、その日がその課税仕入れの日前1年以内のものに限ります。）又はこれらの書類の写し
	ハ　官公署から発行され、又は発給された書類その他これらに類するもので、その課税仕入れの日前1年以内に作成されたもの（有効期間又は有効期限のあるものにあっては、同日において有効なもの）又はその写し

⒜　国内に主たる事務所を有するものに限ります。

(5) 外国法人	イ　その外国法人の会社法第933条第1項（外国会社の登記）若しくは民法第37条第1項（外国会社の登記）に規定する登記に係る登記事項証明書又は印鑑証明書で、その課税仕入れの日前1年以内に作成されたもの又はその写し
	ロ　国税若しくは地方税の領収証書、納税証明書若しくは社会保険料（所得税法第74条第2項（社会保険料控除）に規定する社会保険料をいいます。）の領収証書（領収日付又は発行年月日の記載のあるもので、その日がその課税仕入れの日前1年以内のものに限ります。）又はこれらの書類の写し
	ハ　官公署から発行され、又は発給された書類その他これらに類するもので、その課税仕入れの日前1年以内に作成されたもの（有効期間又は有効期限のあるものにあっては、同日において有効なもの）又はその写し

— 408 —

第5節　税額控除等

(注)　法人税法第2条第4号（定義）に規定する外国法人をいい、法人課税信託の受託事業者を除きます。

| (6)
法人課税信託の受託事業者 | イ　その法人課税信託の受託者の上記(1)から(5)までに掲げる区分に応じ、それぞれに掲げる書類（その受託者の氏名又は名称及び住所又は本店若しくは主たる事務所の所在地の記載のあるものに限ります。） |
| | ロ　その法人課税信託の信託約款その他これに類する書類（その法人課税信託の名称及びその法人課税信託の信託された営業所、事務所その他これらに準ずるものの所在地の記載のあるものに限ります。）の写し |

　なお、金又は白金の地金の課税仕入れが媒介、取次ぎ又は代理を行う者を介して行われる場合において保存することとなる本人確認書類は、その課税仕入れの相手方及びその媒介等を行う者の本人確認書類となります。ただし、媒介等を行う者を介して行われる課税仕入れが、商品先物取引法第2条第10項（定義）に規定する商品市場における取引により行われる場合及び金融商品取引法第2条第17項（定義）に規定する取引所金融商品市場（同条第24項第3号の3に規定する商品に係る同条第21項に規定する市場デリバティブ取引が行われるものに限ります。）における取引により行われる場合において保存することとなる本人確認書類は、その課税仕入れの媒介等を行う者の本人確認書類となります（規15の4②）。

— 409 —

第2　仕入れに係る消費税の控除額の調整

1　仕入れに係る対価の返還等を受けた場合の仕入控除税額の調整

　事業者が国内において行った課税仕入れ又は特定課税仕入れにつき、返品をし、又は値引き若しくは割戻しを受けたことにより、仕入れに係る対価の返還等を受けた場合又は保税地域からの引取りに係る課税貨物に係る消費税額につき還付を受ける場合には、その対価の返還等を受けた日又は還付を受ける日の属する課税期間の仕入控除税額を調整します（法32①④）。

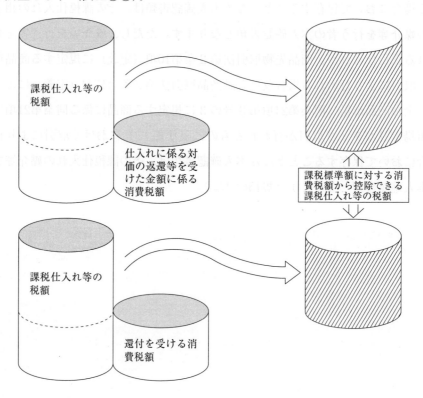

　㊟　課税仕入れ等の税額の合計額から仕入れに係る対価の返還等を受けた金額に係る消費税額の合計額又は還付を受ける消費税額の合計額を控除して控除しきれない金額がある場合には、その金額を課税標準額に対する消費税額に加算します（法32②⑤）。

（チェックポイント）

☆　**仕入れに係る対価の返還等**を受けた場合の消費税額の調整は、仕入税額控除の対象となった課税仕入れに係る対価について返還があった場合に行うものです。

　したがって、免税事業者であった課税期間において行った課税仕入れについて、課税事業者となった課税期間において仕入れに係る対価の返還等を受けた場合には、その対価の返還等の金額について消費税法第32条《仕入れに係る対価の返還等を受けた場合の仕入れに係る消費税額の控除の特例》の規定の適用はありません（基通12－1－8）。

　また、課税事業者が事業を廃止し、又は免税事業者となった後において、課税事業者で

あった課税期間における課税仕入れにつき仕入れに係る対価の返還等を受けた場合には、その返還等の金額に係る消費税額について、同条の規定の適用はありません（基通12―1―9）。

(1) 仕入れに係る対価の返還等の意義

「仕入れに係る対価の返還等」とは、次のようなものをいいます（法32①）。

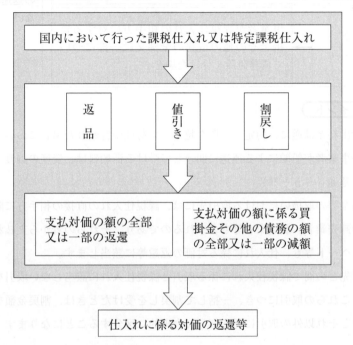

仕入れに係る対価の返還等に該当するかどうかの判定に当たっては、次の点に注意する必要があります。

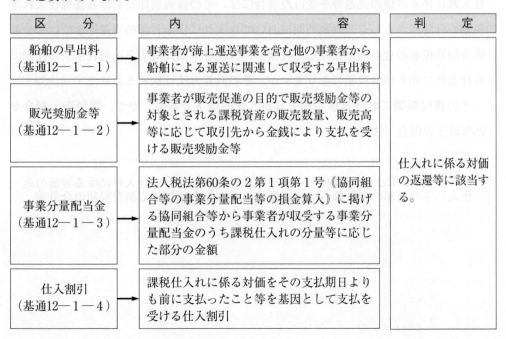

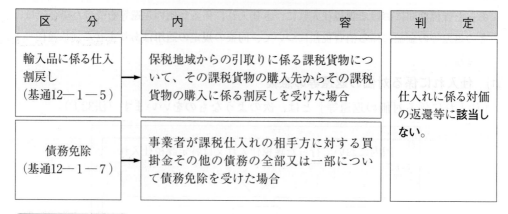

チェックポイント

☆ 船舶の早出料とは逆に、約定の期間を超過して荷役が行われた場合において、海上運送事業を営む事業者が船舶による運送に関連して受ける滞船料は、資産の譲渡等の対価に該当します（基通 5 − 5 − 9）。

☆ 販売奨励金等の取扱いにおける取引先には、課税仕入れの直接の相手方に限らず、例えば商品等の卸売業者、製造業者等も含まれるのであり、それらの者から支払われるいわゆる**飛越しリベート**等も、仕入れに係る対価の返還等に該当します。

☆ 一の取引先との間で課税仕入れに係る取引と課税仕入れに該当しない取引を行った場合において、これらの取引につき、一括して割戻しを受けたときは、割戻金額を課税仕入れに係る部分とそれ以外の取引に係る部分に合理的に区分することになります（基通12−1−6）。

(2) 対価の返還等を受けた場合等の控除税額の計算

　仕入れに係る対価の返還等を受けた場合には、その課税期間における課税仕入れ等の税額の合計額から、その課税期間において仕入れに係る対価の返還等を受けた金額に係る消費税額の合計額を控除した残額が、課税標準額に対する消費税額から控除できる仕入れに係る消費税額になりますが、その計算方法は次のとおりです（法32①）。

イ　その課税期間における課税売上高が5億円以下であり、かつ、課税売上割合が95％以上の場合（法32①一）

（算式）

その課税期間における課税仕入れ等の税額の合計額 − その課税期間において仕入れに係る対価の返還等を受けた金額に係る消費税額の合計額

ロ　その課税期間における課税売上高が5億円超又は課税売上割合が95%未満の場合

個別対応方式　（法32①二）

┌─（算式）──────────────────────────────┐

次の①及び②の合計額

① 課税資産の譲渡等にの　　　課税資産の譲渡等にのみ要する課税仕入れに
み要する課税仕入れ等　−　つきその課税期間において仕入れに係る対価
の税額の合計額　　　　　　の返還等を受けた金額に係る消費税額の合計
　　　　　　　　　　　　　　額

② ⎛課税資産の譲渡等とその他の資産⎞　　⎛課税売上割合（課税⎞
　⎜の譲渡等に共通して要する課税仕⎟ × ⎜売上割合に準ずる割⎟
　⎝入れ等の税額の合計額　　　　　　⎠　　⎝合を含みます。）　⎠

　⎛課税資産の譲渡等とその他の資産の譲渡等に共⎞　　⎛課税売上割合⎞
− ⎜通して要する課税仕入れにつきその課税期間に⎟ × ⎜（課税売上割合⎟
　⎜おいて仕入れに係る対価の返還等を受けた金額⎟　　⎜に準ずる割合⎟
　⎝に係る消費税額の合計額　　　　　　　　　　　⎠　　⎝を含みます。）⎠

└──────────────────────────────────┘

一括比例配分方式　（法32①三）

┌─（算式）──────────────────────────────┐

（課税仕入れ等の税額の合計額×課税売上割合）

− ⎛その課税期間において仕入れに係る対価の返⎞ × 課税売上割合
　⎝還等を受けた金額に係る消費税額の合計額　⎠

└──────────────────────────────────┘

(注)1　「仕入れに係る対価の返還等を受けた金額に係る消費税額」とは、その課税仕入れに係る支払対価の額につき返還を受けた金額又はその減額を受けた債務の額に7.8/110（軽減対象課税資産の譲渡等に係るものである場合には6.24/108）（※）を乗じて算出した金額及びその特定課税仕入れに係る支払対価の額につき返還を受けた金額又はその減額を受けた債務の額に7.8/100を乗じて算出した金額をいいます（法32①一）。

※　平成26年4月1日から令和元年9月30日までの間に行われた課税仕入れ等について、仕入れに係る対価の返還等を受けた場合には、6.3/108となります。

2　保税地域からの引取りに係る課税貨物に係る消費税額の全部又は一部につき、他の法律の規定により還付を受ける場合にも、上記算式と同様の方法により計算します（法32④）。

(3)　対価の返還等の時期

仕入れに係る対価の返還等を受けた場合又は保税地域からの引取りに係る課税貨物に係る消費税額の還付を受ける場合には、その事実が生じた日の属する課税期間において仕入控除税額を調整しますが、その対価の返還等を受けた日とは、次のようになります。

イ　原則

区　　　分	内　　　　　　　容	対価の返還等を受けた日
仕入割戻し （基通12—1—10）	その算定基準が購入価額又は購入数量によっており、かつ、その算定基準が契約その他の方法により明示されているもの	資産の譲渡等を受けた日
	上記に該当しないもの	その仕入割戻しの金額の通知を受けた日
課税貨物に係る消費税額の還付 （基通12—1—14）	消費税法第32条第4項本文《保税地域からの引取りに係る課税貨物に係る消費税額の還付を受ける場合の仕入れに係る消費税額の控除の特例》に規定する「還付を受ける日」	還付を受けることができる事実が発生した後において、その事実について還付を受ける消費税額が確定した日

ロ　仕入割戻しの金額につき特約がある場合

区　　　　　分	対価の返還等を受けた日	
仕入割戻しの金額につき相手方との契約等により特約店契約の解約、災害の発生など、特別の事実が生ずるときまで又は5年を超える一定の期間が経過するまで相手方に保証金等として預けることにしている場合 （基通12—1—11）	原則	現実に支払（買掛金等への充当を含みます。）を受けた日
	特 例	現実に支払を受ける日の前に実質的にその利益を享受することになった日（次のような事実が認められる場合に限ります。） (1)　相手方との契約等に基づいてその仕入割戻しの金額に通常の金利を付けるとともに、その金利相当額については現実に支払を受けているか、又は相手方に請求すれば支払を受けることができることとされている場合 (2)　相手方との契約等に基づいて仕入割戻しを受ける事業者が保証金等に代えて有価証券その他の資産を提供することができることとされている場合 (3)　保証金等として預けている金額が仕入割戻しの金額の概ね50％以下である場合 (4)　相手方との契約等に基づいて仕入割戻しの金額が仕入割戻しを受ける事業者名義の預金若しくは貯金又は有価証券として相手方において保管されている場合 　なお、課税仕入れを行った日又は相手方から通知を受けた日に仕入割戻しを受けたものとして処理することもできます。

— 414 —

第5節　税額控除等

チェックポイント

☆　事業者が、課税仕入れ（免税事業者であった課税期間において行ったものを除きます。）につき返品をし、又は値引き若しくは割戻しを受けた場合に、その課税仕入れの税率の異なるごとの金額から返品額又は値引額若しくは割戻額につき税率の異なるごとに合理的に区分した金額をそれぞれ控除する経理処理を継続しているときは、その処理が認められます。

　　なお、この場合の返品額又は値引額若しくは割戻額については、消費税法第32条第1項《仕入れに係る対価の返還等を受けた場合の仕入れに係る消費税額の控除の特例》の規定の適用はありません（基通12—1—12、軽減通達20）。

　　また、特定課税仕入れに係る対価の返還等の処理について、このように処理する場合には、特定課税仕入れに係る課税仕入れと特定課税仕入れ以外の課税仕入れとに区分して行う必要があります（基通14—1—14）。

☆　消費税法第32条第4項《保税地域からの引取りに係る課税貨物に係る消費税額の還付を受ける場合の仕入れに係る消費税額の控除の特例》に規定する「他の法律の規定により、還付を受ける場合」には、例えば、輸入品に対する内国消費税の徴収等に関する法律第14条第1項《相殺関税等が還付される場合の消費税の還付》、第15条第2項《変質、損傷等の場合の軽減又は還付》、第16条の3《輸入時と同一状態で再輸出される場合の還付》又は第17条《違約品等の再輸出又は廃棄の場合の還付》の規定により消費税の還付を受ける場合が該当します（基通12—1—13）。

☆　相続により被相続人の事業を承継した**相続人が、被相続人により行われた課税仕入れ若しくは特定課税仕入れにつき仕入れに係る対価の返還等を受けた場合**又は被相続人による保税地域からの引取りに係る課税貨物に係る消費税額の全部又は一部につき他の法律の規定により還付を受ける場合には、その相続人が行った課税仕入れ又は特定課税仕入れにつき仕入れに係る対価の返還等を受けたものとみなし、又はその相続人による保税地域からの引取りに係る課税貨物に係る消費税額の全部又は一部につき還付を受けるものとみなして仕入控除税額の計算を行うことになります（法32③⑥）。

　　また、法人の合併又は分割等があった場合についても同様です（法32⑦）。

2　調整対象固定資産に係る仕入控除税額の調整

　固定資産等のように長期間にわたって使用されるものについて、その課税仕入れ等を行った課税期間における課税売上割合や使用形態のみで税額控除を完結させることは、その後の課税期間において課税売上割合が著しく変動した場合や使用形態を変更した場合などを考慮すると必ずしも適切な方法とはいえませんので、固定資産等のうち一定金額以上のもの（調整対象固定資産）については、一定の方法により仕入控除税額を調整します。

— 415 —

(1) 調整対象固定資産の範囲（法2十六、令5）

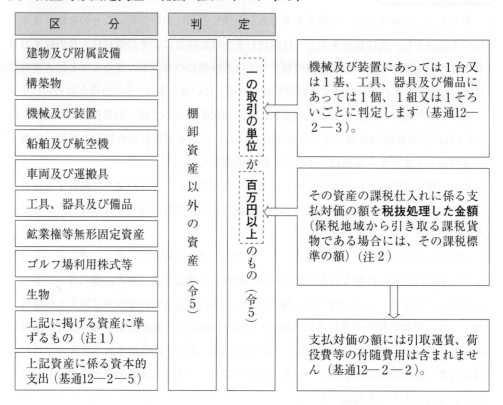

(注)1 上記に掲げる資産に準ずるものには、例えば、次に掲げるものが含まれます（基通12―2―1）。
   (1) 回路配置利用権
   (2) 預託金方式のゴルフ会員権
   (3) 課税資産を賃借するために支出する権利金等
   (4) 著作権等
   (5) 他の者からのソフトウエアの購入費用又は他の者に委託してソフトウエアを開発した場合におけるその開発費用
   (6) 書画・骨とう
  2 他の者と共同で購入した共有物が調整対象固定資産に該当するかどうかは、その事業者の共有物に係る持分割合に応じて判定することになります（基通12―2―4）。

第5節　税額控除等

(2) 課税売上割合が著しく変動した場合の調整

　課税事業者が国内において調整対象固定資産の課税仕入れ等を行い、かつ、その課税仕入れ等の税額につき比例配分法（注1）により仕入控除税額を計算した場合において、その事業者が第3年度の課税期間（注2）の末日においてその調整対象固定資産を有しており、かつ、第3年度の課税期間における通算課税売上割合が仕入れ等の課税期間（注3）における課税売上割合に対して著しく変動したときには、第3年度の課税期間において仕入控除税額を調整します（法33①）。

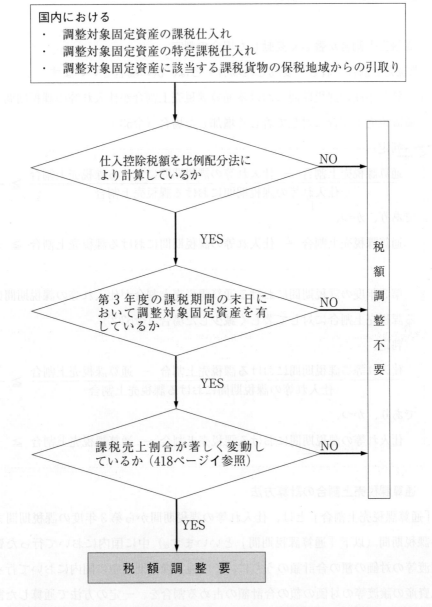

（注）1　「比例配分法」とは、個別対応方式による場合で課税資産の譲渡等とその他の資産の譲渡等に共通して要する課税仕入れ等の税額として課税売上割合を乗じて計算す

― 417 ―

第2章　国内取引に係る消費税

る方法又は一括比例配分方式により計算する方法をいいます（法33②）。

　なお、消費税法第30条第1項《仕入れに係る消費税額の控除》の規定により、その調整対象固定資産に係る課税仕入れ等の税額の全額が控除された場合を含みます（法33①）。

2　「第3年度の課税期間」とは、仕入れ等の課税期間の開始の日から3年を経過する日の属する課税期間をいいます（法33②）。

3　「仕入れ等の課税期間」とは、その調整対象固定資産の課税仕入れ等の日の属する課税期間をいいます（法33①）。

イ　課税売上割合が著しく変動した場合の判定

「課税売上割合が著しく変動した場合」とは、次の場合をいいます。

①　第3年度の課税期間における通算課税売上割合が仕入れ等の課税期間における課税売上割合に対して著しく**増加**した場合（令53①）

（判定）

$$\frac{通算課税売上割合 \ - \ 仕入れ等の課税期間における課税売上割合}{仕入れ等の課税期間における課税売上割合} \geqq \frac{50}{100}$$

であり、かつ、

$$通算課税売上割合 \ - \ 仕入れ等の課税期間における課税売上割合 \geqq \frac{5}{100}$$

②　第3年度の課税期間における通算課税売上割合が仕入れ等の課税期間における課税売上割合に対して著しく**減少**した場合（令53②）

（判定）

$$\frac{仕入れ等の課税期間における課税売上割合 \ - \ 通算課税売上割合}{仕入れ等の課税期間における課税売上割合} \geqq \frac{50}{100}$$

であり、かつ、

$$仕入れ等の課税期間における課税売上割合 \ - \ 通算課税売上割合 \geqq \frac{5}{100}$$

ロ　通算課税売上割合の計算方法

「通算課税売上割合」とは、仕入れ等の課税期間から第3年度の課税期間までの各課税期間（以下「通算課税期間」といいます。）中に国内において行った資産の譲渡等の対価の額の合計額のうちに、その通算課税期間中に国内において行った課税資産の譲渡等の対価の額の合計額の占める割合を、一定の方法で通算した割合をいいます（法33②、令53③）。

— 418 —

第5節　税額控除等

--- (算式) --

分子	通算課税期間中に国内において行った課税資産の譲渡等 （特定資産の譲渡等を除きます。）の対価の額の合計額　　　－（①　－　②） ①　通算課税期間中に国内において行った消費税法第38条第1項《売上げに係る対価の返還等をした場合の消費税額の控除》に規定する売上げに係る対価の返還等の金額（その通算課税期間中に行った消費税法施行令第19条《基準期間の課税売上高の計算における輸出取引等に係る対価の返還等の金額を含みます。》 ②　通算課税期間中に国内において行った消費税法第38条第1項に規定する売上げに係る対価の返還等の金額に係る消費税額に100/78（※）を乗じて算出した金額 （※）　平成26年4月1日から令和元年9月30日までの間に国内において行った課税資産の譲渡等について、同年10月1日以後に売上げに係る対価の返還等をした場合には、80/63となります（平26改正令附則10）。
分母	通算課税期間中に国内において行った　　　　　通算課税期間中に国内において 資産の譲渡等（特定資産の譲渡等を除　－　行った資産の譲渡等に係る対価 きます。）の対価の額の合計額　　　　　　　の返還等の金額の合計額（※） （※）　消費税法施行令第48条第1項第1号《課税売上割合の計算方法》に規定する資産の譲渡等に係る対価の返還等の金額

(注)　分母及び分子の金額の計算に当たっては、課税売上割合の計算と同様に、有価証券又は金銭債権の譲渡の対価の額等の調整を行う必要があります（令53④）。

　なお、次に掲げる場合には、それぞれ次に掲げる計算方法により算出した割合が通算課税売上割合になります。

区　　　　　分	計　算　方　法
仕入れ等の課税期間において消費税法第30条第3項本文に規定する課税売上割合に準ずる割合の適用を受けた場合	各課税期間の課税売上割合に準ずる割合の算出方式に基づき、上記算式の例により算出した割合とします（令53⑤）。
仕入れ等の課税期間の翌課税期間から第3年度の課税期間までの各課税期間のうちいずれかの課税期間において、課税売上割合に準ずる割合の適用を受けることとなった場合又は受けないこととなった場合	各課税期間において適用した課税売上割合又は課税売上割合に準ずる割合を合計した割合を通算課税期間に含まれる課税期間の数で除して計算した割合とします（令53⑥）。

— 419 —

第2章　国内取引に係る消費税

ハ　控除税額の調整額

① 仕入控除税額に**加算**する額（法33①、418ページイの①参照）

---(算式)---

$$\left(\begin{array}{c}\text{調整対象}\\\text{基準税額}\end{array}\times\begin{array}{c}\text{通算課税売}\\\text{上割合}\end{array}\right)-\left(\begin{array}{c}\text{調整対象}\\\text{基準税額}\end{array}\times\begin{array}{c}\text{その仕入れ等の課税期間に}\\\text{おける課税売上割合}\end{array}\right)$$

② 仕入控除税額から**控除**する額（法33①、418ページイの②参照）

---(算式)---

$$\left(\begin{array}{c}\text{調整対象}\\\text{基準税額}\end{array}\times\begin{array}{c}\text{その仕入れ等の課税期間}\\\text{における課税売上割合}\end{array}\right)-\left(\begin{array}{c}\text{調整対象}\\\text{基準税額}\end{array}\times\begin{array}{c}\text{通算課税}\\\text{売上割合}\end{array}\right)$$

(注)1　「調整対象基準税額」とは、第3年度の課税期間の末日において有するその調整対象固定資産（保有調整対象固定資産）の課税仕入れ等に係る消費税額をいいます（法33①一）。

2　仕入れ等の課税期間において、その保有調整対象固定資産に係る課税仕入れ等の税額の全額が控除された場合には、調整対象基準税額となります（法33①一）。

(**チェックポイント**)

☆ 第3年度の課税期間において**免税事業者である場合**や**簡易課税制度の適用を受けている**には、仕入控除税額の調整を行う必要はありません（法33①）。

☆ 調整対象固定資産について除却、廃棄、滅失又は譲渡があったため、第3年度の課税期間の末日においてその調整対象固定資産を有していない場合には、仕入控除税額の調整を行う必要はありません（基通12―3―3）。

☆ 仕入れ等の課税期間と第3年度の課税期間との間に**免税事業者となった課税期間及び簡易課税制度の適用を受けた課税期間が含まれている場合**にも、仕入控除税額の調整を行うことになります（基通12―3―1）。

☆ 仕入控除税額から控除する額（ハの②参照）をその第3年度の課税期間の**仕入れに係る消費税額から控除して控除しきれない金額がある場合**は、その控除しきれない金額は、その第3年度の課税期間の課税標準額に対する消費税額に加算します（法33③）。

☆ 相続、合併又は分割により調整対象固定資産に係る事業を承継した場合にも、仕入控除税額の調整を行うことになります（法33①かっこ書）。

(3)　課税業務用から非課税業務用に転用した場合等の仕入控除税額の調整

　課税事業者が国内において調整対象固定資産（416ページ(1)参照）の課税仕入れ等を行い、かつ、その課税仕入れ等の税額につき個別対応方式により、課税業務用にのみ供するものとして仕入控除税額の計算を行った場合において、その調整対象固定資産をその課税仕入れ等の日から3年以内に非課税業務用にのみ供するものに転用した

第5節　税額控除等

とき又は非課税業務用にのみ供するものとして仕入控除税額がないこととしていたものを課税業務用にのみ供するものに転用した場合には、その転用した課税期間に応じ、それぞれ次に掲げる税額をその転用した課税期間における仕入控除税額から控除し、又は加算します（法34①、35）。

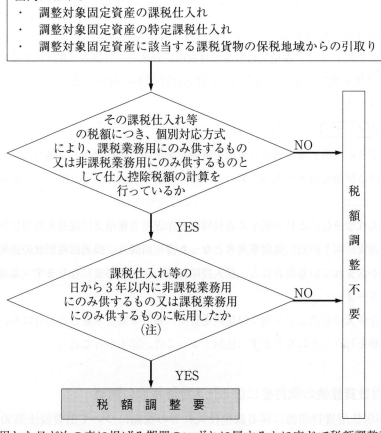

(注) 転用した日が次の表に掲げる期間のいずれに属するかに応じて税額調整計算を行います。

期　　　　間	仕入控除税額から控除し、又は加算する消費税額
①　取得の日から１年を経過する日までの期間に転用した場合	消費税額の全額
②　①の期間の末日の翌日から１年を経過する日までの期間（２年目）に転用した場合	消費税額の２／３相当額
③　②の期間の末日の翌日から１年を経過する日までの期間（３年目）に転用した場合	消費税額の１／３相当額

なお、次の場合には、仕入控除税額の調整を行う必要はありません（基通12－4－1、12－5－1）。

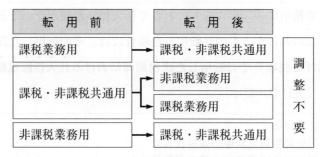

　(注)　課税業務用調整対象固定資産を一旦課税・非課税共通用に供し、その後非課税業務用に供した場合又は非課税業務用調整対象固定資産を一旦課税・非課税共通用に転用し、その後課税業務用に供した場合には、仕入控除税額の調整を行うことになります（基通12─4─1(注)1、12─5─1(注)）。

チェックポイント

☆　個人事業者が課税業務用調整対象固定資産を家事のために使用した場合には、その使用の時における価額で譲渡があったものとみなされます（法4⑤一、28③一、基通12─4─1(注)2）。

☆　課税仕入れ等を行った日の属する課税期間と非課税業務用又は課税業務用に転用した日の属する課税期間との間に**免税事業者**となった**課税期間**及び**簡易課税制度の適用を受けた課税期間**が含まれている場合にも、仕入控除税額の調整が必要になります（基通12─4─2、12─5─2）。

☆　相続、合併又は分割により調整対象固定資産に係る事業を承継した場合にも、仕入控除税額の調整を行うことになります（法34①かっこ書、35①かっこ書）。

3　居住用賃貸建物の取得等に係る仕入控除税額の調整

　事業者が居住用賃貸建物に係る課税仕入れ等の税額について消費税法第30条第10項《居住用賃貸建物の取得に係る仕入税額控除の制限》の規定の適用を受けた場合（331ページ参照）において、次の(1)又は(2)のいずれかに該当するときには、それぞれ一定の方法により仕入税額控除を調整します。

　なお、事業者には、免税事業者を除き、相続によりその事業者のその居住用賃貸建物に係る事業を承継した相続人、合併によりその事業を承継した合併法人及び分割によりその居住用賃貸建物に係る事業を承継した分割承継法人が含まれます（法35の2）。

(1)　**第3年度の課税期間（※1）の末日においてその居住用賃貸建物を有しており、かつ、その居住用賃貸建物の全部又は一部を調整期間（※2）に課税賃貸用（※3）に供した場合**

　次の算式で計算した消費税額を第3年度の課税期間の仕入控除税額に**加算**します（法35の2①、令53の2①）。

第5節　税額控除等

(調整計算方法の具体例)

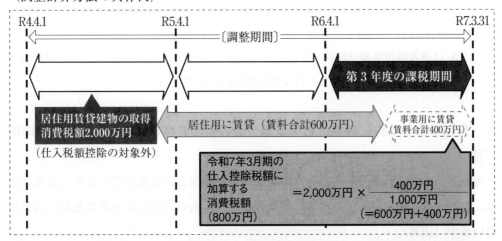

(2) その居住用賃貸建物の全部又は一部を調整期間に他の者に譲渡した場合

次の算式で計算した消費税額を譲渡した日の属する課税期間の仕入控除税額に**加算**します（法35の2②、令53の2②）。

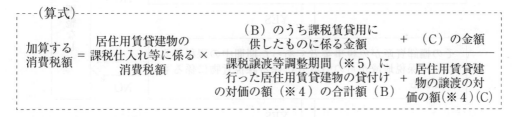

(調整計算方法の具体例)

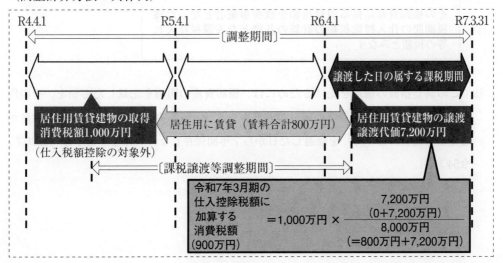

(※) 1 「第3年度の課税期間」とは、居住用賃貸建物の仕入れ等の日の属する課税期間の開始の日から3年を経過する日の属する課税期間をいいます。
2 「調整期間」とは、居住用賃貸建物の仕入れ等の日から第3年度の課税期間の末日までの間をいいます。
3 「課税賃貸用」とは、非課税とされる住宅の貸付け以外の貸付けの用をいいます。
4 「対価の額」は税抜金額で、対価の額について値引き等（対価の返還等）がある場合には、その金額を控除した残額で計算します。
5 「課税譲渡等調整期間」とは、居住用賃貸建物の仕入れ等の日からその居住用賃貸建物を他の者に譲渡した日までの間をいいます。

4 免税事業者が課税事業者となる場合等の棚卸資産に係る仕入控除税額の調整

免税事業者が課税事業者となった場合又は課税事業者が免税事業者となった場合には、棚卸資産に係る課税仕入れ等の税額について、次の方法により消費税額の調整を行います（法36）。

〈免税事業者が課税事業者となった場合〉

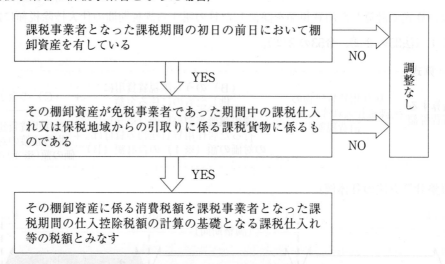

(注) この調整措置の適用を受けるためには、棚卸資産の明細を記録した書類を、その作成した日の属する課税期間の末日の翌日から2月（清算中の法人について残余財産が確定した場合には1月）を経過した日から7年間保存しなければなりません（法36②、令54③⑤）。

〈課税事業者が免税事業者となった場合〉

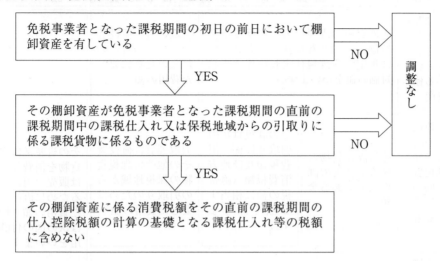

(1) 棚卸資産の意義（法２①十五、令４）

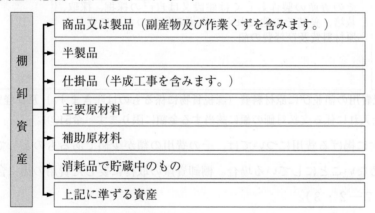

(注) 棚卸資産には、上記の棚卸資産を原材料として製作され、又は建設されたものを含みます（法36①かっこ書）。

(2) 棚卸資産に係る消費税額の計算

　調整対象となる棚卸資産に係る消費税額は、その棚卸資産の取得に要した費用の額に7.8/110(注)（軽減対象課税資産の譲渡等に係るものである場合には6.24/108）を乗じて算出した金額となります（法36①、令54①、平28改正法附則34②）。

(注) 平成26年４月１日から令和元年９月30日までに取得した棚卸資産の場合は6.3/108となります（税制抜本改革法10、16）。

区　　分	棚　卸　資　産　の　取　得　に　要　し　た　費　用　の　額			
国内において譲り受けた課税仕入れに係る棚卸資産	その資産の課税仕入れに係る支払対価の額（消費税法第30条第1項に規定する課税仕入れに係る支払対価の額をいいます。）		引取運賃、荷役費その他その資産の購入のために要した費用の額	その資産又は課税貨物を消費し、又は販売の用に供するために直接要した費用の額（例えば次の図の付随費用をいいます。）
保税地域からの引取りに係る課税貨物で棚卸資産に該当するもの	その課税貨物に係る消費税の課税標準である金額	その課税貨物の引取りに係る消費税額及び地方消費税額（附帯税の額に相当する額を除きます。）	引取運賃、荷役費その他その課税貨物の保税地域からの引取りのために要した費用の額	^
上記の棚卸資産を原材料として製作され、又は建設された棚卸資産	その資産の製作若しくは建設又は自己の採掘、採取、栽培、養殖その他これらに準ずる行為のために要した原材料費及び経費の額			

（注）上記費用の額並びに原材料費（課税貨物に係るものは除きます。）及び経費の額は、課税仕入れに係る支払対価の額に該当する金額に限ります（令54②）。

なお、次に掲げる費用については、その費用の額が少額であるものとしてその取得価額に含めないことにしている場合、棚卸資産の取得に要した費用の額に含めません（基通12―7―2・3）。

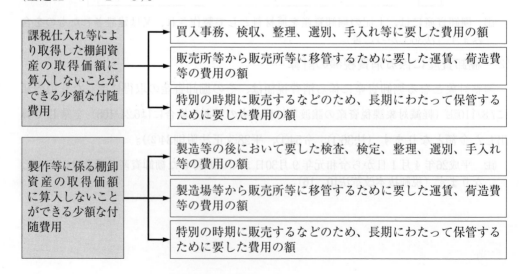

― 426 ―

第5節　税額控除等

チェックポイント

☆　**個々の期末棚卸資産の課税仕入れに係る支払対価の額**について、所得税法第47条又は法人税法第29条《棚卸資産の売上原価等の計算及びその評価の方法》の規定に基づく評価の方法（低価法は除きます。）により評価した金額としている場合には、その評価した金額によることも認められます（基通12―7―1）。

☆　**免税事業者となった場合**において、免税事業者となる課税期間の直前の課税期間において簡易課税制度の適用を受けるときには、仕入控除税額の調整を行う必要はありません（基通12―7―4）。

☆　**相続、合併又は分割があったことにより、課税期間の中途で課税事業者となった場合**において、その課税事業者となった日の前日において免税事業者であった期間中に国内において譲り受けた課税仕入れに係る棚卸資産又は保税地域からの引取りに係る課税貨物で棚卸資産に該当するものを有しているときには、仕入控除税額の調整を行う必要があります（法36①）。

　　また、消費税法第12条第7項第3号に該当する分割等により設立された新設分割子法人（消費税法第9条第4項《課税事業者の選択》の規定の適用を受ける場合又は第12条の2第1項《新設法人の納税義務の免除の特例》若しくは第12条の3第1項《特定新規設立法人の納税義務の免除の特例》の規定の適用がある場合を除きます。）は、その設立の日から第12条第7項第3号の契約に基づく金銭以外の資産の譲渡が行われた日の前日までの間、納税義務が免除されますので、その間の課税仕入れ等に係る棚卸資産を有している場合にも、仕入控除税額の調整を行う必要があります（基通12―7―5）。

☆　**課税事業者が免税事業者である被相続人、被合併法人又は分割法人の棚卸資産を承継した場合**にも、その棚卸資産に係る課税仕入れ等の税額につき、仕入控除税額の調整を行う必要があります（法36③）。

第3　簡易課税制度

　簡易課税制度とは、中小事業者の事務負担を考慮して設けられたものであり、その課税期間における課税標準額に対する消費税額に基づき、仕入控除税額を計算する制度です。

　具体的には、基準期間における課税売上高が5,000万円以下の課税期間について、所轄税務署長に「消費税簡易課税制度選択届出書」を提出した場合に適用され、その課税期間における課税標準額に対する消費税額（課税売上げに係る消費税額）から売上げに係る対価の返還等の金額に係る消費税額の合計額を控除した金額にみなし仕入率を乗じた金額が仕入控除税額（仕入れに係る消費税額）とみなされます（法37）。

　したがって、実際の課税仕入れ等の税額を計算する必要はなく、課税売上高のみから納付すべき消費税額を算出することができます。

第5節　税額控除等

1　制度の概要

簡易課税制度の概要は、次のとおりです。

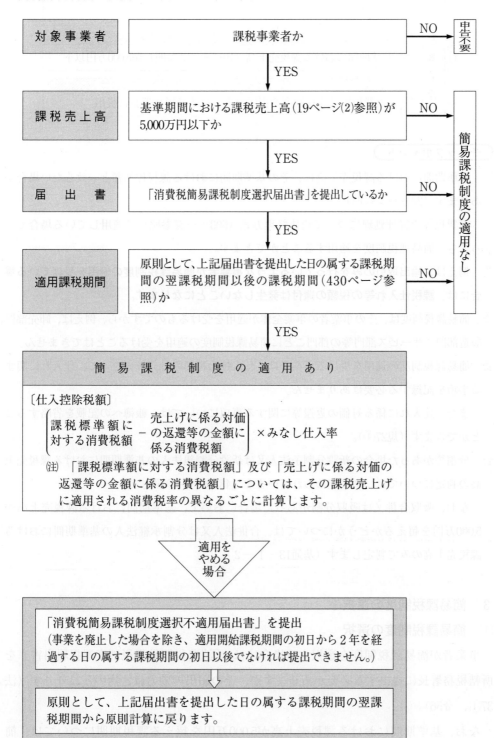

2 対象事業者

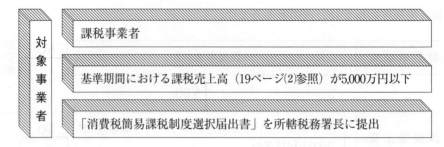

◆ チェックポイント

☆ 基準期間における課税売上高は、その基準期間における課税標準額と一致しない場合があります（23ページ参照）。
☆ 消費税等の経理処理について税抜経理方式（603ページ参照）を適用している場合であっても、簡易課税制度を適用することができます。
☆ 例えば、**輸出取引のみを行っているような事業者が簡易課税制度の適用を受けている場合**には、**課税仕入れ等の税額の還付は発生しないことになります。**
☆ 簡易課税制度は、その事業者の事業全体が適用を受けるものですから、例えば、卸売部門、製造部門、サービス部門等の部門ごとに簡易課税制度の適用を受けることはできません。
☆ 簡易課税制度の適用を受ける事業者は、仕入控除税額の計算に当たって、仕入れに関する事項を記録する必要はありません。
　また、仕入れに係る対価の返還等に関する事項については、帳簿への記載を省略することができます（規27④）。
☆ 分割等があった場合の新設分割子法人又は新設分割親法人の基準期間における課税売上高の判定については、別に定められています（432ページ参照）。
　なお、吸収合併又は吸収分割があった場合において、基準期間における課税売上高が5,000万円を超えるかどうかについては、合併法人又は分割承継法人の基準期間における課税売上高のみで判定します（基通13―1―2）。

3 簡易課税制度の選択等

(1) 簡易課税制度の選択

　事業者が簡易課税制度を選択する場合には、「消費税簡易課税制度選択届出書」を所轄税務署長に提出する必要がありますが、その届出の効力は、次のとおりです（法37①、令56）。
　なお、基準期間における課税売上高が5,000万円を超える課税期間については、簡易課税制度を適用して仕入控除税額を計算することはできません。

第5節　税額控除等

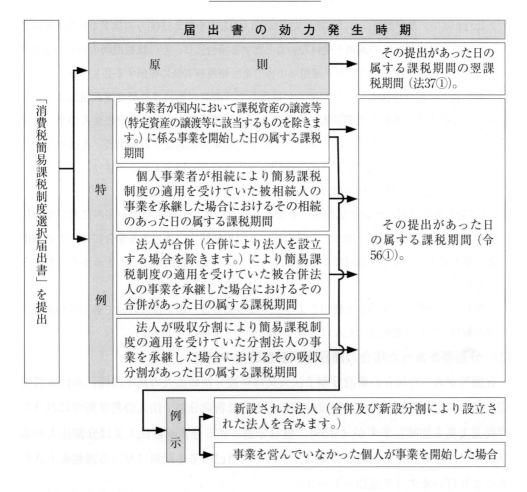

チェックポイント

☆ 「消費税簡易課税制度選択届出書」を提出した事業者のその課税期間の基準期間における課税売上高が5,000万円を超えることにより、その課税期間について簡易課税制度を適用することができなくなった場合又はその課税期間の基準期間における課税売上高が1,000万円以下となり免税事業者となった場合であっても、その後の課税期間において基準期間における課税売上高が1,000万円を超え5,000万円以下となったときには、その課税期間について再び簡易課税制度が適用されます（基通13—1—3）。

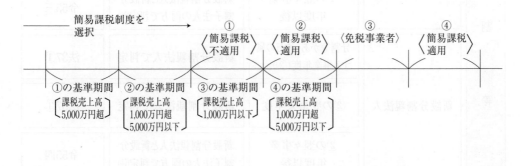

第2章　国内取引に係る消費税

　　したがって、基準期間における課税売上高が1,000万円を超え5,000万円以下である課税期間について簡易課税制度の適用を受けないこととする場合には、その課税期間の初日の前日までに「消費税簡易課税制度選択不適用届出書」を所轄税務署長に提出する必要があります。

☆　被相続人、被合併法人又は分割法人が提出した「消費税簡易課税制度選択届出書」の効力は、その事業を承継した相続人、合併法人又は分割承継法人には及びませんので、その適用を受けようとするときには、新たに「消費税簡易課税制度選択届出書」を提出しなければなりません（基通13―1―3の2、13―1―3の3、13―1―3の4）。

　　この場合の適用開始課税期間は、前ページ《特例》のとおりです。

☆　「消費税簡易課税制度選択届出書」を提出した日の属する課税期間が国内において課税資産の譲渡等に係る事業を開始した日の属する課税期間等に該当する場合には、その届出書の効力発生時期をその課税期間からとするか、又は翌課税期間からとするかを選択することができます。

　　なお、この場合に届出書を提出しようとする事業者は、届出書において適用開始課税期間の初日の年月日を明確にしなければなりません（基通13―1―5）。

(2)　分割等があった場合の簡易課税制度適用の判定

　　分割等があった場合の新設分割子法人又は新設分割親法人の基準期間における課税売上高の判定に当たっては、新設分割親法人又は新設分割子法人の基準期間における課税売上高を加味しますが（令55）、吸収分割に係る分割承継法人又は分割法人の基準期間における課税売上高の判定は、それぞれ自己の基準期間における課税売上高のみにより行います（基通13―1―2）。

区分	判定の対象	5,000万円以下であることを判定する場合の基準期間における課税売上高		根拠法令
分割等	新設分割子法人	分割等があった日の属する事業年度(①)	新設分割親法人で判定	令55一
		①の翌事業年度	新設分割親法人で判定	令55二
		①の翌々事業年度以後	新設分割親法人と新設分割子法人の両方で判定(注)	令55三
	新設分割親法人	分割等があった日の属する事業年度(②)	新設分割親法人で判定	法37①
		②の翌事業年度	新設分割親法人で判定	法37①
		②の翌々事業年度以後	新設分割親法人と新設分割子法人の両方で判定(注)	令55四

― 432 ―

(注) 新設分割子法人及び新設分割親法人の分割等があった日の属する事業年度の翌々事業年度以後の納税義務を判定する場合、その事業年度の基準期間の末日において、新設分割子法人が特定要件（新設分割子法人の発行済株式又は出資の総数又は総額の100分の50を超える数又は金額の株式又は出資が新設分割親法人及びその新設分割親法人と特殊な関係にある者の所有に属すること等（43ページ参照））に該当しないときには、それぞれ新設分割子法人又は新設分割親法人のみで判定します。

(3) 簡易課税制度選択届出書の提出制限

イ 課税事業者となることを選択した事業者が調整対象固定資産の仕入れ等を行った場合

　課税事業者となることを選択した事業者が次の(イ)及び(ロ)に該当する場合には、調整対象固定資産の仕入れ等の日の属する課税期間の初日から同日以後3年を経過する日の属する課税期間の初日の前日までの期間は、簡易課税制度選択届出書を提出することができません（法37③一）。

(イ) 課税事業者となった課税期間の初日から2年を経過する日までの間に開始した各課税期間中（原則として2年間）に、調整対象固定資産の仕入れ等を行った場合

(ロ) その調整対象固定資産の仕入れ等を行った課税期間につき簡易課税制度の適用を受けない場合（一般課税により申告する場合）

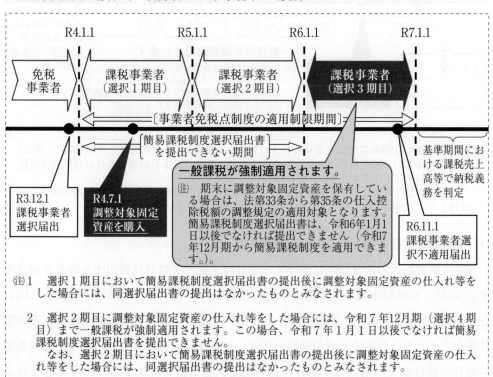

(注)1　選択1期目において簡易課税制度選択届出書の提出後に調整対象固定資産の仕入れ等をした場合には、同選択届出書の提出はなかったものとみなされます。

　2　選択2期目に調整対象固定資産の仕入れ等をした場合には、令和7年12月期（選択4期目）まで一般課税が強制適用されます。この場合、令和7年1月1日以後でなければ簡易課税制度選択届出書を提出できません。
　なお、選択2期目において簡易課税制度選択届出書の提出後に調整対象固定資産の仕入れ等をした場合には、同選択届出書の提出はなかったものとみなされます。

ロ　新設法人又は特定新規設立法人が調整対象固定資産の仕入れ等を行った場合

　事業者が消費税法第12条の２第２項に規定する新設法人である場合又は第12条の３第３項に規定する特定新規設立法人である場合において、次の(イ)及び(ロ)に該当するときには、調整対象固定資産の仕入れ等の日の属する課税期間の初日から同日以後３年を経過する日の属する課税期間の初日の前日までの期間は、簡易課税制度選択届出書を提出することができません（法37③二）。

(イ)　その基準期間がない事業年度（前々事業年度のない設立当初の事業年度（基本的に新設２期目まで）をいいます。）に含まれる各課税期間中に、調整対象固定資産の仕入れ等を行った場合

(ロ)　その調整対象固定資産の仕入れ等を行った課税期間につき簡易課税制度の適用を受けない場合（一般課税により申告する場合）

(注)　上記の新設法人には、基準期間のない事業年度開始の日における資本金の額が1,000万円以上の合併又は分割により設立された法人を含みます。

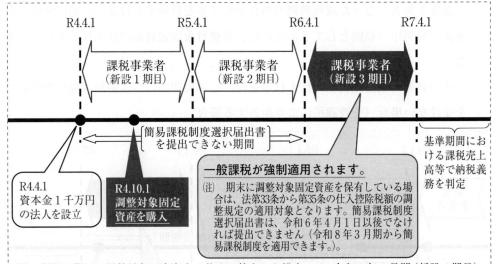

ハ　高額特定資産の仕入れ等を行った事業者

　課税事業者が次の(イ)及び(ロ)に該当する場合（上記イ又はロに該当する場合を除きます。）には、高額特定資産（注１）の仕入れ等の日の属する課税期間の初日から同日（その高額特定資産が自己建設高額特定資産（注２）である場合にあっては、その建設等が完了した日の属する課税期間の初日）以後３年を経過する日の属する課税期間の初日の前日までの期間は、簡易課税制度選択届出書を提出することができません

（法37③三）。

　(注)1　「高額特定資産」とは、棚卸資産及び調整対象固定資産のうち、その対象資産の一の取引の単位（通常一組又は一式をもって取引の単位とされるものにあっては、一組又は一式）に係る課税仕入れに係る支払対価の額の税抜金額、特定課税仕入れに係る支払対価の額又は保税地域から引き取られるその対象資産の課税標準である金額が1,000万円以上のものをいいます（法12の4①、令25の5①一）。

　　 2　「自己建設高額特定資産」とは、棚卸資産及び調整対象固定資産のうち、他の者との契約に基づき、又は事業者の棚卸資産若しくは調整対象固定資産として自ら建設、製作又は製造をしたもので、その建設等に要した課税仕入れに係る支払対価の額の税抜金額、特定課税仕入れに係る支払対価の額及び保税地域から引き取られる課税貨物の課税標準である金額（その建設等のために要した原材料費及び経費に係るものに限り、その建設等を行った事業者が、納税義務が免除されることとなる課税期間又は簡易課税制度の適用を受ける課税期間中に国内において行った課税仕入れ及び保税地域から引き取った課税貨物に係るものを除きます。）の合計額が1,000万円以上のものをいいます（法12の4①、令25の5①二）。

　(イ)　高額特定資産の仕入れ等を行った場合（自己建設高額特定資産にあっては、その建設等に要した仕入れ等の支払対価の額（事業者免税点制度及び簡易課税制度の適用を受けない課税期間において行った原材料費及び経費に係るものに限り、消費税額及び地方消費税額に相当する額を除きます。）の累計額が1,000万円以上となった場合）

　(ロ)　その高額特定資産の仕入れ等を行った課税期間につき簡易課税制度の適用を受けない場合（一般課税により申告する場合）

（高額特定資産の仕入れ等を行った場合）

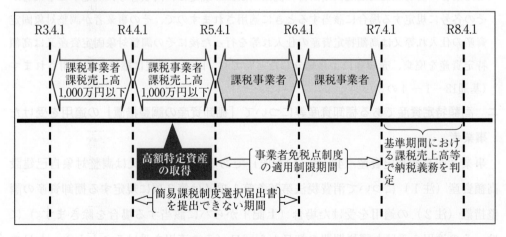

(自己建設高額特定資産の仕入れ等を行った場合)

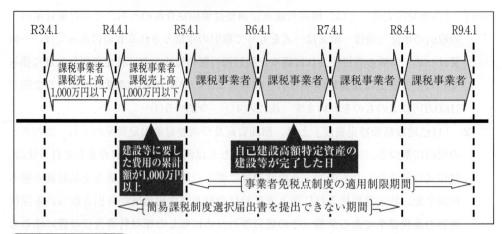

> **チェックポイント**

☆ 課税事業者となることを選択した課税期間（1期目）が事業を開始した課税期間である場合の「消費税簡易課税制度選択届出書」について、その課税期間（1期目）から適用を受けようとする場合に提出する届出書であるときは、調整対象固定資産の仕入れ等を行った後でも、その届出書を提出することができます（法37③ただし書、令56②）。

☆ 「消費税簡易課税制度選択届出書」を提出した事業者がその届出書の提出日以後、その提出した日の属する課税期間中に調整対象固定資産の仕入れ等又は高額特定資産の仕入れ等を行ったことにより、消費税法第37条第3項各号《調整対象固定資産又は高額特定資産の仕入れ等を行った場合の簡易課税制度選択届出書の提出制限》に規定する場合（433ページ(3)イ及び434ページロ参照）に該当することとなった場合には、同条第4項の規定によりその届出書の提出がなかったものとみなされます（法37④、基通13—1—4の2）。

☆ 消費税法第37条第3項《調整対象固定資産の仕入れ等又は高額特定資産の仕入れ等を行った場合の簡易課税制度選択届出書の提出制限》の規定は、同項各号に規定する事業者がその各号に規定する場合に該当するときに適用されますので、その事業者が調整対象固定資産の仕入れ等又は高額特定資産の仕入れ等を行った後にその調整対象固定資産又は高額特定資産を廃棄、売却等により処分したとしても、同項の規定は継続して適用されます（基通13—1—4の3）。

ニ　高額特定資産である棚卸資産等について「棚卸資産の調整措置」の適用を受けた事業者

　事業者が高額特定資産（435ページ参照）である棚卸資産等又は調整対象自己建設高額資産（注1）について消費税法第36条第1項又は第3項に規定する棚卸資産の調整措置（注2）の適用を受けた場合（上記イからハに該当する場合を除きます。）には、その適用を受けた課税期間の初日から同日（その適用を受けることとなった日の前日までに建設等が完了していない調整対象自己建設高額資産の場合には、その建設

等が完了した日の属する課税期間の初日）以後3年を経過する日の属する課税期間の初日の前日までの期間は、簡易課税制度選択届出書を提出することができません（法37③四）。

(注)1 「調整対象自己建設高額資産」とは、他の者との契約に基づき、又はその事業者の棚卸資産として自ら建設、製作又は製造をした棚卸資産（その建設等に要した課税仕入れに係る支払対価の額の税抜金額、特定課税仕入れに係る支払対価の額及び保税地域から引き取られる課税貨物の課税標準である金額（その建設等のために要した原材料費及び経費に係るものに限ります。）の累計額が1,000万円以上となったものに限ります。）をいいます（法12の4②、令25の5③）。

2 「棚卸資産の調整措置」とは、免税事業者が課税事業者となった課税期間の初日の前日に、免税事業者であった期間中に行った課税仕入れ等に係る棚卸資産を有している場合、その棚卸資産の課税仕入れ等に係る消費税額を、課税事業者となった課税期間の課税仕入れ等に係る消費税額とみなして仕入税額控除の計算の対象とする等の制度です（法36①、③）。

（高額特定資産である棚卸資産等について調整措置の適用を受けた場合）

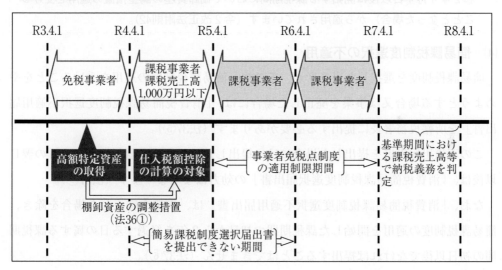

（調整対象自己建設高額資産について棚卸資産の調整措置の適用を受けた場合）

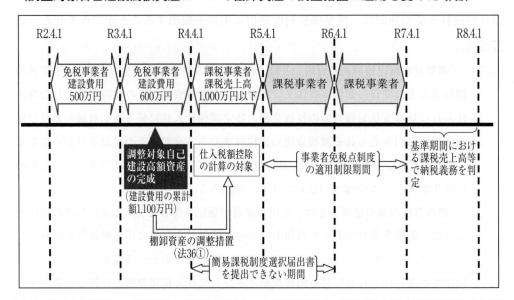

> ※ 令和2年4月1日以後に棚卸資産の調整措置の適用を受けることとなった場合（令和2年4月1日以後に開始する課税期間において棚卸資産の調整措置の適用を受けることとなった場合）から適用されています（令2改正法附則42）。

(4) 簡易課税制度選択の不適用

　簡易課税制度を選択した事業者が、その後、簡易課税制度の適用を受けることをやめようとする場合又は事業を廃止した場合には、「消費税簡易課税制度選択不適用届出書」を所轄税務署長に提出する必要があります（法37⑤）。

　この不適用届出書を提出した場合には、提出した日の属する課税期間の末日の翌日以後は、「消費税簡易課税制度選択届出書」の効力はなくなります（法37⑦）。

　なお、「消費税簡易課税制度選択不適用届出書」は、事業を廃止した場合を除き、簡易課税制度の適用を開始した課税期間の初日から2年を経過する日の属する課税期間の初日以後でなければ提出することはできません（法37⑥）。

　㊟　「簡易課税制度の適用を開始した課税期間の初日から2年を経過する日の属する課税期間の初日」とは、個人事業者又は事業年度が1年の法人の場合には、原則として、簡易課税制度を選択した課税期間の翌課税期間の初日となります。

【チェックポイント】

☆　簡易課税制度を2年間継続して適用している事業者が、設備投資を予定している場合などにおいて、課税仕入れ等の税額の還付を受けるために簡易課税制度の適用を受けることをやめようとするときには、設備投資を予定している課税期間の直前の課税期間の終了の日までに「消費税簡易課税制度選択不適用届出書」を提出する必要があります。

第5節　税額控除等

(5)　簡易課税制度選択届出書等の提出に係る特例

　簡易課税制度の適用を受けようとする事業者が、やむを得ない事情があるため、その適用を受けようとする課税期間の初日の前日までに「消費税簡易課税制度選択届出書」を提出できなかった場合において、所轄税務署長の承認を受けたときは、その適用を受けようとする課税期間の初日の前日に提出したものとみなされます（法37⑧、令57の2①）。

　この承認を受けようとする事業者は、その適用を受けようとする課税期間の初日の年月日、その課税期間の初日の前日までに提出できなかった事情等を記載した「消費税簡易課税制度選択（不適用）届出に係る特例承認申請書」をその事情がやんだ後相当の期間内に所轄税務署長に提出する必要があります（令57の2③、規17④一）。

　また、簡易課税制度の適用を受けている事業者がその適用を受けることをやめようとする場合に提出する「消費税簡易課税制度選択不適用届出書」についても同様です（法37⑧、令57の2②③、規17④二）。

イ　「やむを得ない事情」の範囲

　この特例に規定する「やむを得ない事情」とは、次に掲げるような場合をいい、単に届出書の提出を失念したような場合は含まれません（基通13―1―5の2、1―4―16）。

や む を 得 な い 事 情	(イ)　震災、風水害、雪害、凍害、落雷、雪崩、がけ崩れ、地滑り、火山の噴火等の天災又は火災その他の人的災害で自己の責任によらないものに基因する災害が発生したことにより、届出書の提出ができない状態になったと認められる場合
	(ロ)　上記(イ)に規定する災害に準ずるような状況又はその事業者の責めに帰することができない状態にあることにより、届出書の提出ができない状態になったと認められる場合
	(ハ)　その課税期間の末日前おおむね1月以内に相続があったことにより、その相続に係る相続人が新たに届出書を提出できる個人事業者となった場合
	(ニ)　上記(イ)から(ハ)に準ずる事情がある場合で、税務署長がやむを得ないと認めた場合

ロ　「事情がやんだ後相当の期間内」の意義

　この特例に規定する「事情がやんだ後相当の期間内」とは、やむを得ない事情がやんだ日から2月以内とされています。

　したがって、やむを得ない事情がやんだ日から2月以内に所轄税務署長に、この特例の適用を受けるための承認申請書を提出する必要があります（基通13―1―5の2、1―4―17）。

— 439 —

第2章　国内取引に係る消費税

⑹　災害等による簡易課税制度選択届出書等の提出に係る特例

　災害その他やむを得ない理由が生じたことにより被害を受けた事業者が、その被害を受けたことにより、その災害その他やむを得ない理由の生じた日の属する課税期間につき、簡易課税制度の適用を受けることが必要となった場合において、所轄税務署長の承認を受けたときには、「消費税簡易課税制度選択届出書」をその適用を受けようとする課税期間の初日の前日に提出したものとみなされます（法37の２①）。

　この承認を受けようとする事業者は、簡易課税制度の適用を受けることが必要になった事情等を記載した「災害等による消費税簡易課税制度選択（不適用）届出に係る特例承認申請書」を、災害その他やむを得ない事情がやんだ日から２月以内に所轄税務署長に提出する必要があります（法37の２②、規17の２）。

　また、災害その他やむを得ない理由により被害を受けたため、簡易課税制度の適用を受けることの必要がなくなった場合についても同様です（法37の２⑥）。

　なお、この場合の「災害その他やむを得ない理由」とは、次に掲げるような場合をいいます（基通13―1―7）。

災害その他やむを得ない理由	(イ)　地震、暴風、豪雨、豪雪、津波、落雷、地すべりその他の自然現象の異変による災害
	(ロ)　火災、火薬類の爆発、ガス爆発、その他の人為による異常な災害
	(ハ)　上記(イ)及び(ロ)に準ずるもので、自己の責めに帰さないやむを得ない事実

チェックポイント

☆　439ページ⑸の簡易課税制度選択届出書等の提出に係る特例（法37⑧）を適用した場合には、⑹の災害等による簡易課税制度選択届出書等の提出に係る特例（法37の２）の適用はありません。

☆　災害等のやんだ日が災害その他やむを得ない理由の生じた日の属する課税期間の末日の翌日以後に到来する場合には、確定申告書の提出期限までに災害等特例申請書を提出することになります（基通13―1―8）。

　具体的な申請期限は、次のとおりです。

― 440 ―

1 課税期間の終了前に災害等のやんだ日が到来する場合

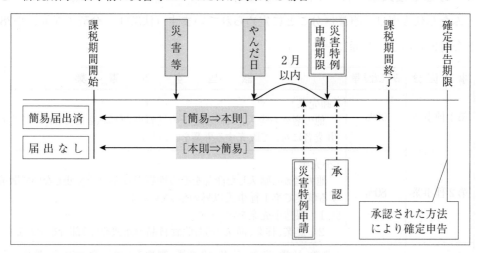

2 課税期間の終了後に災害等のやんだ日が到来する場合

(1) 国税通則法第11条の規定により確定申告期限が延長されない場合

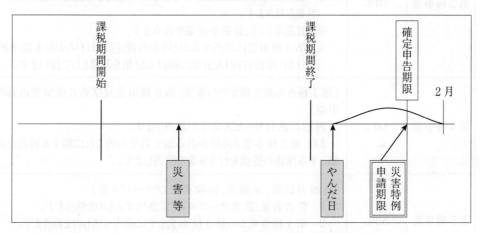

(2) 国税通則法第11条の規定により確定申告期限が延長される場合

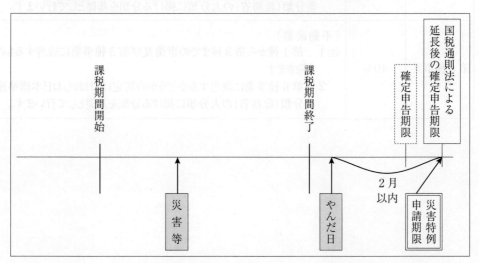

4 みなし仕入率

みなし仕入率は、事業区分ごとに定められています（法37①、令57①⑤⑥、平28改正令附則11の2、基通13—2—4）。

事業区分	みなし仕入率	該　当　す　る　事　業
第1種事業	90%	〔卸売業〕 　他の者から購入した商品をその性質及び形状を変更しないで他の事業者に対して販売する事業をいいます。
第2種事業	80%	〔小売業〕 　他の者から購入した商品をその性質及び形状を変更しないで販売する事業で第1種事業以外のものをいいます。 ㊟1　製造小売業を除きます。 　　2　農業、林業、漁業のうち飲食料品の譲渡を行う部分を含みます。
第3種事業	70%	〔農業、林業、漁業、鉱業、建設業、製造業、電気業、ガス業、熱供給業及び水道業〕 ㊟1　第1種事業又は第2種事業に該当するものを除きます。 　　2　加工賃その他これに類する料金を対価とする役務の提供を行う事業を除きます。 　　3　製造業には、製造小売業を含みます。 　　4　第3種事業に該当するかどうかの判定は、おおむね日本標準産業分類（総務省）の大分類に掲げる分類を基礎として行います。
第4種事業	60%	〔第1種から第3種までの事業、第5種事業及び第6種事業以外の事業〕 　例えば、飲食サービス業等が該当します。 　また、第3種事業から除かれる加工賃その他これに類する料金を対価とする役務の提供を行う事業も該当します。
第5種事業	50%	〔運輸通信業、金融業、保険業及びサービス業〕 ㊟1　飲食店業（飲食サービス業）に該当するものを除きます。 　　2　第1種事業から第3種事業までに該当するものを除きます。 　　3　第5種事業に該当するかどうかの判定は、おおむね日本標準産業分類（総務省）の大分類に掲げる分類を基礎として行います。
第6種事業	40%	〔不動産業〕 ㊟1　第1種から第3種までの事業及び第5種事業に該当するものを除きます。 　　2　第6種事業に該当するかどうかの判定は、おおむね日本標準産業分類（総務省）の大分類に掲げる分類を基礎として行います。

第5節　税額控除等

〔参考〕　みなし仕入率の改正

平成30年度税制改正

　消費税法施行令等の一部を改正する政令（平成30年政令第135号）により、令和元年10月1日を含む課税期間（同日前の取引を除きます。）から、簡易課税制度のみなし仕入率が次のとおり改正されています。

事業の種類		みなし仕入率【改正前】		みなし仕入率【改正後】
卸売業	購入した商品を性質、経常を変更しないで、他の事業者に販売する事業をいいます。	90%（第1種）		90%（第1種）
小売業	購入した商品を性質、経常を変更しないで、消費者に販売する事業をいいます。　なお、製造小売業は第3種事業になります。	80%（第2種）		80%（第2種）
製造業等	農業、林業、漁業	70%（第3種）	飲食料品の譲渡を行う部分	80%（第2種）
	鉱業、採石業、砂利採取業、建設業、製造業、製造小売業、電気業、ガス業、熱供給業、水道業をいいます。　なお、加工賃等の料金を受け取って役務を提供する事業は第4種事業になります。		飲食料品の譲渡を行う部分以外の部分	70%（第3種）
その他事業	飲食店業、その他の事業	60%（第4種）		60%（第4種）
サービス業等	運輸通信業、金融業、保険業及びサービス業（飲食店業を除く）	50%（第5種）		50%（第5種）
不動産業	不動産業	40%（第6種）		40%（第6種）

5 みなし仕入率の計算方法

(1) 原則

2種類以上の事業を行っている場合のみなし仕入率（原則計算）は、次の算式のとおりです（法37①、令57②）。

---（算式）

$$
みなし仕入率 = \frac{\begin{array}{l}第1種事 \\ 業に係る \\ 消費税額\end{array} \times 90\% + \begin{array}{l}第2種事 \\ 業に係る \\ 消費税額\end{array} \times 80\% + \begin{array}{l}第3種事 \\ 業に係る \\ 消費税額\end{array} \times 70\% + \begin{array}{l}第4種事 \\ 業に係る \\ 消費税額\end{array} \times 60\% + \begin{array}{l}第5種事 \\ 業に係る \\ 消費税額\end{array} \times 50\% + \begin{array}{l}第6種事 \\ 業に係る \\ 消費税額\end{array} \times 40\%}{\begin{array}{l}第1種事業に \\ 係る消費税額\end{array} + \begin{array}{l}第2種事業に \\ 係る消費税額\end{array} + \begin{array}{l}第3種事業に \\ 係る消費税額\end{array} + \begin{array}{l}第4種事業に \\ 係る消費税額\end{array} + \begin{array}{l}第5種事業に \\ 係る消費税額\end{array} + \begin{array}{l}第6種事業に \\ 係る消費税額\end{array}}
$$

(注)1 売上げに係る対価の返還等がある場合には、それぞれの事業に係る消費税額から
それぞれの事業の売上げに係る対価の返還等の金額に係る消費税額を控除します。

なお、控除しきれない場合、分母及び分子の金額においてその事業に係る消費税
額は、0円として計算します。

2 みなし仕入率の計算においては、課税売上げに係る貸倒回収額又は貸倒額があっ
ても、分母及び分子の金額に加算し、又は減算する必要はありません。

3 みなし仕入率の計算結果については、原則として端数処理は行いませんが、任意
の位の端数の切捨てを行っても差し支えありません。

チェックポイント

☆ 売上げに係る対価の返還等を行った場合には、その対価の返還等に係る事業の種類を記
載することになっていますが、事業の区分をしていない部分があるときには、その区分し
ていない部分については、課税売上げに係る帳簿等又は対価の返還等に係る帳簿等に基づ
き合理的に区分します（基通13―2―10）。

なお、**2種類以上の売上げについて一括して対価の返還等を行った場合**には、その対価
の返還等の計算根拠になった課税売上げの割合等により、合理的に事業の種類を区分する
ことになります。

☆ **法人がその役員に対して行う資産の贈与**及び個人事業者が事業の用に供していた資産を
家事のために消費又は使用した場合の事業区分は、その対象資産ごとに次のようになりま
す。

対　　象　　資　　産	事 業 区 分
他から購入して性質及び形状を変更しないもの	第2種事業
性質及び形状を変更するなど、製造に係るもの	第3種事業
自己が使用していた固定資産等	第4種事業
その他	第4種事業

第5節　税額控除等

⑵　みなし仕入率の適用の特例（通称「75％ルール」）

　みなし仕入率については、売上げごとに第1種事業から第6種事業に区分し、それぞれのみなし仕入率を適用することになりますが、2種類以上の事業を営む事業者で、そのうち1種類又は特定の2種類の事業の課税売上高が全体の課税売上高の75％以上を占める事業者については、みなし仕入率の適用に当たって特例計算によることも認められています（法37①、令57③、基通13—4—1）。

　（注）1　特例計算によらず、事業者が行っている事業ごとのみなし仕入率を適用する原則計算によることもできます。

　　　2　3種類以上の事業を営む事業者については、特例の要件に該当するものが複数生じることがありますが、このような場合には、原則計算も含めて、そのうちのいずれか有利なものを選択することができます（基通13—4—2）。

区　分		適		用
2種類以上の事業を営む事業者	区分した事業の課税売上高のうち一の事業の課税売上高が75％以上	課税売上高が75％以上の事業	課税売上高の全額に対して適用するみなし仕入率	
		第1種事業	90％	
		第2種事業	80％	
		第3種事業	70％	
		第4種事業	60％	
		第5種事業	50％	
		第6種事業	40％	
3種類以上の事業を営む事業者	区分した事業の課税売上高のうち二の事業の課税売上高が75％以上	課税売上割合が75％以上となる二の事業	みなし仕入率の適用関係	
		第1種事業と第2種事業	第1種事業	90％
			第1種事業以外の事業	80％
		第1種事業と第3種事業	第1種事業	90％
			第1種事業以外の事業	70％
		第1種事業と第4種事業	第1種事業	90％
			第1種事業以外の事業	60％
		第1種事業と第5種事業	第1種事業	90％
			第1種事業以外の事業	50％
		第1種事業と第6種事業	第1種事業	90％
			第1種事業以外の事業	40％
		第2種事業と第3種事業	第2種事業	80％
			第2種事業以外の事業	70％
		第2種事業と第4種事業	第2種事業	80％
			第2種事業以外の事業	60％
		第2種事業と第5種事業	第2種事業	80％
			第2種事業以外の事業	50％
		第2種事業と第6種事業	第2種事業	80％
			第2種事業以外の事業	40％

第2章　国内取引に係る消費税

区　　　分	適	用	
3種類以上の事業を営む事業者	区分した事業の課税売上高のうち二の事業の課税売上高が75%以上	第3種事業と第4種事業	第3種事業	70%
			第3種事業以外の事業	60%
		第3種事業と第5種事業	第3種事業	70%
			第3種事業以外の事業	50%
		第3種事業と第6種事業	第3種事業	70%
			第3種事業以外の事業	40%
		第4種事業と第5種事業	第4種事業	60%
			第4種事業以外の事業	50%
		第4種事業と第6種事業	第4種事業	60%
			第4種事業以外の事業	40%
		第5種事業と第6種事業	第5種事業	50%
			第5種事業以外の事業	40%

チェックポイント

☆　**75%以上かどうか判定**する場合には、非課税売上高及び免税売上高は除きます（令57③）。

☆　**75%以上かどうか判定**する場合の算定に当たっては、**四捨五入等の端数処理**を行うことはできません。

— 446 —

(3) 事業の種類を区分していない場合の特例

2種類以上の事業を営む事業者が売上げを事業ごとに区分していない場合には、その事業者が営んでいる事業のうち、最も低いみなし仕入率の事業の売上げとして計算します（法37①、令57④）。

	区分されていない事業（行っている事業）	事業の判定	適用みなし仕入率
2種類以上の事業を営む事業者	第1種事業と第2種事業	第2種事業	80％
	第1種事業又は第2種事業と第3種事業	第3種事業	70％
	第1種事業、第2種事業又は第3種事業と第4種事業	第4種事業	60％
	第1種事業、第2種事業、第3種事業又は第4種事業と第5種事業	第5種事業	50％
	第6種事業と第6種事業以外の事業	第6種事業	40％

(4) みなし仕入率の適用関係

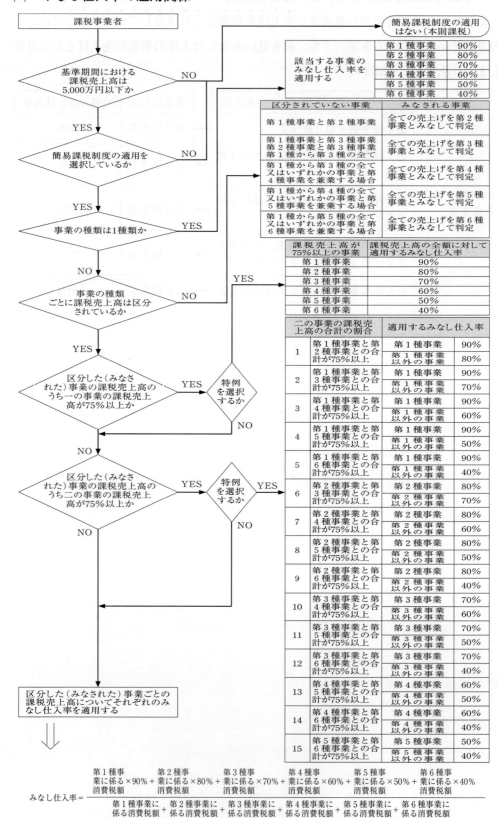

第5節　税額控除等

6　事業区分の判定

　事業者が行う事業が第1種事業から第6種事業のいずれに該当するかの判定は、原則として、課税資産の譲渡等ごとに行いますが、この場合における課税資産の譲渡等は、社会通念上の取引単位に基づき判定します（基通13—2—1）。

　なお、各種事業の意義及びその取扱い等は、次のとおりです（令57⑤一～六、⑥、基通13—2—2～9）。

（事業区分のフローチャート）

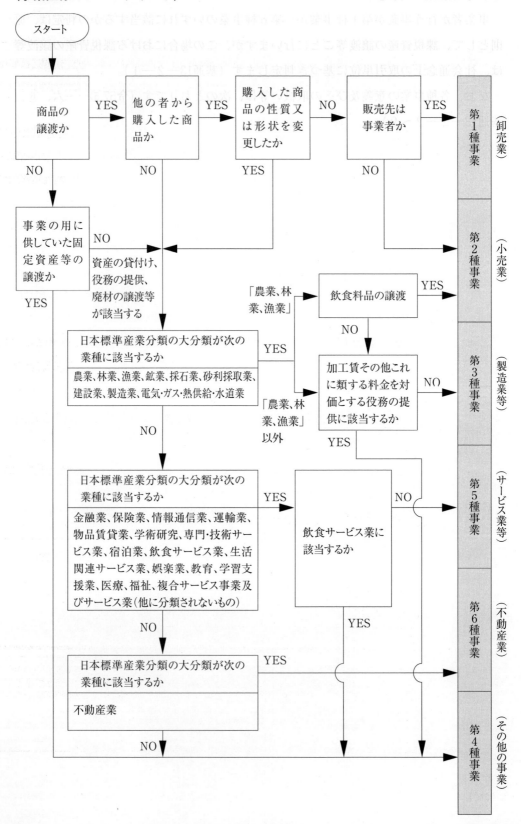

第5節　税額控除等

（フローチャートの使用に当たっての注意事項）

　このフローチャートは、事業区分の判定に当たっての目安です。

(注)1　事業区分の判定は、原則として、個々の課税資産の譲渡等ごとに行います。

　　2　課税資産の譲渡等からは、輸出免税等の適用により消費税が免除されるものを除きます。

　　3　固定資産等とは、建物、建物附属設備、構築物、機械及び装置、船舶、航空機、車両及び運搬具、工具、器具及び備品、無形固定資産のほか、ゴルフ場利用株式等をいいます。

　　4　令和元年10月１日以後、農業、林業又は漁業のうち、飲食料品の譲渡を行う部分は、第２種事業となります（443ページ参照）。

事業区分	事　　　　業　　　　の　　　　意　　　　義			
第1種事業	卸売業	他の者から購入した商品をその性質及び形状を変更しないで他の事業者に対して販売する事業（注1）（基通13—2—2）	他の事業者へ販売したことが帳簿、書類等又は客観的な状況等で明らかなもの（注2）	
第2種事業	小売業	他の者から購入した商品をその性質及び形状を変更しないで販売する事業で、第1種事業以外のもの（製造小売業を除きます。）（注1）（基通13—2—2）	一般的には、消費者に販売する事業（販売先が不明なものを含みます。）	農業、林業、漁業のうち飲食料品の譲渡を行う部分（注4）
		製 造 小 売 業（基通13—2—6）		
第3種事業	農　　業 林　　業 漁　　業 鉱　　業 建 設 業 製 造 業 電 気 業 ガ　ス　業 熱供給業 水 道 業	おおむね日本標準産業分類（総務省）の大分類に掲げる分類を基礎として判定（第1種事業、第2種事業に該当するもの及び加工賃その他これに類する料金を対価とする役務の提供を行う事業を除きます。）（基通13—2—4）		
第4種事業		加工賃その他これに類する料金を対価とする役務の提供を行う事業（基通13—2—8の3）		
		第1種事業から第3種事業まで、第5種事業及び第6種事業以外の事業		
		おおむね日本標準産業分類（総務省）上の飲食サービス業（基通13—2—8の3）		
第5種事業	運輸通信業 金融業 保険業 サービス業 （以下「サービス業等」といいます。）	おおむね日本標準産業分類（総務省）の大分類に掲げる分類を基礎として判定（第1種事業、第2種事業又は第3種事業に該当するものを除きます。）（基通13—2—4） ※　「サービス業等」とは、日本標準産業分類の大分類に掲げる次の産業をいいます。 (1)　情報通信業 (2)　運輸業、郵便業 (3)　金融業、保険業 (4)　不動産業、物品賃貸業（不動産業に該当するものを除きます。） (5)　学術研究、専門・技術サービス業 (6)　宿泊業、飲食サービス業（飲食サービス業に該当するものを除きます。） (7)　生活関連サービス業、娯楽業 (8)　教育、学習支援業 (9)　医療、福祉 (10)　複合サービス事業 (11)　サービス業（他に分類されないもの）		
第6種事業	不動産業	おおむね日本標準産業分類（総務省）の大分類に掲げる分類を基礎として判定（第1種事業、第2種事業、第3種事業又は第5種事業に該当するものを除きます。）（基通13—2—4） ※　「不動産業」とは、日本標準産業分類の大分類に掲げる「不動産業、物品賃貸業」のうち、不動産業に該当するものをいいます。		

取	扱	い

<table>
<tr>
<td rowspan="2" style="writing-mode:vertical">その性質及び形状を変更しないで販売する事業</td>
<td colspan="2">
・ 商標、ネーム等を貼付又は表示する行為
・ 複数の商品（単品でも販売しているもの）をセット商品として詰め合わせている行為
・ 液状の商品を小売販売用の容器に収容する行為
・ ガラス、その他の商品を販売するために裁断する行為
・ 運搬の利便に資するために行う古紙、鉄屑、非鉄金属、空ビン、古い布、スクラップ用の車等を切断、プレス、破砕、梱包等する行為
</td>
</tr>
</table>

〔食料品小売店舗において行う販売商品の加工等〕（基通13―2―3）
　食料品小売店舗において、仕入商品に軽微な加工をして販売する場合で、その加工がその加工前の食料品の販売店舗において一般的に行われると認められるもので、その加工後の商品がその加工前の商品と同一店舗において販売されるもの
〔一般的に行われている軽微な加工〕
　仕入商品を切る、刻む、つぶす、挽く、たれに漬け込む、混ぜ合わせる、こねる、乾かす等の行為
※　加熱する行為は、原則として、軽微な加工に含まれません。

例	洋服の仕立小売業、菓子の製造小売業、パン製造小売業、豆腐・かまぼこ等加工商品製造小売業、家具製造小売業、建具製造小売業、畳製造小売業

〔製造業に含まれる範囲〕（基通13―2―5）
　(1)　自己の計算において原材料等を購入し、これをあらかじめ指示した条件に従って下請け加工させて完成品として販売する、いわゆる製造問屋としての事業
　(2)　自己が請け負った建設工事の全部を下請に施工させる建設工事の元請としての事業
　(3)　天然水を採取して瓶詰等して人の飲用に販売する事業
　(4)　新聞、書籍等の発行、出版を行う事業

〔加工くず、副産物等の売却収入〕
　第3種事業に該当する建設業、製造業等に係る事業に伴い生じた加工くず、副産物等の譲渡を行う事業は、第3種事業に該当します（基通13―2―8）。

〔加工賃その他これに類する料金を対価とする役務の提供の意義〕（基通13―2―7）
　製造業等に該当することとなる事業に係るもののうち、対価たる料金の名称のいかんを問わず、他の者の原料、材料又は製品等に加工等を施して、その加工等の対価を受領する役務の提供又はこれに類する役務の提供

・　事業者が自己において使用していた固定資産等（注3）の譲渡を行う事業は、第4種事業に該当します（基通13―2―9）。

・　旅館、ホテル等が宿泊者に対して宿泊に係る役務の提供に併せて飲食物の提供を行う場合において、これらの対価の額を明確に区分して領収しているときのその飲食物の提供は、第4種事業に該当します（基通13―2―8の2）

〔サービス業等に該当する「加工賃その他これに類する料金を対価とする役務の提供を行う事業」〕
・　日本標準産業分類上の大分類がサービス業等に該当するものは、「加工賃その他これに類する料金を対価とする役務の提供を行う事業」であっても第4種事業とはならず、第5種事業となります（基通13―2―7㈲）。
・　機械、器具等の修理は、部品代金と修理手数料等を区分しても、その全体が第5種事業となります。

例	不動産代理業・仲介業、不動産賃貸業、貸家業、貸間業、駐車場業、不動産管理業

第2章　国内取引に係る消費税

(注)1　第1種事業又は第2種事業から生じた段ボール等の不用物品等（その事業者が事業の用に供していた固定資産等を除きます。）の譲渡を行う事業は、「他の者から購入した商品をその性質及び形状を変更しないで販売する事業」には該当しませんので、原則的には第4種事業に該当しますが、その不用物品等が生じた事業区分に属するものとして処理することもできます（基通13―2―8）。

　　　2　現金問屋のように、販売先をその販売の都度明らかにできないような業種については、例えば、事業者に会員証を交付し、会員証を提示した者のみに販売することとしている場合や、店頭に消費者には販売しない旨の掲示を行っている場合など、事業者に販売していることが客観的に明らかな場合には、第1種事業になります。

　　　3　固定資産等とは、建物、建物附属設備、構築物、機械及び装置、船舶、航空機、車両及び運搬具、工具、器具及び備品、無形固定資産のほか、ゴルフ場利用株式等をいいます。

　　　4　令和元年10月1日以後、農業、林業又は漁業のうち、飲食料品の譲渡を行う部分は、第2種事業となります（443ページ参照）。

第5節　税額控除等

7　事業区分の具体的事例

各事業区分の具体的な判定事例は、次のとおりです。

また、639ページ以降の「〔参考2〕日本標準産業分類（総務省）からみた事業区分の判定」も併せて参照してください。

【卸売業、小売業】

Ⅰ　販売先が帳簿、書類等で明らかにされているもの

内　　　　　　容	第1種	第2種	第3種	第4種	第5種	第6種	備　　　考
オートガススタンドが石油ガスを業務用消費者（運送業者、タクシー業者）に販売	○						
ガソリンスタンドが軽油を運送業者に販売	○						
ガソリンスタンドが重油を官公庁に対して販売	○						
ガソリンスタンドが屋号が塗装されているなど事業用であることが明らかな車両にガソリンを給油	○						
プロパンガスの販売店がプロパンガスを食堂や工場に販売	○						
仏具店が仏具を寺院に販売	○						
質屋が流質物を事業者に処分（販売）	○						
事業者が肥料、種子等を農家に販売	○						
酒類の小売店が酒類を飲食業者に販売	○						
野菜を他の事業者から仕入れ、その性質及び形状を変更しないで、病院に販売	○						
仕入れたPタイル、アルミサッシ等をそのままの状態で建築業者に販売	○						
金物店が釘を大工や建築業者に販売	○						
金物店がグラインダーを研磨工場に販売	○						
農家からさつまいもを買い取り、何ら手を加えないで酒類製造業者に販売	○						
農機具店がトラクターを農家に販売	○						
建設機械の販売店がパワーショベルを建設会社に販売	○						
国外の事業者から輸入した医療機器を病院に販売	○						
事業者に会員証を交付し、会員証を提示した者にのみ商品を販売することとしている場合の現金問屋	○						
デパートのテナント　(1)　手数料契約の場合　デパートとの契約で売上高の一定率をテナント料として支払うことを内容としている場合の消費者への販売		○					
デパートのテナント　(2)　商品販売契約の場合　いわゆる消化仕入れの方法によっている場合等、テナントとデパートとの商品販売を内容とする契約の場合	○						
化粧品の無店舗販売で、販売員（事業者）に販売	○						
化粧品の無店舗販売で、消費者に販売		○					

— 455 —

内　　　　容	第1種	第2種	第3種	第4種	第5種	第6種	備　　考
自己が設計した商品を下請業者に発注し、製造させ、それを仕入れて他の事業者に販売（原材料の支給はありません。）	○						
古新聞回収業（一般消費者のほか、学校、PTA、婦人会、老人会等の団体及び事業者から有償回収して事業者に販売する事業）	○						
廃品回収業者(再生資源(空瓶、スクラップ、ガラスくず、古紙等)を有償回収して集荷、選別し、他の事業者に販売する事業)	○						
主として事業者に対して講演を行ったり、情報を提供する評論家					○		
建設機械を他の事業者にリースする事業					○		
バス、業務用トラックを個人事業者に販売	○						
法人に対して　／　お茶、菓子等の食料品を販売	○						購入された商品が事業用に供されることが明らかな場合は第1種（請求書等の相手先に○○商店と記載した場合も含みます。）
個人事業者に対して		○					
自動販売機における飲食料品等(カップラーメン、ジュース、コーラ、コーヒー等にお湯、氷、水、ミルク、ガス等を混合する場合も含みます。)の販売		○					
事業者に対するリースで、税法上売買取引とされるもの	○						
代理商、仲立業				○			

Ⅱ　性質及び形状の変更

①　色、形、サイズごとに選別する行為

内　　　　容	第1種	第2種	第3種	第4種	第5種	第6種	備　　考
青果販売店が一括購入した野菜を形、サイズごとに区分して販売	○	○					
他から仕入れたボイルされたカニの殻を取り、つぶをそろえ、ビニールパックに小分けして販売	○	○					
土砂を購入し、選別・水洗いし、生コン・埋立て用として販売	○	○					
仕入れた空瓶、空缶を集荷・選別・洗浄して販売	○	○					
スクラップ業者が購入した鉄くず等を分別、裁断、プレスして販売（使用可能部品を取り外して販売する場合を含みます。）	○	○					

第5節　税額控除等

②　混合して一定の規格の商品とする行為

内　　　　　　　　　　　　容	第1種	第2種	第3種	第4種	第5種	第6種	備　　　　考
米の販売店が新潟県産のコシヒカリと栃木県産のコシヒカリを混合して販売	○	○					
米の販売店が国産米とタイ米をブレンドして販売	○	○					事業者への販売は第1種
緑茶の販売店が荒茶を仕入れ、荒茶どうしをブレンドし、裁断、小分けし仕上げ茶として販売			○				
緑茶の販売店が荒茶を仕入れ、荒茶のふるい分け、切断、風選、木茎分離、火入れ、ブレンドして製品茶として販売			○				
緑茶の販売店が購入した茶どうしを混ぜ合わせて販売	○	○					
緑茶の販売店が自己で製造した茶と他から購入した茶とを混ぜ合わせて販売			○				
仕入れたコーヒー豆をブレンドして販売	○	○					
調剤薬局が調剤した薬品を販売			○				
販売業者が購入した種類の異なる肥料を混合して農家に販売	○						新たな製品の製造と認められる場合は第3種
花屋が生花を仕入れ盛花、かご花として葬儀社に販売	○						ディスプレイ等の手数料を受領している場合の手数料は第5種
葬儀業者及び花輪店が他の者より仕入れた造花及び脚を用いて花輪を完成させて販売			○				葬具製造業に該当

③　商標、ネーム等を貼付又は表示する行為

内　　　　　　　　　　　　容	第1種	第2種	第3種	第4種	第5種	第6種	備　　　　考
販売業者が輸入食料品に自己の名称を表示したシールを貼付して販売	○	○					
清酒製造業者からびん詰清酒を購入し、事業者がそれにラベルを貼付して販売（「製造問屋」に該当する場合を除きます。）	○	○					製造問屋に該当する場合は第3種
清酒製造業者に資金を前払いして製造させた原酒をローリーで搬入し、事業者がそれに割水・詰口・ラベル貼付して販売			○				
牛乳の製造業者から生乳をローリーで仕入れて、自社タンクで殺菌のため熱処理を加え、自社ブランドを表示した瓶に小分けして事業者に販売			○				加熱殺菌をすることによって性質及び形状が変更
仕入れたワイシャツに自社ブランド（ロゴ）を入れて販売（ノーブランドの商品に比し価格が相当上がる場合を含みます。）	○	○					
販売業者がカタログ商品の既製品であるユニフォーム又は制服に、単に会社名（又はチーム名等）を入れる程度で完成品として販売	○	○					
ライター、タオル、カレンダー等を仕入れ、その商品に販売先の求めに応じて名入れを行って販売	○	○					別途名入れ料を受領している場合の名入れ料は第4種
販売業者が仕入れたタオル生地をタオルの大きさに切断し、ネーム等を印刷してタオルとして事業者に販売			○				タオル製造業者に該当（まわりの縫製行為が伴います。）

第2章　国内取引に係る消費税

④　複数の商品をセット商品として詰め合わせる行為

内　　　　　　　　容	第1種	第2種	第3種	第4種	第5種	第6種	備　　　考
ボールペンの完成品を仕入れ、下請けを使って10本ずつ小箱に詰めて商品化して販売	○	○					
酒類販売業者が中元、歳暮用ギフトとして仕入れた酒類とチーズ等をセットして百貨店等に販売	○						
仕入れた商品を何種類か選んで袋に詰め、福袋として消費者に販売		○					
卸売業者が仕入商品であるハムとベーコンを組み合わせて、セット商品として小売業者に販売	○						
完成品を仕入れ（単品での販売もあります。）、自己で製造した製品とをセット商品として販売			○				単品ごとに区分できる状態にある場合で、かつ、売上げを区分しているときは、自己で製造した製品は第3種、仕入れた商品は第1種又は第2種

⑤　商品を販売業者に販売するために裁断等する行為

内　　　　　　　　容	第1種	第2種	第3種	第4種	第5種	第6種	備　　　考
鮪（まぐろ）を仕入れ、これをさばいて小売業者に販売	○						
ブロック状の精肉を仕入れ、これをさばいて小売業者に販売	○						
仕入れた鰻（うなぎ）をさばいて小売業者に販売	○						
仕入れた鰻をさばいて串に刺して販売			○				
海苔を仕入れ、裁断し、袋に小分けして飲食店に販売	○						
仕入れた肉をスライスし、又は魚を刺身にして飲食店に販売	○						
ブロイラーを購入し、解体して焼鳥用に串に刺して販売			○				
牛を購入し、屠殺して牛肉塊、原皮等にして販売			○				
木材を仕入れ、これを角材にして販売			○				
9寸角の木材を仕入れ、3寸角の柱にして販売			○				
床柱用の木材を仕入れ、皮むき、切断等を行い床柱にして販売			○				
大きな紙を仕入れ、それをB4等に切断し、官公庁、学校、印刷屋等に販売	○						
ガラスを仕入れ、注文に応じて縦、横に裁断して建設業者に販売	○						
板金を取引先等の注文により、単に縦、横に裁断して事業者に販売	○						
板金を裁断以外に縁を丸めるなど、更に一工程の行為を加えて販売			○				
板金を菱形に切断して販売			○				
板金の内部に穴その他の空洞を設けて販売			○				
長尺で仕入れた電線を注文に応じて切断し、事業者に販売	○						
繊維ウエイスト業者がボロキレを適当な大きさに切断し、機械清掃用具として事業者に販売	○						
ベンジンを18ℓ缶で仕入れ、小売用容器に小分けして事業者に販売	○						
仕入れた廃油を再生して販売			○				

— 458 —

第5節　税額控除等

内　　　　　容	第1種	第2種	第3種	第4種	第5種	第6種	備　　考
風船にヘリウムガスを充塡して販売			○				
天然水を採取して販売する事業			○				

⑥　商品の販売に付随して軽微な加工、部分品若しくは付属品の取付け又は修理を行う行為

内　　　　　容	第1種	第2種	第3種	第4種	第5種	第6種	備　　考
仕入れた玄米を精米し、飲食業者に販売	○						
仕入れた玄米を精米する際に副産物として出た糠を飲食業者に販売	○						
仕入れた生魚を20度の塩水に1～2時間漬け、その後1～2時間水切りしたものを「丸干し」として販売			○				
仲買人が市場からウニ、ホヤを購入し、殻等を取り除いて箱詰めをして事業者に販売（付着している海草等を除去するため塩水で洗います。）	○						
仕入れた生サケから取り出した卵を塩漬けにして販売			○				
仕入れた生サケから取り出した卵の薄皮を剝いでイクラとして販売			○				
仕入れた生サケに塩をまぶし、新巻として販売			○				
仕入れた生わかめに塩をふって販売			○				
組合が輸入したバナナを色付けし、組合員である小売店に販売	○						
漁業組合が漁業者からカニを買い取り、ゆでて甲羅と身を分けて販売			○				
仕入れたほし海苔をあぶって焼き海苔として販売			○				
仕入れた生わかめを乾燥わかめにして販売			○				
仕入れた生シイタケを乾燥シイタケにして販売			○				
仕入れた落花生を煎って殻から取り出し、ピーナッツとして販売			○				
農家からキャベツ、レタス、ジャガイモを仕入れ、それぞれ千切り、区分け、皮むき、細切りにして他の事業者に販売	○						
かつおぶしを購入し、これを削り、パックに詰めて販売			○				
あらかじめ決まったメニューにそった食材（1人分の材料を揃えるのみで、調理は行いません。）を注文によって配達する事業		○					調理行為が伴う場合は第3種
釣りえさ販売業者が生の鰯をミンチにし、ブロック状に冷凍して販売（「こませ」として使用）			○				
釣りえさ販売業者が仕入れた①生のサンマをぶつ切り（3～5片）にして他の事業者に販売、②冷凍のオキアミ（ブロック状）を小さなブロックに切って他の事業者に販売	○						
真珠の生産者から購入した真珠の玉を長時間染料の中に浸し、染色したものを販売			○				
仕入れた生たこを塩でもみ蒸して販売			○				
フイルムの現像、焼付、引き伸ばし					○		
カメラ店等が顧客からフイルムの現像等の依頼を受け、外注先等に発注し、プリントとして顧客に引き渡した場合					○		
輸入したソフトの英文解説書を日本語に翻訳し、ソフトとともに代理店に販売	○						

— 459 —

第2章　国内取引に係る消費税

内　　　　　　　　　　容	第1種	第2種	第3種	第4種	第5種	第6種	備　　考
購入した鉄屑を溶かし、地金として販売			○				
鋼材の販売業者が鋼材の強度を増す目的で焼入れして販売			○				
サッシ販売業者がサッシと窓ガラスを別々に仕入れ、ガラスをサッシに合わせて裁断し、サッシにはめ込んで建設業者に販売	○						
サッシ販売業者が建設業者の注文により規格品のサッシを規格外の窓に合わせてサッシ及びガラスを切断溶接し、規格品より小さいガラス入りサッシを販売			○				
サッシを加工し、組み立てて現場に搬入する場合及び現場で取付工事をする場合			○				
工務店との給排水設備工事等に係る一括請負契約により、システムキッチンの納入・据付けを行う場合及び組立式ベランダの納入・据付けを行う場合			○				給排水設備工事等が必要な設備を伴わない簡単な据付工事を行うシステムキッチン等は、第1種又は第2種、別途請求する据付料は第5種
規格品の組立式の二段又は三段式の駐車場設備を仕入れ、基礎工事を行い、組立て、据付けて納入する場合			○				
家電製品の販売店が事業者に対してテレビアンテナを販売した場合の取付工事費					○		工事費等をサービスとした場合は全体が第1種（消費者への販売は第2種）
家電製品の販売店がエアコンを業務用（喫茶店、飲食店等）に販売した場合の配管、取付費用					○		
白生地を仕入れ、外注先を使って染色して販売			○				製造問屋に該当
白地のTシャツを仕入れ、染色して販売			○				
タオルを仕入れ、水を吸いやすくする等のため、水洗い又は湯洗いをして消費者に販売		○					
スクラップ業者が購入した鉄くず等を分別、裁断、プレスして事業者に販売（使用可能部品を取り外して販売する行為を含みます。）	○						
スクラップ業者が購入した電線（作業屑）を樹脂又はゴム部分を取り外し、銅部分を事業者に販売（単にゴム部分をむく程度です。）	○						
スクラップ業者が運搬の利便に資するため、購入した古紙、鉄くず、非鉄金属、空瓶、ボロ、ポンコツ車を切断、プレス、破砕、梱包してその部品、鉄くず等を事業者に販売	○						
購入した鉄スクラップを製鉄原料として電気炉、転炉に直接投入できるようにプレス、シュレッダー（破砕）して販売			○				鉄スクラップ加工処理業に該当
ダンボール箱の組立前の状態のもの（組立てられるよう切込みが入っています。）を事業者から仕入れ、それを組み立てて事業者に販売	○						
海外からボルト・ナット類を輸入し、それを国内規格に合わせて削ったり、広げたりして販売			○				
電線を長尺で購入し、これを裁断し、片側又は両側に端子又はコネクターを付けて販売			○				
販売業者が仕入れたロープの先端に輪を作って運送業者に販売	○						
販売業者が荒縄を仕入れて仕立器（たたく）にかけ、事業者に販売	○						
農機具店が鍬、鎌を柄の部分と金具の部分を別々に購入し、組み立てて農家に販売（金具の穴の部分に柄を差し込み、ボルト・ナットで固定する程度）	○						

— 460 —

内容	第1種	第2種	第3種	第4種	第5種	第6種	備考
洋服の仕立小売業者が服地の販売と同時に仕立てを請け負い、服地代と仕立代とを区分して請求			○				
服の販売に伴い別途受領する直し賃（ズボンの裾、上着の丈等）					○		
靴の修理					○		
立木を取得し、何ら手を加えないで販売			○				
苗木を購入して、苗木の根についているこもをそのままの状態で、一旦土に埋め（水やり等のため）、そのままの状態で抜いて事業者に販売	○						
自動車整備業者、自動車販売業者、カー用品販売業者及びガソリンスタンド業者が消費者に対して行うタイヤやオイルの交換（工賃部分はサービスとしている場合）		○					別途工賃を受領している場合の工賃は第5種
自動車販売業者がオプションでカーステレオ、エアコン等を取り付けて消費者に販売（取付料はサービス）		○					別途取付料を受領している場合の取付料は第5種
眼鏡小売業（検眼してレンズをフレームに合うよう加工処理した上で出来上がり価格として請求している場合）		○					
自転車販売業者が自転車の販売において、単に運送の利便のために分解したものを組み立てて消費者に販売		○					
自転車販売業者が自転車の部品を仕入れ、自転車に組み立てて販売			○				
自転車販売業者がマウンテンバイクをユーザーの選択した部品により組み立てて販売			○				
自転車販売業者が顧客の自転車をマウンテンバイクに改造				○			
オーダーメイドによるカーテンやカーペットの仕立て販売			○				
写真植字業			○				
仕入れた裸石と空枠を指輪に加工して販売			○				貴金属製品製造業に該当
加工賃を別途受領しないで　小売価格を表示して、陳列する裸石と空枠を消費者に選択させ、指輪にして消費者に販売		○					
消費者持参の裸石に消費者の希望により、販売用の空枠を取り付け、指輪にして消費者に販売		○					
消費者持参の空枠に消費者の希望により、販売用の裸石を取り付け、指輪にして消費者に販売		○					
仕入れた真珠のネックレス（単に真珠に糸を通したもの）を小売価格を表示して陳列し、客の選択により2連に加工しクラスプを取り付けて消費者に販売		○					
消費者持参の真珠のネックレスに、客が店頭で選択した玉足し用の真珠を加えて、ロングネックレスに加工して販売		○					
仕入れた真珠のネックレス（単に真珠に糸を通したもの）のうち、2本を組み合わせ「2連ネックレス」として店頭に陳列して販売			○				
販売業者が印鑑、表札の製作を受注し、納品			○				
店舗陳列什器販売業者が自己の企画した陳列ケースを外注先に製造させ、その製品を仕入れてカタログ販売した場合	○						
文具店が名刺の印刷を受注し、外注先に名刺の印刷を指示・作成させ納品			○				

第2章　国内取引に係る消費税

内　　　　　　　　　容	第1種	第2種	第3種	第4種	第5種	第6種	備　　　考
墓石販売業者が消費者からの注文に応じ、墓石を下請先（外注先）に製作させ、販売			○				墓石本体価格と彫刻料を区分して請求しても全体が第3種
墓石販売業者がある程度仕上げられた墓石を購入し、個人からの注文を受けて文字を刻む等の行為を行って販売			○				
呉服店が消費者に反物を販売すると同時に仕立てを依頼されたものを、顧客への請求書において「反物代○○円」又は「反物代○○円（仕立て代はサービス）」と表示して請求した場合			○				
呉服店が消費者に反物を販売すると同時に仕立てを依頼されたもの（仕立ては全て外注）を顧客への請求書において「反物代○○円、仕立て預り金○○円、取扱手数料○○円」と表示して請求した場合			○				
歯科材料の販売業者が歯科医師から義歯等の製作依頼（指示書に基づく）を受け、歯科技工所に製作させ、完成品を歯科医師に納入している場合					○		
鋳物販売業者が他からの注文に応じ、下請先に鋳物製品を製造させて販売			○				
鋳物販売業者が他からの注文に応じ、下請先に鋳物製品を製造するための鋳型を製造させて販売			○				
記念品小売業者が仕入れたトロフィーに、客からの注文により「第○回優勝○○○」等といった文字を入れて消費者に販売		○					文字記入料を別途受領している場合の文字記入料は第5種
観光土産店が観光用ビデオをビデオ制作会社に制作依頼し、そのビデオを仕入れて事業者に販売	○						
消費者に対する消火器の薬剤の詰替え		○					
プロパンガスを家庭用ボンベ等に詰め替えて小売業者に販売	○						
消費者に対する腕時計の電池交換		○					
材木に防虫剤等を注入して販売			○				
農家で作付けをした芝生をそのままの状態で取得し、芝を一定の規格にして他の事業者に販売	○						
絵画を購入し、額縁に絵画をはめ込んで他の事業者に販売	○						
生まれたばかりのペットを購入し、成育させて販売			○				
販売業者が製品のデザイン、企画等を指示し、その金型を支給して製造加工させた製品を仕入れて販売	○	○					製造問屋に該当しない

⑦　**食料品小売店舗において、軽微な加工をして販売する事業（小売店舗と同一店舗内において販売する場合に限ります。）**

内　　　　　　　　　容	第1種	第2種	第3種	第4種	第5種	第6種	備　　　考
仕入商品を切る、刻む、つぶす、挽く、たれに漬け込む、混ぜ合わせる、こねる、乾かす行為等		○					
仕入商品を加熱する行為（仕出しを含みます。）			○				
パンの生地を購入し、焼いて販売			○				
冷凍パイを仕入れ、焼いた後で店頭で販売			○				
製品として完成しているものを、単に温める程度で消費者に販売		○					

第5節　税額控除等

内　　　　　　　　容	第1種	第2種	第3種	第4種	第5種	第6種	備　　考
仕出しの中身に調理する行為と調理する行為を伴わないものとが含まれている場合で、全体が一体の料理として提供される場合			○				
八百屋における漬物、刻み野菜を詰め合わせて消費者に販売		○					
アイスクリーム屋、駄菓子屋におけるソフトクリームの販売		○					
パンの小売店が仕入れたパンを材料として使用し、サンドイッチに調理して販売			○				
小売店が仕入れたコーヒー豆をミルで挽き袋に入れて販売		○					
食肉小売店　精肉、挽き肉、内臓肉、味付け肉		○					事業者への販売は第1種
食肉小売店　タタキ、チャーシュー、ローストビーフ			○				
食肉小売店　ハム（仕入れたハムをスライスする行為）、ソーセージ（仕入れたソーセージをカットする行為）		○					事業者への販売は第1種
食肉小売店　カツ（トンカツ、ビーフカツ、チキンカツ、串カツ）、ハンバーグを生のまま販売		○					事業者への販売は第1種　加熱処理した場合は第3種
食肉小売店　コロッケ、ギョーザ、シューマイ（食肉を主体としたもの）			○				
食肉小売店　肉まん（仕入れた肉まんを保温する行為）		○					事業者への販売は第1種
食肉小売店　ポテトサラダ			○				
鮮魚小売店　・丸売り（イワシ、サンマ）　・ひらき（キス、アナゴ）　・2枚おろし（サバ、アジ）　・3枚おろし（カツオ、ブリ）　・むき身（赤貝、アサリ）　・切り身（ブリ、サケ）　・サク取り（マグロ）　・刺身（マグロ、ヒラメ、ブリ）　・すり身（イワシ、タラ）　・しめる（サバ、アジ）　・漬ける（マナガツオ、サワラ）　・干す（アジ、キンメ）　・和える（青柳、イカ）　・酢付け（タコ、イカ）　・みりん干し		○					事業者への販売は第1種
鮮魚小売店　・焼く（アジ、キンキ、タイ）　・あぶる（カツオ）　・ゆでる・むす（カニ、タコ）　・煮る（カレイ、イカ）　・揚げる（アジ・エビ）			○				加熱を伴う簡易な加工を店頭において顧客の注文に応じ無償で行っている場合は第2種

【飲食サービス業】

内　　　　　　　　容	第1種	第2種	第3種	第4種	第5種	第6種	備　　考
ハンバーガーショップでの持ち帰り用の販売　ハンバーガー、フライド・ポテト、シェイク（専用機でアイスクリーム及びシロップを保冷、かく拌して販売）			○				
ハンバーガーショップでの持ち帰り用の販売　コーヒー（粉末コーヒーをお湯で溶いて販売）			○				
ハンバーガーショップでの持ち帰り用の販売　コーラ（専用機で原液及び炭酸水を保冷、希釈して販売）			○				
ハンバーガーショップでの持ち帰り用の販売　ジュース（専用機でジュースを保冷して販売）			○				
ハンバーガーショップでの持ち帰り用の販売　アイスクリーム（購入したアイスクリームを容器に小分けして販売）		○					
製造した商品を土産用等として販売			○				
仕入れた商品をそのまま土産用等として消費者に販売		○					
仕出専門店（飲食設備等を有していません。）が行う仕出し			○				

第2章　国内取引に係る消費税

内　　　　　　　　　　　　容	第1種	第2種	第3種	第4種	第5種	第6種	備　　　　考
宅配ピザ店（飲食設備等を有していません。）が行うピザの宅配			○				
酒類小売店において立ち飲みのコーナーを設け、酒類をコップ売り（冷酒、かん酒）する行為				○			
スーパーに飲食店（焼そば、ソフトクリーム等）を出店している事業者で、自己では飲食できる施設を所有していないが、スーパー側が広場等にテーブルと椅子を設置し、その場所でも飲食できる場合（飲食品は持ち帰ることができます。）				○			
ホテル内にあるホテル直営の売店がホテルの調理したサンドイッチ、オードブル等を販売				○			ルームサービス等で宿泊客の部屋まで運ぶ場合は第4種
ホテル内にあるジュース等の自動販売機		○					
立ち食いソバ屋				○			
食堂経営を一括受託した場合				○			
学校から学校給食（学校の食堂）の委託を受けて行う食堂の経営及び学校の寄宿舎での食事の提供				○			

【製造業・建設業】

内　　　　　　　　　　容		第1種	第2種	第3種	第4種	第5種	第6種	備　　　　考
修理・修繕	建設業者が行う修繕			○				原材料支給がある場合は第4種
	自動車、機械等の修理					○		修理を行う事業者が日本標準産業分類において船舶製造業に該当する場合
	船舶の製造業者が行う船舶の修理			○				
	航空機用原動機製造業者が行う航空機用原動機のオーバーホール			○				
建物の設計・施工を業とする者が建物の建設を請け負い「設計料○○円、建築代金○○円、合計○○円」と請求する場合				○				
ガス管工事業者がガス管の無償支給を受けて行うガス管の埋設工事					○			
サッシとガラスの隙間又はサッシと建物の隙間等にコーキング剤を使用して埋め込む場合				○				
印刷業者が受注した印刷を他の印刷業者に外注した場合				○				建設業者の工事の外注も同様
出版業者における広告収入						○		
食料品製造業者が原料となる食品の支給を受けて製品等に加工する行為（麦の支給を受けて行う製粉、果物等の支給を受けて行う缶詰加工等）					○			
食料品加工業者が貝、えびの支給を受けて行うむき身の製造					○			
自己で製造した商品と仕入商品との混合				○				
みその製造業者がみその主原材料である大豆・米のうち米の支給を受け、大豆及び副原料のこうじ、食塩等は自己で調達している場合				○				
糸、生地の支給を受けて行う巻取り、染色織物製造裁断、刺しゅう又は縫製					○			

— 464 —

第5節　税額控除等

内　　　　　容	第1種	第2種	第3種	第4種	第5種	第6種	備　　　考
生地の支給を受けて、自ら調達した糸、ボタン等を用いて縫製を行い、納品				○			
縦糸の支給を受け、横糸は自己で調達し、織物を製造			○				
洋服メーカーから指示を受けて行う洋服の型紙の製作			○				
木材の支給を受けて行う容器、家具等の製造・組立彫刻又は塗装（漆塗りを含みます。）				○			
紙の支給を受けて行う紙製品の製造・加工				○			
ミュージックテープ（録音されたもの）の製作販売			○				
新聞、書籍等の発行、出版を行う事業			○				
紙又は葉書の支給を受けて行う印刷				○			
印刷物の支給を受けて行う製本				○			
革の支給を受けて行うなめし、調整、塗装又は縫製				○			
アルミのインゴットやプレス加工済の半製品等の支給を受けて行う塗装等				○			
他者の求めに応じ、建物、鉄塔、船舶などに塗装を行う場合			○				塗装工事業に該当 自動車再塗装業は第5種
基盤の支給を受けて、基盤に文字の印刷を行う場合				○			
金属の支給を受けて行うメッキ				○			
輪島塗りの作家が本体の支給を受け、それに蒔絵又は沈金をほどこす場合（その行為により付加価値が大幅に増加します。）				○			
プラスチック・スケールの支給を受け、そのプラスチック・スケールに金色等で社章等を焼き付ける（ホットプレート）場合				○			
金属の支給を受けて行う打ち抜き、プレス、旋盤加工又は彫刻				○			金型の支給を受け、金属を自己で調達する場合は第3種
機械等の製造業者が部品の支給を受けて行う組立				○			
指輪の支給を受けて行うサイズ直し又は宝石の支給を受けて行う切断、研磨、取付け				○			
造花及び脚を用いて花輪を製作する場合			○				
他の者からの委託に基づくはつり、解体工事、とび工事業				○			
元請事業者のコンクリートを使用して行うコンクリート圧送工事業				○			
元請事業者から鉄筋の無償支給を受けて行うガス圧接業				○			
冷暖房施工事業者が冷暖房の保守点検の際に、必要に応じて行うフロンガスの充填					○		その他の建物サービス業に該当
建設業者、土木工事業者等が行う除雪作業					○		
配管業者が注文により水道管の長さを調整し、裁断して事業者に販売	○						
水道工事業者が洗浄装置付便座（カタログ完成品）を仕入れ、これを取り付けて消費者に販売（従前の便座を取り外し、洗浄装置付便座をビスで留め、配管を調節）		○					取付手数料は第5種
建設業、製造業等に係る事業に伴い生じた加工くず、副産物の売却			○				

— 465 —

第2章　国内取引に係る消費税

【農業・林業・漁業・鉱業】

内　　　　　　　　　容	第1種	第2種	第3種	第4種	第5種	第6種	備　　考
育成中の牛の売却			○				
事業用資産である乳牛の売却				○			
牛馬を預り、請負により牛馬の育成を行う事業				○			畜産サービス業に該当
種馬により種付けを行う場合				○			畜産サービス業に該当
養豚業における廃豚（母豚）の売却				○			
農業従事者が他の農業従事者の田植え、稲刈り等を手伝う場合				○			
果樹園農業者が観光果樹園を併設し、入園料を受領する場合			○				
観光果樹園で収穫した果物については、別途対価を受領して販売している場合		○注					
牧草及び芝生の販売			○				
馬鈴薯の原種を購入し、自己の畑で種芋を栽培して農家に販売			○				
庭師が行う植木の剪定				○			
庭師が石、庭園樹等を自己で調達し、庭造りを行った場合			○				造園業に該当
林業従事者が他の林業従事者の下草刈り、炭焼き、丸太の皮剥ぎ等を手伝う場合				○			
苗木を購入して育林を行う場合			○				
天然きのこや松茸の採取			○注				
漁業従事者が他の漁業従事者の船に乗り込んで漁業に従事する場合（給与以外の人的役務の提供の場合）				○			
養殖業者が稚魚を仕入れ、成魚にして販売			○注				
受託により稚魚、稚貝の支給を受けて行う養殖（受託料）				○			
養殖育成をせず、成魚を仕入れ、事業者に販売する事業	○						
かぶと虫などの昆虫類を森林で捕獲し、事業者に販売			○				狩猟業に該当
のり、かき、真珠、わかめ、はまち、金魚、すっぽん等の養殖			○注				
森林内で樹脂・樹皮（松やに、うるし等）を採集して販売			○				
山林所有者から無償で土砂の取崩しの承諾を得て採掘した砂利を販売			○				
他の者の鉱区を下請けにより採掘する事業でダイナマイト等の原材料を自己で持たない場合（原油、天然ガス鉱業を除きます。）				○			
砂、砂利、玉石を採取して販売			○				
原油、天然ガスの採掘			○				
他の鉱業従事者の採掘した鉱物を請負により破砕、選別する場合				○			
他の者の鉱区を下請けによりボーリング又は採掘する場合				○			

　(注)　令和元年10月1日以後、農業、林業又は漁業のうち、飲食料品の譲渡を行う部分は、第2種事業となります（443ページ参照）。

第5節　税額控除等

【金融業・保険業】

内　　　　　　　　容	第1種	第2種	第3種	第4種	第5種	第6種	備　　考
金融機関の振込手数料					○		
両替商の両替手数料					○		
保険代理店の代理店手数料					○		

【不動産業・サービス業等】

内　　　　　　　　容	第1種	第2種	第3種	第4種	第5種	第6種	備　　考
不動産売買の仲介手数料						○	
賃貸不動産の管理手数料						○	
他の事業者が建設施工（自らが施主となって請負契約により建設業者に施工させる場合を除きます。）したものを購入してそのまま販売する場合	○	○					
自ら建設施工（自らが施主となって請負契約により建設業者に施工させる場合を含みます。）したものを販売する事業			○				
土地付建物を買い取り、そのままの状態で消費者に販売		○					
中古住宅をリメイク（塗装、修理等）して販売			○				
トレーディングスタンプ業					○		
旅館業　自動販売機（ジュース、コーヒー等）や売店の売上げ		○					
旅館業　ゲームコーナー、卓球台の売上げ					○		
理容・美容店における化粧品の販売		○					
公衆浴場におけるシャンプー、自動販売機の売上げ		○					
自動車整備業　自動車の修理、自動車の再塗装					○		工賃等の部分は第5種
自動車整備業　消費者に対するタイヤやオイル交換による商品の販売代金		○					
自動車整備業　下取りした中古車に板金、塗装、部品の取替え等を施して販売			○				
自動車整備業　下取りした中古車に点検、清掃及びワックスがけ程度を行って消費者に販売		○					
自動車整備業　損害保険等の代理店手数料					○		
自動車整備業　代車料					○		
ソフト開発　事業者からの注文に応じてソフトウエアを制作設計し、納品する場合					○		
ソフト開発　ソフトウエアの販売業者がソフトウエアの設計依頼を受け、開発業者に外注した場合					○		
ソフト開発　ソフトウエアを制作設計し、他から仕入れたコンピュータに組み込んで一括して事業者に販売					○		
ソフト開発　ゲームソフトの制作（パソコン等）					○		
地質調査					○		

— 467 —

内容	第1種	第2種	第3種	第4種	第5種	第6種	備考
写真データの現像、焼付、引き伸ばし					○		
カメラ店等が顧客から写真データの現像等の依頼を受け、外注先等に発注し、プリントして顧客に引き渡した場合					○		
結婚式・七五三等の写真を撮影し、単に台紙等にはめ込み、記念写真として作成し、引き渡す事業					○		
写真館が小学校等からデータの支給を受け、又は自ら撮影した写真を基に卒業アルバム等を製作する事業			○				
カメラ店があらかじめ撮影しておいた写真を使用してポストカードを作成し、土産物店に販売			○				
DVD（マスター）の制作販売					○		
録画済のDVDのマスターの無償支給を受けて、自社で仕入れた生テープにダビングして委託者に引き渡す行為			○				
ピアノ、オルガンの調律					○		
歯科医が他の歯科技工所から仕入れた義歯をそのまま取り付ける場合					○		
歯科医が材料を購入し、従業員の技工士に加工させた場合					○		
ゴルフ場を経営する事業者が会員権を発行する場合に受け取る入会金で返還しないもの					○		
自己が使用していた固定資産の売却				○			
温泉の泉源を有し、ゆう出する温泉を旅館などに供給する温泉供給業					○		
置屋等の芸者、コンパニオンの派遣					○		
プロスポーツ選手					○		
畳の表替え、裏返し、修理					○		他に分類されないその他の修理業に該当

8　事業の区分記載の方法

　第1種事業から第6種事業のうち2種類以上の事業を行っている事業者が、売上げごとに第1種事業から第6種事業について各々のみなし仕入率を適用する場合のほか、1種類の事業に係る課税売上げの割合が75％以上かどうか、又は2種類の事業の合計に係る課税売上げの割合が75％以上かどうかを判定するに当たっては、例えば、次のように事業の種類ごとに区分記載することが必要になります（基通13―3―1）。

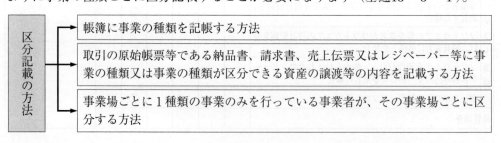

第5節 税額控除等

チェックポイント

☆ 第1種事業から第6種事業のうちいずれの事業に係るものであるかの区分は、原則として、課税資産の譲渡等ごとに行いますが、第1種事業から第6種事業のうち2種類以上の事業を行っている事業者が**1種類の事業に係る課税売上げのみを区分していない場合**には、課税売上高の合計額から事業の種類を区分している事業に係る課税売上高の合計額を控除した残額をその区分していない種類の事業に係る課税売上高として取り扱うこともできます。

例えば、第1種事業、第2種事業及び第3種事業の3種類の事業を行っている事業者が帳簿上、第1種事業と第2種事業に係る課税売上げを区分している場合には、区分していない残りの課税売上げを第3種事業として区分しているものとして取り扱うことになります（基通13—3—2）。

9 仕入控除税額の計算方法

仕入控除税額の計算は、次の算式により行います。

なお、「課税標準額に対する消費税額」及び「売上げに係る対価の返還等の金額に係る消費税額」については、その課税売上げに適用される消費税率（7.8%又は6.24%（※））の異なるごとに計算する必要があります。

※ 令和元年9月30日までに行った課税売上げに適用される消費税率は、6.3%となります。

⑴ 第1種事業から第6種事業までのうち1種類の事業を専業に営む事業者の場合（法37①、令57①）

（算式）

$$仕入控除税額 = \left(\begin{array}{c}課税標準額に対 \\ する消費税額\end{array} - \begin{array}{c}売上げに係る対価の返還 \\ 等の金額に係る消費税額\end{array}\right)$$

$$\times みなし仕入率 \left\{\begin{array}{ll}・第1種事業 & 90\% \\ ・第2種事業 & 80\% \\ ・第3種事業 & 70\% \\ ・第4種事業 & 60\% \\ ・第5種事業 & 50\% \\ ・第6種事業 & 40\%\end{array}\right.$$

⑵ 第1種事業から第6種事業までのうち2種類以上の事業を営む事業の場合（法37①、令57②）

〔算式Ⅰ（原則法）〕

$$仕入控除税額 = \left(\begin{array}{c}課税標準額に対 \\ する消費税額\end{array} - \begin{array}{c}売上げに係る対価の返還 \\ 等の金額に係る消費税額\end{array}\right)$$

$$\times \frac{\begin{array}{l}第1種事 \\ 業に係る\times90\% \\ 消費税額\end{array} + \begin{array}{l}第2種事 \\ 業に係る\times80\% \\ 消費税額\end{array} + \begin{array}{l}第3種事 \\ 業に係る\times70\% \\ 消費税額\end{array} + \begin{array}{l}第4種事 \\ 業に係る\times60\% \\ 消費税額\end{array} + \begin{array}{l}第5種事 \\ 業に係る\times50\% \\ 消費税額\end{array} + \begin{array}{l}第6種事 \\ 業に係る\times40\% \\ 消費税額\end{array}}{\begin{array}{l}第1種事業に \\ 係る消費税額\end{array} + \begin{array}{l}第2種事業に \\ 係る消費税額\end{array} + \begin{array}{l}第3種事業に \\ 係る消費税額\end{array} + \begin{array}{l}第4種事業に \\ 係る消費税額\end{array} + \begin{array}{l}第5種事業に \\ 係る消費税額\end{array} + \begin{array}{l}第6種事業に \\ 係る消費税額\end{array}}$$

— 469 —

第2章　国内取引に係る消費税

（簡便法）

なお、次の①及び②のいずれにも該当しない場合には、次の算式により計算することもできます。

① 貸倒回収額がある場合

② 売上げに係る対価の返還等がある場合で、各種事業に係る消費税額からそれぞれの事業の売上げに係る対価の返還等に係る消費税額を控除して控除しきれない場合

〔算式Ⅱ（簡便法）〕

仕入控除税額＝

第1種事業に係る消費税額 ×90%	第2種事業に係る消費税額 ×80%	第3種事業に係る消費税額 ×70%	第4種事業に係る消費税額 ×60%	第5種事業に係る消費税額 ×50%	第6種事業に係る消費税額 ×40%

(3) 各種事業のうち2種類以上の事業を営む場合の特例による計算方法（法37①、令57③）

イ　1種類の事業に係る課税売上高が全体の75％以上を占める場合

(イ)　第1種事業から第6種事業までの事業のうち2種類以上の事業を営む事業者で、そのうち1種類の事業の課税売上高がその課税期間における課税売上高の合計額の75％以上を占める場合には、その75％以上を占める事業のみなし仕入率を課税売上高の全体に適用することができます（令57③一）。

したがって、この特例を適用する場合の仕入控除税額の計算は、1種類の事業のみを営む事業者の場合の計算と同様となります。

なお、この割合（75％）を計算する場合における「課税売上高」とは、課税資産の譲渡等の対価の額の合計額からその課税期間中に行った課税売上げに係る対価の返還等の金額の合計額を控除した残額をいい、課税資産の譲渡等には、消費税法第7条第1項《輸出免税等》、第8条第1項《輸出物品販売場における輸出物品の譲渡による免税》その他の法律又は条約の規定により消費税が免除されるものは除かれます（次のロにおいても同様です。）。

(ロ)　この特例の要件に該当する場合でも、特例計算によらず原則的な方法（前記(2)による計算）によって仕入控除税額を計算することもできます。

ロ　2種類の事業に係る課税売上高が全体の75％以上を占める場合

第1種事業から第6種事業までの事業のうち3種類以上の事業を営む事業者で、そのうち2種類の事業の課税売上高の合計額がその課税期間における課税売上高の合計額の75％以上を占める場合には、その2種類の事業のうちみなし仕入率の

— 470 —

第5節　税額控除等

高い方の事業に係る課税売上高については、そのまま本来のみなし仕入率を適用し、それ以外の課税売上高については、その2種類の事業のうち低い方のみなし仕入率を適用して仕入控除税額を計算することができます（令57③二）。

　例えば、卸売業、小売業、サービス業の3種類の事業を兼業している事業者のそれぞれの事業に係る課税売上高の割合が、卸売部分が45％、小売部分が35％、サービス部分が20％の場合には、卸売部分の売上げについては90％、残りの小売及びサービス部分の売上高の合計額については小売業の80％のみなし仕入率を適用することができます。

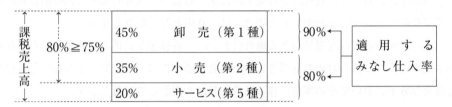

(イ)　原則法

　この場合における仕入控除税額の計算は、次の〔算式Ⅰ〕により行います。

〔算式Ⅰ（原則法）〕

$$仕入控除税額 = \left[\begin{array}{c}課税標準額に対\\する消費税額\end{array} - \begin{array}{c}売上げに係る対価の返還\\等の金額に係る消費税額\end{array}\right] \times \frac{\begin{array}{c}第1種事業に\\係る消費税額\end{array} \times 90\% + \left[\begin{array}{c}売上げに係\\る消費税額\end{array} - \begin{array}{c}第1種事業に\\係る消費税額\end{array}\right] \times 80\%}{売上げに係る消費税額}$$

(ロ)　簡便法

　なお、この場合において次の①及び②のいずれにも該当しないときには、〔算式Ⅱ〕により仕入控除税額を計算することもできます。

①　貸倒回収額がある場合

②　売上げに係る対価の返還等がある場合で、各種事業に係る消費税額からそれぞれの事業の売上げに係る対価の返還等に係る消費税額を控除して控除しきれない場合

〔算式Ⅱ（簡便法）〕

$$仕入控除税額 = \begin{array}{c}第1種事業に\\係る消費税額\end{array} \times 90\% + \left[\begin{array}{c}売上げに係\\る消費税額\end{array} - \begin{array}{c}第1種事業に\\係る消費税額\end{array}\right] \times 80\%$$

(ハ)　この特例の要件に該当する場合であっても、特例計算によらず原則的な方法（前記(2)による計算）によって仕入控除税額を計算することもできます。

　また、2種類の事業に係る課税売上高の合計が全体の75％以上を占める場合において、1種類の事業に係る課税売上高のみで既に全体の75％以上を占めるとき

には、この特例の要件と上記イの特例の要件とのいずれにも該当しますが、このような場合には、原則的な方法による計算も含めて、そのうち最も有利な仕入控除税額の計算方法を選択することができます。

> **チェックポイント**

☆　課税標準額に対する消費税額は、課税標準たる金額の合計額について1,000円未満の端数を切り捨て、その切捨てをした金額に税率を乗じた金額になります。

☆　**貸倒回収額がある場合**には、貸倒回収額に係る消費税額を「課税標準額に対する消費税額」に加算します（法39③、基通13―1―6）。

☆　課税標準額に対する消費税額から売上げに係る対価の返還等の金額に係る消費税額が控除して控除しきれない金額が生じた場合には、0円として計算します。

☆　売上げに係る対価の返還等がある場合において、各種事業に係る消費税額からそれぞれの事業の売上げに係る対価の返還等に係る消費税額を控除して控除しきれないときには、分母及び分子においてその事業に係る消費税額は0円として計算します。

☆　各種事業に係る消費税額の算出に際し、1円未満の端数が生じた場合には、その端数を切り捨てます。

10　設例に基づく仕入控除税額の計算

【設例1】　2種類以上の事業を営む事業者（原則計算）

区　　　　　分		課税売上高の　割　合	課税売上高（税抜き）	消　費　税　額
卸　売　業	第1種事業	26.66%	4,000千円	312千円
小　売　業	第2種事業	33.33%	5,000千円	390千円
不 動 産 業	第6種事業	40%	6,000千円	468千円
合　　　　　計		100%	15,000千円	1,170千円

　設例の場合には、特例計算の適用がありませんので、原則計算によるみなし仕入率で仕入控除税額を計算することになります。

（仕入控除税額の計算）

$$1{,}170千円 \times \left(\frac{312千円 \times 90\% + 390千円 \times 80\% + 468千円 \times 40\%}{312千円 + 390千円 + 468千円} \right)$$

$$= 1{,}170千円 \times \frac{780千円}{1{,}170千円} = 780千円$$

> みなし仕入率66.66%

（納付税額の計算）

　1,170千円 − 780千円 = 390千円

（地方消費税額の計算）

390千円×22/78＝110千円

（納付すべき消費税額及び地方消費税額の合計額）

390千円＋110千円＝500千円

【設例2】　2種類以上の事業を営む事業者（特例計算）

区　　　　分		課税売上高の割合	課税売上高（税抜き）	消　費　税　額
小　売　業	第2種事業	10％	2,000千円	156千円
飲　食　店	第4種事業	85％	17,000千円	1,326千円
不 動 産 業	第6種事業	5％	1,000千円	78千円
合　　　　計		100％	20,000千円	1,560千円

（課税売上高の割合）

① $\dfrac{17,000千円}{20,000千円} \geqq 75\%$……第4種事業

② $\dfrac{2,000千円＋17,000千円}{20,000千円} \geqq 75\%$……第2種事業と第4種事業

③ $\dfrac{17,000千円＋1,000千円}{20,000千円} \geqq 75\%$……第4種事業と第6種事業

（みなし仕入率の計算）

・①による場合　60％

・②による場合　$\dfrac{156千円×80\%＋1,404千円×60\%}{1,560千円}＝62\%$

・③による場合　$\dfrac{1,326千円×60\%＋234千円×40\%}{1,560千円}＝57\%$

・原則による場合

$\dfrac{156千円×80\%＋1,326千円×60\%＋78千円×40\%}{1,560千円}＝61\%$

　設例の場合、上記「②による場合」のとおり、第2種事業の課税売上高については80％のみなし仕入率を適用し、残りの課税売上高については第4種事業に係るみなし仕入率60％を適用することが、仕入控除税額の計算に当たって最も有利になります。

（仕入控除税額の計算）

$1,560千円×\dfrac{156千円×80\%＋1,404千円×60\%}{1,560千円}＝967.2千円$

（納付税額の計算）

1,560千円－967.2千円＝592.8千円

(地方消費税額の計算)

592.8千円×22/78＝167.2千円

(納付すべき消費税額及び地方消費税額の合計額)

592.8千円＋167.2千円＝760千円

11　他の税額控除等との関係

簡易課税制度は、仕入控除税額を簡単に算出する方法の特例として認められているものです。

したがって、他の税額控除は、別途行うことになります。

〔納付税額の計算方法〕

```
┌─────────────────────────────────────────────────┐
│  課税標準額×7.8％（軽減対象資産の譲渡等に係るものは6.24％）  │
└─────────────────────────────────────────────────┘
                        ↓プラス
┌─────────────────────────────────────────────────┐
│  貸倒れとして処理した課税資産の譲渡等の貸倒回収額に係る消費税額  │
└─────────────────────────────────────────────────┘
                        ↓マイナス
┌─────────────────────────────────────────────────┐
│  仕入れに係る消費税額                                │
│  (課税標準額に対 ＋ 貸倒回収額に － 売上げに係る対価の返還等) ×みなし仕入率 │
│   する消費税額     係る消費税額   の金額に係る消費税額          │
├─────────────────────────────────────────────────┤
│  売上げに係る対価の返還等の金額に係る消費税額        │
├─────────────────────────────────────────────────┤
│  貸倒れに係る消費税額                                │
└─────────────────────────────────────────────────┘
                        ↓
              ┌──────────────┐
              │  納　付　税　額  │
              └──────────────┘
```

(注)1　課税資産の譲渡等に係る売掛金等について貸倒れがあった場合又は貸倒れに係る売掛金を回収した場合における消費税額の計算は、次のようになります（基通13―1―6）。

　⑴　貸倒れとなった売掛金等に係る消費税額（その売掛金等の金額に7.8/110（※）を乗じて算出した金額をいいます。）は、その課税期間における課税標準額に対する消費税額から仕入控除税額とみなされる金額を控除した後の金額から控除します。

　　※　平成26年4月1日から令和元年9月30日までの間に行った課税資産の譲渡等に係る売掛金等については、6.3/108となります。

　　　また、軽減対象資産の譲渡等に係る売掛金については、6.24/108となります。

　⑵　回収した売掛金等に係る消費税額は、その回収した日の属する課税期間における課税標準額に対する消費税額に加算されます。

　2　令和元年10月1日以後に行った課税資産の譲渡等であっても、経過措置により旧税率（6.3％）を適用する場合があります（265ページ参照）。

第4　売上げに係る対価の返還等をした場合の消費税額の控除

　事業者（免税事業者を除きます。）が国内において行った課税資産の譲渡等（輸出取引等の消費税が免除されるものを除きます。）につき、売上げに係る対価の返還等をした場合には、その対価の返還等をした日の属する課税期間の課税標準額に対する消費税額からその対価の返還等に係る消費税額の合計額を控除します（法38）。

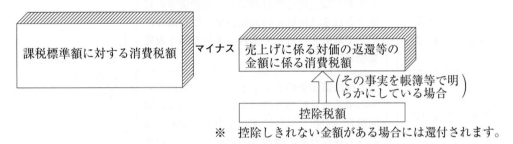

1　売上げに係る対価の返還等の意義

　売上げに係る対価の返還等をした場合とは、次のことをいいます（法38①）。

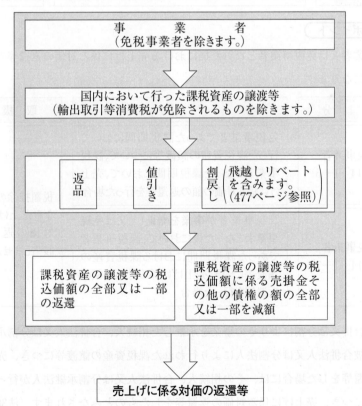

第2章　国内取引に係る消費税

　売上げに係る対価の返還等の判定に当たっては、次の点について注意する必要があります。

区　　分	内　　　　　容	判　　定
船舶の早出料 （基通14—1—1）	海上運送事業を営む事業者が船舶による運送に関連して支払う早出料	
販売奨励金等 （基通14—1—2）	事業者が販売促進の目的で販売奨励金等の対象とされる課税資産の販売数量、販売高等に応じて取引先に対して金銭により支払う販売奨励金等	売上げに係る対価の返還等に該当します。
事業分量配当金 （基通14—1—3）	法人税法第60条の2第1項第1号《協同組合等の事業分量配当等の損金算入》に掲げる協同組合等が組合員等に支払う事業分量配当金のうち課税資産の譲渡等の分量等に応じた部分の金額	
売上割引 （基通14—1—4）	課税資産の譲渡等に係る対価をその支払期日よりも前に支払を受けたこと等を基因として支払う売上割引	

チェックポイント

☆　課税事業者又は免税事業者となった後における売上げに係る対価の返還等の取扱いは、次のようになります。

区　　分	内　　　　　容	取　扱　い
課税事業者 （基通14—1—6）	免税事業者であった課税期間において行った課税資産の譲渡等について、課税事業者となった課税期間において、売上げに係る対価の額の返還等を行った場合	税額控除の対象となる売上げに係る対価の返還等に該当しません。
免税事業者 （基通14—1—7）	課税事業者が事業を廃止し、又は免税事業者となった後において、課税事業者であった課税期間における課税資産の譲渡等につき、売上げに係る対価の額の返還等を行った場合	

☆　相続、合併又は分割によりその事業を承継した相続人、合併法人又は分割承継法人が被相続人、被合併法人又は分割法人により行われた課税資産の譲渡等につき、売上げに係る対価の返還等をした場合には、その相続人、合併法人又は分割承継法人が行った課税資産の譲渡等につき、売上げに係る対価の返還等をしたものとみなされます（法38③④）。

☆　販売奨励金等の取扱いにおける取引先には、課税資産の販売の直接の相手方としての卸売業者等のほか、その販売先である小売業者等の取引関係者も含まれ、それらの者に対し

— 476 —

て支払う、いわゆる**飛越しリベート**等も売上げに係る対価の返還等に該当します。

☆　一の取引先に対して課税資産の譲渡等とその他の資産の譲渡等を行った場合において、これらの資産の譲渡等の対価の額につき、**一括して売上げに係る割戻しを行ったとき**には、それぞれの資産の譲渡等に係る部分の割戻金額を合理的に区分することになります（基通14—1—5）。

☆　同時に行った軽減対象資産の譲渡等とそれ以外の資産の譲渡等を対象として一括して対価の額の値引きが行われており、その資産の譲渡等に係る適用税率ごとの値引額又は値引額控除後の対価の額が明らかでない場合には、値引額をその資産の譲渡等に係る価額の比率により按分し、適用税率ごとの値引額及び値引額控除後の対価の額を区分することになります。

　なお、その資産の譲渡等に際して顧客へ交付する領収書等の書類により適用税率ごとの値引額又は値引額控除後の対価の額が確認できるときは、その資産の譲渡等に係る値引額又は値引額控除後の対価の額が、適用税率ごとに合理的に区分されているものに該当します（軽減通達15）。

2　対価の返還等を行った場合の処理

　売上げに係る対価の返還等を行った場合において、その課税期間に国内において行った課税資産の譲渡等の金額からその売上げに係る対価の返還等の金額を控除する経理処理（売上げに係る対価の返還等の金額について、税額ベースで調整せず、売上高ベースで調整する処理）を継続して行っているときには、この処理も認められています（基通14—1—8、軽減通達17）。

　なお、この場合であっても、その売上げに係る対価の返還等をした金額の明細を記録した帳簿を保存する必要があります。

3　対価の返還等を行った時期

　課税資産の譲渡等に係る売上割戻しについては、次に掲げる区分に応じ、次に掲げる日にその売上割戻しを行ったものとされます（基通14—1—9）。

区　　　　　　　分	売 上 割 戻 し の 時 期		
その算定基準が販売価額又は販売数量によっており、かつ、その算定基準が契約その他の方法により相手方に明示されている売上割戻し	原則	課税資産の譲渡等をした日	
	特例	事業者が継続して売上割戻しの金額の通知又は支払をした日に売上割戻しを行ったこととしている場合	その日
上記に該当しない売上割戻し	原則	その売上割戻しの金額の通知又は支払をした日	
	特例	各課税期間終了の日までに、その課税資産の譲渡等の対価の額について売上割戻しを支払うこと及びその売上割戻しの算定基準が内部的に決定されている場合において、事業者がその基準により計算した金額をその課税期間において未払金として計上するとともに確定申告書の提出期限までに相手方に通知したとき	継続適用を条件に未払金計上した課税期間

　なお、一定期間支払われない売上割戻しについての取扱いは、次のとおりです（基通14—1—10）。

売上割戻しの金額につき相手方との契約等により特約店契約の解約、災害の発生等の特別な事実が生ずるときまで又は5年を超える一定の期間が経過するまでその相手方名義の保証金等として預かることにしているため、相手方がその利益の全部又は一部を実質的に享受することができないと認められる場合	原則	現実に支払（売掛金等への充当を含みます。）を行った日
	特例	相手方がその日の前に実質的にその利益を享受できることになったと認められる次のような場合には、その享受できることになった日 (1)　相手方との契約等に基づいてその売上割戻しの金額に通常の金利を付けるとともに、その金利相当額については現実に支払っているか、又は相手方からの請求があれば支払うことにしている場合 (2)　相手方との契約等に基づいて保証金等に代えて有価証券その他の財産を提供することができることにしている場合 (3)　保証金等として預かっている金額が売上割戻しの金額のおおむね50％以下である場合 (4)　相手方との契約等に基づいて売上割戻しの金額を相手方名義の預金若しくは貯金又は有価証券等として保管している場合

第5節　税額控除等

チェックポイント

☆　課税資産の譲渡等を行った後に、**その課税資産の譲渡等が無効であった場合又は取消しをされた場合**の取扱いは、次のとおりです（基通14—1—11）。

区　　　　　　　　　　　　分	取　扱　い
課税資産の譲渡等の時がその無効であったことが判明した日又は取消しをされた日の属する課税期間	その課税資産の譲渡等はなかったものとなります。
課税資産の譲渡等の時が上記の課税期間前の課税期間	売上げに係る対価の返還等の適用が認められます。

4　控除税額の算出方法

売上げに係る対価の返還等の金額に係る消費税額は、税込みの売上げに係る対価の返還等の金額に7.8/110(注)（軽減対象課税資産の譲渡等に係るものである場合には6.24/108）を乗じて算出します（法38①）。

(注)　平成26年4月1日から令和元年9月30日までの間に行った課税資産の譲渡等について、売上げに係る対価の返還等をした場合には、6.3/108となります。

5　適用要件

売上げに係る対価の返還等の金額に係る消費税額について控除を受けるためには、売上げに係る対価の返還等をした金額の明細を記録した帳簿を課税期間の末日の翌日から2月を経過した日から7年間保存しなければなりません（法38②⑤、令58①②）。

なお、税額控除の要件となる帳簿への記載事項は、次のとおりです。

区分	記　　載　　事　　項
売上げに係る対価の返還等	①　売上げに係る対価の返還等を受けた者の氏名又は名称
	②　売上げに係る対価の返還等を行った年月日
	③　売上げに係る対価の返還等の内容
	④　売上げに係る対価の返還等をした金額

(注)　通常**不特定多数の者を相手として取引を行っている事業者**など、一定の事業を行う者については、上図の②から④に掲げる事項を記載します（令49②④、58①）。

— 479 —

第5　特定課税仕入れに係る対価の返還等を受けた場合の消費税額の控除

　事業者（免税事業者を除きます。）が、国内において行った特定課税仕入れにつき、値引き又は割戻しを受けたことにより、特定課税仕入れに係る対価の返還等を受けた場合には、その特定課税仕入れに係る対価の返還等を受けた日の属する課税期間の課税標準額に対する消費税額からその対価の返還等を受けた金額に係る消費税額の合計額を控除します（法38の２）。

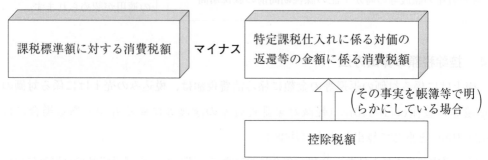

　※　控除しきれない金額がある場合には還付されます。

1　特定課税仕入れに係る対価の返還等の意義

　特定課税仕入れに係る対価の返還等を受けた場合とは、次のことをいいます（法38の２①）。

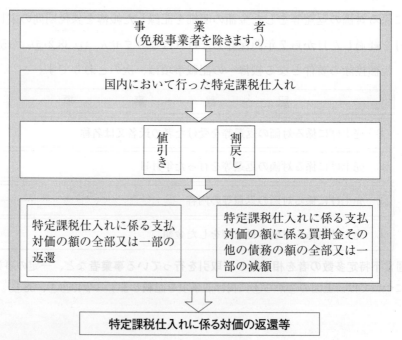

　チェックポイント

☆　課税事業者又は免税事業者となった後における特定課税仕入れに係る対価の返還等の取

扱いは、次のようになります。

区　　分	内　　　　　容	取　扱　い
課税事業者 （基通14―1―12）	免税事業者であった課税期間において行った特定課税仕入れについて、課税事業者となった課税期間において、特定課税仕入れに係る対価の返還等を受けた場合	税額控除の対象となる特定課税仕入れに係る対価の返還等に該当しません。
免税事業者 （基通14―1―13）	課税事業者が事業を廃止し、又は免税事業者となった後において、課税事業者であった課税期間における特定課税仕入れにつき、特定課税仕入れに係る対価の返還等を受けた場合	

(注)　課税売上割合が95％以上である課税期間（簡易課税制度の適用がない課税期間に限ります。）及び簡易課税制度が適用される課税期間については、当分の間、特定課税仕入れはなかったものとされるので、これらの課税期間において行った特定課税仕入れに係る支払対価について、その後の課税期間に対価の返還等を受けたとしても、税額控除の対象となる特定課税仕入れに係る対価の返還等に該当しません。

☆　特定課税仕入れに係る対価の返還等の処理について、課税仕入れの金額から直接控除する経理処理をする場合には、特定課税仕入れに係る課税仕入れと特定課税仕入れ以外の課税仕入れとに区分して行う必要があります（基通14―1―14）。

☆　相続、合併又は分割によりその事業を承継した相続人、合併法人又は分割承継法人が被相続人、被合併法人又は分割法人により行われた特定課税仕入れにつき、特定課税仕入れに係る対価の返還等を受けた場合にはその相続人、合併法人又は分割承継法人が行った特定課税仕入れにつき、特定課税仕入れに係る対価の返還等を受けたものとみなされます（法38の2③、④）。

2　控除税額の算出方法

特定課税仕入れに係る対価の返還等の金額に係る消費税額は、その返還等を受けた金額又は減額を受けた債務の額に7.8/100(注)を乗じて算出します（法38の2①）。

(注)　令和元年9月30日までに行った特定課税仕入れについて、対価の返還等を受けた場合には、6.3/100となります。

3　適用要件

特定課税仕入れに係る対価の返還等に係る消費税額について控除を受けるためには、特定課税仕入れに係る対価の返還等を受けた金額の明細を記録した帳簿を課税期間の末日の翌日から2月を経過した日から7年間保存しなければなりません（法38の2②⑤、令58の2①、②）。

なお、税額控除の要件となる帳簿への記載事項は、次のとおりです。

区分		記 載 事 項
特定課税仕入れに係る対価の返還等	①	特定課税仕入れに係る対価の返還等をした者の氏名又は名称
	②	特定課税仕入れに係る対価の返還等を受けた年月日
	③	特定課税仕入れに係る対価の返還等の内容
	④	特定課税仕入れに係る対価の返還等を受けた金額
	⑤	特定課税仕入れに係る対価の返還等である旨

第6　貸倒れに係る消費税額の控除

　事業者（免税事業者を除きます。）が国内において課税資産の譲渡等（輸出取引等の消費税が免除されるものを除きます。）を行った場合において、その課税資産の譲渡等の相手方に対する売掛金その他の債権につき債権の切捨て等一定の事実が生じたため、その課税資産の譲渡等の税込価額の全部又は一部の領収をすることができなくなったときには、その領収をすることができないことになった日の属する課税期間の課税標準額に対する消費税額から、その領収をすることができなくなった課税資産の譲渡等の税込価額に係る消費税額の合計額を控除します（法39①）。

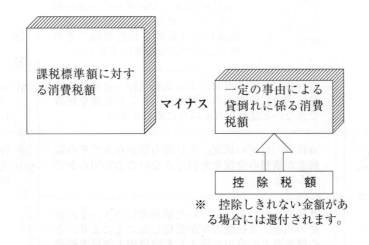

1　貸倒れに係る消費税額控除の概要

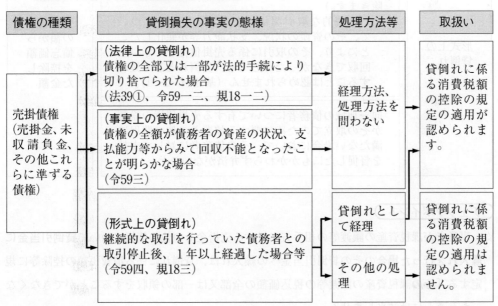

第2章　国内取引に係る消費税

2　貸倒れの範囲

売掛金等の貸倒れの範囲は、次のとおりです（法39①、令59、規18）。

区　　分	発　生　し　た　事　実　等		対象金額
法律上の貸倒れ	再生計画認可の決定による債権の切捨て		切り捨てられることとなった部分の金額
	特別清算に係る協定の認可の決定による債権の切捨て		
	関係者の協議決定による債権の切捨て	・　債権者集会の協議決定で合理的な基準により債務者の負債整理を定めたもの ・　行政機関又は金融機関その他の第三者のあっせんによる当事者間の協議により締結された契約でその内容が合理的な基準によるもの	
	債務者に対する書面による債務免除（債務者の債務超過の状態が相当期間継続し、その債務を弁済できないと認められる場合に限ります。）		債務免除の通知をした金額
事実上の貸倒れ	債務者の財産の状況、支払能力等からみてその債務者が債務の全額を弁済できないことが明らかであること		貸倒れた売掛債権の全額
形式上の貸倒れ	継続的な取引を行っていた債務者につき、その資産の状況、支払能力等が悪化したことにより、その債務者との取引を停止した時以後1年以上経過したこと（その債務について担保物がある場合を除きます。） (注)　継続的な取引関係になかった債務者について、その資産の状況、支払能力等が悪化したことにより、その取引に係る売掛債権を1年以上回収できなかったとしても、貸倒れとして処理することは認められません（基通14—2—1）。		売掛債権の額から備忘価額を控除した金額
	同一地域の債務者について有する売掛債権の総額がその取立てのために要する旅費その他の費用に満たない場合において、その債務者に対して支払を督促したにもかかわらず弁済がないこと		

チェックポイント

☆　事業者が課税資産の譲渡等の相手方に対する売掛金その他の債権について**貸倒引当金に繰入れを行った場合**のその貸倒引当金への繰入れは、貸倒れに係る消費税額の控除等に規定する「その課税資産の譲渡等の税込価額の全部又は一部の領収をすることができなくなったとき」には該当しません。

— 484 —

3 貸倒れに係る消費税額の計算

貸倒れに係る消費税額は、税込みの貸倒額に7.8/110（軽減対象課税資産の譲渡等に係るものである場合には6.24/108）㊟を乗じて算出します（法39①）。

㊟ 平成26年4月1日から令和元年9月30日までの間に行った課税資産の譲渡等に係る売掛金等が貸倒れとなった場合には、6.3/108となります。

チェックポイント

☆ 課税資産の譲渡等に係る売掛金等の債権とその他の資産の譲渡等に係る売掛金等の債権について貸倒れがあった場合において、これらを区分することが著しく困難であるときには、貸倒れとなったときにおけるそれぞれの債権の額の割合により課税資産の譲渡等に係る貸倒額を計算することができます（基通14―2―3）。

☆ 課税事業者又は免税事業者となった後における貸倒れについては、次のようになります。

区　分	内　　　　　容	取　扱　い
課税事業者 （基通14―2―4）	課税事業者が免税事業者であった課税期間において行った課税資産の譲渡等に係る売掛金等につき貸倒れが生じ、その課税資産の譲渡等の価額の全部又は一部の領収をすることができなくなった場合	貸倒れに係る消費税額の控除の規定の適用は認められません。
免税事業者 （基通14―2―5）	課税事業者が事業を廃止し、又は免税事業者となった後において、課税事業者であった課税期間において行った課税資産の譲渡等に係る売掛金等につき貸倒れが生じ、その課税資産の譲渡等の税込価額の全部又は一部の領収をすることができなくなった場合	

☆ 被相続人、被合併法人又は分割法人により行われた課税資産の譲渡等につき、その事業を承継した相続人、合併法人又は分割承継法人において貸倒れがあった場合にも適用されます（法39④⑥）。

4 適用要件

貸倒れに係る消費税額の控除の適用を受けるためには、貸倒れのあった事実を証する書類を課税期間の末日の翌日から2月を経過した日から7年間保存しなければなりません（法39②⑥、規19）。

5 貸倒れに係る消費税額の控除の適用を受けた売掛金等（税込価額）を後日領収した場合（法39③）

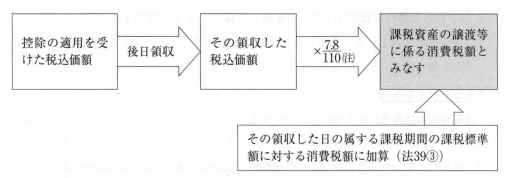

(注)1 軽減対象課税資産の譲渡等に係るものである場合には6.24/108となります。

2 平成26年4月1日から令和元年9月30日までの間に行った課税資産の譲渡等に係る売掛金等について、貸倒れに係る消費税額の控除の適用を受けた税込価額を後日領収した場合には、6.3/108となります。

チェックポイント

☆ 相続、合併又は分割によりその事業を承継した相続人、合併法人又は分割承継法人が被相続人、被合併法人又は分割法人により行われた課税資産の譲渡等につき、貸倒れに係る消費税額の控除の適用を受けた税込価額を後日領収した場合には、その相続人、合併法人又は分割承継法人が行った課税資産の譲渡等につき、貸倒れに係る消費税額の控除を受けた税込価額を後日領収したものとみなされます（法39⑤⑥）。

第6節　申告、納付

第1　確定申告

　課税事業者は、課税期間ごとに、原則として、その課税期間の末日の翌日から2月以内に所轄税務署長に消費税及び地方消費税の確定申告書を提出し、その申告に係る消費税額等を納付しなければなりません（法45、49）。

　ただし、課税事業者であっても、国内における課税資産の譲渡等（輸出取引等の消費税が免除されるものを除きます。）及び特定課税仕入れがなく、かつ、納付すべき消費税額がない課税期間については、申告義務がありません（法45①ただし書）。

　確定申告書は、事業者単位で提出することになりますので、事業部単位又は本支店等ごとに提出することは認められません。

　消費税法においては、課税資産の譲渡等を行った事業者がその課税資産の譲渡等に係る申告・納税を行うこととされていますが、電気通信利用役務の提供のうち「事業者向け電気通信利用役務の提供」の課税方式については、国外事業者からその役務の提供を受けた国内事業者がその役務の提供に係る申告・納税を行う、いわゆる「リバースチャージ方式」が導入されています（572ページ参照）。

1 申告期限

確定申告書の提出期限は、次のとおりです（法45、措法86の4）。

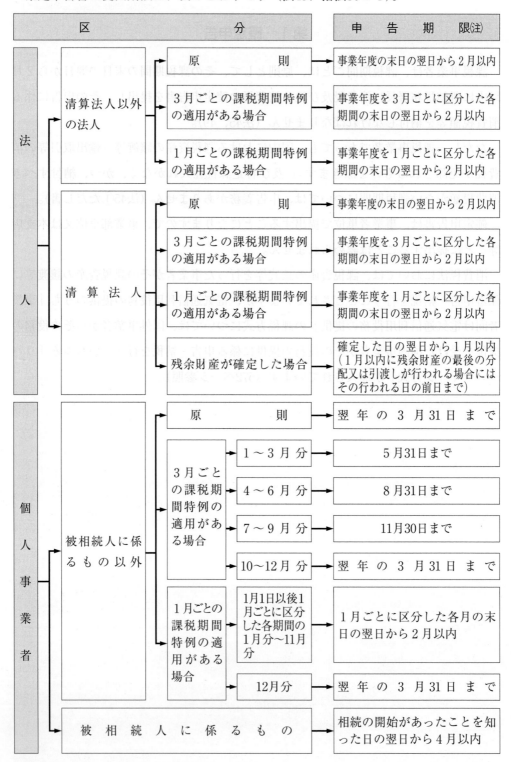

(注)1 申告期限が日曜日、国民の祝日、その他一般の休日又は土曜日等に当たる場合には、これらの日の翌日が申告期限になります（通則法10②、通則令2②）。
 2 **申告期限の延長**については、国税通則法に定める災害等を受けた場合の申告期限の延長制度があります（通則法11）。
 3 法人税の確定申告書の提出期限の延長の特例（法人税法第75条の2）の適用を受ける法人が、「消費税申告期限延長届出書」を提出した場合には、その提出をした日の属する事業年度以後の各事業年度終了の日の属する課税期間に係る消費税の確定申告書の提出期限については、その課税期間の末日から3月以内となります（法45の2）。
   ※ この特例は令和3年3月31日以後に終了する事業年度終了の日の属する課税期間から適用されます（令2改正法附則45）。
   なお、法人税法第75条《確定申告書の提出期限の延長》に規定されている申告期限の延長制度は、消費税等には適用がありません。

> チェックポイント

☆ **個人事業者の12月31日の属する課税期間**の確定申告期限については、翌年3月31日とされています（措法86の4）。
☆ 個人事業者が課税期間の中途又は課税期間を経過してから申告書の提出期限までの間にその申告書を提出しないで死亡した場合、その相続人は、被相続人の申告義務を承継します。また、合併があった場合にも、合併法人は、被合併法人の申告義務を承継します（法59）。

2 確定申告を要しない場合

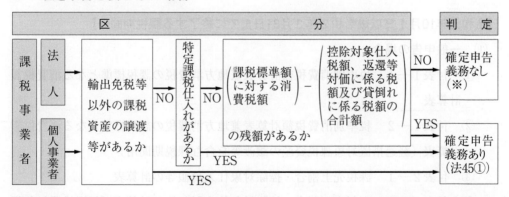

※ 確定申告義務がない場合（消費税法第9条第1項の規定により納税義務が免除される事業者を除きます。）であっても、還付申告を行うことができます（法46）。

3 書類の添付

仮決算による中間申告書、確定申告書及び還付申告書には、課税期間（中間申告書の場合には中間申告対象期間）中の資産の譲渡等の対価の額及び課税仕入れ等の税額の明

細その他の事項を記載した書類を添付しなければなりません（法43③、45⑤、46③）。

添付書類の具体的な記載内容は、次のとおりです（規21②③、22②③④）。

【令和元年9月30日までに終了する課税期間分】

(1) 一般申告の場合

① 別表　特定課税仕入れがある場合の課税標準額等の内訳書

② 付表1　旧・新税率別、消費税額計算表兼地方消費税の課税標準となる消費税額計算表〔経過措置対象課税資産の譲渡等を含む課税期間用〕

③ 付表2　課税売上割合・控除対象仕入税額等の計算表

④ 付表2—(2)　課税売上割合・控除対象仕入税額等の計算表〔経過措置対象課税資産の譲渡等を含む課税期間用〕

⑤ 消費税の還付申告に関する明細書（控除不足還付税額のある還付申告書に限ります。）

(2) 簡易課税制度による申告の場合

① 付表4　旧・新税率別、消費税額計算表兼地方消費税の課税標準となる消費税額計算表〔経過措置対象課税資産の譲渡等を含む課税期間用〕

② 付表5　控除対象仕入税額の計算表

③ 付表5—(2)　控除対象仕入税額等の計算表〔経過措置対象課税資産の譲渡等を含む課税期間用〕

【令和元年10月1日以後令和2年3月31日までに終了する課税期間分】

(1) 一般申告の場合

① 付表1—1　税率別消費税額計算表兼地方消費税の課税標準となる消費税額計算表

② 付表1—2　税率別消費税額計算表兼地方消費税の課税標準となる消費税額計算表〔経過措置対象課税資産の譲渡等を含む課税期間用〕

③ 付表2—1　課税売上割合・控除対象仕入税額等の計算表

④ 付表2—2　課税売上割合・控除対象仕入税額等の計算表〔経過措置対象課税資産の譲渡等を含む課税期間用〕

⑤ 消費税の還付申告に関する明細書（控除不足還付税額のある還付申告書に限ります。）

— 490 —

第6節　申告、納付

(2)　簡易課税制度による申告の場合

①　付表4—1　税率別消費税額計算表兼地方消費税の課税標準となる消費税額計算表

②　付表4—2　税率別消費税額計算表兼地方消費税の課税標準となる消費税額計算表〔経過措置対象課税資産の譲渡等を含む課税期間用〕

③　付表5—1　控除対象仕入税額等の計算表

④　付表5—2　控除対象仕入税額等の計算表〔経過措置対象課税資産の譲渡等を含む課税期間用〕

【令和2年4月1日以後終了する課税期間分】

(1)　一般申告の場合

①　付表1—1　税率別消費税額計算表兼地方消費税の課税標準となる消費税額計算表〔経過措置対象課税資産の譲渡等を含む課税期間用〕

②　付表1—2　税率別消費税額計算表兼地方消費税の課税標準となる消費税額計算表〔経過措置対象課税資産の譲渡等を含む課税期間用〕

③　付表1—3　税率別消費税額計算表兼地方消費税の課税標準となる消費税額計算表

④　付表2—1　課税売上割合・控除対象仕入税額等の計算表〔経過措置対象課税資産の譲渡等を含む課税期間用〕

⑤　付表2—2　課税売上割合・控除対象仕入税額等の計算表〔経過措置対象課税資産の譲渡等を含む課税期間用〕

⑥　付表2—3　課税売上割合・控除対象仕入税額等の計算表

⑦　消費税の還付申告に関する明細書（控除不足還付税額のある還付申告書に限ります。）

(2)　簡易課税制度による申告の場合

①　付表4—1　税率別消費税額計算表兼地方消費税の課税標準となる消費税額計算表〔経過措置対象課税資産の譲渡等を含む課税期間用〕

②　付表4—2　税率別消費税額計算表兼地方消費税の課税標準となる消費税額計算表〔経過措置対象課税資産の譲渡等を含む課税期間用〕

③　付表4—3　税率別消費税額計算表兼地方消費税の課税標準となる消費税額計算表

④　付表5—1　控除対象仕入税額等の計算表〔経過措置対象課税資産の譲渡等

第2章　国内取引に係る消費税

を含む課税期間用〕

⑤　付表5─2　控除対象仕入税額等の計算表〔経過措置対象課税資産の譲渡等
を含む課税期間用〕

⑥　付表5─3　控除対象仕入税額等の計算表

(3)　売上税額の計算の特例による申告の場合

①　課税資産の譲渡等の対価の額の計算表〔軽減売上割合（10営業日）を使用す
る課税期間用〕

②　課税資産の譲渡等の対価の額の計算表〔小売等軽減仕入割合を使用する課税
期間用〕

(4)　仕入税額の計算の特例による申告の場合

課税仕入れ等の税額の計算表〔小売等軽減売上割合を使用する課税期間用〕

— 492 —

第2　中間申告

　課税期間が3月を超える課税事業者は、課税期間の開始の日以後1月ごと、3月ごと又は6月ごとに区分した各期間の末日の翌日から、原則として、2月以内に所轄税務署長に対して消費税及び地方消費税の中間申告書を提出し、その申告に係る消費税額等を納付しなければなりません（法42、43、48、令63の2①、措令46の2①）。

1　中間申告をしなければならない事業者

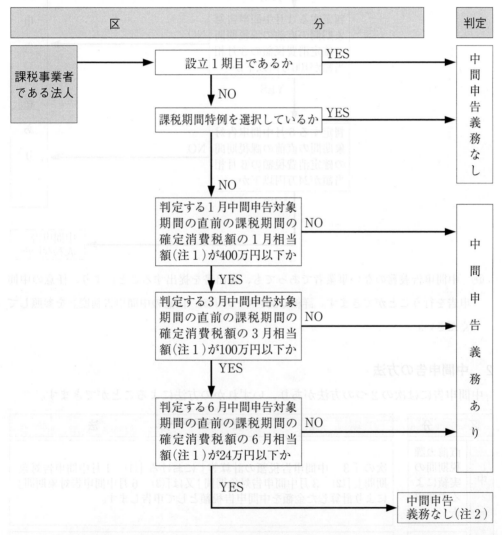

⑴注1　法人が合併した場合には、一定の調整後の金額になります。詳細は500ページ「(4) 法人が合併した場合の中間申告の特例」を参照してください。
　　2　中間申告義務のない事業者であっても、届出書を提出することにより、任意の中間申告を行うことができます。詳細は504ページ「(5) 任意の中間申告制度」を参照してください。

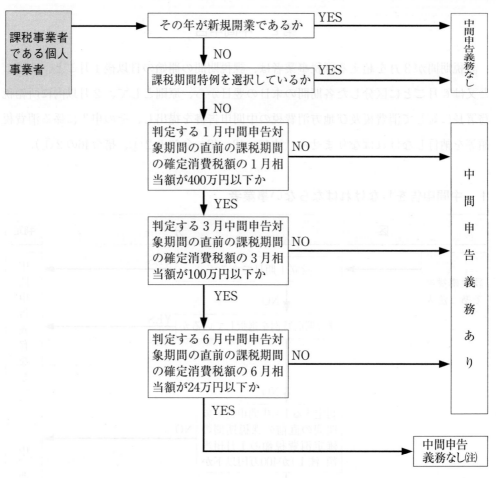

(注) 中間申告義務のない事業者であっても、届出書を提出することにより、任意の中間申告を行うことができます。詳細は504ページ「(5) 任意の中間申告制度」を参照してください。

2 中間申告の方法

中間申告には次の2つの方法があり、いずれかの方法によることができます。

区　　分	計　算　方　法
中間申告 / 直前の課税期間の実績による中間申告	次の「3 中間申告税額の計算等」における「(1) 1月中間申告対象期間」、「(2) 3月中間申告対象期間」又は「(3) 6月中間申告対象期間」により計算した金額を中間申告税額として申告します。
中間申告 / 仮決算に基づく中間申告	中間申告対象期間を一課税期間とみなして、「課税標準額（課税資産の譲渡等に係る課税標準額及び特定課税仕入れに係る課税標準額）に対する消費税額等－仕入れに係る消費税額等＝残額」を中間申告税額として申告します。 ＊　控除不足額が生じても還付になりません（基通15―1―5）（残額がマイナスの場合には0円とします。）。

第6節　申告、納付

┌─ **チェックポイント** ─┐

☆　仮決算による中間申告書については、その中間申告対象期間中の資産の譲渡等の対価の額及び課税仕入れ等の税額の明細その他の事項を記載した書類を添付しなければなりません（法43③、規21②③）（489ページ参照）。

3　中間申告税額の計算等

中間申告税額は、直前の課税期間の確定消費税額（年税額）により、次の区分により計算し、申告及び納付しなければなりません。

直前の課税期間の年間確定消費税額（地方消費税額込み）	48万円以下 (61万5,300円以下)	48万円超 (61万5,300円超)	400万円超 (512万8,200円超)	4,800万円超 (6,153万8,400円超)
中間申告の回数	中間申告不要(注)	年1回	年3回	年11回
中間申告対象期間	―	6月	3月	1月

(注)1　中間申告義務のない事業者であっても、届出書を提出することにより、任意の中間申告を行うことができます。詳細は504ページ「(5)　任意の中間申告制度」を参照してください。

2　法人が合併した場合には、一定の調整後の金額により、いずれの区分に該当するかを判定します。詳細は500ページ「(4)　法人が合併した場合の中間申告の特例」を参照してください。

3　上表の「地方消費税額込み」の金額は、令和元年10月1日以後に開始した課税期間に限ります。

(1)　1月中間申告対象期間

次のように計算した金額（中間申告税額）が400万円を超える場合、その1月中間申告対象期間については、中間申告義務があります（法42①）。

中間申告対象期間	中間申告税額の計算	申告・納付期限
個人事業者の1月、2月分 申告期限延長法人（注1）の最初の1月、2月分	$$\dfrac{課税期間開始の日から3月を経過した日の前日（注2）までに確定した直前の課税期間の消費税額}{直前の課税期間の月数} \times 1$$	課税期間開始の日以後3月を経過した日から2月以内
上記以外の法人の最初の1月分	$$\dfrac{課税期間開始の日から2月を経過した日の前日（注2）までに確定した直前の課税期間の消費税額}{直前の課税期間の月数} \times 1$$	課税期間開始の日以後2月を経過した日から2月以内

― 495 ―

| 上記以外 | $\dfrac{\text{課税期間開始の日以後1月ごとに区分した各中間申告対象期間の末日までに確定した直前の課税期間の消費税額}}{\text{直前の課税期間の月数}} \times 1$ | 各中間申告対象期間の末日の翌日から2月以内 |

(注)1 消費税法第45条の2第1項の規定の適用を受け、直前の課税期間の確定申告書の提出期限がその課税期間の末日から3月以内となる法人をいいます（489ページ(注)3参照）。

2 その課税期間の直前の課税期間の確定申告書の提出期限につき国税通則法第10条第2項《期間の計算及び期限の特例》の規定の適用がある場合には、同項の規定によりその確定申告書の提出期限とみなされる日となります。

〔1月ごとの中間申告の申告・納付期限〕

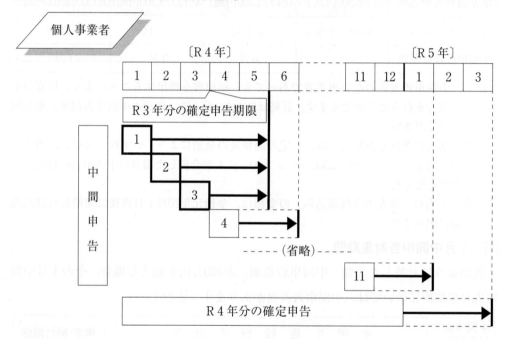

第6節　申告、納付

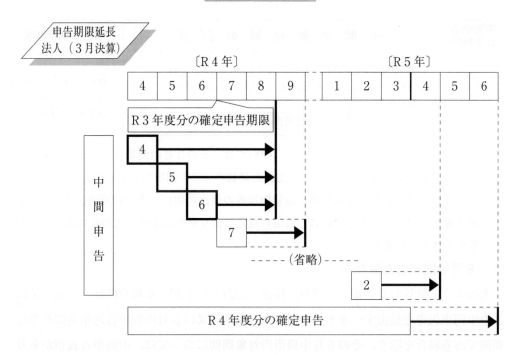

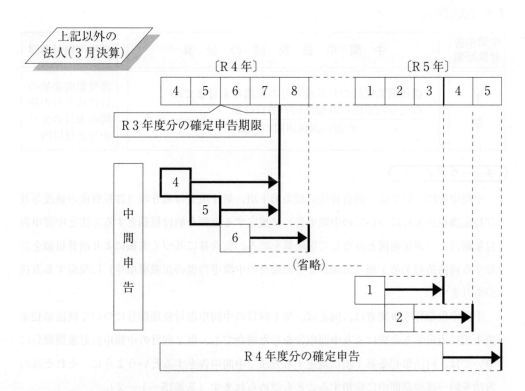

(2)　3月中間申告対象期間

　次のように計算した金額（中間申告税額）が100万円を超える場合には、上記(1)の中間申告書を提出すべき1月中間申告対象期間を含む期間である場合を除き、その3月中間申告対象期間については、中間申告義務があります（法42④）。

第2章　国内取引に係る消費税

中間申告 対象期間	中　間　申　告　税　額　の　計　算	申告・納付期限
各 四 半 期	$$\frac{課税期間開始の日以後３月ごとに区分した各中間申告対象期間の末日{\tiny(注)}までに確定した直前の課税期間の消費税額}{直前の課税期間の月数} \times 3$$	各中間申告対象期間の末日の翌日から２月以内

(注)　個人事業者及び申告期限延長法人については、その３月中間申告対象期間がその課税期間開始の日以後３月ごとに区分された最初の３月中間申告対象期間であり、かつ、その課税期間の直前の課税期間の確定申告書の提出期限につき国税通則法第10条第2項の規定の適用がある場合には、同項の規定によりその確定申告書の提出期限とみなされる日となります。

(3)　6月中間申告対象期間

　次のように計算した金額（中間申告税額）が24万円を超える場合には、上記⑴又は⑵の中間申告書を提出すべき１月中間申告対象期間又は３月中間申告対象期間を含む期間である場合を除き、その６月中間申告対象期間については、中間申告義務があります（法42⑥）。

中間申告 対象期間	中　間　申　告　税　額　の　計　算	申告・納付期限
半 期	$$\frac{課税期間開始の日以後６月の期間の末日までに確定した直前の課税期間の消費税額}{直前の課税期間の月数} \times 6$$	課税期間開始の日以後６月の期間の末日の翌日から２月以内

チェックポイント

☆　中間申告については、消費税法第42条第１項、第４項又は第６項《課税資産の譲渡等及び特定課税仕入れについての中間申告》に規定する金額を納付税額とする方法と中間申告対象期間を一課税期間とみなして仮決算を組み、仮決算に基づく実額により消費税額を計算する同法第43条第１項《仮決算をした場合の中間申告書の記載事項等》に規定する方法があります。

　中間申告を行う事業者は、例えば、第１回目の中間申告対象期間分について同法第42条第１項に規定する金額により中間申告をした場合でも、第２回目の中間申告対象期間分については、同法第43条第１項に規定する方法で中間申告をするというように、それぞれの方法を同一課税期間中に併用することも認められます（基通15—1—2）。

　ただし、上記の場合であっても第１回目の中間申告対象期間について同法第42条第１項の規定を適用し、第２回目の中間申告対象期間分においては、課税期間の開始の日から第2回目の中間申告対象期間の末日までの仮決算を行い、それに基づいて消費税額の計算をし、その消費税額から第１回目の中間申告対象期間の中間申告額を控除した金額を第２回

第6節　申告、納付

目の中間申告対象期間分の中間申告額とすることは認められません。

☆　簡易課税制度を適用すべき事業者が仮決算に基づく中間申告書を提出する場合には、簡
　　易課税制度を適用して納付すべき消費税額を計算することになります（基通15—1—3）。

☆　仮決算に基づく中間申告を行う場合において、「(1)　1月中間申告対象期間」により計
　　算した消費税額が400万円を超えるとき、「(2)　3月中間申告対象期間」により計算した消
　　費税額が100万円を超えるとき又は「(3)　6月中間申告対象期間」により計算した消費税
　　額が24万円を超えるときは、仮決算により計算した消費税額がそれぞれ400万円以下、100
　　万円以下又は24万円以下となるときであっても中間申告書を提出しなければなりません
　　（基通15—1—4）。

☆　直前の課税期間の確定消費税額の年換算額が4,800万円を超える事業者は、1月目と2
　　月目の1月中間申告対象期間に係る中間申告書の提出期限は同一の日となりますが（法42
　　①）、**1月目と2月目の中間申告については、それぞれの中間申告対象期間ごとに中間申告
　　書を提出することになります（1枚の中間申告書で合算して申告することはできません。）**。
　　　また、1月中間申告対象期間を一課税期間とみなして仮決算を組み、仮決算に基づく実
　　額により納付税額を計算する場合においても同様です。
　　　なお、例えば、課税期間開始の日から1月ごとに中間申告を行わなければならない個人
　　事業者や申告期限延長法人については、1月目、2月目及び3月目の中間申告対象期間に
　　係る中間申告書の提出期限は同一の日となりますが、この場合においても、それぞれ中間
　　申告対象期間ごとに中間申告書を提出することになります（基通15—1—4の2）。

☆　仮決算に基づく中間申告書を提出する場合には、**控除不足額（還付額）**が生じるとして
　　も、その控除不足額について還付を受けることはできません（残額がマイナスの場合には
　　0円とします。）（基通15—1—5）。

☆　**中間申告書を提出すべき事業者が、提出期限までに中間申告書を提出しなかった場合に**
　　は、その事業者については、それぞれの提出期限において中間申告書の提出があったもの
　　として、上記「2　中間申告の方法」の「直前の課税期間の実績による中間申告」により
　　計算した消費税額が直ちに確定することになります（法44、基通15—1—6）。
　　　なお、この場合において、仮決算の結果、中間申告額がマイナスとなる場合であっても、
　　中間申告書を提出しない場合には直前の課税期間の確定税額の6か月（3か月又は1か
　　月）相当額による中間申告書の提出があったものとみなされます。

☆　国税通則法第11条《災害等による期限の延長》の規定による申告に関する期限の延長に
　　より、中間申告書の提出期限とその中間申告書に係る課税期間の確定申告書の提出期限と
　　が同一の日となる場合は、その中間申告書を提出することを要しません（法42の2）。
　　　なお、この場合において例えば、消費税法第42条第4項の中間申告書で、同一の課税期
　　間内に異なる3月中間申告対象期間の提出期限が同一の日となった場合のように、中間申
　　告書の提出期限のみが同一の日となっても、その中間申告書の提出は要しないこととはな

— 499 —

らず、それぞれの中間申告対象期間について、それぞれ申告書の提出が必要となります（基通15—1—11）。

(4) 法人が合併した場合の中間申告の特例

法人が合併をした場合には、次のように調整した金額により中間申告の要否を判定することになり、その金額が中間申告税額になります（法42②③⑤⑦）。

イ　吸収合併法人に係る１月中間申告対象期間に係る中間申告の特例

課税事業者が吸収合併に係る合併法人で、次の期間内にその合併をしたものである場合、上記「(1)　１月中間申告対象期間」により計算した金額は、次の算式により計算した金額を加算した金額になります（法42②）。

(イ)　その課税期間の直前の課税期間内に吸収合併があった場合（法42②一）

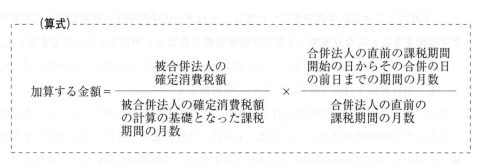

(注)１　**被合併法人の確定消費税額**とは、**被合併法人特定課税期間**の消費税額で合併法人のその１月中間申告対象期間に係る**確定日**までに確定したもの（被合併法人特定課税期間の月数が３月に満たない場合又はその確定したものがない場合には、被合併法人特定課税期間の直前の課税期間（その月数が３月に満たないものを除きます。）の消費税額で合併法人のその１月中間申告対象期間に係る確定日までに確定したもの）をいいます（以下(ロ)及びロにおいて同様です。）。

２　**被合併法人特定課税期間**とは、被合併法人のその合併の日の前日の属する課税期間をいいます（以下(ロ)からへまでにおいて同様です。）。

３　**確定日**とは、１月中間申告対象期間の区分に応じてそれぞれ次の日をいいます（法42①一。以下(ロ)及びロにおいて同様です。）。

(1)　その課税期間開始の日から同日以後２月を経過した日の前日までに終了した１月中間申告対象期間

その課税期間開始の日から２月を経過した日の前日（その課税期間の直前の課税期間の確定申告書の提出期限につき国税通則法第10条第２項《期間の計算及び期限の特例》の規定の適用がある場合には、同項の規定によりその確定申告書の提出期限とみなされる日）

(2)　(1)以外の１月中間申告対象期間

その１月中間申告対象期間の末日

第6節　申告、納付

(ロ)　その課税期間開始の日からその１月中間申告対象期間の末日までの期間内に吸収合併があった場合（法42②二）

---（算式）---

$$加算する金額 = \frac{被合併法人の確定消費税額}{被合併法人の確定消費税額の計算の基礎となった課税期間の月数}$$

ロ　新設合併法人に係る１月中間申告対象期間に係る中間申告の特例

課税事業者が新設合併に係る合併法人である場合、設立後最初の課税期間における中間申告税額は、次のようになります（法42③）。

---（算式）---

$$中間申告税額 = \frac{各被合併法人の確定消費税額}{各被合併法人の確定消費税額の計算の基礎となった課税期間の月数}\ の合計額$$

ハ　吸収合併法人に係る３月中間申告対象期間に係る中間申告の特例

課税事業者が吸収合併に係る合併法人で、次の期間内にその合併をしたものである場合、上記「(2)　３月中間申告対象期間」により計算した金額は、次の算式により計算した金額を加算した金額になります（法42②⑤）。

(イ)　その課税期間の直前の課税期間内に吸収合併があった場合（法42②一、⑤）

---（算式）---

$$加算する金額 = \frac{被合併法人の確定消費税額}{被合併法人の確定消費税額の計算の基礎となった課税期間の月数} \times \frac{合併法人の直前の課税期間開始の日からその合併の日の前日までの期間の月数}{合併法人の直前の課税期間の月数} \times 3$$

(注)　**被合併法人の確定消費税額**とは、**被合併法人特定課税期間**の消費税額で合併法人のその３月中間申告対象期間の末日までに確定したもの（被合併法人特定課税期間の月数が３月に満たない場合又はその確定したものがない場合には、被合併法人特定課税期間の直前の課税期間（３月に満たないものを除きます。）の消費税額で合併法人のその３月中間申告対象期間の末日までに確定したもの）をいいます（以下(ロ)及びニにおいて同様です。）。

— 501 —

第2章　国内取引に係る消費税

(ロ)　その課税期間開始の日からその3月中間申告対象期間の末日までの期間内に吸収合併があった場合（法42②二、⑤）

　　（算式）

$$加算する金額 = \frac{被合併法人の確定消費税額}{被合併法人の確定消費税額の計算の基礎となった課税期間の月数} \times 合併の日からその3月中間申告対象期間の末日までの期間の月数^{(注)}$$

(注)　その月数が3を超えるときは、3とします。

ニ　新設合併法人に係る3月中間申告対象期間に係る中間申告の特例

　課税事業者が新設合併に係る合併法人である場合、設立後最初の課税期間における中間申告税額は、次のようになります（法42③⑤）。

　　（算式）

$$中間申告税額 = \frac{各被合併法人の確定消費税額}{各被合併法人の確定消費税額の計算の基礎となった課税期間の月数} \times 3 \quad の合計額$$

ホ　吸収合併法人に係る6月中間申告対象期間に係る中間申告の特例

　課税事業者が吸収合併に係る合併法人で、次の期間内にその合併をしたものである場合、上記「(3)　6月中間申告対象期間」により計算した金額は、次の算式により計算した金額を加算した金額になります（法42②⑦）。

(イ)　その課税期間の直前の課税期間内に吸収合併があった場合（法42②一、⑦）

　　（算式）

$$加算する金額 = \frac{被合併法人の確定消費税額}{被合併法人の確定消費税額の計算の基礎となった課税期間の月数} \times \frac{合併法人の直前の課税期間開始の日からその合併の日の前日までの期間の月数}{合併法人の直前の課税期間の月数} \times 6$$

(注)　**被合併法人の確定消費税額**とは、**被合併法人特定課税期間**の消費税額で合併法人のその6月中間申告対象期間の末日までに確定したもの（被合併法人特定課税期間の月数が6月に満たない場合又はその確定したものがない場合には、被合併法人特定課税期間の直前の課税期間（6月に満たないものを除きます。）の消費税額で合併法人のその6月中間申告対象期間の末日までに確定したもの）をいいます（以下(ロ)及びへにおいて同様です。）。

— 502 —

ロ その課税期間開始の日からその6月中間申告対象期間の末日までの期間内に吸収合併があった場合（法42②二、⑦）

ヘ 新設合併法人に係る6月中間申告対象期間に係る中間申告の特例

課税事業者が新設合併法人に係る合併法人である場合、設立後最初の課税期間における中間申告税額は、次のようになります（法42③⑦）。

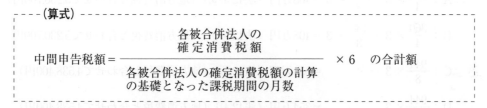

〔設例1〕吸収合併があった場合の中間申告税額は、次のようになります。

合併法人（3月決算）　令和3年3月末　令和4年3月末　8/1合併　令和5年3月末　令和6年3月末
確定消費税額720万円　　A　B　　C　D　E

被合併法人（3月決算）　3月末　3月末　(4ヵ月)　確定消費税額600万円
確定消費税額432万円
確定消費税額144万円

A : $\dfrac{720}{12} \times 3 + \dfrac{144}{4} \times 2 = 252$万円（法42②二、⑤）（地方消費税と合わせて3,230,700円）

B : $\dfrac{720}{12} \times 3 + \dfrac{144}{4} \times 3 = 288$万円（法42②二、⑤）（地方消費税と合わせて3,692,300円）

C : $\dfrac{600}{12} \times 3 + \dfrac{144}{4} \times \dfrac{4}{12} \times 3 = 186$万円
　　（法42②一、⑤）（地方消費税と合わせて2,384,600円）

D : $\dfrac{600}{12} \times 3 + \dfrac{144}{4} \times \dfrac{4}{12} \times 3 = 186$万円
　　（法42②一、⑤）（地方消費税と合わせて2,384,600円）

E : $\dfrac{600}{12} \times 3 + \dfrac{144}{4} \times \dfrac{4}{12} \times 3 = 186$万円
　　（法42②一、⑤）（地方消費税と合わせて2,384,600円）

〔設例2〕新設合併があった場合の中間申告税額は、次のようになります。

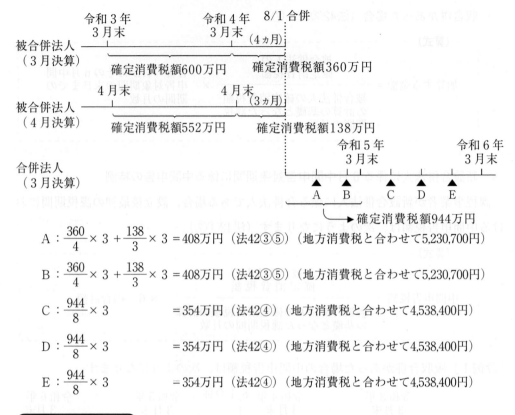

A：$\dfrac{360}{4} \times 3 + \dfrac{138}{3} \times 3 = 408$万円（法42③⑤）（地方消費税と合わせて5,230,700円）

B：$\dfrac{360}{4} \times 3 + \dfrac{138}{3} \times 3 = 408$万円（法42③⑤）（地方消費税と合わせて5,230,700円）

C：$\dfrac{944}{8} \times 3 = 354$万円（法42④）（地方消費税と合わせて4,538,400円）

D：$\dfrac{944}{8} \times 3 = 354$万円（法42④）（地方消費税と合わせて4,538,400円）

E：$\dfrac{944}{8} \times 3 = 354$万円（法42④）（地方消費税と合わせて4,538,400円）

| チェックポイント |

☆　課税事業者である個人事業者が相続により被相続人の事業を承継した場合であっても、その個人事業者については、その個人事業者のその直前の課税期間に係る確定消費税額を基礎として中間申告税額を計算します（基通15─1─1）。

　また、分割があった場合も同様に、分割承継法人については、その分割承継法人のその直前の課税期間に係る確定消費税額を基礎として中間申告税額を計算します（基通15─1─1(注)）。

(5) 任意の中間申告制度

　直前の課税期間の確定消費税額（年税額）が48万円以下の事業者（中間申告義務のない事業者）が、任意に中間申告書（年1回）を提出する旨を記載した届出書（以下「任意の中間申告書を提出する旨の届出書」といいます。）を所轄税務署長に提出した場合には、その届出書を提出した日以後にその末日が最初に到来する6月中間申告対象期間から、中間申告及び納付をすることができます（法42⑧）。

　(注)1　**6月中間申告対象期間**とは、その課税期間（個人事業者にあっては事業を開始した日の属する課税期間、法人にあっては6月を超えない課税期間及び新たに設立された法人のうち合併により設立されたもの以外のものの設立の日の属する課税期間を除きます。）開始の日以後6月の期間で、年1回の中間申告の対象となる期間をい

第6節　申告、納付

います（法42⑥）。

　2　任意の中間申告制度を適用する場合であっても、**仮決算**を行って計算した消費税額及び地方消費税額により中間申告及び納付をすることができます。

（チェックポイント）

☆　直前の課税期間の確定消費税額（年税額）が48万円以下の場合には、例えば、その課税期間の直前の課税期間において免税事業者であることにより確定申告書を提出すべき義務がない場合や、還付申告書を提出している場合のように、「(3)　6月中間申告対象期間」により計算した消費税額がない場合が含まれます（基通15─1─1の2）。

　　また、「(3)　6月中間申告対象期間」により計算した消費税額がない場合における6月中間申告対象期間に係る中間申告書（以下「6月中間申告書」といいます。）の提出は、消費税額を「0円」とする6月中間申告書又は仮決算に基づく中間申告書（法43）の規定による中間申告書により行うことになります。

☆　「任意の中間申告書を提出する旨の届出書」を提出した事業者は、この制度の適用を受けることをやめようとするとき又は事業を廃止したときは、「任意の中間申告書を提出することの取りやめ届出書」を所轄税務署長に提出しなければなりません（法42⑨）。

　　「任意の中間申告書を提出することの取りやめ届出書」の提出があったときは、その提出があった日以後にその末日が最初に到来する6月中間申告対象期間以後の6月中間申告対象期間について、「任意の中間申告書を提出する旨の届出書」は、その効力を失います（法42⑩）。

☆　「任意の中間申告書を提出する旨の届出書」を提出した事業者が、その提出をした日以後にその末日が最初に到来する6月中間申告対象期間以後の6月中間申告対象期間に係る**中間申告書をその提出期限までに提出しなかった場合、その事業者は、「任意の中間申告書を提出することの取りやめ届出書」をその6月中間申告対象期間の末日に所轄税務署長に提出したものとみなされます**（法42⑪、基通15─1─1の2(注)）。

☆　直前の課税期間の確定消費税額（年税額）が48万円超の事業者（中間申告義務のある事業者）が中間申告書をその提出期限までに提出しなかった場合には、中間申告書の提出があったものとみなすこととされていますが、**任意の中間申告制度の場合、中間申告書の提出があったものとはみなされません（中間納付することができないこととなります。）**（法44かっこ書、基通15─1─6・7(注)）。

☆　「任意の中間申告書を提出する旨の届出書」の効力は、「任意の中間申告書を提出することの取りやめ届出書」を提出（「任意の中間申告書を提出することの取りやめ届出書」を提出したとみなされる場合を含みます。）しない限り存続します。

　　そのため、例えば、「任意の中間申告書を提出する旨の届出書」を提出している事業者が、その課税期間の基準期間における課税売上高が1,000万円以下となり免税事業者となった場合でも、その後の課税期間において基準期間における課税売上高が1,000万円を超

— 505 —

え課税事業者となったときは、6月中間申告対象期間（直前の課税期間の確定消費税額（年税額）が48万円以下であるものに限ります。）について、6月中間申告書を提出することができます。

　なお、免税事業者となった課税期間については、そもそも中間申告書や確定申告書を提出する義務がないので、6月中間申告書の提出がないとしても消費税法第42条第11項の規定は適用されず、「任意の中間申告書を提出することの取りやめ届出書」を提出したものとはみなされません（基通15―1―1の3）。

☆　課税事業者については、直前の課税期間が免税事業者であったため、確定申告書を提出する義務がなかったことや、直前の課税期間に還付申告書を提出していたため、直前の課税期間の確定消費税額の金額がない場合であっても、「任意の中間申告書を提出する旨の届出書」の効力を存続させるためには、自主的に中間申告書（消費税額を「0円」とする中間申告書又は仮決算による中間申告書）を提出する必要があります（基通15―1―1の2(注)）。

☆　3月中間申告義務のある事業者が、次の事例のとおり、令和4年6月30日（6月中間申告対象期間の末日）までに「任意の中間申告書を提出する旨の届出書」を提出していたとしても、令和4年1月1日から令和4年6月30日までの6月中間申告対象期間のうちに、消費税法第42条第4項の規定による申告書を提出すべき3月中間申告対象期間（令和4年1月1日から3月31日）が含まれていますので、令和4年1月1日から令和4年6月30日までの6月中間申告対象期間について、6月中間申告書を提出する義務は生じません（任意に6月中間申告書を提出することはできません。）。

【事例：年1回12月末決算法人】

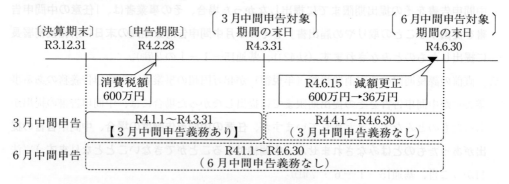

①　令和4年2月28日、令和3年12月期の確定申告書を提出
　　確定消費税額（国税）600万円
②　令和4年5月29日、3月中間申告書（令和4年1月から3月分）を提出
　　3月中間申告対象期間の末日（令和4年3月31日）までに確定した金額
　　＝　600万円　＞　400万円
　　→　3月中間申告が必要

③　令和4年6月15日、令和3年12月期について減額更正

　　確定消費税額　600万円　⇒　36万円

　　6月中間申告対象期間の末日（令和4年6月30日）までに確定した金額

　　　=　36万円　≦　48万円

☆　「任意の中間申告書を提出する旨の届出書」を提出している事業者についても、国税通則法第11条《災害等による期限の延長》の規定による申告に関する期限の延長により、中間申告書の提出期限とその中間申告書に係る課税期間の確定申告書の提出期限が同一の日となる場合には、その中間申告書の提出を要しませんので、「任意の中間申告書を提出することの取りやめ届出書」を提出したものとはみなされません（基通15—1—10）。

第3　還付申告

　課税事業者であっても、その課税期間において、国内における課税資産の譲渡等（輸出取引等を除きます。）及び特定課税仕入れがなく、かつ、納付すべき消費税額等がない場合には、確定申告義務が免除されますので確定申告書を提出する必要はありませんが、このような場合であっても、消費税法第30条《仕入れに係る消費税額の控除》から第41条《税額控除の計算の細目》までの規定により控除する税額があって還付金が発生するときには、還付申告書を提出して還付を受けることができます（法46、52、53）。

　(注)　仕入れに係る消費税額の控除については、320ページから486ページまでを参照してください。

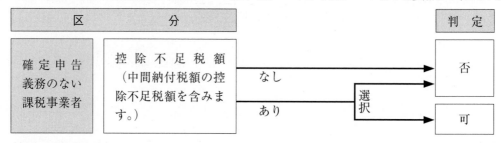

▶チェックポイント◀

☆　還付申告書には、その課税期間中の資産の譲渡等の対価の額及び課税仕入れ等の税額の明細その他の事項を記載した書類を添付しなければなりません（法46③、規22②）。

☆　控除不足還付税額のある還付申告書を提出する場合には、課税資産の譲渡等に関する事項、輸出取引等に関する事項、課税仕入れに係る支払対価の額その他の費用の額及び資産の譲受けに係る取得価額の合計額の明細並びに課税仕入れ等の税額の合計額を記載した「消費税の還付申告に関する明細書」を添付しなければなりません（規22③）。

　(注)　控除不足還付税額がない申告書（中間納付還付税額のみの還付申告書）には、「消費税の還付申告に関する明細書」を添付する必要はありません。

☆　還付申告書についても、更正の請求の規定の適用があります。

　この場合には、国税通則法第23条第1項《更正の請求》に規定する「当該申告書に係る国税の法定申告期限」を「当該申告書を提出した日」と読み替えて更正の請求の規定を適用することとなります（基通15—3—1）。

☆　国税の還付金の請求権は、その還付金の還付請求ができる日（課税期間の末日の翌日）から起算して5年間行使しないことによって消滅します（通則法74①）。

　例えば、平成30年3月期に係る消費税の還付請求権は、平成30年4月1日から5年を経過する日（令和5年3月31日）までに行使しないことにより消滅することになります。

第4 電子情報処理組織（e-Tax）による申告の特例

　特定法人（注1）である事業者（免税事業者を除きます。）は、原則として、電子情報処理組織（注2）を使用する方法で、納税申告書等（注3）又はその添付書類に記載すべきものとされている事項を提供することにより、消費税の申告を行わなければなりません（法46の2①）。

（注）1　「特定法人」とは、次に掲げる事業者をいいます（法46の2②）。

　　①　その事業年度開始の時における資本金の額、出資の金額等が1億円を超える法人（法人税法第2条第4号に規定する外国法人を除きます。）

　　②　保険業法第2条第5項に規定する相互会社

　　③　投資信託及び投資法人に関する法律第2条第12項に規定する投資法人（上記①に掲げる法人を除きます。）

　　④　資産の流動化に関する法律第2条第3項に規定する特定目的会社（上記①に掲げる法人を除きます。）

　　⑤　国又は地方公共団体

　　2　ここでいう「電子情報処理組織」とは、国税庁の使用に係る電子計算機（入出力装置を含みます。）とその申告をする事業者の使用に係る電子計算機（入出力装置を含みます。）とを電気通信回線で接続した電子情報処理組織「国税電子申告・納税システム（e-Tax）」をいいます（法46の2①）。

　　3　「納税申告書等」とは、次に掲げる申告書をいいます（法46の2①、2①十七）。

　　①　消費税法第42条（課税資産の譲渡等及び特定課税仕入れについての中間申告）又は第43条（仮決算をした場合の中間申告書の記載事項等）の規定による中間申告書

　　②　消費税法第45条（課税資産の譲渡等及び特定課税仕入れについての確定申告）の規定による確定申告書（国税通則法第18条第2項（期限後申告）に規定する期限後申告書を含みます。）

　　③　消費税法第46条（還付を受けるための申告）の規定による還付申告書

　　④　国税通則法第19条（修正申告）の規定による上記①から③の申告書に係る修正申告書

※　令和2年4月1日以後に開始する課税期間について適用されています。

第2章　国内取引に係る消費税

第7節　国、地方公共団体等の特例

　消費税は、国内において課税資産の譲渡等（特定資産の譲渡等に該当するものを除きます。）及び特定課税仕入れを行う個人事業者及び法人を納税義務者としており、国、地方公共団体、公共法人及び公益法人等も国内において課税資産の譲渡等（特定資産の譲渡等に該当するものを除きます。）及び特定課税仕入れを行う限りにおいては例外となるものではありませんから、当然に消費税の納税義務者になります。

　しかし、国、地方公共団体等の事業活動は、公共性の強いものであり、法令上各種の制約を受け、あるいは国等から財政的な援助を受けるなど、一般の営利企業とは異なる面を有していますので、消費税法第60条《国、地方公共団体等に対する特例》において、国、地方公共団体、消費税法別表第三に掲げる法人及び人格のない社団等に対する消費税法の適用に係る特例規定が設けられています。

区　　分	適　用　さ　れ　る　特　例			
	事 業 単 位	資産の譲渡等の時期	仕入控除税額の計算	申告期限
国（一般会計）	○	○	課税標準額に対する消費税額と仕入控除税額を同額とみなす	申告義務なし
地方公共団体（一般会計）	○	○		
国（特別会計）(注1)	○	○	○	○
地方公共団体（特別会計）(注1)	○	○	○	○
消費税法別表第三に掲げる法人(注2)	―	△（要承認）	○	△（要承認）
人格のない社団等	―	―	○	―

　(注)1　国等の特別会計が提出する申告書等の代表者は、原則として、その特別会計を管理する所管大臣、都道府県知事又は市区町村長となります。

　　　　ただし、各特別会計において、所管大臣等から特定の機関の長に対し、予算の執行を命ずることとされている場合には、その機関の長がその特別会計の代表者となります。

　　　　また、支出負担行為担当官等に事務を委任した場合には、その委任を受けた者となります。

　　2　個別法において消費税法別表第三に掲げる法人とみなされる次の法人を含みます。

　　①　政党交付金の交付を受ける政党等に対する法人格の付与に関する法律に規定する法人である政党等

　　②　地方自治法第260条の2第1項の認可を受けた地縁による団体

　　③　建物の区分所有等に関する法律に規定する管理組合法人

― 510 ―

④　特定非営利活動促進法に規定する特定非営利活動法人（NPO法人）

⑤　マンションの建替えの円滑化等に関する法律に規定するマンション建替組合、マンション敷地売却組合及び敷地分割組合

⑥　密集市街地における防災街区の整備の促進に関する法律に規定する防災街区整備事業組合

第1 国、地方公共団体

1 事業単位についての特例

　国又は地方公共団体においては、法令によって一般会計と特別会計に分けて経理していること、また、消費税法第60条第6項において一般会計に限って特別会計と異なる税額控除の特例を認めていることから、これらの経理を基準として納税事務が行えるよう、次のような特例が設けられています。

　(注) 消費税法別表第三に掲げる法人（公共・公益法人）及び人格のない社団等については、「事業単位についての特例」の規定は、適用されません。
　　　したがって、事業ごとに複数の会計を設けている場合であっても、一の法人又は団体を単位として消費税法が適用されることとなります。

(1) 制度の概要

　国又は地方公共団体が一般会計に係る業務として行う事業又は特別会計を設けて行う事業については、その一般会計又は特別会計ごとに一の法人が行う事業とみなして消費税法の規定が適用されます（法60①）。

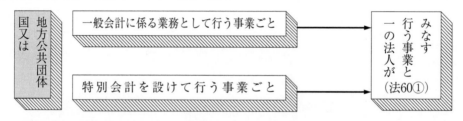

　ただし、国又は地方公共団体が特別会計を設けて行う事業であっても、「専ら当該特別会計を設ける国又は地方公共団体の一般会計に対して資産の譲渡等を行う特別会計」については、一般会計に係る業務として行う事業とみなされます。

　ここで「専ら当該特別会計を設ける国又は地方公共団体の一般会計に対して資産の譲渡等を行う特別会計」とは、経常的に一般会計に対して資産の譲渡等を行うために設けられた特別会計をいい、例えば、次のような特別会計があります（法60①ただし書、令72①、基通16—1—1）。

(注)1 「専ら」とは、その特別会計が行う資産の譲渡等の対価の合計額のうちにその特別会計が一般会計に対して行う資産の譲渡等の対価の合計額の占める割合が95％以上である場合をいいます。

2 一般会計とみなされる特別会計が一般会計に対して行う資産の譲渡等は、同一の会計内における取引となり、資産の譲渡等には該当しません。

(2) 一部事務組合の特例

地方自治法第285条《相互に関連する事務の共同処理》の一部事務組合が**特別会計を設けて行う**事業については、次のようになります（令72②）。

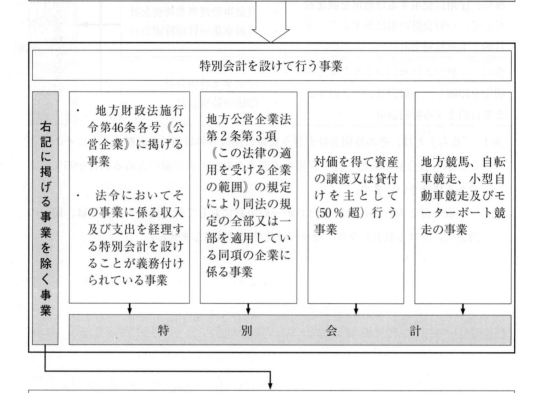

(注)1　**一部事務組合**とは、地方公共団体の組合の一種で、普通地方公共団体及び特別区がその事務の一部を共同処理するために設ける組合（地方自治法284②）をいいます。

　2　**複合事務組合**とは、市町村の一部事務組合で、市町村の事務又は市町村長若しくは市町村の委員会若しくは委員の権限に属する国、他の地方公共団体その他公共団体の事務に関し、相互に関連するものを共同処理するために設けられた地方自治法第284条第1項《地方公共団体の組合の種類》に規定する一部事務組合をいいます。

　　例えば、一部事務組合の構成市町村がA、B、C及びDであり、A及びBで消防事務を共同処理し、C及びDでごみ処理事務を共同処理するような場合がこれに該当します（基通16—1—2(2)(注)1）。

第7節　国、地方公共団体等の特例

| 地方財政法施行令第46条各号《公営企業》に掲げる事業（基通16—1—2(3)） |

| 水 道 事 業 | 工業用水道事業 | 交 通 事 業 | 電 気 事 業 |

| ガ ス 事 業 | 簡 易 水 道 事 業 | 病 院 事 業 | 市 場 事 業 |

| と 畜 場 事 業 | 観 光 施 設 事 業 | 宅 地 造 成 事 業 | 公 共 下 水 道 事 業 |

港湾整備事業（埋立事業並びに荷役機械、上屋、倉庫、貯木場及び船舶の離着岸を補助するための船舶を使用させる事業に限ります。）

| 法令において特別会計を設けることが義務付けられている事業（基通16—1—2(4)） |

地方公営企業法第17条《特別会計》に係る事業

①水道事業（簡易水道事業を除きます。）、　②工業用水道事業、　③軌道事業、④自動車運送事業、　⑤鉄道事業、　⑥電気事業、　⑦ガス事業

高齢者の医療の確保に関する法律第49条《特別会計》に係る事業

後期高齢者医療広域連合及び市町村が行う後期高齢者医療に関する収入及び支出

国民健康保険法第10条《特別会計》に係る事業

都道府県及び市町村が行う国民健康保険に関する収入及び支出

地方公営企業法第2条第3項《この法律の適用を受ける企業の範囲》の規定により同法の規定の全部又は一部を適用している同項の企業に係る事業

地方公共団体がその経営する企業につき条例等により地方公営企業法の規定の全部又は一部を適用することとしている場合のその企業に係る事業

— 515 —

(3) 地方公共団体の組合の特例

　地方自治法第1条の3第3項《地方公共団体の種類》に規定する地方公共団体の組合が**一般会計を設けて行う**次の事業は、特別会計を設けて行う事業とみなされます（令72③）。

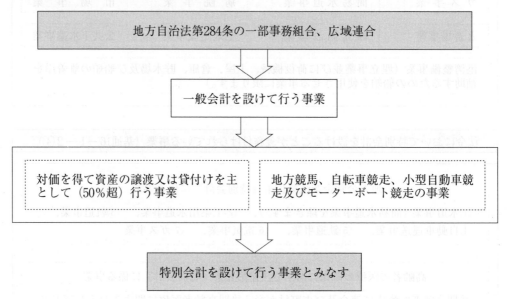

(4) 合併特例区の特例

　合併特例区が**一般会計に係る業務として行う**「対価を得て資産の譲渡又は貸付けを主として（50％超）行う事業」（令72②三）は、特別会計を設けて行う事業とみなされます（令附則23）。

　㊟　**合併特例区**とは、市町村の合併の特例に関する法律第26条第1項《合併特例区》の規定に基づいて設置される「合併特例区」をいいます。

2　資産の譲渡等の時期の特例

　消費税法上の原則的な資産の譲渡等の時期は、所得税法及び法人税法と同様に発生主義を採用していますが、これをそのまま国又は地方公共団体に適用することは、国及び地方公共団体の会計処理の実情と著しくかけ離れたものになり、膨大な事務量の増加を招くことになるため、次のような特例が認められています（法60②、令73）。

区　　　分	歳入・歳出の会計年度所属区分の法令		特　　　例
	国	地方公共団体	
資産の譲渡等の時期	予算決算及び会計令第1条の2《歳入の会計年度所属区分》	地方自治法施行令第142条《歳入の会計年度所属区分》	左記法令の規定によりその対価を収納すべき会計年度の末日に行われたものとすることができる
課税仕入れ等の時期	予算決算及び会計令第2条《歳出の会計年度所属区分》	地方自治法施行令第143条《歳出の会計年度所属区分》	左記法令の規定によりその費用の支払をすべき会計年度の末日に行われたものとすることができる

　　(注)1　令和元年10月1日前に行った課税資産の譲渡等について、その対価を収納すべき会計年度の末日が令和元年10月1日以後であるときは、その課税資産の譲渡等に係る消費税については6.3％の税率が適用されます（税制抜本改革法附則14①、16）。

　　　　2　令和元年10月1日前に行った課税仕入れについて、その費用の支払をすべき会計年度の末日が令和元年10月1日以後であるときは、その課税仕入れに係る消費税については、6.3％の税率が適用されます（税制抜本改革法附則14③、16）。

3　仕入税額控除についての特例

⑴　一般会計

　国及び地方公共団体は、本来、市場経済の法則が成り立たない事業を行っていることが多く、通常、税金、補助金、会費、寄附金等の対価性のない収入を恒常的な財源として得ている実態にあります。

　したがって、たとえ課税売上げがあっても、その価格は、このような対価性のない収入（特定収入）が恒常的に課税仕入れ等の一部を賄うことを前提として決定されることになります。

　このような特定収入によって賄われる課税仕入れ等は、課税売上げのコストを構成しないと考えた方が妥当といえます。

　言い換えれば、特定収入によって賄われる課税仕入れ等は、最終消費的な性格をも

つものであり、特定収入の収受は、その費用の分担の側面にすぎないものと考えられます。

　そこで、国及び地方公共団体については、通常の方法により計算される仕入控除税額に一定の調整を行い、特定収入によって賄われる課税仕入れ等の税額を仕入税額控除の対象から除外することとされています。

　国又は地方公共団体の一般会計に係る業務として行う事業については、その課税期間の課税標準額に対する消費税額から控除することができる消費税額の合計額は、その課税標準額に対する消費税額と同額とみなされます（法60⑥）。

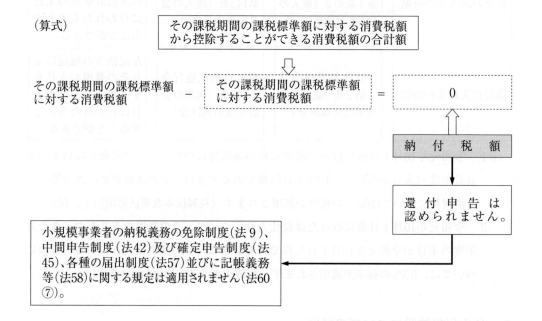

(2) 特別会計

　国又は地方公共団体の特別会計については、課税標準額に対する消費税額から控除する仕入控除税額に一定の調整が必要になる場合があります。

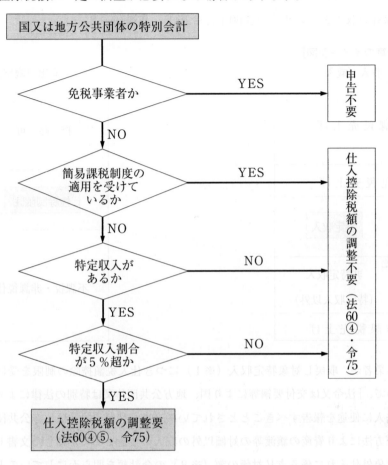

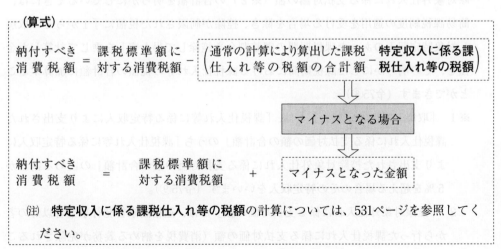

(注) 特定収入に係る課税仕入れ等の税額の計算については、531ページを参照してください。

(3) 特定収入の意義

　特定収入とは、資産の譲渡等の対価に該当しない収入のうち、出資金、預金、貯金の収入など、消費税法施行令第75条第1項各号《特定収入に該当しない収入》に掲げる収入以外の収入をいいます（法60④、令75①、基通16―2―1）。

【調整計算のイメージ図】

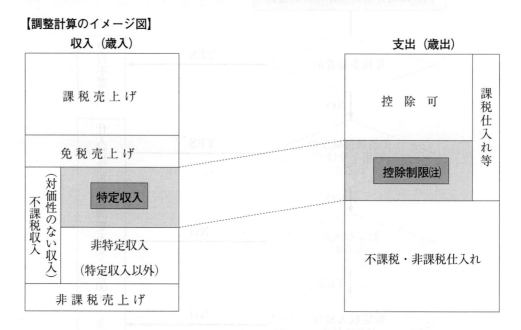

(注)　事業者が、取戻し対象特定収入（※1）につき仕入税額控除の制限を受けた場合において、「法令又は交付要綱等により国、地方公共団体又は特別の法律により設立された法人に使途を報告すべきこととされている文書」又は「国又は地方公共団体が合理的な方法により資産の譲渡等の対価以外の収入の使途を明らかにした文書」により控除対象外仕入れに係る支払対価の額（※2）の合計額を明らかにしているときには、簡易課税制度の適用を受ける場合を除き、控除が制限された税額に「1からその取戻し対象特定収入のあった課税期間の調整割合を控除して得た率」を乗じて計算した金額を、その明らかにした課税期間における課税仕入れ等の税額の合計額に加算することができます（令75⑧）。

※1　「取戻し対象特定収入」とは、「課税仕入れ等に係る特定収入により支出された課税仕入れに係る支払対価の額の合計額」のうち「課税仕入れ等に係る特定収入により支出された控除対象外仕入れに係る支払対価の額の合計額」の占める割合が5％を超える場合のその特定収入をいいます（令75⑨）。

　2　「控除対象外仕入れに係る支払対価の額」とは、適格請求書発行事業者以外の者から行った課税仕入れに係る支払対価の額（消費税を納める義務が免除されることとなる課税期間及び簡易課税制度の適用を受ける課税期間における適格請求書発行事業者以外の者から行った課税仕入れに係る支払対価の額を除くものとし、

第7節　国、地方公共団体等の特例

適格請求書発行事業者以外の者から行った課税仕入れであることにより仕入税額控除の適用を受けないこととなるものに限ります。）をいいます。

※　令和5年10月1日以後に行われる課税仕入れについて適用されます。

第２章　国内取引に係る消費税

イ　概　要

国等の収入（収入の源泉は、国内・国外を問わない）

資産の譲渡等の対価以外の収入（対価性のない収入）

非特定収入（法60④・令75①）

(1) 通常の借入金等（524ページ　ロ参照）
(2) 出資金
(3) 預金、貯金及び預り金
(4) 貸付回収金
(5) 返還金及び還付金
(6) 次に掲げる収入
　イ　法令又は交付要綱等において、次に掲げる支出以外の支出（特定支出）の
　　(イ)　課税仕入れに係る支払対価の額に係る支出
　　(ロ)　特定課税仕入れに係る支払対価等の額
　　(ハ)　課税貨物の引取価額に係る支出
　　(ニ)　通常の借入金等の返済金又は償還金に係る支出
　ロ　国又は地方公共団体が合理的な方法により資産の譲渡等の対価以外の収入
　　支出のためにのみ使用することとされている収入
　ハ　公益社団法人又は公益財団法人が作成した寄附金の募集に係る文書におい
　　されている寄附金の収入で、次に掲げる要件の全てを満たすことについてそ
　　にされていることにつき、公益社団法人及び公益財団法人の認定等に関する
　　確認を受けているもの
　　(イ)　特定の活動に係る特定支出のためにのみ使用されること
　　(ロ)　期間を限定して募集されること
　　(ハ)　他の資金と明確に区分して管理されること

特定収入（法60④・令75①・②）

例

① 租税
② 補助金
③ 交付金
④ 寄附金
⑤ 出資に対する配当金
⑥ 保険金
⑦ 損害賠償金
⑧ 負担金（対価性のないものに限ります。）
⑨ 他会計からの繰入金（対価性のないもので、国又は地方公共団体に限ります。）
⑩ 会費等（対価性のないものに限ります。）
⑪ 喜捨金等（対価性のないものに限ります。）
⑫ 特殊な借入金等（524ページ　ロ参照）
⑬ その他対価性のない収入
⑭ 通常の借入金等に係る債務免除益（令75②）

資産の譲渡等の（対価の収入）

国内取引

課　税　売　上　げ　に　係　る　収　入
免　税　売　上　げ　に　係　る　収　入
非　課　税　売　上　げ　に　係　る　収　入

国外取引

不　課　税　売　上　げ　に　係　る　収　入

第7節　国、地方公共団体等の特例

		例　　　　　示
ためにのみ使用することとされている収入	通常の借入金等による収入、資本取引に係る収入	
の使途を明らかにした文書において、特定 て、特定支出のためにのみ使用することと の寄附金の募集に係る文書において明らか 法律第3条《行政庁》に規定する行政庁の	特定支出（課税仕入れ等以外）のためにのみ使用することとされる収入	・　人件費補助金 ・　利子補給金 ・　土地購入のための補助金 ・　下記⑫における特殊な借入金等の返済のための負担金
示　　（基通16―2―1）	課税仕入れ等に係る特定収入	・　法令又は交付要綱等において、課税仕入れ等のためにのみ使用することとされている収入 ・　国又は地方公共団体が合理的な方法により資産の譲渡等の対価以外の収入の使途を明らかにした文書において、課税仕入れ等のためにのみ使用することとされている収入
	課税仕入れ等に係る特定収入以外の特定収入 （使途不特定の特定収入）	法令又は交付要綱等において使途が特定されていない対価性のない収入で、消費税法基本通達16―2―2を適用しても使途が特定できない収入

㊟　「交付要綱等」とは、国、地方公共団体又は特別の法律により設立された法人から資産の譲渡等の対価以外の収入を受ける際にこれらの者が作成したその収入の使途を定めた文書をいいます（令75①六イ）。

　　補助金等を交付する者が作成した補助金等交付要綱、補助金等交付決定書のほか、これらの附属書類である補助金等の積算内訳書、実績報告書を含みます（基通16―2―2(1)）。

チェックポイント

☆　**前期繰越金**は、当期の収入として経理処理されている場合であっても、特定収入に該当しません。

☆ 地方公共団体の特別会計が、特定収入に該当する補助金収入を地方自治法第213条に規定する繰越明許費として翌年度に繰り越している場合、その繰越明許費は実際に収受した年度の特定収入となります。

☆ 消費税の還付金は、資産の譲渡等の対価以外の収入ですが、消費税法施行令第75条第1項第5号に掲げる「還付金」に該当しますので、特定収入には該当しません。

なお、還付加算金は、利息的な要素はありますが、対価性がありませんので、資産の譲渡等の対価以外の収入に該当します。

ロ　借入金等の取扱い

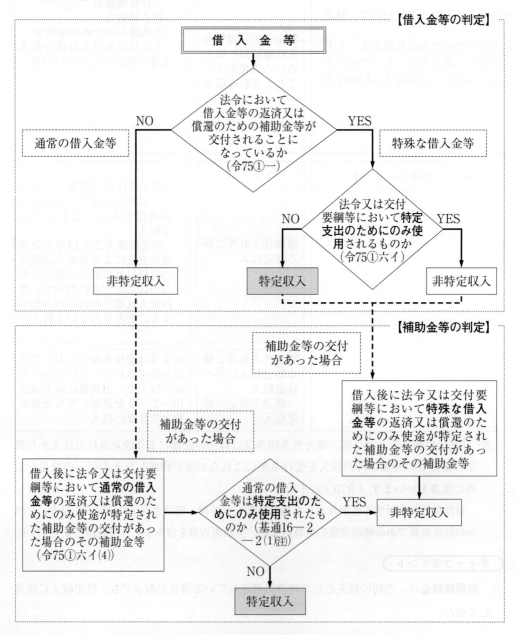

第7節　国、地方公共団体等の特例

　㊟　「(3)　特定収入の意義」において「通常の借入金等」とは、借入金及び債券の発行に
　　　係る収入で、法令においてその返済又は償還のための補助金、負担金その他これらに
　　　類するものの交付を受けることが規定されているもの以外のものをいいます。
　　　　また、交付を受けることが規定されているものを「特殊な借入金等」といいます。

ハ　基金の取扱い

　国、地方公共団体（特別会計を設けて行う事業に限ります。）等が一定の事業の財
源（以下「基金」といいます。）に充てるために他の者から受け入れる金銭が特定収
入に該当するかどうかについては、次によります（基通16—2—5）。

基　金　の　内　容	取　　扱　　い
一定の事業目的のために設立された公共法人等の活動の原資となる金銭でその公共法人等の解散の際にはその金銭の支出者に残余財産が帰属するなど、出資としての性格を有し、かつ、その公共法人等の貸借対照表上資本勘定又は正味財産の部に計上されるもの	出資金としての性格を有するものであり、特定収入に該当しません。
基金として受け入れる金銭で、一定期間又は事業の終了によりその金銭の出資者に返済することとなり、借入金としての性格を有し、かつ、その公共法人等の貸借対照表上負債勘定に計上されるもの	借入金としての性格を有するものであり、特定収入に該当しません。
基金として受け入れる金銭（上記のいずれかに該当するものを除きます。）で、法令において、事業はその基金を運用した利益で行い、元本については取崩しができないこととされているもの	公共法人等の解散等一定の事実があった場合にその基金が取り崩される課税期間にその取崩額の収入があったものとして、その取り崩す基金の使途により、特定収入に該当するかどうかを判定します。
基金として受け入れる金銭で上記のいずれにも該当しないもの	その基金を受け入れた課税期間の特定収入に該当します。

　㊟　公共法人等とは、消費税法別表第三に掲げる法人又は人格のない社団等をいいます。

— 525 —

ニ　補助金等の使途の特定方法

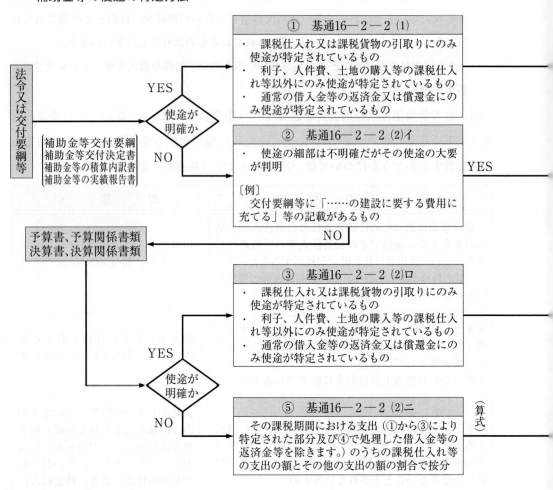

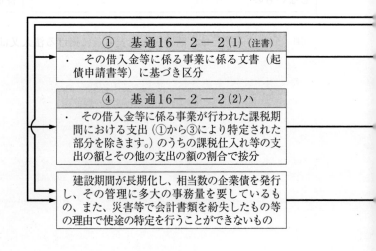

第7節 国、地方公共団体等の特例

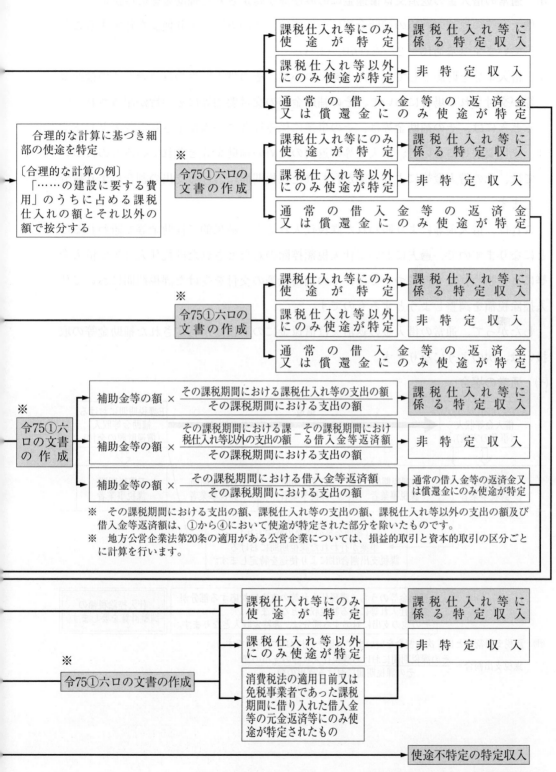

ホ　通常の借入金の返済又は償還金にのみ使途が特定された補助金等の取扱い

借入金等の返済のための補助金等については、次の方法により使途を特定することとしています（基通16—2—2(1)(注)、(2)ハ）。

① 借入金等を財源として行った事業について、その借入金等の返済のための補助金等が交付される場合において、その補助金等の交付要綱等にその旨が記載されているときには、その補助金等は、その事業に係る経費にのみ使用される収入とします。

② 交付要綱等において、借入金等の返済のための補助金等とされているものについては、その借入金等により事業が行われた課税期間における支出の割合により按分します。

これは、借入金等により賄われた課税仕入れ等が、結果的に補助金等で賄われることになりますので、過去において仕入税額控除の対象とされた課税仕入れ等で借入金等により賄われたものについては、その補助金等の交付を受けた課税期間において仕入控除税額を調整しようとするものです。

したがって、通常の借入金の返済又は償還金にのみ使途が特定された補助金等の取扱いは、次のようになります。

(イ)　**通常の場合**

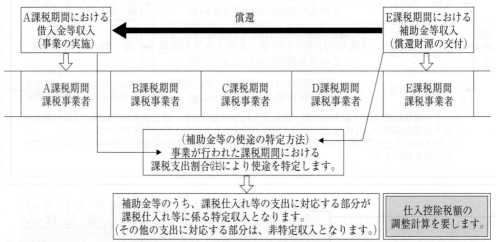

(ロ) 借入れを行った課税期間が免税事業者又は消費税法施行前の場合

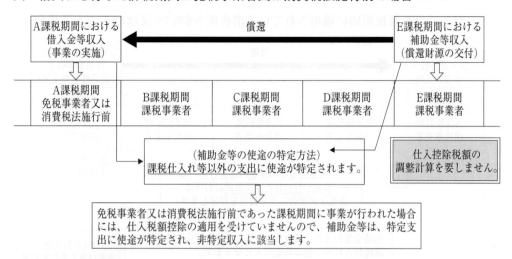

(ハ) 借入れを行った課税期間と補助金等の交付を受けた課税期間に適用されている消費税率が異なる場合

　　A　借入れを行った課税期間に適用されている消費税率が３％で、補助金等の交付を受けた課税期間に適用されている消費税率が４％、6.3％又は7.8％のいずれかである場合

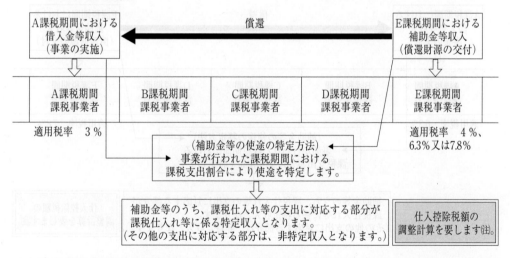

　(注)　具体的な調整税額の計算方法（令75④）は、課税仕入れ等に係る特定収入に4/105を乗じて計算することになります。

B　借入れを行った課税期間に適用されている消費税率が4％で、補助金等の交付を受けた課税期間に適用されている消費税率が6.3％又は7.8％である場合

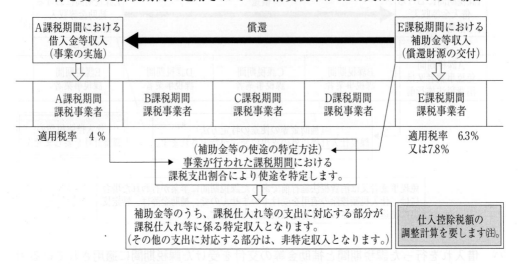

(注)　具体的な調整税額の計算方法（令75④）は、課税仕入れ等に係る特定収入に4/105を乗じて計算することになります（平25改正令附則14）。

C　借入れを行った課税期間に適用されている消費税率が6.3％で、補助金等の交付を受けた課税期間に適用されている消費税率が7.8％である場合

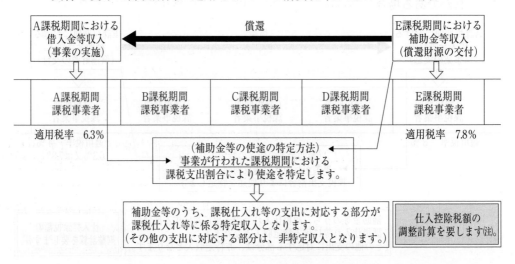

(注)　具体的な調整税額の計算方法（令75④）は、課税仕入れ等に係る特定収入に6.3/108を乗じて計算することになります（平26改正令附則14）。

(チェックポイント)

☆　補助金等の交付を受けた課税期間において簡易課税制度を適用している場合には、調整計算を行う必要はありません。

☆　借入れを行った課税期間において簡易課税制度を適用している場合であっても、補助金等の交付を受けた課税期間において調整計算を行う必要があります。

(4) 特定収入割合

特定収入割合の計算は、次のとおりです（法60④、令75③）。

（算式）

$$特定収入割合＝\frac{特定収入の合計額}{資産の譲渡等の対価の額の合計額＋特定収入の合計額}$$

(5) 特定収入に係る課税仕入れ等の税額の調整計算

特定収入に係る課税仕入れ等の税額の調整計算の方法は、次のように区分されます。

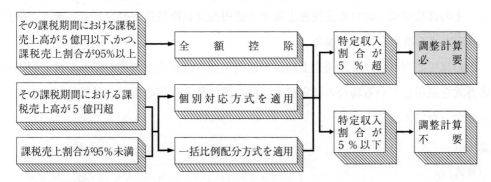

イ　その課税期間における課税売上高が5億円以下であり、かつ、課税売上割合が95％以上の場合

その課税期間における課税売上高が5億円以下であり、かつ、課税売上割合が95％以上の場合の特定収入に係る課税仕入れ等の税額の計算は、次のとおりです（令75④一）。

（算式）

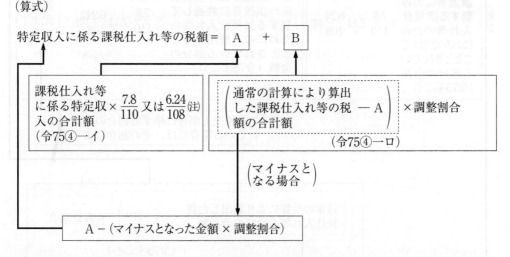

（注）　令和元年10月1日前においては、原則として6.3/108とされていました。

> チェックポイント

☆ 特定収入に係る課税仕入れ等の税額の調整計算を要するかどうかについては、調整割合ではなく特定収入割合によって判定します。
　したがって、調整割合が5％以下の場合であっても、特定収入割合が5％超であるときには、調整計算を行うことになります。

☆ 調整割合の計算における「資産の譲渡等の対価の額の合計額」については、特定収入割合を計算する場合と同様に、消費税法施行令第48条第2項から第6項までのような特例規定は設けられていません。

ロ　その課税期間における課税売上高が5億円超又は課税売上割合が95％未満で個別対応方式を適用している場合

　その課税期間における課税売上高が5億円超又は課税売上割合が95％未満で個別対応方式を適用している場合の特定収入に係る課税仕入れ等の税額の計算は、次のとおりです（令75④二）。

（算式）

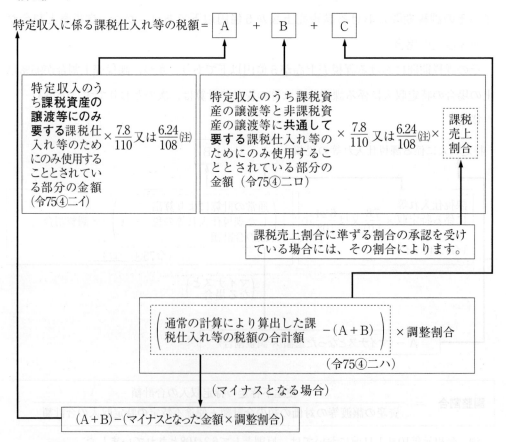

(注)　令和元年10月1日前においては、原則として6.3/108とされていました。

ハ　その課税期間における課税売上高が5億円超又は課税売上割合が95％未満で一括比例配分方式を適用している場合

その課税期間における課税売上高が5億円超又は課税売上割合が95％未満で一括比例配分方式を適用している場合の特定収入に係る課税仕入れ等の税額の計算は、次のとおりです（令75④三）。

（算式）

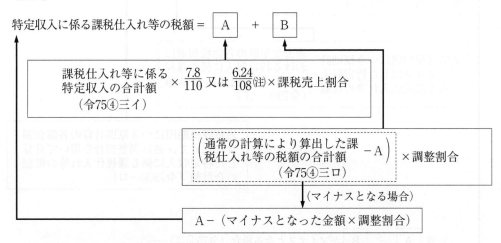

(注)　令和元年10月1日前においては、原則として6.3/108とされていました。

ニ　調整割合が著しく変動した場合の特定収入に係る課税仕入れ等の税額の調整

その課税期間における調整割合と通算調整割合との差が20％以上である場合には、上記イからハ（以下「原則計算」といいます。）までにかかわらず、その課税期間において、次の特定収入に係る課税仕入れ等の税額の調整を行います（令75⑤⑥）。

なお、その課税期間の過去2年間の各課税期間においてこの調整を行っている場合には、その課税期間においてこの調整を行う必要はありません（令75⑤かっこ書）。

$$\text{通算調整割合} = \frac{\text{通算課税期間における使途不特定の特定収入の合計額}}{\text{通算課税期間における資産の譲渡等の対価の額の合計額} + \text{通算課税期間における使途不特定の特定収入の合計額}}$$
（令75⑥）

(注)　通算課税期間とは、その課税期間の初日の2年前の日の前日の属する課税期間からその課税期間までの各課税期間、つまり、その課税期間を含む過去3年間の各課税期間をいいます（令75⑤一ロ）。

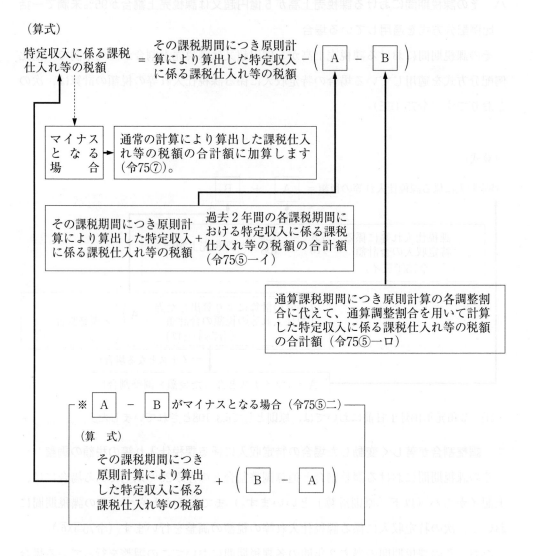

4 申告期限等の特例
(1) 申告・納付期限の特例
　消費税の申告期限及び納付期限は、課税期間の末日の翌日から2月以内とされていますが、国及び地方公共団体については、決算の処理方法や時期等につき法令の定めるところにより処理することになっており、原則的な申告期限及び納付期限では対応に困難な事情がありますので、この2月以内を次のように読み替える特例が設けられています（令76②）。

　なお、確定申告書の提出期限の特例の適用を受ける事業者については、確定申告書の申告期限の区分に応じ、中間申告書の申告期限にも特例が設けられています（令76③）。

区　　　　分	申　告　期　限
国	課税期間の末日の翌日から5月以内
地方公共団体（下記の地方公営企業を除きます。）	課税期間の末日の翌日から6月以内
地方公営企業(注)	課税期間の末日の翌日から3月以内

(注)　地方公営企業とは、地方公営企業法第30条第1項《決算》の規定の適用を受ける地方公共団体の経営する企業をいいます。

　　具体的には、水道事業（簡易水道事業を除きます。）、工業用水道事業、軌道事業、自動車運送事業、鉄道事業、電気事業、ガス事業、病院事業及び条例等により地方公営企業法を適用している事業をいいます。

(2)　課税期間の特例

　法人税法の規定の適用を受けない国又は地方公共団体の課税期間は、原則として、会計年度になります（令3）。

(3)　記帳義務の特例

　国又は地方公共団体の記帳義務については、一般の事業者の記帳義務の項目に加えて、特定収入等に関する事項が定められています（令77、規31）。

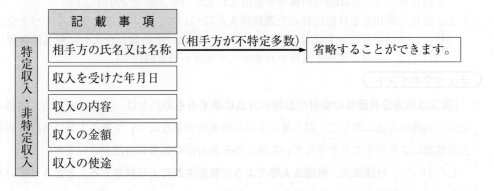

第2　消費税法別表第三に掲げる法人

1　資産の譲渡等の時期の特例

消費税法別表第三に掲げる法人については、国又は地方公共団体の会計処理の方法に準ずる方法によって会計処理することとされている法人があります。

このような法人については、所轄税務署長の承認を受けることによって、国又は地方公共団体と同様の特例規定を適用することができます（法60③、令74①②）。

この承認を受けようとする法人は、「消費税法別表第三に掲げる法人に係る資産の譲渡等の時期の特例の承認申請書」に定款等の写しを添付し、これを所轄税務署長に提出する必要があります（令74③）。

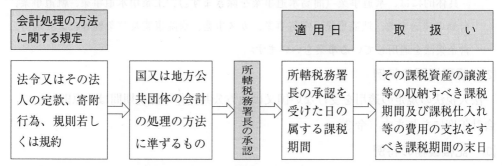

(注)1　令和元年10月1日前に行った課税資産の譲渡等について、その対価を収納すべき会計年度の末日が令和元年10月1日以後であるときは、その課税資産の譲渡等に係る消費税については6.3％の税率が適用されます（平26改正令附則13①）。
　　2　令和元年10月1日前に行った課税仕入れについて、その費用の支払をすべき会計年度の末日が令和元年10月1日以後であるときは、その課税仕入れに係る消費税については、6.3％の税率が適用されます（平26改正令附則13③）。

（チェックポイント）

☆　「国又は地方公共団体の会計の処理の方法に準ずるもの」とは、国又は地方公共団体の会計の処理の方法に準じて、収入及び支出の所属会計年度について発生主義以外の特別な会計処理により行うこととされている場合のその会計の処理の方法をいいます。

したがって、社団法人、財団法人等のように発生主義により経理することとされている法人は、この特例の対象にはなりません（基通16―1―2の2）。

2　仕入税額控除についての特例

消費税法別表第三に掲げる法人については、補助金、寄附金等の収入によって課税仕入れが賄われる場合がありますので、国及び地方公共団体と同様に、仕入控除税額に一定の調整が必要となる場合があります。

詳細は、517ページ以下を参照してください。

3 申告期限等の特例

(1) 申告・納付期限の特例

　法令によりその決算を完結する日が会計年度の末日の翌日以後2月以上経過した日と定められていることなど、一定の要件を満たす消費税法別表第三に掲げる法人については、所轄税務署長の承認を受けることによって、国及び地方公共団体と同様の特例規定を適用することができます（法60⑧、令76①〜④）。

　この承認を受けようとする法人は、「消費税法別表第三に掲げる法人に係る申告書の提出期限の特例の承認申請書」を所轄税務署長に提出する必要があります（令76⑤）。

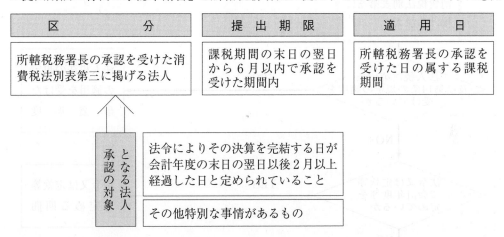

チェックポイント

☆　「その他特別の事情があるもの」とは、次に掲げる場合をいいます（基通16−3−2の2）。

(1) 法令によりその決算を完結する日が会計年度の末日の翌日から2月を経過する日と定められている場合

(2) 上記(1)以外の場合で、法令により事業年度終了の日の翌日から2月を経過した日以後にその法人の決算について所管官庁の承認を受けることとされているもののうち、決算関係書類の所管官庁への提出期限が定められている場合

　なお、法令において単に決算書等を所管官庁に提出することが義務付けられている場合は含まれません。

(3) 上記(1)及び(2)以外で、消費税法施行令第74条第1項《国又は地方公共団体に準ずる法人の資産の譲渡等の時期の特例》に規定する「国又は地方公共団体に準ずる法人の資産の譲渡等の時期の特例」の承認を受けた場合

　㊟　上記(1)から(3)までに該当する場合においても、次のイ又はロに該当するときには、特例の対象になりません。

　　イ　法令又はその法人の定款、寄附行為、規則若しくは規約において財務諸表が事業

年度終了後2月以内に作成されることが明らかな場合

ロ　決算が総会等の議決に付されることとされており、かつ、その総会の期日又は期限が事業年度終了の日の翌日から2月以内と定められている場合

(2) 課税期間の特例

消費税法別表第三に掲げる法人のうち、法人税法の規定の適用を受けない法人については、国及び地方公共団体と同様に、課税期間に関する特例規定が設けられています（令3）。

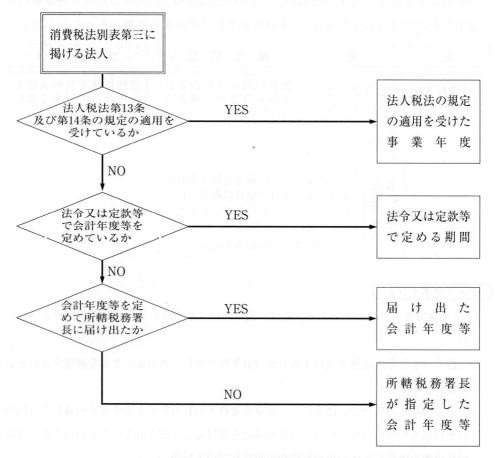

(注)1　上記の期間が1年を超える場合には、開始の日以後1年ごとに区分した各期間とし、最後に1年未満の期間が生じたときには、その1年未満の期間になります。

2　法令又は定款等に会計年度等の定めのない者の所轄税務署長への届出は、国内において課税資産の譲渡等に係る事業を開始した日以後2月以内に行わなければなりません。

3　会計年度等とは、会計年度その他これに準ずる期間をいいます。

(3)　記帳義務の特例

　消費税法別表第三に掲げる法人の記帳義務については、国及び地方公共団体と同様に特定収入に関する事項が定められています（令77、規31）。

　詳細は、535ページを参照してください。

第3　人格のない社団等

1　仕入税額控除についての特例

　人格のない社団等については、寄附金等の収入によって課税仕入れ等が賄われる場合があるので、国及び地方公共団体と同様に、仕入控除税額に一定の調整が必要となる場合があります。

　詳細は、517ページ以下を参照してください。

2　課税期間等の特例
(1)　課税期間の特例

　人格のない社団等については、国及び地方公共団体と同様に、課税期間に関する特例規定が設けられています（令3）。

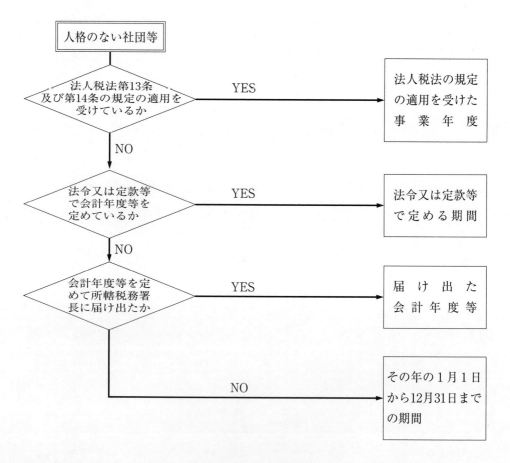

　（注）1　上記の期間が1年を超える場合には、開始の日以後1年ごとに区分した各期間とし、最後に1年未満の期間が生じたときには、その1年未満の期間になります。

第7節　国、地方公共団体等の特例

　2　定款等に会計年度等の定めのない者の所轄税務署長への届出は、国内において課

　　税資産の譲渡等に係る事業を開始した日以後2月以内に行わなければなりません。

　3　会計年度等とは、会計年度その他これに準ずる期間をいいます。

(2)　記帳義務の特例

　人格のない社団等の記帳義務については、国及び地方公共団体と同様に、特定収入

に関する事項が定められています（令77、規31）。

　詳細は、535ページを参照してください。

第8節　総額表示（税込価格表示）の義務付け

　課税事業者が取引の相手方である消費者に対して、値札等によって、商品、サービス等の価格をあらかじめ表示する場合には、消費税相当額（消費税額及び地方消費税額の合計額に相当する額をいいます。）を含めた支払総額（税込価格）の表示を行うことが義務付けられています（法63）。

1　総額表示（税込価格表示）の意義

　消費税における総額表示（税込価格表示）とは、消費税の課税事業者が、取引の相手方である消費者に対して消費税が課される取引を行う場合において、あらかじめその取引価格を表示するときに、消費税相当額を含めた価格、すなわち「税込価格」を表示することをいいます。

　例えば、税込価格11,000円の商品の場合には、次のような方法による価格表示がこれに当たります。

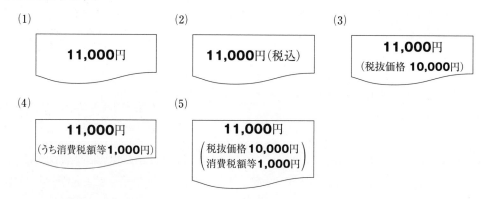

　㊟　消費税（地方消費税を含みます。）の税率は、10％で計算しています。

　このように、表示された価格が税込価格であれば「税込価格である」旨の表示は必要なく、また、税込価格に併せて「税抜価格」又は「消費税額等」が表示されていても差し支えありません。

　なお、次の左の例のような表示についても、原則として総額表示に該当しますが、右の例のように「税抜価格」をことさら強調することにより消費者に誤認を与える表示となる場合には、総額表示に当たらないことになりますので注意が必要です。

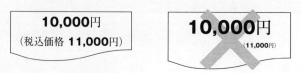

　㊟　消費税（地方消費税を含みます。）の税率は、10％で計算しています。

— 542 —

さらに、「10,000円」が「税込価格」であると消費者が誤認するようなことがあれば、「不当景品類及び不当表示防止法」（景品表示法）の問題が生ずるおそれもありますので、注意が必要です。

　また、総額表示に伴い税込価格の設定を行う場合において、1円未満の端数が生じるときには、その端数を四捨五入、切捨て又は切上げのいずれの方法により処理しても差し支えありません。

　端数処理を行わず、円未満の端数を表示する場合でも、税込価格が表示されていれば、総額表示に該当します。

(1) 切捨てした場合の価格表示例

(2) 四捨五入した場合の価格表示例

(3) 切上げした場合の価格表示例

(4) 端数処理を行わない場合の価格表示例

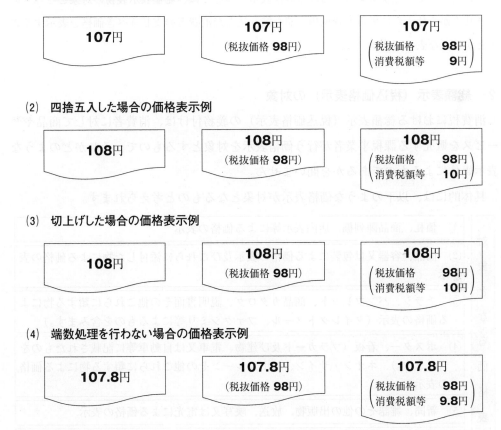

(注) いずれも、消費税（地方消費税を含みます。）の税率は、10％で計算しています。

【チェックポイント】

☆　価格表示の方法は、商品やサービスによって、あるいは事業者によって様々な方法があると考えられますが、例えば、税抜価格が10,000円の商品であれば、値札等に消費税相当額を含めた「11,000円」を表示することがポイントになります。

　したがって、次のような表示は、いずれも支払総額がひと目で分かりませんので、「総

第2章　国内取引に係る消費税

額表示」には該当しません。

税抜 **10,000**円＋税

10,000円（税抜）

税抜**10,000**円
税　　**1,000**円

　(注)　消費税（地方消費税を含みます。）の税率は、10%で計算しています。

☆　免税事業者は、取引に課される消費税がありませんので、これまでも「税抜価格」を表示して別途消費税相当額を受け取るといったことは、消費税の仕組み上、予定されていません。

　したがって、免税事業者における価格表示については、総額表示義務の対象とされていませんが、仕入れに係る消費税相当額を織り込んだ消費者の支払うべき価格を表示することが適正な表示です。

2　総額表示（税込価格表示）の対象

　消費税における総額表示（税込価格表示）の義務付けは、消費者に対して商品やサービスを販売する課税事業者が行う価格表示を対象とするもので、それがどのような表示媒体によるものであるかを問いません。

　具体的には、以下のような価格表示が対象となるものと考えられます。

対象となる価格表示	
	①　値札、商品陳列棚、店内表示等による価格の表示
	②　商品、容器又は包装による価格の表示及びこれらに添付した物による価格の表示
	③　チラシ、パンフレット、商品カタログ、説明書面その他これらに類する物による価格の表示（ダイレクトメール、ファクシミリ等によるものを含みます。）
	④　ポスター、看板（プラカード及び建物、電車又は自動車等に記載されたものを含みます。）、ネオン・サイン、アドバルーンその他これらに類する物による価格の表示
	⑤　新聞、雑誌その他の出版物、放送、映写又は電光による価格の表示
	⑥　情報処理の用に供する機器による価格の表示（インターネット、電子メール等によるものを含みます。）

チェックポイント

☆　口頭による価格の提示（電話によるものを含みます。）は、総額表示義務の対象とはなりません。

☆　総額表示の義務付けは、これまで価格を表示していなかった取引に価格表示を強制するものではありません。

— 544 —

第8節　総額表示（税込価格表示）の義務付け

したがって、店頭などにおいて価格を表示していない場合（「時価」や「特価」などとしか表示していない場合を含みます。）には、総額表示義務の対象となりません。

☆　総額表示の義務付けは、「不特定かつ多数の者に対する（一般的には消費者との取引における）値札や広告などにおいて、あらかじめ価格を表示する場合」が対象となりますので、一般的な事業者間取引における価格表示については、総額表示義務の対象とはなりません。

　なお、事業者間取引における価格表示について、事業者が任意に総額表示とすることを妨げるものではありません。

☆　「100円ショップ」等の看板は、お店の名称（屋号）と考えられるため、総額表示義務の対象には当たらないと考えられます。

　なお、いわゆる「100円ショップ」の店内における価格表示については、消費税相当額を含んだ支払総額を表示する必要があります。

（店内表示の例）

　※　上記はあくまでも例示であることに留意する必要があります。

　また、消費税（地方消費税を含みます。）の税率は、10％で計算しています。

☆　会員のみを対象として商品の販売やサービスの提供等を行っているディスカウントストア、スポーツクラブ等であっても、その会員の募集が広く一般大衆を対象として行っているのであれば、総額表示義務の対象となります。

☆　総額表示の義務付けは、不特定かつ多数の者に対する（一般的には消費者との取引における）値札や店内掲示、チラシ、カタログ等において、「あらかじめ」価格を表示する場合を対象としていますから、特定の者に対して作成する、又は取引成立後や決済段階で作成する見積書、契約書、請求書又は領収書（レシート）等については、総額表示義務の対象とはなりません。

☆　商品やサービスの単価、あるいは手数料率を表示する場合など、最終的な取引価格そのものではありませんが、事実上、その取引価格を表示しているものについても、総額表示義務の対象となります。

　例えば、肉の量り売り、ガソリン等のように、一定の単位での価格表示や、不動産仲介手数料、有価証券の取引手数料等のように、取引金額の一定割合（○％）とされている表示がこれに当たります。

総額表示が義務付けられる単価等の表示例		総額表示の例	
《肉の量り売り》	100g 200円	100g 216円	
《ガソリン、灯油》	1㍑ 100円	1㍑ 110円	
《不動産仲介手数料》	売買価格の3.00%	売買価格の3.3%	

⒞　消費税（地方消費税を含みます。）の税率は、10％（軽減税率対象資産の譲渡等については8％）で計算しています。

　なお、取引金額の一定割合を手数料やサービス料として受け取る事業者にあっては、その基礎となる取引金額が「税込価格」となっていれば、次の例のように計算される手数料やサービス料も税込価格となりますから、その割合を変更する必要はありません。

【例】

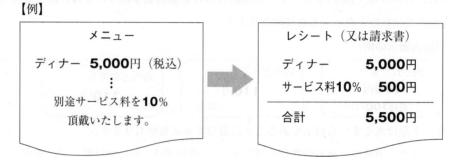

☆　スーパーマーケットなどにおける値引販売の際に行われる価格表示の「○割引き」あるいは「○円引き」とする表示自体は、総額表示義務の対象とはなりません（値札などに表示されている値引前の価格は、「総額表示」としておく必要があります。）。

　なお、値引後の価格を表示する場合には、総額表示とする必要があります。

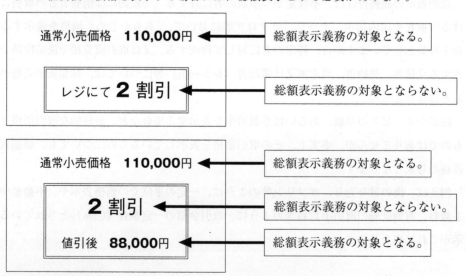

☆　製造業者、卸売業者、輸入総代理店等の小売業以外の者が、自己の供給する商品について、いわゆる「希望小売価格」を設定し、商品カタログや商品パッケージなどに表示して

いる場合がありますが、この「希望小売価格」は、小売店が消費者に対して行う価格表示ではありませんので、総額表示義務の対象にはなりません。

しかしながら、小売店において、製造業者等が表示した「希望小売価格」を自店の小売価格として販売している場合には、その価格が総額表示義務の対象となりますので、「希望小売価格」が「税抜価格」で表示されているときには、小売店において「税込価格」を棚札等に表示する必要が生じます。

また、製造業者等が表示する「希望小売価格」は、総額表示義務の対象ではありませんが、こうした点を踏まえ、一つの方法として「希望小売価格」を「税込価格」に変更することも小売店の利便等に資するものではないかと考えられます。

第9節　信託税制

1　信託制度の概要

信託とは、委託者が受託者に対して、財産権の移転等をし、受託者が信託目的に従って、受益者のために信託財産の管理、処分等をすることをいいます。

例えば、委託者が所有する土地を受託者に信託し、受託者がその土地の上に賃貸用ビルを建築して管理し、この賃料収入を受益者に給付するという形で用いられています。

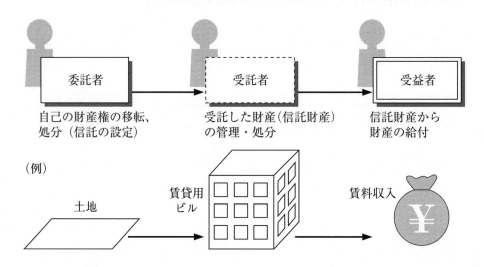

2　信託財産に係る資産の譲渡等の帰属

(1)　信託の納税義務者

イ　受益者等課税信託（法14①本文）

信託の受益者は、その信託の信託財産に属する資産を有するものとみなし、かつ、その信託財産に係る資産の譲渡等、課税仕入れ及び課税貨物の保税地域からの引取り（以下「資産等取引」といいます。）は、その受益者の資産等取引とみなして、消費税法の規定が適用されます（法14①本文）。

したがって、信託財産に係る運用等により課税資産の譲渡等を行っているのが受託者であっても、その信託の受益者が納税義務者となります。

○ 受益者等課税信託の納税義務者

〔取引図〕

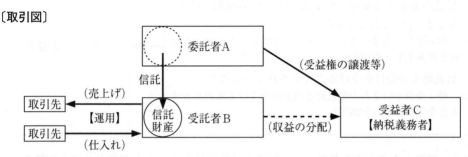

　受益者C（受益者がいない場合は委託者A）が信託財産を有するものとし、受益者Cに信託財産の運用による売上げ、仕入れが帰属するものとみなされます。

ロ　集団投資信託等（法14①ただし書）

　集団投資信託（法法2二十九）、法人課税信託（法法2二十九の二）、退職年金等信託（法法12④一）又は特定公益信託等（法法12④二）については、その信託財産の実質的な帰属者である受益者等ではなく、現実に信託財産を所有し、その運用等を行っている取引行為者である「受託者」が、現実の取引のままにその信託財産に属する資産を有し、その信託財産に係る資産等取引を行ったものとし、課税資産の譲渡等が行われた場合には、その受託者が納税義務者となります（法14①ただし書、基通4－2－2）。

○ 集団投資信託等の納税義務者

(2) 受益者の範囲

　信託の受益者は、受益者としての権利を現に有するものに限りますが、信託の変更をする権限を現に有し、かつ、その信託の信託財産の給付を受けることとされている者（受益者を除きます。）は、受益者とみなされます（法14①②、令26）。

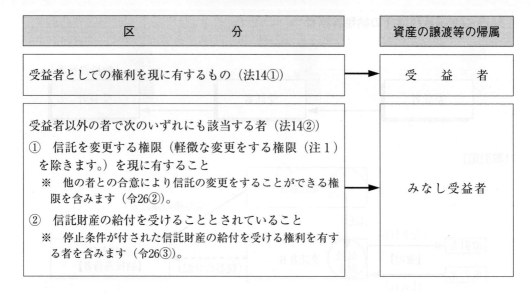

(注)1 軽微な変更をする権限とは、信託の目的に反しないことが明らかである場合に限り信託の変更をすることができる権限をいいます（令26①）。

2 受益者（みなし受益者を含みます。）が2者以上いる場合には、信託の信託財産に属する資産の全部をそれぞれの受益者がその有する権利の内容に応じて有するものとし、その信託財産に係る資産等取引の全部をそれぞれの受益者がその有する権利の内容に応じて行ったものとされます（法14③、令26④）。

3 公益信託ニ関スル法律第1条《公益信託》に規定する公益信託（法人税法第37条第6項《寄附金の損金不算入》に規定する特定公益信託を除きます。）の委託者又はその相続人その他の一般承継人は、その公益信託の信託財産に属する資産を有するものとみなし、かつ、その信託財産に係る資産等取引は、その委託者等の資産等取引とみなされます（平3改正法附則19の2①）。

また、公益信託は、消費税法第14条第1項ただし書に規定する法人課税信託に該当しないものとされています（平3改正法附則19の2②）。

チェックポイント

☆ 受益者等課税信託（消費税法第14条第1項《信託財産に係る資産の譲渡等の帰属》に規定する受益者（みなし受益者を含みます。）がその信託財産に属する資産を有するものとみなされる信託をいいます。）においては、次に掲げる移転は、資産の譲渡等には該当しません（基通4-2-1）。

(1) 信託行為に基づき、その信託の委託者から受託者に信託する資産の移転
(2) 信託の終了に伴う、その信託の受託者から受益者又は委託者への残余財産の給付としての移転
　(注) 事業者が事業として行う消費税法施行令第2条第1項第3号《資産の譲渡等の範

第9節　信託税制

囲）に定める行為は、資産の譲渡等に該当します。

☆　受益者等課税信託における受益者は、受益者としての権利を現に有するものに限られますから、例えば、一の受益者が有する受益者としての権利がその信託財産に係る受益者としての権利の一部にとどまる場合であっても、その余の権利を有する者が存しない又は特定されていないときには、その受益者がその信託財産に属する資産の全部を有するものとみなされ、かつ、資産等取引の全部が帰せられるものとみなされます（基通4－3－1）。

☆　消費税法施行令第26条第4項《信託財産に係る資産の譲渡等の帰属》の規定の適用に当たっては、例えば、その信託財産に属する資産が、その構造上区分された数個の部分を独立して住居、店舗、事務所又は倉庫その他建物としての用途に供することができるものである場合において、その各部分の全部又は一部が2以上の受益者の有する受益権の目的となっているときには、その目的となっている部分（以下「受益者共有独立部分」といいます。）については、受益者共有独立部分ごとに、その受益者共有部分につき受益権を有する各受益者（みなし受益者を含みます。以下「受益者等」といいます。）が、各自の有する受益権の割合に応じて有しているものとして同項の規定が適用されます（基通4－3－2）。

☆　受益者等課税信託の受益者等が有する権利の譲渡が行われた場合には、その権利の目的となる信託財産の譲渡が行われたこととなります（基通4－3－3）。

☆　消費税法第14条第1項《信託財産に係る資産の譲渡等の帰属》に規定する「信託の受益者（受益者としての権利を現に有するものに限る。）」には、原則として、例えば、信託法第182条第1項第1号《残余財産の帰属》に規定する残余財産受益者は含まれますが、次に掲げる者は含まれません（基通4－3－4）。

⑴　その信託が終了するまでの間における同法第182条第1項第2号《残余財産の帰属》に規定する帰属権利者（以下「帰属権利者」といいます。）

⑵　委託者が生存している間において、委託者の死亡の時に受益権を取得する信託法第90条第1項第1号《委託者の死亡の時に受益権を取得する旨の定めのある信託等の特例》に掲げる受益者となるべき者として指定された者

⑶　委託者が生存している間において、委託者の死亡の時以後に信託財産に係る給付を受ける同項第2号に掲げる受益者

☆　消費税法第14条第2項《信託財産に係る資産の譲渡等の帰属》の規定により受益者とみなされる者には、同項に掲げる信託の変更をする権限を有している委託者が次に掲げる場合であるものが含まれます（基通4－3－5）。

⑴　その委託者が信託行為の定めにより帰属権利者として指定されている場合

⑵　信託法第182条第2項に掲げる信託行為に残余財産受益者又は帰属権利者（以下「残余財産受益者等」といいます。）の指定に関する定めがない場合又は信託行為の定めに

— 551 —

より残余財産受益者等として指定を受けた者の全てがその権利を放棄した場合

3　法人課税信託の受託者に関する消費税法の適用

　法人税法第2条第29号の2《定義》に規定する法人課税信託の受託者は、各法人課税信託の信託資産等及び固有資産等ごとに、それぞれ別の者とみなして、消費税法の規定(注)が適用されます（法15①）。

　この場合において、各法人課税信託の信託資産等及び固有資産等は、そのみなされた各別の者にそれぞれ帰属するものとされます（法15②）。

　また、個人事業者が受託事業者（その法人課税信託に係る信託資産等が帰属する者）である場合、その受託事業者は、法人とみなして、消費税法の規定が適用されます（法15③）。

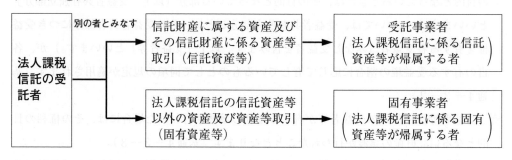

〔取引図〕

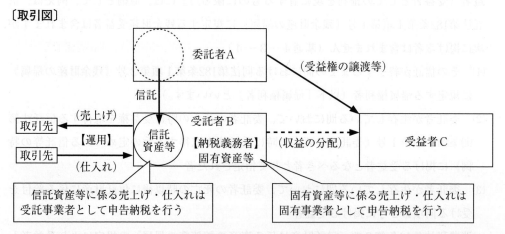

　受託者B（受託事業者）に信託財産の運用による売上げ・仕入れが帰属するものとされます。

　(注)　次の規定を除きます（法15①かっこ書）。

第9節　信託税制

第5条《納税義務者》、第14条《信託財産に係る資産の譲渡等の帰属》、第20条《個人事業者の納税地》、第21条《個人事業者の納税地の特例》、第22条《法人の納税地》、第23条《納税地の指定》、第24条《納税地指定の処分の取消しがあった場合の申告等の効力》、第25条《法人の納税地の異動の届出》、第26条《外国貨物に係る納税地》、第27条《輸出物品販売場において購入した物品を譲渡した場合等の納税地》、第47条《引取りに係る課税貨物についての課税標準額及び税額の申告等》、第50条《引取りに係る課税貨物についての消費税の納付等》、第51条《引取りに係る課税貨物についての納期限の延長》、第6章罰則

【参考】法人課税信託の範囲の概要

(1)	受益権を表示する証券を発行する旨の定めのある信託（法法2二十九の二イ）
(2)	法人税法第12条第1項に規定する受益者（みなし受益者を含みます。）が存しない信託（法法2二十九の二ロ）
(3)	公共法人及び公益法人等以外の法人が委託者となる信託で、次に掲げる要件のいずれかに該当するもの（法法2二十九の二ハ） ①　その法人の事業の全部又は重要な一部を信託し、かつ、その信託の効力が生じた時において、その法人の株主等が取得する受益権のその信託に係る全ての受益権に対する割合が100分の50を超えるものとして一定のものに該当することが見込まれていたこと ②　その信託の効力が生じた時又はその存続期間の定めの変更の効力が生じた時においてその法人又はその法人との間に一定の特殊の関係のある者が受託者であり、かつ、その効力発生時等においてその効力発生時等以後のその存続期間が20年を超えるものとされていたこと ③　その信託の効力が生じた時においてその法人又はその法人の特殊関係者をその受託者と、その法人の特殊関係者をその受益者とし、かつ、その時においてその特殊関係者に対する収益の分配の割合の変更が可能である場合として一定の場合に該当したこと
(4)	投資信託及び投資法人に関する法律第2条第3項に規定する投資信託（法法2二十九の二ニ）
(5)	資産の流動化に関する法律第2条第13項に規定する特定目的信託（法法2二十九の二ホ）

(1)　固有事業者の納税義務の判定等

イ　固有事業者の基準期間における課税売上高の計算の特例

　固有事業者のその課税期間に係る基準期間における課税売上高については、消費税法第9条第2項の規定にかかわらず、次の①と②により計算した金額の合計額になります（法15④、令27①）。

　この合計額が1,000万円を超える場合、その固有事業者は課税事業者になります（法

— 553 —

第2章　国内取引に係る消費税

9①）。

　なお、簡易課税制度の適用上限である5,000万円の水準の判定の際に用いる基準期間における課税売上高も、この合計額となります。

① **固有事業者の基準期間における課税売上高（法15④一）**

　固有事業者のその課税期間の基準期間における課税売上高として、消費税法第9条第2項の規定により計算した金額

② **受託事業者の固有事業者の基準期間に対応する期間における課税売上高（法15④二）**

　固有事業者のその課税期間の基準期間の初日から同日以後1年を経過する日までの間に終了した受託事業者の各事業年度における課税売上高（消費税法施行令第22条第1項の規定により計算した各事業年度における課税売上高）の合計額（令27①）

		【法15④一】	【法15④一】			
固有事業者		A 800万円	B 600万円	C イ	D ロ	

		【法15④二】	【法15④二】			
受託事業者		a 400万円	b 300万円	c	d	e

　(イ)　Aの課税売上高とaの課税売上高の合計額＞1,000万円　→　課税事業者
　(ロ)　Bの課税売上高とbの課税売上高の合計額≦1,000万円　→　免税事業者

ロ　固有事業者の特定期間における課税売上高の計算の特例

　固有事業者の固有事業年度等（個人事業者である固有事業者のその年又は法人である固有事業者のその事業年度をいいます。）に係る特定期間における課税売上高については、消費税法第9条の2第2項又は第3項の規定にかかわらず、次の①及び②により計算した金額の合計額になります（法15⑦、令27②一）。

① その固有事業者の固有事業年度等に係る特定期間における課税売上高として消費税法第9条の2第2項の規定により計算した同項に規定する残額（同条第3項の規定の適用がある場合には、その特定期間中に支払った給与等金額の合計額）

② その固有事業者に係る各法人課税信託の受託事業者の次に掲げる場合の区分に応じ、それぞれ次に定める金額（その金額のうちその計算の基礎となった期間の月数がその固有事業者の固有事業年度等に係る特定期間の月数を超えるものである場合

— 554 —

には、その金額をその計算の基礎となった期間の月数で除し、それにその特定期間の月数を乗じて計算した金額）の合計額

i　その固有事業者の固有事業年度等に係る特定期間中にその受託事業者の準特定期間（その受託事業者の事業年度（6月以下であるものを除きます。）開始の日以後6月の期間をいい、その6月の期間の末日を消費税法施行令第20条の6第1項に規定する6月の期間の末日とみなした場合において同項各号に掲げる場合に該当するときには、同項の規定によりみなされた期間とします。）の末日が到来する場合	→ その準特定期間における課税売上高（その準特定期間を消費税法第9条の2第2項に規定する特定期間とみなした場合における同項に規定する残額をいい、その固有事業者の①の残額の計算につき同条第3項の規定の適用がある場合には、その特定期間中に支払った給与等金額の合計額とします。）
ii　その固有事業者の固有事業年度等に係る特定期間中に終了したその受託事業者の各事業年度がある場合（iに該当する場合を除きます。）	→ その各事業年度における課税売上高（その固有事業者の①の残額の計算につき消費税法第9条の2第3項の規定の適用がある場合には、その各事業年度中に支払った給与等金額の合計額）の合計額

ハ　合併又は分割があった場合の納税義務の免除の特例

　被合併法人が法人課税信託の受託者である場合には、その被合併法人の受託事業者としての課税売上高も加味して判定します（法15⑮、令27④）。

　また、新設分割親法人や分割法人が法人課税信託の受託者である場合には、これらの法人の受託事業としての課税売上高も加味して判定します（令27⑤）。

⑵　受託事業者の納税義務及び簡易課税制度の適用の判定等

イ　受託事業者の基準期間における課税売上高の計算の特例

　受託事業者のその課税期間に係る基準期間における課税売上高は、その課税期間の初日の属するその受託事業者に係る法人課税信託の固有事業者の課税期間の基準期間における課税売上高になります（法15⑤、基通4―4―1）。

① 受託事業者の基準期間がない場合

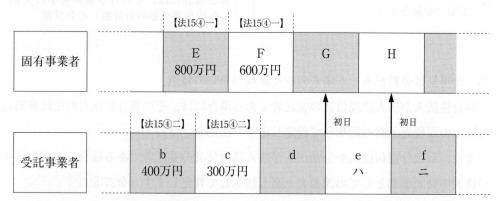

(イ)　aの初日の属するCの基準期間（A）の課税売上高＞1,000万円　→　課税事業者
(ロ)　bの初日の属するDの基準期間（B）の課税売上高≦1,000万円　→　免税事業者

② 受託事業者の3年目以降

(ハ)　eの初日の属するGの基準期間（E）の課税売上高とその基準期間中に終了した受託事業者の事業年度（b）の課税売上高の合計額＞1,000万円　→　課税事業者
(ニ)　fの初日の属するHの基準期間（F）の課税売上高とその基準期間中に終了した受託事業者の事業年度（c）の課税売上高の合計額≦1,000万円　→　免税事業者

ロ　受託事業者の特定期間における課税売上高の計算の特例

　受託事業者のその事業年度に係る特定期間における課税売上高は、その受託事業者のその事業年度開始の日の属するその受託事業者に係る法人課税信託の固有事業者の固有事業年度等の特定期間における課税売上高として、消費税法施行令第27条第2項第1号の規定により計算した金額になります（法15⑦、令28③一）。

ハ　受託事業者の納税義務の判定

　受託事業者のその課税期間の初日において、その受託事業者に係る法人課税信託の固有事業者がその初日の属するその固有事業者の課税期間（その基準期間における課税売上高が1,000万円以下である課税期間に限ります。）における課税資産の譲渡等及

び特定課税仕入れにつき、「消費税課税事業者選択届出書」の提出により、又は納税義務の免除の特例の規定により消費税を納める義務が免除されない事業者である場合、その受託事業者のその初日の属する課税期間における課税資産の譲渡等及び特定課税仕入れについては、納税義務が免除されません（法15⑥、基通4―4―1ただし書）。

ニ　受託事業者の簡易課税制度の適用の判定

受託事業者のその課税期間の初日において、その受託事業者に係る法人課税信託の固有事業者が、その初日の属するその固有事業者の課税期間（以下「固有課税期間」といいます。）につき簡易課税制度の適用を受ける事業者である場合に限り、その受託事業者のその初日の属する課税期間について簡易課税制度が適用されます（法15⑧、基通4―4―2）。

「消費税簡易課税制度選択届出書」の提出

固有事業者	本則	簡易	簡易	A	

	初日で判定	初日で判定	初日で判定	初日で判定	
受託事業者	本則	簡易	簡易	Aと同じ	

また、法人課税信託の固有事業者が固有課税期間において、消費税法第37条の2第1項又は第6項《災害等があった場合の中小事業者の仕入れに係る消費税額の控除の特例の届出に関する特例》の規定の適用を受けた場合には、受託事業者について次のように取り扱われます（法15⑨、基通4―4―2㈲）。

①　固有事業者が固有課税期間について消費税法第37条の2第1項の承認を受けた場合には、受託事業者のその課税期間の初日において、固有事業者が簡易課税制度の適用を受ける事業者とみなされますので、受託事業者のその課税期間は、簡易課税制度が適用されることになります。

②　固有事業者が固有課税期間について消費税法第37条の2第6項の承認を受けた場合には、受託事業者のその課税期間の初日において、固有事業者が簡易課税制度の適用を受けない事業者とみなされますので、受託事業者のその課税期間は、簡易課税制度が適用されないことになります。

(3)　法人課税信託の併合があった場合の中間申告義務

受託事業者に係る消費税法第42条《課税資産の譲渡等及び特定課税仕入れについての中間申告》の規定の適用については、信託の併合は合併とみなし、信託の併合に係る従前の信託である法人課税信託に係る受託事業者は、被合併法人に含まれます。

第2章　国内取引に係る消費税

また、信託の併合に係る新たな信託である法人課税信託に係る受託事業者は、合併法人に含まれます（法15⑩）。

(4)　受託事業者に対して適用しない法律の規定

受託事業者については、課税事業者選択制度（法9④〜⑨）、相続等があった場合の納税義務の免除の特例（法10〜12の4）、簡易課税制度のうち不適用に関する部分（法37③〜⑧）、災害等による簡易課税制度選択届出に係る特例（法37の2）及び小規模事業者の納税義務の免除が適用されなくなった場合等の届出（法57）の規定の適用はありません（法15⑪）。

┌─ チェックポイント ─┐

☆　消費税法第9条第4項又は第5項《小規模事業者に係る納税義務の免除》、第37条第1項又は第5項《中小事業者の仕入れに係る消費税額の控除の特例》、第37条の2第1項又は第6項《災害等があった場合の中小事業者の仕入れに係る消費税額の控除の特例の届出に関する特例》、第57条《小規模事業者の納税義務の免除が適用されなくなった場合等の届出》、消費税法施行令第20条の2第1項又は第2項《納税義務の免除の規定の適用を受けない旨の届出等に関する特例》及び第57条の2第1項又は第2項《中小事業者の仕入れに係る消費税額の控除の特例の適用を受ける旨の届出等に関する特例》の届出又は申請に関する規定が適用されるのは固有事業者に限られますから、受託事業者は、これらの規定に関する届出書又は申請書を提出できません。

ただし、消費税法第19条第1項第3号から第4号の2《課税期間》及び第30条第3項《仕入れに係る消費税額の控除》の規定は、固有事業者における適用の有無にかかわらず、受託事業者においても適用されますので、受託事業者がこれらの規定の適用を受ける場合には、受託事業者ごとにこれらの規定に関する届出書又は申請書を提出する必要があります（基通4—4—3）。

(5)　一の法人課税信託の受託者が2以上ある場合

一の法人課税信託の受託者が2以上ある場合、各受託者のその法人課税信託に係る信託資産等は、その法人課税信託の信託事務を主宰する受託者（以下「主宰受託者」といいます。）の信託資産等とみなして、消費税法の規定が適用されます（法15⑫）。

また、主宰受託者の信託資産等とみなされたその信託資産等に係る消費税については、主宰受託者以外の受託者には、その消費税について、連帯して納付する責任があります（法15⑬）。

この場合の消費税の徴収は、その徴収に係る処分の際におけるその消費税の納税地又はその連帯受託者がその法人課税信託の主宰受託者であったとした場合におけるそ

— 558 —

第9節　信託税制

の所轄税務署長が行うこととされています（法15⑭、通則法43①）。

（ チェックポイント ）

☆　消費税法第15条第12項《法人課税信託の受託者に関するこの法律の適用》に規定する「信託事務を主宰する受託者」とは、中心となって信託事務の全体を取りまとめる受託者をいいます。

　この場合、全体を取りまとめているかどうかは、信託契約に基づき、信託財産の受入れ事務、信託財産の管理又は処分に関する事務、収益計算の報告事務等の処理の実態を総合的に判定します（基通4―4―4）。

⑹　法人課税信託に係る事業年度の取扱い

　法人課税信託のうち、投資信託及び投資法人に関する法律第2条第3項に規定する投資信託（法法2二十九の二ニ）又は資産の流動化に関する法律第2条第13項に規定する特定目的信託（法法2二十九の二ホ）に係る受託事業者がその会計期間について、その法人課税信託の契約又はその契約に係る約款に定める会計期間の末日が日曜日、国民の祝日に関する法律に規定する休日、12月29日から翌年1月3日までの日又は土曜日である場合には、その翌営業日を会計期間の末日とする旨の定めがあることにより、その会計期間が1年を超えることとなるときには、その受託事業者は事業年度が1年である法人として消費税法が適用されます（令28⑨、法法13、法令14の6⑧）。

　この場合の受託事業者（特定受託事業者）の事業年度の月数に関する消費税法の適用については、その事業年度の月数は12月とされます（令28⑩）。

　なお、合併又は分割等があった場合において、受託事業者が特定受託事業者であるときには、その特定受託事業者の事業年度は、会計期間開始の日から1年を経過する日に終了しているものとして取り扱われます（令28⑪）。

　このほか、法人課税信託の受託事業者の事業年度に関する取扱いは、次のとおりです。

法人課税信託の受託事業者の事業年度	事業年度とみなす期間
法人課税信託の受託事業者の会計期間のうち最初の会計期間のみが1年を超え、かつ、2年に満たない場合（令28⑫）	その最初の会計期間開始の日からその会計期間の末日の1年前の日までの期間及び同日の翌日からその会計期間の末日までの期間をそれぞれの受託事業者の事業年度とみなします。
法人課税信託のうち投資信託及び投資法人に関する法律第2条第3項に規定する投資信託（法法2二十九の二ニ）が法人課税信託に該当しないこととなった場合（令28⑫）	その会計期間開始の日からその該当しないこととなった日までの期間をその法人課税信託に係る受託事業者の事業年度とみなします。

— 559 —

第2章　国内取引に係る消費税

第10節　特定非常災害に係る届出等に関する特例

1　被災事業者の届出の特例

⑴　特例の概要

　特定非常災害（注1）の被災者である事業者（以下「被災事業者」といいます。）（注2）が、その被害を受けたことによって、被災日（注3）の属する課税期間以後の課税期間について、課税事業者となることを選択しようとする（若しくはやめようとする）場合又は簡易課税制度の適用を受けようとする（若しくはやめようとする）場合には、これらの選択をしようとする（又はやめようとする）旨の届出書（注4）を指定日（注5）までに所轄税務署長に提出することにより、その届出書を本来の提出時期（適用を受けようとする課税期間の初日の前日）までに提出されたものとみなして、その適用を受ける（又はやめる）ことができます。

　また、課税事業者となることを選択した事業者が、課税事業者となった日から2年を経過する日までの間に開始した各課税期間中に調整対象固定資産（注6）を取得し、その取得した課税期間の確定申告を一般課税で行う場合、本来は、一定期間、「課税事業者選択不適用届出書」及び「簡易課税制度選択届出書」の提出ができませんが、被災事業者の被災日の属する課税期間以後の課税期間については、これらの制限は適用されません。

　(注)1　「特定非常災害」とは、特定非常災害の被害者の権利利益の保全等を図るための特別措置に関する法律第2条第1項の規定により、特定非常災害として指定された非常災害をいいます。
　　　2　例えば、次に掲げる事業者は、被災事業者に該当することになります（基通19―1―1）。
　　　⑴　特定非常災害に係る国税通則法施行令第3条第1項又は第3項《災害等による期限の延長》の規定の適用を受けた事業者
　　　⑵　上記⑴の事業者以外の事業者で、特定非常災害に係る国税通則法施行令第3条第1項の規定に基づく国税庁長官の指定した地域以外の地域に納税地を有する事業者のうち、その国税庁長官の指定した地域内に所在する支店等がその特定非常災害により被災した事業者
　　　3　「被災日」とは、事業者が特定非常災害により被災事業者となった日をいいます（措法86の5①）。
　　　4　これらの届出書については、課税事業者となることの選択及び簡易課税制度の適用を受け、又は適用を受けることをやめようとする開始課税期間を所定の欄に明記するとともに、届出書の「参考事項」欄又は余白に「特定非常災害の被災事業者である」旨を記載します（基通19―1―5）。
　　　5　「指定日」とは、国税通則法施行令第3条第1項から第3項まで《災害等による期限の延長》の規定に基づき指定される期日とは別に、国税庁長官が特定非常災害の

― 560 ―

状況及びその特定非常災害に係る国税通則法第11条《災害等による期限の延長》の規定による申告に関する期限の延長の状況を勘案して定める日をいいます（基通19－1－2）。

6　「調整対象固定資産」とは、棚卸資産以外の資産で100万円（税抜き）以上のものをいいます（416ページ参照）。

(2) 具体的な適用事例

イ　特定非常災害により、被害を受けた機械及び装置を買い換えるため、課税事業者となることを選択し、一般課税により申告を行う場合（措法86の5①②）

㊟　いずれの課税期間においても、その基準期間における課税売上高が1,000万円以下であり、各納税義務の免除の特例の適用がないものとします。

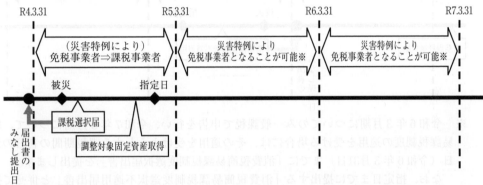

※　令和5年3月期についてのみ課税事業者となることを選択し、令和6年3月期からその選択をやめる場合には、その選択をやめようとする課税期間の初日の前日（令和5年3月31日）までに「消費税課税事業者選択不適用届出書」を提出します。
　なお、指定日までに提出する「消費税課税事業者選択届出書」と併せて提出することもできます。

ロ　当初、設備投資等を行うために課税事業者となることを選択していたが、その選択をして2期目に特定非常災害により設備投資等を行うことができなくなったため、その選択をやめる場合（措法86の5①②）

㊟　いずれの課税期間においても、その基準期間における課税売上高が1,000万円以下であり、各納税義務の免除の特例の適用がないものとします。

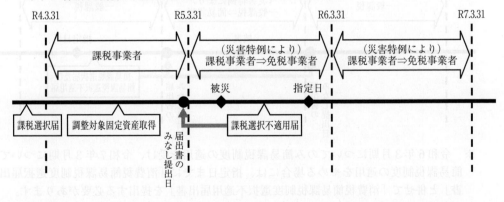

※　令和6年3月期についてのみ課税事業者となることの選択をやめ、令和7年3月期から課税事業者となることを選択する場合には、その選択をしようとする課税期間の初日の前日（令和6年3月31日）までに「消費税課税事業者選択届出書」を提出します。
　　なお、指定日までに提出する「消費税課税事業者選択不適用届出書」と併せて提出することもできます。

ハ　特定非常災害により、資産に相当な損失を受け、緊急な設備投資等を行うため、簡易課税制度の適用をやめ、一般課税により申告を行う場合（措法86の5⑪⑫）

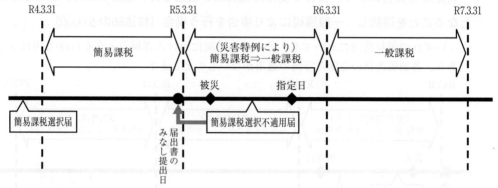

※　令和6年3月期についてのみ一般課税で申告を行い、令和7年3月期について、簡易課税制度の適用を受ける場合には、その適用を受けようとする課税期間の初日の前日（令和6年3月31日）までに「消費税簡易課税制度選択届出書」を提出します。
　　なお、指定日までに提出する「消費税簡易課税制度選択不適用届出書」と併せて提出することもできます。

㊟　本特例の適用を受ける事業者は、簡易課税制度を2年間継続して適用した後でなくても、その適用をやめることができます（措法86の5⑪）。
　　なお、簡易課税制度の適用を受けることができる事業者は、その課税期間の基準期間における課税売上高が5,000万円以下の事業者です（法37①）。

ニ　特定非常災害により、帳簿書類を消失したため、簡易課税制度を適用して申告を行い、その翌課税期間について簡易課税制度の適用をやめ、一般課税により申告を行う場合（措法86の5⑩⑪⑫）

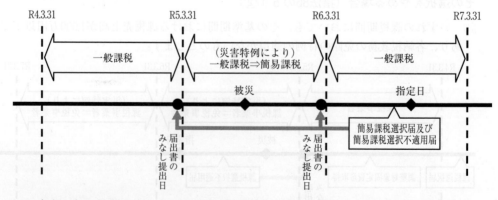

※　令和6年3月期についてのみ簡易課税制度の適用を受け、令和7年3月期について簡易課税制度の適用をやめる場合には、指定日までに「消費税簡易課税制度選択届出書」と併せて「消費税簡易課税制度選択不適用届出書」を提出する必要があります。

第10節　特定非常災害に係る届出等に関する特例

　㊟　本特例の適用を受ける事業者は、簡易課税制度を２年間継続して適用した後でなく
　ても、その適用をやめることができます（措法86の５⑪）。

（　チェックポイント　）

☆　本特例による「消費税簡易課税制度選択（不適用）届出書」を提出する前に、仮決算に
　よる中間申告書を提出している場合には、その中間申告書の内容を遡って変更する必要は
　ありません。

２　事業者免税点制度の適用制限等の解除

(1)　特例の概要

　次のような場合には、事業者免税点制度の適用制限等が解除されます。

イ　被災事業者である新設法人等が基準期間のない各課税期間中に調整対象固定資産
　を取得した場合（措法86の５④⑦）

　　新設法人（注１）又は特定新規設立法人（注２）は、基準期間がない各課税期間
　中に調整対象固定資産を取得し、その課税期間について一般課税で申告を行う場合、
　その取得の日の属する課税期間の初日から原則として３年間は、納税義務が免除さ
　れず、また、簡易課税制度を選択して申告することができませんが、新設法人又は
　特定新規設立法人が被災事業者となった場合、被災日の属する課税期間以後の課税
　期間については、これらの制限は適用されません。

　　したがって、被災事業者の基準期間ができてからの課税期間（通常設立３期目）
　以後は、基準期間における課税売上高等により納税義務の判定を行うこととなりま
　す。

　㊟１　「新設法人」とは、その事業年度の基準期間がない法人で、その事業年度開始の日
　　の資本金の額又は出資の金額が1,000万円以上の法人をいいます（49ページ参照）。
　　２　「特定新規設立法人」とは、新設法人とならない新規設立法人のうち、その事業年
　　度開始の日において、他の者に支配されている場合など、一定の場合に該当するこ
　　ととなる法人をいいます（53ページ参照）。

ロ　被災事業者が高額特定資産の仕入れ等を行った場合（措法86の５⑤⑧）

　　高額特定資産㊟の仕入れ等を行い、その課税期間について一般課税で申告を行う
　場合、事業者は、課税仕入れ等の日の属する課税期間の初日から原則として３年間
　は、納税義務が免除されず、また、簡易課税制度を選択して申告することができま
　せんが、被災事業者については、①被災日前に高額特定資産の仕入れ等を行った場
　合に該当していた場合又は②被災日から指定日以後２年を経過する日の属する課税
　期間の末日までの間に高額特定資産の仕入れ等を行った場合に該当することとなっ
　た場合、被災日の属する課税期間以後の課税期間については、これらの制限は適用

— 563 —

第2章　国内取引に係る消費税

されません。

　　したがって、高額特定資産の仕入れ等を行った課税期間の翌課税期間以後（被災日の属する課税期間以後の課税期間に限ります。）は、基準期間における課税売上高等により納税義務の判定を行うことになります。

㊟　「高額特定資産」とは、一の取引の単位につき、課税仕入れに係る支払対価の額（税抜き）が1,000万円以上の棚卸資産又は調整対象固定資産をいいます（60ページ参照）。

ハ　被災事業者が高額特定資産である棚卸資産等について調整措置の適用を受けた場合（措法86の5⑥⑨）

　　高額特定資産（上記ロ㊟参照）の棚卸資産等若しくは課税貨物又は調整対象自己建設高額資産（注1）（以下「高額特定資産等」といいます。）について消費税法第36条第1項又は第3項に規定する棚卸資産の調整措置（424ページ参照）の適用を受けた場合、事業者は、その適用を受けた課税期間の初日（その適用を受けることとなった前日までの建設等が完了していない調整対象自己建設高額資産の場合には、その建設等が完了した日の属する課税期間の初日）から原則として3年間は、納税義務が免除されず、また、簡易課税制度を選択して申告することができませんが（注2）、被災事業者については、①被災日前に高額特定資産である棚卸資産等について調整措置の適用を受けることとなった場合又は②被災日から指定日以後2年を経過する日の属する課税期間の末日までの間に高額特定資産等に係る棚卸資産の調整の適用を受けることとなった場合、被災日の属する課税期間以後の課税期間については、これらの制限は適用されません。

　　したがって、高額特定資産等である棚卸資産等の調整の適用を受けた課税期間の翌課税期間以後（被災日の属する課税期間以後の課税期間に限ります。）は、基準期間における課税売上高等による納税義務の判定を行うこととなります。

㊟1　「調整対象自己建設高額資産」とは、他の者との契約に基づき、又は当該事業者の棚卸資産として自ら建設等をした棚卸資産（その事業者が相続、合併又は分割により被相続人、被合併法人又は分割法人の事業を承継した場合において、その被相続人、被合併法人又は分割法人が自ら建設等をしたものを含みます。）で、その建設等に要した課税仕入れに係る支払対価の額の100/110に相当する金額等の累計額が1,000万円以上となったものをいいます。

　2　この制限は、原則として令和2年4月1日以後に高額特定資産等である棚卸資産等の調整の適用を受けることとなった場合に適用されています。

第10節 特定非常災害に係る届出等に関する特例

(2) 具体的な適用事例

イ 被災事業者となった新設法人がその基準期間がない各課税期間中に調整対象固定資産となる機械等を取得していた（取得する）場合（措法86の5④）

(イ) 国税通則法第11条の規定の適用を受けている場合

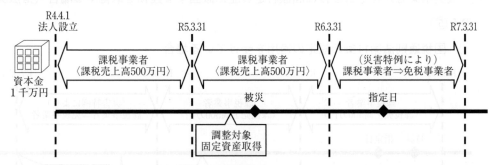

※ 新設法人又は特定新規設立法人の基準期間ができた以後の課税期間については、基準期間における課税売上高等により消費税の納税義務を判定することとなります。
　また、新設法人又は特定新規設立法人のその基準期間がない課税期間は、消費税法第12条の2第1項又は同法第12条の3第1項の規定により課税事業者となります。

(ロ) 国税通則法第11条の規定の適用を受けていない場合（支店が被災した場合など）

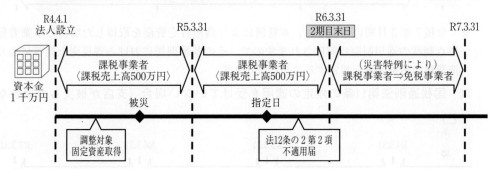

※ 設立2期目の末日（令和6年3月31日）までに「特定非常災害による消費税法第12条の2第2項（第12条の3第3項）不適用届出書」を所轄税務署長に提出する必要があります。
　なお、指定日が設立2期目の末日以後に到来する場合には、指定日がその届出書の提出期限となります（措法86の5④かっこ書）。

ロ 被災事業者となった新設法人がその基準期間がない課税期間以降の課税期間について簡易課税制度の適用を受ける場合（措法86の5⑦）

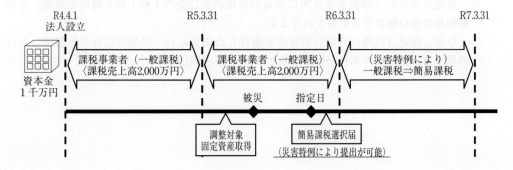

— 565 —

※　令和６年３月31日までに「消費税簡易課税制度選択届出書」を所轄税務署長に提出する必要があります。
　　なお、指定日がその選択をする課税期間の開始の日以後に到来する場合には、指定日がその届出書の提出期限となります（措法86の５⑩）。

ハ　被災事業者が指定日以後に高額特定資産に該当する建物を取得する場合（措法86の５⑤）

⑴　国税通則法第11条の規定の適用を受けている場合

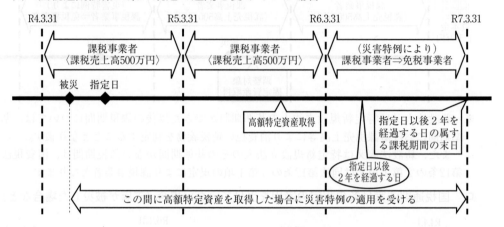

※　令和７年３月期については、本特例により高額特定資産を取得した場合の事業者免税点制度の適用制限は解除されますので、その基準期間における課税売上高等により消費税の納税義務を判定することとなります。

⑵　国税通則法第11条の規定の適用を受けていない場合（支店が被災した場合など）

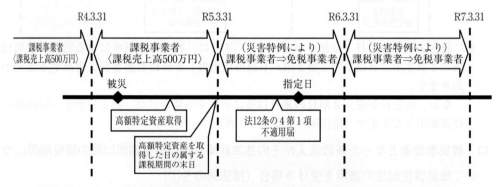

※　指定日までに「特定非常災害による消費税法第12条の４第１項不適用届出書」を所轄税務署長に提出する必要があります。
　　なお、指定日以後に高額特定資産を取得した場合には、高額特定資産を取得した日の属する課税期間の末日が提出期限となります（措法86の５⑤かっこ書）。

ニ 被災事業者が高額特定資産に該当する建物を取得した課税期間の翌課税期間から簡易課税制度を選択する場合（措法86の5⑧）

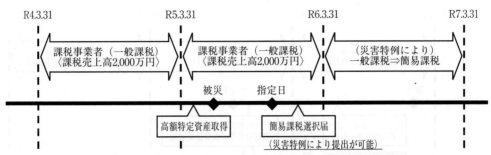

※ 令和6年3月31日までに「消費税簡易課税制度選択届出書」を所轄税務署長に提出する必要があります。
　なお、指定日がその選択をする課税期間の開始の日以後に到来する場合には、指定日がその届出書の提出期限となります（措法86の5⑩）。

ホ 被災事業者が指定日以後に高額特定資産に該当する棚卸資産に係る調整措置の適用を受ける場合（措法86の5⑥）

(イ) 国税通則法第11条の規定の適用を受けている場合

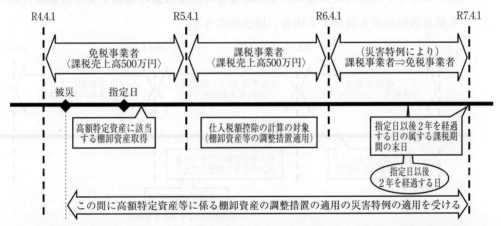

※ 令和7年3月期については、本特例により高額特定資産に該当する棚卸資産を取得し調整措置の適用を受けた場合の事業者免税点制度の適用制限は解除されますので、その基準期間における課税売上高等により消費税の納税義務を判定することとなります。

㈑ 国税通則法第11条の規定の適用を受けていない場合（支店が被災した場合など）

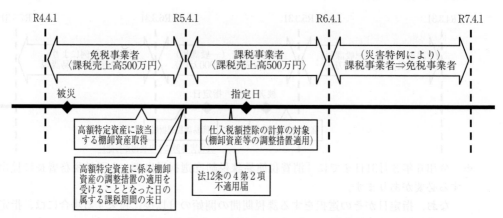

※ 指定日までに「特定非常災害による消費税法第12条の4第2項不適用届出書」を所轄税務署長に提出する必要があります。

　なお、指定日以後に高額特定資産に該当する棚卸資産を取得した場合には、調整措置の適用を受けることとなった日の課税期間の末日が提出期限となります。

ヘ　被災事業者が高額特定資産に係る棚卸資産の調整措置の適用を受けた翌課税期間から簡易課税制度を選択する場合（措法86の5⑨）

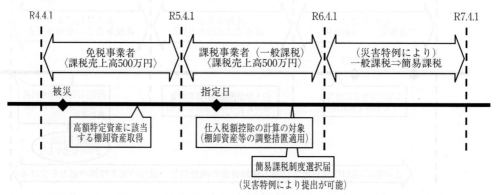

※ 令和6年3月31日までに「簡易課税制度選択届出書」を所轄税務署長に提出する必要があります。

　なお、指定日がその選択をする課税期間の開始の日以後に到来する場合には、指定日がその届出書の提出期限となります（措法86の5⑩）。

（チェックポイント）

☆　事業者免税点制度の適用制限の解除については、特段の届出は必要ありません。

　なお、本特例により簡易課税制度の適用を受ける場合には、指定日までに所轄税務署長に「消費税簡易課税制度選択届出書」を提出する必要があります。

☆　支店等が被災した事業者など、国税通則法第11条《災害等による期限の延長》の規定の適用を受けた者でない被災事業者が、租税特別措置法第86条の5第4項、第5項又は第6

項《納税義務の免除の規定の適用を受けない旨の届出等に関する特例》の規定の適用を受けようとする場合には、次に掲げる場合の区分に応じ、次の掲げる日までに「特定非常災害による消費税法第12条の2第2項（第12条の3第3項）不適用届出書」、「特定非常災害による消費税法第12条の4第1項不適用届出書」又は「特定非常災害による消費税法第12条の4第2項不適用届出書」を所轄税務署長に提出する必要があります（基通19—1—3）。

(1) 新設法人又は特定新規設立法人が被災事業者となった場合

その新設法人又はその特定新規設立法人の基準期間がない事業年度のうち最後の事業年度終了の日と指定日とのいずれか遅い日

(2) 被災事業者が、被災日前又は被災日から指定日以後2年を経過する日の属する課税期間の末日までに、消費税法第12条の4第1項《高額特定資産を取得した場合の納税義務の免除の特例》に規定する高額特定資産の仕入れ等を行った場合に該当していた又は該当することとなった場合

その該当していた又は該当することとなった場合における高額特定資産の仕入れ等の日の属する課税期間の末日と指定日とのいずれか遅い日

(3) 被災事業者が、被災日前又は被災日から指定日以後2年を経過する日の属する課税期間の末日までの間に、租税特別措置法第86条の5第6項《納税義務の免除の規定の適用を受けない旨の届出等に関する特例》に規定する高額特定資産等に係る棚卸資産の調整を受けることとなった場合に該当することとなった場合

その調整を受けることとなった場合に該当することとなった日の属する課税期間の末日と指定日とのいずれか遅い日

☆ 被災事業者のうち、国税通則法第11条《災害等による期限の延長》の規定の適用を受けた新設法人若しくは特定新規設立法人又は「特定非常災害による消費税法第12条の2第2項（第12条の3第3項）不適用届出書」を期限までに提出した新設法人若しくは特定新規設立法人は、消費税法第12条の2第2項《新規設立法人の納税義務の免除の特例》又は第12条の3第3項《特定新規設立法人の納税義務の免除の特例》の規定が適用されないことになります。

したがって、これらの新規設立法人又は特定新規設立法人の基準期間ができた以後の課税期間における納税義務の有無の判定は、消費税法第9条第1項《小規模事業者に係る納税義務の免除》又は第9条の2第1項《前年又は前事業年度等における課税売上高による納税義務の免除の特例》の規定によることになります（基通19—1—4）。

(注) その新設法人又はその特定新規設立法人が、合併又は分割等により設立された法人である場合、基準期間ができた以後の課税期間における納税義務の有無の判定は、消費税法第9条第1項又は第9条の2第1項の規定によるほか、第11条《合併があった場合の納税義務の免除の特例》又は第12条《分割等があった場合の納税義務の免除の特例》の規定によることになります。

第2章　国内取引に係る消費税

第11節　国境を越えた役務の提供に係る消費税の課税関係

第1　電気通信利用役務の提供

1　電気通信利用役務の提供に係る内外判定基準

　電子書籍、音楽、広告の配信等の電気通信回線（インターネット等）を介して行われる役務の提供については、「電気通信利用役務の提供」と位置付けられており、その役務の提供が消費税の課税の対象となる国内取引に該当するかどうかの判定（内外判定）については、「役務の提供を行う者の事務所等の所在地」によって行うのではなく、原則として「役務の提供を受ける者の住所等」によって行うこととされています。

(1)　電気通信利用役務の提供

　「電気通信利用役務の提供」とは、資産の譲渡等のうち、電気通信回線を介して行われる著作物の提供（その著作物の利用の許諾に係る取引を含みます。）その他の電気通信回線を介して行われる役務の提供であって、他の資産の譲渡等の結果の通知その他の他の資産の譲渡等に付随して行われる役務の提供以外のものをいいます（法2①八の三）。

　なお、電話、電信その他の通信設備を用いて他人の通信を媒介する役務の提供、すなわち、電話、ＦＡＸ、インターネット回線の接続など、「通信そのもの」に該当する役務の提供は除かれます。

電気通信回線（インターネット等）を介して行われる役務の提供（基通5—8—3）	
「電気通信利用役務の提供」に該当する取引	対価を得て行われる以下のようなものが該当します。 ○　インターネット等を通じて行われる電子書籍・電子新聞・音楽・映像・ソフトウエア（ゲームなどの様々なアプリケーションを含みます。）の配信 ○　顧客に、クラウド上のソフトウエアやデータベースを利用させるサービス ○　顧客に、クラウド上で顧客の電子データの保存を行う場所の提供を行うサービス ○　インターネットを通じた広告の配信・掲載 ○　インターネット上のショッピングサイト・オークションサイトを利用させるサービス（商品の掲載料金等） ○　インターネット上でゲームソフト等を販売する場所（WEBサイト）を利用させるサービス ○　インターネットを介して行う宿泊予約、飲食店予約サイト（宿泊施設、飲食店等を経営する事業者から掲載料等を徴するもの） ○　インターネットを介して行う英会話教室 ○　電話・電子メールによる継続的コンサルティング

— 570 —

「電気通信利用役務の提供」に該当しない取引	○ 電話、FAX、電報、データ伝送、インターネット回線の利用など、他者間の情報の伝達を単に媒介するもの（いわゆる通信） ○ ソフトウエアの制作等 ※ 著作物の制作を国外事業者に依頼し、その成果物の受領や制作過程の指示をインターネット等を介して行う場合がありますが、当該取引も著作物の制作という他の資産の譲渡等に付随して行われるものですので、電気通信利用役務の提供に該当しません。 ○ 国外に所在する資産の管理・運用等（ネットバンキングも含まれます。） ※ 資産の運用、資金の移動等の指示、状況、結果報告等について、インターネット等を介して連絡が行われたとしても、資産の管理・運用等という他の資産の譲渡等に付随して行われるものですので、電気通信利用役務の提供に該当しません。 　ただし、クラウド上の資産運用ソフトウエアの利用料金等を別途受領している場合には、その部分については電気通信利用役務の提供に該当します。 ○ 国外事業者に依頼する情報の収集・分析等 ※ 情報の収集、分析等を行ってその結果報告等について、インターネット等を介して連絡が行われたとしても、情報の収集・分析等という他の資産の譲渡等に付随して行われるものですので、電気通信利用役務の提供に該当しません。 　ただし、他の事業者の依頼によらずに自身が収集・分析した情報について対価を得て閲覧に供したり、インターネットを通じて利用させるものは電気通信利用役務の提供に該当します。 ○ 国外の法務専門家等が行う国外での訴訟遂行等 ※ 訴訟の状況報告、それに伴う指示等について、インターネット等を介して行われたとしても、当該役務の提供は、国外における訴訟遂行という他の資産の譲渡等に付随して行われるものですので、電気通信利用役務の提供に該当しません。

(2) 電気通信利用役務の提供に係る内外判定

　電気通信利用役務の提供に係る内外判定は、「役務の提供を受ける者の住所等」により行うことになりますが、課税関係を整理すると、次のようになります（法4③三）。

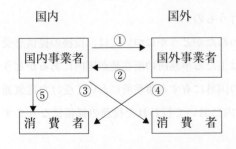

取引	内外判定：課税関係
①	国外取引：不課税
②	国内取引：課　税
③	国外取引：不課税
④	国内取引：課　税
⑤	国内取引：課　税

　ただし、平成29年1月1日以後に行われる次の「事業者向け電気通信利用役務の提供」に係る内外判定は、次のようになります。

内　　　容	内外判定
国内事業者が国外事業所等（注１）において受ける「事業者向け電気通信利用役務の提供」のうち、国内以外の地域において行う資産の譲渡等にのみ要するもの	国外取引
国外事業者が恒久的施設（注２）において受ける「事業者向け電気通信利用役務の提供」のうち、国内において行う資産の譲渡等に要するもの	国内取引

（注）１　国外事業所等とは、所得税法第95条第４項第１号《外国税額控除》又は法人税法第69条第４項第１号《外国税額の控除》に規定する国外事業所等をいいます。

　　　２　恒久的施設とは、所得税法第２条第１項第８号の４《定義》又は法人税法第２条第12号の19《定義》に規定する恒久的施設をいいます。

（　チェックポイント　）

☆　「国外事業者」とは、所得税法第２条第１項第５号《定義》に規定する非居住者である個人事業者及び法人税法第２条第４号《定義》に規定する外国法人をいいますので、例えば、これらの事業者が国内に電気通信利用役務の提供を行う事務所等を有していたとしても国外事業者に該当します（基通１—６—１）。

☆　電気通信利用役務の提供が国内において行われたかどうかの判定は、電気通信利用役務の提供を受ける者の住所若しくは居所（現在まで引き続いて１年以上居住する場所をいいます。）又は本店若しくは主たる事務所の所在地が国内にあるかどうかにより判定しますので、事業者が行う次のような電気通信利用役務の提供であっても、国内取引に該当します。

　　なお、電気通信利用役務の提供を受ける者の住所等が国内にあるかどうかについては、電気通信利用役務の提供を行う事業者が、客観的かつ合理的な基準に基づいて判定している場合にはこれが認められます（基通５—７—15の２）。

⑴　国内に住所を有する者に対して、その者が国外に滞在している間に行うもの

⑵　内国法人の国外に有する事務所に対して行うもの

☆　電気通信利用役務の提供が国内において行われたかどうかについては、役務の提供を受けた者が法人である場合、その法人の本店又は主たる事務所の所在地が国内にあるかどうかにより判定しますので、例えば、内国法人の国外に有する事務所において受けた電気通信利用役務の提供であっても、原則として国内において行われた役務の提供になります（基通11—２—13の２）。

２　課税方式（リバースチャージ方式）

　電気通信利用役務の提供は、「事業者向け電気通信利用役務の提供」とそれ以外のもの（本書では、便宜的に「消費者向け電気通信利用役務の提供」といいます。）とに区分されます。

　消費税法においては、資産の譲渡等を行った事業者がその資産の譲渡等に係る申

— 572 —

告・納税を行うこととされていますが、電気通信利用役務の提供のうち「事業者向け電気通信利用役務の提供」の課税方式については、国外事業者からその役務の提供を受けた国内事業者が、その役務の提供に係る申告・納税を行う、いわゆる「リバースチャージ方式」が導入されています。

(1) 課税の対象

国内において事業者が行った特定仕入れには、消費税が課されます（法4①）。

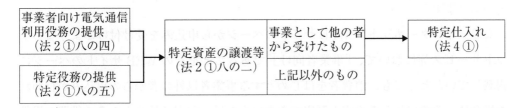

(2) 納税義務者

事業者は、国内において行った特定課税仕入れにつき、消費税を納める義務があります（法5①）。

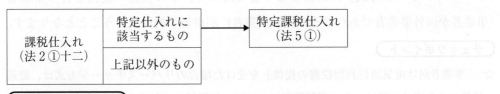

> **チェックポイント**

☆ 特定資産の譲渡等を行う国外事業者が課税事業者であるかどうかにかかわらず、その特定資産の譲渡等を受けた事業者が、その特定資産の譲渡等に係る特定課税仕入れについて納税義務者となります（基通5－8－1）。

☆ 特定資産の譲渡等を行う国外事業者は、その国外事業者が課税事業者であるかどうかにかかわらず、その特定資産の譲渡等に係る特定課税仕入れを行う事業者が消費税法第5条第1項《納税義務者》の規定により消費税を納める義務がある旨を表示しなければなりません（法62、基通5－8－2）。

(注) その表示義務の履行の有無は、その特定資産の譲渡等を受ける事業者の納税義務には影響しません。

(3) 事業者向け電気通信利用役務の提供

国外事業者が行う電気通信利用役務の提供のうち、役務の性質又はその役務の提供に係る取引条件等から、その役務の提供を受ける者が通常事業者に限られるものが、「事業者向け電気通信利用役務の提供」に該当します（法2①八の四、基通5－8－4）。

役務の性質から「事業者向け電気通信利用役務の提供」に該当するものの例としては、インターネット上での広告の配信やゲームをはじめとするアプリケーションソフ

トをインターネット上のWEBサイトで販売する場所等を提供するサービスなどがあります。

また、取引条件等から「事業者向け電気通信利用役務の提供」に該当するものには、例えば、クラウドサービス等の電気通信利用役務の提供のうち、取引当事者間において提供する役務の内容を個別に取り決めて、取引当事者間固有の契約を結ぶもので、契約において役務の提供を受ける事業者が事業として利用することが明らかなものなどがあります。

なお、インターネットのWEBサイトのページから申込みを受け付けるようなクラウドサービス等において、「事業者向け」であることをそのWEBサイトのページに掲載していたとしても、消費者をはじめとする事業者以外の者からの申込みが行われた場合に、その申込みを事実上制限できないものは、取引条件等からその役務の提供を受ける者が通常事業者に限られるものには該当しません。

したがって、このような取引は、「消費者向け電気通信利用役務の提供」に該当し、「リバースチャージ方式」の対象となりませんので、その役務の提供を行う事業者（事業者が国外事業者であればその国外事業者）が申告・納税を行うこととなります。

（チェックポイント）

☆　「事業者向け電気通信利用役務の提供」を受けた場合のリバースチャージ方式は、経過措置により当分の間は、その課税期間について一般課税により申告する場合で、課税売上割合が95％未満である事業者にのみ適用されます（平27改正法附則42）。

☆　その課税期間において、課税売上割合が95％以上の事業者や簡易課税制度が適用される事業者は、「事業者向け電気通信利用役務の提供」を受けた場合であっても、経過措置により当分の間、その仕入れはなかったものとされますので、その課税期間の消費税の確定申告では、その課税仕入れに係る支払対価の額は、課税標準額及び仕入控除税額のいずれの計算にも含まれません（平27改正法附則42、44②）。

(4)　消費者向け電気通信利用役務の提供

「消費者向け電気通信利用役務の提供」に該当するものとは、例えば、広く消費者を対象に提供されている電子書籍、音楽、映像の配信等が該当するほか、ホームページ等で、事業者を対象に販売することとしているものであっても、消費者をはじめとする事業者以外の者からの申込みが行われた場合に、その申込みを事実上制限できないものが該当します。

このため、「消費者向け電気通信利用役務の提供」であっても、国内事業者がその役務の提供を受けることがありますが、「消費者向け電気通信利用役務の提供」を国内事業者が受けた場合には、当分の間、国内事業者の消費税の申告において仕入税額

控除の対象から除かれることとされています（法30～36、平27改正法附則38①）。

ただし、「消費者向け電気通信利用役務の提供」であっても、登録国外事業者から受けた「消費者向け電気通信利用役務の提供」については、国内事業者の仕入税額控除の対象となります（「4　登録国外事業者制度」を参照してください。）（法30～36、平27改正法附則38①ただし書）。

◆チェックポイント
☆　「消費者向け電気通信利用役務の提供」を受けた場合には、登録国外事業者から提供を受けたもののみが消費税の仕入税額控除の対象となります（平27改正法附則38①ただし書）。
☆　登録国外事業者以外の国外事業者から受けた「消費者向け電気通信利用役務の提供」は、仕入税額控除の対象から除かれます（平27改正法附則38①）。

(5)　課税方式

「電気通信利用役務の提供」について、その役務の提供を行った者が国外事業者である場合には、「事業者向け電気通信利用役務の提供」又は「消費者向け電気通信利用役務の提供」のいずれに該当するかによって、次のとおり課税方式が異なります。

イ　事業者向け電気通信利用役務の提供に係る課税方式（リバースチャージ方式）

国外事業者が行う「事業者向け電気通信利用役務の提供」について、その役務の提供を受けた国内事業者に申告納税義務を課す方式（対象取引例：広告の配信）

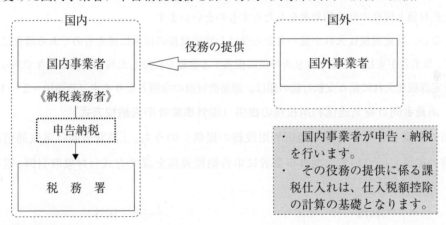

◆チェックポイント
☆　一般課税により申告する事業者で、課税売上割合が95％未満である課税期間において、「事業者向け電気通信利用役務の提供」を受けた場合、その役務の提供についてリバースチャージ方式による申告・納税を行う必要があります（平27改正法附則42）。
☆　一般課税で申告を行う事業者であってもその課税期間における課税売上割合が95％以上である者及びその課税期間について簡易課税制度が適用される事業者については、当分の間、特定課税仕入れはなかったものとされます（平27改正法附則42、44②）。
☆　「事業者向け電気通信利用役務の提供」を受けた場合には、その支払対価の額が課税標

準となり、一方で、その支払対価の額は、他の課税仕入れと同様に仕入税額控除の対象となります。

① 課税期間における課税標準額

自身が行った課税資産の譲渡等の対価の額とその「事業者向け電気通信利用役務の提供」に係る支払対価の額の合計金額がその課税期間における課税標準額となります（千円未満切捨て）（法28①②）。

② 仕入税額控除の対象となる消費税額

該当する事業者は、課税仕入れに係る消費税額等に加え、「事業者向け電気通信利用役務の提供」に係る支払対価の額に100分の7.8を乗じた金額の合計額がその課税期間における仕入控除税額となります（法30①）。

☆ 消費税法第28条第2項本文《特定課税仕入れに係る消費税の課税標準》に規定する「特定課税仕入れに係る支払対価の額」とは、特定課税仕入れに係る支払対価につき、対価として支払い、又は支払うべき一切の金銭又は金銭以外の物若しくは権利その他経済的な利益の額をいい、この場合の「支払うべき」とは、その特定課税仕入れを行った場合のその特定課税仕入れの価額をいうのではなく、その特定課税仕入れに係る当事者間で授受することとした対価の額をいいます。

また、消費税法第28条第2項かっこ書に規定する「金銭以外の物若しくは権利その他経済的な利益」は、消費税法基本通達10―1―3と同様に、実質的に特定課税仕入れに係る支払対価と同様の経済的効果をもたらすものをいいます。

なお、特定課税仕入れが他の者から受けた特定役務の提供に係るものである場合において、事業者が支払う金額が源泉所得税に相当する金額を控除した残額であるときであっても、特定課税仕入れに係る支払対価の額は、源泉徴収前の金額となります（基通10―2―1）。

ロ 消費者向け電気通信利用役務の提供（国外事業者申告納税方式）

国外事業者が行う「電気通信利用役務の提供」のうち、「消費者向け電気通信利用役務の提供」について、国外事業者に申告納税義務を課す方式（対象取引例：電子書籍・音楽の配信）

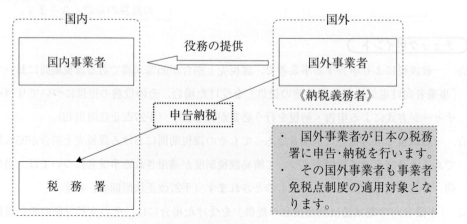

第11節　国境を越えた役務の提供に係る消費税の課税関係

3　国外事業者から受けた電気通信利用役務の提供に係る仕入税額控除の制限

⑴　消費者向け電気通信利用役務の提供に係る仕入税額控除の制限

　国外事業者が国内事業者に対して行う「消費者向け電気通信利用役務の提供」は、国内取引としてその国外事業者が申告・納税義務を行うこととなりますので、国内事業者においては、原則として、仕入税額控除の対象となります（法30〜36）。

　しかしながら、登録国外事業者以外の国外事業者から受けた「消費者向け電気通信利用役務の提供」については、経過措置により当分の間、仕入税額控除が制限されることになります（平27改正法附則38①）。

⑵　仕入税額控除の適用を受けることができる消費者向け電気通信利用役務の提供

　登録国外事業者から受けた「消費者向け電気通信利用役務の提供」については、登録国外事業者から交付を受けた一定の請求書等の保存を要件として、仕入税額控除の対象とすることが認められています（平27改正法附則38①ただし書）。

　（チェックポイント）

☆　登録国外事業者から受けた「消費者向け電気通信利用役務の提供」について、仕入税額控除を行うためには、他の課税仕入れと同様に、役務の提供を行った事業者の氏名又は名称、登録番号など、法令に規定された事項が記載された帳簿及び請求書等を保存しておく必要があります（法30⑧二、30⑨一、平27改正法附則38②）。

　　なお、電子的な請求書等の発行を受けている場合には、紙による保存に代えて、電子的な請求書等の保存によることができます（平27改正法附則38③、平27改正規附則2①）。

4　登録国外事業者制度

　国外事業者から「消費者向け電気通信利用役務の提供」を受けた国内事業者は、その役務の提供に係る仕入税額控除が制限されますが、一定の要件の下、国税庁長官の登録を受けた登録国外事業者から受ける「消費者向け電気通信利用役務の提供」については、仕入税額控除を行うことができます。

⑴　登録国外事業者の登録要件等

　「消費者向け電気通信利用役務の提供」を行い、又は行おうとする課税事業者である国外事業者は、次の要件を満たしている場合、国税庁長官の登録を受けることができます（平27改正法附則39①⑤）。

イ　電気通信利用役務の提供に係る事務所等が国内にあること、又は消費税に関する税務代理人（国税通則法第74条の9第3項第2号に規定する税務代理人）がいること。

ロ　納税管理人（国税通則法第117条第1項）が必要となるものは、納税管理人を定

— 577 —

めていること。

ハ　徴収が著しく困難と認められる国税の滞納がないこと

ニ　次の理由により登録を取り消されていないこと、又はその取消しの日から１年を経過していること。

(イ)　正当な理由がなく、消費税の期限内申告を怠ったこと。

(ロ)　徴収が著しく困難と認められる国税の滞納があること。

(ハ)　事実を仮装した請求書等を交付したこと。

(2)　登録国外事業者における事業者免税点制度の不適用

　登録国外事業者は、登録を受けた日の属する課税期間の翌課税期間以後の課税期間については、例えば、その課税期間の基準期間及び特定期間における課税売上高が1,000万円以下であっても、事業者免税点制度は適用されないこととされています（平27改正法附則39⑩）。

(3)　登録国外事業者の義務

　登録国外事業者は、その役務の提供を受ける事業者の求めに応じ、必要な事項が記載された請求書等を交付する義務が課されています（平27改正法附則38④）。

　「消費者向け電気通信利用役務の提供」の仕入税額控除の要件とされている請求書等については、紙によるものに代えて、法令で規定された記載事項を満たした電子的な請求書等の保存によることができることとされていますので、これらの事項が記載された電子的な請求書等の交付によることも可能です（平27改正法附則38③）。

(4)　登録国外事業者の公表

　国税庁長官による登録は、国外事業者登録簿に次に掲げる事項を登載して行われ、インターネットにより公衆の閲覧に供することとされています（平27改正法附則39④、平27改正令附則７①③）。

イ　氏名又は名称

ロ　住所若しくは居所又は本店若しくは主たる事務所の所在地

ハ　国内に消費税等に係る事務所等がある場合には、その所在地

ニ　登録番号及び登録年月日

5　リバースチャージ方式に関する経過措置

　「事業者向け電気通信利用役務の提供」等の特定課税仕入れを行った国内事業者は、その特定課税仕入れについて、申告・納税の義務が課されるとともに、その特定課税仕入れについて、仕入税額控除の対象とすることができますが、一般課税で申告を行う事業者においては、その課税期間における課税売上割合が95％以上である者及びそ

の課税期間について簡易課税制度が適用される事業者は、当分の間、特定課税仕入れはなかったものとされます。

したがって、これらの事業者は、特定課税仕入れを行ったとしても、その課税期間の消費税の確定申告については、特定課税仕入れを申告等に含める必要はありません（平27改正法附則42、44②）。

╭─ チェックポイント ─╮

☆　これらの事業者は特定課税仕入れがなかったものとされますので、特定課税仕入れに係る申告納税義務もありません。

　　また、仕入税額控除のみを行うこともできません。

☆　免税事業者は、消費税の確定申告等を行う必要がありませんので、特定課税仕入れを行ったとしても申告等を行う必要はありません。

第2　国外事業者が行う芸能・スポーツ等に係る役務の提供

外国人タレント等が国内において行う役務の提供については、「特定役務の提供」と位置付けられており、その特定役務の提供を受ける者に納税義務が課されます（法2①八の二、八の五、4①、5①）。

具体的には、特定役務の提供についても、「事業者向け電気通信利用役務の提供」と同様に「特定課税仕入れ」として、役務の提供を受ける事業者にリバースチャージ方式による納税義務が課されることとなります。

したがって、国内で特定役務の提供を受ける事業者にあっては、外国人タレント等に対する報酬の支払に際しては消費税相当分を上乗せする必要がなくなり、その分、自らがリバースチャージ方式による納税義務を負うこととなります。

なお、リバースチャージ方式による納税義務が発生する国内事業者においては、「事業者向け電気通信利用役務の提供」を受ける場合と同様に、一般課税で申告する課税期間で課税売上割合95％以上の場合及び簡易課税制度の適用を受ける課税期間については、特定課税仕入れがなかったものとして消費税法の規定を適用することとされています（平27改正法附則42、44②）。

1　特定役務の提供

「特定役務の提供」とは、映画若しくは演劇の俳優、音楽家その他の芸能人又は職業運動家の役務の提供を主たる内容とする事業として行う役務の提供のうち、国外事業者が他の事業者に対して行う役務の提供（その国外事業者が不特定かつ多数の者に対して行う役務の提供を除きます。）が該当します（法2①八の五、令2の2）。

— 579 —

第2章　国内取引に係る消費税

チェックポイント

☆　消費税法施行令第2条の2《特定役務の提供の範囲》に規定する「職業運動家」には、運動家のうち、いわゆるアマチュア、ノンプロ等と称される者であっても、競技等の役務の提供を行うことにより報酬・賞金を受ける場合には、これに含まれます（基通5―8―5）。

(注)　運動家には、陸上競技などの選手に限られず、騎手、レーサーのほか、大会などで競技する囲碁、チェス等の競技者等が含まれます。

2　「他の事業者に対して行う役務の提供」の意義

　この制度は、外国人タレント等が日本国内で直接興行を行う役務の提供ではなく、他の興行主等の事業者に対して行う役務の提供を対象としています。

　このため、その対象取引については、「他の事業者に対して行う役務の提供」に限定されています。

チェックポイント

☆　特定役務の提供には、消費税法施行令第2条の2《特定役務の提供の範囲》に規定する役務の提供が該当しますので、例えば、次に掲げるものは該当しません（基通5―8―7）。

(1)　特定役務の提供を受ける者が、特定役務の提供を行う者との契約の締結等のために、特定役務の提供を行う者以外の者に依頼する仲介等

(2)　特定役務の提供を受ける者が、特定役務の提供を行う者の所属していた法人その他の者に支払う移籍料等と称するものを対価とする取引で、権利の譲渡又は貸付けに該当するもの

☆　例えば、国外事業者が自身で公演場所を借りて、その事業者自身がチケット等を販売して公演等を行う場合のように、国外事業者と観客との個々の契約となっているようなものは、特定役務の提供から除かれます。

3　「不特定かつ多数の者に対して行う役務の提供を除く」の意義

　上記2のとおり、この制度は、他の事業者に対して行う役務の提供を対象としており、その役務の提供について、事業者が事業として対価を支払うことも考えられますが、その役務の提供を受ける者に事業者が含まれていたとしても、役務を提供する国外事業者からみて不特定かつ多数の者に対して行う役務の提供であれば、リバースチャージ方式の対象にはなりません。

チェックポイント

☆　特定役務の提供は、国外事業者が他の事業者に対して行う役務の提供であっても不特定かつ多数の者に対して行うものは除かれますので、例えば、国外事業者である音楽家自身

― 580 ―

第11節　国境を越えた役務の提供に係る消費税の課税関係

が国内で演奏会等を主催し、不特定かつ多数の者に役務の提供を行う場合において、それらの者の中に事業者が含まれていたとしても、その役務の提供は、特定役務の提供には該当しません（基通5─8─6）。

☆　直接観客へ興行等を行う場合の課税関係については、リバースチャージ方式の対象取引に該当しませんので、当然に興行等を行った外国人タレント等（課税事業者に限ります。）に消費税の納税義務が課されます。

4　リバースチャージ方式に関する経過措置

「事業者向け電気通信利用役務の提供」等の特定課税仕入れを行った国内事業者は、その特定課税仕入れについて、申告・納税の義務が課されるとともに、その特定課税仕入れについて、仕入税額控除の対象とすることができますが、一般課税で申告を行う事業者においては、その課税期間における課税売上割合が95％以上である事業者及びその課税期間について簡易課税制度が適用される事業者は、当分の間、特定課税仕入れはなかったものとされます。

したがって、これらの事業者は、特定課税仕入れを行ったとしても、その課税期間の消費税の確定申告については、特定課税仕入れを申告等に含める必要はありません（平27改正法附則42、44②）。

（ チェックポイント ）

☆　これらの事業者は特定課税仕入れがなかったものとされますので、特定課税仕入れに係る申告納税義務もありません。

　　また、仕入税額控除のみを行うこともできません。

☆　免税事業者は、消費税の確定申告等を行う必要がありませんので、特定課税仕入れを行ったとしても申告等を行う必要はありません。

第3章　輸入取引に係る消費税

1　輸入取引に係る納税義務者

消費税の納税義務者は、取引の区分に応じ、次のとおりです。

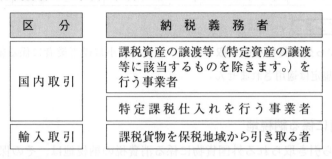

区　分	納　税　義　務　者
国内取引	課税資産の譲渡等（特定資産の譲渡等に該当するものを除きます。）を行う事業者
国内取引	特定課税仕入れを行う事業者
輸入取引	課税貨物を保税地域から引き取る者

外国貨物を保税地域から引き取る者（輸入者）は、その引き取る課税貨物について消費税を納める義務があります（法5②）。

国内取引については、事業者（免税事業者を除きます。）が納税義務者になりますが、輸入取引については、事業者に限らず、消費者である個人が行う場合であっても納税義務者になります。

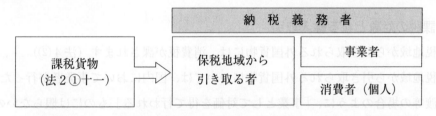

(注)1　外国貨物とは、関税法第2条第1項第3号《定義》に規定する外国貨物をいいます（法2①十）が、関税法に規定する外国貨物等の区分は、次のとおりです。

区　分	内　容
外国貨物（関税法2①三）	輸出の許可を受けた貨物
外国貨物（関税法2①三）	外国から本邦に到着した貨物（外国の船舶により公海で採捕された水産物を含みます。）で輸入が許可される前のもの
内国貨物（関税法2①四）	本邦にある貨物で外国貨物でないもの
内国貨物（関税法2①四）	本邦の船舶により公海で採捕された水産物

2　課税貨物とは、保税地域から引き取られる外国貨物（関税法第3条《課税物件》に規定する信書を除きます。）のうち、消費税が課されるものをいいます（法2①十一）。

3　保税地域とは、関税法第29条《保税地域の種類》に規定する保税地域をいい、外

国貨物を蔵置、加工、展示等することができる場所として、財務大臣が指定し、又は税関長が許可した場所で、具体的には次の5種類の保税地域があります（法2①二）。

保　税　地　域　の　種　類					
指定保税地域	保税蔵置場	保税工場	保税展示場	総合保税地域

チェックポイント

☆　**保税地域から外国貨物を引き取る者**については、小規模事業者に係る納税義務の免除（法9①）の規定は適用されません。

2　輸入取引に係る納税地

保税地域から引き取られる外国貨物に係る消費税の納税地は、その保税地域の所在地となります（法26）。

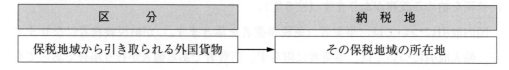

区　　　分	納　税　地
保税地域から引き取られる外国貨物	その保税地域の所在地

3　課税の対象となる輸入取引

保税地域から引き取られる外国貨物には、消費税が課されます（法4②）。

保税地域から引き取られる外国貨物については、国内において事業者が行った資産の譲渡等の場合のように、「事業として対価を得て行われる」ものには限らないので、保税地域から引き取られる外国貨物に係る対価が無償の場合又は保税地域からの外国貨物の引取りが事業として行われるものではない場合のいずれであっても、課税の対象になります（基通5―6―2）。

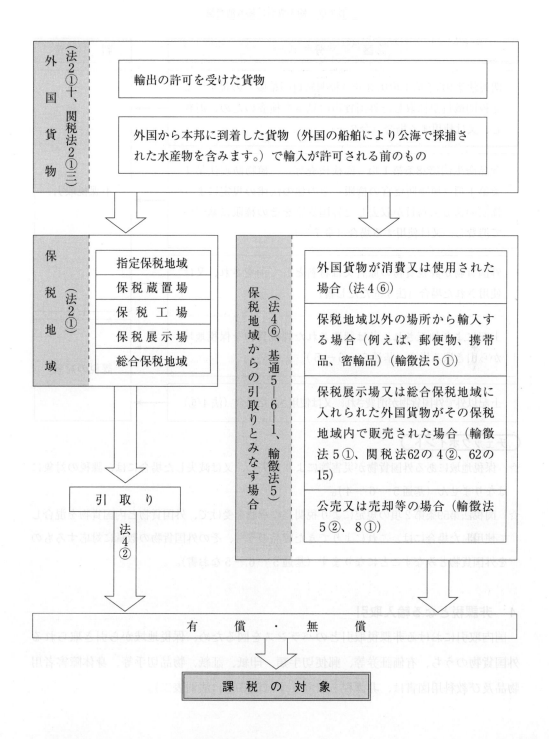

○ 保税地域内における外国貨物の消費又は使用に係る取扱い

保税地域内において外国貨物が消費され、又は使用された場合の取扱いは、次のとおりです（法4⑥、令7、基通5－6－5）。

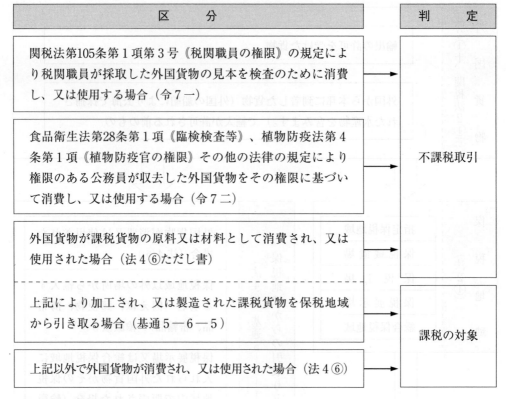

チェックポイント

☆ 保税地域にある外国貨物が災害等により亡失し、又は滅失した場合には、課税の対象にはなりません（基通5―6―4）。

☆ 関税法第59条第2項の規定により税関長の承認を受けて、外国貨物と内国貨物を混合して使用した場合には、これによりできた製品のうち、その外国貨物の数量に対応するものを外国貨物とみなすことになります（基通5―6―5なお書）。

4 非課税となる輸入取引

国内取引における非課税取引とのバランスを図るため、保税地域から引き取られる外国貨物のうち、有価証券等、郵便切手類、印紙、証紙、物品切手等、身体障害者用物品及び教科用図書は、非課税となります（法6②、法別表二）。

区　　　分		判　　定
有価証券等	有価証券、支払手段	非課税
郵便切手類	郵便切手、郵便葉書等	
印　　紙	印紙	
証　　紙	証紙	
物品切手等	商品券等、プリペイドカード	
身体障害者用物品	身体障害者の使用に供するための特殊な性状、構造又は機能を有する物品（法別表第一第10号に規定する物品に限ります。）	
教科用図書	いわゆる検定済教科書、文部科学省が著作の名義を有する教科用図書	

5　免税となる輸入取引

　保税地域から引き取られる外国貨物（保税地域からの引取りとみなされる場合を含みます。）で、関税を免除されるもののうち一定のものなどについては、輸入品に対する内国消費税の徴収等に関する法律等の規定に基づき免税となります。

　その主なものは、以下のとおりです。

免税の区分（関係法）	免 税 対 象 と な る 外 国 貨 物
保税運送の場合の免税（輸徴法11①、関税法63①、63の2①、63の9①、64①）	①　保税運送若しくは難破貨物等の運送の承認を受け、又は届出をして保税地域等から引き取るもの ②　特定保税運送者が特定保税運送のために保税地域等から引き取るもの
特例輸出貨物の免税（輸徴法11②、関税法30①五）	特例輸出貨物
船用品又は機用品の積込み等の場合の免税（輸徴法12①、関税法2①九、十、23①）	船用品又は機用品の積込み等の承認を受け、船用品又は機用品として船舶又は航空機（本邦の船舶又は航空機を除きます。）に積み込むために保税地域から引き取るもの

第3章　輸入取引に係る消費税

免税の区分(関係法)	免 税 対 象 と な る 外 国 貨 物
外航船等に積み込む場合の免税（措法85①、関税法2①九、十、23①）	酒類等の一定の物品で、本邦と外国との間を往来する本邦の船舶又は航空機に船用品又は機用品として積み込むために保税地域から引き取るもの
外国貨物の積戻しの場合の免税（輸徴法12③、関税法75）	外国に向けて積み戻すため保税地域から引き取るもの
無条件免税（輸徴法13①一、関税定率法14）	関税定率法第14条《無条件免税》の規定により関税が免除される次のもの ①　天皇及び内廷にある皇族の用に供される物品 ②　本邦に来遊する外国の元首若しくはその家族又はこれらの者の随員に属する物品 ③　外国、外国の地方公共団体、国際機関等から本邦に居住する者に贈与される勲章、賞牌その他これらに準ずる表彰品及び記章 ④　国際連合又はその専門機関から寄贈された教育用又は宣伝用の物品 ⑤　一定の博覧会、見本市等への参加国（博覧会等に参加する外国の地方公共団体及び国際機関を含みます。）が発行したその博覧会等のための公式のカタログ、パンフレット、ポスターその他これらに類するもの ⑥　記録文書その他の書類 ⑦　注文の取集めのための見本。ただし、見本用にのみ適すると認められるもの又は著しく価額が低い一定のものに限ります。 ⑧　本邦から輸出される貨物の品質が仕向国にある機関の定める条件に適合することを表示するために、その貨物の製造者がその貨物に貼り付けるラベルで、その貨物を輸出するために必要な一定のもの ⑨　本邦に住所を移転するため以外の目的で本邦に入国する者がその入国の際に携帯して輸入し、又は所定の手続をとって別送して輸入する物品のうちその個人的な使用に供するもの及び職業上必要な器具（自動車、船舶、航空機等を除きます。） ⑩　本邦に住所を移転するため本邦に入国する者がその入国の際に輸入し、又は所定の手続をとって別送して輸入する物品のうちその入国者又はその家族の個人的な使用に供するもの及び職業上必要な器具（自動車、船舶、航空機等を除きます。） ⑪　本邦の在外公館から送還された公用品 ⑫　本邦から輸出された貨物でその輸出の許可の際の性質及び形状が変わっていないもの。ただし、輸出を条件とする関税の軽減、免除、払戻し又は控除を受けたものを除きます（消費税法第7条第1項（輸出免税等）又は消費税法第8条第1項（輸出物品販売場における輸出物品の譲渡に係る免税）の規定により消費税の免除を受けたものを除きます。）。 ⑬　本邦から輸出された貨物の容器のうち一定のものでその輸出の際に使用されたもの又は輸入の際に使用されているもの。ただし、輸出を条件とする関税の軽減、免除、払戻し又は控除を受けたものを除きます。 ⑭　遭難した本邦の船舶又は航空機の解体材及びぎ装品 ⑮　本邦から出港した船舶又は航空機によって輸出された貨物でその船舶又は航空機の事故により本邦に積み戻されたもの。ただし、輸出を条件とする関税の軽減、免除、払戻し又は控除を受けたものを除きます。

免税の区分（関係法）	免 税 対 象 と な る 外 国 貨 物
無条件免税（輸徴法13①一、関税定率法14）	⑯　ニュース映画用のフィルム（撮影済みのものに限ります。）及びニュース用のテープ（録画済みのものに限ります。）。ただし、内容を同じくするものについては、そのうちの2本以内に限ります。 ⑰　課税価格の合計額が1万円以下の物品（皮革製品、ニット製品、靴等は除かれます。なお、課税価格の合計額は、1申告についての輸入貨物の課税価格を合計したものをいいます。）
特定用途免税（輸徴法13①二、関税定率法15①）	関税定率法第15条《特定用途免税》の規定により関税が免除される次のもの ①　学術研究又は教育のため、国若しくは地方公共団体が経営する学校、博物館、物品陳列所、研究所、試験所その他これらに類する施設又は国及び地方公共団体以外の者が経営するこれらの施設のうち一定のものに寄贈された物品 ②　慈善又は救じゅつのために寄贈された給与品及び救護施設又は養老施設その他の社会福祉事業を行う施設に寄贈された物品で給与品以外のもののうちこれらの施設において直接社会福祉の用に供するものと認められるもの ③　上記①から②に該当するものを除き、国際親善のため、国又は地方公共団体にその用に供するものとして寄贈される物品 ④　儀式又は礼拝の用に直接供するため宗教団体に寄贈された物品で一定のもの ⑤　赤十字国際機関又は外国赤十字社から日本赤十字社に寄贈された機械及び器具で、日本赤十字社が直接医療用に使用するものと認められるもの ⑥　博覧会等において使用するため博覧会等への参加者が輸入する次に掲げる物品。ただし、博覧会等の開催の期間及び規模、物品の種類及び価格その他の事情を勘案して相当と認められるものに限られます。 ・　博覧会等への参加者が、その博覧会等の会場において観覧者に無償で提供するカタログ、パンフレット、ポスターその他これらに類するもの ・　博覧会等への参加者が、その博覧会等の会場において観覧者に無償で提供する博覧会等の記念品及び展示物品の見本品 ・　特定の博覧会等の施設の建設、維持若しくは撤去又はその運営のために博覧会等の会場において消費される物品のうち一定のもの ⑦　本邦に住所を移転するため本邦に入国する者がその入国の際に輸入し、又は所定の手続をとって別送して輸入する自動車、船舶又は航空機等でその入国者又はその家族の個人的な使用に供するもの。ただし、その入国前にこれらの者が既に使用したもの（船舶及び航空機については、その入国前1年以上これらの者が使用したもの）に限ります。 ⑧　条約の規定により輸入の後特定の用途に供されることを条件として関税を免除することとされている貨物で一定のもの
外交官用貨物等の免税（輸徴法13①三、関税定率法16①）	関税定率法第16条《外交官用貨物等の免税》の規定により関税が免除される次のもの ①　本邦にある外国の大使館、公使館その他これらに準ずる機関に属する公用品 ②　本邦に派遣された外国の大使、公使その他これらに準ずる使節及びこれらの者の家族に属する自用品でこれらの使節が輸入するもの ③　本邦にある外国の領事館その他これに準ずる機関に属する物

第3章　輸入取引に係る消費税

免税の区分（関係法）	免　税　対　象　と　な　る　外　国　貨　物
外交官用貨物等の免税（輸徴法13①三、関税定率法16①）	品で専ら公用に供されるもの ④　本邦にある外国の大使館、公使館、領事館その他これらに準ずる機関の職員（名誉総領事及び名誉領事を除きます。）のうち一定の職にある者及びその家族（本邦の国籍を有する者を除きます。）に属する自用品で、その職員が輸入するもの ただし、いずれも免除される物品の範囲は、相互条件により制限されます。
再輸出免税（輸徴法13①四、関税定率法17①）	関税定率法第17条《再輸出免税》の規定により関税が免除される次のもの（その輸入の許可の日から原則として1年以内に輸出されるもの） ①　加工される貨物又は加工材料となる貨物で一定のもの ②　輸入貨物の容器で一定のもの ③　輸出貨物の容器として使用される貨物で一定のもの ④　修繕される貨物 ⑤　学術研究用品 ⑥　試験品 ⑦　貨物を輸出し、又は輸入する者がその輸出又は輸入に係る貨物の性能を試験し、又はその貨物の品質を検査するため使用する物品 ⑧　注文の取集め若しくは製作のための見本又はこれに代る用途のみを有する写真、フィルム、模型その他これらに類するもの ⑨　国際的な運動競技会、国際会議その他これらに類するものにおいて使用される物品 ⑩　本邦に入国する巡回興行者の興行用物品並びに本邦に入国する映画製作者の映画撮影用の機械及び器具 ⑪　博覧会、展覧会、共進会、品評会その他これらに類するものに出品するための物品 ⑫　本邦に住所を移転するため以外の目的で本邦に入国する者がその個人的な使用に供するためその入国の際に携帯して輸入し、又は所定の手続をとって別送して輸入する自動車、船舶、航空機その他一定の物品 ⑬　条約の規定により輸入の後一定の期間内に輸出されることを条件として関税を免除することとされている貨物で一定のもの
外航船舶等の免税（輸徴法13②、輸徴令13⑥）	①　専ら本邦と外国との間又は外国と外国との間の旅客又は貨物の輸送の用に供される船舶で、海上運送法に規定する船舶運航事業又は船舶貸渡業を営む者が保税地域から引き取るもの ②　専ら本邦と外国との間又は外国と外国との間の旅客又は貨物の輸送の用に供される航空機で、航空法に規定する航空運送事業を営む者が保税地域から引き取るもの

— 590 —

6 輸入取引に係る納税義務の成立時期

消費税の納税義務は、国内取引については「課税資産の譲渡等をした時」又は「特定課税仕入れをした時」に、輸入取引については「課税貨物を保税地域から引き取る時」に成立することとされています（通則法15②七）。

チェックポイント

☆ 課税貨物を引き取った日とは、関税法第67条（輸出又は輸入の許可）に規定する輸入の許可を受けた日のことをいい、原則として、その時に保税地域からの引取りがあったものとして取り扱われます（基通11－3－9）。

7 輸入取引に係る課税標準及び税率

(1) 課税標準

消費税の課税標準とは、税額計算の基礎となるべきもので、税額を算出する直接の対象となる金額のことをいい、これに税率を適用することにより消費税額を算出します。

保税地域から引き取られる課税貨物に係る消費税の課税標準は、関税課税価格（通常はC.I.F価格）に、その課税貨物の保税地域からの引取りに係る消費税以外の個別消費税の額及び関税の額に相当する金額を加算した金額になります（法28④）。

区 分	課 税 標 準	
保税地域から引き取られる課税貨物	関税課税価格（C.I.F価格）（関税定率法4～4の9）	
	消費税以外の個別消費税額	酒税、たばこ税、揮発油税、地方揮発油税、石油ガス税、石油石炭税（通則法2三）
	関 税 の 額	

チェックポイント

☆ 保税地域から課税貨物を引き取る場合、保険料を別途経理し、契約・決済を別にしたとしても、C.I.F価格には保険料が含まれますので、保険料は、課税標準となるべき価格に含めます。

☆　関税の額及び消費税以外の個別消費税の額については、附帯税（加算税及び延滞税）の額に相当する額を含みません。

(2)　税率

消費税の税率は、国内取引に係る消費税と同じく、標準税率7.8％、軽減税率6.24％です（法29、平28改正法附則34①）。

また、地方消費税は、消費税額を課税標準とし、その税率は22/78（地方税法72の83、消費税率に換算すると標準税率2.2％、軽減税率1.76％相当）ですから、消費税と地方消費税を合わせた税率は、標準税率10％、軽減税率8％となります（注1）。

なお、旅行者が外国及び空港等の国際線の到着エリアにおいて購入した物品を携帯して輸入し、又は別送して輸入する場合には、原則として、関税、消費税等が課されますが、一定の範囲内のものは関税、消費税等が免税とされ、免税範囲を超えるものについては、迅速通関の要請から、原則として、関税と内国消費税を統合した関税の簡易税率のみが適用され、消費税を含む内国消費税は課さないこととされています（輸徴法2の2、13①、関税定率法3の2）（注2）。

ただし、1個（1組）の課税価格が10万円を超える物品等については、簡易税率ではなく、一般の関税、消費税等の税率が適用されます（関税定率法施行令1の2）。

また、関税が無税の物品については、簡易税率ではなく、消費税等のみが課されますが、たばこ（関税無税）については、消費税は非課税とされ、たばこ税及びたばこ特別税が1本当たり14.0円の税率により課されます（措法86の3、88の2①、一般会計における債務の承継等に伴い必要な財源の確保に係る特別措置に関する法律（たばこ特別税関係）8②）。

(注)1　平成9年4月1日から平成26年3月31日までの消費税の税率は4％（消費税と地方消費税を合わせた税負担率は5％）とされていました。

　　　平成26年4月1日から令和元年9月30日までの消費税率は6.3％とされ、地方消費税は、消費税額を課税標準とし、その税率は17/63（消費税率に換算すると1.7％相当）ですから、消費税と地方消費税を合わせた税率は8％とされていました。

　　2　旅行者が空港等の国際線の到着エリアにおいて物品を購入した場合の消費税等の免税制度については、平成29年4月1日以後における物品の購入に適用されています。

〈免税の範囲〉 （成人1人当たり）

品　名		数量又は価格	備　考
酒　類		3本	1本760ml程度のもの
た ば こ	紙巻たばこ のみの場合	【令和3年9月30日まで】 400本 【令和3年10月1日から】 200本	―
	葉巻たばこ のみの場合	【令和3年9月30日まで】 100本 【令和3年10月1日から】 50本	
	加熱式たばこ のみの場合	【令和3年9月30日まで】 小売用として個装された 箱又はパッケージ：20個 【令和3年10月1日から】 小売用として個装された 箱又はパッケージ：10個	
	その他の場合	【令和3年9月30日まで】 500g 【令和3年10月1日から】 250g	
香　水		2オンス	1オンスは約28ml
その他のもの		20万円（これらの品物 の海外市価の合計額）	①　合計額が20万円を超える 場合には、20万円以内に納 まる品物が免税になり、その 残りの品物に課税されます。 ②　1個で20万円を超える品 物、例えば、25万円のバッ グは25万円の全額について 課税されます。 ③　1品目毎の海外市価の合 計額が1万円以下のもの、 例えば、1本3,000円のネ クタイ3本は免税扱いとな り、左記の20万円の免税枠 の計算に含める必要はあり ません。

〈簡易税率表（関税定率法別表付表1）〉

品　名　等		税　率
アルコール飲料	蒸留酒	1リットルにつき300円
	その他のもの	1リットルにつき200円
その他の物品		15%

— 593 —

(3) 税額の軽減等

　課税貨物に係る課税標準は、上記(1)のとおり、通常、C.I.F価格等を基礎に計算しますが、輸入許可前に課税貨物が変質し、又は損傷した場合、そのような要素は、C.I.F価格等に反映されていません。

　また、外国において加工又は修繕するため輸出された物品が再輸入される場合には、加工又は修繕による付加価値部分を課税対象とすることが合理的です。

　このようなことから、次のとおり、消費税額の軽減等の制度が設けられています。

イ　変質、損傷等の場合の軽減又は還付等（輸徴法15①等）

ロ　加工又は修繕のため輸出された課税物品に係る消費税の軽減（輸徴法15の２）

ハ　再輸出される課税物品に係る消費税の軽減（輸徴法15の３）

ニ　輸入時と同一状態で再輸出される場合の還付等（輸徴法16の３）

ホ　違約品等の再輸出又は廃棄の場合の還付等（輸徴法17）

8　輸入取引に係る申告及び納付

　申告納税方式（関税法６の２①一）が適用される課税貨物を保税地域から引き取ろうとする者は、原則として、輸入（納税）申告書を税関長に提出し、その申告に係る課税貨物を保税地域から引き取る時までに、その申告に係る消費税額等を納付しなければなりません（法47①、50①）。

　この場合において、担保を提供したときには、最長３月間の納期限の延長を受けることができます（法51①）。

　なお、関税法第７条の２第２項《特例申告》に規定する特例申告を行う場合には、課税貨物の引取りの日の属する月の翌月末日までに申告及び納付をしなければなりません（法47③、50①括弧書）。

　この場合において、担保を提供したときには、最長２月間の納期限の延長を受けることができます（法51③）。

— 594 —

また、賦課課税方式（関税法6の2①二）が適用される課税貨物を保税地域から引き取ろうとする者は、原則として、その引き取る課税貨物に係る課税標準額等を記載した申告書を税関長に提出し、税関長が決定した消費税額等を納付しなければなりません（法47②、50②）。

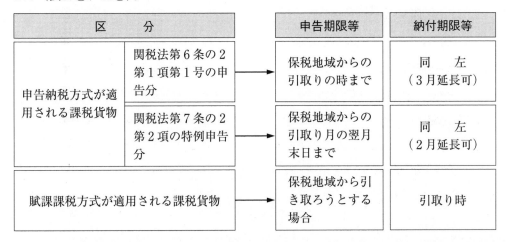

区　　分		申告期限等	納付期限等
申告納税方式が適用される課税貨物	関税法第6条の2第1項第1号の申告分	保税地域からの引取りの時まで	同　左（3月延長可）
	関税法第7条の2第2項の特例申告分	保税地域からの引取り月の翌月末日まで	同　左（2月延長可）
賦課課税方式が適用される課税貨物		保税地域から引き取ろうとする場合	引取り時

第4章　地方消費税

1　地方消費税の納税義務者等

　国内取引（譲渡割）については、消費税の課税事業者に対して、住所等又は本店所在地等の都道府県が地方消費税を課することとされています。

　また、輸入取引（貨物割）については、課税貨物を保税地域から引き取る者に対して、その保税地域の所在地の都道府県が地方消費税を課することとされています（地方税法72の78等）。

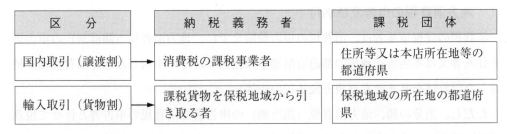

2　地方消費税の課税標準

　国内取引については、課税資産の譲渡等及び特定課税仕入れに係る消費税額から仕入れに係る消費税額等を控除した後の消費税額（消費税法第45条第1項第4号に規定する消費税額）が地方消費税の課税標準になります。

　また、輸入取引については、課税貨物に係る消費税額（消費税法第47条第1項第2号又は第50条第2項の規定により納付すべき消費税額）が地方消費税の課税標準になります（地方税法72の77、72の82）。

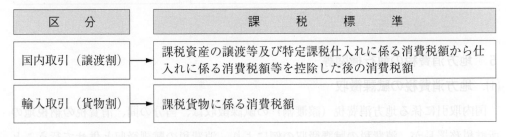

3　地方消費税の税率

　地方消費税の税率は、消費税額の22/78です（地方税法72の83）。

　したがって、消費税率換算で2.2％相当（標準税率）又は1.76％相当（軽減税率）に

なります。

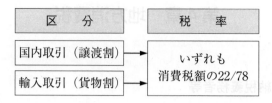

(注)1 平成9年4月1日から平成26年3月31日までは、課税標準(消費税額)の25％とされていました。これは、消費税率換算で1％相当でした。

2 平成26年4月1日から令和元年9月30日までは、消費税額の17/63とされていました。これは、消費税率換算で1.7％相当でした。

4 地方消費税の申告及び納付

消費税の課税事業者は、消費税の申告期限までに、地方消費税(譲渡割)の申告書を住所等又は本店所在地等の都道府県知事に提出し、その申告した地方消費税額を納付しなければなりません(地方税法72の86等)。

ただし、当分の間、地方消費税(譲渡割)の申告書を消費税の申告書と併せて税務署長に提出し、その申告した地方消費税額を消費税と併せて国に納付することとされています(地方税法附則9の5、9の6)。

また、課税貨物を保税地域から引き取る者は、地方消費税(貨物割)の申告書を消費税の申告書と併せて税関長に提出し、その申告した地方消費税額を納付しなければなりません(地方税法72の100等)。

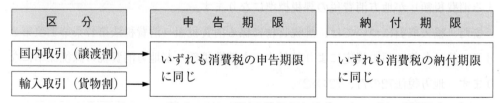

5 地方消費税の執行機関等

(1) 地方消費税の賦課徴収

国内取引に係る地方消費税(譲渡割)の賦課徴収は、当分の間、消費税の納税地の所轄税務署長が、消費税の賦課徴収の例により、消費税の賦課徴収と併せて行うこととされています(地方税法附則9の4)。

したがって、地方消費税に係る調査、滞納処分等は、国(国税局(国税事務所)又は税務署)が行うことになります。

また、輸入取引に係る地方消費税(貨物割)の賦課徴収は、税関長が、消費税の賦

課徴収の例により、消費税の賦課徴収と併せて行うこととされています（地方税法72の100）。

(2) **地方消費税の都道府県間の清算**

国に納付された地方消費税（譲渡割及び貨物割）は、国から納税地等が所在する都道府県に払い込まれ（地方税法72の100、72の103③、附則9の6③）、各都道府県に払い込まれた地方消費税は「各都道府県ごとの消費に相当する額」に応じて清算されます（地方税法72の114）。

なお、「各都道府県ごとの消費に相当する額」は、商業統計等に基づく小売年間販売額（注1）とサービス業基本統計に基づくサービス業のうち対個人事業収入額の合計額（注2）（ウエイト1/2）及び国勢調査に基づく人口（ウエイト1/2）により算出されます（地方税法72の114④、地方税法施行令35の20、地方税法施行規則7の2の9、7の2の10）。

(図A)

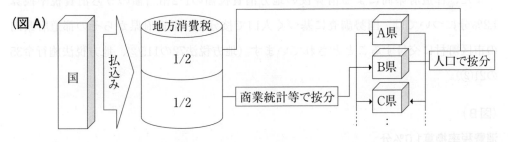

(注)1 商業統計の「小売計」のうち「年間商品販売額」の欄の額から、「医療用医薬品小売」、「通信・カタログ販売」、「インターネット販売」、「自動販売機による販売」、「百貨店」、「衣料品専門店」、「家電大型専門店」及び「衣料品中心店」による「年間商品販売額」の欄の額を除くこととされています。ただし、「百貨店」、「衣料品専門店」、「家電大型専門店」及び「衣料品中心店」については、「通信・カタログ販売」及び「インターネット販売」による「年間商品販売額」の欄の額は除くこととされています。

2 経済センサス活動調査の結果として公表された事業所に関する集計のうち産業別集計のうちサービス関連産業Bに関する集計第七表の個人の「K 不動産業・物品賃貸業」欄の額から「681 建物売買業、土地売買業」、「691 不動産賃貸業（貸家業、貸間業を除きます。）」、「692 貸家業、貸間業」、「694 不動産管理業」、「7011 総合リース業」及び「702 産業用機械器具賃貸業」欄の額を控除した額、「L 学術研究、専門・技術サービス業」の欄の額から「728 経営コンサルタント業、純粋持株会社」、「73 広告業」、「7462 商業写真業」及び「749 その他の技術サービス業」欄の額を控除した額、「M 宿泊業・飲食サービス業」の欄の額、「N 生活関連サービ

業・娯楽業」の欄の額から「791　旅行業」、「795　火葬・墓地管理業」、「803　競輪・競馬等の競走場、競技団」及び「8096　娯楽に附帯するサービス業」の欄の額を控除した額、「O　教育、学習支援業」の欄の額から「8216　社会通信教育」の欄の額を控除した額並びに「R　サービス業（他に分類されないもの）」の欄の額から「882　産業廃棄物処理業」、「901　機械修理業（電気機械器具を除く。）、「912　労働者派遣業」、「9221　ビルメンテナンス業」及び「929　他に分類されない事業サービス業」欄の額を控除した額の合計額とされています。

(3) 地方消費税の市町村への交付

都道府県間による清算後の地方消費税額の1/2相当額のうち消費税率換算1.0％分については、国勢調査に基づく人口（ウエイト1/2）と事業所統計に基づく従業者数（ウエイト1/2）で按分し、都道府県からその都道府県内の市区町村に交付することとされています（地方税法72の115①、地方税法施行令35の21①）。

また、都道府県間による清算後の地方消費税額の1/2相当額のうち消費税率換算1.2％分については、国勢調査に基づく人口で按分し、都道府県からその都道府県内の市区町村に交付することとされています（地方税法72の115②、地方税法施行令35の21②）。

(図B)

消費税率換算1.0％分

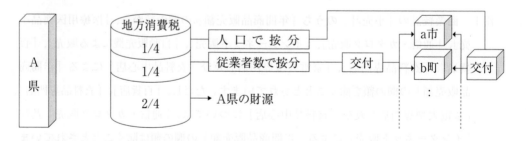

消費税率換算1.2％分

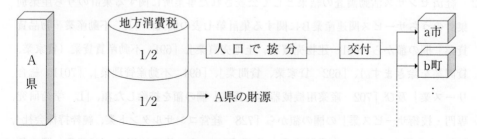

⑷　**地方消費税の使途**

地方消費税額（2.2％相当額）のうち1.2％相当額については、社会保障４経費（制度として確立された年金、医療及び介護の社会保障給付並びに少子化に対処するための施策に要する経費をいいます。）その他社会保障施策（社会福祉、社会保険及び保健衛生に関する施策をいいます。）に要する経費に充てることとされています（地方税法72の115②、72の116）。

6　地方消費税の更正等の取扱い

消費税と地方消費税は、国税と地方税であり、それぞれ別の税ですが、その申告は、両税同時に行うべきものであり、その申告書も「消費税及び地方消費税の申告書」とされ、両税の申告を併せて行うことにより、適正な申告が行われたものとなります。

したがって、これらの税のうちいずれか一方の税について記載がない場合又はいずれか一方の税は正しい金額で申告され、他の一方の税は誤った金額で申告されている場合には、消費税及び地方消費税の申告内容に誤りがあるものとして「消費税及び地方消費税の申告書」に係る修正申告又は更正が行われることになります（基通18―1―2）。

第5章　消費税及び地方消費税の経理処理

1　消費税及び地方消費税の経理処理の方式

　消費税及び地方消費税（以下この章において「消費税等」といいます。）が課される取引に係る経理処理には、税込経理方式と税抜経理方式があります。

区　　分	意　　義	経 理 方 法	相 違 点	納付税額
税込経理方式	消費税等の額とその消費税等に係る取引の対価の額とを区分しないで経理する方式	売上げ、仕入れ等に係る消費税等の額をその売上金額、仕入金額等に含めて計上する方法	課税所得金額に影響を与えます。 税抜計算の手数が省けます。	納付すべき消費税等の額は同額になります。
税抜経理方式	消費税等の額とその消費税等に係る取引の対価の額とを区分して経理する方式	売上げ、仕入れ等に係る消費税等の額を仮受消費税等、仮払消費税等として処理する方法（単なる通過勘定として処理する方法）	課税所得金額に影響しません。 税抜計算の手数が掛かります。	

2　消費税等の経理処理の選択

　所得税又は法人税の課税所得金額の計算に当たり、事業者が行う取引に係る消費税等の経理処理について、税込経理方式又は税抜経理方式のいずれの方式を選択するかは、事業者の任意ですが、原則として、全ての取引について同一の方式を適用する必要があります（直所3―8通達2、直法2―1通達3）。

　ただし、売上げ等の収益に係る取引につき税抜経理方式を適用している場合には、次のとおり一定のグルーピングにより、そのグループごとにその経理方式を選択適用することが認められます。

― 603 ―

税込・税抜経理方式の適用一覧表

経理方式の区分	売上げ等	固定資産等		経費等（個人事業者における山林の伐採費、譲渡費用を含みます。）	備　考
		棚卸資産 個人事業者における山林を含みます。	固定資産 繰延資産		
原則法	税　　込　　み				全取引同一経理
	税　　抜　　き				
混合方式	税抜き	税　　抜　　き		税　　込　　み	選択適用
		税　　込　　み		税　　抜　　き	
		税　抜　き	税込み	税　　込　　み	固定資産等については継続適用
				税　　抜　　き	
		税　込　み	税抜き	税　　込　　み	
				税　　抜　　き	

(注)1　所得税の課税所得金額の計算に当たっては、不動産所得、事業所得、山林所得又は雑所得（以下「事業所得等」といいます。）を生ずべき業務ごとに選択することができます。

　　　なお、業務用資産の譲渡（譲渡所得）に係る経理処理については、その資産をその用に供していた事業所得等を生ずべき業務と同一の方式によります（直所3―8通達2(注)1、2）。

　　2　個々の固定資産等の取得に係る取引又は個々の経費等の支出に係る取引ごとに異なる方式を適用することはできません（直所3―8通達3(注)1、直法2―1通達3(注)1）。

　　3　税抜経理方式による経理処理は、原則として取引の都度行いますが、その経理処理を個人事業者の場合にはその年の12月31日において、法人の場合には事業年度終了のときにおいて一括して行う（**期末一括税抜経理方式**）ことができます（直所3―8通達4、直法2―1通達4）。

　　4　消費税と地方消費税は、同一の経理方式によります（直所3―8通達2(注)3、直法2―1通達3(注)3）。

チェックポイント

☆　**免税事業者**は、税込経理方式を適用することとされています（直所3―8通達5、直法2―1通達5）。

☆　**売上げ等の収益に係る取引につき税込経理方式を適用している場合**、固定資産等の取得

に係る取引及び経費等の支出に係る取引については、税抜経理方式を適用することはできません（直所3―8通達3㊟2、直法2―1通達3㊟2）。

☆ リバースチャージ方式による申告の対象となる特定課税仕入れの取引については、取引時において消費税等の額に相当する金銭の受払がありませんので、その取引の都度行う経理処理において、その特定課税仕入れの取引の対価の額と区分すべき消費税等の額はないこととなります。

ただし、その特定課税仕入れの取引の対価の額に対して消費税等が課せられるものとした場合の消費税等の額に相当する額を、仮受金及び仮払金等としてそれぞれ計上するなど仮勘定を用いて経理処理することも認められます（直所3―8通達5の2、直法2―1通達5の2）。

3 金額基準等の消費税等の取扱い

⑴ 消費税等の経理処理の方法に応じて判定するもの

所得税等の金額基準等について、事業者が選択した消費税等の経理処理の方法に応じて判定するものは、次のとおりです（直所3―8通達9、13、直法2―1通達9～12）。

第5章　消費税及び地方消費税の経理処理

所得税法上の取扱い

区　　　　分	税抜経理方式	税込経理方式
少額の減価償却資産の判定の場合の取得価額（所令138）		
一括償却資産の判定の場合の取得価額（所令139）		
少額の繰延資産の判定の場合の支出金額（所令139の２）		
特別償却等の判定の場合の取得価額		
山林所得の概算経費控除を適用する場合の収入金額、費用（措法30）		
山林所得に係る森林計画特別控除を適用する場合の収入金額、費用（措法30の２）	個人事業者が適用している方式によります。 　したがって、消費税等の額を除いた金額になります。	個人事業者が適用している方式によります。 　したがって、消費税等の額を含んだ金額になります。
長期譲渡所得の概算取得費控除を適用する場合の収入金額（措法31の４）		
肉用牛を売却した場合の５％課税の対象となる売却価額（措法25②）		
総収入金額報告書の提出義務の総収入金額の合計額（所法233）		
家内労働者等の所得計算の特例の必要経費の合計額（措法27）		
棚卸資産等の自家消費及び贈与等の場合の総収入金額算入のその資産の時価（所法39、40）		

— 606 —

法人税法上の取扱い

区　　　　分	税　抜　経　理　方　式	税　込　経　理　方　式
少額の減価償却資産の判定の場合の取得価額(法令133)	その資産につき適用している方式によります。 　したがって、消費税等の額を除いた金額になります。	その資産につき適用している方式によります。 　したがって、消費税等の額を含んだ金額になります。
一括償却資産の判定の場合の取得価額（法令133の2）		
少額の繰延資産の判定の場合の支出金額（法令134）		
特別償却等の判定の場合の取得価額		
資産の評価損を適用する場合の資産の価額（法法33）		
寄附金とされる資産の贈与又は低額譲渡の場合の資産の価額（法法37）		
寄附金とされる経済的な利益の価額（法法37）	売上げ等の収益に係る取引につき適用している方式によります。	
交際費等の額（措法61の4）	消費税等の額を除いた金額になります。 　ただし、控除対象外消費税額等に相当する金額は含めます。	消費税等の額を含んだ金額になります。

— 607 —

第5章　消費税及び地方消費税の経理処理

⑵　消費税等の経理処理の方法に関係なく判定するもの

　所得税法等の金額基準等について、事業者が選択した消費税等の経理処理の方法に関係なく判定するものには、例えば、次のようなものがあります。

	項　　目		判　定
申告所得税	肉用牛の免税対象飼育牛の判定（措法25①）		消費税等の額を除いた金額
	医療費控除（所法73①）		
	雑損控除（所法72①、所令206③）		消費税等の額を含んだ金額
	寄附金控除（所法78①）		
	住宅借入金等を有する場合の所得税額の特別控除（措法41）		
	固定資産の交換の場合の譲渡所得の特例（所法58）		
	贈与等の場合の譲渡所得等の特例（所法59）		
源泉所得税（直法6―1通達）	給与等の収入	給与等が物品、用役により支払われる場合の給与等の金額（所法183）	
	非課税限度額の判定	創業記念品（所基通36－22）	消費税等の額を除いた金額
		食事の支給（所基通36－38の2）	
		深夜勤務者の食事代（昭59.7.26直法6－5通達）	
	報酬・料金等の金額（所法204①、212①、③）	原　　則	消費税等の額を含んだ金額
		特例 請求書等において、報酬・料金等の額と消費税等の額が明確に区分されている場合	消費税等の額を除いた金額を源泉徴収の対象となる金額とすることができます。

（例示）⑴　報酬の額　200,000円　⑵　請求金額　220,000円
　　　　　消費税等　 20,000円　　　うち消費税等　20,000円
　　　　　合計　　　220,000円
　（注）「消費税等10%を含む」又は「消費税等を含む」は、これに含まれません。

	項　目		判　定
印紙税法（間消3―2通達）	第1号文書、第2号文書又は第17号文書の記載金額	原　　　　　則	消費税等の額を含んだ金額
	第19号文書又は第20号文書について、課税文書の作成とみなす場合の記載金額（印紙税法4④）	特例 左記文書において、消費税等の金額が区分記載されている場合（源泉所得税の例示を参照）	消費税等の額を除いた金額

（参考）

項　　目	取　扱　い	
第17号文書で消費税等のみの受取書として作成されたもの	→ 第17号の2文書（記載金額のない受取書となります。）	消費税等に相当する金額が5万円未満のものは非課税文書となります。
第19号文書又は第20号文書について、消費税等の金額だけが付け込まれた場合	→ 印紙税法第4条第4項《課税文書とみなす場合》の規定の適用はありません。	

4　消費税等の納付税額又は還付税額の計上時期

(1) 税込経理方式

　課税期間の終了後、納付すべき又は還付を受ける消費税等の額を計算し、それぞれ必要経費若しくは損金の額又は総収入金額若しくは益金の額に算入することになりますが、その計上時期は、それぞれ次に掲げる日の属する年又は事業年度になります（直所3―8通達7・8、直法2―1通達7・8）。

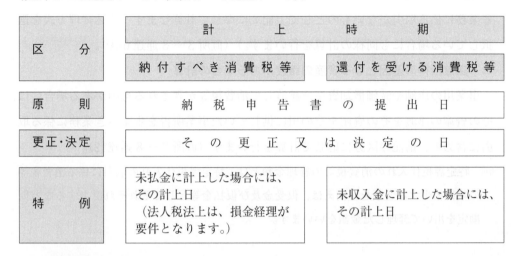

(2) 税抜経理方式

　課税期間の終了の時における仮受消費税額等（特定課税仕入れの消費税等の経理金額(注)を含みます。）から仮払消費税額等（特定課税仕入れの消費税等の経理金額(注)を含み、控除対象外消費税額等に相当する金額を除きます。）を控除した差額が納付すべき又は還付を受ける消費税等の額になりますので、原則として、所得税又は法人税の課税所得金額には影響がありません。

　ただし、事業者が簡易課税制度の適用を受けていたことなどにより、この差額と納付（還付）額が合致しない場合、その合致しない部分の金額については、その課税期間を含む年若しくは事業年度の総収入金額若しくは益金の額又は必要経費若しくは損金の額に算入します（直所3―8通達6、直法2―1通達6）。

　なお、特定課税仕入れの取引については、取引等において消費税等の額に相当する金銭の支払がないので、その取引の都度行う経理処理において、その特定課税仕入れの取引の対価の額と区分すべき消費税等の額はありません。

　ただし、事業者がその特定課税仕入れの取引の対価の額に対して消費税等が課されるものとした場合の消費税等の額に相当する額を、例えば、仮受金及び仮払金等としてそれぞれ計上するなど、仮払勘定を用いて経理処理することはできます（直所3―8通達5の2、直法2―1通達5の2）。

また、所得税について、2以上の所得を生ずべき業務を行っている場合などには、次のとおり計算します。

イ　2以上の所得を生ずべき業務を行っている場合の計算

　個人事業者が事業所得と不動産所得を有している場合など、2以上の所得を生ずべき業務を行っている場合において、簡易課税制度の適用を受けるときには、税抜経理方式を適用している業務のそれぞれについて、他の税抜経理方式を適用している業務に係る取引がないものとして上記(2)に準じて計算します（税込経理方式を選択している場合にも同様の計算を行います。）（直所3―8通達6(注)）。

ロ　譲渡所得の基因となる資産の譲渡がある場合の計算

　事業用の店舗や減価償却資産を譲渡して消費税等が課されるものがある場合には、その資産の譲渡をその資産をその用に供していた事業所得を生ずべき業務に係る取引に含めて、前記の区分に応じて計算を行います（直所3―8通達12）。

(注)　特定課税仕入れの消費税等の経理金額とは、特定課税仕入れの取引に係る消費税等の額に相当する金額を、例えば、仮受金及び仮払金等としてそれぞれ計上するなど仮勘定を用いて経理した金額をいいます。

5 控除対象外消費税額等の取扱い

(1) 概要

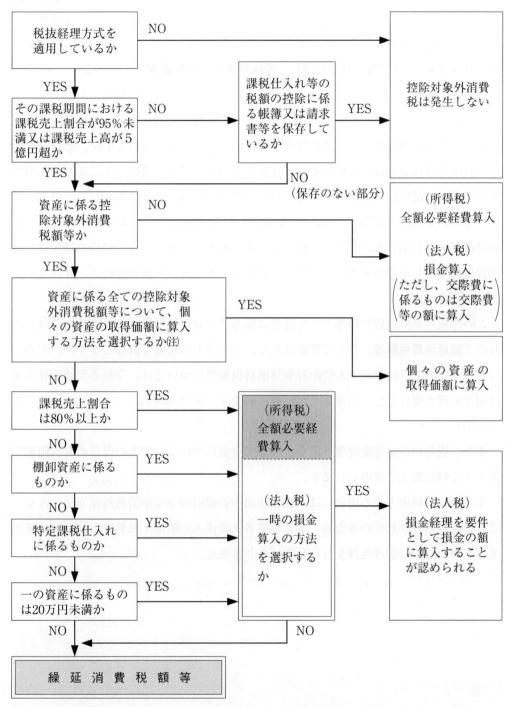

(注) 取得価額に算入するかどうかを個々の資産ごとに選択することは認められません。

(2)　繰延消費税額等の取扱い

　消費税法上の課税仕入れ等の税額として課税標準額に対する消費税額から控除できるのは、課税売上割合に対応する金額に限られます（その課税期間における課税売上高が5億円以下であり、かつ、課税売上割合が95％以上の場合を除きます。）ので、その控除対象とされない部分の税額（「**控除対象外消費税額等**」といいます。）の経理処理については、所得税法上又は法人税法上、次のように取り扱われます。

　税抜経理方式を適用する場合には、原則として、仮受消費税等の額と仮払消費税等の額との差額が納付すべき又は還付を受ける消費税等の額とされますが、その課税期間における課税売上高が5億円超又は課税売上割合が95％未満のときには、仮払消費税等の額の一部が控除対象とされないため、控除対象外消費税額等としてそのまま残り、また、登録国外事業者（577ページ参照）以外の国外事業者から受けた「消費者向け電気通信利用役務の提供」に係る仮払消費税等の金額は、その全額が控除対象外消費税額等としてそのまま残ることになります（直所3―8通達11の3、直法2―1通達14の3）。

　この控除対象外消費税額等のうち資産に係る控除対象外消費税額等については、これを「**繰延消費税額等**」として資産計上し、5年以上の期間で償却しますが、次のとおり、一定の要件に該当する控除対象外消費税額等については、全額必要経費算入又は損金経理を要件として損金算入が認められます（所令182の2①～④、法令139の4①～④）。

　また、資産に係る控除対象外消費税額等の全額について、個々の資産の取得価額に算入する経理処理も認められます。

　なお、税込経理方式の場合には、課税期間中の取引の全てが消費税額等を含んだところで経理処理されているため、個人事業者又は法人の帳簿・決算書上は、何ら修正又は調整のための経理処理を行う必要はありません。

控除対象外消費税額等	資産に係るもの	課税売上割合が80％以上である場合	（所得税）　全額必要経費算入
		棚卸資産に係るもの	
		特定課税仕入れに係るもの	
		一の資産に係るものの金額が20万円未満のもの	（法人税）　損金経理を要件として損金算入
		繰延消費税額等（上記のもので、損金経理による損金算入を行わなかったものを含みます。）	（所得税）　６年間で償却 （法人税）　５年以上の期間で損金経理により損金算入 （必要経費算入額又は損金算入限度額については、次の(3)を参照）
	経　費　に　係　る　も　の		（所得税）　全額必要経費算入 （法人税）　損金算入　ただし、交際費に係るものは、損金不算入の規定の適用があります。

(3) 繰延消費税額等の必要経費算入額又は損金算入限度額

① 繰延消費税額等の生じた年又は事業年度

（算式）

$$\text{必要経費算入額又は損金算入限度額} = \text{繰延消費税額等} \times \frac{\text{当期の月数又は業務を行っていた期間の月数}}{60} \times \frac{1}{2} \text{（注）}$$

（注）　初年度は、年の中途又は事業年度の期央に生じたものとみなされます。

② その後の年又は事業年度

（算式）

$$\text{必要経費算入額又は損金算入限度額} = \text{繰延消費税額等} \times \frac{\text{当期の月数又は業務を行っていた期間の月数}}{60}$$

（注）　最後の年又は事業年度においては、まだ必要経費又は損金に算入されていない残高が必要経費算入額又は損金算入限度額となります。

第5章　消費税及び地方消費税の経理処理

6　具体的な経理処理の方法

⑴　具体的な経理処理（その課税期間における課税売上高が5億円以下であり、かつ、課税売上割合が95％以上の事業者の場合）

区　　分	仕　　　　　訳	
	税込経理方式	税抜経理方式
商品605,000円（税込み）を仕入れ、代金を買掛金とした。	（仕　入）　605,000円 　　　（買掛金）　605,000円	（仕　入）　550,000円 （仮払消費税等）　55,000円 　　　（買掛金）　605,000円
仕入れた商品33,000円（税込み）を返品した。	（買掛金）　33,000円 　　　（仕　　入）　33,000円	（買掛金）　33,000円 　　（仕　　入）　30,000円 　　（仮払消費税等）　3,000円
商品1,650,000円（税込み）を売上げ、代金を売掛金とした。	（売掛金）　1,650,000円 　　　（売　上）　1,650,000円	（売掛金）　1,650,000円 　　（売　　上）　1,500,000円 　　（仮受消費税等）　150,000円
商品77,000円（税込み）の売上返品があった。	（売　上）　77,000円 　　　（売掛金）　77,000円	（売　　上）　70,000円 （仮受消費税等）　7,000円 　　　（売掛金）　77,000円
売掛金140,400円（税込み・消費税等8％で計算）が回収不能となり、貸倒れとした。	（貸倒損失）　140,400円 　　　（売掛金）　140,400円	（貸倒損失）　130,000円 （仮受消費税等）　10,400円 　　　（売掛金）　140,400円
過年度にて貸倒れの処理（消費税等8％で計算）をしてあった売掛金172,800円（税込み）につき、現金で全額回収した。	（現　金）　172,800円 　　　（雑収入）　172,800円	（現　金）　172,800円 　　（雑　収　入）　160,000円 　　（仮受消費税等）　12,800円
期末において消費税額及び地方消費税額を算出したところ650,000円となった。	※経理処理なし又は （租税公課）　650,000円 　（未払消費税等）　650,000円	（仮受消費税等）　4,300,000円 　（仮払消費税等）　3,650,000円 　（未払消費税等）　650,000円 ※注1
上記の消費税額及び地方消費税額650,000円を現金で納付した。	※　（租税公課）又は （未払消費税等）　650,000円 　　（現　金）　650,000円	（未払消費税等）　650,000円 　　（現　　金）　650,000円
期末において消費税額及び地方消費税額を算出したところ620,000円の還付となった。	※経理処理なし又は （未収消費税等）　620,000円 　　（雑収入）　620,000円	（仮受消費税等）　1,370,000円 （未収消費税等）　620,000円 　（仮払消費税等）　1,990,000円 ※注2
上記の消費税額及び地方消費税額620,000円が還付になり当座預金に振り込まれた。	（当座預金）　620,000円 ※　（雑収入）又は 　（未収消費税等）　620,000円	（当座預金）　620,000円 　（未収消費税等）　620,000円

— 614 —

| 中間納付消費税額（地方消費税の中間納付分を含む。）255,000円を現金で納付した（法人税及び消費税とも仮決算を行った場合）。 | （租税公課）　255,000円

　　（現　金）　255,000円 | （仮受消費税等）　1,105,000円
（仮払消費税等）　850,000円
（現　　金）　255,000円
※㈋3 |
| 上記の確定消費税額（地方消費税額分を含む。）が760,000円となった。 | ※経理処理なし又は
（租税公課）　505,000円
（未払消費税等）　505,000円 | （仮受消費税等）1,865,000円
（仮払消費税等）1,360,000円
（未払消費税等）　505,000円
※㈋4 |

㈋1　仮受消費税等の残高が4,300,000円、仮払消費税等の残高が3,650,000円であった。

　　2　仮受消費税等の残高が1,370,000円、仮払消費税等の残高が1,990,000円であった。

　　3　仮受消費税等の残高が1,105,000円、仮払消費税等の残高が850,000円であった。

　　4　仮受消費税等の残高が1,865,000円、仮払消費税等の残高が1,360,000円であった。

⑵　税抜経理方式における簡易課税制度による差額の清算の計算例

㈋　以下の（設例1）から（設例6）までにおいては、凡例の㈋による読替えは行いません。

法人税の取扱い

（設例1）

簡易課税制度を適用して計算した消費税額が本来納付すべき消費税額よりも多額となるケース

①　課税標準額（課税売上高）　　　　　　　　　　　　　　16,000,000円
②　仮受消費税等の額　　　　　　　　　　　　　　　　　　1,600,000円
③　仮払消費税等の額　　　　　　　　　　　　　　　　　　　805,000円

1　本来納付すべき消費税額等

　　1,600,000円－805,000円＝795,000円

2　簡易課税制度適用による納付すべき消費税額等（第5種事業専業）

　⑴　納付すべき消費税額

　　1,248,000円（①×7.8%）－1,248,000円×50%＝624,000円

　⑵　納付すべき地方消費税額

　　624,000円×22/78＝176,000円

　⑶　納付すべき消費税額と地方消費税額の合計額

　　624,000円＋176,000円＝800,000円

3　雑損に計上すべき金額

　　800,000円－795,000円＝5,000円

第5章 消費税及び地方消費税の経理処理

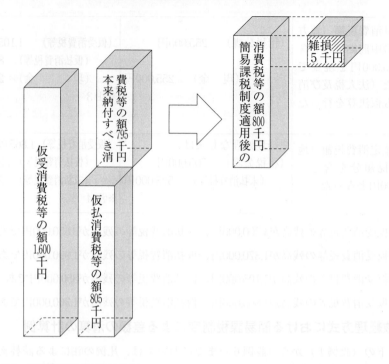

- - - (仕　訳) 税抜経理処理の場合 -
　（仮受消費税等）　　1,600,000円　　／　　（仮払消費税等）　　805,000円
　（雑　　　　損）　　　　5,000円　　　　　（未払消費税等）　　800,000円
- -

- - - (仕　訳) 税込経理処理の場合（損金経理により未払金に計上した場合）- - -
　（租　税　公　課）　　800,000円　　／　　（未払消費税等）　　800,000円
- -

― 616 ―

―(設例2)―
　簡易課税制度を適用して計算した消費税額が本来納付すべき消費税額よりも少額となるケース
① 課税標準額（課税売上高）　　　　　　　　　　　　　　15,000,000円
② 仮受消費税等の額　　　　　　　　　　　　　　　　　　 1,500,000円
③ 仮払消費税等の額　　　　　　　　　　　　　　　　　　　 880,000円

1　本来納付すべき消費税額等

　　1,500,000円 − 880,000円 = 620,000円

2　簡易課税制度適用による納付すべき消費税額等（第4種事業専業）

　①　納付すべき消費税額

　　1,170,000円（①×7.8％）− 1,170,000円×60％ = 468,000円

　②　納付すべき地方消費税額

　　468,000円×22/78 = 132,000円

　③　納付すべき消費税額と地方消費税額の合計額

　　468,000円 + 132,000円 = 600,000円

3　雑収入に計上すべき金額

　　620,000円 − 600,000円 = 20,000円

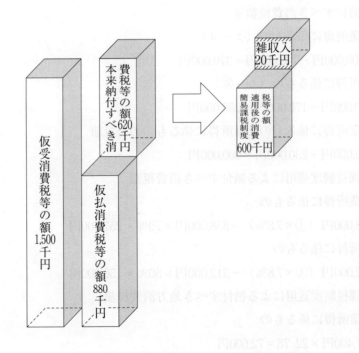

第5章　消費税及び地方消費税の経理処理

---（仕　訳）**税抜経理処理の場合**---------------------------------

（仮受消費税等）　1,500,000円	（仮払消費税等）　　880,000円
	（未払消費税等）　　600,000円
	（雑　　収　　入）　　20,000円

---（仕　訳）**税込経理処理の場合**（損金経理により未払金に計上した場合）---------

（租　税　公　課）　600,000円　／　（未払消費税等）　600,000円

所得税の取扱い

---（設例3）---

　2以上の所得を生ずべき業務を行っている場合で、簡易課税制度を適用して計算した消費税額が本来納付すべき消費税額よりも少額となるケース

(1)　事業所得
　①　課税売上高　　　　11,000,000円
　②　仮受消費税等の額　1,100,000円
　③　仮払消費税等の額　　730,000円

(2)　雑所得
　④　課税売上高　　　　4,000,000円
　⑤　仮受消費税等の額　　400,000円
　⑥　仮払消費税等の額　　170,000円

(注)　事業所得は第3種事業とし、雑所得は第5種事業とします。

1　本来納付すべき消費税額等

・　事業所得に係るもの（②－③）

　　1,100,000円－730,000円＝370,000円

・　雑所得に係るもの（⑤－⑥）

　　400,000円－170,000円＝230,000円

・　事業所得に係るものと雑所得に係るものの合計額

　　370,000円＋230,000円＝600,000円

2　簡易課税制度適用による納付すべき消費税額

・　事業所得に係るもの

　　858,000円（①×7.8%）－858,000円×70%＝257,400円

・　雑所得に係るもの

　　312,000円（④×7.8%）－312,000円×50%＝156,000円

3　簡易課税制度適用による納付すべき地方消費税額

・　事業所得に係るもの

　　257,400円×22/78＝72,600円

・　雑所得に係るもの

　　156,000円×22/78＝44,000円

4 簡易課税制度適用による納付すべき消費税額と地方消費税額の合計額
- 事業所得に係るもの
  257,400円 + 72,600円 = 330,000円
- 雑所得に係るもの
  156,000円 + 44,000円 = 200,000円
- 事業所得に係るものと雑所得に係るものの合計額
  330,000円 + 200,000円 = 530,000円

5 雑収入に計上すべき金額
- 事業所得に係るもの
  370,000円 − 330,000円 = 40,000円
- 雑所得に係るもの
  230,000円 − 200,000円 = 30,000円
- 事業所得に係るものと雑所得に係るものの合計額
  40,000円 + 30,000円 = 70,000円

事業所得の金額の計算上総収入金額に算入される雑収入

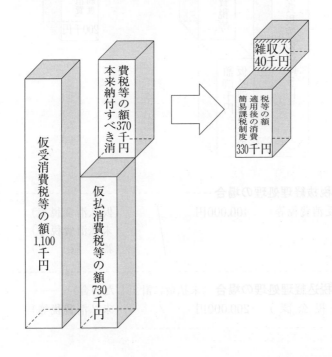

---(仕　訳）**税抜経理処理の場合**---------------------------------
　12／31（仮受消費税等）　1,100,000円　　　（仮払消費税等）　　730,000円
　　　　　　　　　　　　　　　　　　　　　（未払消費税等）　　330,000円
　　　　　　　　　　　　　　　　　　　　　（雑　収　入）　　　 40,000円

---(仕　訳）**税込経理処理の場合**（未払金に計上した場合）---------
　12／31（租 税 公 課）　330,000円　　／　（未払消費税等）　　330,000円

雑所得の金額の計算上総収入金額に算入される雑収入

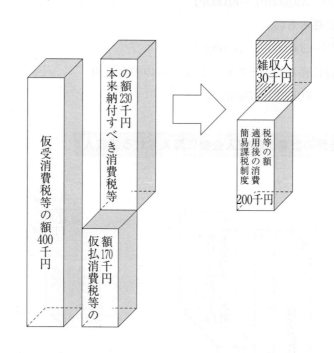

---(仕　訳）**税抜経理処理の場合**---------------------------------
　12／31（仮受消費税等）　400,000円　　　　（仮払消費税等）　　170,000円
　　　　　　　　　　　　　　　　　　　　　（未払消費税等）　　200,000円
　　　　　　　　　　　　　　　　　　　　　（雑　収　入）　　　 30,000円

---(仕　訳）**税込経理処理の場合**（未払金に計上した場合）---------
　12／31（租 税 公 課）　200,000円　　／　（未払消費税等）　　200,000円

⑶　繰延消費税額等の計算（その課税期間における課税売上高が 5 億円超又は課税売上割合が95％未満の事業者の場合）

法人税の取扱い

(設例 4)

①	課税標準額（課税売上高）	665,000,000円
②	非課税売上高	285,000,000円
③	課税仕入高（税抜き）	432,000,000円
	（課税仕入高の内訳）	
④	課税売上げに係るもの	339,840,000円
⑤	共通用の建物の取得費	43,200,000円
⑥	共通用の経費	28,800,000円
⑦	（うち交際費等）	4,320,000円
⑧	非課税売上げに係る経費	20,160,000円
⑨	課税売上割合	665,000千円／（665,000千円＋285,000千円）＝70％
⑩	仮受消費税等の額	66,500,000円
⑪	仮払消費税等の額	43,200,000円

≪一括比例配分方式の場合≫

1　課税標準額の計算　　　　　$(665,000,000円＋66,500,000円) \times \frac{100}{110} ＝665,000,000円$

2　課税標準額に対する消費税額の計算

$$665,000,000円 \times 7.8\% ＝51,870,000円$$

3　仕入控除税額の計算　　　$33,696,000円((③＋⑪) \times \frac{7.8}{110}) \times 70\% ＝23,587,200円$

4　納付すべき消費税額等の計算　$51,870,000円－23,587,200円＝28,282,800円（消費税額）$

$$28,282,800円 \times 22/78＝7,977,200円 （地方消費税額）$$

$$28,282,800円＋7,977,200円＝36,260,000円$$

5　控除対象外消費税額等の計算　$43,200,000円－30,240,000円＝12,960,000円$

$\uparrow$ - - - - - - - (23,587,200円×100/78)

6　控除対象外消費税額等の区分

- - - - - - - - - - - - - (⑤×10％)

$\downarrow$

（建物分の仮払消費税等の額）

⑴　繰延消費税額等（建物分）　$12,960,000円 \times \dfrac{4,320,000円}{43,200,000円} ＝1,296,000円$

（仮払消費税等の額）

又は$4,320,000円 \times （1－70\%）＝1,296,000円$

$\uparrow$ - - - - - -(課税売上割合)

繰延消費税額等　　　$1,296,000円 \geqq 200,000円$

— 621 —

(2) 交際費等の控除対象外消費税額等

$$12,960,000円 \times \frac{432,000円}{43,200,000円} = 129,600円$$

(交際費等の仮払消費税等の額) ←──(⑦×10%)
(仮払消費税等の額)

又は 432,000円 ×（1 − 70%）= 129,600円
　　　　　　　　　　　　　↑──── (課税売上割合)

7　繰延消費税額等の償却額の計算

$$1,296,000円 \times \frac{12}{60} \times \frac{1}{2} = 129,600円$$
（建物分）

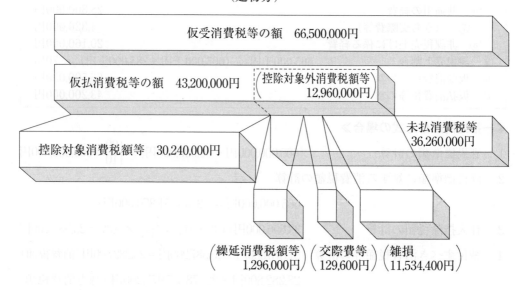

---(仕　訳)---
① 仮 受 消 費 税 等　　66,500,000円　／　仮 払 消 費 税 等　　43,200,000円
　　控除対象外消費税額等　12,960,000円　　　　未 払 消 費 税 等　　36,260,000円
② 繰 延 消 費 税 額 等　　1,296,000円　　　　控除対象外消費税額等　12,960,000円
　　交 　際 　費　 等　　　129,600円
　　雑　　　　　　損　　11,534,400円
③ 繰延消費税額等償却　　　129,600円　／　繰 延 消 費 税 額 等　　　129,600円

≪個別対応方式の場合≫

※ 「課税標準額」及び「課税標準額に対する消費税額」の計算は、≪一括比例配分方式の場合≫と同様です。

1　仕入控除税額の計算　　　　　↓----(④×10%)　　　　　↓---(⑤×10%)
　　　　　　　　　　　　　（仮払消費税等の額）　　　　　（仮払消費税等の額）
　　　(339,840,000円 + 33,984,000円) × $\frac{7.8}{110}$ + (43,200,000円 + 4,320,000円

　　　　　　　　　　　（仮払消費税等の額）
　　　+ 28,800,000円 + 2,880,000円) × $\frac{7.8}{110}$ × 70% = 30,438,720円
　　　　　　　　↑------(⑥×10%)

2　納付すべき消費税額等の計算　51,870,000円－30,438,720円＝21,431,200円（100円未満切捨て）

21,431,200円×22/78＝6,044,600円（100円未満切捨て）

21,431,200円＋6,044,600円＝27,475,800円

3　控除対象外消費税額等の計算　43,200,000円－39,024,000円＝4,176,000円

　　　　　　　　　　　　　　　　　　　　　　　↑------(30,438,720円×100/78)

4　控除対象外消費税額等の区分

(1)　繰延消費税額等（建物分）

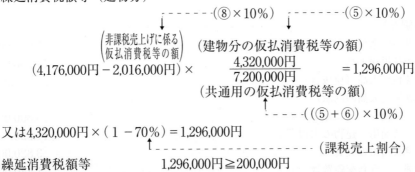

又は4,320,000円×（1－70%）＝1,296,000円

繰延消費税額等　　1,296,000円≧200,000円

(2)　交際費等の控除対象外消費税額等

(4,176,000円－2,016,000円)× 432,000円 / 7,200,000円 ＝129,600円

又は432,000円×（1－70%）＝129,600円

5　繰延消費税額等の償却額

$1,296,000円 \times \frac{12}{60} \times \frac{1}{2} = 129,600円$

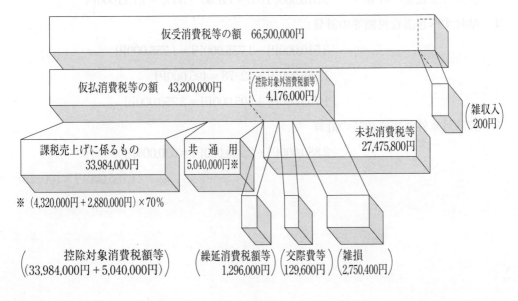

第5章　消費税及び地方消費税の経理処理

```
┌─(仕　訳)─────────────────────────────────────────────┐
│ ① 仮 受 消 費 税 等　　66,500,000円 │ 仮 払 消 費 税 等　　43,200,000円 │
│　　控除対象外消費税額等　4,176,000円 │ 未 払 消 費 税 等　　27,475,800円 │
│　　　　　　　　　　　　　　　　　　　│ 雑　　収　　入　　　　　　　200円 │
│ ② 繰 延 消 費 税 額 等　　1,296,000円 │ 控除対象外消費税額等　4,176,000円 │
│　　交　　際　　費　　等　　129,600円 │ │
│　　雑　　　　　　　損　　2,750,400円 │ │
│ ③ 繰延消費税額等償却　　　129,600円 │ 繰 延 消 費 税 額 等　　129,600円 │
└─────────────────────────────────────────────────────┘
```

```
┌─(設例5)─────────────────────────────────────────────┐
│ ①　課税標準額（課税売上高）　　　　　　　　　　　　　45,000,000円 │
│ ②　非課税売上高　　　　　　　　　　　　　　　　　　　11,250,000円 │
│ ③　課税仕入高（税抜き）　　　　　　　　　　　　　　　28,800,000円 │
│　　（課税仕入高の内訳）　　　　　　　　　　　　　　　　　　　　　　│
│ ④　　課税売上げに係るもの　　　　　　　　　　　　　　10,800,000円 │
│ ⑤　　共通用の建物の取得費　　　　　　　　　　　　　　11,520,000円 │
│ ⑥　　共通用の経費　　　　　　　　　　　　　　　　　　 3,820,000円 │
│ ⑦　　　（うち交際費等）　　　　　　　　　　　　　　　 1,440,000円 │
│ ⑧　　非課税売上げに係る経費　　　　　　　　　　　　　 2,660,000円 │
│ ⑨　課税売上割合　　　　4,500万円／（4,500万円＋1,125万円）＝80% │
│ ⑩　仮受消費税等の額　　　　　　　　　　　　　　　　　 4,500,000円 │
│ ⑪　仮払消費税等の額　　　　　　　　　　　　　　　　　 2,880,000円 │
└─────────────────────────────────────────────────────┘
```

≪簡易課税制度を適用した場合(第5種事業)≫

1　課税標準額の計算　　　　　$(45,000,000円＋4,500,000円)×\dfrac{100}{110}＝45,000,000円$

2　課税標準額に対する消費税額の計算

$$45,000,000円×7.8\%＝3,510,000円$$

3　仕入控除税額の計算　　　$3,510,000円（①×7.8\%）×50\%＝1,755,000円$

4　納付すべき消費税額等の計算

$$3,510,000円－1,755,000円＝1,755,000円$$

$$1,755,000円×22/78＝495,000円$$

$$1,755,000円＋495,000円＝2,250,000円$$

5　控除対象外消費税額等の計算

$$2,880,000円－2,250,000円＝630,000円$$

$$(1,755,000円×100/78)$$

6 控除対象外消費税額等の区分

(1) 繰延消費税額等（建物分）

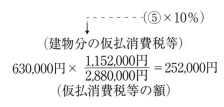

$$630,000円 \times \frac{1,152,000円}{2,880,000円} = 252,000円$$
（仮払消費税等の額）

繰延消費税額等　252,000円 ≧ 200,000円

(2) 交際費等の控除対象外消費税額等

（⑦×10%）
↓
（交際費等の仮払消費税等）

$$630,000円 \times \frac{144,000円}{2,880,000円} = 31,500円$$
（仮払消費税等の額）

7 繰延消費税額等の償却額

$$252,000円 \times \frac{12}{60} \times \frac{1}{2} = 25,200円$$

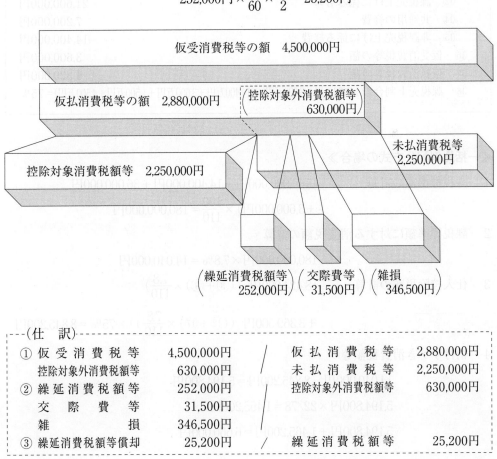

- (仕　訳)
- ① 仮 受 消 費 税 等　4,500,000円　／　仮 払 消 費 税 等　2,880,000円
  　 控除対象外消費税額等　630,000円　／　未 払 消 費 税 等　2,250,000円
- ② 繰 延 消 費 税 額 等　252,000円　　　控除対象外消費税額等　630,000円
  　 交　際　費　等　31,500円
  　 雑　　　　損　346,500円
- ③ 繰延消費税額等償却　25,200円　／　繰 延 消 費 税 額 等　25,200円

第5章　消費税及び地方消費税の経理処理

所得税の取扱い

─（設例6）──────────────────────────────

(1) 事業所得
　　① 課税標準額（課税売上高）　　　　　　　　　　　144,000,000円
　　② 非課税売上高　　　　　　　　　　　　　　　　　15,000,000円
　　③ 課税仕入高（税抜き）　　　　　　　　　　　　108,000,000円
　　　（課税仕入高の内訳）
　　　④ 課税売上げに係るもの　　　　　　　　　　　 58,320,000円
　　　⑤ 共通用の建物の取得費　　　　　　　　　　　 24,300,000円
　　　⑥ 共通用の経費　　　　　　　　　　　　　　　 16,200,000円
　　　⑦ 非課税売上げに係る経費　　　　　　　　　　　9,180,000円
　　⑧ 仮受消費税等の額　　　　　　　　　　　　　　 14,400,000円
　　⑨ 仮払消費税等の額　　　　　　　　　　　　　　 10,800,000円
(2) 不動産所得
　　⑩ 課税標準額（課税売上高）　　　　　　　　　　 36,000,000円
　　⑪ 非課税売上高　　　　　　　　　　　　　　　　 45,000,000円
　　⑫ 課税仕入高（税抜き）　　　　　　　　　　　　 43,200,000円
　　　（課税仕入高の内訳）
　　　⑬ 課税売上げに係るもの　　　　　　　　　　　 21,600,000円
　　　⑭ 共通用の経費　　　　　　　　　　　　　　　　7,200,000円
　　　⑮ 非課税売上げに係る経費　　　　　　　　　　 14,400,000円
　　⑯ 仮受消費税等の額　　　　　　　　　　　　　　　3,600,000円
　　⑰ 仮払消費税等の額　　　　　　　　　　　　　　　4,320,000円
　　⑱ 課税売上割合　（14,400万円＋3,600万円）/（14,400万円＋3,600万円＋1,500万円＋4,500万円）＝75％

────────────────────────────────────

≪一括比例配分方式の場合≫

1　課税標準額の計算　　　（144,000,000円＋14,400,000円＋36,000,000円

$$＋3,600,000円）\times \frac{100}{110}＝180,000,000円$$

2　課税標準額に対する消費税額の計算

$$180,000,000円 \times 7.8％＝14,040,000円$$

3　仕入控除税額の計算　　$\left(8,424,000円　\left((③＋⑨)\times \frac{7.8}{110}\right)\right.$

$$＋3,369,600円　\left.\left((⑫＋⑰)\times \frac{7.8}{110}\right)\right)\times 75％＝8,845,200円$$

4　納付すべき消費税額等

$$14,040,000円－8,845,200円＝5,194,800円$$

$$5,194,800円 \times 22/78＝1,465,200円$$

$$5,194,800円＋1,465,200円＝6,660,000円$$

── 626 ──

5 控除対象外消費税額等の計算

$$(10,800,000円 + 4,320,000円) - 11,340,000円 = 3,780,000円$$

$(8,845,200円 \times 100/78)$

6 事業所得の計算

(1) 課税標準額の計算　　$(144,000,000円 + 14,400,000円) \times \dfrac{100}{110} = 144,000,000円$

(2) 課税標準額に対する消費税額の計算

$$144,000,000円 \times 7.8\% = 11,232,000円$$

(3) 仕入控除税額の計算　　$8,424,000円 \ ((③ + ⑨) \times \dfrac{7.8}{110}) \times 75\% = 6,318,000円$

(4) 納付すべき消費税額等　　$11,232,000円 - 6,318,000円 = 4,914,000円$

$$4,914,000円 \times 22/78 = 1,386,000円$$

$$4,914,000円 + 1,386,000円 = 6,300,000円$$

(5) 控除対象外消費税額等の計算

$$10,800,000円 - 8,100,000円 = 2,700,000円$$

$(6,318,000円 \times 100/78)$

(6) 繰延消費税額等（建物分）

$(⑤ \times 10\%)$

（建物分の仮払消費税等）

$$2,700,000円 \times \dfrac{2,430,000円}{10,800,000円} = 607,500円$$

（仮払消費税等の額）

又は　$2,430,000円 \times (1 - 75\%) = 607,500円$

（課税売上割合）

繰延消費税額等　　　$607,500円 \geqq 200,000円$

(7) 繰延消費税額等の償却額

$$607,500円 \times \dfrac{12}{60} \times \dfrac{1}{2} = 60,750円$$

7 不動産所得の計算

(1) 課税標準額の計算　　$(36,000,000円 + 3,600,000円) \times \dfrac{100}{110} = 36,000,000円$

(2) 課税標準額に対する消費税額の計算

$$36,000,000円 \times 7.8\% = 2,808,000円$$

(3) 仕入控除税額の計算　　$3,369,600円 \ ((⑫ + ⑰) \times \dfrac{7.8}{110}) \times 75\% = 2,527,200円$

(4) 納付すべき消費税額　　$2,808,000円 - 2,527,200円 = 280,800円$

$$280,800円 \times 22/78 = 79,200円$$

$$280,800円 + 79,200円 = 360,000円$$

(5) 控除対象外消費税額等の計算

$$4,320,000円 - 3,240,000円 = 1,080,000円$$

$(2,527,200円 \times 100/78)$

第5章　消費税及び地方消費税の経理処理

```
┌--(仕　訳)-------------------------------------------------------------------┐
│ (1) 事業所得                                                               │
│ 12／31① 仮 受 消 費 税 等　14,400,000円 │ 仮 払 消 費 税 等　10,800,000円  │
│         控除対象外消費税額等　2,700,000円 │ 未 払 消 費 税 等　6,300,000円   │
│       ② 繰 延 消 費 税 額 等　607,500円 │ 控除対象外消費税額等　2,700,000円 │
│         雑　　　　　　　　損　2,092,500円 │                                 │
│       ③ 繰延消費税額等償却　60,750円 │ 繰 延 消 費 税 額 等　60,750円      │
│ (2) 不動産所得                                                             │
│ 12／31① 仮 受 消 費 税 等　3,600,000円 │ 仮 払 消 費 税 等　4,320,000円    │
│         控除対象外消費税額等　1,080,000円 │ 未 払 消 費 税 等　360,000円     │
│       ② 雑　　　　　　　　損　1,080,000円 │ 控除対象外消費税額等　1,080,000円 │
└----------------------------------------------------------------------------┘
```

≪個別対応方式の場合≫

※　「課税標準額」及び「課税標準額に対する消費税額」の計算は、《一括比例配分方式の場合》と同様です。

1　仕入控除税額の計算

$$
\underset{(\text{仮払消費税等})}{\overset{(④\times10\%)}{}}\ \underset{(\text{仮払消費税等})}{\overset{(⑬\times10\%)}{}}
$$

$$
(58,320,000円+5,832,000円+21,600,000円+2,160,000円)\times\frac{7.8}{110}
$$

$$
\underset{(\text{仮払消費税等})}{\overset{(⑤\times10\%)}{}}\ \underset{(\text{仮払消費税等})}{\overset{(⑥\times10\%)}{}}
$$

$$
+\ (24,300,000円+2,430,000円+16,200,000円+1,620,000円+
$$

$$
\underset{(\text{仮払消費税等})}{\overset{(⑭\times10\%)}{}}
$$

$$
7,200,000円+720,000円)\times\frac{7.8}{110}\times75\%=9,024,210円
$$

2　納付すべき消費税額等の計算

$$
14,040,000円-9,024,210円=5,015,700円\ （100円未満切捨て）
$$

$$
5,015,700円\times22/78=1,414,600円\ （100円未満切捨て）
$$

$$
5,015,700円+1,414,600円=6,430,300円
$$

3　控除対象外消費税額等の計算

$$
(10,800,000円+4,320,000円)-11,569,500円=3,550,500円
$$

$$
\overset{\uparrow}{\underset{(9,024,210円\times100/78)}{}}
$$

— 628 —

4 事業所得の計算

※ 「課税標準額」及び「課税標準額に対する消費税額」の計算は、《一括比例配分方式の場合》と同様です。

(1) 仕入控除税額の計算　　　　　　┌-----(④×10%)　　　　　　　┌-----(⑤×10%)
↓　　　　　　　　　　　　　　↓
（仮払消費税等）　　　　　　　　（仮払消費税等）

$$(58{,}320{,}000円 + 5{,}832{,}000円) \times \frac{7.8}{110} + (24{,}300{,}000円 + 2{,}430{,}000円 +$$

（仮払消費税等）

$$16{,}200{,}000円 + 1{,}620{,}000円) \times \frac{7.8}{110} \times 75\% = 6{,}918{,}210円$$
↑-----(⑥×10%)

(2) 納付すべき消費税額等　　11,232,000円 − 6,918,210円 = 4,313,700円（100円未満切捨て）

$$4{,}313{,}700円 \times 22/78 = 1{,}216{,}600円 \quad（100円未満切捨て）$$

$$4{,}313{,}700円 + 1{,}216{,}600円 = 5{,}530{,}300円$$

(3) 控除対象外消費税額等の計算

$$10{,}800{,}000円 - 8{,}869{,}500円 = 1{,}930{,}500円$$
↑---------(6,918,210円×100/78)

(4) 繰延消費税額等（建物分）
┌------(⑤×10%)
↓
（非課税売上げに係る仮払消費税等の額）（建物分の仮払消費税等）

$$(1{,}930{,}500円 - 918{,}000円) \times \frac{2{,}430{,}000円}{4{,}050{,}000円} = 607{,}500円$$

（共通用の仮払消費税等）←---((⑤+⑥)×10%)
-----------------------(⑦×10%)

又は　　$$2{,}430{,}000円 \times (1 - 75\%) = 607{,}500円$$
↑----------(課税売上割合)

繰延消費税額等　　　607,500円 ≧ 200,000円

(5) 繰延消費税額等の償却額

$$607{,}500円 \times \frac{12}{60} \times \frac{1}{2} = 60{,}750円$$

5 不動産所得の計算

※ 「課税標準額」及び「課税標準額に対する消費税額」の計算は、《一括比例配分方式の場合》と同様です。

(1) 仕入控除税額の計算　　　　　　┌-----(⑬×10%)　　　　　　　┌-----(⑭×10%)
↓　　　　　　　　　　　　　　↓
（仮払消費税等）　　　　　　　　（仮払消費税等）

$$(21{,}600{,}000円 + 2{,}160{,}000円) \times \frac{7.8}{110} + (7{,}200{,}000円 + 720{,}000円) \times$$

$$\frac{7.8}{110} \times 75\% = 2{,}106{,}000円$$

— 629 —

第5章　消費税及び地方消費税の経理処理

　(2)　納付すべき消費税額等　2,808,000円－2,106,000円＝702,000円

　　　　　　　　　　　　　　　702,000円×22/78＝198,000円

　　　　　　　　　　　　　　　702,000円＋198,000円＝900,000円

　(3)　控除対象外消費税額等の計算

　　　　　　　　　　　　4,320,000円－2,700,000円＝1,620,000円
　　　　　　　　　　　　　　　　　　　↑
　　　　　　　　　　　　　　　└ － － － － － － － － (2,106,000円×100/78)

┌─(仕　訳)──────────────────────────────────┐
│(1)　事業所得   │
│12／31①　仮 受 消 費 税 等　14,400,000円 ／ 仮 払 消 費 税 等　10,800,000円 │
│　　　　　控除対象外消費税額等　1,930,500円 ／ 未 払 消 費 税 等　 5,530,300円 │
│　　　　　　　　　　　　　　　　　　　　　　／ 雑 　 収 　 入　　　 　 200円 │
│　　　　②　繰 延 消 費 税 額 等　 607,500円 ／ 控除対象外消費税額等　1,930,500円 │
│　　　　　雑 　 　 　 　 損　　1,323,000円 ／   │
│　　　　③　繰延消費税額等償却　　 60,750円 ／ 繰 延 消 費 税 等　　 60,750円 │
│(2)　不動産所得   │
│12／31①　仮 受 消 費 税 等　 3,600,000円 ／ 仮 払 消 費 税 等　 4,320,000円 │
│　　　　　控除対象外消費税額等　1,620,000円 ／ 未 払 消 費 税 等　　 900,000円 │
│　　　　②　雑 　 　 　 　 損　　1,620,000円 ／ 控除対象外消費税額等　1,620,000円 │
└──────────────────────────────────────┘

〔参考〕

○　インボイス制度開始後における留意点〔令和5年10月1日から〕

⑴　「課税仕入れに係る消費税額」の意義

　令和5年10月1日からは、複数税率に対応した仕入税額控除の方式として、「適格請求書等保存方式（以下「インボイス制度」といいます。）が開始し、インボイス制度の下では、税務署長に申請して登録を受けた課税事業者である「適格請求書発行事業者」が交付する「適格請求書」等の保存が仕入税額控除の要件となります（373ページ参照）。

　この仕入税額控除の対象となる課税仕入れに係る消費税額の意義は、インボイス制度の開始前後で次のようになります（法30①、平28改正法附則34②）。

インボイス制度開始前 （令和5年9月30日まで）	インボイス制度開始後 （令和5年10月1日から）
課税仕入れに係る支払対価の額に7.8/110㊟を乗じて算出した金額	適格請求書又は適格簡易請求書の記載事項に基づき計算した金額等の一定の金額

㊟　軽減税率が適用されるものである場合は、6.24/108

— 630 —

(2) 税抜経理方式における仮払消費税等として計上する金額

　税抜経理方式における仮払消費税等として計上する金額は次のようになり、インボイス制度の開始後は、「適格請求書発行事業者」でない免税事業者等からの課税仕入れについては、原則として仕入税額控除の対象となる課税仕入れ等の消費税額はないこととなります(注)（法30①②、直所3―8通達1、直法2―1通達1）。

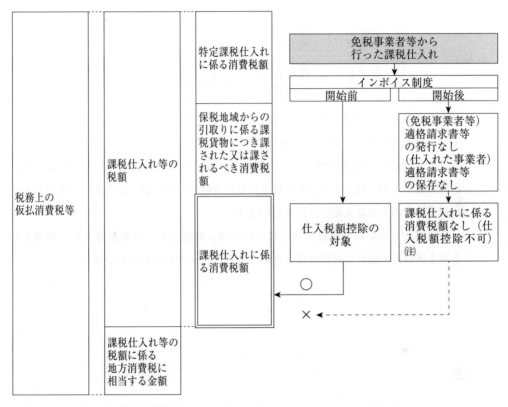

　(注)　インボイス制度の開始後6年間は、免税事業者等からの課税仕入れについても、一定の場合に仕入税額相当額の一定割合を課税仕入れに係る消費税額とみなす経過措置が設けられています（平28改正法附則52、53）（345ページ参照）。

(3) インボイス制度の開始前の金額で会計上仮払消費税等を計上した場合等の税務調整

　インボイス制度の開始後は、免税事業者等からの課税仕入れについて、税務上の仮払消費税等の額はないこととなりますが、事業者の会計において、消費税等の影響を損益計算からは排除する目的等からインボイス制度の開始前と同様に、課税仕入れに係る支払対価の額に10/110又は8/108を乗じて算出した金額を仮払消費税等の額として経理した場合などは、原則として一定の税務調整が必要となります。

　会計上の仮払消費税等の額が税務上の仮払消費税等の額と相違する場合等の取扱いは、おおむね次のようになります（直所3―8通達3の2、11の2、直法2―1通達

第5章　消費税及び地方消費税の経理処理

3の2、14の2）。

区分	経理処理		課税所得計算上の取扱い
仮受消費税等	会計上の金額 >	税務上の金額	差額を区分後の取引の対価の額に含める。
	会計上の金額 <	税務上の金額	差額を区分後の取引の対価の額から除く。
仮払消費税等	会計上の金額 >	税務上の金額	差額を区分後の取引の対価の額に含める（注1、2）。
	会計上の金額 <	税務上の金額	差額を区分後の取引の対価の額から除く。

(注)1　法人が減価償却資産を取得する取引において、税務上の仮払消費税等の額を超えて取引の対価の額から区分して経理したことにより、その取得価額に含まれることとなる金額につき損金経理をしている場合には、その損金経理をした金額は法人税法第31条第1項に規定する「償却費として損金経理した金額」に含まれるものとして、減価償却費の損金算入額の計算を行います。

2　免税事業者等からの課税仕入れについては、原則として消費税等として経理した金額を区分後の取引の対価の額に含めて課税所得金額の計算を行います。

〔参考1〕

消費税及び地方消費税と印紙税

1　概要

　課税文書に課される印紙税については、契約書、領収書等に記載される取引金額や決済金額が印紙税額に直接影響（階級定額税率の適用や課否の判定に影響）しますので、その文書の印紙税法上の記載金額がいくらになるのかを確定することが重要となります。

　契約書、領収書等に取引金額や決済金額を記載する場合には、消費税及び地方消費税の金額（以下「消費税額等」といいます。）を区分記載するかどうか、又は税込価格及び税抜価格を記載するかどうかにより、次のとおり印紙税法上の記載金額の取扱いが異なり、結果として印紙税額が異なる場合があります。

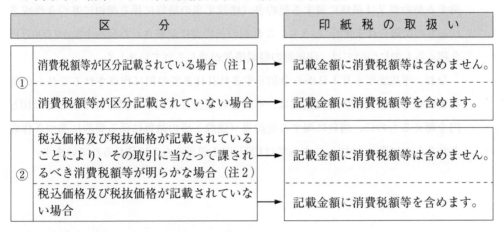

（注）1　「消費税額等が区分記載されている場合」とは、その取引に当たって課されるべき消費税額等が具体的に記載されている場合をいいます。

　　　2　「税込価格及び税抜価格が記載されていることにより、その取引に当たって課されるべき消費税額等が明らかな場合」とは、その取引に係る消費税額等を含む金額と消費税額等を含まない金額の両方を具体的に記載していることにより、その取引に当たって課されるべき消費税額等が容易に計算できる場合をいいます。

　上記の取扱いは、印紙税法別表第一の課税物件表の課税物件欄に掲げる文書のうち、次の文書に適用されます。

〔参考1〕消費税及び地方消費税と印紙税

文書の号別	文書の種類
第1号文書	不動産の譲渡等に関する契約書
第2号文書	請負に関する契約書
第17号文書	金銭又は有価証券の受取書

2 具体的な取扱例

　例えば、建設工事の請負契約の締結に当たり、請負金額550万円（消費税額等込み）の請負契約書を作成する場合において、消費税額等が区分記載されているときと区分記載されていないときや、税込価格と税抜価格が記載されているときと記載されていないときでは、印紙税の取扱いがどのように異なるかを比較してみます。

（注）1　以下の例においては、消費税と地方消費税を合わせた税率を10％として計算しています。

　　2　平成9年4月1日から平成26年3月31日までの間に作成される不動産の譲渡等に関する契約書又は請負に関する契約書（建設工事の請負に係る契約に基づき作成されるものに限られます。）のうち、これらの契約書に記載された契約金額が1,000万円を超えるものについては、印紙税の軽減措置が講じられていました。

　　　なお、平成26年4月1日から令和6年3月31日までの間に作成されるこれらの契約書に係る印紙税額の軽減措置は、不動産の譲渡等に関する契約書にあっては10万円を超えるものに、請負に関する契約書（建設工事の請負に係る契約に基づき作成されるものに限ります。）にあっては100万円を超えるものに講じられています。

区分	作　　　成　　　例		印　紙　税　額
消費税額等が区分記載されている場合	**例①** 請負契約書 請負金額　　　500万円 消費税及び 地方消費税　　50万円 　合計　　　　550万円	**例②** 請負契約書 請負金額　　　　550万円 （内消費税及び地方消費 税　50万円）	1,000円 （第2号文書 記載金額は 500万円）
消費税額等が区分記載されていない場合	**例③** 請負契約書 請負金額　　　550万円	**例④** 請負契約書 請負金額　　　　550万円 （消費税及び地方消費 税を含みます。）	5,000円 （第2号文書 記載金額は 550万円）
税込価格と税抜価格が記載されている場合	**例A** 請負契約書 税込請負金額　　550万円 （税抜請負金額）500万円	**例B** 請負契約書 請負金額　　　　550万円 　　　　　　（税抜500万円）	1,000円 （第2号文書 記載金額は 500万円）
税込価格と税抜価格が記載されていない場合	**例C** 請負契約書 税込請負金額　　550万円	**例D** 請負契約書 請負金額　　　　550万円 （消費税等を含みます。）	5,000円 （第2号文書 記載金額は 550万円）

㊟　設例の建設工事請負契約書は、平成26年4月1日から令和6年3月31日までの間に建設業法第2条第1項に規定する建設工事に係る契約に基づき作成されるものとなります（軽減措置（措法91））。

　このように、課税文書である請負契約書に記載された税込契約金額は同一であっても、消費税額等が区分記載されている場合と区分記載されていない場合や、税込価格及び税抜価格が記載されている場合と記載されていない場合とでは、印紙税法上の記載金額の取扱いが異なり、結果として印紙税額が異なる場合があります。

3　消費税額等のみが記載された金銭又は有価証券の受取書の取扱い

　商取引においては、取引の相手方から消費税額等のみを金銭又は小切手等の有価証券で受領し、その領収書を作成して相手方に交付する場合もありますが、この受取書は、印紙税法上、記載金額のない第17号の2文書（売上代金以外の金銭又は有価証券の受領書）として取り扱われ、印紙税額は次のようになります。

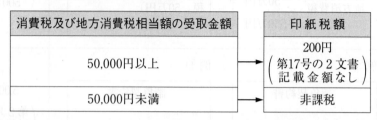

　これらの取扱いの詳細については、国税庁長官通達「消費税法の改正等に伴う印紙税の取扱いについて」（平成元年3月10日付間消3—2）を参照してください。

〔印紙税額一覧表（抜粋）〕

令和4年4月現在

> 10万円以下又は10万円以上………10万円は含まれます。
> 10万円を超え又は10万円未満……10万円は含まれません。

番号	文 書 の 種 類	印紙税額（1通につき）	主な非課税文書
1	1 不動産、鉱業権、無体財産権、船舶若しくは航空機又は営業の譲渡に関する契約書 (注) 無体財産権とは、特許権、実用新案権、商標権、意匠権、回路配置利用権、育成者権、商号及び著作権をいいます。 (例) 不動産売買契約書、不動産交換契約書、不動産売渡証書など 2 地上権又は土地の賃借権の設定又は譲渡に関する契約書 (例) 土地賃貸借契約書、土地賃料変更契約書など 3 消費貸借に関する契約書 (例) 金銭借用証書、金銭消費貸借契約書など 4 運送に関する契約書 (注) 運送に関する契約書には、傭船契約書を含み、乗車券、乗船券、航空券及び送り状は含まれません。 (例) 運送契約書、貨物運送引受書など	記載された契約金額が 　10万円以下のもの　　　　　　　200円 　10万円を超え　50万円以下 〃　400円 　50万円を超え　100万円以下 〃　1千円 　100万円を超え　500万円以下 〃　2千円 　500万円を超え　1千万円以下 〃　1万円 　1千万円を超え　5千万円以下 〃　2万円 　5千万円を超え　1億円以下 〃　6万円 　1億円を超え　5億円以下 〃　10万円 　5億円を超え　10億円以下 〃　20万円 　10億円を超え　50億円以下 〃　40万円 　50億円を超えるもの　　　　　　60万円 契約金額の記載のないもの　　　　200円	記載された契約金額が1万円未満(※)のもの ※ 第1号文書と第3号から第17号文書とに該当する文書で第1号文書に所属が決定されるものは、記載された契約金額が1万円未満であっても非課税文書となりません。
	上記の1に該当する「不動産の譲渡に関する契約書」のうち、右欄の期間に作成されるものについては、記載された契約金額に応じ、右欄のとおり印紙税額が軽減されています。	【平成26年4月1日～令和6年3月31日】 記載された契約金額が 　1万円以上　50万円以下のもの　200円 　50万円を超え　100万円以下 〃　500円 　100万円を超え　500万円以下 〃　1千円 　500万円を超え　1千万円以下 〃　5千円 　1千万円を超え　5千万円以下 〃　1万円 　5千万円を超え　1億円以下 〃　3万円 　1億円を超え　5億円以下 〃　6万円 　5億円を超え　10億円以下 〃　16万円 　10億円を超え　50億円以下 〃　32万円 　50億円を超えるもの　　　　　　48万円	
	請負に関する契約書 (注) 請負には、職業野球の選手、映画(演劇)の俳優(監督・演出家・プロデューサー)、プロボクサー、プロレスラー、音楽家、舞踊家、テレビジョン放送の演技者(演出家、	記載された契約金額が 　1万円以上　100万円以下のもの　200円 　100万円を超え　200万円以下 〃　400円 　200万円を超え　300万円以下 〃　1千円 　300万円を超え　500万円以下 〃　2千円 　500万円を超え　1千万円以下 〃　1万円	記載された契約金額が1万円未満(※)のもの ※ 第2号文書と第3号

— 637 —

〔参考１〕消費税及び地方消費税と印紙税

番号	文書の種類	印紙税額（1通につき）	主な非課税文書
2	プロデューサー)が、その者としての役務の提供を約することを内容とする契約を含みます。 ㈭　工事請負契約書、工事注文請書、物品加工注文請書、広告契約書、映画俳優専属契約書、請負金額変更契約書など	1千万円を超え 5千万円以下　〃　　2万円 5千万円を超え　1億円以下　〃　　6万円 1億円を超え　5億円以下　〃　　10万円 5億円を超え　10億円以下　〃　　20万円 10億円を超え　50億円以下　〃　　40万円 50億円を超えるもの　　　　　　60万円 契約金額の記載のないもの　　　200円	から第17号文書とに該当する文書で第2号文書に所属が決定されるものは、記載された契約金額が1万円未満であっても非課税文書となりません。
	上記の「請負に関する契約書」のうち、建設業法第2条第1項に規定する建設工事の請負に係る契約に基づき作成されるもので、右欄の期間に作成されるものについては、記載された契約金額に応じ、右欄のとおり印紙税額が軽減されています。	【平成26年4月1日～令和6年3月31日】 記載された契約金額が 　200万円以下のもの　　　　　　200円 　200万円を超え　300万円以下　〃　　500円 　300万円を超え　500万円以下　〃　　1千円 　500万円を超え　1千万円以下　〃　　5千円 　1千万円を超え　5千万円以下　〃　　1万円 　5千万円を超え　1億円以下　〃　　3万円 　1億円を超え　5億円以下　〃　　6万円 　5億円を超え　10億円以下　〃　　16万円 　10億円を超え　50億円以下　〃　　32万円 　50億円を超えるもの　　　　　　48万円	
17	1 売上代金に係る金銭又は有価証券の受取書 ㈻1　売上代金とは、資産を譲渡することによる対価、資産を使用させること（権利を設定することを含みます。）による対価及び役務を提供することによる対価をいい、手付けを含みます。 　2　株券等の譲渡代金、保険料、公社債及び預貯金の利子などは売上代金から除かれます。 ㈭　商品販売代金の受取書、不動産の賃貸料の受取書、請負代金の受取書、広告料の受取書など	記載された受取金額が 　100万円以下のもの　　　　　　200円 　100万円を超え　200万円以下のもの　400円 　200万円を超え　300万円以下　〃　　600円 　300万円を超え　500万円以下　〃　　1千円 　500万円を超え 1千万円以下　〃　　2千円 　1千万円を超え 2千万円以下　〃　　4千円 　2千万円を超え 3千万円以下　〃　　6千円 　3千万円を超え 5千万円以下　〃　　1万円 　5千万円を超え　1億円以下　〃　　2万円 　1億円を超え　2億円以下　〃　　4万円 　2億円を超え　3億円以下　〃　　6万円 　3億円を超え　5億円以下　〃　　10万円 　5億円を超え　10億円以下　〃　　15万円 　10億円を超えるもの　　　　　　20万円 受取金額の記載のないもの　　　200円	次の受取書は非課税 1 記載された受取金額が5万円未満のもの 2 営業に関しないもの 3 有価証券、預貯金証書など特定の文書に追記した受取書
	2 売上代金以外の金銭又は有価証券の受取書 ㈭　借入金の受取書、保険金の受取書、損害賠償金の受取書、補償金の受取書、返還金の受取書など	200円	

— 638 —

〔参考２〕
日本標準産業分類（総務省）からみた事業区分の判定

日本標準産業分類からみた一般的な事業の区分は、おおむね次の表のとおりです。

1　この表の事業区分はおおむねの目安であり、実際の事業区分の判定（いずれの事業に該当するか）に当たっては、具体的な事例を参考に、課税資産の譲渡等ごとに検討を行う必要があります。

2　具体的な事例の中にはその業種特有のものもあるため、他の業種に当てはまらない場合があります。

　また、事例と同様の取引であっても、その他の条件が異なることにより事業区分が異なる場合がありますので、飽くまでも目安として利用してください。

大　分　類		ページ
I	卸売業、小売業	640
A	農業、林業	658
B	漁業	660
C	鉱業、採石業、砂利採取業	660
D	建設業	662
E	製造業	664
F	電気・ガス・熱供給・水道業	676
J	金融業、保険業	676
M	宿泊業、飲食サービス業	678
G	情報通信業	680
H	運輸業、郵便業	682
K	不動産業、物品賃貸業	684
L	学術研究、専門・技術サービス業	684
N	生活関連サービス業、娯楽業	686
O	教育、学習支援業	688
P	医療、福祉	688
Q	複合サービス事業	690
R	サービス業(他に分類されないもの)	690
S	公務(他に分類されるものを除く)	692
T	分類不能の産業	694

〔参考2〕日本標準産業分類からみた事業区分の判定

大分類　I　卸売業、小売業

㊟　他の者から購入した商品を販売する事業がこれに当たります。

中　分　類	小　分　類	細　分　類	事業の区分
各種商品卸売業〔50〕	各 種 商 品 卸 売 業〔501〕	各種商品卸売業(従業者が常時100人以上のもの)、その他の各種商品卸売業	
繊維・衣服等卸売業〔51〕	繊維品卸売業（衣服、身の回り品を除く）〔511〕	繊維原料卸売業、糸卸売業、織物卸売業（室内装飾繊維品を除く）	
	衣服卸売業〔512〕	男子服卸売業、婦人・子供服卸売業、下着類卸売業、その他の衣服卸売業	
	身の回り品卸売業〔513〕	寝具類卸売業、靴・履物卸売業、かばん・袋物卸売業、その他の身の回り品卸売業	
飲食料品卸売業〔52〕	農畜産物・水産物卸売業〔521〕	米麦卸売業、雑穀・豆類卸売業、野菜卸売業、果実卸売業、食肉卸売業、生鮮魚介卸売業、その他の農畜産物・水産物卸売業	第1種事業又は第2種事業 ただし、購入した商品の性質及び形状の変更があるものは第3種事業

— 640 —

具　体　的　な　事　例

〔第3種〕

・　繊維品卸売業者が製造業者から白生地を仕入れ、外注先を使って染色して販売（製造問屋に該当）

〔第1種〕

・　ワイシャツ等の仕入商品に外注を使って自社ブランド（ロゴ）を入れて事業者に販売

〔第3種〕

・　白地のTシャツを染色して販売

〔第1種〕

・　農家からさつまいもを買い取り、酒類製造者に焼酎の原料として（畑の土付きのまま）販売

・　農家から野菜を仕入れて、キャベツの千切り、レタスの区分け、ジャガイモの皮むき及び細切りを行い、ファミリーレストランに販売

・　マグロの卸売業者が市場で購入したマグロを四ツ割にして小売業者に販売

・　ボイルされたカニを他から仕入れ、殻を取り、つぶをそろえてビニールパックに小分けして事業者に販売

・　仲買人が市場からウニ、ホヤを購入し、殻、海草等を塩水等で除去し、箱詰後に魚屋に販売

・　仕入れた玄米を精米し、副産物として出た糠を事業者に販売

・　鮮魚品加工卸売業者が鰻をさばいて裁断して販売

〔第3種〕

・　落花生を煎って殻から取り出し、ピーナッツとして販売

・　生しいたけを乾燥しいたけとして販売

・　ブロイラーを購入し、解体して焼鳥用に供するために串に刺して販売

・　生サケを塩にまぶして新巻として販売、生サケから取り出した卵を塩漬けしイクラにして販売

・　生魚を20度の塩水に1～2時間漬け、その後1～2時間水切り（天日あるいは乾燥機による水切りは行わない）したものを「丸干し」として販売

・　かつおぶしを購入し、削りぶしにして販売

・　水産加工業者が仕入れた生だこを塩でもみ、蒸して販売

・　生まれたばかりのペットを購入し、成育させて販売

・　生ワカメに塩をふって販売

・　鮮魚品加工卸売業者が鰻を開いて、串に刺して販売

〔参考2〕日本標準産業分類からみた事業区分の判定

中 分 類	小 分 類	細 分 類	事業の区分
飲食料品卸売業〔52〕	食料・飲料卸売業〔522〕	砂糖・味噌・しょう油卸売業、酒類卸売業、乾物卸売業、菓子・パン類卸売業、飲料卸売業、茶類卸売業、牛乳・乳製品卸売業、その他の食料・飲料卸売業	第1種事業又は第2種事業
建築材料、鉱物・金属材料等卸売業〔53〕	建築材料卸売業〔531〕	木材・竹材卸売業、セメント卸売業、板ガラス卸売業、建築用金属製品卸売業（建築用金物を除く）、その他の建築材料卸売業	ただし、購入した商品の性質及び形状の変更があるものは第3種事業
	化学製品卸売業〔532〕	塗料卸売業、プラスチック卸売業、その他の化学製品卸売業	
	石油・鉱物卸売業〔533〕	石油卸売業、鉱物卸売業	
	鉄鋼製品卸売業〔534〕	鉄鋼粗製品卸売業、鉄鋼一次製品卸売業、その他の鉄鋼製品卸売業	
	非鉄金属卸売業〔535〕	非鉄金属地金卸売業、非鉄金属製品卸売業	

具　体　的　な　事　例

〔第1種〕
- 酒類卸売業者が酒類小売業者に酒類を販売
- 業務用消費者（飲食店、ホテル等）に飲料等を販売
- 清酒製造業者からビン詰清酒を購入し、事業者がそれにラベルを貼付して事業者に販売（「製造問屋」に該当する場合を除く）
- 清酒製造業者から原酒を購入して、それをローリーで搬入し、事業者がそれを詰口し、ラベルを貼付して小売業者に販売（「製造問屋」に該当する場合を除く）
- ハム等の卸売業者が仕入商品（単品で市場流通性のあるハム、ベーコン等）を組合せ、セット商品として小売業者に販売
- 海苔を仕入れ、切断し、袋に小分けして飲食店に販売
- 茶類卸売業者が他から購入した複数の茶を裁断等をせずに単に混ぜ合わせて小売業者に販売

〔第3種〕
- 牛乳の製造業者から生乳をローリーで仕入れて、自社のタンクで殺菌のため熱処理をし、自社ブランドを表示した牛乳瓶に小分けして販売
- 自己で製造した茶と他から購入した茶とを混ぜ合わせて販売
- お茶問屋が荒茶を農家等から仕入れ、次の行為をして販売
  ① 荒茶どうしをブレンド　→裁断　→小分けし、仕上げ茶として販売
  ② 荒茶のふるい分け　→切断　→風選　→木茎分離　→火入れ　→ブレンド　→製品茶として販売

〔第1種〕
- 材木店が建設業者に木材を販売
- 建設資材（Pタイル、アルミサッシ等）をそのままの状態で建築業者に販売
- 仕入れた電線を注文に応じて切断し、事業者に販売

〔第1種又は第2種〕
- サッシ販売業者がサッシと窓ガラスを別々に仕入れ、規格品仕様のサッシ窓とする（枠にガラスをセットして組み立てる）場合で売買契約に基づくもの

〔第3種〕
- 木材に防虫剤を注入して販売
- 枠を切断して規格外のサッシ窓とする場合や、規格品であっても建築請負等の工事の一部として窓部分等を請け負う場合

〔第1種〕
- ベンジンを18ℓ缶で仕入れ、小売用容器に小分けして事業者に販売

〔第1種〕
- 土砂を購入し、選別、水洗いし、生コン用・埋立て用として他の事業者に販売
- 鋼材メーカーから仕入れた鋼板を単に裁断して他の事業者に販売（裁断料金を別途受領する場合の別途料金部分は第5種）
- 板金を単に縦、横に裁断して販売

〔第3種〕
- 鋳物販売業者が他からの注文に応じ、下請先に鋳物製品を製造させて販売
- 鋳物販売業者が他からの注文に応じ、下請先に鋳物製品を製造する鋳型を製造させて販売
- 板金を注文等により特定の形に裁断し、又は裁断した後に穴を空けるなどして販売

〔参考２〕日本標準産業分類からみた事業区分の判定

中 分 類	小 分 類	細 分 類	事業の区分
建築材料、鉱物・金属材料等卸売業〔53〕	再生資源卸売業〔536〕	空瓶・空缶等空容器卸売業、鉄スクラップ卸売業、非鉄金属スクラップ卸売業、古紙卸売業、その他の再生資源卸売業	第１種事業又は第２種事業 ただし、購入した商品の性質及び形状の変更があるものは第３種事業
機械器具卸売業〔54〕	産業機械器具卸売業〔541〕	農業用機械器具卸売業、建設機械・鉱山機械卸売業、金属加工機械卸売業、事務用機械器具卸売業、その他の産業機械器具卸売業	
	自動車卸売業〔542〕	自動車卸売業（二輪自動車を含む）、自動車部分品・附属品卸売業、自動車中古部品卸売業	
	電気機械器具卸売業〔543〕	家庭用電気機械器具卸売業、電気機械器具卸売業	
	その他の機械器具卸売業〔549〕	輸送用機械器具卸売業（自動車を除く）、計量器・理化学機械器具・光学機械器具等卸売業、医療用機械器具卸売業（歯科用機械器具を含む）	
その他の卸売業〔55〕	家具・建具・じゅう器等卸売業〔551〕	家具・建具卸売業、荒物卸売業、畳卸売業、室内装飾繊維品卸売業、陶磁器・ガラス器卸売業、その他のじゅう器卸売業	
	医薬品・化粧品等卸売業〔552〕	医薬品卸売業、医療用品卸売業、化粧品卸売業、合成洗剤卸売業	

— 644 —

具　　体　　的　　な　　事　　例

〔第1種〕
- 古新聞回収業者（一般事業者、家庭等から有償回収して他の事業者に販売）
- 繊維ウエイスト業者が他から有償回収したボロキレを適当な大きさに切断して機械清掃用具として他の事業者に販売
- 自動車（廃車＝鉄スクラップ）を解体等（運搬の利便に資するため切断、プレス、破砕、梱包等を行う）して鉄屑として事業者に販売
- 廃車を購入し、使用可能な部品を取り外して事業者に販売
- 作業屑である電線を購入し、樹脂又はゴム部分をむいて、銅の部分を事業者に販売
- 廃品回収業（再生資源（空びん、スクラップ、ガラスくず、古紙等）を有償回収して選別し、他の事業者に販売）

〔第3種〕
- 鉄スクラップ加工処理業者が、製鉄原料として電気炉、転炉に直接投入できるように鉄スクラップをプレス、シュレッダー（破砕）して販売

〔第4種〕
- 廃品回収業（再生資源（空びん、スクラップ、ガラスくず、古紙等）を無償回収して選別し、他の事業者に販売）

〔第5種〕
- 廃品回収業（選別、搬送のみの場合）

〔第1種〕
- 事務用の機械及び家具、病院・美容院・レストラン・ホテル等の設備、産業用機械、建設材料、商品陳列棚を他の事業者に販売
- 建設機械の販売店が建設業者にパワーショベルを販売
- 農機具（トラクター等）を農家に販売
- 運送業者、タクシー業者にタイヤ、燃料等を販売

〔第3種〕
- 自転車の部品をそれぞれ異なるメーカーから仕入れ、事業者に販売する際、その事業者に自転車の構成部品を選択させ、これを組み立てて自転車として販売
- 機械等の販売業者が、メーカーから規格品である二段式組立駐車場設備を仕入れ、基礎工事を行い、組み立て、据付けて販売

〔第5種〕
- 販売した商品の修理

〔第1種〕
- 国外の事業者から輸入した医療機器を国内の事業者に販売

〔第1種〕
- 事務用の機械及び家具、病院・美容院・レストラン・ホテル等の設備、産業用機械、建設材料、商品陳列棚を他の事業者に販売
- 事業会社を最終ユーザーとして事務機器を販売
- 店舗陳列什器販売業者が自己の企画した陳列ケースを外注先に製造させ、その製品を仕入れてカタログにより他の事業者に販売

〔第1種〕
- 化粧品の無店舗販売で販売員（事業としている）に販売

— 645 —

〔参考 2〕日本標準産業分類からみた事業区分の判定

中　分　類	小　分　類	細　分　類	事業の区分
その他の卸売業〔55〕	紙・紙製品卸売業〔553〕	紙卸売業、紙製品卸売業	
	他に分類されない卸売業〔559〕	金物卸売業、肥料・飼料卸売業、スポーツ用品卸売業、娯楽用品・がん具卸売業、たばこ卸売業、ジュエリー製品卸売業、書籍・雑誌卸売業、他に分類されないその他の卸売業	第1種事業又は第2種事業
		代理商・仲立業	第4種事業
			ただし、購入した商品の性質及び形状の変更があるものは第3種事業

具 体 的 な 事 例

〔第1種〕
- ボールペンの完成品を仕入れ、下請け先に5本ずつ小箱に詰めさせて商品として小売業者に販売
- 苗木を購入して、苗木の根についているこもをそのままの状態で一旦土に埋め（水やり等のため）、そのままの状態で抜いて他の事業者に販売
- 画家等から絵画を購入し、額縁に絵画をはめ込んで他の事業者に販売
- 農家で作付けした芝生をそのままの状態で仕入れ、一定の規格にして他の事業者に販売
- ロープの先端に輪を作って運送業者に販売（金具等の取付けはなく、先端の縒りを戻して輪を作る程度の軽微な加工）
- 荒縄を仕入れて仕立器（たたく）にかけ、縄のケバを取り柔らかくして事業者に販売
- タオルを仕入れ、水を吸い易くする等のために水洗い又は湯洗いをして事業者に販売
- 貴金属製工芸材料品の販売業者が、加工業者に製品のデザイン、企画等を指示してその金型を製作させ、その金型により指示した原材料に基づき製品を製造させ、事業者に販売（原材料は下請加工業者が調達）
- 鋳物販売業者が自社で製造した金型を下請加工業者に支給して鋳物製品を製造させた製品を仕入れて、事業者に販売（流込材料は下請加工業者が調達）
- 雑貨販売業者がライター、タオル、カレンダー等を仕入れ、その商品に販売先の求めに応じて名入れを行い、事業者に販売
- 卸売市場から生花を仕入れ、盛花、かご花として葬儀業者に販売

〔第2種〕
- 消火器の販売業者が有効期限切れとなった消火器の薬剤を詰め替えて消費者に販売

〔第3種〕
- 出版社から本の印刷を受注し、それをそのまま下請先に外注して完成品を納品している、いわゆる印刷ブローカーの取引
- 釣りえさ販売業者が生の鰯をミンチにし、冷凍して（ブロック状）販売（「こませ」として使用）
- 肥料の販売業者が他から購入した種類の異なる肥料を混ぜ合わせ、新たな商品として農家に販売
- 販売業者が顧客から名刺の印刷を受注し、外注先に印刷を指示、製作させて販売
- 販売業者が顧客から印鑑の製作を受注し、外注先に印鑑を製作（印材に名を彫る）させて販売
- 仕入れた真珠を染色して販売
- 仕入れた生花等を使用して花祭壇等として飾り付けて葬儀業者に販売

〔第4種〕
- 基板の支給（無償）を受け、基板に文字を印刷
- 真珠の支給（無償）を受けて行う染色

〔第5種〕
- ソフトウェアの販売業者がソフトウェアの設計を受注し、外注先に設計を依頼して納入
- 葬儀用花輪を賃貸

〔参考2〕日本標準産業分類からみた事業区分の判定

中 分 類	小 分 類	細 分 類	事業の区分
各種商品小売業〔56〕	百貨店、総合スーパー〔561〕	百貨店、総合スーパー	
	その他の各種商品小売業（従業員が常時50人未満のもの）〔569〕	その他の各種商品小売業（従業員が常時50人未満のもの）	第2種事業又は第1種事業
織物・衣服・身の回り品小売業〔57〕	呉服・服地・寝具小売業〔571〕	呉服・服地小売業、寝具小売業	
	男子服小売業〔572〕	男子服小売業（製造小売）	第3種事業
		男子服小売業	ただし、購入した商品の性質及び形状の変更があるものは第3種事業また、修理等は第5種事業
	婦人・子供服小売業〔573〕	婦人服小売業、子供服小売業	
	靴・履物小売業〔574〕	靴小売業、履物小売業	
	その他の織物・衣服・身の回り品小売業〔579〕	かばん・袋物小売業、下着類小売業、洋品雑貨・小間物小売業、他に分類されない織物・衣服・身の回り品小売業	
飲食料品小売業〔58〕	各種食料品小売業〔581〕	各種食料品小売業	第2種事業又は第1種事業
	野菜・果実小売業〔582〕	野菜小売業、果実小売業	ただし、購入した商品の性質及び形状の変更があるものは第3種事業（仕入商品を切る、刻む、つぶす、挽く、たれに漬け込む、混ぜ合わせる、こねる、乾かす行為等の軽微
	食肉小売業〔583〕	食肉小売業、卵・鳥肉小売業	

— 648 —

具　体　的　な　事　例

〔第1種〕
・　いわゆる消化仕入れの方法によっている場合など、テナントとデパートとの商品販売を内容とする契約でテナントが行う販売

〔第2種〕
・　テナントとデパートとの契約で、テナントが売上高の一定率のテナント料（手数料）を支払うことを内容としている場合のテナントが行う販売

〔第1種〕
・　請求書等に相手先を○○商店（個人事業者）のように記載して仕入商品（お茶、酒、ガソリン、新聞等）を販売

〔第2種〕
・　消費者からカタログ商品等の既製品であるユニフォーム又は制服等の製造を受注し、外注先に指示して製造、納品（単にチーム名等を入れる）させて販売（製造小売に該当せず、かつ、その製品を仕入れ、販売として処理している）

〔第3種〕
・　呉服店が消費者に反物を販売すると同時に仕立てを依頼されたもの（仕立ては全て外注）を顧客への請求書において「反物代○○円」又は「反物代○○円（仕立て代はサービス）」と表示して請求した場合
・　呉服店が消費者に反物を販売すると同時に仕立てを依頼されたもの（仕立ては全て外注）を顧客への請求書において「反物代○○円、仕立て預り金○○円、取扱手数料○○円」と表示して請求した場合
・　洋服の仕立小売業において、服地代と仕立代を区分して販売した場合の全体の代金

〔第5種〕
・　商品の販売に伴い別途受領する直し賃部分（ズボンの裾、上着の丈等）
・　靴の修理

〔第2種〕
・　自動販売機で飲食料品等を販売（カップラーメン、ジュース、コーヒー等で機械の中で、お湯、水、ミルク、ガス、氷、砂糖等が混合される場合も含む）

〔第1種〕
・　野菜を他の事業者から仕入れて、その性質及び形状を変更しないで病院に販売
・　農家から野菜を仕入れて、キャベツの千切り、レタスの区分け、ジャガイモの皮むき及び細切りを行い、ファミリーレストランに販売

〔第2種又は第1種〕
・　八百屋における漬物、刻み野菜の詰め合わせ販売

〔第2種又は第1種〕
・　食肉小売店における味付け肉、合挽き肉又はハンバーグ用に成形した挽き肉の販売

〔第3種〕
・　食肉小売店におけるタタキ、チャーシュー、ローストビーフ、ポテトサラダ、コロッケ、餃子、焼売、トンカツ、焼鳥及び焼いたハンバーグの製造販売

〔参考2〕日本標準産業分類からみた事業区分の判定

中 分 類	小 分 類	細 分 類	事業の区分
飲食料品小売業〔58〕	鮮魚小売業〔584〕	鮮魚小売業	な加工の場合は第2種事業又は第1種事業、加熱を伴う行為は第3種事業)
	酒小売業〔585〕	酒小売業	
	菓子・パン小売業〔586〕	菓子小売業（製造小売でないもの）、パン小売業（製造小売でないもの）	
		菓子小売業（製造小売） パン小売業（製造小売）	第3種事業
	その他の飲食料品小売業〔589〕	コンビニエンスストア（飲食料品を中心とするものに限る）、牛乳小売業、飲料小売業、茶類小売業、料理品小売業、米穀類小売業、豆腐・かまぼこ等加工食品小売業、乾物小売業、他に分類されない飲食料品小売業	
		豆腐・かまぼこ等加工食品小売業（製造小売）	第3種事業
機械器具小売業〔59〕	自動車小売業〔591〕	自動車（新車）小売業、中古自動車小売業、自動車部分品・附属品小売業、二輪自動車小売業（原動機付自転車を含む）	

— 650 —

具　体　的　な　事　例

〔第2種又は第1種〕
・　鮮魚小売業における二枚又は三枚におろした魚、刺身、すり身、塩さば又は干ものの販売

〔第3種〕
・　鮮魚小売店における焼魚、かつおのタタキ、煮魚、天ぷら等の製造販売

〔第4種〕
・　酒類小売店において、立ち飲みのコーナーを設け、酒類をコップ売りする行為

〔第2種〕
・　アイスクリーム屋、駄菓子屋におけるソフトクリームの販売

〔第3種〕
・　落花生を煎って殻から取り出し、ピーナッツとして販売

〔第1種〕
・　他から仕入れた玄米を精米し、飲食店に販売

〔第2種又は第1種〕
・　仕入れた玄米を精米する際に副産物として生じた糠を販売

〔第2種〕
・　あらかじめ決まったメニューにそった食材を注文によって配達する事業（店売りがなく、決まった人数分の材料を揃えるのみで調理を行わない）

〔第3種〕
・　天然水を採取して瓶詰等して飲料水として販売
・　コーヒー豆を使用してコーヒーとして販売する場合
・　食材を調理して配達する事業

〔第1種〕
・　自動車販売業者が注文に応じ、仕入れた車の車体に販売先の屋号を名入れして（名入れ料は無償）事業者に販売
・　普通乗用自動車に事業者の屋号等を塗装して販売
・　バス、業務用トラックを事業者に販売

〔参考2〕日本標準産業分類からみた事業区分の判定

中 分 類	小 分 類	細 分 類	事業の区分
機械器具小売業〔59〕	自 転 車 小 売 業〔592〕	自転車小売業	第2種事業又は第1種事業 ただし、購入した商品の性質及び形状の変更があるものは第3種事業 また、修理等は第5種事業
	機械器具小売業（自動車、自転車を除く）〔593〕	電気機械器具小売業、電気事務機械器具小売業、中古電気製品小売業、その他の機械器具小売業	
その他の小売業〔60〕	家具・建具・畳小売業〔601〕	家具小売業、建具小売業、畳小売業、宗教用具小売業	
		家具小売業（製造小売）建具小売業（製造小売）畳小売業（製造小売）宗教用具小売業（製造小売）	第3種事業
	じゅう器小売業〔602〕	金物小売業、荒物小売業、陶磁器・ガラス器小売業、他に分類されないじゅう器小売業	
	医薬品・化粧品小売業〔603〕	ドラッグストア、医薬品小売業、調剤薬局、化粧品小売業	

— 652 —

具　体　的　な　事　例

〔第2種〕
・　普通乗用自動車を消費者に販売
・　キャンピングカーを消費者に販売

〔第2種又は第1種〕
・　自動車等小売業者が中古車を下取りし、点検、清掃及びワックスがけ程度を行って販売
・　タイヤやオイル交換等の場合で工賃については無償と認められる場合のタイヤ代やオイル代（工賃を区分している場合の工賃部分は第5種）

〔第3種〕
・　自転車の部品をそれぞれ異なるメーカーから仕入れ、これを組み立てて自転車として販売
・　消費者の選択した部品により、マウンテンバイクを組み立てて販売（部品の本体代金のほか別途組立料を受領している場合の部品代は第2種、組立料は第5種）
・　自動車等小売業者が中古車を下取りし、板金、塗装、部品の取替え等を施して販売
・　自動車の支給を受けて保冷車等に改造

〔第5種〕
・　消費者の自転車を修理

〔第5種〕
・　別途請求する場合の取付費（取付費が無償であると認められる場合の機械器具の販売は第2種又は第1種）

〔第3種〕
・　オーダーカーテン、オーダーカーペットの販売

〔第5種〕
・　畳の表替え、裏返し、修理

〔第1種〕
・　金物店が大工、建築業者に釘を販売
・　金物店が研磨工場にグラインダーを販売

〔第2種又は第1種〕
・　サッシ販売業者がサッシと窓ガラスを別々に仕入れ、規格品仕様のサッシ窓とする（枠にガラスをセットして組み立てる）場合で売買契約に基づくもの

〔第3種〕
・　枠を切断して規格外のサッシ窓とする場合や、規格品であっても建築請負等の工事の一部として窓部分等を請け負う場合

〔第3種〕
・　調剤薬局が調剤薬品を販売

〔参考2〕日本標準産業分類からみた事業区分の判定

中　分　類	小　分　類	細　分　類	事業の区分
その他の小売業〔60〕	農耕用品小売業〔604〕	農業用機械器具小売業、苗・種子小売業、肥料・飼料小売業	第2種事業又は第1種事業 ただし、購入した商品の性質及び形状の変更があるものは第3種事業 また、修理等は第5種事業
	燃料小売業〔605〕	ガソリンスタンド、燃料小売業	
	書籍・文房具小売業〔606〕	書籍・雑誌小売業、古本小売業、新聞小売業、紙・文房具小売業	
	スポーツ用品・がん具・娯楽用品・楽器小売業〔607〕	スポーツ用品小売業、がん具・娯楽用品小売業、楽器小売業	
	写真機・時計・眼鏡小売業〔608〕	写真機・写真材料小売業、時計・眼鏡・光学機械小売業	
	他に分類されない小売業〔609〕	ホームセンター、たばこ・喫煙具専門小売業、花・植木小売業、建築材料小売業、ジュエリー製品小売業、ペット・ペット用品小売業、骨とう品小売業、中古品小売業、他に分類されないその他の小売業	

— 654 —

具　体　的　な　事　例

〔第1種〕
・　農家に農機具（トラクター等）を販売
・　農家に肥料、種子等を販売
・　鍬、鎌等の柄と金具を別々に購入し、組み立てて農家に販売（組立てに特殊技術を要しない）

〔第1種〕
・　ガソリンスタンドが、官公庁、事業者にローリーで重油を販売
・　ガソリンスタンドが、「屋号が塗装されているなど、事業用であることが明らかな車両」を有する者にガソリンを販売
・　プロパンガスを家庭用ボンベ等に詰め替えて小売業者に販売
〔第2種又は第1種〕
・　タイヤやオイル交換等の場合で、工賃については無償と認められるときのタイヤ代やオイル代等（工賃を区分している場合の工賃部分は第5種）

〔第1種〕
・　大きな紙を仕入れ、B4、B5等に切断して印刷業者に販売
〔第3種〕
・　販売業者が顧客から印鑑及び表札の製作（印材等に名を彫る）を受注し、外注先に製作させて販売

〔第3種〕
・　釣りえさ販売業者が生の鰯をミンチにし、冷凍して（ブロック状）販売（「こませ」として使用）

〔第5種〕
・　フィルムの現像・焼付・引き伸ばし
・　カメラ店等がフィルムの現像等の依頼を受け、外注先に発注し、プリントして販売
〔第2種〕
・　眼鏡の販売で、レンズの加工を伴っても、別途加工料金等を区分しないで「でき上がり価格」として請求している場合
・　腕時計等の消費者への電池交換

〔第1種〕
・　苗木を購入して、苗木の根に付いているこもをそのままの状態で一旦土に埋め（水やり等のため）、そのままの状態で抜いて他の事業者に販売
・　ロープの先端に輪を作って運送業者に販売（金具等の取付けはなく、先端の縒りを戻して輪を作る程度の軽微な加工）
・　記念品小売業者が仕入れたトロフィーに客からの注文により「○○杯優勝」等といった文字を入れて事業者に販売
・　花屋が葬儀用の生花、結婚式等の盛花を造り（花屋が通常行う行為）、事業者に販売（ディスプレイ料等手数料を受領している場合のその手数料部分は第5種）

〔参考2〕日本標準産業分類からみた事業区分の判定

中　分　類	小　分　類	細　分　類	事業の区分
			第2種事業 又は 第1種事業 　ただし、購入した商品の性質及び形状の変更があるものは第3種事業 　また、修理等は第5種事業
無店舗小売業〔61〕	通信販売・訪問販売小売業〔611〕	無店舗小売業（各種商品小売、織物・衣服・身の回り品小売、飲食料品小売、機械器具小売、その他の小売）	
	自動販売機による小売業〔612〕	自動販売機による小売業	
	その他の無店舗小売業〔619〕	その他の無店舗小売業	

— 656 —

具 体 的 な 事 例

〔第1種又は第2種〕
- 質屋が流質物を販売
- ゴルフ会員権の販売業者がゴルフ会員権を販売

〔第2種〕
- 仕入れた真珠のネックレス（単に真珠に糸を通したもの）を小売価格を表示して陳列し、客の選択により2連に加工し、クラスプを取り付けて消費者に販売（加工料は無償）
- 消火器の販売業者が有効期限切れとなった消火器の薬剤を詰め替えて消費者に販売
- 観光土産物店が観光用ビデオを、ビデオ制作会社に制作を依頼し、そのビデオを仕入れて消費者に販売（製造問屋に該当しない場合）
- 雑貨販売業者がライター、タオル、カレンダー等を仕入れ、販売先の求めに応じてその商品に名入れを行い、消費者に販売
- 加工賃を別途受領しないで、①小売価格を表示して陳列する裸石と空枠を消費者に選択させ、指輪にして消費者に販売、②消費者持参の裸石に消費者の希望により販売用の空枠を取り付けて指輪とする場合、③消費者持参の空枠に消費者の希望により販売用の裸石を取り付けて指輪とする場合

〔第3種〕
- 仕入れた裸石と空枠を指輪に加工して消費者に販売
- 仕入れた真珠のネックレス（単に真珠に糸を通したもの）のうち2本を「2連ネックレス」に加工し、店頭に陳列して消費者に販売
- 仕入れたタオル生地を適宜の大きさに裁断し、そのまわりを縫製してネーム等を入れてタオルとして販売
- 販売業者が顧客から名刺の印刷を受注し、外注先に印刷を指示、製作させて販売
- 販売業者が顧客から印鑑の製作を受注し、外注先に印鑑を製作（印材に名を彫る）させて販売
- 機械等の販売業者がメーカーから規格品である二段式組立駐車場設備を仕入れ、基礎工事を行い、組み立て、据付けて販売
- 仕入れた生花等を使用し、花祭壇等として飾り付けて葬儀業者に販売
- 仕入れた真珠を染色して販売
- 墓石に文字等を彫刻して販売

〔第4種〕
- 基板の支給（無償）を受け、基板に文字を印刷
- 真珠の支給（無償）を受けて行う染色

〔第5種〕
- 葬儀用花輪を賃貸

〔第2種〕
- 自動販売機で飲食料品等を販売（カップラーメン、ジュース、コーヒー等で機械の中で、お湯、水、ミルク、ガス、氷、砂糖等が混合される場合も含む）

〔参考2〕日本標準産業分類からみた事業区分の判定

大分類　A　農業、林業

中　分　類	小　　　分　　　類	事　業　の　区　分
農業〔01〕	耕種農業〔011〕 畜産農業〔012〕	第3種事業 　（第1種事業又は第2種事業に該当するもの及び加工賃その他これに類する料金を対価とする役務の提供を行う事業を除く） ㊟　令和元年10月1日以後、飲食料品の譲渡を行う部分は第2種事業
	農業サービス業(園芸サービス業を除く)〔013〕 園芸サービス業〔014〕	おおむね第4種事業
林業〔02〕	育林業〔021〕 素材生産業〔022〕 特用林産物生産業（きのこ類の栽培を除く）〔023〕 その他の林業〔029〕	第3種事業 　（第1種事業又は第2種事業に該当するもの及び加工賃その他これに類する料金を対価とする役務の提供を行う事業を除く） ㊟　令和元年10月1日以後、飲食料品の譲渡を行う部分は第2種事業
	林業サービス業〔024〕	おおむね第4種事業

— 658 —

具 体 的 な 事 例

〔第2種〕
- 他の者から購入した果実を消費者に販売
- ペット店が飼育を前提としないでペット（犬、猫、文鳥等）を仕入れ、そのまま消費者に販売

〔第3種〕
- 馬鈴薯の原種を購入し、自己の畑で栽培して、農家に種芋として販売
- 農業サービス業に分類される農業用水供給業、土地改良区
- 園芸サービス業で、造園工事を請け負う事業
- 庭師が、石、庭園樹等を自己で調達し、庭造りを請け負った場合
- ペット（犬、猫、文鳥等）を飼育・育成して販売
- 牧草、芝生販売収入及び種付けにより生まれた競走馬の売却収入
- 自己の果樹園で採れた果実の持ち帰り販売
- 育成中の牛の売却

〔第4種〕
- 農業従事者が他の農業従事者の田植え、稲刈り、草取り、害虫駆除等及び果物選果・選別等を手伝う場合
- 農業サービス業（農業用水供給業、土地改良区を除く）、協同選果・選別場、ライスセンター、養蚕サービス業、畜産サービス業
- 子馬を牧場で放牧・育成することを請け負い、成長させて引き渡すことを内容とする取引（畜産サービス業）
- 牧場で他の酪農家の牛を放牧して育成
- 養豚業における廃豚（母豚）の売却
- 庭師が行う植木等の剪定
- 種馬の種付料収入及び種馬の仲介料収入
- 事業用資産である乳牛の売却

〔第5種〕
- 国等からの委託により行う調査設計業務

〔第2種〕
- 天然きのこを採取し、食料品として販売

〔第3種〕
- 森林内で樹脂、樹皮（松やに、うるし等）を採集して販売
- 苗木、立木を購入し、育林を行う場合
- 立木を購入して伐採し、丸太にして販売
- かぶと虫などの昆虫類を森林で捕獲して販売

〔第4種〕
- 林業従事者が他の林業従事者の苗木の保育、雑草の下刈り、枝打ち等及び立木の伐採、運搬等を手伝う場合
- 育林サービス業、素材生産サービス業、山林種苗生産サービス業（苗木、立木を購入する場合を除く）

〔参考2〕日本標準産業分類からみた事業区分の判定

大分類　B　漁業

中　分　類	小　　　分　　　類	事　業　の　区　分
漁業〔03〕	海面漁業〔031〕 内水面漁業〔032〕	第3種事業 　（第1種事業又は第2種事業に該当するもの及び加工賃その他これに類する料金を対価とする役務の提供を行う事業を除く） (注)　令和元年10月1日以後、飲食料品の譲渡を行う部分は第2種事業
水産養殖業〔04〕	海面養殖業〔041〕 内水面養殖業〔042〕	

大分類　C　鉱業、採石業、砂利採取業

中　分　類	小　　　分　　　類	事　業　の　区　分
鉱業、採石業、砂利採取業〔05〕	金属鉱業〔051〕 石炭・亜炭鉱業〔052〕 原油・天然ガス鉱業〔053〕 採石業、砂・砂利・玉石採取業〔054〕 窯業原料用鉱物鉱業（耐火物・陶磁器・ガラス・セメント原料用に限る）〔055〕 その他の鉱業〔059〕	第3種事業 　（第1種事業又は第2種事業に該当するもの及び加工賃その他これに類する料金を対価とする役務の提供を行う事業を除く）

— 660 —

具　体　的　な　事　例

〔第1種〕
・　養殖・育成を前提としないで成魚を仕入れ、そのまま事業者に販売
〔第2種〕
・　のり、かき、わかめ、はまち、すっぽん等を養殖し、食料品として販売
〔第3種〕
・　真珠、金魚等の養殖
・　稚魚を仕入れ、成魚にして販売
〔第4種〕
・　漁業従事者が他の漁業従事者の漁船等に乗り込んで漁業に従事する場合（給与以外の人的役務の提供）
・　委託により稚魚、稚貝の支給を受けて行う養殖
・　水産動植物の養殖及び販売に係る委託料

具　体　的　な　事　例

〔第1種〕
・　他の者から購入した砂利を事業者に販売
〔第3種〕
・　山林所有者から無償で土砂の取崩しの承諾を得て採掘した砂利を販売
・　自己で採取した砂利の販売
・　海砂利を採取して協同組合に販売
・　後日、協同組合より事業分量配当を受け取った場合（売上単価の変更）
〔第4種〕
・　他の鉱業従事者の鉱区を請負により、ダイナマイト等の原材料を自己で持たないで採掘を行う事業（原油、天然ガス鉱業においては、請負によりボーリング又は採掘を行う事業）
・　他の鉱業従事者の採掘した鉱物等を請負により破砕、粉砕、選鉱を行う事業
・　鉱物を探査するためのボーリング工事

［参考2］日本標準産業分類からみた事業区分の判定

大分類　D　建設業

中　分　類	小　　　分　　　類	事　業　の　区　分
総合工事業〔06〕	一般土木建築工事業〔061〕 土木工事業〔062〕 舗装工事業〔063〕 建築工事業〔064〕 木造建築工事業〔065〕 建築リフォーム工事業〔066〕	第3種事業 （第1種事業又は第2種事業に該当するもの及び加工賃その他これに類する料金を対価とする役務の提供を行う事業を除く）
職別工事業（設備工事業を除く）〔07〕	大工工事業〔071〕 とび・土工・コンクリート工事業〔072〕 鉄骨・鉄筋工事業〔073〕 石工・れんが・タイル・ブロック工事業〔074〕 左官工事業〔075〕 板金・金物工事業〔076〕 塗装工事業〔077〕 床・内装工事業〔078〕 その他の職別工事業〔079〕	
	とび工事業〔0721〕	第4種事業

— 662 —

具 体 的 な 事 例

〔第1種又は第2種〕
- 配管業者が注文により水道管等の長さを調整し、裁断して販売
- 設備工事を伴わない簡単な据付工事による場合（別途請求する据付料は第5種）
- 土地付建物を買い取り、リフォーム等を行わずそのままの状態で販売

〔第2種〕
- 水道管工事業者がメーカーから規格品である洗浄装置付便座を仕入れ、取付販売する場合で、商品の販売と取付手数料等を区分しているときの商品の消費者への販売（取付手数料は第5種）

〔第3種〕
- 建物の設計、施工を業とする者が建物の建築を請け負い、「設計料○○円、建築代金○○円、合計○○円」と請求する場合
- 自己が請け負った建設工事を自ら行わないで、全部を下請先に施工させる（工事の丸投げ）建設工事の元請けを業とする事業
- 建築資材等の販売業者がメーカーから規格品であるシステムキッチン又は組立式のベランダを仕入れ、工務店との一括請負契約による据付販売
- メーカーから規格品である二段式組立駐車場設備を仕入れ、基礎工事を行い、組み立て、据付けて販売
- 大工工事業者が増改築工事一式を請け負い、解体工事と建設工事とを別個に請求した場合の全体の代金
- 水道工事業者が材料の一部（ボルト、ナット等の補助資材）の無償支給を受け、残りの主要原材料を自己で調達して水道工事を行い、請求書に材料代金と工事代金を区分している場合の全体の代金
- 他の者の求めに応じ、建物、鉄塔、橋、船舶等に施す塗装（日本標準産業分類上「塗装工事業」）（自動車再塗装業は第5種）
- サッシ等のコーキング工事業（サッシとガラスの隙間又はサッシと建物の隙間等にコーキング剤を使用して埋め込む事業）
- 道路標示・区画線工事（塗装・シート貼付け）
- 建設業者等が行う修繕（原材料の支給を受けて行う修理は第4種）
- 第3種事業に該当する建設業に係る事業に伴い生じた加工くず、副産物等を売却
- 職別工事業者が行う修繕（原材料の支給を受けて行う修理は第4種）
- 設備工事業者が行う修理（原材料の支給を受けて行う修理は第4種）
- 購入した中古住宅をリフォーム（塗装、修理等）して販売

〔参考 2〕日本標準産業分類からみた事業区分の判定

中　分　類	小　　　分　　　類	事 業 の 区 分
設備工事業〔08〕	電気工事業〔081〕 電気通信・信号装置工事業〔082〕 管工事業（さく井工事業を除く）〔083〕 機械器具設置工事業〔084〕 その他の設備工事業〔089〕	第 3 種事業 （第 1 種事業又は第 2 種事業に該当するもの及び加工賃その他これに類する料金を対価とする役務の提供を行う事業を除く）

大分類　E　製造業

中　分　類	小　　　分　　　類	事 業 の 区 分
食料品製造業〔09〕	畜産食料品製造業〔091〕 水産食料品製造業〔092〕 野菜缶詰・果実缶詰・農産保存食料品製造業〔093〕 調味料製造業〔094〕 糖類製造業〔095〕 精穀・製粉業〔096〕 パン・菓子製造業〔097〕 動植物油脂製造業〔098〕 その他の食料品製造業〔099〕	第 3 種事業 （第 1 種事業又は第 2 種事業に該当するもの及び加工賃その他これに類する料金を対価とする役務の提供を行う事業を除く）

具 体 的 な 事 例

〔第4種〕
- 建設業のうち、他の事業者の原材料を使用し、その他の事業者の建設工事の一部を行う人的役務の提供
- 道具等を持参し、又は道具等を持参しないで行う人的役務の提供（しゅんせつ工事業、はつり・解体工事業及び他の事業者の工事に人夫を派遣する事業）
- 受託者が補助的な建設資機材（釘、針金、接着剤、道具又は建設機材等）を調達し、発注者から他の主要な原材料の無償支給を受けて行う設備工事
- 元請事業者のコンクリートを使用して行うコンクリート圧送工事
- 元請事業者から鉄筋の無償支給を受けて行うガス圧接
- ガス管工事業者がガス管の無償支給を受けて行うガス管の埋設工事
- 防犯機器の無償支給を受けて行う防犯機器取付工事
- 足場組立（建設工事現場の足場を組む資材を自己で調達し、完成した足場を使用させる事業）
- 建設業者が他の事業者から支給された原材料等を加工した場合において、その加工過程で生じた加工くず等について、所有権者である他の事業者がその加工くずの所有権を放棄したために、その加工を行った建設業者が自己の物として販売した場合

〔第5種〕
- 建設業者、土木工事業者等が行う除雪作業

具 体 的 な 事 例

〔第3種〕
- 生しいたけを乾燥しいたけにして販売
- 落花生を煎って殻から取り出し、ピーナッツとして販売
- 鰻を開いて串に刺して販売
- かつおぶしを購入し、削りぶしにして販売
- 自己で製造した茶と他から購入した茶を混ぜ合わせて販売
- 味噌製造業者が、味噌の主原材料である大豆、米のうち米の支給を受け、大豆及び副原料のこうじ、食塩等は自己で調達する場合の味噌の製造
- 牛乳の製造業者から生乳をローリーで仕入れて、自社のタンクで殺菌のため熱処理をし、自社ブランドを表示した牛乳瓶に小分けして販売

〔第4種〕
- 食料品製造業者が原料となる食品の支給を受けて行う加工等（玄米の支給を受けて行う精米、もち米の支給を受けて行う賃もち、麦の支給を受けて行う製粉、果物の支給を受けて行う缶詰加工、貝、えびの支給を受けて行うむき身の製造）

〔参考２〕日本標準産業分類からみた事業区分の判定

中 分 類	小 分 類	事 業 の 区 分
飲料・たばこ・飼料製造業〔10〕	清涼飲料製造業〔101〕 酒類製造業〔102〕 茶・コーヒー製造業〔103〕 製氷業〔104〕 たばこ製造業〔105〕 飼料・有機質肥料製造業〔106〕	第３種事業 （第１種事業又は第２種事業に該当するもの及び加工賃その他これに類する料金を対価とする役務の提供を行う事業を除く）
繊維工業〔11〕	製糸業、紡績業、化学繊維・ねん糸等製造業〔111〕 織物業〔112〕 ニット生地製造業〔113〕 染色整理業〔114〕 綱・網・レース・繊維粗製品製造業〔115〕 外衣・シャツ製造業（和式を除く）〔116〕 下着類製造業〔117〕 和装製品・その他の衣服・繊維製身の回り品製造業〔118〕 その他の繊維製品製造業〔119〕	
木材・木製品製造業(家具を除く)〔12〕	製材業、木製品製造業〔121〕 造作材・合板・建築用組立材料製造業〔122〕 木製容器製造業（竹、とうを含む）〔123〕 その他の木製品製造業（竹、とうを含む）〔129〕	
家具・装備品製造業〔13〕	家具製造業〔131〕 宗教用具製造業〔132〕 建具製造業〔133〕 その他の家具・装備品製造業〔139〕	

具　体　的　な　事　例
〔第3種〕 ・　天然水を採取し、瓶詰等して飲料水として販売 〔第4種〕 ・　酒類の支給を受けて行う酒類のビン詰め ・　果物等の支給を受けて行うジュースの製造
〔第3種〕 ・　縦糸の支給を受け、横糸は自己で調達して織物を製造 ・　洋服メーカーが指示を受けて行う洋服の型紙の製作 〔第4種〕 ・　繊維等製造業者が糸、生地の支給を受けて行う巻取り、染色、織物製造、裁断、刺しゅう又は縫製
〔第3種〕 ・　建設資材等の販売業者が自己の材木に防虫剤等を注入して販売 ・　製材業者が9寸角の木材を仕入れ、3寸角の柱にして販売 ・　床柱用の木材を仕入れ、皮むき、切断等を行い、床柱にして販売 ・　自己の材木から生ずるのこくずの販売 ・　自己の分と他の者の分が混在して区分することが困難な場合の、のこくずの販売（自己の材木から生じるのこくずとして販売） 〔第4種〕 ・　木製品等製造業者が木材の支給を受けて行う容器、家具等の製造、組立て、彫刻又は塗装（漆塗りを含む） ・　輪島塗りの作家が本体の支給を受け、それに蒔絵又は沈金を施す行為 ・　木材の支給を受けて皮むき、切断等する事業 ・　木材の支給を受けて行う折箱等の製造 ・　他の者の材木を賃挽きしたことにより生ずるのこくずの販売

[参考 2] 日本標準産業分類からみた事業区分の判定

中 分 類	小 分 類	事 業 の 区 分
パルプ・紙・紙加工品製造業〔14〕	パルプ製造業〔141〕 紙製造業〔142〕 加工紙製造業〔143〕 紙製品製造業〔144〕 紙製容器製造業〔145〕 その他のパルプ・紙・紙加工品製造業〔149〕	
印刷・同関連業〔15〕	印刷業〔151〕 製版業〔152〕	
	製本業、印刷物加工業〔153〕 印刷関連サービス業〔159〕	おおむね第 4 種事業
化学工業〔16〕	化学肥料製造業〔161〕 無機化学工業製品製造業〔162〕 有機化学工業製品製造業〔163〕 油脂加工製品・石けん・合成洗剤・界面活性剤・塗料製造業〔164〕 医薬品製造業〔165〕 化粧品・歯磨・その他の化粧用調整品製造業〔166〕 その他の化学工業〔169〕	第 3 種事業 （第 1 種事業又は第 2 種事業に該当するもの及び加工賃その他これに類する料金を対価とする役務の提供を行う事業を除く）
石油製品・石炭製品製造業〔17〕	石油精製業〔171〕 潤滑油・グリース製造業〔172〕 コークス製造業〔173〕 舗装材料製造業〔174〕 その他の石油製品・石炭製品製造業〔179〕	
プラスチック製品製造業〔18〕	プラスチック板・棒・管・継手・異形押出製品製造業〔181〕 プラスチックフィルム・シート・床材・合成皮革製造業〔182〕 工業用プラスチック製品製造業〔183〕 発泡・強化プラスチック製品製造業〔184〕 プラスチック成形材料製造業（廃プラスチックを含む）〔185〕 その他のプラスチック製品製造業〔189〕	

具　体　的　な　事　例
〔第4種〕 ・　原材料の支給を受けて行う加工処理
〔第3種〕 ・　写真植字業 ・　印刷業者が受注した印刷を他の印刷業者に紙の調達、製版、印刷等印刷の全部を行わせ（印刷の丸投げ）、注文者に引渡し 〔第4種〕 ・　印刷業者が紙、葉書の支給を受けて行う印刷 ・　製本業者が印刷物の支給を受けて行う製本
〔第4種〕 ・　原材料の支給を受けて行う加工処理（製品の支給を受けて行う包装等） ・　ろうの支給を受けて行う、ろうそくの製造
〔第3種〕 ・　他から仕入れた廃油を再生して販売 〔第4種〕 ・　原材料の支給を受けて行う加工処理
〔第4種〕 ・　成形用樹脂の支給を受けて行う成形加工、プラスチック製品の支給を受けて行うメッキ、塗装又は組立て ・　アルミのインゴットやプレス加工済の半製品等の支給を受けて行う塗装等 ・　プラスチック・スケールの支給を受け、社章等を焼き付ける事業

〔参考2〕日本標準産業分類からみた事業区分の判定

中 分 類	小 分 類	事 業 の 区 分
ゴム製品製造業〔19〕	タイヤ・チューブ製造業〔191〕 ゴム製・プラスチック製履物・同附属品製造業〔192〕 ゴムベルト・ゴムホース・工業用ゴム製品製造業〔193〕 その他のゴム製品製造業〔199〕	第3種事業 （第1種事業又は第2種事業に該当するもの及び加工賃その他これに類する料金を対価とする役務の提供を行う事業を除く）
なめし革・同製品・毛皮製造業〔20〕	なめし革製造業〔201〕 工業用革製品製造業（手袋を除く）〔202〕 革製履物用材料・同附属品製造業〔203〕 革製履物製造業〔204〕 革製手袋製造業〔205〕 かばん製造業〔206〕 袋物製造業〔207〕 毛皮製造業〔208〕 その他のなめし革製品製造業〔209〕	
窯業・土石製品製造業〔21〕	ガラス・同製品製造業〔211〕 セメント・同製品製造業〔212〕 建設用粘土製品製造業〔213〕 陶磁器・同関連製品製造業〔214〕 耐火物製造業〔215〕 炭素・黒鉛製品製造業〔216〕 研磨材・同製品製造業〔217〕 骨材・石工品等製造業〔218〕 その他の窯業・土石製品製造業〔219〕	
鉄鋼業〔22〕	製鉄業〔221〕 製鋼・製鋼圧延業〔222〕 製鋼を行わない鋼材製造業〔223〕 表面処理鋼材製造業〔224〕 鉄素形材製造業〔225〕 その他の鉄鋼業〔229〕	
非鉄金属製造業〔23〕	非鉄金属第1次製錬・精製業〔231〕 非鉄金属第2次製錬・精製業（非鉄金属合金製造業を含む）〔232〕 非鉄金属・同合金圧延業（抽伸、押出しを含む）〔233〕 電線・ケーブル製造業〔234〕 非鉄金属素形材製造業〔235〕 その他の非鉄金属製造業〔239〕	

— 670 —

具　体　的　な　事　例
〔第4種〕 ・　原材料の支給を受けて行う加工処理
〔第3種〕 ・　客の選択した革及び部品により、かばんを製作して販売 〔第4種〕 ・　なめし革製造業者が革の支給を受けて行う、なめし、調整、塗装又は縫製
〔第4種〕 ・　金属の支給を受けて行うメッキ、表面処理、鋳造、鍛造又は圧延 ・　線材の支給を受けて行う鉄線・ピアノ線の加工 ・　陶磁器等の支給を受けて行う塗装、メッキ、蒔絵、沈金
〔第4種〕 ・　金属の支給を受けて行うプレス、シャーリング、表面処理、鋳造、鍛造又は圧延
〔第4種〕 ・　金属の支給を受けて行うプレス、シャーリング、表面処理、鋳造、鍛造又は圧延

〔参考2〕日本標準産業分類からみた事業区分の判定

中 分 類	小 分 類	事 業 の 区 分
金属製品製造業〔24〕	ブリキ缶・その他のめっき板等製品製造業〔241〕 洋食器・刃物・手道具・金物類製造業〔242〕 暖房・調理等装置、配管工事用附属品製造業〔243〕 建設用・建築用金属製品製造業（製缶板金業を含む）〔244〕 金属素形材製品製造業〔245〕 金属被覆・彫刻業、熱処理業（ほうろう鉄器を除く）〔246〕 金属線製品製造業（ねじ類を除く）〔247〕 ボルト・ナット・リベット・小ねじ・木ねじ等製造業〔248〕 その他の金属製品製造業〔249〕	第3種事業 （第1種事業又は第2種事業に該当するもの及び加工賃その他これに類する料金を対価とする役務の提供を行う事業を除く）
はん用機械器具製造業〔25〕	ボイラ・原動機製造業〔251〕 ポンプ・圧縮機器製造業〔252〕 一般産業用機械・装置製造業〔253〕 その他のはん用機械・同部分品製造業〔259〕	
生産用機械器具製造業〔26〕	農業用機械製造業(農業用器具を除く)〔261〕 建設機械・鉱山機械製造業〔262〕 繊維機械製造業〔263〕 生活関連産業用機械製造業〔264〕 基礎素材産業用機械製造業〔265〕 金属加工機械製造業〔266〕 半導体・フラットパネルディスプレイ製造装置製造業〔267〕 その他の生産用機械・同部分品製造業〔269〕	
業務用機械器具製造業〔27〕	事務用機械器具製造業〔271〕 サービス用・娯楽用機械器具製造業〔272〕 計量器・測定器・分析機器・試験機・測量機械器具・理化学機械器具製造業〔273〕 医療用機械器具・医療用品製造業〔274〕 光学機械器具・レンズ製造業〔275〕 武器製造業〔276〕	
電子部品・デバイス・電子回路製造業〔28〕	電子デバイス製造業〔281〕 電子部品製造業〔282〕 記録メディア製造業〔283〕 電子回路製造業〔284〕 ユニット部品製造業〔285〕 その他の電子部品・デバイス・電子回路製造業〔289〕	

具　体　的　な　事　例
〔第3種〕 ・　金属製品製造業者が金型（型枠）の製作依頼を受け、金属を自己が調達して、打ち抜き、プレス等する場合 ・　金属製品製造業者が金型の支給を受け、金属を自己が調達して、打ち抜き、プレス等する場合 ・　サッシ窓業者が、枠を切断して規格外のサッシ窓とする場合 ・　サッシ窓業者が建築請負工事の一部として請け負うサッシ窓（規格品）の取付け 〔第4種〕 ・　金属製品製造業者が金属の支給を受けて行う打ち抜き、プレス、旋盤加工又は彫刻 ・　メッキ業者が金属の支給を受けて行うメッキ ・　素材の支給を受け、自己で調達した金を用いて行うメッキ ・　原材料の支給を受けて行うやすりの目立て ・　金属製品の支給を受けて行う彫刻、メッキ、塗装 〔第5種〕 ・　刃物、手道具、金物類等の支給を受けて行う修理
〔第4種〕 ・　機械等の製造業者が部品の支給を受けて行う加工、組立て ・　原材料の支給を受けて行う旋盤等による部品の下請加工 ・　パイプの支給を受け、切断、曲げ作業等を行う事業 〔第5種〕 ・　一般機械の修理を行う事業
〔第3種〕 ・　機械等の製造から据付けまでを一括して請け負う事業（製造代金と据付料を区分していない場合） 〔第4種〕 ・　機械等の製造業者が部品の支給を受けて行う組立て 〔第5種〕 ・　完成品の検査を行う事業 ・　大型機械の据付けに伴い据付料を区分して受領した場合の据付料
〔第4種〕 ・　基板の支給を受けて、基板に文字を印刷する事業

— 673 —

〔参考2〕日本標準産業分類からみた事業区分の判定

中　分　類	小　　　分　　　類	事　業　の　区　分
電気機械器具製造業〔29〕	発電用・送電用・配電用電気機械器具製造業〔291〕 産業用電気機械器具製造業〔292〕 民生用電気機械器具製造業〔293〕 電球・電気照明器具製造業〔294〕 電池製造業〔295〕 電子応用装置製造業〔296〕 電気計測器製造業〔297〕 その他の電気機械器具製造業〔299〕	第3種事業 （第1種事業又は第2種事業に該当するもの及び加工賃その他これに類する料金を対価とする役務の提供を行う事業を除く）
情報通信機械器具製造業〔30〕	通信機械器具・同関連機械器具製造業〔301〕 映像・音響機械器具製造業〔302〕 電子計算機・同附属装置製造業〔303〕	
輸送用機械器具製造業〔31〕	自動車・同附属品製造業〔311〕 鉄道車両・同部分品製造業〔312〕 船舶製造・修理業、舶用機関製造業〔313〕 航空機・同附属品製造業〔314〕 産業用運搬車両・同部分品・附属品製造業〔315〕 その他の輸送用機械器具製造業〔319〕	
その他の製造業〔32〕	貴金属・宝石製品製造業〔321〕 装身具・装飾品・ボタン・同関連品製造業（貴金属・宝石製を除く）〔322〕 時計・同部分品製造業〔323〕 楽器製造業〔324〕 がん具・運動用具製造業〔325〕 ペン・鉛筆・絵画用品・その他の事務用品製造業〔326〕 漆器製造業〔327〕 畳等生活雑貨製品製造業〔328〕 他に分類されない製造業〔329〕	

— 674 —

具 体 的 な 事 例
〔第4種〕 ・ 機械等の製造業者が部品の支給を受けて行う加工、組立て ・ 基板の支給を受けて基板に文字を印刷
〔第1種又は第2種〕 ・ 他の事業者が開発したソフトウェアや周辺機器を購入して販売 〔第3種〕 ・ オペレーティングシステム（OS）等のソフトウェアを機械本体に組み込んで本体とともに販売
〔第3種〕 ・ 鉄道車両の製造業者が行う鉄道車両の修理、船舶の製造業者が行う船舶の修理又は航空機用原動機製造業者が行う航空原動機のオーバーホール（これらの修理等を行う事業所が日本標準産業分類において製造業に該当する場合） ・ 自動車のボディシャーシの支給を受け、自己で調達した材料部品を用いて保冷車用ユニット、コンテナ用ユニットを製造し、そのボディシャーシに取り付け、保冷車、運送用トラックとして納品する事業 〔第4種〕 ・ 機械等の製造業者が部品の支給を受けて行う加工、組立て、溶接 ・ 船の販売において、艇体とエンジンを別々に仕入れ、取り付けて事業者に販売する場合において、 　① エンジンが着脱可能な船外機関で、単に取り付ける程度であり、日本産業分類上の船舶の製造に該当しないときの販売〔第1種〕 　② エンジンが船内機関のときも上記①と同様であるが、取付行為に相当の工程、作業等を要し、船舶の製造に該当する場合の販売〔第3種〕 　③ エンジンが着脱可能な船外機関で、艇体価格とエンジン価格を表示し、顧客の選択に基づき取付販売〔第1種〕、取付料等を別途受領しているときの取付料〔第5種〕
〔第3種〕 ・ 葬儀業者又は花輪店が他の者から仕入れた造花及び脚を用いて花輪を製作して販売 ・ 仕入れた真珠を染色して販売 ・ 自己が製造した商品と仕入商品とを組み合わせ、セット商品として販売 〔第4種〕 ・ 指輪の支給を受けて行うサイズ直し又は宝石の支給を受けて行う切断、研磨、取付け ・ わらの支給を受けて行う畳の製造 ・ 弾薬の装てん・組立（銃弾の製造を除く） ・ 真珠の支給を受けて行う染色 〔第5種〕 ・ ピアノ、オルガンの調律 ・ 畳の表替え、裏返し、修理

〔参考2〕日本標準産業分類からみた事業区分の判定

大分類　F　電気・ガス・熱供給・水道業

中　分　類	小　　　分　　　類	事　業　の　区　分
電気業〔33〕	電気業〔331〕	第3種事業 （第1種事業又は第2種事業に該当するもの及び加工賃その他これに類する料金を対価とする役務の提供を行う事業を除く）
ガス業〔34〕	ガス業〔341〕	
熱供給業〔35〕	熱供給業〔351〕	
水道業〔36〕	上水道業〔361〕 工業用水道業〔362〕 下水道業〔363〕	

大分類　J　金融業、保険業

中　分　類	小　　　分　　　類	事　業　の　区　分
銀行業〔62〕	中央銀行〔621〕 銀行〔622〕	第5種事業 （第1種事業、第2種事業又は第3種事業に該当するものを除く）
協同組織金融業〔63〕	中小企業等金融業〔631〕 農林水産金融業〔632〕	
貸金業、クレジットカード業等非預金信用機関〔64〕	貸金業〔641〕 質屋〔642〕 クレジットカード業、割賦金融業〔643〕 その他の非預金信用機関〔649〕	
金融商品取引業、商品先物取引業〔65〕	金融商品取引業〔651〕 商品先物取引業、商品投資顧問業〔652〕	
補助的金融業等〔66〕	補助的金融業、金融附帯業〔661〕 信託業〔662〕 金融代理業〔663〕	
保険業（保険媒介代理業、保険サービス業を含む）〔67〕	生命保険業〔671〕 損害保険業〔672〕 共済事業、少額短期保険業〔673〕 保険媒介代理業〔674〕 保険サービス業〔675〕	

具　　体　　的　　な　　事　　例
〔第1種又は第2種〕 ・　接岸する船舶に給水栓からパイプを使い、又は停泊する船舶にタンク船を接続して行う船舶への飲料水の供給 ・　プロパンガスを家庭用ボンベ等に詰め替えて販売するように、中味のみの取引形態となっているもの 〔第3種〕 ・　太陽光発電設備を設置し、全量売電契約により電力会社へ譲渡 〔第5種〕 ・　サービスステーションが行うガス器具の修理、点検等 ・　温泉供給業 ※　ガス業は導管によりガスを供給するものに限り、上水道業には導管により供給する簡易水道業を含む。

具　　体　　的　　な　　事　　例
〔第5種〕 ・　銀行、その他の金融業の各種受取手数料
〔第1種又は第2種〕 ・　質屋が流質物を販売
〔第1種又は第2種〕 ・　ゴルフ会員権の販売業者がゴルフ会員権を販売 〔第5種〕 ・　証券業、商品取引業の各種受取手数料及び顧問料
〔第5種〕 ・　保険業の受取手数料 ・　保険媒介代理業の代理店手数料

［参考２］日本標準産業分類からみた事業区分の判定

大分類　Ｍ　宿泊業、飲食サービス業

中　分　類	小　　　分　　　類	事　業　の　区　分
宿泊業〔75〕	旅館、ホテル〔751〕 簡易宿所〔752〕 下宿業〔753〕 その他の宿泊業〔759〕	第５種事業 （第１種事業、第２種事業又は第３種事業に該当するものを除く）
飲食店〔76〕	食堂、レストラン〔761〕 専門料理店〔762〕 そば・うどん店〔763〕 すし店〔764〕 酒場、ビヤホール〔765〕 バー、キャバレー、ナイトクラブ〔766〕 喫茶店〔767〕 その他の飲食店〔769〕	第４種事業 （第１種から第３種事業、第５種事業及び第６種事業以外の事業）

— 678 —

具　体　的　な　事　例

〔第2種〕
・　旅館等における自動販売機による飲料等の販売又は売店での販売
〔第3種〕
・　ホテル内にあるホテル直営の売店がホテルの調理したサンドイッチ、オードブル等を販売
〔第4種〕
・　ホテル内にあるホテル直営の売店がホテルの調理したサンドイッチ、オードブル等を客の注文により部屋まで運ぶ場合（ルームサービス）
〔第5種〕
・　ホテル内のカラオケルーム、卓球台等の使用料
・　ゲームコーナーのゲーム機の収入

〔第2種〕
・　ホテル内にある飲料の自動販売機による販売
〔第2種又は第1種〕
・　飲食店が土産用等として、購入した商品を販売した場合
〔第3種〕
・　ホテル内にあるホテル直営の売店がホテルの調理したサンドイッチ、オードブル等を販売
・　飲食店が製造した商品を販売（製造小売）
〔第4種〕
・　立ち食いそば店
・　学校給食の委託を受けて行う食堂（学校所有の食堂）の経営及び学校の寄宿舎での食事の提供（材料等は全て自己で調達）
・　酒類小売店において立ち飲みのコーナーを設け、酒類をコップ売りする行為
・　ホテル内にあるホテル直営の売店がホテルの調理したサンドイッチ、オードブル等を客の注文により部屋まで運ぶルームサービス
・　パーティー等の主催者の求めに応じ、会場の模擬店で調理して飲食物を提供
〔第5種〕
・　ホステスの接客

〔第2種〕
・　店内飲食の施設があるハンバーガー店が他の者から購入した商品（ジュース、アイスクリーム等）を持ち帰り用として販売
〔第3種〕
・　ケーキの製造小売業と喫茶店営業を兼業している（その販売を業としている実態があるもので区分されている）場合で製造した商品を店頭販売している部分（喫茶店営業として客に提供している部分は第4種）
・　店内飲食の施設があるハンバーガー店で製造した商品（ハンバーガー、フライド・ポテト、シェイク等）を持ち帰り用として販売

〔参考２〕日本標準産業分類からみた事業区分の判定

中　分　類	小　　　分　　　類	事業の区分
持ち帰り・配達 飲食サービス業〔77〕	持ち帰り飲食サービス業〔771〕 配達飲食サービス業〔772〕	第３種事業

大分類　G　情報通信業

中　分　類	小　　　分　　　類	事業の区分
通信業〔37〕	固定電気通信業〔371〕 移動電気通信業〔372〕 電気通信に附帯するサービス業〔373〕	第５種事業 （第１種事業、第２種事業又は第３種事業に該当するものを除く）
放送業〔38〕	公共放送業〔381〕 民間放送業〔382〕 有線放送業〔383〕	
情報サービス業〔39〕	ソフトウェア業〔391〕 情報処理・提供サービス業〔392〕	
インターネット附随サービス業〔40〕	インターネット附随サービス業〔401〕	
映像・音声・文字情報制作業〔41〕	映像情報制作・配給業〔411〕 音声情報制作業〔412〕 新聞業〔413〕 出版業〔414〕 広告制作業〔415〕 映像・音声・文字情報制作に附帯するサービス業〔416〕	
	新聞印刷業 印刷出版業	第３種事業

具 体 的 な 事 例
〔第3種〕 ・　宅配ピザ店や宅配すし店が行うピザやすしの宅配

具 体 的 な 事 例
〔第5種〕 ・　他の者から電話加入権を仕入れて販売
〔第5種〕 ・　ソフトウェアの販売業者がソフトウェアの設計を受注し、外注先に設計を依頼して納入 ・　事業者からの注文に応じ、ソフトウェアを製作設計して納入 ・　ゲームソフトの製作（パソコン等）
〔第5種〕 ・　プロバイダーがインターネットの接続サービスを提供 ・　インターネットのホームページにおける広告掲載収入
〔第3種〕 ・　印刷を自ら行わない出版 〔第4種〕 ・　紙の支給を受けて行う印刷 ・　葉書の支給を受けて行う印刷 〔第5種〕 ・　新聞等における折込広告収入

〔参考2〕日本標準産業分類からみた事業区分の判定

大分類　H　運輸業、郵便業

中　分　類	小　　　分　　　類	事 業 の 区 分
鉄道業〔42〕	鉄道業〔421〕	第5種事業 （第1種事業、第2種事業又は第3種事業に該当するものを除く）
道路旅客運送業〔43〕	一般乗合旅客自動車運送業〔431〕 一般乗用旅客自動車運送業〔432〕 一般貸切旅客自動車運送業〔433〕 その他の道路旅客運送業〔439〕	
道路貨物運送業〔44〕	一般貨物自動車運送業〔441〕 特定貨物自動車運送業〔442〕 貨物軽自動車運送業〔443〕 集配利用運送業〔444〕 その他の道路貨物運送業〔449〕	
水運業〔45〕	外航海運業〔451〕 沿海海運業〔452〕 内陸水運業〔453〕 船舶貸渡業〔454〕	
航空運輸業〔46〕	航空運送業〔461〕 航空機使用業〔462〕	
倉庫業〔47〕	倉庫業〔471〕 冷蔵倉庫業〔472〕	
運輸に附帯するサービス業〔48〕	港湾運送業〔481〕 貨物運送取扱業（集配利用運送業を除く）〔482〕 運送代理店〔483〕 こん包業〔484〕 運輸施設提供業〔485〕 その他の運輸に附帯するサービス業〔489〕	
郵便業（信書便事業を含む）〔49〕	郵便業（信書便事業を含む）〔491〕	

— 682 —

具 体 的 な 事 例
〔第5種〕 ・ 建設業者がダンプカー（自社所有）により、土砂等を現場から他の現場に運搬
〔第5種〕 ・ 道路等の清掃（国道、ガードレール、道路標識等の清掃） ・ 道路設備の保守のために行う草刈り

[参考2]日本標準産業分類からみた事業区分の判定

大分類　K　不動産業、物品賃貸業

中　分　類	小　　　　分　　　　類	事　業　の　区　分
不動産取引業〔68〕	建物売買業、土地売買業〔681〕 不動産代理業・仲介業〔682〕	第6種事業 （第1種事業から第3種事業又は第5種事業に該当するものを除く）
不動産賃貸業・管理業〔69〕	不動産賃貸業〔691〕 貸家業、貸間業〔692〕 駐車場業〔693〕 不動産管理業〔694〕	
物品賃貸業〔70〕	各種物品賃貸業〔701〕 産業用機械器具賃貸業〔702〕 事務用機械器具賃貸業〔703〕 自動車賃貸業〔704〕 スポーツ・娯楽用品賃貸業〔705〕 その他の物品賃貸業〔709〕	第5種事業 （第1種事業、第2種事業又は第3種事業に該当するものを除く）

大分類　L　学術研究、専門・技術サービス業

中　分　類	小　　　　分　　　　類	事　業　の　区　分
学術・開発研究機関〔71〕	自然科学研究所〔711〕 人文・社会科学研究所〔712〕	第5種事業 （第1種事業、第2種事業又は第3種事業に該当するものを除く）
専門サービス業（他に分類されないもの）〔72〕	法律事務所、特許事務所〔721〕 公証人役場、司法書士事務所、土地家屋調査士事務所〔722〕 行政書士事務所〔723〕 公認会計士事務所、税理士事務所〔724〕 社会保険労務士事務所〔725〕 デザイン業〔726〕 著述・芸術家業〔727〕 経営コンサルタント業,純粋持株会社〔728〕 その他の専門サービス業〔729〕	

— 684 —

具 体 的 な 事 例

〔第1種又第2種〕
・ 土地付建物を買い取り、間取り変更等を行わずそのままの状態で販売
・ 不動産販売業者が販売目的で取得したマンション（棚卸資産）を、買手が見つからないために、一時的に倉庫として使用し、その後販売

〔第3種〕
・ 購入した中古住宅をリフォーム（塗装、修理等）して販売

〔第4種〕
・ 不動産販売業者が販売目的で取得したマンションであるが、倉庫として使用するという具体的な使用計画に基づいて相当期間所有した後、消費者に販売
・ 自己が使用していた固定資産の売却

〔第1種又は第2種〕
・ リース取引で税務上売買として取り扱われるもの

具 体 的 な 事 例

〔第3種〕
・ 陶芸家がその窯元において、陶磁器等を大量生産して観光客に販売（芸術的価値の高い芸術作品とは認められない）

〔第5種〕
・ 地質調査
・ 美術家、彫刻家、陶芸家等による美術的、芸術的価値の高い、いわゆる芸術作品の販売

— 685 —

〔参考2〕日本標準産業分類からみた事業区分の判定

中 分 類	小 分 類	事 業 の 区 分
広告業〔73〕	広告業〔731〕	第5種事業 （第1種事業、第2種事業又は第3種事業に該当するものを除く）
技術サービス業（他に分類されないもの）〔74〕	獣医業〔741〕 土木建築サービス業〔742〕 機械設計業〔743〕 商品・非破壊検査業〔744〕 計量証明業〔745〕 写真業〔746〕 その他の技術サービス業〔749〕	

大分類　N　生活関連サービス業、娯楽業

中 分 類	小 分 類	事 業 の 区 分
洗濯・理容・美容・浴場業〔78〕	洗濯業〔781〕 理容業〔782〕 美容業〔783〕 一般公衆浴場業〔784〕 その他の公衆浴場業〔785〕 その他の洗濯・理容・美容・浴場業〔789〕	第5種事業 （第1種事業、第2種事業又は第3種事業に該当するものを除く）
その他の生活関連サービス業〔79〕	旅行業〔791〕 家事サービス業〔792〕 衣服裁縫修理業〔793〕 物品預り業〔794〕 火葬・墓地管理業〔795〕 冠婚葬祭業〔796〕 他に分類されない生活関連サービス業〔799〕	

— 686 —

具　体　的　な　事　例

〔第5種〕
・　新聞社における広告掲載収入（紙上広告）

〔第3種〕
・　カメラ店があらかじめ撮影しておいた写真を使用してポストカードを作成し、土産物店に販売
・　カメラ店が小学校等からの依頼に基づき、卒業アルバムの製作を行った場合
・　カメラ店がアルバム用の写真の撮影等（撮影・現像・レイアウト）のみを自己で行い、印刷・製本を他の事業者に行わせる場合

〔第5種〕
・　フィルムの現像・焼付・引き伸ばし
・　カメラ店が客の依頼により写真を撮影、現像し、紙製の額に入れて販売
・　カメラマンが遠足の写真撮影を依頼され、遠足に同行してスナップ写真を撮り、希望者に販売

具　体　的　な　事　例

〔第2種〕
・　浴場業におけるシャンプー等の販売及び自動販売機によるジュース等の販売

〔第5種〕
・　理容業及び美容業の理容サービス（化粧品の販売は第2種）
・　浴場業における整体、マッサージ、ネイルケア等

〔第2種〕
・　火葬業等における骨壷等の販売

〔第3種〕
・　葬儀業者又は花輪店が他の者から仕入れた造花及び脚を用いて花輪を製作して販売

〔第4種〕
・　縫製業者が生地の無償支給を受けて、自己で調達した糸、ボタン等（加工資材）を用いて縫製を行い納品

〔第5種〕
・　葬儀用花輪の賃貸
・　ブティック等からの依頼により行う衣類のサイズ直し等の修理
・　火葬業等における待合室の使用料
・　遺骨を墳墓・納骨堂に納める料金
・　運転代行サービス

— 687 —

〔参考2〕日本標準産業分類からみた事業区分の判定

中 分 類	小 分 類	事 業 の 区 分
娯楽業〔80〕	映画館〔801〕 興行場、興行団〔802〕 競輪・競馬等の競争場、競技団〔803〕 スポーツ施設提供業〔804〕 公園、遊園地〔805〕 遊戯場〔806〕 その他の娯楽業〔809〕	第5種事業 （第1種事業、第2種事業又は第3種事業に該当するものを除く）

大分類　O　教育、学習支援業

中 分 類	小 分 類	事 業 の 区 分
学校教育〔81〕	幼稚園〔811〕 小学校〔812〕 中学校〔813〕 高等学校、中等教育学校〔814〕 特別支援学校〔815〕 高等教育機関〔816〕 専修学校、各種学校〔817〕 学校教育支援機関〔818〕 幼保連携型認定こども園〔819〕	第5種事業 （第1種事業、第2種事業又は第3種事業に該当するものを除く）
その他の教育、学習支援業〔82〕	社会教育〔821〕 職業・教育支援施設〔822〕 学習塾〔823〕 教養・技能教授業〔824〕 他に分類されない教育、学習支援業〔829〕	

大分類　P　医療、福祉

中 分 類	小 分 類	事 業 の 区 分
医療業〔83〕	病院〔831〕 一般診療所〔832〕 歯科診療所〔833〕 助産・看護業〔834〕 療術業〔835〕 医療に附帯するサービス業〔836〕	第5種事業 （第1種事業、第2種事業又は第3種事業に該当するものを除く）
保健衛生〔84〕	保健所〔841〕 健康相談施設〔842〕 その他の保健衛生〔849〕	

具 体 的 な 事 例
〔第5種〕 ・ その他の娯楽(芸妓、ヨットハーバー、釣船、ヘルスセンター等) ・ プロスポーツ選手 ・ 俳優 ・ 釣堀業(①定額制、②釣り竿の貸付け) ・ フリードリンク制のマンガ喫茶(1ドリンク制のマンガ喫茶は喫茶店として**第4種**)

具 体 的 な 事 例
〔第2種〕 ・ 売店における文具の販売
〔第5種〕 ・ 通信教育(教材を送付するほか、受講生が提出した課題を添削し、学習に関する質問に対して回答するもの)

具 体 的 な 事 例
〔第5種〕 ・ 歯科材料の販売業者が歯科医師から義歯等の製作依頼(指示書に基づく)を受け、歯科技工所に製作させ、完成品を歯科医師に納入した場合 ・ 歯科医師が、①他の歯科技工所から仕入れた義歯をそのまま取り付け、治療代金と義歯代金を区分して請求した場合の全体の代金、②材料を購入し、従業員の技工士に義歯を製作させ、治療代金と義歯代金を区分して請求した場合の全体の代金
〔第5種〕 ・ 死んだ獣畜(牛、馬、豚、めん羊等)を解体し、埋却又は焼却する事業

〔参考2〕日本標準産業分類からみた事業区分の判定

中　分　類	小　　　分　　　類	事　業　の　区　分
社会保険・社会福祉・介護事業〔85〕	社会保険事業団体〔851〕 福祉事務所〔852〕 児童福祉事業〔853〕 老人福祉・介護事業〔854〕 障害者福祉事業〔855〕 その他の社会保険・社会福祉・介護事業〔859〕	第5種事業 　（第1種事業、第2種事業又は第3種事業に該当するものを除く）

大分類　Q　複合サービス事業

中　分　類	小　　　分　　　類	事　業　の　区　分
郵便局〔86〕	郵便局〔861〕 郵便局受託業〔862〕	第5種事業 　（第1種事業、第2種事業又は第3種事業に該当するものを除く）
協同組合（他に分類されないもの）〔87〕	農林水産業協同組合（他に分類されないもの）〔871〕 事業協同組合（他に分類されないもの）〔872〕	

大分類　R　サービス業（他に分類されないもの）

中　分　類	小　　　分　　　類	事　業　の　区　分
廃棄物処理業〔88〕	一般廃棄物処理業〔881〕 産業廃棄物処理業〔882〕 その他の廃棄物処理業〔889〕	
自動車整備業〔89〕	自動車整備業〔891〕	第5種事業 　（第1種事業、第2種事業又は第3種事業に該当するものを除く）
機械等修理業〔90〕	機械修理業（電気機械器具を除く）〔901〕 電気機械器具修理業〔902〕 表具業〔903〕 その他の修理業〔909〕	

具 体 的 な 事 例

具 体 的 な 事 例
〔第1種又は第2種〕 ・ 協同組合等において生産者から農産物を購入して販売 〔第3種〕 ・ 漁業組合が漁業者からカニを買い取り、ゆでて甲羅と身を分け、缶詰業者に販売

具 体 的 な 事 例
〔第1種又は第2種〕 ・ 自動車整備工場が中古車を下取りし、点検、清掃及びワックスがけ程度を行って販売 ・ タイヤやオイル交換等の場合で、工賃が無償と認められるときのタイヤ代やオイル代等（工賃を区分している場合の工賃部分は第5種） 〔第3種〕 ・ 自動車整備工場が中古車を下取りし、板金、塗装、部品の取替え等を施して販売 〔第5種〕 ・ 自動車再塗装業、自動車溶接業（自動車修理のためのもの）、自動車洗車業 ・ 損害保険等の代理店手数料 ・ 自動車整備業、その他の修理業において修理契約に基づく場合（部品の販売を区分した場合における、その部品代金を含む） ・ 代車料
〔第3種〕 ・ 表具業者が、軸装、額装により新たに掛軸等を製作する場合 〔第4種〕 ・ 主要原材料である作品及び額の支給を受けて額装を行う事業

[参考２] 日本標準産業分類からみた事業区分の判定

中　分　類	小　　　分　　　類	事　業　の　区　分
職業紹介・労働者派遣業〔91〕	職業紹介業〔911〕 労働者派遣業〔912〕	第５種事業 （第１種事業、第２種事業又は第３種事業に該当するものを除く）
その他の事業サービス業〔92〕	速記・ワープロ入力・複写業〔921〕 建物サービス業〔922〕 警備業〔923〕 他に分類されない事業サービス業〔929〕	
政治・経済・文化団体〔93〕	経済団体〔931〕 労働団体〔932〕 学術・文化団体〔933〕 政治団体〔934〕 他に分類されない非営利的団体〔939〕	
宗教〔94〕	神道系宗教〔941〕 仏教系宗教〔942〕 キリスト教系宗教〔943〕 その他の宗教〔949〕	
その他のサービス業〔95〕	集会場〔951〕 と畜場〔952〕 他に分類されないサービス業〔959〕	
外国公務〔96〕	外国公館〔961〕 その他の外国公務〔969〕	

大分類　S　公務（他に分類されるものを除く）

中　分　類	小　　　分　　　類	事　業　の　区　分
国家公務〔97〕	立法機関〔971〕 司法機関〔972〕 行政機関〔973〕	第４種事業 （第１種から第３種事業、第５種事業及び第６種事業以外の事業）
地方公務〔98〕	都道府県機関〔981〕 市町村機関〔982〕	

(注)　専ら国又は地方公共団体が直接社会公共のために自ら経営する非権力的な事業を行う官公署は、一般の産業と同様にその行う業務により、それぞれの産業に分類されます。

具 体 的 な 事 例

〔第5種〕
・ 温泉供給業

〔第1種又は第2種〕
・ 宗教法人が、他者から物品を仕入れて、物品を販売する場合（収益事業に該当）

具 体 的 な 事 例

〔参考2〕日本標準産業分類からみた事業区分の判定

大分類　T　分類不能の産業

中　分　類	小　　分　　類	事 業 の 区 分
分類不能の産業〔99〕	分類不能の産業〔999〕	課税資産の譲渡等ごとに検討

(注)　調査票の記入が不備であって、いずれに分類すべきか不明の場合又は記入不詳で分類しえないものの場合には、その行う業務により、それぞれの産業に分類されます。

具　体　的　な　事　例

〔参考3〕

新型コロナウイルス感染症及びそのまん延防止措置のための措置に係る消費税の特例

　新型コロナウイルス感染症等の影響に対応するための国税関係法律の臨時特例に関する法律（以下「新型コロナ税特法」といいます。）が施行され、新型コロナウイルス感染症及びそのまん延防止のための措置の影響（以下「新型コロナウイルス感染症等の影響」といいます。）を受けている事業者の方で一定の要件を満たす方について、次のような消費税の特例が設けられました。

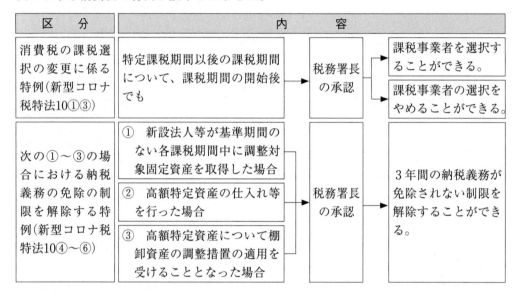

1　特例の対象となる事業者等

(1)　特例対象事業者

　特例の対象となる事業者（特例対象事業者）は、新型コロナウイルス感染症等の影響により、令和2年2月1日から令和3年1月31日までの間のうち任意の連続した1か月以上の期間（以下「調査期間」といいます。）の事業としての収入金額が、前年の同時期と比べて、おおむね50％以上減少している事業者の方です。

　(注)1　事業開始1年未満であることにより、前年同時期との比較ができない場合は、令和2年1月以前で調査期間の収入金額と比較する期間として適当と認められる期間を比較対象とすることができます。

　　　2　年間収入しか集計していないなど、調査期間に対応する期間の収入金額が不明な場合は、調査期間の直前1年間の収入金額を12で除しこれを割り当てる方法（平均収入）、その他適当な方法により算定した金額を比較対象とすることができます。

3　特例の対象となるかどうかを判定する際の「収入金額」の計算に当たっては、事業者の事業上の売上その他の経常的な収入の額を含めますが、各種給付金など臨時的な収入は含めません。

また、新型コロナウイルス感染症等の影響により、事業者が収入すべき対価の額を減免又は猶予した場合のその減免額又は猶予額についても「収入金額」に含めません。例えば、不動産賃貸人が政府の要請に基づき賃借人が支払うべき賃料の支払を猶予していると認められる場合、「収入金額」の計算に当たっては、調査期間における賃料収入に計上される額からその猶予額を控除します。

(2)　新型コロナウイルス感染症等の影響による事業としての収入の減少

事業としての収入の著しい減少が新型コロナウイルス感染症等の影響に因果関係を有することをいい、例えば、次のような状況となったため収入が減少した場合をいいます（新型コロナ税特法通達1）。

新型コロナウイルス感染症等の影響による事業としての収入の減少例	①　事業者本人やその親族、会社の従業員が新型コロナウイルス感染症に感染した（又は感染の疑いがあった）ため事業を休業した。
	②　国や都道府県等の要請により、イベントや営業を自粛した。
	③　国や都道府県等の外出自粛要請により従業員を自宅待機させる等の対応をとったことから、営業規模や営業時間を縮小した。
	④　国や都道府県等の外出自粛要請により来客が減少した。
	⑤　入国制限措置により来客が減少した。
	⑥　国や都道府県等の要請により、賃料の支払を猶予した。

2　新型コロナ税特法に基づく特例

【特例1】消費税の課税選択の変更に係る特例

(1)　特例の概要

特例の対象となる事業者は、納税地の所轄税務署長の承認を受けることで、特定課税期間（注2）以後の課税期間について、課税期間の開始後であっても、課税事業者を選択する（又は選択をやめる）ことができます（新型コロナ税特法10①③）。

この特例の適用により課税事業者を選択する（又は選択をやめる）場合、2年間の継続適用要件（法9⑥）は適用されません（特例により課税事業者を選択した課税期間の翌課税期間において、課税事業者の選択をやめることも可能です。）。

また、課税事業者となった日から2年を経過する日までの間に開始した各課税期間中に調整対象固定資産（416ページ参照）を取得した場合の「消費税課税事業者選択不適用届出書」の提出制限（法9⑦）も適用されません（新型コロナ税特法10②）。

㊟1　課税事業者の選択（又は選択不適用）については、23ページ「2　課税事業者と

— 697 —

なることの選択等」を参照してください。

2 特定課税期間とは、新型コロナウイルス感染症等の影響により事業としての収入の著しい減少があった期間内の日を含む課税期間をいいます。

(2) 承認申請手続

特例の承認を受けようとする場合、「新型コロナ税特法第10条第1項（第3項）の規定に基づく課税事業者選択（不適用）届出に係る特例承認申請書」にイの「新型コロナウイルス感染症等の影響により事業としての収入の著しい減少があったことを確認できる書類」を添付して、ロの申請期限までに納税地の所轄税務署長に提出する必要があります。

なお、承認申請書と併せて「消費税課税事業者選択（不適用）届出書」も提出する必要があります。

イ 確認書類

特例承認申請書に添付する「新型コロナウイルス感染症等の影響により事業としての収入の著しい減少があったことを確認できる書類」（確認書類）とは、例えば、次のような書類をいいます。

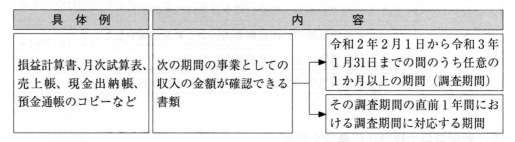

ロ 申請期限

特例の承認を受けようとする場合の申請期限は、次のとおりです。

区　　分	申請期限	
課税事業者を選択する場合 （新型コロナ税特法10⑦一）	特定課税期間の末日の翌日から2月を経過する日（注1）	
	その特定課税期間が個人事業者の12月31日の属する課税期間である場合	特定課税期間の末日の翌日から3月を経過する日（注1）
課税事業者の選択をやめる場合　① 特定課税期間から課税事業者の選択をやめる場合（新型コロナ税特法10⑦ニイ）	特定課税期間に係る確定申告書の提出期限（注2）	
② 特定課税期間の末日が、課税事業者選択届出書の提出により課税事業者となった課税期間の初日以後2年を経過する日（2年経過日）以後に到来する場合で、その特定課税期間の翌課税期間以後の課税期間から課税事業者の選択をやめる場合（新型コロナ税特法10⑦ニイ）		
③ ①、②以外の場合（新型コロナ税特法10⑦ニロ）	次のいずれか早い日	2年経過日の属する課税期間の末日
		課税事業者の選択をやめようとする課税期間の末日

(注)1　国税通則法第11条の規定の適用により、この承認申請の期限を延長することができます。

　　2　国税通則法第11条の規定の適用によりその確定申告書の提出期限の延長を受けている場合には、その延長された期限となります。

(3)　具体的な適用例

イ　課税事業者を選択する場合

　3月末決算法人が、新型コロナウイルス感染症等の影響により、令和2年3月1日から1か月間、事業としての収入が著しく減少したことから、急きょ、業態変更に伴う設備投資を行ったため、令和2年3月期について、課税事業者を選択し、一般課税により申告を行う場合

— 699 —

〔参考3〕新型コロナウイルス感染症及びそのまん延防止措置のための措置に係る消費税の特例

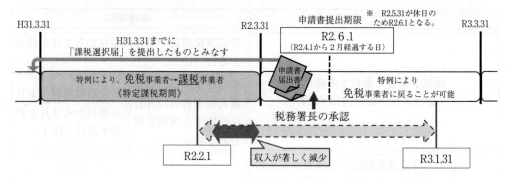

　この事例の場合、「特定課税期間」は、平成31年4月1日から令和2年3月31日までの課税期間（令和2年3月期）となります。

　特定課税期間（令和2年3月期）から課税事業者を選択する場合、特定課税期間の末日の翌日から2月を経過する日（事例の場合、令和2年5月31日が休日であるため、令和2年6月1日）まで（699ページ(2)ロ（注1）参照）に、特例承認申請書と併せて「消費税課税事業者選択届出書」を提出する必要があります。

　なお、この事例の場合、令和3年3月31日までに特例承認申請書と併せて「消費税課税事業者選択不適用届出書」を提出し承認を受ければ、令和3年3月期から課税事業者の選択をやめることができます。

ロ　課税事業者の選択をやめる場合

　9月末決算法人が、当初、課税事業者を選択していたが、新型コロナウイルス感染症等の影響により、令和2年3月1日から1か月間、事業としての収入が著しく減少し、予定していた設備投資を行うことができなくなったため、令和2年9月期から課税事業者の選択をやめる場合

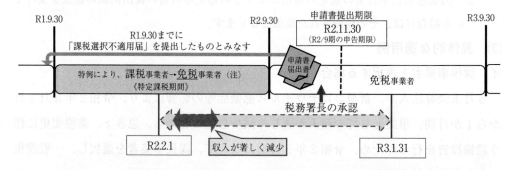

　この事例の場合、「特定課税期間」は、令和元年10月1日から令和2年9月30日までの課税期間（令和2年9月期）となります。

　特定課税期間（令和2年9月期）から課税事業者の選択をやめる場合、特定課税期間の確定申告書の提出期限（令和2年11月30日）まで（699ページ(2)ロ（注1）参照）に、特例承認申請書と併せて「消費税課税事業者選択不適用届出書」を提出する必要

があります。

　なお、この事例の場合、令和2年11月30日までに特例承認申請書（併せて「消費税課税事業者選択届出書」）を提出して承認を受ければ、令和3年9月期に課税事業者を選択することができます。

【特例2】次の①から③の場合における納税義務の免除の制限を解除する特例
①　新設法人等が基準期間のない各課税期間中に調整対象固定資産を取得した場合

イ　特例の概要

　新設法人又は特定新規設立法人（49、53ページ参照）が、基準期間のない各課税期間中に調整対象固定資産を取得し、その取得した課税期間について一般課税で申告を行う場合、その取得した課税期間の初日以後3年間は納税義務が免除されませんが（法12の2②又は12の3③）、新設法人又は特定新規設立法人に該当する特例対象事業者は、納税地の所轄税務署長の承認を受けることで、特定課税期間以後の課税期間について、この3年間の納税義務が免除されない制限を解除することができます（新型コロナ税特法10④～⑥）。

ロ　承認申請手続

　特例の承認を受けようとする場合、「新型コロナ税特法第10条第4項から第6項の規定に基づく納税義務の免除の特例不適用承認申請書」に「確認書類」（698ページ(2)イ参照）を添付して、次の期限までに納税地の所轄税務署長に提出する必要があります。

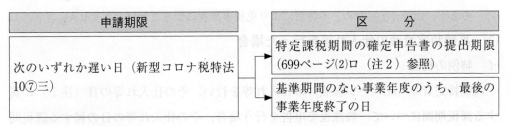

ハ　具体的な適用例

　3月末決算の新設法人（平成29年4月1日設立）が、基準期間がない課税期間中に調整対象固定資産を取得していたが、新型コロナウイルス感染症等の影響により、令和2年3月1日から1か月間、事業としての収入が著しく減少したことから、令和2年3月期以後における納税義務の免除の制限を解除する場合

〔参考３〕新型コロナウイルス感染症及びそのまん延防止措置のための措置に係る消費税の特例

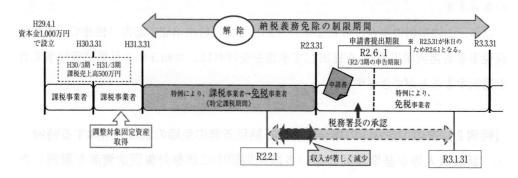

　この事例の場合、「特定課税期間」は、平成31年４月１日から令和２年３月31日までの課税期間（令和２年３月期）となります。

　特例の適用を受ける場合の申請期限は、「特定課税期間に係る確定申告書の提出期限」（事例の場合、令和２年５月31日が休日であるため、令和２年６月１日）（699ページ(2)ロ（注１）参照）と「基準期間のない事業年度のうち、最後の事業年度終了の日」（平成31年３月31日）とのいずれか遅い日となります。

　したがって、令和２年６月１日までに、特例承認申請書に確認書類（699ページ(2)イ参照）を添付して、納税地の所轄税務署長に提出し承認を受ければ、特定課税期間以後の課税期間である令和２年３月期以後における納税義務の免除の制限が解除されます。

　㊟　新設法人の基準期間ができた課税期間（令和２年３月期）以後の課税期間における納税義務の有無の判定は、基準期間における課税売上高等により行うこととなります（新型コロナ税特法通達３）。

　　なお、基準期間がない課税期間（平成31年３期まで）は、課税事業者となる（法12の２①、12の３①）ため、本特例により免税事業者になることはできません。

(2) 高額特定資産の仕入れ等を行った場合

イ　特例の概要

　高額特定資産（60ページ参照）の仕入れ等を行い、その仕入れ等の日（注１）の属する課税期間について一般課税で申告を行う場合、その仕入れ等の日の属する課税期間の初日以後３年間（注２）は納税義務が免除されません（法12の４①）。

　しかし、特定課税期間の初日以後２年を経過する日の属する課税期間までの課税期間において高額特定資産の仕入れ等を行った特例対象事業者は、納税地の所轄税務署長の承認を受けることで、特定課税期間以後の課税期間について、この３年間の納税義務が免除されない制限を解除（注３）することができます。

　㊟１　自己建設高額特定資産（61ページ参照）を取得した場合の高額特定資産の仕入れ等の日は、自己建設高額特定資産の建設等に要した仕入れ等の支払対価の額（建設

費用）の累計額が1,000万円以上となった日となります。
2　自己建設高額特定資産にあっては、（注１）の建設費用の累計額が1,000万円以上となった日の属する課税期間の翌課税期間からその建設等が完了した日の属する課税期間の初日以後３年経過する日の属する課税期間までの課税期間。
3　納税義務が免除される事業者は、その課税期間の基準期間における課税売上高が1,000万円以下の事業者です。
　合併、分割があった場合や、特定期間における課税売上高が1,000万円を超える場合等には、納税義務が免除されない場合があります。

ロ　承認申請手続

　特例の承認を受けようとする場合、「新型コロナ税特法第10条第４項から第６項の規定に基づく納税義務の免除の特例不適用承認申請書」に「確認書類」（698ページ２(2)イ参照）を添付して、次の期限までに納税地の所轄税務署長に提出する必要があります。

申請期限	区　　分
次のいずれか遅い日（新型コロナ税特法10⑦四）	特定課税期間の確定申告書の提出期限（699ページ(2)ロ（注２）参照）
	高額特定資産の仕入れ等の日の属する課税期間の末日

ハ　具体的な適用例

　高額特定資産を取得していた３月末決算法人が、新型コロナウイルス感染症等の影響により、令和２年３月１日から１か月間、事業としての収入が著しく減少したことから、令和２年３月期以後における納税義務の免除の制限を解除する場合

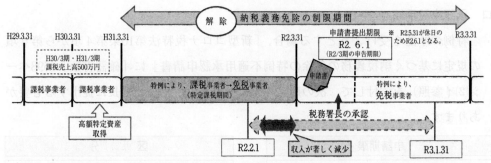

　この事例の場合、「特定課税期間」は、平成31年４月１日から令和２年３月31日までの課税期間（令和２年３月期）となります。
　特例の適用を受ける場合の申請期限は、「特定課税期間に係る確定申告書の提出期限」（事例の場合、令和２年５月31日が休日であるため、令和２年６月１日）（699ペ

— 703 —

〔参考3〕新型コロナウイルス感染症及びそのまん延防止措置のための措置に係る消費税の特例

ージ⑵ロ（注１）参照）と「高額特定資産の仕入れ等の日の属する課税期間の末日」
（平成31年３月31日）とのいずれか遅い日となります。

　したがって、令和２年６月１日までに、特例承認申請書に確認書類（698ページ２
⑵イ参照）を添付して、納税地の所轄税務署長に提出し承認を受ければ、特定課税期
間以後の課税期間である令和２年３月期以後における納税義務の免除の制限が解除さ
れます。

⑶　高額特定資産等について棚卸資産の調整措置の適用を受けることとなった場合

イ　特例の概要

　高額特定資産である棚卸資産等について棚卸資産の調整措置（62ページ参照）の適
用を受けた場合、その適用を受けた課税期間の初日以後３年間（注１）は納税義務が
免除されません（法12の４②、（注２））。

　しかし、特定課税期間の初日以後２年を経過する日の属する課税期間までに高額特
定資産等について棚卸資産の調整措置の適用を受けることとなった特例対象事業者は、
納税地の所轄税務署長の承認を受けることで、特定課税期間以後の課税期間について、
この３年間の納税義務が免除されない制限を解除（703ページ⑵イ（注３）参照））す
ることができます。

　　㊟１　棚卸資産の調整措置を受けることとなった日の前日までに建設等が完了していな
　　　　い調整対象自己建設高額資産（63ページ参照）にあっては、その建設等が完了した
　　　　日の属する課税期間の初日以後３年を経過する日の属する課税期間までの課税期間。
　　　２　令和２年４月１日以後に棚卸資産の調整措置の適用を受けることとなった場合に
　　　　適用されます。

ロ　承認申請手続

　特例の承認を受けようとする場合、「新型コロナ税特法第10条第４項から第６項
の規定に基づく納税義務の免除の特例不適用承認申請書」に「確認書類」（698ペー
ジ⑵イ参照）を添付して、次の期限までに納税地の所轄税務署長に提出する必要が
あります。

申請期限	区　　分
次のいずれか遅い日（新型コロナ税特法10⑦五）	特定課税期間の確定申告書の提出期限（699ページ⑵ロ（注２）参照）
	棚卸資産の調整規定の適用を受けることとなった日の属する課税期間の末日

— 704 —

ハ　具体的な適用例

　新型コロナウイルス感染症等の影響により、令和2年3月1日から1か月間、事業としての収入が著しく減少した3月末決算法人が、令和3年3月期に高額特定資産等について棚卸資産の調整措置の適用を受けることとなった場合

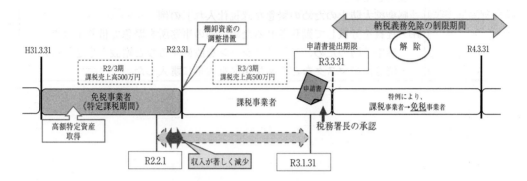

　この事例の場合、「特定課税期間」は、平成31年4月1日から令和2年3月31日までの課税期間（令和2年3月期）となります。

　適用を受ける場合の申請期限は、「特定課税期間に係る確定申告書の提出期限」（事例の場合、令和2年3月期は免税事業者であるため、なし。）と「棚卸資産の調整規定の適用を受けることとなった日の属する課税期間の末日」（令和3年3月31日）とのいずれか遅い日となります。

　したがって、令和3年3月31日までに、特例承認申請書に確認書類を添付して、納税地の所轄税務署長に提出し承認を受ければ、令和4年3月期以後における納税義務の免除の制限が解除されます。

3　消費税法に基づく簡易課税制度の適用の特例

　簡易課税制度の適用変更については、「災害その他やむを得ない理由が生じたことにより被害を受けた場合」の特例（法37の2）が設けられています（440ページ参照）。

　例えば、今般の新型コロナウイルス感染症等の影響による被害を受けたことで、次のような事情がある事業者は、納税地の所轄税務署長の承認を受けることにより、課税期間の開始後であっても、簡易課税制度を選択する（又は選択をやめる）ことができます。

〔参考３〕新型コロナウイルス感染症及びそのまん延防止措置のための措置に係る消費税の特例

適用変更区分	事　　情
一般→簡易	○　通常の業務維持が難しく、事務処理能力が低下したため簡易課税へ変更したい。
簡易→一般	○　感染拡大防止のために緊急な課税仕入れ㈰が生じたため、一般課税へ変更したい。 「感染拡大防止のための緊急な課税仕入れ」の例 ㈰・社員を分散して勤務させるため、別の事務所を緊急で借り上げた。 　・感染予防のため、パーティションを設置するなど増設工事を行った。 　・消毒液やマスクなどの衛生用品を大量に購入した。

〔索　　引〕

〔あ〕

アメリカ合衆国軍隊の公認調達機関 ………	221
新たに事業を開始した個人事業者 ………	334
新たに設立した法人 ………………………	334

〔い〕

e-Tax による申告の特例 …………………	509
イートインスペース ……………………	295
EMS 郵便物 ………………………………	187
育成者権 …………………………………	86, 177
意匠権 ……………………………………	86, 177
異常分娩 …………………………………	145
委託販売等に係る手数料 ………………	256, 303
委託販売による資産の譲渡の時期 ……	225
一の取引の単位 …………………………	416
一部事務組合の特例 ……………………	514
一括売上げ割戻し ………………………	477
一括譲渡 …………………………………	256
一括比例配分方式 ………………………	350
一体資産 …………………………………	299
一定期間支払を受けない仕入割戻し …	414
一般会計 …………………………………	512, 517
一般会計とみなされる特別会計 ………	513
一般型輸出物品販売場 …………………	188
一般物品 …………………………………	185
医療の給付等 ……………………………	122
印紙売渡し場所 …………………………	116
印紙税等 …………………………………	257
印紙の譲渡 ………………………………	116
飲食サービス業 …………………………	463
飲食設備 …………………………………	293
飲食料品 …………………………………	287
印紙を融通する行為 ……………………	98

〔う〕

請負による資産の譲渡等の時期 ………	226
売上税額の計算の特例 …………………	312
売上げに係る対価の返還等の意義 ……	475
売上値引き ………………………………	475
売上割引 …………………………………	476
売上割戻し ………………………………	475
売現先 ……………………………………	353
運送業者が荷送人に代わって付保する場合	
の保険料 ………………………………	260
運送に係る資産の譲渡等の時期 ………	229
運賃の共同計算 …………………………	229
運賃の交互計算 …………………………	229

〔え〕

英会話教室 ………………………………	149
営業権 ……………………………………	86, 177
営業の譲渡 ………………………………	259
永小作権 …………………………………	107
曳船料（えいせんりょう） ……………	167
役務の提供 ………………………………	100, 113
ＦＯＢ価額 ………………………………	353, 356
遠洋漁業船等 ……………………………	215

〔お〕

オーバーホール …………………………	165
卸売業 ……………………………	442, 452, 455
温泉利用権 ………………………………	107

〔か〕

海外出張の旅費等 ………………………	329
海外におけるボーリング工事等 ………	89
海外の工事 ………………………………	89
海外パック旅行 …………………………	162

— 707 —

索　引

『海外旅行者が出国に際して携帯する物品
　の購入者誓約書』 ················· 222
海外旅行者の携帯免税 ················· 221
外貨建取引 ··························· 258
海軍販売所等に対する物品の譲渡 ······· 220
買現先 ······························· 354
介護医療院 ····················· 128, 141
外交員等の報酬 ······················· 329
外航船等に積み込む物品の譲渡等 ······· 215
外航船等への積込物品 ············ 156, 215
外航船舶等 ··························· 165
外航船舶等の修理 ····················· 165
外航船舶の持分の譲渡 ················· 165
外国貨物 ··············· 17, 159, 583, 585
外国貨物に係る納税地 ·················· 69
外国貨物の荷役、運送、保管、検数又は鑑定
　その他これらに類する外国貨物に係る役
　務の提供 ··························· 167
外国為替業務 ························· 122
外国公館等に対する課税資産の譲渡等 ····· 215
外国公館等に対する消費税免除指定店舗
　申請書 ····························· 216
外国籍の船舶 ························· 156
外国投資信託の受益証券 ··············· 109
外国法人の日本支店等 ············ 90, 179
介護サービスの委託 ··················· 132
介護福祉施設サービス ················· 128
介護扶助 ····························· 131
介護保険サービス ····················· 127
介護保険サービスに類するもの ········· 128
介護保健施設サービス ················· 128
介護予防居宅療養管理指導 ············· 130
介護予防サービス費 ··················· 130
介護予防支援 ························· 130
介護予防小規模多機能型居宅介護 ······· 130
介護予防短期入所生活介護 ············· 130
介護予防短期入所療養介護 ············· 130
介護予防通所リハビリテーション ······· 130
介護予防特定施設入居者生活介護 ······· 130

介護予防認知症対応型共同生活介護 ······· 130
介護予防認知症対応型通所介護 ········· 130
介護予防訪問看護 ····················· 130
介護予防訪問入浴介護 ················· 130
介護予防訪問リハビリテーション ······· 130
介護老人保健施設 ····················· 128
会社員が行う建物の貸付け ·············· 91
外食 ································· 293
会費、組合費等 ················· 100, 323
会報、機関紙（誌）の発行 ··············· 95
外貿埠頭貸付料 ······················· 167
解約損害金 ··························· 102
解約手数料、払戻手数料等 ············· 100
回路配置利用権 ················· 86, 177
学習塾 ······························· 149
各種学校における教育 ················· 147
確定申告 ····························· 487
掛金差益（無尽契約の掛金差益） ········· 112
加工賃その他これに類する料金を対価と
　する役務の提供 ····················· 452
家事消費等 ················· 94, 259, 444
貸倒回収額がある場合 ················· 472
貸倒れに係る消費税額の控除 ··········· 483
貸倒れの範囲 ························· 484
貸倒引当金 ··························· 484
貸付金その他の金銭債権の譲受けその他の
　承継 ································· 90
貸付金利子等を対価とする資産の譲渡等
　の時期 ····························· 231
貸付信託の受益証券 ··················· 109
家事用資産 ···························· 91
課税売上高 ···························· 19
課税売上割合 ························· 352
課税売上割合が著しく変動した場合 ······· 415
課税売上割合に準ずる割合 ············· 356
『課税売上割合に準ずる割合の適用承認申
　請書』 ····························· 362
『課税売上割合に準ずる割合の不適用届出
　書』 ······························· 362

課税売上割合の端数処理 ……………………… 356

課税貨物 …………………………… 15, 583, 591

課税貨物の引取り ……………………………… 330

課税期間 ……………………………………… 70

課税期間開始の日 ……………………………… 76

『課税期間特例選択不適用届出書』……… 73, 80

『課税期間特例選択・変更届出書』……… 70, 72, 77

課税期間の特例 ………………… 70, 77, 535, 538

課税業務用調整対象固定資産 ………………… 422

課税仕入れ …………………………………… 322

課税仕入れ等に係る消費税額 ………… 336, 346

課税仕入れ等に係る特定収入 ………………… 523

課税仕入れ等に係る特定収入以外の特定

　　収入 ………………………………………… 523

課税仕入れに係る支払対価の額 …………… 336

課税仕入れに係る帳簿等の保存 …………… 362

課税仕入れの相手方の確認を受けたもの

　　………………………………………… 371, 375

課税仕入れの時期 ……………………………… 335

課税仕入れの範囲 ……………………………… 323

課税事業者 ……………………………… 16, 18

『課税事業者選択届出書』……………………… 23

課税事業者選択届出書等の提出に係る特例

　　規定 …………………………………………… 27

課税事業者選択の不適用 ……………………… 25

『課税事業者選択不適用届出書』………………… 26

『課税事業者届出書』…………………………… 16

課税事業者となることの選択 ………………… 23

課税事業者となる場合の棚卸資産の調整 …… 424

課税資産と非課税資産とを同一の者から同時

　　に譲り受けた場合 ………………………… 326

課税資産と非課税資産を同一の者に同時に

　　譲渡した場合 ……………………………… 256

課税資産の譲渡等 …………………… 15, 83, 347

課税資産の譲渡等以外の資産の譲渡等にの

　　み要する課税仕入れ ……………………… 348

課税資産の譲渡等が無効又は取消しとなった

　　場合 ………………………………………… 479

課税資産の譲渡等とその他の資産の譲渡等

　　に共通して要する課税仕入れ ………………… 349

課税資産の譲渡等にのみ要する課税仕入れ …… 348

課税資産の譲渡等の所定の記載事項 ………… 369

課税資産の譲渡等の対価の額 ………………… 253

課税の対象 ……………………………………… 83

課税・非課税共通用調整対象固定資産 ………… 422

課税標準 ……………………………………… 253

課税標準額 …………………………………… 263

河川占用料 …………………………………… 108

火葬（料）…………………………………… 146

火葬料（埋葬料・火葬料）…………………… 146

学校における教育 …………………………… 147

合衆国軍隊等に対する資産の譲渡等 ………… 220

合衆国軍隊の調達機関を通じて輸出される

　　物品 ………………………………………… 221

割賦購入資産 ………………………………… 335

割賦手数料 …………………………………… 113

割賦販売 ……………………………………… 114

割賦販売等に係る手数料等 ………………… 326

合併があった場合の特例 ……………………… 37

合併があった日 ……………………………… 41

合併特例区の特例 …………………………… 516

合併法人の中間申告 ………………………… 500

株券 …………………………………………… 109

寡婦日常生活支援事業 ……………………… 140

貨物割 ………………………………………… 597

借上自動車 …………………………………… 329

借入金等の取扱い …………………………… 524

仮受金に係る資産の譲渡等の時期（前受金及

　　び仮受金に係る資産の譲渡等の時期）……… 234

仮受消費税等 ………………………………… 603

仮決算に基づく中間申告 …………………… 494

仮払消費税等 ………………………………… 603

カルチャースクール ………………………… 149

為替換算差損益 ……………………………… 258

為替差損益 ………………………………… 258, 327

為替手形 ……………………………………… 111

簡易課税制度 ………………………………… 428

— 709 —

索　引

『簡易課税制度選択届出書』················· 51, 428, 431

簡易課税制度選択届出書等の提出に係る

　特例 ··· 439

簡易課税制度選択届出書の効力 ·············· 432

『簡易課税制度選択不適用届出書』··········· 432

簡易課税制度に係る特例 ······················· 338

関税課税価格（C.I.F 価格）···················· 591

還付申告 ··· 508

還付申告に関する明細書 ······················· 508

〔き〕

機械設備の販売に伴う据付工事による資産

　の譲渡等の時期の特例 ······················· 227

機関紙（誌）の発行（会報、機関紙（誌）

　の発行）··· 95

基金の取扱い ······································· 525

技術役務の提供に係る資産の譲渡等の時期···· 228

基準期間 ··· 19

基準期間が１年でない法人 ····················· 22

基準期間がない法人の納税義務の免除の特例·· 49

基準期間における課税売上高 ·················· 19

基準期間に相当する期間 ······················· 57

記帳義務 ·································· 535, 539, 541

記帳義務の項目 ···································· 535

切手等と引換給付する場合の譲渡等の時期···· 233

寄附金 ··· 98

期末一括税抜経理方式 ··························· 604

キャンセル料 ······································· 102

救護施設 ··· 139

吸収分割 ··· 47

吸収分割があった日 ····························· 47

給付補塡金 ·· 112

給与等を対価とする役務の提供 ·············· 328

給与負担金 ·· 101

共益費 ··· 151

教科用図書の譲渡 ································· 149

共済掛金 ··· 113

共済金 ··· 95

強制換価手続 ···························· 95, 234, 404

行政手数料 ·· 120

共通用の課税仕入れ ····························· 347

共同行事に係る負担金等 ··············· 101, 324

共同計算（運賃の共同計算）·················· 229

共同事業における資産の譲渡等の帰属 ······ 17

共同事業における資産の譲渡等の時期 ······· 235

共同相続の場合の納税義務 ···················· 37

機用品 ······································ 157, 215

共有に係る調整対象固定資産 ·················· 416

漁業 ··· 466

漁業権 ··· 86, 177

居住者 ··· 170

居住者・非居住者の区分 ······················· 171

居住の用 ··· 151

居住用賃貸建物 ···································· 321

居住用賃貸建物の取得等に係る仕入税額控除

　の調整 ··· 422

居所地 ··· 66

居宅介護サービス計画費 ······················· 130

居宅介護サービス費 ····························· 127

居宅療養管理指導 ································· 127

銀行券 ··· 111

金銭以外の資産の出資 ··················· 93, 254

金銭以外の物又は権利その他経済的な利益···· 253

金銭債権 ··· 110

金又は白金の地金の課税仕入れを行った場

　合の本人確認書類の保存 ···················· 406

金融業 ··· 443, 467

金融取引（金銭の貸付け等の金融取引）········ 112

〔く〕

国及び地方公共団体の申告期限の特例 ········ 534

国又は地方公共団体等の帳簿の記載事項 ······ 535

国等の行政手数料等 ····························· 120

国又は地方公共団体が行った資産の譲渡等

　の時期の特例 ···································· 517

国及び地方公共団体等の仕入税額の特別計

　算 ··· 517

— 710 —

国又は地方公共団体の会計の処理の方法に
　準ずるもの ……………………………… 536
区分記載請求書等保存方式 ……………… 363
組合費等（会費、組合費等） ……… 100, 323
倉荷証券 …………………………… 110, 225
繰延資産 …………………………………… 335
繰延消費税額等の取扱い ………………… 612
クレジット販売 …………………………… 113

〔け〕

経過措置 …………………………………… 265
軽減売上割合の特例 ……………………… 314
軽減税率制度 ……………………………… 286
軽減税率の適用対象となる場合の委託販売
　手数料 …………………………………… 303
経済的利益（金銭以外の物又は権利その他
　の経済的利益） ………………………… 253
芸能・スポーツ等 ………………………… 579
軽費老人ホーム …………………… 128, 139
軽油引取税 ………………………………… 258
けい留施設利用料 ………………………… 167
ケータリング・出張料理 ………… 297, 298
下宿代 ……………………………………… 151
決算書、決算関係書類 …………………… 526
減価償却資産 ……………………………… 335
現金過不足勘定 …………………………… 94
現金主義 …………………………… 249, 251
原状回復工事費 …………………………… 99
建設仮勘定 ………………………………… 335
建設業 ……………………………… 442, 464
建設工事等の引渡しの日の判定 ………… 226
現物出資 …………………………… 43, 326
券面金額 …………………………………… 254
権利金等（借家保証金、権利金等） …… 99
権利の設定 ………………………………… 99

〔こ〕

公営企業 …………………………………… 515
公益法人 …………………………………… 16

航海完了基準 ……………………………… 229
高額特定資産 ……………………… 60, 62
高額特定資産の取得に係る課税事業者である
　旨の届出書 ……………………………… 62
交換 ………………………………………… 259
公共施設等運営権 ………………… 86, 177
公共的施設の負担金等 …………… 100, 323
公共法人 …………………………………… 16
鉱業 ………………………………………… 466
鉱業権 ……………………………… 86, 177
工業所有権等 ……………………………… 230
工業所有権等の使用料を対価とする資産の
　譲渡等の時期 …………………………… 233
航空運送事業 ……………………………… 165
航空機 …………………………… 86, 163, 416
航行援助施設利用料 ……………………… 167
交互計算（運賃の交互計算） …………… 229
交際費等 …………………………………… 607
工事進行基準 ……………………………… 247
工事に係る特例 …………………………… 246
工事の請負等 ……………………………… 268
工事の請負に係る資産の譲渡等の時期
　の特例 …………………………… 246, 281
控除対象外消費税額等 …………… 611, 612
更生施設 …………………………………… 139
更生相談事業 ……………………………… 140
厚生年金基金契約 ………………………… 112
構築物 ……………………………………… 416
合同運用信託 ……………………………… 112
購入記録情報 ……………………… 189, 190
購入記録票 ………………………………… 208
購入者誓約書 ……………………………… 208
公売等 ……………………………………… 404
交付要綱等 ………………………… 523, 526
公有水面使用料 …………………………… 108
小売業 …………………………… 442, 452, 455
小売等軽減売上割合の特例 ……………… 338
小売等軽減仕入割合の特例 ……………… 313
小切手（及び旅行小切手） ……………… 111

— 711 —

索　引

国外事業者が行う芸能・スポーツ等に係る
　役務の提供 ･････････････････････････････ 579
国外取引 ････････････････････････････････････ 85
国外における看板等による広告 ･････････････ 89
国外における資産の譲渡等又は自己の
　使用のために輸出した資産の価額 ･･･････ 356
国際運輸 ･･･････････････････････････････ 89, 160
国債証券 ･･････････････････････････････････ 109
国際通信 ･･･････････････････････････････ 89, 160
国際郵便 ･･･････････････････････････････ 89, 160
国内及び国内以外の地域にわたって行われ
　る役務の提供 ･･･････････････････････････ 90
国内、国外の判定 ･･････････････････････････ 85
国内取引 ････････････････････････････････････ 85
国内において直接便益を享受するもの ･･････ 178
国立研究開発法人国立国際医療
　研究センター ･･････････････････････････ 147
個人事業者 ･･････････････････････････････････ 15
個人事業者と給与所得者の区分 ･････････････ 92
個人事業者の課税期間 ･････････････････････ 70
個人事業者の納税地 ･･･････････････････････ 66
個人事業者の納税地の特例 ･････････････････ 67
国境税調整 ･････････････････････････････････ 153
小包郵便物又は EMS 郵便物 ･･････････ 180, 187
固定資産 ･･･････････････････････････････････ 98
固定資産の譲渡の時期 ･････････････････････ 230
個別消費税 ･････････････････････････････････ 258
個別信用購入あっせん ･･････････････････････ 115
個別対応方式 ･･･････････････････････････････ 347
コマーシャルペーパー（ＣＰ）･･･････････ 110, 353
固有事業者 ･････････････････････････････････ 553
固有資産等 ･････････････････････････････････ 552
雇用契約 ･･･････････････････････････････ 92, 328
ゴルフ場利用株式等（ゴルフ会員
　権等）･･･････････････････････････ 86, 109, 416
ゴルフ場利用税 ･････････････････････････････ 258
コンセッショネア ･･････････････････････････ 187
コンテナー ･････････････････････････ 155, 166

〔さ〕

サービス業 ･････････････････････････････････ 467
災害その他やむを得ない事情 ･･･････････････ 363
在学証明等手数料 ･･････････････････････････ 148
債権の切捨て ･･･････････････････････････････ 483
再生計画認可の決定 ･･･････････････････････ 484
採石権 ･････････････････････････････････ 86, 177
債務免除 ･･･････････････････････････････････ 412
在留資格 ･･･････････････････････････････････ 171
先物取引に係る資産の譲渡等の時期 ･････････ 234
サテライトショップ ･･･････････････････････ 223
三国間貿易 ･････････････････････････････････ 88
残余財産 ･･･････････････････････････････････ 488

〔し〕

仕入控除税額の計算（簡易課税制度）･････････ 469
仕入税額控除 ･･･････････････････････････････ 321
仕入れに係る消費税額 ･････････････････････ 320
仕入れに係る対価の返還等 ･････････････････ 410
仕入れに係る対価の返還等を受けた時期 ･････ 414
仕入れに係る対価の返還等を受けた場合等
　の控除税額の計算 ･････････････････････ 412
仕入割引 ･･･････････････････････････････････ 411
仕入割戻し ･････････････････････････････ 412, 414
事業区分の判定 ･････････････････････････････ 639
事業者 ････････････････････････････････････ 15
事業者向け電気通信利用役務の提供 ･････････ 573
事業者免税点制度の適用制限等の解除 ･･･････ 563
事業場ごとに分割して承継 ･････････････････ 37
事業として ･････････････････････････････････ 90
事業に係る事件の議決の方法 ･･･････････････ 514
事業主の判定 ･･･････････････････････････････ 82
事業年度 ･･･････････････････････････････ 70, 75
試供品 ･････････････････････････････････････ 348
事業分量配当金 ･････････････････････････ 411, 476
自己建設高額特定資産 ･････････････････････ 60
事後設立 ･･･････････････････････････････････ 43
自己の使用のために輸出した ･･･････････････ 356

— 712 —

試作品	348	児童福祉法第7条第1項に規定する児童福祉施設を経営する事業	141
資産	98	児童福祉法第27条第2項の規定に基づき同項に規定する指定発達支援医療機関が行う同項に規定する治療等	142
資産等取引	548	児童養護施設	139
資産の貸付け	85, 98, 276	支払手段	111
資産の借受け	323	支払対価の額（課税仕入れに係る支払対価の額）	336
資産の交換	254	支払対価の額が確定していないとき	327
資産の譲渡	95	資本的支出	416
資産の譲渡等	83, 95	事務所等	67, 90
資産の譲渡等の時期	224 517	社員食堂	325
資産の譲渡等の対価の額	253	社会福祉事業等	138
資産の無償貸付け	99	借地権	107
資産流動化法に規定する特定社債券	109	社債券	109
資産流動化法に規定する特定目的信託の受益証券	110	社宅	151
資産流動化法に規定する優先出資証券	109	借家保証金、権利金等	99
資産を贈与した場合	324	従業員団体	16
施設介護サービス費	127	集金事務手数料	101
施設設備費	149	住所地	66
下取り	260	住宅の貸付け	149
視聴覚障害者情報提供施設	140	収入の使途の特定	526
市町村特別給付	130	授業料	148
執行官	122	宿泊費	329
実施権	230	受益者等課税信託	550
実績報告書	526	受託事業者	555
実用新案権	86, 177	主たる事務所の所在地（人格のない社団等の本店又は主たる事務所の所在地）	68
指定役務の提供	280	出願権	230
指定物品	157, 215	出向先事業者が支出する給与負担金	101
指定保税地域	169	出資の金額	50
児童厚生施設	139	出張旅費	329
自動車教習所	149	出版権	86, 177
自動車事故	124	手話通訳事業	140
自動車重量税	257	障害児入所施設	139
自動車取得税	257	障害者支援施設	139
児童自立支援施設	139	少額の減価償却資産	606, 607
児童心理治療施設	139	償還差益	112, 355
自動販売機型輸出物品販売場	201		
児童福祉相談事業	139		
児童福祉法第33条に規定する一時保護	142		

索　引

償還差益を対価とする資産の譲渡等の時期 ···· 232
償還差損 ··· 356
償還有価証券 ····································· 113, 356
小規模事業者 ·· 249
小規模事業者に係る資産の譲渡等の時期等
　の特例 ·· 249, 282
小規模多機能型居宅介護 ··························· 129
小規模多機能型居宅介護事業 ····················· 140
賞金等 ··· 101, 325
証紙 ·· 116
商社等が介在する輸出取引等の特例 ············· 158
商店街 ·· 201
譲渡性預金 ··· 110
譲渡担保等 ··· 97
譲渡割 ·· 597
承認送信事業者 ··· 203
承認免税手続事業者 ··································· 198
消費者等からの課税仕入れ ·························· 329
消費者向け電気通信利用役務の提供 ············· 574
消費税の新設法人に該当する旨の届出書 ······· 51
商標権 ··· 86, 177
商品券 ·· 324
消耗品 ·· 185
条約等による免税 ····································· 153
剰余金の配当 ·· 96
書画・骨とう ··· 416
職業能力開発校 ··· 147
職業能力開発総合大学校 ····························· 147
職業能力開発大学校 ··································· 147
職業能力開発短期大学校 ····························· 147
植物防疫法 ··· 586
助産 ·· 145
助産施設 ··· 139
ショッピングセンター ······························ 201
人格のない社団 ·· 16
新型コロナウイルス税特法 ·························· 696
申告期限等の特例 ······························ 534, 537
申告期限の延長 ··· 489
申告義務 ··· 487

新設分割親法人 ··· 42
新設分割子法人 ··· 41
新設分割等の定義 ··· 43
新設法人 ·· 50
新設法人等による適格請求書発行事業者
　の登録 ··· 388
新設法人に該当することになった事業者 ········ 51
身体障害者生活訓練等事業 ·························· 140
身体障害者福祉センター ····························· 140
身体障害者用物品 ······································ 146
信託資産等 ··· 552
信託事務を主宰する受託者 ·························· 559
信託の受益者 ·· 549
新聞の譲渡 ··· 302
信用状 ·· 111
信用取引 ··· 231, 355
信用の保証 ··· 112

〔す〕

水域施設利用料 ··· 167
水道施設利用権 ··· 100
スキャナ ·· 385

〔せ〕

税額控除 ·· 320
請求書等積上げ方式 ··································· 340
請求書等の保存を要しない課税仕入れの
　範囲 ·· 380
請求書等の記載事項 ··································· 368
税込経理方式と税抜経理方式 ········· 305, 603, 609
生産活動 ·· 143
製造業 ··· 442, 464
製造小売業 ····································· 442, 452
製造問屋 ·· 453
税抜経理方式（税込経理方式と税抜経理方
　式） ·· 305, 603, 609
税率 ·· 263
積算内訳書（補助金等の積算内訳書） ·········· 526
全額控除 ·· 346

— 714 —

前期繰越金 ………………………………… 523	第3種事業 ………………………………… 452
専修学校における教育 …………………… 147	第3年度の課税期間 ……………………… 418
船舶運航事業 ……………………………… 165	大使館等 …………………………………… 215
船舶運航事業者 …………………………… 165	滞船料 ……………………………………… 101
船舶貸渡業 ………………………………… 165	第2種事業 ………………………………… 452
船舶の貸付け ……………………………… 165	第二種社会福祉事業 ……………… 138, 139
船舶の登録 ………………………………… 85	代物弁済 …………………………… 93, 254
船舶の早出料 ……………………………… 476	第4種事業 ………………………………… 452
専用側線利用権 …………………… 100, 323	代理交付 …………………………………… 403
船用品、機用品 …………………… 157, 215	代理店手数料 ……………………………… 113
船（機）用品積込承認書 ………………… 215	第6種事業 ………………………… 443, 452
	棚卸資産 …………………………………… 424
〔そ〕	棚卸資産以外の資産 ……………………… 416
	棚卸資産の意義 …………………………… 425
総額表示の意義 …………………………… 542	棚卸資産の取得に要した費用の額 ……… 425
総額表示の対象 …………………………… 544	棚卸資産の譲渡の時期 …………………… 224
総額割戻し方式 …………………………… 344	棚卸資産の調整 …………………………… 424
相互掛金又は定期積金の給付補填金 …… 112	棚卸資産の調整措置 ……………………… 63
相続があった場合の特例 ………………… 34	棚卸資産の引渡しの日の判定 …………… 224
相続のあった日の翌日 …………… 35, 36	他の法律により、還付を受ける場合 …… 415
贈与 ………………………………… 93, 324	短期事業年度 ……………………………… 29
租鉱権 ……………………………… 86, 177	短期入所生活介護 ………………………… 128
組織変更 …………………………………… 76	短期入所療養介護 ………………………… 128
その他の資産の譲渡等にのみ要するもの …… 348	短期前払費用 ……………………………… 335
その他の法律又は条約の規定により消費税	団体保険等の集金事務手数料 …………… 101
が免除されるもの ……………………… 153	
損害賠償金 ………………………………… 96	〔ち〕
損金経理 …………………………………… 611	
	地域密着型介護老人福祉施設入所者生活
〔た〕	介護 ……………………………………… 129
	地域密着型サービス ……………………… 128
第1種事業 ………………………………… 452	地域密着型特定施設入居者生活介護 …… 129
第一種社会福祉事業 ……………… 138, 139	地役権 ……………………………………… 107
対価が未確定の場合の見積り …………… 255	遅延損害金 ………………………………… 113
大学公開講座 ……………………………… 148	地上権 ……………………………………… 107
対価の額 …………………………………… 253	知的障害者福祉法第16条第1項第2号の規定
対価の返還等を行った時期 …… 413, 414, 477	に基づき独立行政法人国立重度知的障害者
対価補償金 ………………………………… 97	総合施設のぞみの園がその設置する施設に
対価を得て行われる資産の譲渡等 ……… 92	おいて行う同号の更生援護 …………… 142
対価を享受している者 …………………… 82	地方公営企業 ……………………… 515, 535
第5種事業 ………………………………… 452	

— 715 —

索　引

地方公共団体 ･･････････････････････････ 510, 516

地方債証券 ･･･････････････････････････････ 109

地方消費税の課税標準 ･････････････････････ 597

地方消費税の税率 ･････････････････････････ 597

地方消費税の納税義務者等 ･････････････････ 597

仲介あっせんに係る譲渡等の時期（不動産

　の仲介あっせんに係る譲渡等の時期）･･････ 228

中間申告 ･････････････････････････････････ 493

長期大規模工事に係る特例 ･････････････････ 246

調整差益 ･････････････････････････････････ 113

調整差損 ･････････････････････････････････ 356

調整対象基準税額 ･････････････････････････ 420

調整対象固定資産 ･･･････････････････ 415, 416

調整対象自己建設高額資産 ･･･････････････････ 63

調整割合 ･････････････････････････････････ 531

帳簿積上げ方式 ･･･････････････････････････ 344

帳簿等の保存期間 ･････････････････････････ 380

帳簿への記載事項 ･････････････････････････ 363

著作権 ･･･････････････････････････････ 86, 177

著作隣接権 ･･･････････････････････････ 86, 177

賃貸借契約に基づく使用料等を対価とする

　資産の譲渡等の時期 ･････････････････････ 233

〔つ〕

通勤手当 ･････････････････････････････････ 329

通算課税売上割合 ･････････････････････････ 418

通算課税期間 ･･･････････････････････ 418, 533

通算調整割合 ･････････････････････････････ 533

通常生活の用に供する物品 ･････････････････ 183

通常郵便 ･･･････････････････････････ 180, 187

通所介護 ･････････････････････････････････ 131

通所リハビリテーション ･･･････････････････ 128

通信教育 ･････････････････････････････････ 325

通信販売等 ･･･････････････････････････････ 283

綱取放料 ･････････････････････････････････ 167

〔て〕

低額譲渡（役員に対する低額譲渡）･･････････ 259

定期積金の給付補塡金（相互掛金又は定

　期積金の給付補塡金）･･･････････････････ 112

定期傭船契約 ･････････････････････････････ 165

手形等に係る資産の譲渡等の時期等 ･････････ 250

適格簡易請求書 ･･･････････････････････････ 396

適格請求書等保存方式 ･････････････････････ 365

適格請求書の交付義務 ･････････････････････ 391

適格請求書発行事業者の登録 ･･･････････････ 385

適格返還請求書 ･･･････････････････････････ 397

手続委託型輸出物品販売場 ･････････････････ 194

電気事業法の検査 ･････････････････････････ 120

電気通信利用役務の提供 ･･･････････････････ 570

電気料金等 ･･･････････････････････････････ 266

電柱使用料 ･･･････････････････････････････ 108

店舗兼住宅 ････････････････････････････････ 94

〔と〕

投資信託法に規定する外国投資証券 ･････････ 109

投資信託法に規定する外国投資信託の受益

　証券 ･･･････････････････････････････････ 109

投資信託法に規定する新投資口予約権証券 ･･･ 109

投資信託法に規定する投資証券 ･････････････ 109

投資信託法に規定する投資法人債券 ･････････ 109

登録国外事業者制度 ･･･････････････････････ 577

登録国債 ･･･････････････････････････ 86, 231

登録のある船舶 ････････････････････････････ 85

登録免許税 ･･･････････････････････････････ 257

道路占用料 ･･･････････････････････････････ 108

特殊関係者（個人事業者の特殊関係者）･･･････ 66

特殊関係法人 ･･････････････････････････････ 56

独身寮 ･･･････････････････････････････････ 151

特定期間 ･･････････････････････････････････ 29

特定支出 ･････････････････････････････････ 523

特定施設入居者生活介護 ･･･････････････ 128, 131

特定事務 ･････････････････････････････････ 120

特定社員 ･････････････････････････････････ 110

特定収入に係る課税仕入れ等の税額の調整

　計算 ･･･････････････････････････････････ 531

特定収入の意義 ･･･････････････････････････ 520

— 716 —

特定収入割合 ………………………… 531	
特定新規設立法人 ……………………… 53	
特定新聞 …………………………… 283	
特定非常災害 ……………………… 560	
特定要件 …………………………… 43	
特別会計 ………………………… 512, 519	
特別な食事の提供 ………………… 128	
特別養護老人ホーム ……………… 139	
匿名組合 …………………………… 17	
匿名組合に係る消費税の納税義務 …… 17	
匿名組合の出資者の持分 ………… 111	
独立行政法人海技教育機構 ……… 147	
独立行政法人航空大学校 ………… 147	
独立行政法人等が徴収する手数料 …… 121	
特例介護予防サービス費 ………… 130	
特例居宅介護サービス計画費 …… 130	
特例居宅介護サービス費 ………… 128	
特例地域密着型介護サービス費 … 129	
特例地域密着型介護予防サービス費 … 130	
特例輸出貨物 …………………… 167, 587	
土石採取権 ……………………… 86, 107	
土地造成費 ………………………… 350	
土地・建物等 ……………………… 230	
土地と建物の一括譲渡 …………… 256	
土地に係る賃貸料 ………………… 108	
土地の上に存する権利 …………… 106	
土地の譲渡及び貸付け …………… 106	
土地の範囲 ………………………… 106	
土地売買仲介手数料 ……………… 350	
特許権 …………………………… 86, 177	
飛越しリベート …………………… 477	
トラベラーズチェック（旅行小切手）……… 111	
取消しとなった場合（無効又は取消しとなった場合）………………………… 479	
取引を停止した時 ………………… 484	

〔な〕

内外判定 …………………………… 571	
75％ルール ………………………… 445	

〔に〕

日当 ………………………………… 328	
日本銀行その他の特別の法律による法人の発行する出資証券 ……………… 109	
日本国籍の船舶等 ………………… 85	
日本標準産業分類（総務省）……… 452	
入会金 …………………………… 100, 323	
入学金 ……………………………… 148	
入学検定料 ………………………… 148	
入漁権 …………………………… 86, 177	
入港料 ……………………………… 167	
乳児院 ……………………………… 139	
入出港、離着陸、停泊若しくは駐機のための施設の提供に係る役務の提供 ……… 166, 167	
入湯税 ……………………………… 258	
任意の中間申告 …………………… 504	
認可外保育施設 …………………… 141	
認知症 ……………………………… 129	
認知症対応型共同生活介護 ……… 129	
認知症対応型通所介護 …………… 129	
認知症対応型老人共同生活援助事業 … 140	

〔ね〕

値増金に係る資産の譲渡等の時期 … 226	

〔の〕

農業 ………………………………… 466	
農業、林業、漁業の事業区分 …… 443, 466	
納税義務者 ………………………… 15	
『納税義務者でなくなった旨の届出書』……… 16	
納税義務の判定 …………………… 21	
納税地 ……………………………… 66	
農地の譲渡の時期 ………………… 230	
ノウハウ ………………………… 86, 177	
ノウハウの頭金等 ………………… 230	
延払基準 …………………………… 237	
延払基準の方法により経理する場合の特例 … 237	
延払条件付譲渡の時期の特例 …… 285	

索　引

〔は〕

媒介者等による適格請求書等の交付の特例 …… 400

廃棄物処理料（廃油回収料、廃棄物処理料

　及び給油補助料） ……………………………… 167

バス運営維持費 …………………………………… 149

裸備船契約に基づく備船 ……………………… 165

早出料 ……………………………… 101, 411, 476

払戻手数料等（解約手数料、払戻手数料等）‥ 100

判定（国等が行う役務の提供） ……………… 120

販売奨励金 ……………………………… 411, 476

〔ひ〕

ピー・エックス …………………………………… 220

ビール券 …………………………………………… 324

非課税 ……………………………………………… 105

非課税貨物 ………………………………………… 586

非課税業務用調整対象固定資産 ……………… 422

非課税資産の輸出等 …………………… 352, 356

被合併法人の確定消費税額 …………………… 500

被合併法人の消費税に係る納税地 …………… 69

引き取った日 ……………………………………… 335

引取り …………………………………………… 585

非居住者 ………………………………………… 170

被災事業者 ……………………………………… 560

被相続人の事業を承継した相続人 …………… 34

費途不明の交際費等 …………………………… 324

備忘価額 ………………………………………… 484

比例配分法 ……………………………………… 417

〔ふ〕

不課税 …………………………………………… 83

複合運送証券 ……………………………………… 110

複合事務組合 …………………………………… 514

福祉用具 ………………………………………… 132

福利厚生施設 …………………………………… 99

父子家庭日常生活支援事業 …………………… 140

婦人保護施設 …………………………………… 139

付随行為 ………………………………………… 91

負担金等（共同行事に係る負担金等、公共

　施設の負担金等） …………………… 100, 101, 324

負担付き贈与 …………………………… 93, 254

物上保証 ………………………………………… 113

物品切手等の譲渡 ……………………………… 118

不動産業 ………………………………… 443, 467

不動産の仲介あっせんに係る譲渡等の時期 ‥ 226

不特定多数の消費者や事業者を相手として

　取引を行っている事業者 …………………… 479

船荷証券（BILL OF LADING（B/L）） ……… 225

船荷証券等の譲渡の時期 ……………………… 225

賦払金 …………………………………………… 237

部分完成基準による資産の譲渡等の時期の

　特例 …………………………………………… 227

フリーデザインプリペイドカード …………… 118

プリペイドカード ……………………………… 325

分割承継法人 …………………………………… 47

分割等 …………………………………………… 41

分割等があった場合の特例 …………………… 41

分割等があった日 ……………………………… 46

分割法人 ………………………………………… 48

〔へ〕

別表第三に掲げる法人 ………………………… 536

〔ほ〕

包括信用購入あっせん ………………………… 115

報酬 ……………………………………………… 260

報償金、表彰金、賞金等 ……………………… 325

法人課税信託 …………………………………… 552

法人の課税期間 ………………………………… 74

法人の納税地 …………………………………… 68

訪問介護 ………………………………………… 127

訪問看護 ………………………………………… 127

訪問入浴介護 …………………………………… 127

訪問リハビリテーション ……………………… 127

保険外併用療養費 ……………………………… 123

保険業 …………………………………… 443, 467

保険金 …………………………………… 95, 324

— 718 —

保険料を対価とする役務の提供 ……………… 113

母子家庭日常生活支援事業 …………………… 140

母子生活支援施設 ………………………………… 139

母子・父子福祉施設 …………………………… 140

保証金（借家保証金、権利金等） ……… 99, 234

保証金等のうち返還しないものの額を対価と

　する資産の譲渡等の時期 …………………… 233

補償金等 ………………………………………… 97

補助金等 ……………………………… 98, 526

補助金等の積算内訳書 ………………………… 526

補助金等の使途の特定方法 …………………… 526

保税蔵置場 ……………………………………… 169

保税地域 …………………………………… 169, 583

保税地域から外国貨物を引き取る者 ……… 584

保税地域からの引取り ………………………… 585

保税地域から引き取る課税貨物に係る消費

　税額 …………………………………………… 346

保税展示場 ……………………………………… 169

補装具製作施設 ………………………………… 140

〔ま〕

埋葬 ……………………………………………… 146

埋葬料・火葬料 ………………………………… 146

前受金及び仮受金に係る資産の譲渡等の

　時期 …………………………………………… 234

前払費用 ………………………………………… 335

前渡金等の利子 ………………………………… 116

〔み〕

未経過固定資産税等 …………………………… 260

自ら引換給付を受けるもの …………………… 335

水先料 …………………………………………… 167

未成工事支出金 ………………………………… 335

みなし仕入率 …………………………………… 442

みなし仕入率の適用の特例（通称「75％

　ルール」） …………………………………… 445

みなし事業年度 ………………………………… 75

みなし譲渡 ……………………………………… 93

みなし引取り …………………………………… 585

〔む〕

無効又は取消しとなった場合 ………………… 479

無償貸付け（資産の無償貸付け） ……… 94, 99

無条件免税 ……………………………………… 153

無尽契約の掛金差益 …………………………… 112

無体財産権の侵害 ……………………………… 96

〔め〕

免税 ……………………………………………… 153

免税カード ……………………………………… 216

免税事業者 ……………………………………… 18

免税事業者となる場合の棚卸資産の調整 …… 424

免税事業者による適格請求書発行事業者

　の登録 ………………………………………… 386

免税対象物品 …………………………………… 185

免税販売手続 …………………………………… 189

〔も〕

盲導犬訓練施設 ………………………………… 140

〔や〕

夜間対応型訪問介護 …………………………… 129

役員に対する贈与 ………………………… 94, 444

役員に対する低額譲渡 ………………………… 259

約束手形 ………………………………………… 111

やむを得ない事情の範囲 ………………… 28, 439

〔ゆ〕

有価証券等 ……………………………………… 109

有価証券の譲渡の時期 ………………………… 231

優先出資者 ……………………………………… 110

優先出資法に規定する優先出資証券 ………… 109

郵便為替 ………………………………………… 111

郵便切手の保存用の冊子 ……………………… 117

郵便切手類等の譲渡 …………………………… 116

郵便切手類販売所 ……………………………… 116

郵便書簡 ………………………………………… 117

郵便葉書の印刷 ………………………………… 117

— 719 —

索　引

有料老人ホーム …………………………… 129

有料老人ホーム等で行う食事の提供 ………… 298

有料老人ホームの入居一時金 ……………… 284

輸出 ………………………………………… 156

輸出許可書 ………………………………… 180

輸出自動車に対する輸出物品販売場免税 …… 212

輸出証明書等 ……………………………… 179

輸出取引等の範囲 ………………………… 155

輸出物品の下請加工等 …………………… 157

輸出物品販売場 …………………………… 183

輸出物品販売場の許可等 ………………… 189

輸出物品販売場において免税で販売できる

　物品の範囲 ……………………………… 185

輸出物品販売場における免税販売手続 ……… 189

輸入の許可があったことを証する

　書類等 ……………………………… 372, 376

輸入の許可を受けた貨物 ………………… 168

〔よ〕

養護老人ホーム …………………………… 139

養子縁組あっせん事業 …………………… 140

幼稚園 ……………………………………… 148

幼保連携型認定こども園 ………………… 140

予算書、予算関係書類 …………………… 526

預託証券 …………………………………… 110

予約販売に係る書籍等 …………………… 282

〔り〕

利子・使用料を対価とする資産の譲渡等

　の時期 …………………………………… 231

利子を対価とする金銭の貸付け等 ………… 112

リース譲渡 ………………………………… 237

リース譲渡に係る資産の譲渡等の時期の

　特例 ……………………………………… 281

リース譲渡の特例計算の方法により経理した

　場合の特例 ………………………… 242, 285

リース取引 …………………………… 88, 102, 236

リース延払基準の方法により経理した

　場合の特例 ………………………… 241, 285

利息制限法 ………………………………… 99

リバースチャージ方式 ……………… 261, 572

療養病床等 ………………………………… 128

旅館業法第2条第1項に規定する旅館業 …… 150

旅客運賃等 ………………………………… 265

旅客若しくは貨物の輸送 ………………… 160

旅券等の提示・情報の提供 ……………… 190

旅券の発給 ………………………………… 120

林業 ………………………………………… 466

臨時販売場 ………………………………… 206

隣保事業 …………………………………… 141

〔れ〕

連絡助成事業 ……………………………… 141

〔ろ〕

老人居宅介護等事業 ……………………… 140

老人短期入所事業 ………………………… 140

老人短期入所施設 ………………………… 140

老人デイサービス事業 …………………… 140

老人デイサービスセンター ……………… 140

老人福祉センター ………………………… 140

老人福祉法第5条の2第1項に規定する老

　人居宅生活支援事業 …………………… 143

ローン提携販売 …………………… 112, 114

〔わ〕

渡切交際費 ………………………………… 324

割戻し ………………………………… 411, 475

（編　者）

船　木　英　人
ふな　き　ひで　と

（執筆者一覧）

桑　原　英　樹

八木ケ谷　　繁

南　淵　康　行

大　西　優　吾

遠　藤　寛　幸

野　村　和　子

小　幡　祐　太

藤　原　早　希

令和4年版

図　解　消　費　税

令和4年6月23日　初版印刷
令和4年7月4日　初版発行

不　許
複　製

編　者　船　　木　　英　　人

一般財団法人　大蔵財務協会 理事長
発行者　木　　村　　幸　　俊

発行所　一般財団法人　大 蔵 財 務 協 会

〔郵便番号　130-8585〕
東京都墨田区東駒形1丁目14番1号
（販売部）TEL03（3829）4141・FAX03（3829）4001
（出版編集部）TEL03（3829）4142・FAX03（3829）4005
http://www.zaikyo.or.jp

乱丁、落丁の場合は、お取替えいたします。　　　　　　　　印刷・恵　友　社
ISBN978-4-7547-3011-6